CW01650510

Donker Stroom

Eugène Marais en die Anglo-Boereoorlog

Carel van der Merwe

Tafelberg

Tafelberg
is 'n druknaam van NB-Uitgewers,
'n afdeling van Media24 Boeke (Edms.) Bpk.
Heerengracht 40, Kaapstad
www.tafelberg.com

© Carel van der Merwe 2015

Alle regte voorbehou

Bylae 2 verskyn met vriendelike vergunning van die Nasionale Biblioteek van Suid-Afrika, Kaapstad.

Geen gedeelte van hierdie boek mag sonder skriftelike verlof
van die uitgewer gereproduseer of in enige vorm of deur enige elektroniese of
meganiese middel weergegee word nie, hetsy deur fotokopiëring, skyf- of bandopname,
of deur enige ander stelsel vir inligtingsbewaring of -ontsluiting.

Kaarte: John Hall
Omslagontwerp: Michiel Botha
Boekontwerp: Nazli Jacobs

Geset in Arno Pro

Gedruk en gebind deur Paarl Media Paarl,
Jan van Riebeeck-rylaan 15,
Paarl, Suid-Afrika

Eerste uitgawe, eerste druk 2015

ISBN 978-0-624-07342-0
ISBN 978-0-624-07343-7 (epub)
ISBN 978-0-624-07344-4 (mobi)

vir Mieke en Emma

Inhoud

Nota aan die leser

Terme wat in geskiedskrywing gebruik word, het verander sedert die wisseling van die negentiende eeu, en so ook die naam van die oorlog tussen die Britse Ryk en die Boererepublieke. Vir Britte was dit die Boer War; vir baie Afrikaners die Engelse Oorlog of die Tweede Vryheidsoorlog en later die Anglo-Boereoorlog. Vandag word die benaming "Suid-Afrikaanse Oorlog" toenemend gebruik om erkenning te gee daaraan dat die oorlog meer as net Britte en Boere betrek het. Derduisende swart en bruin Suid-Afrikaners het in konsentrasiekampe gesterf, en ook by al twee kante aangesluit, hoofsaaklik in 'n ondersteunende hoedanigheid maar soms as gewapende soldate, veral aan die Britse kant. Maar vir die persone oor wie hierdie werk handel, was dit 'n stryd tussen Boer en Brit; derhalwe word dit ook so behandel, sonder enige bedoeling om die ander deelnemers se rol gering te skat of te ignoreer. Die benaming "Anglo-Boereoorlog" word dus in hierdie werk gebruik. Verder word die begrippe "Afrikaner" en "Boer" as sinonieme gebruik, en insgelyks die terme "ZAR" (Zuid-Afrikaansche Republiek) en "Transvaal". Verder word terme wat vandag as rassisties beskou word, in van die oorspronklike dokumentasie gebruik. Vir historiese akkuraatheid is hierdie terme behou, met [sic] daarna bygevoeg.

Weens inflasie het die koopkrag van geld geweldig afgeneem sedert die einde van die negentiende eeu, en die omvang van die bedrae wat genoem word, kan onderskat word tensy 'n mens probeer om dit in hedendaagse waardes uit te druk. Ek het dus meestal waar 'n bedrag in destydse ponde genoem word, ook die beraamde bedrag in vandag se geld tussen hakies aangedui. Vir hierdie berekening het ek die Bank of England se inflasierekenaar gebruik, waarvolgens £1 in 1900 gelyk aan ongeveer £107 in 2015 is,[1] en wat ek ter vereenvoudiging na £100 afgerond het. Die samestelling van die mandjie van goedere en dienste waarop hierdie tabelle betrekking het, het egter oor die jare baie verander en die tabelle gee vanselfsprekend net 'n baie rowwe beraming van die mate waarin spesifieke goedere en dienste se pryse verander het. Dit lyk egter redelik as 'n mens alledaagse pryse van destyds met vandag s'n vergelyk. In 1900, toe Marais in Londen gewoon het, was die Britse pond verdeel in 20 sjielings van 12 pennies elk, wat later na 'n pond van 100 pennies gedesimaliseer is. In 1900 het 'n gewone kaartjie vir 'n West End-opvoering 10 sjielings 6 pennies[2] gekos, gelyk aan 52,5p in die latere desimale stelsel. Vandag kos dieselfde kaartjie £55, dus 105 keer meer. 'n Kitskosete van vleis en aartappels in Londen het destyds 10 pennies[3] (4p in die desimale stelsel) gekos, teenoor £3,80 vir 'n McDonald's-biefburger en skyfies vandag – 95 keer meer.

Om hierdie bedrae dan in hedendaagse Suid-Afrikaanse rand uit te druk moet 'n wisselkoers toegepas word, wat meer problematies is. Die afgelope twintig jaar het die prys van 'n pond soos uitgedruk in rand geweldig toegeneem, van ongeveer R5 vir een pond in 1995 tot R18 aan die begin van 2015 – veel meer as wat Suid-Afrika se relatiewe hoër inflasiekoers oor die tydperk regverdig. Deur eenvoudig die huidige wisselkoers toe te pas, loop 'n mens die gevaar dat die hedendaagse randbedrae onrealisties hoog is. Indien die relatiewe verskil in inflasiekoerse oor hierdie tydperk toegepas word, het dit 'n prys van R10 vir 'n Britse pond in 2015 tot gevolg. Dit stem ook rofweg ooreen met *The Economist* se Big Mac koopkragpariteitindeks,[4] waarvolgens die rand tans erg onderwaardeer is teenoor die pond, en in 2015 eintlik teen ongeveer R8,82 vir een pond behoort te verhandel.[5] Ek het derhalwe besluit om R10 as die prys van een pond te gebruik, wat beteken dat £1 in 1900 gelyk aan R1 000 vandag is. Waar die ekwivalente hedendaagse randbedrag nie aangetoon word nie, kan die leser eenvoudig drie nulle by die pondbedrag byvoeg om die omskakeling na rand te doen.

Waar spelwyses vreemd aandoen, kan aanvaar word dat dit brongetrou is. In gevalle waar die aksent op die middelste "e" in die naam "Eugène" in aanhalings ontbreek, is dit omdat Engelssprekendes dit so gespel het.

Lys van kaarte

DEEL 1

Feite en fiksie

Al die slegte goed kan maar wag tot ek dood is . . . So als U sê is die lewe 'n mosaïek van herinneringe, – vir my ongelukkig meestal pynvol als ek my bewustheid ooit toelaat om in die donker stroom in te duik.[1]

Eugène Marais (1923)

Voorlopig is dit nodig om te meld dat die meer as vyf jaar wat Marais in Europa (veral Londen) deurgebring het, uitermate duister is . . . As dit Eugène Marais se doel was om onder die ses miljoen mense van Londen te verdwyn, het hy dit taamlik goed reggekry – tot vandag toe. Tensy ontdekkings gemaak word wat 'n mens jou op die oomblik kwalik kan voorstel, sal dit altyd onmoontlik bly om 'n samehangende relaas van Marais se vyf jaar in Europa te gee.[2]

Leon Rousseau, Die Groot Verlange

Koue spore

Ek het 'n hele paar jaar gelede daaraan begin dink om 'n roman te skryf met Eugène Marais as hoofkarakter en met as agtergrond die meer as vyf jaar wat hy as jong man teen die wisseling van die negentiende eeu in Londen en Europa deurgebring het. Die saad hiervoor is geplant deur Leon Rousseau se aangrypende lewensverhaal van Marais, *Die Groot Verlange*, wat in 1974 verskyn het. As deel van sy navorsing het Rousseau in 1962 'n maand in Londen deurgebring en elke moontlike leidraad waarvan hy bewus was oor Marais se doen en late daar opgevolg. Maar sy bevinding was "dit was byna of iemand die spore doodgevee het; of anders was die leidrade vals".[3]

Al wat Rousseau eerstehands in Londen kon vasstel, is dat Marais vroeg in 1897 by die Inner Temple ingeskryf het om regte te studeer en hom as advokaat te bekwaam, studies waarmee hy nog besig was toe die Anglo-Boereoorlog amper drie jaar later uitgebreek het. Kort voor die einde van die oorlog is Marais ná 'n lang gesukkel uiteindelik tot die Engelse balie toegelaat as advokaat, waarna hy vroeg in 1902 by 'n geheime ekspedisie aangesluit het wat plofstof en medisyne na die Boerekommando's deur Portugees-Oos-Afrika (die hedendaagse Mosambiek) wou smokkel. Marais het in later jare verskeie stories oor sy oorsese verblyf vertel, onder meer dat hy ook medies gestudeer het, maar hiervoor was daar tot dusver nie onafhanklike bevestiging nie. Vir Rousseau was dit asof Marais in hierdie jare vir lang tydperke eenvoudig verdwyn het, waarin dit onmoontlik is om rekenskap van sy lewensloop te gee. Rousseau was ook van mening dat dit altyd onmoontlik sou wees om 'n samehangende relaas van Marais se doen en late in die buiteland te gee tensy ontdekkings gemaak word wat hy hom kwalik kon voorstel.[4]

My aanvanklike gedagte was dat juis die gebrek aan feite die ruimte geskep het vir my om 'n roman op hierdie veelsydige en talentvolle Afrikaner se lewe in Londen te baseer. My uitgangspunt was egter dat die bestaande feite nie die gebeure in my beoogde roman mag weerspreek nie. Maar daarvoor sou dit mos slegs nodig wees om vinnig weer die kort gedeelte in *Die Groot Verlange* oor hierdie tydperk in Marais se lewe te lees, het ek gedink. Min het ek geweet.

Nuwe ontdekkings

Toe ek uiteindelik sover kom om die roman oor Marais aan te pak was ek aanvanklik nie van plan om sy doen en late in die buiteland verder na te vors nie, veral nie in die lig van Rousseau se waarskuwing oor koue spore en vals leidrade nie. Hoe waarskynlik was dit in elk geval dat 'n mens meer as 'n halwe eeu ná Rousseau se pogings iets nuuts oor Marais se tyd in Europa sou kon opdiep? Buitendien het Marais homself in 1936 doodgeskiet en kon daar niemand meer leef wat hom persoonlik geken het nie.

Ek was egter nuuskierig oor presies wanneer Marais sy regseksamens by die Inner Temple in Londen afgelê het, asook wat sy uitslae was, aangesien Rousseau hierdie inligting slegs ten dele in *Die Groot Verlange* weergee. Ek het die Inner Temple gekontak, en 'n ruk later 'n e-pos van hul argivaris ontvang: Die besonderhede van Marais se uitslae het hulle nie – dit word by 'n ander instelling in Londen bewaar. Maar sy kon my wel twee getuigskrifte oor Marais stuur wat die Inner Temple voor sy toelating tot die Engelse balie ontvang het.

Die eerste getuigskrif is op 12 November 1901 geskryf deur iemand wie se naam aan my onbekend was, ene J.B. Taylor van Sherfield Manor, naby Basingstoke in Hampshire, Engeland.

> I am requested by Mr. Eugene Marais to tell you what I know of his character & antecedents. I have known Eugene Marais for a dozen years or more and can vouch for his honesty and respectability. He is the proprietor of a newspaper called "Land en Volk" which was published in Pretoria before the war. The policy of the paper was progressive and Eugene Marais was the editor. No man did more than Eugene Marais to expose the corrupt practices of the Transvaal Govt. under the presidency of Paul Kruger, no man suffered more for his fearless exposures, he was hated and persecuted

by Kruger & his gang of vampires, yet he always held his own & had the Boers taken the advice he gave them Kruger would have been deposed & there would have been no war. Eugene Marais has a stainless record & commands the admiration and respect of every honest man who has resided in the Transvaal.

Personally I believe Eugene Marais is destined to do much in the future, he has the ears of the better class of Boers & will be able to explain to them their errors in the past & help bring about that happy union between Boer & Englishman which we all long to see established in the Transvaal and O. River state. He comes of an old Huguenot family, his father was a worthy & honourable citizen of the Transvaal. He is a widower, suffered much hard hardship & many privations to attain his ambition – to become a barrister. I can say no more than – if he were my own brother I could not commend him more warmly to you.[5]

Ek het onmiddellik gewonder wie hierdie man is wat Marais blykbaar so lank geken het en so 'n entoesiastiese getuigskrif oor hom geskryf het, maar glad nie in *Die Groot Verlange* genoem word nie. En hoekom kom dit voor of hy Marais as 'n hendsopper beskou het? Die Anglo-Boereoorlog was immers op daardie tydstip nog aan die gang.

Die tweede getuigskrif is twee dae ná Taylor s'n deur Percy FitzPatrick, die skrywer van die beroemde *Jock of the Bushveld,* ingestuur. Syne was kort en saaklik – volgens hom ken hy Marais al baie jare lank, en weet hy van niks wat hom nie geskik maak om 'n lid van die Engelse balie te word nie.[6] In *Die Groot Verlange* meld Rousseau wel dat Marais FitzPatrick in 1890 in Johannesburg ontmoet het toe laasgenoemde 'n amptenaar was van Eckstein & Co.,[7] die grootste Randse mynhuis, wat deur die mynmagnate Julius Wernher en Alfred Beit se vennootskap Wernher, Beit & Co. in Londen beheer is. Rousseau haal elders in sy boek ook 'n gunstige beskrywing van Marais aan wat FitzPatrick ná die Jameson-inval in 1896 geskryf het.[8] Hy meld egter in *Die Groot Verlange* niks meer oor FitzPatrick en Marais se verhouding nie.

Die aas wat nou voor my gedobber het, was onweerstaanbaar. Percy Fitz-Patrick was 'n bekende figuur, en ek het verwysings na Marais in werke deur en oor FitzPatrick gaan soek. FitzPatrick se bekendste boek voor *Jock of the Bushveld* was *The Transvaal from Within*, wat kort voor die Anglo-Boereoorlog verskyn het, en waarmee ek nie bekend was nie. Ek het die boek in die hande gekry, en sommer met die intrapslag was dit vir my duidelik dat dit aggressiewe propaganda is, 'n poging van FitzPatrick om die Uitlanders se optrede ten tyde van Leander Starr Jameson se inval in die Transvaal in 1895-'96 te regverdig, asook om te verkondig dat die Zuid-Afrikaansche Republiek van voorneme was om Brittanje se oppergesag in Suid-Afrika uit te daag. FitzPatrick het self voor die Jameson-inval met Cecil John Rhodes, Lionel Phillips van Eckstein & Co. en ander vooraanstaande Johannesburgse Uitlanders saamgesweer om die regering van die Transvaal omver te werp. In *The Transvaal from Within* beskryf FitzPatrick Marais se optrede ten tyde van die Jameson-inval met lof:

> On Tuesday Mr. Eugene Marais, the editor of the leading Dutch paper *Land en Volk*, a gentleman who has worked consistently and honourably both for his people, the Transvaal Dutch, and for the cause of pure and enlightened government, visited Johannesburg, being convinced that there was serious trouble in store for the country unless prompt and decisive steps were taken to remedy the conditions under which the Rand community were suffering. No one in the country has fought harder against the abuses which exist in Pretoria nor has anyone risked more, nor yet is there a more loyal champion of the Boer.[9]

Ek kon egter op daardie tydstip niks meer oor FitzPatrick se verhouding met Marais opspoor nie, nie in FitzPatrick se memoires en ander werke deur hom nie, ook nie in die biografieë van hom of in werke waarin daar na hom verwys word nie. Maar ná my leeswerk oor FitzPatrick was dit vir my duidelik dat hy nie alleen 'n vurige Britse imperialis was nie, maar ook 'n kwaadstoker wat voor, gedurende en ná die Anglo-Boereoorlog 'n ywerige dissipel en ondersteuner was van Alfred Milner se pogings om die Transvaal onder Britse heerskappy te bring en daar te hou. Dit was dus effens onrusbarend dat Marais tydens die oorlog skynbaar op so 'n goeie voet met 'n geswore vyand van die Boere was. Nou was die hoek stewig in die kaak – ek moes meer uitvind.

'n Paar weke later het ek gaan besoek aflê by die Nasionale Engelse Letterkundige Museum (NELM) in Grahamstad, wat 'n groot versameling van FitzPatrick se briewe en dokumente huisves. Laatmiddag, ná ure se gesoek deur dosyne bokse korrespondensie, het ek afgekom op 'n brief van Marais wat hy in Januarie 1902 in Londen aan Wernher, Beit & Co. geskryf het:

> Enclosed all proofs and translations in my possession with the exception of the index, which I tried to finish today, but had some trouble in hitting on the easiest and quickest method of compilation. I shall forward it – or the great portion – tomorrow night. Did Mr FitzPatrick leave any instruction with you with reference to an offer he made me, the acceptance of which I did not decide on till the day of his departure? In a wire with reference to it he says "See Milner".[10]

Die inhoud van hierdie brief was nog meer onrusbarend as Taylor en FitzPatrick se getuigskrifte. Die vrae het een na die ander by my opgekom. Op hierdie tydstip was die oorlog nog nie verby nie – hoekom was Marais dan skynbaar hand om die blaas met die firma wat die Jameson-inval help finansier het, asook volgens sommige historici 'n beduidende rol agter die skerms gespeel het om oorlog tussen Brittanje en die Boererepublieke te ontketen?[11] Wat het Marais vir hulle vertaal? Wat was die aanbod waarna Marais verwys, en dit boonop van 'n aartsimperialis soos FitzPatrick? En wat het Milner, op daardie tydstip die administrateur van die geannekseerde Oranjerivier- en Transvaalkolonies, hiermee te doen gehad?

Later dieselfde middag in die NELM het ek op 'n haas ongelooflike ongetekende brief afgekom wat Marais sewe maande later in sy kenmerkende handskrif op 'n briefhoof van die Inner Temple geskryf het:

> Pretoria
> 1 Sept 1902
>
> Dear Mr FitzPatrick
>
> I arrived in Pretoria this morning from my East Coast Expedition. We attempted to reach the Transvaal border via the bigger Sabie[12] & Machanga.

> We went from Beira to the mouth of the river via an open boat – a sea voyage of, I think, about one hundred miles – then up the Sabie for another forty. From there we struck inland ostensibly for shooting & natural history purposes. We arranged for kaffir [sic] messengers to be sent out after us with the latest news as long as we were attainable from Machanga. About three hundred miles inland the news of the peace overtook us and we returned. The country we encountered was terribly hard & unhealthy & we suffered much hardship in consequence. In all I had seven bad attacks of fever. On the whole, however, it was much the safest route as far as likely Portuguese interference was concerned. This I decided on arrival at Beira and I thought it best therefore, for all reasons, not to come down to Delagoa Bay, but commence straight down from where I was. I kept a diary of the expedition which, if it would interest you, I shall forward you.
>
> I trust sincerely that your health is improved since your return. I should much appreciate a short note: – Tell me what you think of the present & the future.
>
> Sincerely yours
>
> PS I am thankful – how thankful I cannot express in words – that my long journey was in this sense abortive.[13]

Die implikasie hiervan was verbysterend. Dit was duidelik dat FitzPatrick vooraf van Marais se hoogs geheime ekspedisie deur Portugees-Oos-Afrika bewus was, want anders sou Marais se verwysing na "my East Coast Expedition" vir hom niks beteken het nie. Maar hoekom sou Marais vir FitzPatrick, 'n Britse imperialis wat boonop op hierdie tydstip Milner se vertroude adviseur in die Transvaalkolonie was,[14] vooraf hieroor ingelig het? Dit het nou gelyk of FitzPatrick se vroeëre aanbod hierop betrekking gehad het, naamlik dat Marais namens die Britte moes gaan spioeneer. Maar dit sou tog beteken dat Marais 'n verraaier van sy volk was. En hoekom was Marais so verheug dat die sending misluk het?

Maar dit is nie al wat vreemd was nie. Volgens *Die Groot Verlange* het Marais en die ander ekspedisielede reeds kort ná hul aankoms in Beira die nuus van die vredesluiting gekry, nog voor hulle na die Saverivier vertrek het.[15] Hoekom het Marais hieroor vir FitzPatrick gelieg? Of het hy nie gelieg nie?

Kort hierna het 'n ander brief in die NELM se argief my oog gevang, hierdie keer van FitzPatrick se privaat sekretaris aan Gustav Preller, Marais se latere goeie vriend en stoere ondersteuner, 'n paar maande voor FitzPatrick se dood in 1931, in antwoord op 'n brief van Preller. Op daardie tydstip het Marais in Pretoria saam met Preller in die redaksie van die koerant *Ons Vaderland* gewerk.[16] Blykbaar het FitzPatrick kort tevore in 'n personderhoud genoem dat hy besig is om sy memoires te skryf, en dat hy daarin inligting gaan onthul "wat sy vriende liewers verswyg wou sien".[17] Dit lyk of Preller toe aan FitzPatrick geskryf het om te probeer uitvind presies wat hierdie onthullings gaan wees. FitzPatrick was egter reeds so siek dat hy nie meer kon lees of skryf nie, en sy sekretaris het Preller gerusgestel: "I am acquainted with the manuscript which tells of some things not hitherto published or generally known but I conclude it is not really 'shocking'."[18] In die lig van wat ek teen daardie tyd al geweet het, het ek onmiddellik vermoed Preller was bekommerd dat FitzPatrick iets oor sy vriend Eugène Marais gaan onthul. FitzPatrick is egter sewe maande later oorlede, voor hy sy memoires kon voltooi. Dele van wat hy wel geskryf het, is ná sy dood deur sy literêre eksekuteur gebundel en in 1932 as *South African Memories*[19] uitgegee. Maar Marais word nie hierin genoem nie.

Iets val my toe by wat ek in Leon Rousseau se *Die Dowwe Spoor van Eugène Marais* gelees het. Rousseau het hierdie boek 24 jaar ná *Die Groot Verlange* uitgegee, en hierin het hy sommige van sy bronne (maar geensins almal) vir laasgenoemde boek verskaf. Rousseau meld in hierdie werk dat hy voor en ná publikasie van *Die Groot Verlange* "verskeie kere duistere bewerings oor Marais se beweerde samewerking met die Uitlander-beweging en/of Brittanje gehoor" het, en dat daar kritiek was dat dié aspek te min aandag gekry het in sy boek. Hierop antwoord Rousseau dat hy op 'n keer die vraag of Marais met die Engelse saamgewerk het, prontuit aan Marais se seun gestel het. Die antwoord was nee, maar dat Marais wel baie vyandig teenoor pres. Paul Kruger en sy politieke beleid was.[20] Rousseau se slotsom is dat hoewel Marais pres. Kruger gehaat het en begrip vir die Uitlandersaak gehad het, Marais "geen twyfel gehad het oor waar sy eie trou op die ou end lê nie".[21] Maar skielik het hierdie versekering van Marais se seun en Rousseau vir my maar bra dun gelyk.

Daardie nag in 'n gastehuis in Grahamstad het ek onrustig geslaap. In die lig van sy ongenaakbare naoorlogse houding in sy koerant *Land en Volk* teenoor hendsoppers en joiners kan dit tog nie wees dat Marais 'n Britse spioen was nie? Of was dit net 'n skyn aan sy kant? Wie was die ware Eugène Marais: 'n vurige patriot wat tydens die oorlog plofstof en medisyne na die Boere wou smokkel, en daarna 'n onverskrokke joernalis wat dikwels by die Britse owerheid oor sy vyandige beriggewing in die moeilikheid was, soos uitgebeeld deur Rousseau, of 'n geheime handlanger van hierdie einste Britte in hul stryd teen die Boererepublieke en die Afrikaners? Presies waarmee het Marais hom in Europa besig gehou? As 'n eerste stap het ek nou gaan soek na alles noemenswaardigs wat Marais of andere oor hierdie tydperk in sy lewe geskryf het.

Eugène Marais – 1923

In April en Mei 1923 het Marais verskeie briewe aan Gustav Preller geskryf na aanleiding van laasgenoemde se versoek dat Marais hom van biografiese inligting voorsien. Preller was op hierdie tydstip besig om 'n lewenskets van Marais te skryf vir publikasie in die beoogde eerste bundel van Marais se gedigte. Al wat Marais in sy eerste brief oor sy tyd in die buiteland meld, is dat hy "in Europa wet en medisyne gestudeer het en in die wet gekwalifiseer het".[22] In 'n opvolgbrief 'n paar weke later brei hy effens uit:

> Kort daarna is ek na Europa en het daar gebly tot die uitbreek van ons oorlog. Toe sake ernstig word het ons Konsul Generaal my hulp ingeroep om te probeer propaganda maak vir die Republiek. Weer egter was dit 'n verlore saak! Ek word op parole gesit met die kondiesie dat ek Scotland Yard viertien dae kennis moes gee as ek Engeland wou verlaat. Ek het berig ontvang van 'n ekspedisie, wat die Boere van ontplofbare stowwe en medisyne sou voorsien. Ek het toe behoorlik kennis gegee en is na Antwerpen sonder hindernis gereis. Die voornaamste persoonlikhede van die ekspedisie was 'n Duitse militêre dokter, Schultz [sic],[23] wat net terug gekeer was uit China, van die gekombineerde Boxter [sic] ekspedisie, en die ander was Luitenant Zimmerman 'n Switserse artillerie offisier. Ons groot plan was om die Engelse en Portugese op die Ooskus onder die indruk te laat dat ons 'n wetenskaplike ekspedisie was. Ons ent-route was om die Savie op te gaan

> so ver as dit met skuite vaarbaar was, en van-daar oortetrek na die Limpopo en dan langs die Limpopo op na Zoutpansberg, met die hoop dat ons met Generaal Beyers sou in aanraking kom. Terwyl ons nog aan die Savie was, ontvang ons die treurige berig van Vereniging [sic] uit Beira. Alweer was dit 'n verlore saak![24]

Wat my dadelik opgeval het, was dat Marais niks verklap oor waarmee hy hom tussen die uitbreek van die oorlog in Oktober 1899 en sy vertrek na Portugees-Oos-Afrika in April 1902, twee en 'n half jaar later, besig gehou het nie. Trouens, hy laat dit klink of hy redelik kort ná die uitbreek van die oorlog by die ekspedisie aangesluit het. En hoekom noem hy nie by wie hy van die ekspedisie gehoor het nie – 21 jaar later kon dit tog nie meer 'n geheim gewees het nie? In die lig van sy brief aan FitzPatrick wat ek in Grahamstad gelees het, het hierdie leemte my agterdog gewek. Verder verskil Marais se weergawe van die ekspedisie se verloop van Rousseau s'n, waarvolgens Marais se geselskap die nuus van die vredesluiting reeds in Beira gekry het nog voor hulle na die Saverivier is. Marais se weergawe aan Preller stem egter ooreen met wat hy in 1902 aan FitzPatrick geskryf het.

In sy briewe aan Preller kom dit ook duidelik na vore hoe onwillig Marais is dat daar te indringend in sy lewe ingegaan word, of dat spesifieke datums gebruik word. In sy eerste brief skryf hy: "Ek het twee briewe van Charlie[25] oor 'n lewenskets vir die gedigte-boeke, maar daar sien ek vreeslik teen op! Al die slegte goed kan maar wag tot ek dood is. Ek sou veel liewers wou sien dat U alle datums en dergelyke dinge laatstaan." Marais sluit hierdie brief af met: "Hieruit kan jy kies welke biesonderhede jy wil, maar ek vra jou uit die naam van ons ou vriendskap om alles ander maar te laat bly."[26]

In sy tweede brief versoek Marais effens smekend: "Dit is my altyd bietjie skrikwekkend om my eie naam selfs in druk te sien; wees dus genadig met die biografie! Ek sal jou in kort alles vertel wat jy wens te weet, net datums moet jy my nie vra nie. Dit is altyd my swak punt gewees." Hierdie brief sluit hy af met: "So als U sê is die lewe 'n mosaïek van herinneringe, – vir my ongelukkig meestal pynvol als ek my bewustheid ooit toelaat om in die donker stroom in te duik." En in 'n naskrif 'n laaste versoek: "Met jou mooi praat het jy meer uit my gekry dan ooit my plan was, maar ik weet dat jy diskreet sal wees."[27] Dit het al hoe meer begin lyk of Marais iets wou wegsteek.

Gustav Preller – 1925

Preller se lewenskets van Marais het in 1925 in die eerste uitgawe van Marais se gebundelde gedigte verskyn en is later dieselfde jaar in Preller se *Historiese Opstelle* aansienlik uitgebrei. Laasgenoemde bevat meer inligting as wat Marais in sy briewe verskaf het, en is vermoedelik aangevul met inligting wat Preller uit gesprekke met Marais self gekry het, asook van Marais se seun, familie en kennisse. Hiervolgens het Marais medies gestudeer in Engeland, waar hy later ook as advokaat gekwalifiseer het. Preller voeg by dat Marais ook baie gereis het, onder meer na Italië, Duitsland, Frankryk en Holland, en ook lang tye in Egipte deurgebring het, waar hy Egiptiese hiërogliewe en artefakte bestudeer het.[28] Preller meld verder dat Marais ná die uitbreek van die oorlog nie die geleentheid gehad het om na Suid-Afrika terug te keer nie, totdat hy uiteindelik uit Europa van die beoogde Portugees-Oos-Afrika-ekspedisie gehoor het.[29] Preller gebruik dan ook Marais se weergawe van die verloop van die ekspedisie.

Preller verduidelik ook nie wat Marais ná die uitbreek van die oorlog in Engeland gedoen het nie, en hoekom hy nie vroeër na die Transvaal teruggekeer het om sy oorlogsplig na te kom nie. Dit lyk egter asof Preller daarop bedag was dat daar vrae hieroor mag wees, want hy noem pertinent dat Marais nie 'n vroeëre geleentheid gehad het om na Suid-Afrika terug te keer nie. Preller herhaal egter Marais se stelling dat toe hy uiteindelik besluit om Engeland te verlaat, hy dit sonder enige probleme kon doen.[30] Dit lyk dus of dit vir Marais moontlik sou gewees het om vroeër by die vegtende Boere aan te sluit indien hy wou, soos vele ander buitelanders wel tydens die oorlog gedoen het.

Preller was vir baie jare 'n goeie vriend en ondersteuner van Marais, en was ook redakteur van Marais se koerant *Land en Volk* in 1902 en 1903. Hy het ook later 'n groot aandeel gehad in die vestiging van Marais se reputasie en sy uitbeelding as 'n Afrikanerheld.[31] Preller se lewenskets van Marais moet dus in daardie lig gelees word.

Eugène Marais – 1920, 1921, 1927 en 1932

Marais se eie gepubliseerde vertellings van sy ervarings in die buiteland is maar skraps. In 1920 het hy in 'n artikel – "'n Voëlparadijs" – vir *Die Boerevrou* geskryf oor 'n man wat hy gereeld in Hyde Park gesien het wat skynbaar 'n geheimsinnige mag oor voëls gehad het.[32] Die volgende jaar het twee artikels –

"By die mond van die Save" – van hom in *Die Volkstem*[33] verskyn oor 'n pêrelduikuitstappie wat hy in die Indiese Oseaan naby die mond van die Saverivier meegemaak het. Marais noem egter geen name in hierdie artikels nie, slegs dat daar tydens die laaste jaar van die oorlog 'n klein ekspedisie "bestaande uit 'n paar Duitsers en twee Transvalers by die mond van die Save in Portugees Oos-Afrika te lande gekom" het. Volgens Marais was die doel van die ekspedisie om die kommando van genl. Beyers in die Soutpansberg te gaan bystaan.

> Hier, egter, het hulle berig uit Beira ontvang van die pasgeslote vrede, en die geselskap is toe uitmekaar. Een Transvaler [Marais] en 'n Duitse dokter [Schulz] het 'n paar maande aangebly in Matjanga, 'n groot inboorlingstat omtrent ses myl van die monding van die rivier.[34]

Volgens hierdie weergawe het die ekspedisie die nuus van die vredesluiting reeds by die mond van die Save gehoor, nog voor hulle met die rivier kon opvaar. Hierdie verloop strook dus nie met wat Marais vir FitzPatrick en Preller vertel het nie. Marais laat dit ook klink of hy en Schulz vrywillig in Machanga agtergebly het, terwyl hul mede-ekspedisielede hulle volgens Rousseau opsetlik hier agtergelaat het.[35] In 1927 het Marais egter 'n ander storie aan 'n kennis van hom vertel, naamlik dat daar veertien van hulle op die ekspedisie was, maar dat almal behalwe hy en dr. Schulz aan malaria beswyk het.[36]

Ook in 1927 het Marais in sy "Die siel van die aap"-reeks in *Die Huisgenoot* melding gemaak van 'n siek sjimpanseetjie van die Londen Dieretuin wat hy huis toe geneem het om gesond te dokter toe hy in Teddington, Londen, gewoon het.[37] In 1932 het nog 'n artikelreeks – "Burgers van die berge" – van Marais in *Die Vaderland* verskyn. Hierin het hy meer besonderhede van die doen en late van die sjimpanseetjie[38] gegee en bygevoeg dat hy ook jare lank in Londen 'n klouapie aangehou het.[39] Bogenoemde is sover aan my bekend al wat Marais self oor sy tyd in die buiteland gepubliseer het.

Winifred de Kock – 1935

De Kock was 'n eks-Suid-Afrikaner wat in Engeland gewoon het en van Marais se werke in Engels wou vertaal. In 1935, die jaar voor Marais se dood, het sy met hom hieroor gekorrespondeer. Vir haar het Marais vertel dat hy in Engeland gestudeer het en as advokaat gekwalifiseer het nadat hy eers vier jaar lank geneeskunde gestudeer het. Volgens hom het hy as 'n seun in die Anglo-Boereoorlog geveg, met die gevolg dat "it made me far more bitter than men who took part in the war at a more advanced age and who had had less to do with the English before the war".[40]

Marais was met die uitbreek van die oorlog reeds 29 jaar oud, en was vir die duur daarvan grotendeels in Londen en Europa en daarna kortliks in Portugees-Oos-Afrika. Hoekom het hy dan vir De Kock vertel dat hy in die oorlog geveg het? 'n Skuldgevoel omdat hy juis nie het nie, en omdat hy een of ander duistere rol in die oorlog gespeel het?

F.G.M. du Toit – 1935 en 1936

François du Toit het in 1934 aan 'n proefskrif oor Eugène Marais begin werk vir sy meestersgraad in lettere en wysbegeerte, en het kort voor laasgenoemde se selfdood in 1936 verskeie onderhoude met hom gevoer.[41] Gustav Preller het ook inligting aan Du Toit verskaf en saam met Marais se seun Du Toit se gegewens gekontroleer.[42] Du Toit se verhandeling het in 1940 in boekvorm as *Eugène N. Marais – Sy Bydrae tot die Afrikaanse Letterkunde* verskyn.

Du Toit se weergawe van Marais se jare in die buiteland was die volledigste tot op daardie tydstip. Hiervolgens het Marais onmiddellik ná sy aankoms in Londen in Januarie 1897 as student by die Inner Temple ingeskryf. Hy het egter kort daarna sy studies opgeskort om vir die Transvaalse konsul, Montagu White, strikvrae voor te berei vir gebruik deur die Britse parlementêre komitee wat die Jameson-inval ondersoek het. Volgens Marais het hy ook mediese opleiding by 'n privaat kliniek onder toesig van Guy's Hospital gekry, en mediese kennis in Bonn opgedoen. Verder het hy verskeie groot stede in Europa besoek saam met 'n groep Duitse studente wat in opdrag van die Pruisiese regering 'n studie van onsedelikheid moes maak. 'n Paar van hulle is later saam met hom terug na Londen waar hulle saam 'n huis in Teddington gehuur het. Marais het ook vir Du Toit vertel dat hy in Londen briewe van Ewald Esselen, 'n bekende advokaat in Pretoria en 'n vriend van hom, asook andere in die Transvaal, ontvang het waarin hulle aangedring het dat hy hom eerder op die regte as op geneeskunde moet toespits, aangesien hy as advokaat sy land beter sou kon dien.[43]

Volgens Marais het Scotland Yard hom kort ná die uitbreek van die oorlog in Teddington kom haal en na lord Selborne, adjunkminister van kolonies, geneem. Marais moes Selborne verseker dat daar geen verbintenis tussen hom en die ZAR-regering is nie. Selborne het hierdie verduideliking aan die Britse kabinet voorgelê, wat toe van Marais vereis het dat hy niks teen die Britse owerheid sal doen nie, en minstens veertien dae kennis aan Scotland Yard sal gee indien hy Engeland sou wou verlaat.[44]

Marais het ook aan Du Toit meer inligting verskaf oor waarmee hy hom ná die uitbreek van die oorlog besig gehou het. Volgens hom het hy sy regs- en mediese studies voortgesit, maar ook 'n deeglike studie van Egiptiese hiërogliewe gemaak, en Egipte twee keer vir hierdie doel besoek. Soos Preller meld Du Toit ook dat Marais na Frankryk, Italië, Holland en Duitsland gereis het. Du Toit voeg by dat Marais tydens die oorlogsjare 'n ruk by 'n horlosiemaker gewerk het, en dat hy selfs die besigheid bestuur het toe die eienaar op 'n keer siek was.[45]

Vir Du Toit het Marais 'n effens ander weergawe van die ekspedisie deur Portugees-Oos-Afrika verskaf as wat hy aan Preller vertel het. Nou het Marais skynbaar by sy Duitse vriende in Teddington van die ekspedisie gehoor, en ook dat meer as £10 000 (R10 miljoen) uit Duitsland daarvoor bekom is. Volgens Marais is hy toe na Antwerpen, waar hy eers ná 'n lang gesukkel met die leiers van die ekspedisie, dr. Schulz en luit. Zimmermann, in aanraking gekom het. Daarna is hulle per skip na Tanga in Duits-Oos-Afrika (vandag Tanzanië), en het hulle van hier af verder voetgeslaan tot by Beira.[46] Hier het hulle 'n man aangestel wat hulle uit Lourenço Marques op hoogte moes hou met die oorlogsituasie in die Transvaal terwyl hulle op ekspedisie was. Vanaf Beira het die geselskap na die Saverivier getrek en daarna stroomop, en hulle was op die punt om die Limpoporivier oor te steek na die Transvaal toe hulle berig van die vredesluiting ontvang. Hulle het toe al hul voorraad in 'n moeras begrawe en na Lourenço Marques gereis. Hier het Marais volgens hom 'n paar maande vertoef en lank siek gelê in 'n klein hotel voor hy toestemming van die Britse owerheid gekry het om na die Transvaal terug te keer.[47]

In wese stem hierdie weergawe ooreen met wat Marais aan Preller en FitzPatrick vertel het, met dié verskil dat die ekspedisielede nou reeds by Tanga aan wal gegaan het en daar hul staptog begin het.

J.M.H. Viljoen – 1936

Twee weke ná Marais se dood in 1936 het 'n huldeblyk aan hom verskyn in *Die Huisgenoot*, wat in daardie stadium onder die redaksie van J.M.H. Viljoen was. Viljoen het met Marais te doen gekry toe laasgenoemde in vroeëre jare 'n deeltydse medewerker van hom by *De Volkstem* was, asook later toe Marais bydraes vir *Die Huisgenoot* gelewer het.[48] Moontlik is dit dan Marais wat aan hom die huldeblyk se weergawe van die Portugees-Oos-Afrika-ekspedisie vertel het.

> Hy was besig om in die buiteland te studeer en te reis toe die Tweede Vryheidsoorlog uitbreek, en met 'n klein geselskap het hy in Oos-Afrika aangekom om deur die koorswêreld oor land na Transvaal te gaan. Dit was 'n gedenkwaardige reis en soos die meeste dinge in sy lewe een van teenspoed en ontbering. Toe hy die Transvaal bereik, was dit net betyds om die tyding van die vredesluiting te ontvang.[49]

Weereens stem hierdie weergawe min of meer ooreen met wat Marais aan FitzPatrick, Preller en Du Toit vertel het, behalwe dat hy nou wel die Transvaal bereik het. Maar die huldeblyk meld nie wat Marais tussen die uitbreek van die Anglo-Boereoorlog in 1899 en sy vertrek na Portugees-Oos-Afrika in 1902 gedoen het nie.

Eugène Charles Gerard Marais – 1937

Eugène Marais se seun en enigste kind, Eugène Charles Gerard, was maar agttien maande oud toe sy pa na Londen vertrek het, en sewe jaar toe hy teruggekeer het. Marais jr. het in 1937 'n biografiese skets oor sy pa vir Winifred de Kock se Engelse vertaling van *Die Siel van die Mier* geskryf.[50] Volgens hom het sy pa in 1895[51] na Europa gereis met die oogmerk om geneeskunde te gaan studeer. Maar ná Marais se vriende in die Transvaal hom oorreed het om eerder regte te studeer, het hy by die Inner Temple ingeskryf om as advokaat te kwalifiseer. Marais jr. voeg egter by dat sy pa dit reggekry het om ook geneeskunde te studeer, en dat slegs die uitbreek van die oorlog hom verhoed het om as dokter te kwalifiseer.[52] Hy verduidelik egter nie hoekom dit so was nie – sy pa het tog nie na Suid-Afrika teruggekeer om aan die oorlog deel te neem nie.

Volgens Marais jr. was sy pa op parool in Engeland toe hy 'n geleentheid kry om by 'n ekspedisie na Suid-Afrika aan te sluit. Sy oogmerk was om mediese voorraad en plofstof wat hy self aangekoop het na die Boere te neem. Terwyl hy nog in Sentraal-Afrika was, waar hy malaria opgedoen het, het hy die nuus van die vredesluiting gekry.[53] Hierdie weergawe verskil van Preller, Du Toit en Viljoen s'n in sover dat daar in hul weergawes geen sprake was dat Marais self plofstof en medisyne aangekoop het nie, en hy volgens hulle byna die Transvaal bereik het, of in die geval van Viljoen reeds die grens oorgesteek het, toe hy die nuus van die vredesluiting gekry het.

D.W. Krüger – 1946

In 1946 het 'n lang artikel – "Reise met besondere opdrag" – van prof. D.W. Krüger oor Marais se ekspedisie deur Portugees-Oos-Afrika in *Die Huisgenoot* verskyn,[54] wat later in P.J. Nienaber se *Eugène Marais – Die Groot Eensame* gebundel is. Krüger het sy artikel gebaseer op die amptelike verslag wat dr. Schulz kort ná die afloop van die ekspedisie aan dr. Leyds, sy opdraggewer en die voormalige Transvaalse buitelandse gesant in Europa, gestuur het.

Volgens Krüger (en vermoedelik dr. Schulz se ekspedisieverslag) het Marais bloot toevallig op die vaart tussen Dar es Salaam en Beira vir Piet Burger[55] [sic] ontmoet. Hy skryf: "Marais was juis op reis na Delagoabaai vanwaar hy op eie houtjie sy weg na die Transvaal wou probeer baan." Marais het toe besluit om eerder by Burgers en Schulz se sending aan te sluit.[56] Krüger meld egter nie dat Marais reeds in België vir Schulz ontmoet het nie. Volgens Krüger het luit. Zimmermann ook eers in Beira by die ekspedisie aangesluit,[57] nie in Antwerpen soos Marais aan Du Toit vertel het nie.[58] Verder meld Krüger dat die vrede gesluit is nog voor die ekspedisie uit Beira kon vertrek, en nie ná hulle maande reeds deur die binneland van Portugees-Oos-Afrika na die Transvaal getrek het nie.

Krüger meld dat Schulz egter ná die vredesluiting besluit het om steeds 'n deel van hul beplande reis af te lê, want hy het gevoel dat indien hulle so gou ná die vredesluiting hul kwansuise jagekspedisie kanselleer, die Britse en Portugese owerhede in Beira agterdogtig sou raak. Die vier mans het toe na die mond van die Saverivier geseil, waar hulle 'n week lank 'n paar kilometer met die rivier langs gaan jag het. Hier het Burgers en Zimmermann met opset vir Marais en Schulz agtergelaat en met die meeste van die ekspedisie se geld en ammunisie, asook hul gehuurde boot, gevlug.[59]

Van hierdie fiasko het Marais nooit melding gemaak nie. Marais en Schulz was toe vir amper sewe weke gestrand in Machanga, 'n dorpie op die noordelike oewer van die Saverivier, voor hulle na Beira kon terugkeer.[60] Hierdie weergawe stem meer ooreen met wat Marais in sy artikel "By die mond van die Save" geskryf het as met wat hy vir Preller, Du Toit en Viljoen vertel het. Van Beira is Marais en Schulz na Lourenço Marques, waar ene Falconer, wat Marais aan Schulz as sy beste vriend voorgestel het en wat volgens Krüger voorheen 'n bankbestuurder was, gereël het dat Marais na die Transvaal terugkeer.[61]

Dit is interessant dat Krüger nie kommentaar lewer oor Marais se ander weergawes van die ekspedisie nie. Maar in dié stadium het Preller Marais reeds as 'n Afrikanerheld gevestig, en in 'n tydperk van felle Afrikanernasionalisme het Krüger seker besluit om hierdie ongemaklike teenstrydighede te ignoreer.

M. Nienaber-Luitingh – 1962

Nienaber-Luitingh het in 1962 'n kort biografie van Marais gepubliseer, waarin sy egter niks nuuts tot die bestaande inligting op daardie tydstip oor Marais se doen en late in die buiteland byvoeg nie. Sy baseer haar weergawe van die ekspedisie deur Portugees-Oos-Afrika op Krüger se artikel, maar pas dit effens aan deur te meld dat die ekspedisie die nuus van die vredesluiting eers by die mond van die Saverivier gekry het,[62] en nie in Beira soos Krüger gemeld het nie. Dit het sy blykbaar gedoen om haar weergawe te laat strook met die inligting in Marais se artikel "By die mond van die Save".

Leon Rousseau – 1974

Dit blyk dat Rousseau die meeste van die inligting wat hy in *Die Groot Verlange* oor Marais se doen en late in die buiteland weergee, uit die vorige boeke en artikels oor Marais gekry het. Marais se seun, vriende en kennisse het ook aan hom brokkies inligting oorgedra wat Marais hulle meegedeel het. Maar soos telkemale in hierdie werk sal blyk, het Marais soms die feite erg borduur, en ander kere pleinweg gelieg. Om vleis aan die skamele inligting tot sy beskikking te gee het Rousseau sekere afleidings gemaak uit die geskiedenis van die era, uit wat reeds bekend was oor Marais se lewe voor en ná Londen, asook hoe sy persoonlikheid voor en ná Londen verskil het,[63] en hierdie afleidings met die reeds bekende inligting saamgeweef.

Rousseau het egter ook op nuwe feite afgekom. In die Inner Temple se argief het hy ontdek dat Marais vals inligting op sy aansoekvorm verskaf het. Hy het ook vasgestel dat Marais verskeie kere vir *Land en Volk,* die koerant in Pretoria waarvan hy voorheen redakteur was en wat hy nog steeds besit het, oor sy akademiese vordering by die Inner Temple gelieg het.[64]

Rousseau meld verder dat een van Marais se kennisse in Londen John Hays Hammond was, 'n vooraanstaande Amerikaanse Uitlander wat ná die Jameson-inval deur die ZAR-regering ter dood veroordeel en toe begenadig is. Rousseau skryf ook dat Marais bevriend was met Marie Corelli, een van die gewildste romanskrywers van die tydvak, en dat sy met hom wou trou. Volgens Rousseau het Marais ook vir Henry Irving, die grootste akteur van die tyd, en Gerald du Maurier, 'n bekende akteur-toneelbestuurder, in Londen ontmoet.[65] Rousseau het jare later gemeld dat hy die inligting oor Hammond, Corelli, Irving en Du Maurier by Marais se seun gekry het, wat dit op sy beurt by sy pa gehoor het. Rousseau het erken dat hy nie weet of dié inligting noodwendig waar is nie.[66]

Rousseau verwys ook na notas wat Marais in 'n aantekeningboek gemaak het, onder meer dat hy kort ná sy aankoms in Londen saam met 'n sekere Dot en Helen 'n konsert bygewoon het. In hierdie aantekeningboek is ook 'n paar potloodsketse wat Marais van 'n sestienjarige meisie gemaak het, wat Rousseau laat bespiegel oor 'n verhouding tussen hulle.[67]

Wat betref die ekspedisie deur Portugees-Oos-Afrika, maak Rousseau grootliks staat op D.W. Krüger se *Huisgenoot*-artikel asook Schulz se ekspedisieverslag, waarvan hy 'n afskrif by Krüger gekry het.[68] Hy gebruik, soos Nienaber-Luitingh, ook insidente in Marais se artikel "By die mond van die Save" om kleur aan sy weergawe van die ekspedisie te gee.[69] Maar hy voeg ook inligting by wat Krüger nie in sy artikel genoem het nie, en waarvoor hy geen bronne verskaf nie. Volgens Rousseau het Marais met 'n omweg van 'n ekspedisie gehoor en is hy toe na Brussel, waar hy verneem het dat die ekspedisielede reeds na Portugees-Oos-Afrika vertrek het. Hy wou egter nog steeds die ekspedisie probeer inhaal en daarby aansluit. Maar dr. Leyds, die buitelandse gesant van die Transvaal, het hom aan 'n lyntjie gehou, want in sy oë was Marais verdag – toe Leyds voor die oorlog nog die ZAR-staatsekretaris was, het Marais hom gereeld in *Land en Volk* venynig aangeval. Marais het toe maar besluit om alleen na Lourenço Marques te reis en sy eie ekspedisie op sy eie koste van stapel te stuur.[70] Volgens

Rousseau het Marais egter ten tyde van sy toevallige ontmoeting met Burgers op die vaart tussen Dar es Salaam en Beira laasgenoemde nie van sy vroeëre ontmoeting met Leyds vertel nie.[71] Vir die finansiering van Marais se persoonlike ekspedisie meld Rousseau dat eersgenoemde deur die bemiddeling van Falconer, sy goeie vriend en die voormalige bestuurder van *Land en Volk,* voor sy vertrek uit Londen £1 000 (R1 miljoen) na Standard Bank in Lourenço Marques laat oorplaas het. Rousseau merk wel op dat dit vreemd is dat daar geen beswaar van die Britse militêre owerheid in die Transvaal teen hierdie oorplasing was nie.

> Uit die omstandigheidsgetuienis sou afgelei kon word dat die Britse owerheid Marais se ekspedisie gefinansier het – en seker nie sodat hy die Boere kan gaan help nie. In hierdie stadium moet duidelik gesê word: daar is geen bewys dat Marais ooit vir die Engelse en teen sy eie mense gewerk het nie.[72]

Dit is waar Rousseau die saak laat. Al wat hy in *Die Groot Verlange* oor Falconer byvoeg, is dat hy ná die Britse besetting van Pretoria redakteur van die amptelike Britse koerant daar geword het, maar dat dit onwaarskynlik lyk dat hy sterk pro-Brits was.[73] Verder meld Rousseau dat Falconer in Lourenço Marques namens die nuwe Transvaalse kroonkolonieregering 'n aanbod aan Marais gemaak het: *Land en Volk* mag weer verskyn en die Britse owerheid sal dit selfs finansieel ondersteun, mits hy 'n pro-Britse of neutrale beleid volg. Hiertoe het Marais ingestem, en hy is toe na Pretoria, waaroor Schulz gekla het: "Terwyl Falconer vir my geen vinger verroer het nie ... ruim hy vir Marais alle hindernisse glad uit die weg."[74]

Rousseau erken dat die deel van sy boek wat oor Marais se jare in die buiteland handel veel meer gissings as enige ander deel bevat.[75] Maar dit is ongelukkig soms moeilik vir 'n leser van *Die Groot Verlange* om tussen fiksie en feit te onderskei, aangesien Rousseau min bronne verskaf het, en geen voetnote nie.

Friedel Hansen – 2013

Hansen, 'n radio-omroeper wat in 1984 'n dokumentêre program oor Marais gemaak het, het in 2013 sy *Die Handdruk van die Dood: Die Onvertelde Storie van Eugène Marais* self uitgegee. In hierdie publikasie maak hy verskeie sensasionele bewerings oor Marais se verblyf in Londen, onder meer dat dit baie waarskynlik is dat hy daar sifilis opgedoen het, asook dat hy van Mei 1899 tot Oktober 1900 by Marie Corelli in Stratford-upon-Avon gewoon het. Volgens Hansen was Corelli die "heel grootste invloed" op Marais se latere lewensloop, en het sy hom in Londen finansieel onderhou.[76]

Vrae en raaisels

Die verskillende en soms teenstrydige weergawes van Marais se doen en late in die buiteland het 'n klomp vrae by my laat opkom. Nie Preller, Du Toit, Marais jr. of Rousseau verduidelik bevredigend hoekom Marais nie onmiddellik na die Transvaal teruggekeer het nie toe dit duidelik geword het dat die oorlog gaan uitbreek, of later, toe dit reeds aan die gang was. Rousseau verwys terloops daarna deur te noem dat "die Boere-oorlog hom die volgende jaar in Londen sal vaskeer".[77] Maar by nader ondersoek maak hierdie verduideliking nie sin nie. Honderde Iere, Franse, Duitsers, Skandinawiërs en vrywilligers van ander lande het tydens die oorlog daarin geslaag om hul weg na die Boeremagte te baan. Marais was dan nie eers meer 'n voltydse student nie – volgens Rousseau het hy eers meer as 'n jaar ná die uitbreek van die oorlog weer 'n eksamen aan die Inner Temple afgelê.[78] Wat presies was Marais se verhouding met Fitz-Patrick en Wernher, Beit & Co., en wie is die J.B. Taylor wat Marais so lank geken het? Behalwe Hansen verduidelik geeneen van die voorgemelde skrywers ook hoe Marais dit kon bekostig om vir meer as vyf jaar te woon in wat destyds een van die duurste stede in die wêreld was nie. Op sy beurt beweer Hansen dat Corelli vir Marais onderhou het, maar verskaf geen bewyse hiervoor nie.

En hoekom het ook Rousseau geen kommentaar gelewer oor die feit dat Marais skynbaar vir Preller, Du Toit, Viljoen en sy seun oor die ware verloop van die ekspedisie deur Portugees-Oos-Afrika gelieg het nie? Wat het regtig daar gebeur? Dan is daar die geheimsinnige Falconer. Krüger beskryf hom as 'n voormalige bankbestuurder, maar Rousseau as die voormalige bestuurder van *Land en Volk* oor wie daar maar "min bekend" is.[79] Rousseau bespiegel ook dat Falconer skuldig gevoel het oor Engeland se rol in die oorlog en derhalwe simpatiek teenoor die Boere was.[80] Maar Rousseau verskaf geen bronne vir hierdie stellings nie. Wie was Falconer regtig? En hoekom sou die Britse owerheid op hierdie tydstip aanbied om *Land en Volk* te subsidieer? Waarom skaars fondse op iets so onbenullig verkwis, 'n koerant wat bloot neutraal teenoor die regering sou staan, terwyl daar ná die oorlog tog baie groter prioriteite in die verwoeste Transvaal was? Was hier nie 'n verband met Marais se werk vir Julius Wernher en Alfred Beit se firma in Engeland tydens die oorlog nie, asook met FitzPatrick se voorafkennis van die ekspedisie deur Portugees-Oos-Afrika? Waaroor was Preller – en vermoedelik Marais – baie jare later so bekommerd dat hy genoodsaak gevoel het om aan FitzPatrick te skryf?

Ek kon nou nie anders nie as om Marais se spoor te vat, 'n spoor wat gelei het van Grahamstad na argiewe en bronne in Kaapstad, Stellenbosch, Bloemfontein, Johannesburg en Pretoria, en nog verder, na Engeland en Duitsland. Tot my verbasing het ek mettertyd besef dat nog niks oor 'n baie belangrike – en bykans ongelooflike – deel van Marais se lewe geskryf is nie, 'n deel wat 'n feitelike boek van sy eie regverdig. Aanvanklik het ek gevind dat alles wat reeds oor Marais geskryf is, dit vir my moeilik gemaak het om hom in fokus te kry. Maar namate die nuwe feite te voorskyn gekom het, het Marais duideliker in beeld gekom – en dit is geheel en al 'n ander prentjie as wat skrywers soos Preller, Du Toit en Rousseau voorgehou het.

Aanvanklik was my voorneme slegs om die samehangende relaas van Marais se jare in die buiteland te probeer gee wat Rousseau van mening was altyd onmoontlik sou wees om te doen. Ná 'n ruk het ek egter besef dat wat Marais in hierdie jare gedoen het, nie in afsondering en buite konteks bespreek kan word nie – die oorsprong van sy doen en late in Brittanje en Portugees-Oos-Afrika moet in die ZAR voor sy vertrek na Europa gesoek word. En wat hy in Brittanje gedoen het, verklaar weer sy politieke en joernalistieke rol in die Transvaalkolonie ná die oorlog. Wat dus aanvanklik begin het met 'n ondersoek na wat presies Marais gedurende sy nagenoeg vyf en 'n half jaar in die buiteland gedoen het, het uiteindelik gelei tot 'n werk wat die twee dekades van 1887 tot 1907 dek: van Marais as 'n 17-jarige seun uit die Paarl in Pretoria aankom tot hy op 37-jarige ouderdom na die Waterberg verhuis.

Hierdie jare omvat die ontdekking van goud op die Witwatersrand en die ontstaan van die wêreld se grootste goudmynbedryf, die ekonomiese en politieke oplewing van die ZAR, die Jameson-inval en sy nasleep, die Anglo-Boereoorlog en die verwoesting van die Boererepublieke, die naoorlogse verengelsingsbeleid van die Milner-regering, die begin van die Tweede Afrikaanse

Taalbeweging, asook die opkoms van genls. Louis Botha en Jan Smuts as toekomstige politieke leiers van 'n verenigde Suid-Afrika. Dit was ook die tydperk waarin die Transvaal (en Suid-Afrika) begin verander het van 'n grotendeels agrariese gemeenskap na 'n moderne nywerheidsland. Marais was 'n deelnemer aan en beskrywer van die beslissende gebeure in hierdie vormingsjare van die moderne Suid-Afrika, en hy het met van die belangrikste rolspelers te doen gekry, onder andere genl. Piet Joubert en pres. Paul Kruger, sir Percy FitzPatrick en Alfred Beit, lord Alfred Milner en Joseph Chamberlain, asook genls. Botha en Smuts.

Ek het ook mettertyd besef dat Percy FitzPatrick en sy werkgewer Wernher, Beit & Co. 'n baie groot en tot dusver onbekende rol in Marais se lewe gespeel het, en dat om sy optrede in konteks te plaas, dit ook nodig is om hul bedrywighede voor, tydens en ná die Anglo-Boereoorlog noukeurig te ondersoek.

Waar ek Marais se lewensloop voor en ná sy verblyf in Europa bespreek, het ek so ver as moontlik probeer om nie te herhaal wat die ander skrywers oor hom reeds gemeld het nie, en was dit my doel om eerder net sy politieke en joernalistieke rol in die lig van nuwe inligting te beoordeel. Lesers wat meer oor Marais se persoonlike lewe gedurende hierdie tydperk wil weet, word verwys na die voorheen gemelde skrywers, veral na Rousseau se *Die Groot Verlange.*

DEEL 2

Die ou Transvaal

(1887-1896)

In plaas van om so opgetoë te wées, moes jy liewers ween; want daardie goud sal die oorsaak wees dat ons land met bloed gedrenk word.[1]

Genl. Piet Joubert,
toe hy hoor van die ontdekking van goud in die Transvaal

It seems as if it was almost inevitable that Marais, owing to his temperament and outlook, should have sided with General Joubert rather than with President Kruger. At times the impression is very strong indeed that this bias was so pronounced as to make him join hands even with the British.[2]

H.P.H. Behrens, The Pretoria Press Story

In die begin

Aan die einde van 1896 doen Eugène Marais, die eienaar en redakteur van die Pretoriase koerant *Land en Volk*, by die regering van die Zuid-Afrikaansche Republiek aansoek om 'n paspoort om na Brittanje te reis, waar hy beoog om in Londen regte te gaan studeer. Op die paspoort, wat deur hom sowel as sy politieke vyande pres. Paul Kruger en staatsekretaris dr. Willem Leyds onderteken is, word hy beskryf as 26 jaar oud, vyf voet nege duim lank, met bruin hare en wenkbroue, 'n ligbruin snor, grys oë en 'n reguit neus.[3]

Maar reeds in hierdie oënskynlik onbetwisbare beskrywing skuil 'n raaisel. Volgens die ouderdom op sy paspoort en sy geboortedag van 9 Januarie is Marais dus in 1870 gebore. Maar volgens *Die Groot Verlange* is sy geboortejaar 1871,[4] en so word dit ook in die *Suid-Afrikaanse Biografiese Woordeboek*[5] aangedui. 'n Onbenullige teenstrydigheid, sou moontlik 'n mens se eerste gedagte wees, maar een wat by nader ondersoek 'n waarskuwing bevat, 'n vermaning dat 'n mens baie versigtig met die algemeen aanvaarde feite oor Marais se lewe moet omgaan. In die loop van my navorsing het dit geblyk dat Marais by ander geleenthede ouderdomme vir homself verskaf het wat geboortejare van onder andere 1871, 1872 en selfs 1873 aangedui het. Watter een is die regte jaar? Om die antwoord hierop te kry het 'n soektog van sy eie geverg, en dit is toe op die ou end 1870, soos op sy paspoort, en nie 1871 nie. Die speurtog na daardie antwoord word in Bylae 1 – *Die raaisel van Eugène Marais se geboortejaar* – uiteengesit.

Marais het egter nie uit die bloute besluit om in Brittanje te gaan studeer nie. Die aanloop daartoe hou verband met onlangse gebeure in die Transvaal, wat ontstaan het toe die Voortrekkers hulself sestig jaar tevore in die gebied tussen die Vaal- en Limpoporivier begin vestig het. Brittanje het in 1852 die onafhanklikheid van die Transvaal erken, en die land het dit behou tot dit in 1877 bankrot gespeel het en deur 'n toenemend imperialistiese Brittanje geannekseer is. Toe die Boere in 1880 in opstand kom teen die Britse anneksasie en Pretoria beleër, is die meeste Pretorianers in kampe saamgehok, maar het die tienjarige Eugène Marais en sy familie in beter omstandighede saam met die Britse troepe in hul militêre kamp gaan woon. Marais se ryk oom, Lang Piet Marais, het selfs aangesluit by die Defence Committee wat Pretoria teen 'n moontlike Boere-aanval moes help beskerm.[6] Die volgende jaar het die Boere weer by Majuba 'n mate van onafhanklikheid teruggewen, waarna Paul Kruger tot president verkies is.

Marais is kort daarna deur sy sukkelaar van 'n vader en sy lankmoedige moeder na sy oudste broer, die 32-jarige Charles,[7] op Boshof in die Vrystaat gestuur vir verdere skoolopleiding.[8] Naby Charles het Lizzie Niemeyer, op 38 Marais se oudste suster,[9] haar man en agt kinders gewoon,[10] onder andere haar seun John, wat 'n jaar ouer as Marais was. Twee jaar later, in Mei 1884,[11] het die veertienjarige Marais saam met Lizzie en haar skoolgaande kinders na die Paarl verhuis, waar hy en John hul opvoeding aan die Paarl Public School for Boys[12] voortgesit het. Saam met hulle ingeskryf in klas II was J.C. Stegmann,[13] wat dieselfde ouderdom as Marais was, en later in Londen ook 'n rol in sy lewe sou speel. Charles sou mettertyd die vadersrol in Marais se lewe vervul,[14] en vir laasgenoemde was John Niemeyer vermoedelik meer soos 'n broer as 'n neef, en Lizzie 'n ma eerder as 'n suster.

Goud is twee jaar later op die Witwatersrand ontdek. In hierdie stadium was die ongeveer 60 000 wit inwoners van die Transvaal oorwegend die afstammelinge van die oorspronklike Voortrekkers,[15] met net 'n klein vreemde element, meestal handelaars, wat in die wydverspreide dorpe gewoon het. Hierdie vreemdelinge was egter oor die algemeen goed geassimileer en kon Hollands praat. Die meeste van hulle het burgerskap en stemreg gehad, en is grootliks deur die ouer bevolking aanvaar. Die ZAR was ook nog 'n betreklik arm en onontwikkelde land met 'n hoofsaaklik landelike bevolking. Maar met die ontdekking van goud het dié leefwêreld plotseling en onherroeplik verander. Namate die nuus deur Suid-Afrika en die res van die wêreld versprei het, het derduisende enkellopende mans per voet, perd of ossewa na die Transvaal gestroom om hul fortuin te kom soek. Amper oornag – of altans, so het dit vir die Boere gevoel – het hierdie Uitlanders se moderne stad op die Witwatersrand verrys, skaars vyftig kilometer suid van hul eie hoofstad. Die plek waar derduisende Uitlanders nou saamgedrom het, was 'n jaar tevore nog 'n uitgestrekte grasvlakte waarvan die rustigheid slegs elke nou en dan deur 'n eensame ossewa versteur is. Maar nie meer nie. Johannesburg was vir die meeste van die langer gevestigde Transvalers volksvreemd, 'n Sodom en Gomorra van bordele en kroeë en goddelose Uitlanders wat na die Transvaal gekom het om so gou as moontlik ryk te word en wat daarna hopelik weer na hul eie lande sou verdwyn.

In Junie 1887, die jaar ná die ontdekking van goud, matrikuleer die sewentienjarige Marais met 'n tweedeklas-vrystelling aan die Paarl Public School for Boys,[16] en keer na sy broer Charles op Boshof terug.[17] Maar hier is nie veel vir die jong Marais om te doen nie, en ná slegs 'n kort verblyf besluit hy om in Pretoria as klerk te gaan werk by Kuranda en Marais, die prokureursfirma van 'n ander ouer broer, Melt, waar sy neef John ook reeds 'n klerk is.[18]

Alhoewel Pretoria die hoofstad van die ZAR is, is dit in die jaar van Marais se terugkoms eintlik maar net 'n rustige dorp met ongeveer 9 000 wit inwoners wat meestal in eenvoudige enkelverdieping-grasdakhuise woon. Hier kweek hulle vrugte en groente agter die doring- en roosheinings van hul skaduryke tuine, en orals vloei helder strome waarin visse dartel. Die hart van hierdie gemeenskap waar almal mekaar ken, is Kerkplein, 'n gruiserige, oop stuk grond, stowwerig en warm in die somer, modderig ná 'n reënbui, met die geboue van die Volksraad aan die een kant en 'n gepleisterde kerk met 'n hoë toring in die middel. Om Kerkplein is die winkels van handelaars wat 'n bestaan maak deur hul ware vir ivoor, vee en ander skatte van die veld te verruil. Kuranda en Marais se kantoor is hier, asook 'n paar ongerieflike hotelletjies, die persele van transportryers en die geboutjie van die Pretoria Club, wat 'n paar jaar tevore gestig is "to promote social intercourse amongst Gentlemen resident in the Transvaal".[19] Net om die draai is die Hooggeregshof met sy gepruikte hoofregter, junior regters, advokate en prokureurs. Op Kerkplein kom die poskoetse aan uit Natal en Kimberley, die naaste spoorwegverbinding, en dan vergader die Pretorianers hier om nuus en stories uit te ruil.

In hierdie samelewing dra die woord van die grysbaarde met ouderdom en ondervinding aan hul kant baie gewig, met pres. Kruger s'n wat die swaarste weeg. Kruger het grootgeword met die Voortrekker-ideaal om verlos te wees van Britse heerskappy, en sy grootste dryfveer as politikus is om die onafhanklikheid van die ZAR vir sy volk te beskerm. Sy lewensloop is ten nouste met die geskiedenis van die Transvaal ineengevleg. As tienjarige seun het hy die Groot Trek as 'n lid van Andries Potgieter se ekspedisie meegemaak, en was hy ooggetuie van talle Voortrekkeroorwinnings en -nederlae. Sy ouers het van kindsbeen 'n sterk Ou-Testamentiese inslag by hom ingeprent. Soos baie ander Voortrekkers sien hy ooreenkomste tussen die geskiedenis van die Boere en dié van die Israeliete en beskou hy sy mense ook as 'n verbondsvolk, 'n denkwyse wat 'n geweldige invloed op sy politieke beskouinge het. Sy enigste formele onderwys het maar net 'n paar maande geduur, en hy skryf met moeite, sy skrif lomp en swak gevorm. Verder is sy leeswerk hoofsaaklik beperk tot die Bybel, wat in alles sy rigsnoer is. In die jaar van Marais se terugkoms word die staatspresident 62 jaar oud, 'n Ou-Testamentiese patriarg wat die versinnebeelding van die tradisionele element van sy volk is. As 'n mens wes van Kerkplein met Kerkstraat langs loop, kom jy by sy woning uit: 'n onpretensieuse eenverdiepinghuis met 'n sinkdak. Hier staan die president gewoonlik douvoordag op, doen sy oggendgebed, en gaan sit dan op sy stoep wat oor Kerkstraat en sy geliefde Dopperkerk uitkyk, gereed om koffie te drink met 'n ieder en 'n elk wat hom wil sien, ongeag hul rang, rykdom of status.

Oor die president heers daar teenstrydige menings. Vir sy ondersteuners is hy 'n gebore staatsman en geslepe diplomaat met helder oordeel en geweldige natuurlike intelligensie, ten spyte van sy gebrek aan formele opvoeding, asook 'n dapper patriot met groot forsheid en energie, iemand wat hom in enige beroep sou onderskei het, 'n volksleier in die ware sin van die woord. Maar vir ander is hy 'n koppige en eng outokraat, onopgevoed en sonder maniere of smaak, en 'n opperste skelm wie se godsdienstigheid blote skynheiligheid is. Hierdie kritici wys daarop dat sy huis in Kerkstraat 'n geskenk was van Alois Nellmapius, 'n Hongaarse Jood aan wie Kruger die alleenreg toegeken het om drank in die ZAR te vervaardig.[20]

Marais se familie sien neer op Kruger en wat hulle beskou as sy onopgevoede Dopperondersteuners, die takhaarboere van die agterveld wat hom byna instinktief in alles navolg. Die Marais's verlekker hulle in die storie van hoe Marais se ma pres. Kruger op 'n keer weens sy "simpele voorkoms" nie herken het nie en op die stoep van hul huis laat wag het toe hy besoek kom aflê het. "Mother thought of him as a servant, and treated him as such," het een van Marais se susters later vertel, in die taal waarin sy altyd die gemaklikste was.[21]

Die Engelse joernalis

Die lewe van 'n prokureursklerk verveel Marais gou, en 'n jaar ná sy aankoms in Pretoria word hy 'n junior verslaggewer by die anti-Kruger *Transvaal Advertiser* waar Hennie, 'n ouer broer van hom, reeds 'n bekende joernalis is. Marais se eerste taal is Engels: dit is die taal wat die meeste van sy familielede praat en skryf; dit is die taal waarin hy van kleins af skoolgegaan het; dit is die taal waarin sy eerste paar tienergedigte in die *Paarl District Advertiser* verskyn het, gedigte wat deur sy liefde vir groot Engelse digters soos Shelley, Keats en Wordsworth geïnspireer is. Marais sal feitlik sy hele lewe lank in Engels bly dink.[22] Soos hy self aan die einde van sy lewe erken het: "I am far more fluent and more at ease in English."[23]

Deel van Marais se pligte is om verslag te doen oor die verrigtinge in die Volksraad. Reeds in 1889 maak hy opslae toe hy deur Kruger die persbank belet word omdat hy in die *Transvaal Advertiser* oor 'n vertroulike gesprek van die voorsitter van die Volksraad verslag gedoen het.[24] Gou kom die jong Engelse joernalis agter hoe die politiek in die Transvaal werk. In hierdie stadium is daar nie iets soos politieke partye nie, en Kruger regeer deur sy wil op die Volksraad af te dwing met behulp van sy persoonlike reputasie en oordonderende persoonlikheid. Die Uitvoerende Raad van die Volksraad vergader gewoonlik in sy huis, en in die meeste gevalle kry die staatspresident sy sin. Wat hy nie met passievolle oorreding en 'n gepleit deurgevoer kry nie, vermag hy met teatrale woede-uitbarstings. En om hom drom daar familielede en ander manne saam wat net daarop uit is om geld te maak. Aan hulle gee Kruger poste, konsessies en regeringskontrakte, en laasgenoemde twee verkoop hulle meestal aan die ryk Uitlanders van Johannesburg. Hiermee sien Kruger niks verkeerd nie – dit is net reg dat sy familie en ondersteuners baat uit hierdie indringers se teenwoordigheid.

Maar daar is ook meer liberale Afrikaners in Pretoria wat goed met die nuwer aankomelinge oor die weg kom, en vriendskappe tussen hulle is algemeen. Een van die plekke waar hulle sosiaal ontmoet, is die Pretoria Club, waarvan Marais se oom Lang Piet Marais asook sy broer Melt 'n paar jaar tevore onder die stigterslede was.[25] Die meeste van Pretoria se vooraanstaande persoonlikhede en ander vername Transvalers en manne van elders in Suid-Afrika is ook lede, onder andere regters soos Ewald Esselen, mynmagnate soos Cecil John Rhodes en koerantredakteurs soos Marais se baas John Scoble.[26] Marais word mettertyd ook 'n lid,[27] en jare later in Londen tydens die Anglo-Boereoorlog sal hy die vooroorlogse verhouding tussen Boer en Brit in Pretoria, asook die atmosfeer van die Pretoria Club, as volg aan Joseph Chamberlain, die Britse minister van kolonies, beskryf:

> And even in Pretoria, where the two races met each other under conditions hardly favourable to the establishment of friendly relations, there are innumerable instances of the warmest friendships (outside political circles, or the immediate entourage of the President) . . . The only social club in Pretoria was equally divided between Boers and English, and the only people who did form a clique even here were the Hollanders. No stronger proof of this contention is needed than the fact that whenever any serious question disturbed the club the English and Afrikanders invariably sided against the Hollanders.[28]

Die Hollanders beklee 'n ongemaklike posisie in die Transvaal. Op hierdie tydstip is daar nie genoeg Transvaal-gebore Boere met die nodige kundigheid om al die regeringsposte van 'n vinnig groeiende staat te vul nie. Maar eerder as om gekwalifiseerde Kaapse Afrikaners aan te stel, verkies Kruger dit om Hollanders te werf. Kruger vertrou die Kaapse Afrikaners nie – hy verdink hulle daarvan dat hulle heimlik vir Rhodes ondersteun, wat met die Kaapse Afrikanerbond se hulp in 1890 tot eerste minister van die Kaapkolonie verkies is. J.H. Hofmeyr, die leier van die Afrikanerbond, steun boonop Rhodes se teenkanting van enige verdere uitbreiding van die ZAR in Betsjoeanaland (vandag Botswana).

Maar die Hollanders is ongewild onder baie Transvalers, Marais inkluis. Hulle hou hulle eenkant, gaan ongereeld of glad nie kerk toe nie, en meng of trou nie sommer met die inheemse wit mense nie. Daarby neem hulle aan geen georganiseerde sport deel nie, anders as die meeste Boere en Britte. Baie Boere meen ook dat die Hollanders op hulle neersien as agterlike nefies en niggies met 'n lae beskawingspeil. Talle van die onderwysers en staatsamptenare, die meeste van die poskantoorbeamptes en landdroste, en amper al die koerantredakteurs van Hollandstalige koerante in die Transvaal is gebore Hollanders, iets wat die ouer burgers teen die bors stuit. Verder ondersteun die Hollanders Kruger te alle tye en in alle politieke sake.

Wernher-Beit

Die derduisende prospekteerders wat na die Transvaal stroom, kom gou agter dat dit nie so maklik is om op die Witwatersrand geld te maak nie. Anders as op die meeste ander goudvelde oor die wêreld is die neerslae hier yl in die hoofrif versprei, 'n rif wat boonop skuins en baie diep loop. Diep skagte moet gesink word en tonne erts vergruis word om die goud te ontgin. Dit is 'n tipe mynbou wat baie geld vereis, iets wat die gewone prospekteerders nie het nie. Daar is egter manne met kapitaal, die magnate wat reeds hul fortuine op die diamantvelde van Kimberley gemaak het: Alfred Beit en Julius Wernher, Cecil John Rhodes, J.B. Robinson, Barney Barnato en andere. Hierdie manne koop vinnig al die strategiese plase en kleims op die hoofrif op.

Van al die kapitaliste is Beit en Wernher die vlugvoetigste. Beit is 'n Duitse Jood wat as 'n jong klerk na Suid-Afrika gekom het en binne veertien jaar 'n fortuin op Kimberley se diamantvelde gemaak het. Op sy beurt stam Wernher van 'n ou en vername Duitse Protestantse familie af, en het hy ook uit die diamantbesigheid baie ryk geword. In 1887 doen Beit en Wernher al drie jaar saam sake in 'n vennootskap wat later Wernher, Beit & Co. sal word. Beit word gesien as die finansiële meesterbrein, iemand wat bereid is om enorme risiko's te neem, terwyl Wernher die nugter, konserwatiewe sakeman is, meer gereserveerd en berekend in sy optrede.[29]

Alhoewel Beit en Wernher nou reeds Kimberley se stowwerige strate vir statige herehuise in Londen verruil het, stel hulle in die jaar van Marais se aankoms in Pretoria twee ywerige en bekwame manne aan om hul goudbelange op die Rand te behartig en uit te brei. Hermann Eckstein en James Benjamin Taylor, dieselfde J.B. Taylor wat veertien jaar later vir Eugène Marais 'n entoesiastiese getuigskrif aan die Inner Temple sal verskaf, stig in 1887 die vennootskap H. Eckstein,[30] waarin een vyfde van die winste aan hulle toeval en die res na Wernher en Beit in Londen vloei.[31]

Die 27-jarige Jim Taylor is ses voet lank, 'n gebore Kapenaar wat in Johannesburg soos 'n wafferse Engelse landheer in tweedpakke rondgaan, en volgens oorlewering altyd lyk asof hy 'n spanjoel op sy hakke en 'n haelgeweer oor sy skouer moet hê. In die openbaar verskyn hy ook selde sonder 'n blommetjie in sy knoopsgat. Hy lyk soos wat hy is – iemand wat dol is op perde, honde en jag. Maar mense wat dink dat hulle met 'n eenvoudige karakter te doen het, kom gou hul fout agter. Alhoewel Taylor min formele skoolopleiding het, het hy baie praktiese ondervinding opgedoen. Reeds op elf moes hy lang ure by sy pa se diamantsorteertafels in Kimberley werk en daarna by 'n algemene handelaar. Jare lank het hy saam met sy ouers en broers in 'n tent in Kimberley gewoon, tussen die stof en die vlieë en in die klimaatuiterstes wat dié dorp kenmerk. Op agttien het Beit hom as diamantmakelaar in diens geneem, en gou het Taylor baie geld gemaak, wat hy net so gou weer verloor het. Daarna is hy na Barberton om vir goud te delf en het hy 'n onfeilbare oog vir 'n goeie kleim ontwikkel, iets wat hom nou goed te pas kom. Hy ken ook omtrent almal van enige belang in Johannesburg en Pretoria op hul noemname.[32]

H. Eckstein word vinnig die grootste en invloedrykste mynhuis op die Rand, en word deur die Johannesburgers Corner House gedoop, na aanleiding van die betekenis van Hermann Eckstein se van (hoeksteen) en die firma se gebou op die hoek van Commissioner- en Simmondsstraat in Johannesburg. Maar in die praktyk is Corner House 'n filiaal van Wernher, Beit & Co., en word niks noemenswaardigs in Johannesburg onderneem sonder Beit en Wernher se goedkeuring uit Londen nie. (Gerieflikheidshalwe word verder van Wernher-Beit gepraat wanneer daar na die gesamentlike groep van Wernher, Beit & Co. en H. Eckstein & Co. verwys word.)

Binne enkele jare produseer myne onder Wernher-Beit se beheer amper die helfte van die Witwatersrand se goud, en sal hierdie myne se gesamentlike markwaarde met tye tot soveel as £150 miljoen (R150 miljard) beloop.[33] Maar Wernher-Beit se tentakels strek veel verder as net goud. Benewens die groep se mede- beherende aandeelhouding in De Beers, die wêreld se grootste diamantprodusent, word dit gou ook die grootste grondeienaar nie net in Johannesburg nie, maar ook in die res van die Transvaal. Die firma sal mettertyd ook beduidende belange verkry in 'n klomp ander bedrywe, waaronder die perswese, onder meer 'n invloedryke belang in *The Star* in Johannesburg.[34] Gedurende die volgende twee dekades is Wernher-Beit in die een of ander gedaante verreweg die grootste sakegroep in die Transvaal en Suid-Afrika, met die mag en invloed wat daarmee saamgaan. Die firma kan vergelyk word met die Oppenheimers se Anglo American-ryk (wat inderdaad van Wernher-Beit se belange oorgeneem het), wat ook later die grootste sakegroep in Suid-Afrika was. Wernher-Beit is dus die voorste mynhuis, en die voorsitter van die Kamer van Mynwese, die werklike heerser van Johannesburg, sal vir baie jare altyd een van die firma se vennote wees.

In 1890 verhuis Jim Taylor na Pretoria om Wernher-Beit se skakel met die regering te word en só na sy firma se belange om te sien. Hier ken Taylor lank reeds vir Lang Piet Marais. Hulle het al saam gejag,[35] en Wernher-Beit het ook al verskeie plase by Eugène Marais se oom gekoop, transaksies wat Lang Piet 'n baie ryk man gemaak het. Taylor is ook al vyf jaar lid van die Pretoria Club.[36] Hy ontmoet nou Lang Piet se broerskind, Eugène Marais, die voortvarende jong joernalis van die *Transvaal Advertiser.* Soos Taylor byna twaalf jaar later in sy getuigskrif aan die Inner Temple oor Marais skryf: "I have known Eugene Marais for a dozen years or more."[37]

Ongewoon vir 'n Uitlander, kan Taylor "the Taal" vlot praat, en gou knoop hy 'n goeie verhouding met pres. Kruger aan.[38] Hy besoek Kruger gereeld vroegoggend op die stoep van sy huis, waar die president hom met allerhande staaltjies vermaak. Kruger leen selfs in die geheim namens die ZAR-regering £30 000 (R30 miljoen) by Wernher-Beit om konsessies in Swaziland te koop.[39] In hierdie stadium is die verhouding tussen Wernher-Beit en die ZAR-regering nog redelik goed. In die loop van die volgende vier jaar sal Taylor se firma op versoek van Kruger 'n leidende rol speel in die totstandkoming van die Pretoria Waterwerke, die Pretoria Lighting Company, De Nationale Bank van de Zuid-Afrikaansche Republiek en die Eerste Cement Fabrieken Beperkt, ondernemings waarin Wernher-Beit telkens 'n aandeel neem.[40]

Land en Volk

In Julie 1890 koop Flavell & Brown, die eienaars van die anti-Kruger *Transvaal Observer* in Pretoria, 'n sukkelende Hollandstalige koerant, *Land en Volk.* Die nuwe eienaars se oogmerk is bloot om die koerant as 'n weeklikse Hollandse weergawe van die *Transvaal Observer* uit te gee, met dieselfde artikels wat vir

Land en Volk vertaal word, en al twee koerante wat op dieselfde perseel gedruk word.[41] Die doel van F.R. Statham, redakteur van die *Transvaal Observer*, met *Land en Volk* is "to promote among the burgher population liberal views with regard to the franchise, railway construction, and similar matters of interest to the mining population".[42] Statham stel die volgende maand vir Eugène Marais aan om die vertaalwerk te doen.[43]

Ongeveer dieselfde tyd neem Statham ook 'n jong Skot, Peter Charles Falconer, in diens om in die finansiële afdeling van die *Transvaal Observer* te werk en artikels vir die kultuurblad te skryf. Dit is dieselfde Falconer na wie Rousseau vlugtig in *Die Groot Verlange* verwys. Waarskynlik is dit dan by die *Transvaal Observer* waar Falconer en Marais se hegte vriendskap ontstaan. Falconer is twee jaar ouer as Marais en gebore en geskool in Inverness in die noorde van Skotland, waarna hy aan die Royal Academy gestudeer het. Hy het twee jaar tevore na Suid-Afrika verhuis, waar hy eers in Kaapstad en Kimberley vir Juta & Co. gewerk het. Vroeg in 1890 het hy egter na Pretoria verhuis om te gaan werk vir 'n subkontrakteur wat betrokke was by die bou van die spoorlyn van Pretoria na Delagoabaai (Lourenço Marques). In hierdie tyd het hy amper aan malaria gesterf, iets wat sy gesondheid permanent sou aantas.[44]

Falconer se tydgenote beskryf hom as "a Scotsman of Scotsmen . . . gifted with a keen sense of humour, and a writer of no mean ability. If he is over-scrupulous it is a good fault, but his sound judgment enables him to perceive the good in a man's character, and he has never been known to waver from what he considers to be his duty."[45] Hy is skraal gebou, met ruie wenkbroue en 'n hangsnor, en word selde sonder 'n sigaret in sy mond gesien.[46] Soos Marais word hy ook mettertyd lid van die Pretoria Club.[47]

Marais onderskei hom gou deur verskeie veranderinge by *Land en Volk* in te stel wat verkope van die koerant dramaties laat styg. Een hiervan is om ook artikels in Afrikaans te vertaal. Oor "the change from High Dutch . . . to the dialect in common use in the Republic" merk die *Transvaal Observer* op dat ofskoon dié dialek "may have the misfortune to offend against all kinds of rules of grammar, [it] nevertheless enjoys the advantage of being the language which the people of the Republic use and *in which they think*."[48] Die koerant meld verder dat "Mr. Marais' evident ability led to his being left more and more in possession of the editorial control of *Land en Volk*",[49] en op 10 Oktober 1890 word Marais formeel as die redakteur van *Land en Volk* aangestel.[50]

Marais neem ook as redakteur van die *Transvaal Observer* waar toe Statham op 'n keer weg is.[51] Volgens Marais het hy selfs redakteur van die *Transvaal Observer* geword toe Statham bedank het en terug na Brittanje is, en het hy benewens sy redakteurskap van *Land en Volk* ook hierdie pos tot 1894 beklee.[52] Maar Marais het hierdie tydelike aanstelling van hom oordryf, soos hy so baie keer met ander dinge in sy lewe gedoen het, want volgens Statham se outobiografie het die koerant ongeveer die einde van 1891 weens finansiële probleme gesluit, waarna hy na Kimberley is om die redakteur van 'n koerant daar te word.[53] Die Suid-Afrikaanse Nasionale Biblioteek in Pretoria se register van koerante bevestig dat die koerant net tot 1891 bestaan het.[54]

In 1890 raak Marais en Ben Viljoen, die latere generaal, ook bevriend. Alhoewel Viljoen twee jaar ouer as Marais is, het hy 'n groot bewondering vir laasgenoemde, wat in sy oë 'n wêreldwyse en nonkonformistiese voorbeeldfiguur is wat alles besit wat hy nie het nie: opleiding, kontakte, selfvertroue en beslistheid van standpunt. Viljoen word die *Land en Volk*-agent vir Krugersdorp, waar hy woon, en later ook 'n medewerker en korrespondent van die koerant. Op politieke vlak volg hy aanvanklik ook Marais se voorbeeld. Die volgende jaar doop hy selfs sy eerste kind Wynand Eugène.[55]

Pres. Kruger kry teenstand

Die derduisende Uitlanders skep gou 'n yslike politieke probleem vir pres. Kruger en baie van die oorspronklike wit Transvalers. Nog nooit het so baie vreemdelinge in verhouding tot die bestaande bevolking so vinnig 'n land binnegestroom nie, en Kruger vrees dat hulle binnekort in die meerderheid gaan wees en dus die land by die stembus sal kan oorneem. Hy gooi wal deur nuwe vereistes te stel wat dit bykans onmoontlik maak vir die nuwelinge, van wie die oorgrote meerderheid Britse burgers is, om Transvaalse burgerskap en sodoende stemreg te verkry.

Toonaangewende Uitlanders is oënskynlik baie ongelukkig hieroor – volgens hulle betaal die Uitlanders en hul maatskappye verreweg die meeste van die land se belastings, maar het hulle geen inspraak in hoe daardie geld bestee word nie. Hulle is ook baie krities oor die ZAR se beleidsrigtings en handelwyse, veral die regering se konsessiebeleid. Kruger en sy regering het reeds voor die ontdekking van goud 'n beleid van monopolistiese konsessies daargestel om die vestiging van nywerhede in die Transvaal aan te moedig. Hierdie konsessies gee die houers daarvan die alleenreg om vir 'n bepaalde tydperk 'n spesifieke produk in die Transvaal te verskaf, op voorwaarde dat dit in die land vervaardig word, of die alleenreg om 'n spesifieke diens, soos watervoorsiening, te lewer. In die meeste gevalle beteken hierdie beleid egter hoër pryse vir verbruikers, insluitende die mynbedryf.

Kelsey Loveday, die enigste Engelssprekende lid van die Volksraad[56] en die dryfveer agter die stigting van die Pretoria Club,[57] begin nou vooraanstaande Transvalers van die gevare van Kruger se beleid bewus maak.[58] Loveday wys hulle op die skadelike gevolge van roekelose staatsbesteding, onnodige konsessies en monopolieë, 'n ondoeltreffende en korrupte staatsadministrasie, asook Kruger se voorkeur om Hollanders, soos dr. Leyds as staatsekretaris, in sleutelposisies in die staatsdiens aan te stel.[59] Hierdie Transvalers, wat mettertyd as die progressiewes bekend staan, vrees dat as dié kwessies nie bevredigend opgelos word nie, dit mettertyd tot oorlog met Brittanje sal lei. Van die Volksraadslede wat as progressiewes gereken word, is Ewald Esselen, Lukas Meyer, Koos de la Rey en Lodewyk de Jager,[60] almal manne met wie Marais te doen sal kry. Kruger se ondersteuners bestempel die progressiewes as verraaiers en "Britishers".[61]

Die progressiewes skaar hulle mettertyd agter genl. Piet Joubert, die kommandant-generaal van die ZAR en 'n politieke teenstander van Kruger. Joubert het besef dat die koms van die Uitlanders beteken dat die Transvalers se ou lewenswyse verby is, en glo dat die ou burgers en die nuwe aankomelinge eerder in landsbelang moet saamstaan. In plaas van die toestroming te probeer keer, is Joubert van mening dat die Volksraad die landswette moet wysig om voorsiening vir die nuwe intrekkers te maak – slegs deur eenheid sal die Boere hul kosbare onafhanklikheid kan behou.[62] Joubert is ook gekant teen Kruger se konsessiebeleid. Wat die gebruik van Engels betref, is Joubert bereid daartoe dat Engels saam met Hollands in die openbare lewe gebruik word.[63]

Die progressiewes besluit nou om hul eie mondstuk as teenvoeter vir die Krugergesinde *De Volksstem* in die hande te kry, en in Julie 1891 help Ewald Esselen die 21-jarige Marais en sy vriend Jimmy Roos om *Land en Volk* van Flavell & Brown te koop[64] deur borg te staan vir die banklening van £500 (R500 000) wat hulle moet opneem om die koopsom te betaal.[65] Roos is 'n gebore Kapenaar, 'n jaar ouer as Marais, en het twee jaar tevore na die Transvaal verhuis om as verslaggewer by *The Star* te kom werk. 'n Paar maande later het die koerant hom na Pretoria verplaas, waar hy met Marais en Esselen bevriend geraak het.[66]

Esselen self is 33 jaar oud en nou 'n vooraanstaande advokaat in Pretoria. Hy het 'n Skotse vrou, en is ook 'n gebore Kapenaar wat vyf jaar tevore na Pretoria verhuis het om op versoek van pres. Kruger 'n regterspos te aanvaar, 'n amp waaruit hy intussen bedank het.[67] Alhoewel hy nog steeds met Kruger bevriend is, is hy soos die ander progressiewes ook simpatiek teenoor die griewe van die Uitlanders. Hy is 'n groot, fors geboude man met 'n liberale uitkyk en sterk persoonlikheid en is 'n gewilde figuur, selfs onder sy politieke teenstanders. John Scoble, Marais se voormalige redakteur by die *Transvaal Advertiser,* het hom beskryf as 'n "remarkably fascinating man whom everybody liked outside of politics".[68] 'n Ander waarnemer het gemeen "he had the greatest gifts of advocacy of any man he had ever met".[69]

In Pretoria word daar vertel dat die geheim van Esselen se sukses as advokaat, benewens sy persoonlikheid en intellek, daarin lê dat hy twee-uur soggens opstaan en teen dagbreek al meer werk verrig het as wat die meeste ander mense in gewone werksure kan vermag. Maar smiddae en saans kuier Esselen hard in die kroeg van die Pretoria Club, "a prince of Pretoria clubmen".[70] Een van die baie stories oor hom wat in omloop is, is dat hy op 'n keer ná die middagreses nie by die hof opgedaag het om sy betoog voort te sit nie. Die regter, wat met Esselen se gewoontes vertroud was, het ná hy 'n ruk gewag het 'n boodskapper na die Pretoria Club gestuur om hom te gaan haal. Toe Esselen uiteindelik by die hof opdaag, het hy sy betoog sommer met die inloop voortgesit. "U Edele," verklaar hy, "soos ek besig was om voor die onderbreking te sê."[71]

Om die een of ander rede verskyn daar ná Marais en Roos die koerant koop nou minder Afrikaanse artikels, sodat dit van feitlik 'n Afrikaanse koerant aan die begin van 1891 weer teen die einde van die jaar byna heeltemal vernederlands het. Du Toit meen dat Roos nie dieselfde geloof as Marais in die toekoms van Afrikaans gehad het nie, en Marais ten gunste van Nederlands beïnvloed het.[72] Soos gemeld, sluit die *Transvaal Observer* nou sy deure[73] en verhuis Marais se vriend Falconer na Johannesburg om bestuurder van *The Star* se drukkery te word,[74] 'n koerant waaraan Percy FitzPatrick ook verbonde is.[75] Maar Falconer en Marais se paaie sal later weer kruis.

Noudat Marais die mede-eienaar van *Land en Volk* is, laat hy nie gras onder sy voete groei nie, en loods hy omtrent elke week striemende aanvalle op die regering. Selfs pres. Kruger ontsien hy nie – die staatspresident is vir Marais iemand wat nie net sy vriende nie, maar ook homself en sy familie onbehoorlik verryk deur nepotisme en die toekenning van allerlei konsessies en monopolieë wat geen voordeel vir die land inhou nie.

Marais se aantygings oor Kruger se familie is nie vergesog nie. Piet Grobler, die kind van 'n susterskind van Kruger, sal later onderstaatsekretaris van die ZAR word, terwyl Piet Kruger, 'n kleinseun, meester van die Hooggeregshof is. Jan Eloff, 'n skoonseun van Kruger, word as kommissaris van Johannesburg aangestel, Hans Malan, 'n ander kleinseun, as hoofinspekteur van paaie, en so meer.[76] Wat konsessies betref, baat Frikkie Eloff sr., wat met Kruger se lieflingsdogter Elsie getroud is,[77] in die besonder. Volgens Percy FitzPatrick het Eloff die onsmaaklike reputasie gehad van "being interested in every swindle which is worth being in in the Transvaal".[78] In 1889 het Eloff en 'n vennoot byvoorbeeld 'n konsessie van die ZAR-regering gekry om water uit die Vaalrivier aan Johannesburg te voorsien. Maar op hierdie tydstip het 'n ander maatskappy reeds water uit 'n ander bron aan Johannesburg verskaf. Eloff en sy vennoot se doelwit was skynbaar nooit om werklik sake te doen nie, maar om die bestaande maatskappy te dwing om hul konsessie te koop om sodoende kompetisie uit te skakel, wat hulle wel aan die einde van 1892 teen 'n wins van £30 000 (R30 miljoen) vir Eloff sal doen, en waarteen Marais in *Land en Volk* te velde sal trek.[79]

Wat Kruger self betref, benewens sy enorme jaarlikse salaris van £7 000 (R7 miljoen), sorg hy in 1892 dat die staat op sy plaas Geduld 'n dam bou teen 'n koste van £4 500 (R4,5 miljoen). Die Openbare Werke-afdeling berig dieselfde jaar dat 'n pad oor Kruger se plaas wat begroot was om £1 500 (R1,5 miljoen) te kos in werklikheid £5 000 (R5 miljoen) gekos het. Lukas Meyer, die latere generaal, verklaar hieroor in die Volksraad dat die pad van geen nut vir enigiemand behalwe die eienaar van die plaas is nie.[80]

Marais skep nou 'n fiktiewe leser – Afrikanus Junior – wat gereeld in sy briewe skerp teen Kruger en Leyds te velde trek, asook teen die regering se Hollanderbeleid. Afrikanus Junior insinueer selfs dat Leyds 'n verraaier is wat die belange van 'n ander staat dien.[81] Rousseau meen dat "Kruger en sy Volksraad werklik die kwintessens van die bose" geword het vir Marais.[82]

'n Mens kan jou moeilik 'n groter kontras indink as dié tussen die jong joernalis en die bejaarde president. Marais is in Engels opgevoed, 'n Victoriaanse vrydenker met die liberale opvattings en hoë ideale van die jeug. Godsdienstig is hy nie,[83] en korrupsie verafsku hy. Dan is daar Kruger, 'n Dopper met byna geen formele opvoeding nie wat vas glo dat die aarde plat is en alles volgens die Bybel vertolk, omring deur geldgierige aanhangers, en wat volgens Marais met sy konserwatiewe ou grysbaardvolgelinge die land die afgrond in regeer. Maar in die felheid van Marais se teenkanting teen Kruger bespeur 'n mens nie net die opstand van jeug teen ouderdom nie, maar ook die rebellie van seun teen vader. Marais se pa en Kruger verskil maar net 'n paar jaar in ouderdom, en Jan Marais was met sy jongste seun se geboorte in die tronk in Bloemfontein weens die diefstal van staatsfondse.[84] Moontlik trek Marais dan 'n onbewuste verband tussen sy tronkvoël-pa en die vaderfiguur van die land wat hy glo ook skelm is.

In April 1892 laat die Vrymesselaars vir Marais as lid van Transvaal Lodge No. 1747 in Pretoria toe.[85] Vermoedelik speel John Keith, die eienaar van die *Transvaal Advertiser*, die koerant waar Marais sy loopbaan begin het, 'n rol hierin. Nie alleen is Keith die hoof van die losie waarby Marais aansluit nie, maar hy was ook veertien jaar tevore die stigter van die Vrymesselaarsbeweging in die Transvaal.[86] Marais vorder vinnig in die organisasie – binne drie maande is hy 'n Metgesel, en 'n maand later word hy bevorder na 'n Meester.[87] Ben Viljoen volg sy vriend se voorbeeld en sluit ook by die organisasie aan.[88]

Aan die Transvaalse Vrymesselaars behoort baie vooraanstaande Uitlanders, onder andere John Hays Hammond,[89] 'n Amerikaner en Rhodes-vertroueling wat die volgende jaar in Suid-Afrika aankom en met wie Marais bevriend sal raak. Hammond is 'n wêreldbekende myningenieur wat die ongehoorde bedrag van £12 000 (R12 miljoen) per jaar deur Rhodes betaal sal word.[90]

Die juk druk

Ook in 1892 stel Corner House die dertigjarige Percy FitzPatrick aan as maatskappysekretaris van Rand Mines, 'n filiaalmaatskappy van Corner House.[91] Fitz, soos hy algemeen bekend staan, is 'n uitbundige en argumentatiewe kort Kapenaar van Ierse afkoms met 'n welige snor. Hy verskyn nooit in die sonlig sonder sy groen-gestreepte wit kurkhoed nie, want hy is 'n rooikop met 'n ligte vel wat sleg brand.[92] Tot dusver het FitzPatrick maar 'n sukkelbestaan in die Transvaal gevoer, eers as 'n bankklerk en transportryer, daarna as hotelbestuurder, en later as joernalis by Barberton se dorpskoerant[93] asook by *The Star* in Johannesburg.[94] 'n Jaar tevore het hy ook bankrot gespeel ná onoordeelkundige spekulasie op die Johannesburgse aandelebeurs.[95] Maar nou lyk sy toekoms rooskleuriger. Hy is polities bewus en ambisieus, en sy aanstelling by Corner House verskaf aan hom die hefboom waarmee hy later 'n beduidende invloed op die lotgevalle van Marais en die ZAR sal uitoefen.

Hermann Eckstein verhuis nou na Londen om 'n vennoot in Wernher, Beit & Co. te word. Sy broer Friedrich en Lionel Phillips neem die bestuur van Corner House oor, aangesien Taylor oor 'n jaar of twee wil aftree.[96] Phillips is 'n Britse Jood wat drie jaar tevore by Corner House begin werk het, en sal later 'n groot rol in Wernher-Beit se sukses asook die Uitlanders se politieke agitasie speel. Phillips word ook nou hoof van die Kamer van Mynwese in Hermann Eckstein se plek.[97]

Ook in hierdie jaar stig 'n groep professionele Uitlanders die Transvaal National Union, wat hom beywer vir stemreg vir die nuwelinge, iets waarteen Kruger vasskop. Esselen ondersteun die stigting van die organisasie en moedig die Uitlanders aan om te "agiteer, agiteer, agiteer totdat hul krij wat hul wou hê".[98] Maar met die luukse van nakennis is dit duidelik dat die gevaar om die Uitlanders stemreg te gee heeltemal deur Kruger en sy ondersteuners oorskat is. Die meeste van die nuwe aankomelinge was Britse burgers wat van plan was om na Brittanje pad te gee sodra hulle genoeg geld gemaak het. En baie min sou bereid gewees het om hul Britse burgerskap vir dié van 'n klein land soos die Transvaal prys te gee, wat 'n vereiste vir ZAR-burgerskap was. Selfs Phillips het later aan Beit geskryf: "I have no desire for political rights and believe as a whole the community is not ambitious in this respect and only wants, as I do, good honest intelligent government."[99] Ook John Hays Hammond het erken dat die meeste Uitlanders maar net tydelik op die Rand was.[100]

Die National Union kla ook dat die ZAR-regering die Uitlanders onregverdig behandel en onderdruk. Louis Cohen, self 'n Uitlander en 'n bekende Johannesburgse aandelemakelaar en joernalis in die vroeë 1890's,[101] het hom egter later oor FitzPatrick se *The Transvaal from Within* en die sogenaamde onderdrukking van die Uitlanders as volg uitgelaat:

> It is all very well for Sir Percy FitzPatrick to write a brilliant book proving what tyrants the Boers were and what heroes – he was one of them – the reformers became. Let me say here, and it is only just to put it on record, that I have lived in South Africa on and off for fifty years, yet I have never been oppressed by the Boers – with many of whom I was closely associated.[102]

Tot dusver het die mynmagnate hulle egter nie aan die politieke griewe van die gewone Uitlanders gesteur nie. Maar soos die ander mynhuise, is Wernher-Beit 'n organisasie met 'n probleem. Oor die verkoopsprys van sy eindproduk het hy geen invloed nie, want die prys van goud word al jare lank ingevolge die internasionale goudstandaard vasgestel. Al manier hoe die firma dus sy goudmyne se winste kan verhoog, is om sy produksiekoste te verminder, wat hulle glo weens Kruger se konsessiebeleid baie hoër is as wat nodig is. Omdat daar op die Rand baie diep gemyn moet word, is uitgebreide skagstelsels nodig, wat beteken dat dinamiet een van die mynbedryf se grootste uitgawes is. Maar die myne moet dinamiet koop by 'n konsessiehouer wat aansienlik meer vra as die prys waarteen dit ingevoer kan word. Die ZAR-regering kry 'n deel van die superwinste van die konsessiehouer, en is vanselfsprekend onwillig om die konsessie af te skaf.[103] Die ander groot koste is arbeid, en die Kamer van Mynwese, en dus Wernher-Beit, voel sterk dat die regering nie genoeg doen om 'n betroubare en bekostigbare bron van swart arbeid te verseker nie.

Toenemend begin die juk van die ZAR-regering vir Wernher-Beit en van die ander myngroepe druk: hulle wil sonder staatsinmenging sake doen, met so min as moontlik belasting op hul winste, en met die vryheid om arbeid, dinamiet en ander benodigdhede so goedkoop as moontlik aan te skaf.[104] Dit beteken dat die konsessies en monopolieë afgeskaf moet word en 'n meer goedgesinde regering verkies moet word. Oor die stemreg gee hierdie mynmagnate self nie 'n vale duit om nie. Maar mettertyd besef sommige dat hulle hierdie kwessie tot hul mynhuise se voordeel kan gebruik.[105] As dit bewerkstellig kan word dat die Uitlanders stemreg kry, sal hierdie massa nuwe burgers verteenwoordigers kan verkies wat die mynhuise se belange sal kan bevorder. Die National Union kom nou onder die invloed van sekere mynhuise,[106] met Wernher-Beit en Rhodes se Consolidated Goldfields aan die voorpunt. Vir eers vestig hierdie mynhuise en die National Union hul hoop daarop dat 'n meer progressiewe regering onder leiding van genl. Joubert stemreg aan Uitlanders sal gee.

Die 1893-presidentsverkiesing

Genl. Joubert besluit nou om in die presidentsverkiesing van Februarie 1893 teen pres. Kruger te staan. Esselen word in Junie 1892 as hoof van sy verkiesingskomitee aangestel, en stel op sy beurt vir Marais en Roos in die sentrale komitee van Pretoria aan. Marais se broer Hennie, Kelsey Loveday en Ben Viljoen is ook lede van die verkiesingskomitee.[107] Gedurende die volgende paar maande word 'n taai verkiesingstryd gevoer, met Marais se *Land en Volk* aan die voorpunt, en Wernher-Beit wat rojaal tot Joubert se verkiesingsbegroting bydra.[108]

Roos is egter nie die aanvallende joernalis wat Marais is nie – hy verkies om eerder netjiese en saaklike berigte oor die Volksraad se verrigtinge te skryf. Moontlik raak dinge te warm vir Roos, want hy doen nou aansoek om 'n pos as snelskrywer en komiteeklerk by die Kaapse Wetgewende Vergadering. Aan die einde van Desember 1892 is hy terug in Kaapstad ná skaars agttien maande by *Land en Volk*.[109] Volgens Marais het hy nou die geld bymekaargeskraap om Roos se aandeel te koop, en het hy "toe die koerant vir jare alleen bestier".[110]

Ongelukkig vir Joubert berokken die bande tussen Esselen en die National Union sy veldtog groot skade en verloor hy die presidentsverkiesing naelskraap.[111] Esselen verloor ook sy setel as Volksraadslid vir Potchefstroom. Talle waarnemers beweer egter dat Kruger se agente die uitslag gemanipuleer het.[112] Marais is verbitterd hieroor en gee heftig uiting aan sy gevoelens in *Land en Volk*.[113]

Van nou af skroom hy ook nie om die ZAR-president se integriteit aan te val nie. Twee maande ná die verkiesing berig *Land en Volk* dat pres. Kruger bedrog gepleeg het deur sy reiskoste vir 'n besoek aan Colesberg van die ZAR-regering te eis – dit terwyl hy 'n gas van die Kaapse regering was en hulle die koste gedek het. Kruger laat Marais hierna op 'n aanklag van kriminele laster arresteer, en hy word op borgtog van £50 (R50 000) vrygelaat.[114]

Teen hierdie tyd gebruik Marais gereeld morfien. Hoekom, en wanneer dit begin het, is onbekend. Aan sy seun het hy later vertel dat joernalistieke werk hom ooreis het en hy aan 'n pynlike ontsteking van die senuvesels gely het.[115]

Moontlik steek daar waarheid hierin, want in dié tyd skryf Marais aan Roos dat "the only respite I have is in the arms of the divine drug".[116]

Spreekbuis van die Uitlanders

Reeds voor die 1893-presidentsverkiesing het Wernher-Beit en van die ander mynhuise besluit dat die Transvaalse pers gebruik moet word om kiesers teen Kruger te beïnvloed. Phillips het juis in 1892 opgemerk dat die openbare mening in die land ryp is om uit munt te slaan. 'n Daadwerklike veldtog met hierdie doelwit is toe deur die mynbedryf geloods, en Wernher-Beit en Rhodes het die de facto beherende aandeelhouers geword van *The Star*,[117] 'n uitgesproke teenstander van Kruger en sy regering.

Ná die teleurstellende uitslag van die 1893-presidentsverkiesing stig van die mynmagnate en hul firmas 'n geheime fonds om die progressiewe beweging te steun. Die geld is geoormerk "to educate the Boer opinion to better things, and to bring such influence to bear on the electorate as would result in the return of a better class of men to the Volksraad". 'n Belangrike middel om hierdie doel te bereik is 'n Hollandstalige spreekbuis, want die mynbedryf wil "newspapers conducted with this end in view" deur die ZAR laat versprei.[118] Die oog van Wernher-Beit en van die ander mynhuise val nou op *Land en Volk*, wat reeds 'n getroue lesersbasis onder die Boere het en baie van die mynbase se oogmerke deel.[119]

Charles Leonard, 'n Uitlanderadvokaat wat gereeld vir Wernher-Beit optree en een van die leiers van die National Union is, nader ses maande ná die presidentsverkiesing namens die mynmagnate vir Marais met 'n voorstel om *Land en Volk* te koop. Marais is inskiklik en begin hierna met Jim Taylor[120] en Leonard hieroor onderhandel. Wernher-Beit word nie by name in die korrespondensie hieroor tussen Marais en Leonard genoem nie, maar in die lig van Taylor se betrokkenheid en sy firma se leiersposisie in Johannesburg en die mynbedryf is dit ongetwyfeld hulle wat aan die hoof van die konsortium staan. Verdere ondersteuning van Wernher-Beit se rol op hierdie tydstip is die firma se voortgesette betrokkenheid by en belangstelling in *Land en Volk* gedurende en ná die Anglo-Boereoorlog, soos later sal blyk. Verder het Wernher-Beit 'n paar maande later namens 'n konsortium mynhuise ook die leiding geneem om die *Standard and Diggers' News*, 'n regeringsondersteunde anti-kapitalistiese koerant in Johannesburg, te probeer koop, en weereens vir Charles Leonard as tussenganger gebruik om hul betrokkenheid weg te steek.[121]

Esselen speel waarskynlik ook 'n rol in Leonard en Wernher-Beit se toenadering tot Marais, want hy tree soms as advokaat vir Wernher-Beit op. Esselen en Lionel Phillips is gereeld in aanraking met mekaar, en Phillips beskryf Esselen in 'n brief aan Beit as 'n "true progressive and [he] would, I think, like to see Boer and Uitlander join hands and form a strong Republic".[122]

Marais gaan sien tydens die onderhandelinge vir Leonard in Johannesburg. Die Uitlanderadvokaat is strydlustig. Daar is twee magte in die ZAR, waarsku hy Marais; óf hulle werk saam, óf hulle bots. En in die geval van 'n botsing sal die Uitlanders seëvier, verklaar hy vol selfvertroue. Marais swyg vir eers, maar toe hy terug is in Pretoria skryf hy 'n lang brief aan Leonard. Hy het simpatie met die Uitlanders, verklaar hy, maar Leonard maak 'n fout as hy dink die Boere sal in so 'n botsing ondergaan. "I can foresee but one result of collision: the triumphant issue of my own people – crippled and unseaworthy perhaps but still triumphant, – at a cost little short of disastrous to us as a people, but still triumphant." Hy verklaar verder dat bloed dikker as water is, en dat hy in so 'n botsing nie sal aarsel om die wapen teen die Uitlanders op te neem nie, al beskerm hy daardeur die vrot Kruger-regering. Maar hy is beïndruk met Leonard, en glo dat laasgenoemde 'n verskil aan die politieke situasie in die ZAR sal kan maak.

> If you could speak in print to the Republic as an audience as you spoke to me in your office your influence would be practically unlimited among my countrymen – That is to say if you could speak to print as straight from the heart & infuse every bit of your writing with your full personality . . . You have a magnetism about your personality which – as I have said before – would be practically limitless among the Boers.[123]

Marais sluit sy brief af deur Leonard te versoek om die transaksie so gou as moontlik af te handel aangesien hy by die kus wil gaan uitrus – die kommer en werk rondom die omstrede presidentsverkiesing het hom depressief en moeg gelaat.[124] Leonard beweeg vinnig, en bevestig kort hierna aan Marais dat die transaksie in beginsel goedgekeur is. Die konsortium is bereid om *Land en*

Volk vir £2 500 (R2,5 miljoen) te koop, in ruil waarvoor Marais nog twee jaar teen 'n salaris van £50 (R50 000) per maand as redakteur moet aanbly, waarna die koopsom aan hom betaal sal word en hy sy aandele sal moet oorhandig. Intussen kan Marais skryf wat hy wil, en die konsortium sal die koerant in die geheim subsidieer.[125] Hierdie reëling pas Wernher-Beit en die ander mynhuise goed: Marais skryf in elk geval reeds die tipe artikels wat hulle verlang, en hul subsidie verseker die voortbestaan van 'n sukkelende anti-Kruger-koerant.

Ná 'n dinee met 'n groep mynmagnate in Johannesburg, wat Taylor en Fitz-Patrick sekerlik ook bywoon, beklink Marais die transaksie met 'n maatskappy wat spesifiek vir hierdie doel gestig word.[126] Kort hierna skryf hy vertroulik aan Jimmy Roos dat hy *Land en Volk* aan 'n maatskappy verkoop het en as redakteur teen 'n salaris gaan aanbly. Finansieel gaan dit nou goed, laat weet hy vir Roos.[127]

Marais se aanvaarding van die Wernher-Beit-konsortium se aanbod dui daarop dat hy al in hierdie stadium 'n nuwe loopbaan begin oorweeg het. Moontlik het die uitslag van die presidentsverkiesing vroeër die jaar ná al sy harde werk hom laat besluit dat die kool nie meer die sous werd is nie. Boonop het hy 'n paar maande tevore vir Lettie Beyers, sy toekomstige bruid, ontmoet. Uit *Land en Volk* kan hy homself kwalik aan die lewe hou, om nie eers te praat van 'n vrou en kinders nie. Hier is nou die geleentheid om die koerant teen 'n wins te verkoop, en later 'n nuwe begin met 'n handige neseier te maak. En wat maak dit saak dat Uitlanders hom help? Die regering subsidieer tog op groot skaal sy mededinger, *De Volksstem*.[128] Hoekom kan hy dan nie ook 'n subsidie kry nie? En hy kan mos nog steeds skryf wat hy wil. 'n Wen-wen-transaksie.

Phillips laat weet aan die einde van Augustus 1893 vir Wernher-Beit se Pretoria-kantoor betreffende *Land en Volk* dat "I have ordered 1000 copies of this paper and asked the Editor to apply to you for the subscription".[129] Die jaarlikse inskrywingsgeld vir *Land en Volk* is £1,[130] dus verskaf Wernher-Beit hierdeur in werklikheid 'n jaarlikse subsidie van £1 000 (R1 miljoen) aan die koerant. Dit is onbekend of die ander mynhuise iets soortgelyks gedoen het.

Marais het hom twee jaar later daarop geroem dat *Land en Volk* die grootste sirkulasie van enige Hollandse nuusblad in die Transvaal het.[131] Maar in hierdie jare verkoop Transvaalse koerante slegs 'n paar duisend eksemplare – Marais noem vanselfsprekend nie dat sy koerant se sirkulasie weens bogenoemde soort "verkope" kunsmatig is nie. *The Star*, wat 'n baie groter lesersmark in Johannesburg bedien het, het omtrent 8 000 eksemplare per dag verkoop.[132] In 1903, toe *Land en Volk* se sirkulasie in die afwesigheid van ander Hollandstalige koerante 4 500 eksemplare beloop het,[133] het Marais lord Alfred Milner meegedeel dat sy koerant "now [has] an enormous circulation compared with its palmiest days in the past".[134] *Land en Volk* se verkope in 1893 is dus waarskynlik minder as 4 500 eksemplare, en hierdie subsidie van Wernher-Beit is aansienlik.

Op 14 Oktober 1893 stel ene C. Marquardt, die bestuurder van Wernher-Beit se Pretoria-kantoor, aan sy base in Londen voor dat "information received from Editor of *Land en Volk*" in die toekoms by wyse van die firma se "General Code" gehanteer moet word.[135] Hierdie kode is binne Wernher-Beit gebruik om oor hoogs vertroulike sake soos die dinamietkonsessie en die Kamer van Mynwese se strategie te korrespondeer.

Wat is hierdie inligting wat Marais aan Wernher-Beit oordra? *De Volksstem* het later berig dat Marais oor 'n span speurders beskik wat voortdurend probeer om bewyse van kwaaddoenery teen vooraanstaande burgers op te delf.[136] Indien *De Volksstem* se stelling korrek was, is dit onwaarskynlik dat *Land en Volk* so iets uit eie bronne sou kon bekostig. Maar dit pas natuurlik die mynhuise om bewyse van korrupsie en wanadministrasie teen Kruger en sy ondersteuners te kry – die geld het dus waarskynlik van hulle af gekom. In Wernher-Beit se argief is daar dan ook 'n afdeling vir dokumente wat betrekking het op die "Alleged corruption of government officials 1889-1902".[137]

Hierna verskyn daar sover bekend egter nooit weer voor die Anglo-Boereoorlog 'n direkte verwysing na Wernher-Beit se finansiële ondersteuning van *Land en Volk* in die firma se argief nie. Maar alle dokumente wat moontlik vir Wernher-Beit by die Uitlanderagitasie kon betrek (waaronder steun aan 'n anti-Kruger-koerant sekerlik ook sou getel het) het ná die Jameson-inval twee jaar later uit die firma se argief verdwyn,[138] en is waarskynlik deur FitzPatrick vernietig.[139] Marquardt stuur egter die volgende jaar aan sy base in Londen 'n vleiende *Land en Volk*-artikel oor 'n Wernher-Beit-filiaalmaatskappy, die Transvaal Consolidated Land & Exploration Company, die grootste grondeienaar in die Transvaal, waarin Marais meld die maatskappy se jaarverslag "is waardig deze reuzachtige onderneming", en "prachtig verziert" met prentjies.[140]

Ongeveer dieselfde tyd as Marquardt se brief oor die geheime kode word Marais onskuldig bevind op die vroeëre aanklag van kriminele laster teen Kruger. Soos soveel keer in die loop van die volgende twee jaar sal gebeur, behartig Esselen sy verdediging.[141] Marais verklaar hierna uitdagend "dat de verkeerde perzoon in de crimineele box geplaatst was".[142] *Land en Volk* se vyandige beriggewing oor Kruger en sy regering word nou skielik aansienlik skerper. Die koerant hamer onophoudelik op dieselfde temas: "Krugerisme" is korrup en ondoeltreffend, Kruger self hoort in 'n museum, en hy gee die land aan vreemdelinge weg – Hollanders kry al die keurbetrekkings en die spoorwegmonopolie behoort aan die Nederlandsche Spoorwegmaatschappij, terwyl die geld wat uit die konsessies verdien word hoofsaaklik oorsee vloei. 'n Historikus bestempel Marais se beriggewing in dié tydperk as "violent attacks [that] are more reminiscent of the hysterical ravings of Goebbels and Streicher than of the usual tone of nineteenth-century newspaper writings".[143]

'n Paar maande ná sy transaksie met die Uitlanderkonsortium lê Marais 'n sappige skandaal vir sy lesers bloot: Jan Kock, 'n vriend van Kruger en lid van die Uitvoerende Raad, asook landdros en stembusbeampte op Potchefstroom – waar Esselen sy setel verloor het – het telegraafpale en -drade wat aan die staat behoort, gebruik om sy plaas te omhein. Ná Marais 'n paar hoofartikels hieroor geskryf het, besluit die staatsprokureur om Kock en sy trawante te vervolg.[144] Charles Leonard skryf op 20 Februarie 1894 aan Marais om hom hiermee geluk te wens. Marais antwoord hom die volgende dag op 'n effens pessimistiese noot. Hy voorspel dat die Kruger-regering stappe sal doen om die saak te laat verdwyn. En hy is neerslagtig:

> The jubilation of the Draadzaak fills my soul with a profound melancholy – I'm naturally subject to this black demon but this time it has no physical source. To me it is but as clear that in the outside world it will not be Jan Kock the thief & traitor who has been exposed; – to them it will only be a fresh evidence of the unworthiness of the Afrikander people to govern themselves . . . The code of honour of my countrymen is a poor one & . . . [i]n my opinion it is the duty of every man, who hopes to see a South African nation arise, to purify & exalt that code of honour & the Draadzaak is one way of doing it.[145]

Marais blyk korrek te wees in sy voorspelling aan Leonard, want die ZAR-regering stel hierna 'n spesiale landdros aan om die saak te verhoor, wat uiteindelik Kock en die ander aangeklaagdes onskuldig bevind. Hulle behou ook almal hul staatsposte.[146]

Benewens sy eie aanvalle staan Marais ook koerantruimte af aan individue wie se opinies met sy redaksionele beleid ooreenstem. Kelsey Loveday is een van diegene wat hy gereeld in *Land en Volk* aanhaal en loof,[147] en in Mei 1894 sensureer die Volksraad vir Marais omdat hy 'n brief van Loveday geplaas het waarin laasgenoemde verwys het na "volksraadleden dom genoeg of schelm genoeg" en hulle "deze bedriegers" genoem het.[148]

Later in die jaar dreig Marais selfs om pres. Kruger vir laster in die bedrag van £10 000 (R10 miljoen) te dagvaar omrede Kruger glo op 'n vergadering in Ermelo verklaar het dat *Land en Volk* binnelands sowel as buitelands leuens oor die ZAR-regering versprei.[149] Kruger se prokureur antwoord dat die president nie daarvan bewus is dat hy Marais en sy koerant belaster het nie, en dat hy gereed staan om stukke of kennisgewings van Marais in hierdie verband te ontvang. Marais voer egter nie die saak verder nie, en laat dit daarby berus om die korrespondensie hieroor te publiseer.[150]

Maar Marais se beriggewing lei nou tot gereelde lastereise teen hom en *Land en Volk*. In die meeste van die daaropvolgende hofsake verteenwoordig Ewald Esselen en J.W. Wessels vir *Land en Volk*.[151] Wessels is 'n bekende advokaat in Johannesburg wat in feitlik al die belangrike goudwet- en maatskappyregsake namens die mynbedryf optree. Hy is ook 'n uitgesproke ondersteuner van die Uitlandersaak[152] wat ná die Jameson-inval vir die samesweerders in hul strafsaak sal optree.[153] Verder sal hy gedurende die Anglo-Boereoorlog eers vir genl. Roberts en daarna vir genl. Kitchener as regsadviseur werk.[154] Vermoedelik word Marais se aansienlike regskoste dus deur die Wernher-Beit-konsortium befonds, aangesien dit onwaarskynlik is dat hy uit eie bronne sulke duur regshulp sou kon bekostig. *De Volksstem* het ook hierdie mening gehuldig.[155]

Selfs Gustav Preller, Marais se onkritiese biograaf, het erken dat *Land en Volk* in hierdie jare "van alle politieke skrupules"[156] ontdaan was en dat Marais se beriggewing "meermale die indruk verwek dat 't selfs teen die republiek en vir die Engelse opposiesie was".[157] Preller het bygevoeg: "Selfs al probeer mens jou terug te plaas in die dae als . . . rebel teen die Kruger-regering, dan nog is 't moeilik om die toon en die gees te begrijp van 'Land en Volk' s'n drijwerij teen die Boere-owerheid."[158] Preller was egter haastig om te meld dat sy goeie vriend altyd "deur en deur goeie Afrikaner gebly het".[159] Hans Behrens, wat die kurator van die Transvaal Museum in Pretoria was, het in 1955 oor Marais gemeen dat "at times the impression is very strong indeed that this bias was so pronounced as to make him join hands even with the British".[160] Klaarblyklik was Behrens dus selfs dekades later bewus van die destydse gerugte oor Marais se joernalistieke rol, want hy het genoodsaak gevoel om by te voeg: "Much of the anti-Marais feeling is based on the propaganda of his enemies. Nevertheless, Marais loved his language, his Republic and his people far too much to resort to such subterfuges as were sometimes ascribed to him."[161] Ook Rousseau het dekades later, voor en ná publikasie van *Die Groot Verlange*, bewerings oor Marais se samewerking met die Uitlanderbeweging en/of Brittanje gehoor,[162] bewerings wat hy egter nie opgevolg het nie. Maar soos sal blyk, het daar waarheid in hierdie gerugte gesteek.

Die Uitlanders konkel

Ná die teleurstellende uitslag van die 1893-presidentsverkiesing het van die meer polities bewuste Uitlanders begin mobiliseer. Charles Leonard word in 1894 as die voorsitter van die Transvaal National Union verkies,[163] en dieselfde jaar loof sy broer Jim, ook 'n advokaat, *Land en Volk* op 'n vergadering in Johannesburg:

> There is another paper which some of you may not know as well as I do; whose editor you may not know as intimately as I do; it is a Dutch paper printed at Pretoria, and is called *Land en Volk*. (Applause) . . . I know from my close contact with its editor that it is the opinion to which we may appeal, and to which I mean to appeal. (Cheers.)[164]

The Star noem Marais 'n "thorough-going young patriot",[165] en Charles Leonard skryf later goedkeurend oor Marais en *Land en Volk* se rol in die twee jaar voor die Jameson-inval:

> The views of these Boers have been ably represented by a Dutch newspaper, called *Land en Volk*, edited by Mr. Eugene Marais, an able and patriotic

> young Transvaaler. It represented the thought of men like Mr. Esselen and other younger and more enlightened burghers . . . if the principles enunciated by *Land and Volk* had been adopted, there would at least have been an end to corrupt administration, to the intriguing of foreigners, to monopolies and other grievances.[166]

Ook in 1894 tree Taylor op 33-jarige leeftyd af en vertrek na Engeland om die lewe van 'n ryk landheer te gaan lei. Voor sy vertrek skryf hy aan Julius Wernher dat hy besig is om FitzPatrick met Wernher-Beit se belange in Pretoria touwys te maak, aangesien FitzPatrick ná sy aftrede daarvoor verantwoordelik gaan wees. Soos Taylor kan FitzPatrick ook "the Taal" praat.[167] Taylor meen ook "FitzPatrick is well suited for the Intelligence Department" wat onder Lionel Phillips ressorteer.[168]

Phillips en FitzPatrick raak nou toenemend by die Uitlanders se agitasie betrokke, iets wat Taylor ten sterkste sou afgekeur het. Taylor se standpunt was dat Wernher-Beit te alle tye 'n goeie verhouding met die regering moet handhaaf, en nie by die politiek van die ZAR betrokke moet raak nie. Hy het later in sy memoires geskryf: "I have had since my retirement many regrets that those left in control of our firm took part in political strife." Oor FitzPatrick, 'n goeie vriend van hom, het hy hom skerp uitgelaat: "Unfortunately, in my opinion, Fitz mingled business with politics, to which I had always been strenuously opposed." Hy was ook van mening dat "the fiasco of the Jameson Raid and the subsequent evils that befell the country proved that I was right".[169]

Intussen het Falconer van Johannesburg na Pretoria teruggekeer as die Pretoria-korrespondent van die *Cape Times* en *The Star*.[170] Hy is nou 'n gesoute koerantman – ondervinding wat hy eers in die boekhouafdeling van die *Transvaal Observer*[171] en toe as bestuurder van *The Star* se drukkery opgedoen het.[172] In Mei 1894 kommandeer die ZAR-regering 'n klomp Uitlanders vir kommandodiens op, vir 'n veldtog teen die Malaboch-stam in die Soutpansberge. Dit veroorsaak onmiddellik groot ontevredenheid in Uitlandergeledere: Hoe kan daar van hulle verwag word om vir die ZAR te veg as hulle nie eens stemreg het nie? In Pretoria hou Britse onderdane opruiende vergaderings waarop openlik van rebellie gepraat word.[173] Falconer word 'n lid van die Uitlanderkomitee[174] wat Britse onderdane wat weier om aan hul oproepinstruksies gehoor te gee moreel en finansieel ondersteun.[175] Slegs ná die persoonlike ingryping van sir Henry Loch, die Britse Hoë Kommissaris in Suid-Afrika, word die situasie ontlont toe die ZAR-regering die oproepinstruksies terugtrek.[176]

Ná Taylor se aftrede en vertrek na Londen woon FitzPatrick steeds in Johannesburg, maar bring gewoonlik elke week 'n dag in Wernher-Beit se Pretoria-kantoor deur om na die firma se belange daar om te sien. Esselen is ook nog by *Land en Volk* betrokke, want in Februarie 1895 verwittig Marais hom van 'n skerp artikel wat hy beoog om oor die regering se beoogde lasterwet te skryf, en bied aan om die artikel voor publikasie aan hom te stuur,[177] vermoedelik vir sy kommentaar.

Op 19 April 1895 laat weet FitzPatrick vir Marais dat hy die volgende week in Pretoria gaan wees, en hom sal ontmoet op 'n tyd en plek wat vir Marais geleë is.[178] Moontlik dui hierdie ontmoeting op die begin van hul lang vriendskap en sakeverhouding. Marais en FitzPatrick ontmoet hierna gereeld en kuier ook saam in die Pretoria Club, waarvan hulle al twee lede is.[179]

Die bande tussen FitzPatrick en die groter Marais-familie strek ook verder. John Dougall, die eggenoot van Kate (Catharina Mynhardina) Marais, 'n ouer suster van Marais, skryf later in 1895 aan FitzPatrick dat hy by Marais gehoor het dat FitzPatrick die vorige aand in die Pretoria Club was. Dougall meld dat hy FitzPatrick graag die volgende oggend wou gespreek het oor 'n voorstel dat Wernher-Beit met sy hulp 'n firma stig wat mielies namens die mynbedryf aankoop, maar dat FitzPatrick reeds weg was toe hy daar aankom.[180] FitzPatrick maak ook gebruik van die dienste van Niemeyer en Marais, die Pretoriase prokureursfirma van John Niemeyer, Marais se neef saam met wie hy in die Paarl skoolgegaan het, en Charles Marais,[181] 'n seun van Marais se oom Lang Piet.[182]

Die presiese datum is onbekend, maar intussen het Falconer ook by *Land en Volk* begin werk as bestuurder.[183] Falconer word vermoedelik by *Land en Volk* aangestel omdat die tweejaartydperk waarin Marais as redakteur moet aanbly in Augustus hierdie jaar gaan verstryk. Wernher-Beit weet goed dat Marais ná hy sy geld gekry het, sal kan doen wat hy wil – sou hy verkies om te bedank, moet hul eie mense in plek wees om die koerant oor te neem. FitzPatrick het waarskynlik vir Falconer van sy tyd by *The Star* geken, en het hom vermoedelik vir hierdie pos aanbeveel. Boonop ken Marais en Falconer mekaar ook goed van toe hulle 'n paar jaar tevore saam by die *Transvaal Observer* gewerk het.

Dit is dan ook nou dat 'n groep vooraanstaande Johannesburgse Uitlanders besluit om die ZAR-regering omver te werp. Wernher-Beit speel 'n groot rol in hierdie beweging, met Phillips wat as voorsitter en FitzPatrick as sekretaris van die latere Reform-komitee sal dien.[184] Hierdie Uitlanders en die National Union sit nou koppe bymekaar en begin planne beraam. Die hoofsamesweerders in Johannesburg is Lionel Phillips, Charles Leonard, Frank Rhodes (broer van Cecil John), George Farrar, 'n goudmagnaat, en Marais se vriend John Hays Hammond, die de facto uitvoerende hoof van Cecil John Rhodes se Consolidated Goldfields.[185] Agter die skerms is dit egter Rhodes en Beit wat die toutjies trek, en hulle dra elk ongeveer £200 000 (R200 miljoen) by om die staatsgreep te finansier.[186] Joseph Chamberlain, die aggressiewe en imperialistiese nuwe Britse minister van kolonies, word ook betrek.[187]

Die samesweerders se plan is dat die Uitlanders in Johannesburg aan die einde van 1895 in opstand sal kom en die ZAR-regering se wapenarsenaal in Pretoria beset, terwyl Rhodes se getroue luitenant Leander Starr Jameson hulle terselfdertyd vanuit Betsjoeanaland met 'n groot gewapende mag te hulp sal snel.[188] Die nuwe Britse Hoë Kommissaris in Suid-Afrika, sir Hercules Robinson, sal dan van die geleentheid gebruik maak om hom na die Transvaal te haas om vrede te maak en 'n dekreet uit te vaardig dat die land se toekoms bepaal moet word deur 'n algemene stemming van alle volwasse mans of 'n konstituerende vergadering wat hulle verteenwoordig.[189] Die Uitlanders glo op hierdie tydstip dat hulle in die meerderheid is en so 'n verkiesing sal wen.

Op 17 Julie 1895 sterf Marais se vrou kort ná die geboorte van hul eersteling, Eugène Charles Gerard.[190] Lettie Beyers en Eugène Marais was minder as 'n jaar getroud. Die begrafnis is een van die grootstes wat Pretoria tot in daardie stadium beleef het.[191] Marais kan of wil nie self sy seun versorg nie, en sy suster Sophie Ueckermann neem die baba as haar eie aan.[192] So herhaal die geskiedenis hom: 'n suster sal sy seun grootmaak, net soos hy sy eie tienerjare by 'n broer en 'n ander suster van hom deurgebring het, en nooit sal daar 'n hegte band tussen hom en sy seun ontstaan nie, net soos daar ook nie een tussen hom en sy eie pa was nie. Moontlik spruit Marais se onverskilligheid teenoor sy seun daaruit dat hy hom vir Lettie se dood verantwoordelik hou, soos soms in sulke gevalle gebeur.

Hierna vlug Marais soos telkens in tye van groot krisis na sy broer Charles op Boshof.[193] Vermoedelik bestuur Falconer *Land en Volk* gedurende sy afwesigheid.

In Augustus 1895 keer Marais na Pretoria terug. Rousseau meld in *Die Groot Verlange* egter niks verder oor die verkoop van *Land en Volk* nie, wat volgens die ooreenkoms van twee jaar tevore nou afgehandel moet word. Daar is geen rede om te glo dat Marais nie nou wel sy aandele in *Land en Volk* aan die Wernher-Beit-konsortium oordra en in ruil die koopsom van £2 500 (R2,5 miljoen) ontvang nie – hy het tog immers sy onderneming gestand gedoen om ná die verkoop van sy koerant vir nog twee jaar as redakteur aan te bly. 'n Aanduiding van die Wernher-Beit-konsortium se eienaarskap verskyn dan ook vier maande later in die koerant, wanneer Marais in 'n hoofartikel verklaar dat die vooruitsigte vir die komende jaar goed lyk, en dat hy besig is om masjinerie ter waarde van £2 000 (R2 miljoen) aan te skaf om die koerant se sirkulasie te vergroot.[194] In die lig van *Land en Volk* se afhanklikheid van subsidies is dit hoogs onwaarskynlik dat Marais hierdie uitbreiding uit eie bronne sou kon befonds. Dit is meer waarskynlik dat die Wernher-Beit-konsortium besluit het om die koerant se leserstal te probeer verhoog om die progressiewe beweging 'n hupstoot te gee. Phillips het dan juis reeds die vorige jaar vir Beit ingelig oor sy planne om die volgende Volksraadverkiesing te beïnvloed: "Meantime, so far as politics are concerned, I have pretty well made up my mind and shall act . . . I think that we *can* influence the election with a fund of £10,000, but it must be subscribed secretly."[195]

Sedertdien het die Reformers se planne egter ver gevorder, en gaan dit moontlik nie meer nodig wees om vir 'n volgende verkiesing te wag om politieke verandering teweeg te bring nie. Maar 'n simpatieke en geloofwaardige Afrikaner-redakteur by 'n Hollandstalige koerant wat hulle besit, is vermoedelik 'n belangrike deel van hul planne, soos sal blyk. Die Wernher-Beit-konsortium maak dus waarskynlik nou 'n aantreklike aanbod aan Marais om steeds as redakteur aan te bly.

Maar as die Wernher-Beit-konsortium nou wel die eienaar van *Land en Volk* was, hoekom het geen skrywer oor Marais dit gemeld nie? Ook is Marais hierna steeds in elke uitgawe van die koerant as die alleeneienaar aangedui. Die antwoord hierop lê daarin dat Wernher-Beit om politieke redes te alle tye sy belange in koerante geheim gehou het, iets wat nog belangriker sou gewees het in die geval van 'n Hollandstalige koerant. Sou dit bekend geword het dat Uitlander- en mynbelange nou *Land en Volk* besit het, sou die koerant alle geloofwaardigheid onder die Boere ingeboet het, wat die hele doel van die verkryging sou verydel. Op hierdie tydstip het Wernher-Beit verskeie koerante in Kimberley, Port Elizabeth en Durban beheer, maar dit weggesteek. 'n Voorbeeld hiervan is die *Diamond Fields Advertiser* in Kimberley, waar Rhodes en Wernher-Beit aangebied het om 'n helfte-aandeel te koop en die redakteur 'n groot salaris te betaal, mits hy swyg oor die verandering van beheer en nog steeds op die koerant se mashoof as alleeneienaar aangedui word.[196]

In September 1895 loods Marais 'n besonder skerp aanval op pres. Kruger, na aanleiding van 'n skenking van £10 000 (R10 miljoen) van Sammy Marks aan die ZAR-regering om 'n standbeeld van Kruger op Kerkplein te laat oprig. Marks het sy fortuin onder meer gemaak uit die Transvaalse drankkonsessie, wat hy by Kruger se vriend Alois Nellmapius gekoop het.[197] Oor die beeld skryf Marais: "Laat het staan als een beeld van die verfoeielyke speculatie en concessie politiek, die zoo veel deed om ons land ten onder te brengen."[198] Wernher-Beit en die ander mynhuise is ook sterk gekant teen die verkoop van drank aan hul swart werkers, want dit veroorsaak geweldige drostery en arbeidsprobleme op hul myne.[199]

Dit lyk ook of Falconer se aanstelling by *Land en Volk* Marais nou in staat stel om die tweede keer in soveel maande verlof te neem, want kort hierna vertrek hy op 'n skeepsreis na Mauritius met 'n goeie vriend wat ook onlangs sy vrou verloor het.[200] Marais betaal vermoedelik vir sy vakansie met van die geld wat hy van die Wernher-Beit-konsortium vir sy aandeelbelang in *Land en Volk* gekry het.

In Oktober maak Falconer tydens Marais se afwesigheid 'n brief van 'n anonieme skrywer aan laasgenoemde oop. Hierin dreig die skrywer dat omrede Marais met sy "lasterblad ons volk nu al reeds lang genoeg zwartgesmeerd hebt", hy pamflette gaan versprei oor kwansuise diefstal wat Marais sou gepleeg het, asook 'n ander storie oor hom bekend gaan maak.[201] Ook in hierdie dae word Ben Viljoen die besturende direkteur en mede-eienaar van *Ons Volk*, 'n nuwe Krugersdorpse koerant wat ook op die Witwatersrand versprei gaan word en dus 'n mededinger vir *Land en Volk* se lesers gaan wees.[202] Onder meer veroorsaak dít later 'n vervreemding tussen Viljoen en Marais wat in 'n bittere vyandskap sal ontaard.[203]

In November is Marais terug in Pretoria. Hy vermoed dat kmdt. Tobias Smuts van Ermelo die skrywer van die dreigbrief is, en stel 'n lastereis van

£5 000 (R5 miljoen) teen hom in.[204] In die daaropvolgende hofsaak beskryf Marais vir Falconer as "zyn klerk",[205] wat moontlik daarop dui dat Falconer in hierdie stadium nog nie amptelik die bestuurder van *Land en Volk* is nie, of andersins dat Marais die rol van 'n Uitlander by sy Hollandstalige koerant wil onderspeel, soos hy wel in later jare sou doen.

Marais is ook nou 'n spesiale korrespondent van die *Cape Times*,[206] 'n koerant waarin Rhodes 'n beduidende aandeelbelang het, en wat kort tevore vir *Land en Volk* bestempel het as die "wisest of the Afrikander Dutch papers published in the Transvaal".[207] Hierdie dubbele rol van Marais vul *De Volksstem* met wantroue, en dié koerant berig op 13 November dat Marais se vyandige taal teenoor die Transvaal in die *Cape Times* nie strook met die kwansuise onafhanklike patriotisme wat hy in *Land en Volk* verkondig nie. "Iemand die aldus met twee maten weet te meten, kan niet bizonder vertrouwbaar zijn," skryf *De Volksstem*.[208] 'n Paar dae ná hierdie stelling noem *De Volksstem* vir *Land en Volk* 'n Rhodes-orgaan wat in belang van 'n buitelandse moondheid optree. Hieroor stel Marais nou ook 'n lastereis van £5 000 (R5 miljoen) teen *De Volksstem* in,[209] waarvoor hy die volgende jaar £50 (R50 000) skadevergoeding sal ontvang.[210]

Die Jameson-inval

Teen Desember 1895 is die Uitlanders se planne vir die Johannesburg-opstand gereed. Aan die begin van die maand open Lionel Phillips die Kamer van Mynwese se nuwe gebou in Johannesburg en val hy Kruger en die ZAR-regering in sy toespraak aan. Volgens hom het Kruger tot nadeel van die mynbedryf die dinamietmonopolie aan skelms en rowers toegeken. Phillips beskuldig die regering ook daarvan dat hy beoog om die myneienaars van hul ondergrondse mynregte te beroof. In *Land en Volk* skryf Marais dat Phillips se toespraak 'n geweldige opskudding veroorsaak het, veral omdat "zyn firma meer of min de Regeering altyd ondersteund had"![211]

Op 18 Desember is dit FitzPatrick se beurt. Hy lewer 'n opruiende toespraak voor 'n Uitlandergehoor in Johannesburg – volgens hom wil Kruger die mynbedryf ruïneer en die Uitlanders uit die land verjaag. Vol bravade waarsku hy dat die Uitlanders nie langer sulke behandeling gaan duld nie. Die gehoor juig hom herhaaldelik toe en sing "Rule Britannia" toe hy klaar is.[212]

Alfred Beit, wat intussen uit Brittanje in Kaapstad aangekom het, stuur twee dae later 'n telegram aan Phillips wat hom aanpor om die opstand in Johannesburg so gou as moontlik van stapel te stuur.[213] Maar in Johannesburg sloer sake. Die Uitlanders het later hul traagheid om tot aksie oor te gaan daaraan toegeskryf dat Rhodes nou skielik aangedring het dat die Transvaal ná die staatsgreep by die Britse Ryk ingelyf word, terwyl die meeste van hulle slegs 'n ander republikeinse regering voorgestaan het, nie 'n Britse oorname nie.

Maar in werklikheid het die Uitlanders se vroeëre entoesiasme vir 'n gewelddadige opstand verdamp noudat die dag van afrekening op hande was. Jean van der Poel, 'n gesaghebbende skrywer oor die gebeure, is van mening: "What men like Phillips had in mind was a *threat* of a revolution . . . Everything that happened afterwards supports this view."[214] Die "revolusie" was geheel en al 'n kunsmatige affêre: niks op daardie tydstip het op enige ware revolusionêre geesdrif onder die breë massa Uitlanders gedui nie. Inteendeel, alle beskrywings van die atmosfeer in Johannesburg op hierdie tydstip dui daarop dat die meeste van sy inwoners te besig was om vinnige geld te maak om by so iets betrokke te raak.[215] Selfs die Uitlanders se ernstigste aanklag teen die regering, hul gebrek aan stemreg, was oordrewe – onder diegene wat die hardste gekla het, was daar min wat bereid sou gewees het om van hul Britse burgerskap afstand te doen en trou aan die ZAR te sweer.[216]

Die Uitlanders wil nou eerder met propaganda oor hul veggereedheid en wapentuig vir Kruger en sy regering intimideer om aan hul eise toe te gee.[217] Die dag ná Kersfees publiseer Charles Leonard se National Union sy Uitlandermanifes. Leonard self het die vorige dag na Kaapstad vertrek om met Rhodes te vergader.[218] Die manifes eis onder meer 'n regverdiger stemregwet, gelyke behandeling vir Engels, 'n onafhanklike regstelsel, 'n beter onderwysstelsel, 'n doeltreffender staatsdiens, 'n behoorlike grondwet en vrye handel in Suid-Afrikaanse goedere.

Intussen stuur die bekommerde Reformers talle telegramme en boodskappers na Jameson wat hom belet om die Transvaal sonder hul uitdruklike toestemming binne te val. Maar ná weke se gewag in die versengende somerhitte is Jameson se geduld op. Hy en Rhodes het in elk geval 'n ander agenda as die Reformers. Jameson ignoreer hul instruksies en steek op Sondag 29 Desember 1895 die Transvaalse grens met sy aanvalsmag oor, oortuig dat sy waaghalsige optrede die teensinnige Johannesburgers uiteindelik sover sal kry om hul opstand te loods.

Land en Volk publiseer die volgende oggend in 'n spesiale uitgawe 'n Hollandse vertaling van die Uitlandermanifes,[219] en is al Hollandstalige koerant in die Transvaal wat dit doen. Marais se beriggewing oor die gebeure wat aanleiding gegee het tot die manifes is insiggewend. Volgens hom praat die mense in die strate van Johannesburg oor niks anders as oorlog nie, en berei hulle hulle voor om weerstand te bied. Maar Marais verduidelik nie teen wie die Uitlanders hulle kwansuis moet verdedig nie. Verder berig hy dat die mynmagnaat George Farrar 'n duisend van sy mynwerkers toegespreek het en hulle gevra het of hulle hom in die geval van gevaar sal bystaan, 'n versoek waarop hulle entoesiasties gereageer het.[220] Weereens verduidelik Marais nie wat hierdie gevaar is nie.

Marais berig ook dat volgens 'n betroubare gerug die Johannesburgers oor 30 000 Lee-Metford-gewere en 24 Maxim-masjiengewere beskik.[221] Maar met die Reformers se verhoor 'n paar maande later sou dit blyk dat hulle slegs 3 000 gewere[222] en drie masjiengewere[223] gehad het. Hierdie propaganda is egter so reg in die Reformers se kraal: met sy oordrewe beriggewing oor die hoeveelheid wapens in Johannesburg, asook oor die krygsgereedheid en strydlustigheid van die Uitlanders, dra Marais nou juis die intimiderende boodskap oor wat die Reformers wil hê die ZAR-regering moet hoor.

Marais vergader op hierdie en die volgende dag met verskeie prominente Uitlanders in Johannesburg. Oor dié vergaderings, soos met baie ander gebeure in sy lewe, het Marais teenstrydige weergawes verskaf. Aan Preller het Marais dekades later vertel dat toe hy nog "heeltemal 'n seun was", hy al twee hierdie dae (Maandag 30 en Dinsdag 31 Desember 1895) op spesifieke versoek van pres. Kruger en die Uitvoerende Raad van die ZAR met die volle Reform Committee ('n komitee van ongeveer 60 prominente Johannesburgse Uitlanders) vergader het in Consolidated Goldfields se hoofkantoor in Johannesburg, met die doel om hul ontwapening te bewerkstellig. Volgens hom is hy die tweede keer vergesel deur Abraham Malan, 'n skoonseun van genl. Joubert.[224] Preller en Du Toit het hierdie weergawe in hul onderskeie boeke gebruik.[225] Maar Marais was enkele dae weg van sy 26ste verjaarsdag op hierdie tydstip, kwalik 'n seun soos hy beweer het, wat 'n goeie aanduiding is dat 'n mens die res van hierdie weergawe ook skepties moet beoordeel.

En so blyk dit ook te wees. Op 10 Januarie 1896, enkele dae ná die mislukking van die opstand en die inval, lê Marais 'n beëdigde verklaring aan die staatsprokureur, dr. H.J. Coster, af. Hiervolgens het hy die betrokke Maandagmiddag op versoek van slegs genl. Joubert na Johannesburg gegaan, waar hy vergader het met 'n persoon wie se "naam ik beloofde heb te verswijgen". Die ongeïdentifiseerde persoon het hom na Consolidated Goldfields se kantoor geneem, waar hy talle gewapende manne gesien het, asook drie of vier Nordfeldt-masjiengewere. Sy gids het hom toe meegedeel dat die Uitlanders altesaam 24 Maxim- en agt Nordfeldt-masjiengewere tot hul beskikking het. Hier het Lionel Phillips hom ook meegedeel dat die Reformers 45 000 manne kon bewapen, sou hulle wou.[226] Marais meld egter nie in hierdie verklaring dat Abraham Malan hom vergesel het nie. Hierdie vergadering het plaasgevind ná Marais se koerantberig die Maandagoggend, so Marais het reeds voor hierdie geleentheid geweet oor hoeveel Maxim-masjiengewere die Uitlanders kwansuis beskik.

Abraham Malan verklaar dieselfde dag in 'n aparte beëdigde verklaring aan dr. Coster dat hy reeds op Saterdag 28 Desember 1895 in Johannesburg was, waar hy met Charles en Jim Leonard vergader het. Jim Leonard het hom meegedeel dat daar in Johannesburg genoeg wapens vir 30 000 man is, 'n getal wat ooreenstem met Marais se berig twee dae later. Volgens Malan het hy die daaropvolgende Maandag weer met Leonard vergader, asook met Abe Bailey, 'n mynmagnaat, wat Leonard se stellings oor die aantal wapens bevestig het.[227] Op sy beurt noem Malan nie dat Marais ook by dié vergadering was nie. Dit lyk dus of Marais en Malan mekaar in hierdie stadium wil beskerm deur nie mekaar se name te noem nie, en dat Marais heel moontlik ook al Saterdag by die vergadering met Leonard was, of ten minste by Malan hiervan gehoor het en daarna die inligting oor die hoeveelheid wapentuig in sy koerantberig die daaropvolgende Maandagoggend gebruik het.

Maar 'n paar weke later, by die voorlopige ondersoek na die Jameson-inval, sorg die twee mans dat hul stories ooreenstem, want nou getuig Marais dat hy en Malan op Maandag 30 Desember 1895 op genl. Joubert se versoek saam na Johannesburg is om die situasie te ondersoek, en die volgende aand in opdrag van Kruger en die Uitvoerende Raad. Marais erken nou ook dat hy saam met Malan vir Jim Leonard[228] en Abe Bailey in die Rand Club ontmoet het. In antwoord op 'n vraag erken Marais verder dat hy ook die vorige dag met Jim

Leonard vergader het,[229] dit wil sê op Sondag 29 Desember 1895, die dag waarop Jameson sy inval geloods het. Alhoewel Marais breedvoerig oor sy eie getuienis verslag lewer in *Land en Volk*, meld hy niks van hierdie samesprekings op Sondag met Leonard nie.[230]

Maar selfs hierdie weergawe is later deur regeringsondersteuners betwis – volgens hulle het Marais en Malan nooit in opdrag of op versoek van die Uitvoerende Raad opgetree nie.[231] Prof. D.W. Krüger, die skrywer van die *Huisgenoot*-artikel oor Marais se ekspedisie deur Portugees-Oos-Afrika, meen in sy biografie van pres. Paul Kruger Marais en Malan het die regering "erg gekompromitteer gelaat deur sonder opdrag na Johannesburg te gaan en sake met die Reform Committee te bespreek". Volgens hom het die Reformers geglo dat Marais en Malan amptelik afgevaardig was, en het hulle die twee se sending as 'n teken van swakheid aan die kant van die regering vertolk.[232] Krüger se weergawe word op sy beurt weerspreek deur Marais se Amerikaanse vriend John Hays Hammond in sy outobiografie.[233]

FitzPatrick het 'n paar jaar later in *The Transvaal from Within* 'n ander weergawe van Marais se betrokkenheid verstrek – die waarskynlikste een, want soos sal blyk, het Marais dit tydens die Anglo-Boereoorlog bevestig. Hiervolgens het Marais, "having on his own initiative investigated the affairs in Johannesburg", op die Maandagaand aan genl. Joubert gaan verslag doen. FitzPatrick meld dan ook nog 'n vergadering, hierdie een op Dinsdagoggend in Johannesburg, tussen Marais en 'n ingeligte lid van die Reform Committee wat hy nie identifiseer nie,[234] dit wil sê voor Marais en Malan se vergadering met die volle Reform Committee later die aand. Marais het niks van hierdie vergadering in sy beëdigde verklaring of by die voorlopige ondersoek gemeld nie.

Hierdie Reformer was hoogs waarskynlik Hammond,[235] en teen die tyd dat hulle ontmoet, is dit reeds bekend dat Jameson se aanvalsmag die ZAR binnegeval het en na Johannesburg op pad is. Die Reform Committee se oorspronklike plan stort nou in duie. Omdat Johannesburg nie in opstand gekom het nie, kan die Britse Hoë Kommissaris, sir Hercules Robinson, nie meer na die Transvaal kom onder die voorwendsel dat hy vrede wil bewerkstellig nie. Inteendeel, toe die nuus van Jameson se voortydige inval bekend raak, moes Chamberlain en Robinson hulle in die openbaar van die hele affêre distansieer.

Hammond is 'n klein, wakker man met skerp grys oë en 'n snor. Sy vrou, Natalie, ken Marais ook goed, en in haar boek oor die mislukte Uitlanderopstand sal sy hom beskryf as een van die "progressive Boers" vir wie die Uitlanders hoë agting gehad het.[236] Hammond, wat deur sommige historici as die breinkrag agter die hele komplot beskou word,[237] probeer nou om die skade te beperk. Hy verklaar aan Marais dat die Reform Committee niks met Jameson te doen het nie, en dat hulle bloedvergieting wil vermy. Marais antwoord dat hy oortuig is dat Kruger nou sal besef dat hy te ver gegaan het en wesentlike toegewings sal maak. As die Reformers slegs hervorming wil hê en nie revolusie nie, verklaar Marais, sal hulle mos nog steeds bereid wees om met die regering samesprekings te voer, al is dit ter elfder ure. Op sy beurt verklaar Hammond dat die regering egter die eerste skuif sal moet maak.[238] In hierdie stadium is die Amerikaner skynbaar nog vol vertroue dat Kruger aan hul eise sal toegee, in die lig van die onrus in Johannesburg en die feit dat Jameson se invalsmag nog daarheen op pad is.

In al die weergawes vergader Marais en Malan dieselfde aand nog met die meeste van die 64 lede van die Reform Committee in Consolidated Goldfields se gebou. Hammond is op hierdie tydstip by 'n vergadering van Amerikaanse Uitlanders, en haas hom daarna na Consolidated Goldfields se kantoor, waar die vergadering reeds begin het. In Hammond se eie woorde:

> The Reform Committee was discussing proposals brought by Kruger emissaries known for their progressive sentiments. We called them the Olive Branch delegation. Among them was Eugene Marais, editor of the leading Boer newspaper, and Malan, Joubert's son-in-law. The delegation were favorable to our case, and some of them were personal friends of members of the Reform Committee. They had brought from the Boer government letters of introduction to Lionel Phillips and myself. We refused them in the capacity of a deputation unless they came accredited to the Reform Committee of Johannesburg. This stipulation was immediately accepted.[239]

Van Marais en Malan kry die Reformers die indruk dat die regering aan die meeste van hul eise sal toegee. Op hul beurt benadruk die Reformers weereens hoe formidabel hul organisasie en wapentuig is, steeds oortuig dat hul geweldlose revolusie gaan slaag. Die vergadering besluit toe om die volgende dag 'n afvaardiging na Pretoria te stuur.[240]

Op Woensdagoggend 1 Januarie 1896 vergader 'n afvaardiging onder leiding van Lionel Phillips met 'n komitee van die regering in Pretoria. Die Reformers is vol bravade. Op 'n vraag van 'n regeringsafgesant oor wat presies hulle wil hê, antwoord hulle: "What is in our manifesto", en voeg by dat as daar nie aan hul eise toegegee word nie, daar burgeroorlog gaan wees. "We come," verklaar Phillips uitdagend, "with the rifle in one hand and friendship in the other."[241]

Maar die volgende dag word Jameson en sy invalsmag by Doornkop naby Krugersdorp verslaan. Die invallers het die gevegsvernuf van die Boere heeltemal onderskat en die impak van hul eie Maxims heeltemal oorskat. Ook het pres. Kruger lankal snuf in die neus gekry van die Uitlanders se planne. Reeds die vorige jaar het hy verklaar dat hy gaan wag tot die skilpad sy kop uitsteek en dan plotseling toeslaan.[242] Ben Viljoen is as lid van die Krugersdorp-kommando en joernalis by Doornkop teenwoordig,[243] en hy en J.S. Celliers is die eerste Boere wat Jameson ontmoet nadat die invalsmag die wit vlag gehys het.[244]

Marais het dekades later aan Gustav Preller geskryf dat hy een van die tien wagte was wat Jameson en sy drie hoofoffisiere dieselfde nag nog na Pretoria gebring het.[245] Vir Du Toit het hy dieselfde storie vertel, asook dat hy as tolk opgetree het.[246] Maar sover ek kon vasstel, is daar geen onafhanklike bevestiging hiervan nie. Preller, Marais se tydgenoot, was blykbaar ook skepties oor sy vriend se storie, want hy het nie hierdie belangrike anekdote in sy lewenskets van Marais gebruik nie. J.S. Celliers meld dit ook nie in sy beëdigde verklaring van die gebeure wat deur hom en Ben Viljoen onderteken is nie. Celliers het wel verklaar dat ene M.J. Adendorff as tolk opgetree het.[247] Viljoen het kort ná hierdie gebeure 'n kort boek daaroor geskryf,[248] maar ook hy maak geen melding van Marais nie – anders as wat 'n mens sou verwag het, aangesien hulle in hierdie stadium nog bevriend was. Soos soveel keer sal blyk, lyk dit dus of Marais later in sy lewe die optrede van 'n vriend of kennis aan homself toegedig het. Du Toit en Rousseau het egter besluit om hierdie storie van Marais in hul onderskeie boeke te gebruik.[249]

Ná Jameson se gevangeneming is daar nie meer sprake van toegewings van regeringskant nie; inteendeel, 'n paar dae later word die meeste van die 64 lede van die Reform Committee, onder andere Phillips, Farrar en Hammond, gearresteer en in die Pretoria-tronk opgesluit. Sewentien van die Reformers is lede van die Pretoria Club, en hulle reël dat gekookte maaltye deur die klub na hulle in die tronk gestuur word.[250]

Op sy beurt gaan kruip FitzPatrick in 'n klein kamertjie in Johannesburg weg nadat hy sover as moontlik alle dokumente en bewyse vernietig het wat sy firma met die gebeure verbind.[251] Hiervandaan skryf hy ook verskeie briewe aan sy vrou in Kaapstad. Op 10 Januarie 1896 verduidelik hy aan haar dat die Reformers se doel met die opgaar van wapens en ammunisie in Johannesburg slegs was om die ZAR-regering te wys dat die Uitlanders sterk genoeg is om hul man te kan staan en sodoende hervormings af te dwing. Hy kritiseer ook vir Rhodes, wat volgens hom al die Reformers geflous het en eintlik 'n oorlog tussen Brittanje en die ZAR wou ontketen.[252]

Dit is insiggewend dat Marais die vorige dag dieselfde kritiek op Rhodes in *Land en Volk* se hoofartikel uitgespreek het. Volgens Marais het Rhodes die Reform-beweging misbruik om die ZAR onder Britse heerskappy te probeer bring.[253] Marais kritiseer egter glad nie die Reformers of die feit dat hulle soveel wapentuig in Johannesburg opgegaar het nie. Tot nou toe is Marais se beriggewing feitlik dieselfde as FitzPatrick en die Reformers se latere verontskuldigings. Alles is Jameson (en by implikasie Rhodes) se skuld – die Uitlanders wou slegs hul griewe bekend maak en hulself teen enige moontlike onrus beskerm. Verder is hulle lojale inwoners van die ZAR wat onder geen omstandighede die land se onafhanklikheid wou bedreig nie. Uit Marais se beriggewing wil dit dus amper voorkom of hy en FitzPatrick steeds in kontak is, ten spyte daarvan dat laasgenoemde 'n voortvlugtige is. In 'n brief aan sy vrou 'n paar dae later skryf FitzPatrick dan ook dat hy wag om van iemand in Pretoria te hoor of die regering die samesweerders borgtog gaan toestaan voor hy hom oorgee.[254]

Op 19 Januarie gaan FitzPatrick na Pretoria om hom oor te gee, en bly voorlopig in die Pretoria Club. Later dieselfde dag gaan sien hy vir dr. Jameson en sy offisiere, wat nou deur die ZAR-regering na Engeland gestuur word vir verhoor, by Pretoria se stasie af. Terwyl FitzPatrick weg is, kom soek Esselen by die Pretoria Club na hom.[255] Dit is onbekend hoekom Esselen hom wou sien, maar dit is insiggewend dat Esselen so gou van sy teenwoordigheid in Pretoria bewus was, veral aangesien FitzPatrick eers die vorige dag besluit het om hom oor te gee.[256]

Charles Leonard, wat tydens hierdie gebeure samesprekings met Rhodes in Kaapstad gevoer het, vlug nou na Engeland. In *Land en Volk* is Marais baie krities oor die man met wie hy twee jaar tevore die verkoop van sy koerant onderhandel het, en wat hy so hoog aangeskryf het. "Het is te hopen dat de Regeering geen steen onaangeroerd zal laten om Leonard in handen te krygen. Zyn gedrag zal by vriend en vyand hetselfde gevoel verwekken."[257] Hierdie sentiment lyk teenstrydig met wat reeds gemeld is oor Marais se goeie verhouding en simpatie met die Reformers. Maar weereens praat Marais maar net FitzPatrick en die ander Reformers na, wat Leonard nooit vergewe het nie omdat hy volgens hulle te lafhartig was om na die Transvaal terug te keer en saam met hulle in die beskuldigdebank te staan.[258]

Agterdog oor Marais

Onder sommige van sy volksgenote is daar nou agterdog oor Marais se rol in die mislukte Uitlanderopstand, veral oor *Land en Volk* se publikasie van die National Union se manifes. Marais verdedig sy optrede in 'n hoofartikel op 9 Januarie 1896, en betreur dit dat sekere mense geen geleentheid sal laat verbygaan om *Land en Volk* se beriggewing onder verdenking te bring nie. Volgens Marais het hy die manifes vertaal en gepubliseer om die volk op hoogte van sake te bring, asook op versoek van verskeie hooggeplaaste landgenote wat gretig was om uit te vind wat in Johannesburg aangaan. Elders in dieselfde uitgawe maak Marais ook melding van 'n persoonlike aanval op hom:

> De aanval door zekere personen op den Editeur van *Land en Volk* gedaan is door allerlei geruchten veel verergerd geworden. De geheele geschiedenis sal natuurlijk binnen kort aan het publiek bekend gemaakt worden op wettige wyze. Slechts een geruchte moet nu worden tegen gesproken, en dit is dat de aanval gedaan werd om een of ander beleedigen die in *Land en Volk* tegen onze landgenooten sou verschenen hebben. Dit natuurlyk is eene infame leugen door de belanghebbenden self opgemaakt om hun doel te dekken.[259]

Marais se stelling dat die geskiedenis van die aanval op hom later op "wettige" wyse (moontlik verwys hy hier na 'n hofsaak) bekend gemaak sal word, dui daarop dat 'n gewelddadige voorval hier ter sprake is. Dit is egter onbekend wat die aard van hierdie voorval was, of wie betrokke was. Dit is egter so dat 'n susterskind van Marais later vertel het dat politieke opponente hom twee keer met 'n sambok afgeransel het.[260] Sy het egter nie die datums van hierdie geleenthede gemeld nie. Moontlik het sy dan ook na hierdie voorval verwys. Hoe dit ook al sy, die insident waarna Marais verwys, moes redelik wyd bekend gewees het vir hom om verplig te voel om in sy koerant daaroor te skryf. Maar ten spyte van Marais se belofte van latere bekendmaking, verwys hy nooit weer in *Land en Volk* direk na hierdie voorval nie. In 'n hoofartikel aan die einde van Januarie 1896 maan hy egter sy lesers om die aantygings van verraad (wat hy nie spesifiseer nie) wat tans in omloop is met die "nodige hoeveelheid zoet [sic]" in te neem. Eers wanneer dinge bedaar, sal sulke sake oordeelkundig beoordeel kan word, meen hy.[261]

Nieteenstaande Marais se moontlike strategie om stilswye te handhaaf gaan lê die stof nie, want 'n paar weke later voel hy genoodsaak om weereens aantygings van verraad teen *Land en Volk* (en by implikasie teen hom) aan te roer. Volgens Marais het hy by verskeie vriende verneem dat sekere mense *Land en Volk* van medepligtigheid met die Johannesburgse samesweerders verdink, aangesien dit voorkom of die koerant heeltyd geweet het wat aan die gang was, maar daaroor geswyg het. Marais beantwoord hierdie aantyging nie direk nie, maar eerder met 'n vraag. As stilswye 'n bewys van medepligtigheid is, vra Marais, wat dan van die speurdiens en polisie, onder wie se neuse die komplot gesmee is, en die doeanebeamptes op die grense, wat die wapens vir die opstand deurgelaat het? As persone vir stilswye gestraf moet word, of hulle nou iets geweet het of nie, sal honderde ander eers moet deurloop voor *Land en Volk* aan die beurt kom. En verder wil hy net sy aanklaers in kennis stel dat hy die eerste persoon was wat dit onder die regering se aandag gebring het dat daar 'n groot klomp wapens in Johannesburg is.[262] Maar met nakennis lyk dit of hierdie mededeling aan die regering juis deel van die Reform Committee se strategie was.

Aan die einde van Maart 1896 verskyn 'n brief van "een correspondent" in *Land en Volk* waarin gevra word hoe dit kan wees dat pres. Kruger vir Lionel Phillips en die ander kapitaliste rebelle noem, terwyl hy toegelaat het dat Wernher-Beit die grootste aandeelhouer in De Nationale Bank word en sodoende "de publieke schatten van de Z.A. Rep. in hen handen heeft toevertrouwd".[263] Soos met Afrikanus Junior, het Marais gereeld van briewe van fiktiewe lesers gebruik gemaak om sy eie mening oor te dra. Indien hierdie brief wel deur Marais geskryf is, lyk dit of 'n subtiele punt hier gemaak word: Phillips en die ander Reformers is nie rebelle nie, maar vertroude mense met geldige griewe.

FitzPatrick gebruik sy tyd in die tronk om die grootste gedeelte te skryf van die boek wat die optrede van die Reformers regverdig en drie jaar later as *The Transvaal from Within* uitgegee sal word.[264] Tydens die Anglo-Boereoorlog sal hierdie boek ook 'n rol in Marais se lewe speel, soos sal blyk. In die lig van die agterdog oor Marais se rol in hierdie gebeure, is dit interessant dat FitzPatrick in sy boek sy bes doen om sy vriend se beeld te poets, want volgens hom het Marais en Malan by hul aandvergadering met die Reform Committee verklaar dat, sou Jameson nie terugdraai nie, hulle by die Boerekommando sou aansluit wat hom moet stuit.[265]

Die vier hoofleiers van die Reform Committee – Phillips, Hammond, Frank Rhodes en George Farrar – word ná 'n verhoor in April 1896 ter dood veroordeel, terwyl die ander lede, FitzPatrick inkluis, elk tot twee jaar tronkstraf gevonnis word. Die volgende dag word die vier hoofleiers se doodsvonnis egter deur die Uitvoerende Raad opgeskort.

Dit is insiggewend om die anti-Kruger *Land en Volk* en die pro-Kruger *De Volksstem* se beriggewing oor die vier hoofsamesweerders se vonnis te vergelyk. Volgens *Land en Volk* was die vier mans se gedrag uiters dapper, want hulle het skuldig gepleit om hul ondergeskiktes van swaarder strawwe te red. Marais meen ook dat dit 'n versagtende faktor is dat hulle nie die massa verdoemende getuienis teen die ZAR-regering wat hulle tot hul beskikking gehad het, openbaar gemaak het nie, inligting wat die land voor die hele wêreld in die verleentheid sou gedompel het. Verder het die moed en kalm erns waarmee die vier beskuldigdes hul verskriklike vonnis aangehoor het die bewondering van al die hofgangers afgedwing.[266]

De Volksstem daarenteen voel dat die samesweerders hul verdiende loon gekry het. Hulle het uit die Transvaal ryk geword, maar met buitelanders saamgesweer om die land van sy swaar gewonne onafhanklikheid te beroof. In Amerika en Brittanje sou daar geen versagting van die doodstraf gewees het nie, maar om 'n onverklaarbare rede het hierdie ligsinnige samesweerders blykbaar geglo dat hulle slegs 'n geringe straf sou kry. Nou skree hulle en hul ondersteuners luidrugtig selfs oor hul verminderde straf, en lyk dit of hulle hulle nie soos manne aan hul geregverdigde straf wil onderwerp nie.[267]

Ná die vonnisoplegging word talle petisies aan Kruger en sy regering gerig om die Reformers se tronkstrawwe op te skort. Ook Marais bepleit in *Land en Volk* die vrystelling van die vier hoofsamesweerders. Volgens hom word die land in hierdie stadium deur runderpes en 'n voedseltekort in die gesig gestaar, en moet alle aandag dááraan gewy word. Die volgehoue opsluiting van die vier Reformers sal 'n verskoning bied vir dreigemente teen die ZAR en sodoende die regering se aandag van hierdie dringender kwessies aftrek.[268]

FitzPatrick korrespondeer uit die tronk met James Rose Innes, 'n advokaat wat namens die Britse regering 'n waarnemer was by die Reformers se verhoor. In 'n brief aan Innes op 25 Mei 1896 skryf FitzPatrick: "If you should want to know anything, write to my wife c/o Niemeyer and Marais."[269] Ten spyte daarvan dat FitzPatrick in die tronk sit, is hy en Marais moontlik dan nog deur John Niemeyer se regsfirma in verbinding met mekaar.

'n Paar dae ná FitzPatrick se brief word die Reformers se strawwe verder versag. Pleks van tronkstraf moet die vier hoofsamesweerders nou elk 'n boete van £25 000 (R25 miljoen) betaal en word hulle verbied om vir vyftien jaar by enige politieke bedrywigheid in die ZAR betrokke te raak; FitzPatrick en die ander Reformers kry elk 'n boete van £2 000 (R2 miljoen) en mag vir drie jaar nie aan politiek deelneem nie.[270]

Phillips, FitzPatrick en Hammond vertrek kort hierna na Londen, van waar FitzPatrick 'n geheime sending namens Wernher-Beit na Lissabon onderneem om die Portugese regering te oorreed om nie in Portugees-Oos-Afrika saam te werk met 'n steenkoolfirma wat aan die ZAR-regering verbonde is nie.[271] FitzPatrick sal aan die einde van 1896 na die Transvaal terugkeer, maar Phillips sal hom eers ná die Anglo-Boereoorlog weer permanent in Suid-Afrika vestig. Hammond sal ook die volgende paar jaar in Londen woon, waar hy en Marais weer saam sal kuier, soos sal blyk.

Aan die einde van Julie 1896 word Jameson deur 'n hof in Londen tot vyftien maande gevangenisstraf gevonnis. Hiervan sal hy slegs vier maande uitdien voor hy om kwansuise gesondheidsredes vrygelaat word.

Met inagneming van al die bogenoemde feite is dit moeilik om nie tot die gevolgtrekking te kom dat Marais ten nouste met die leiers van die Reform

Committee, en spesifiek FitzPatrick en Hammond, saamgewerk het nie – voor, tydens en ná die mislukte Uitlanderopstand. Hy het immers met omtrent al hul eise saamgestem, en ook reeds jare lank in *Land en Volk* daarvoor betoog. Marais was ook verbitterd daaroor dat Kruger die vorige presidentsverkiesing na sy mening gesteel het, en dat die wanpraktyke van die ZAR-regering onverpoosd voortgeduur het. Dan is daar die bewese feit dat van die Reformers se werkgewers sy koerant gefinansier het – meer nog, hulle het dit waarskynlik ten tyde van die Jameson-inval besit. Verder was hy bevriend met FitzPatrick en Hammond, twee van die leidende Reformers. Dit beteken egter nie dat Marais vooraf van Jameson se beplande inval geweet het of dat hy dit enigsins goedgekeur het toe hy daarvan uitgevind het nie.

Dit lyk egter hoogs waarskynlik dat hy van die Reform Committee se planne vir 'n skynopstand in Johannesburg bewus was, en dat hy – net soos die meeste van die Reformers – van mening was dat die Uitlanders hul doel deur intimidasie en sonder geweld sou kon bereik. Sy verhouding met Charles Leonard en die vertaling en publikasie van die National Union se Uitlandermanifes, *Land en Volk* se binnekennis en disinformasie oor hoeveel wapentuig en mannekrag die Uitlanders kwansuis tot hul beskikking gehad het, sy talle vergaderings met lede van die Reform Committee toe hul identiteit nog 'n geheim was en sy latere teenstrydige weergawes hieroor, die Reformers se mening dat hy hul saak goedgesind was, die berigte waarin hy die blaam van die Reformers na Jameson en Rhodes verplaas het, sy bewondering van die hoofsamesweerders se gedrag tydens hul verhoor asook hul vleiende woorde oor hom, die destydse agterdog in Afrikanerkringe oor wat sy rol nou eintlik was – dit alles dui daarop dat Marais se aandeel in die mislukte Uitlanderopstand baie duisterder is as wat tot dusver voorgestel is. Sy koerant kan met grondige redes as 'n instrument van die Reformers tydens hierdie gebeure beskryf word. Sy latere storie dat hy een van die wagte was wat Jameson na Pretoria vergesel het, lyk ook soos 'n poging om sy ware rol te verdoesel.

'n Saak kan daarvoor uitgemaak word dat as dit nie vir die mislukte Jameson-inval en Uitlanderopstand was nie, Joubert vir Kruger in die volgende presidentsverkiesing sou verslaan het, en die ZAR-regering daarna 'n meer verligte beleid teenoor die Uitlanders sou gevolg het, wat dit vir sir Alfred Milner later baie moeiliker sou gemaak het om redes vir oorlog te vind. Voor hierdie gebeure was weerstand teen Kruger en die beleid van sy regering besig om vinnig veld te wen onder die Transvaalse kieserskorps, waarvan Kruger se naelskraapse oorwinning oor Joubert in die 1893-presidentsverkiesing getuig. Maar die Jameson-inval het Kruger se posisie versterk, en hy is in 1898 met 'n oorweldigende meerderheid as staatspresident herkies. Die Jameson-inval het ook sowel die Boere as die Uitlanders se houdings verhard, wat die kanse op 'n vreedsame oplossing soveel kleiner gemaak het. Genl. Jan Smuts was van mening dat die Jameson-inval die eintlike oorlogsverklaring van die Anglo-Boereoorlog drie jaar later was, want hierna het die Boere hulle militêr begin voorberei, terwyl die Uitlanders en Brittanje hul alliansie gekonsolideer het.[272]

Boer en Brit mede-eienaars van *Land en Volk*

Toe Alfred Beit die nuus gekry het dat Jameson gevange geneem is, was hy byna sprakeloos van kommer. Sy gemoedstoestand het vererger ná die hoof van sy Johannesburgse firma, Lionel Phillips, asook 'n senior werknemer, Percy FitzPatrick, kort hierna in hegtenis geneem is. "No doubt he saw the ruin of the companies he had built up on the Rand and disgrace, if not imprisonment, for himself," was die mening van 'n FitzPatrick-biograaf oor Beit se vrese.[273] Hierna het Beit 'n senu-ineenstorting gehad en sy testament verander om 'n miljoen pond ('n miljard rand) te bemaak aan die Reformers wat skade gely het as gevolg van die gebeure.[274] En in Junie 1896 het 'n komitee van die Kaapse parlement bevind dat hy een van die hoofbeplanners van die Jameson-inval en Johannesburg-opstand was. Beit en sy firma het nou baie vinnig hul aptyt vir "high politics" verloor.[275]

Wat nou met die Wernher-Beit-konsortium se aandeelbelang in *Land en Volk* gebeur het, is in 'n mate bespiegeling aan my kant, maar word onregstreeks deur daaropvolgende korrespondensie en gebeure bevestig. Beit en Wernher besluit waarskynlik dat hul firma enige betrokkenheid by bedrywighede of ondernemings wat hulle in verdere onguns by die Kruger-regering kan bring, moet staak. Hul sakeryk se toekoms en hul reputasie by baie invloedryke internasionale finansiers is nou op die spel – die luukse van 'n politieke gekonkel kan hulle op hierdie tydstip nie meer bekostig nie. Hoog op die lys van riskante bedrywighede moet wees hul besit en finansiële ondersteuning van die anti-Kruger-blad *Land en Volk*. Dus geen meer subsidies vir die koerant nie.[276] Wat betref die konsortium se aandele: skenk dit in gelyke dele aan Marais en Falconer, moontlik op voorwaarde dat hulle simpatiek teenoor die Uitlandersaak bly, iets wat hulle in elk geval is.

Falconer se mede-eienaarskap van *Land en Volk* word deur geen ander skrywers oor Marais genoem nie, maar dit is ongetwyfeld so. Tydens die Anglo-Boereoorlog het Falconer aan sir Alfred Milner verklaar: "I am part proprietor of the Dutch newspaper Land en Volk, published, until shortly before the outbreak of the War, in Pretoria." 'n Aantekening in die Britse militêre owerheid se lêer wat hierdie brief bevat, meld dat Falconer 'n helfte-belang in *Land en Volk* het, en Marais die ander helfte.[277] Met Falconer se latere afsterwe het *The Star* berig: "Before the war he was the manager and co-partner of the progressive newspaper *Land en Volk*."[278] Uit latere korrespondensie tussen Marais en Falconer blyk dit ook dat die Skot reeds voor Marais se vertrek na Londen later hierdie jaar die mede-eienaar van *Land en Volk* was.[279]

Vir Wernher-Beit is dit nie so 'n ongunstige transaksie soos dit op die oog af lyk nie. Nie alleen raak die firma ontslae van die politieke risiko wat spruit uit sy voortgesette eienaarskap van die koerant nie, asook van die subsidie wat hy moet betaal, maar sou Marais en Falconer daarin slaag om die koerant aan die gang te hou, behou hy ook 'n simpatieke spreekbuis in Boerekringe.

Vir Marais moet dit na 'n baie goeie transaksie lyk. Die vorige jaar het hy 'n groot som geld vir al sy aandele ontvang; nou sit hy weer met 'n helfte-belang wat hom niks gekos het nie. Maar Wernher-Beit se geskenk aan Marais kom waarskynlik met 'n voorwaarde: wat die buitewêreld betref, moet hy steeds as die alleeneienaar voorgehou word, want dit sal die koerant se doodsteek wees indien dit onder sy lesers bekend word dat 'n Uitlander soos Falconer die mede-eienaar is. Tot en met die koerant se sluiting net voor die Anglo-Boereoorlog verskyn dan slegs Marais se naam as alleeneienaar in elke uitgawe van die koerant.

Falconer sou ook nie gekla het nie – ten minste behou hy sy werk, en wanneer omstandighede verbeter, kan hy moontlik nog in die toekoms geld uit sy gratis aandeelbelang maak. 'n Mens kan jou kwalik enige ander omstandighede voorstel waaronder 'n arm Skot – soos later sal blyk, het Falconer maar swaar getrek – met twee jong dogtertjies[280] op hierdie tydstip 'n belang in 'n onwinsgewende Hollandse koerant sou aangeskaf het. Geld vir so 'n riskante belegging het hy definitief nie gehad nie.

Dit is natuurlik moontlik dat Falconer nou die helfte-belang in *Land en Volk* as 'n surrogaat vir Wernher-Beit hou, 'n reëling wat die firma by verskeie van sy ander koerante in plek het. Maar dit lyk nie so nie, te oordeel na die koerant se finansiële gesukkel tot en met die uitbreek van die Anglo-Boereoorlog.

Ná die Jameson-inval begin *Land en Volk* se sirkulasie daal. Volgens die meeste burgers het pres. Kruger die ZAR gered, en kritiek op sy bewind is ongewild onder die Boere. Sonder die mynmagnate se subsidie gaan dit maar swaar. Om die koerant aan die gang te hou verg 'n groot stryd waarin Falconer 'n reuserol speel, en waarvoor Marais hom twee jaar later uit Londen sal bedank:

> I know that without you the paper would long since have been a thing of the past. It was solely your energy & devotion which made it what it is. My contribution was largely a matter of chance. Your share was the honest labour & unflagging energy which alone can found a business.[281]

Marais se stelling dat sy eie bydrae maar bloot toevallig was, is vreemd – hy het tog immers die koerant besit lank voor Falconer daar begin werk het. Maar bogenoemde uitleg van hoe Marais en Falconer mede-eienaars geword het, verklaar hierdie stelling. Indien Marais nie meer die eienaar was toe die Wernher-Beit-konsortium hul aanbod aan hom en Falconer gemaak het nie, was sy betrokkenheid 'n "matter of chance" in die sin dat hy toevallig nog in die Transvaal was toe die konsortium besluit het om hul aandele te skenk, want op daardie tydstip het hy waarskynlik al besluit om met die geld wat hy uit die verkoop van *Land en Volk* verdien het oorsee te gaan studeer. Wernher-Beit sou ook nie omgegee het dat hy nie meer by die koerant betrokke gaan wees nie: hulle het op Falconer vertrou om die koerant te bedryf, en solank Marais inskiklik was dat sy naam as alleeneienaar gebruik word, sou sy afwesigheid hulle min geskeel het.

Moeilikheid in Pretoria

Aan die begin van September 1896, drie maande ná die vonnisoplegging van die Reform Committee-lede, word genl. Piet Joubert se gesamentlike pos as beide kommandant-generaal en superintendent van naturelle deur die Uitvoerende Raad geskei.[282] Hy behou sy pos as kommandant-generaal, maar 'n nuwe superintendent van naturelle moet aangestel word, welke persoon ingevolge die ZAR-grondwet ook outomaties 'n lid van die Uitvoerende Raad word. Die Krugergesindes op die Uitvoerende Raad vrees egter dat die progressiewe lede iemand uit hul geledere gaan verkies, en probeer 'n mosie deurvoer om die grondwet te wysig sodat die superintendent slegs 'n gewone staatsamptenaar word en nie in die raad dien nie. Toe hierdie mosie deur die meerderheid van die lede afgestem word, poog die progressiewes om 'n nuwe superintendent te verkies. Die Krugergesinde voorsitter verklaar op sy beurt dié mosie buite orde. Terwyl die lede van die Uitvoerende Raad oor die geldigheid van sy besluit redekawel, verlaat pres. Kruger die raadsaal en sweer genl. Piet Cronjé,[283] wat 'n ondersteuner van hom is, as die nuwe superintendent van naturelle in. Kruger maak staat op 'n tegniese punt oor wat die definisie van "aanstel" sou beteken: Volgens hom gee dit hom die reg om die superintendent aan te stel. Maar volgens die meerderheid van die Uitvoerende Raad gee die grondwet hulle daardie reg.[284]

Hieroor skryf Marais 'n verstommende hoofartikel op 17 September. Hy meen dat die volk hom moet afvra of Kruger en die voorsitter van die Uitvoerende Raad hulle nie aan die ergste verraad skuldig gemaak het deur die grondwet so flagrant te verbreek nie, en of dit nie elke opregte republikeinse Transvaler se plig is om die wapen hieroor op te neem nie. "Want het is burgerplicht den verrader te dooden indien geen ander middel te hand genomen kan worden."[285] Blykbaar is daar hierna sprake dat die regering Marais wil laat arresteer, maar in die volgende uitgawe skiet Marais hierdie gerug af. Volgens hom sal diegene wat hul aan verraad skuldig gemaak het, dit nie waag om die volk uit te tart deur so 'n stap te neem nie.[286] In ieder geval word Marais nie gearresteer nie.

Dit is nou reeds bekend dat 'n nuwe en strenger Perswet die volgende maand in werking gaan tree, waarvolgens die eienaar en verantwoordelike redakteur van 'n koerant aanspreeklik gehou kan word vir alles wat daarin verskyn, en enige brief of artikel met 'n politieke strekking deur die skrywer daarvan met sy volle naam en adres onderteken moet word.[287] Dit beteken die einde van Marais se geliefde Afrikanus Junior. Aan die einde van September verskyn in *Land en Volk* dan ook onder hierdie skuilnaam wat sal blyk Marais se laaste ope brief aan pres. Kruger te wees. Met verwysing na genl. Cronjé se aanstelling en die nuwe Perswet, waarsku Marais die staatspresident dat die volk ander maniere sal kry om hul gevoelens en wense te laat hoor. Op die politieke front is dit 'n saak tussen Kruger en die volk, meen hy, maar "de vergelding zal zeker komen – Wat uw geweten betreft is het eene zaak tusschen u en God".[288] Hy spreek weereens sy woede uit oor Kruger se bande met die "bende roovers en speculanten die uwe regeering als aasvogels omzingelden en die gedurig hunne klaauwen hebben in de schatkist van dit volk".[289]

Marais het nou 'n moeilike jaar of wat agter die rug. Nie alleen is sy vrou die vorige jaar oorlede nie, maar sy pa en ma het ook onlangs kort ná mekaar gesterf.[290] Boonop is sy toenemende gebruik van morfien ook nie meer 'n geheim in die kringe waarin hy beweeg nie. Dan is daar die beperkings wat die nuwe Perswet op hom en *Land en Volk* plaas. Verder is sy aartsvyand, pres. Kruger, se houvas op die regering sterker as ooit, ten spyte van sy eie verbete joernalistieke veldtog in *Land en Volk* die afgelope vyf jaar. Die progressiewe Volksraadslede en *Land en Volk* se versoenende benadering teenoor die Uitlanders geval nou nie meer die meeste burgers nie. Die mislukte Jameson-inval en staatsgreep het ook die land se militêre onvoorbereidheid blootgestel, iets waarvoor genl. Joubert as kommandant-generaal blameer word.[291] Selfs Ewald Esselen en Ben Viljoen[292] is nou Kruger-ondersteuners. Teen hierdie tyd is Marais en Viljoen bittere vyande,[293] so erg dat laasgenoemde twee maande later vir *Land en Volk* as 'n halfslagtige Jingo-koerant sal bestempel.[294] Ook sluimer daar vermoedelik nog agterdog oor Marais se presiese rol in die mislukte Uitlanderstaatsgreep aan die begin van die jaar. En dan is daar ook nog moontlik die sielkundige letsels van sy aanranding kort ná die Jameson-inval.

Marais se gesondheid blyk ook nou nie te waffers te wees nie, soos hy in sy ope brief meld met verwysing na sy reg om protes teen die wanpraktyke van die Kruger-regering aan te teken. "Mij lichaam heb ik opgeofferd – niet vrywilliglyk, maar toch, hoop ik, met zulke moed als de natuurlyke zwakheid des vleesches een mens toelaat. En dit afgeleefde en verminkte lichaam geeft my recht van spreken, indien ik aanspraak op geen ander recht kan maken."[295]

En vir oulaas is daar nog 'n relletjie met *De Volksstem.* Einde Oktober 1896 plaas laasgenoemde 'n anonieme lesersbrief waarin beweer word dat *Land en Volk* die vorige jaar 'n staatsamptenaar met £25 (R25 000) omgekoop het om burgers se name te werf vir 'n petisie om stemreg na die Uitlanders uit te brei. Die leser bespiegel verder dat hierdie geld van die National Union gekom het.[296]

Marais reageer 'n week later heftig. Hy verklaar in 'n beëdigde verklaring vir sy voorgenome lastersaak teen *De Volksstem* dat hy die eienaar van *Land en Volk* is, geen kommunikasie met die National Union gehad het of geld van enigiemand vir so 'n petisie ontvang het, of aan enigiemand geld daarvoor gegee het nie.[297] Dr. Engelenburg, die redakteur van *De Volksstem*, vra twee weke later onvoorwaardelik om verskoning vir die plasing van die brief.[298]

Maar gelyktydig met hierdie klein oorwinning beleef Marais en *Land en Volk* 'n groot terugslag. Op 11 November beslis die Hooggeregshof dat daar nie bo twyfel bewys is dat kmdt. Tobias Smuts die vorige jaar die dreigbrief geskryf het waarvoor Marais hom vir laster aangekla het nie, en dat Marais die geding se regskoste van byna £500 (R500 000) moet betaal.[299] Na aanleiding hiervan wy *De Volksstem* 'n hele hoofartikel aan die rol wat Marais op die Transvaalse politieke toneel speel. Volgens die koerant is die Smuts-saak net nog 'n skakel in 'n lang ketting van regsaksies deur Marais teen vooraanstaande persone wat polities van hom verskil. Hieroor is *De Volksstem* agterdogtig. "Hij is mogelik de vechtersbaas van zijn partij, waar anderen de woordvoerders, financiers of leiders zijn." Die koerant beweer dat 'n span speurders Marais van inligting voorsien, en dat hy soos 'n spinnekop in sy web sit en tuur na moontlike prooi. Die artikel sluit af met 'n teregwysing: "Waarlik, de Transvalers hebben reeds belasteraars genoeg; het is niet mooi dat een hunner mede-burgers steeds op de loer ligt om vuil linnen op te tillen in het worstelperk onzer huishoudelike binnelandse politiek!"[300]

Dit blyk nou die laaste strooi vir Marais te wees. Tyd om 'n nuwe rigting in te slaan, op 'n plek waar hy anoniem sal wees, weg van sy familie en kennisse. Selfs ná die regskoste wat hy nou moet betaal, het hy vermoedelik nog genoeg geld uit die vorige jaar se verkoop van *Land en Volk* om oorsee te gaan studeer. Volgens Marais se latere vertellinge het Esselen en ander vriende hom aangeraai om hom as advokaat in Engeland te gaan bekwaam[301] – aan die Inner Temple in Londen, waar Esselen self gestudeer het.[302] Moontlik sluit die "ander vriende" van sy Uitlandervriende soos FitzPatrick en Hammond in wat besef dat hy uit Londen nog steeds 'n waardevolle rol sal kan vervul. Soos sal blyk, sal Hammond twee maande later sy toelating tot die Inner Temple fasiliteer. *De Volksstem* vermoed ook dat daar 'n duistere rede agter sy vertrek na Londen skuil, en meen dat "de heer Eugène Marais als eigenaar en verantwoordelik editeur" nog steeds soos vroeër die politieke rigting van die koerant gaan bepaal, maar homself buite die bereik van die nuwe Perswet wil plaas.[303]

James Younger O'Brien

Op 3 Desember 1896 word James Younger O'Brien die waarnemende redakteur van *Land en Volk*. O'Brien was tot nou toe die redakteur van die Hollandstalige koerant *De Pers* in Pretoria, 'n pos wat hy vir twee en 'n half jaar beklee het.[304] Hy is Engelstalig van afkoms, maar het die vorige jaar 'n burger van die ZAR[305] geword en kan Hollands vlot praat en skryf, 'n vaardigheid waarvoor hy ná die Anglo-Boereoorlog as vertaler by die Transvaalse Hooggeregshof aangestel sal word.[306]

"We understand that Mr. Eugene Marais, the proprietor, retains the responsible editorship, and will continue to direct the policy of the paper," berig *The Press*, die Engelse susterkoerant van *De Pers.*[307] Soos baie ander is hierdie koerant ook blykbaar onbewus daarvan dat Falconer nou die mede-eienaar van *Land en Volk* is.

Soos *The Press* behoort *De Pers* aan J.B. Robinson, 'n skatryk Randse mynmagnaat.[308] Hoekom is O'Brien dan bereid om sy redakteurskap van 'n koerant met 'n eienaar met diep sakke vir dié van 'n sukkelende koerant met 'n dalende sirkulasie te verruil? Verder weet almal dat hierdie koerant se bekende – en berugte – jong Afrikanerredakteur nou op pad na Londen is. Vermoedelik sou O'Brien nie sommer van werk verander het sonder 'n waterdigte versekering dat sy salaris veilig is nie, 'n onderneming wat Marais en Falconer hom nie sou kon gegee het nie. Ten spyte van hul teensinnigheid ná die Jameson-inval om weer by die Transvaalse politiek betrokke te raak, is dit dan moontlik dat dit die mynmagnate en spesifiek Wernher-Beit is wat nou O'Brien se salaris betaal, soos die firma ook by van hul ander koerante doen. Met *Land en Volk* veilig in die hande van Falconer en O'Brien, onderskeidelik 'n Uitlander en 'n voormalige Uitlander, is Marais nou gereed om sy oorsese reis aan te pak.

DEEL 3

In die vreemde

(1897-1898)

It makes the same impression as a first sight of the ocean does. You are lost in amazement over the thundering din of unending traffic in the streets and the tramping of innumerable armies on the side-walks. There is the same hurried anxious & apparently aimless industry which you see in an anthill.[1]

Eugène Marais (1897)

Aan die universiteite in Europa het ek my tyd verspil in nuttelose studies en ondersoekings, wat seker nie kon dien om my vir die lewenstryd te bewapen nie. Ek was altyd geneig tot die studie van die geheimsinniger dinge in die natuur en in die menslike siel.[2]

Eugène Marais (1932) –
uit "Laramie die wonderwerker"

Die Imperiale hoofstad

Marais vertrek op Saterdagaand 12 Desember 1896[3] per trein vanaf Pretoria na Kaapstad, waar hy die dag ná Kersfees[4] aan boord van die posboot *Dunottar Castle* gaan.[5] Met sy vertrek uit Pretoria berig *The Press* dat hy na Europa gaan om regte te studeer met "the best wishes of his many friends with him for a successful career".[6] Reeds die vorige maand was daar gerugte in Pretoria dat Marais beoog om in Europa in die regte te gaan studeer.[7] Daar is dus geen sprake daarvan nie dat Marais aanvanklik van plan was om medies te gaan studeer en eers later na 'n regsrigting oorgeslaan het, soos hy en sy seun later beweer het.[8]

Op 9 Januarie 1897, Marais se 27ste verjaardag, meer die *Dunottar Castle* by Londen se East India-dokke vas.[9] Op hierdie tydstip is koningin Victoria al sestig jaar op die troon, en gedurende haar bewind het Londen die grootste stad in die mensegeskiedenis geword, met 'n inwonertal wat die eeu daarvoor van ongeveer een miljoen tot ses miljoen toegeneem het, meer as dié van Berlyn, Parys, Moskou en St. Petersburg gesamentlik. Net in die 1890's sal Londen se bevolking met amper 'n miljoen toeneem. Dit is nou die hoofstad van 'n ryk wat gebiede op elke kontinent behalwe Antarktika beheer, eilande in elke oseaan besit, en die lot van vierhonderdmiljoen mense bepaal – 'n kwart van die wêreldbevolking. Die stad is 'n magneet vir immigrante en besoekers van oor die hele wêreld, en die besige strate wemel van Australiërs, Nieu-Seelanders, Kanadese, Suid-Afrikaners, Europeërs, Russe, Indiërs, Maleisiërs, Chinese, Indonesiërs, Wes-Indiërs en die burgers van talle ander lande. In die jaar dat Marais daar aankom, strek Londen ongeveer 23 kilometer van oos na wes, en omtrent dieselfde afstand van noord na suid. Die kontras met Pretoria is groot.

Marais verwoord sy eerste indrukke van Londen 'n paar weke later treffend aan 'n vriend:

My dear Pienaar

I am here as you see – eighteen miles from the Mansion House, which is the centre of the "City" and yet in London. If you come here, not wondering & marvelling only, but with the lamp of enquiry still aflame in your consciousness, this anthill of humanity is full of strange & startling facts. In the first place it is of course astounding. When you enter the great thoroughfares like the Strand or Oxford Street or the many arteries of commerce which lead to the Mansion House – the throbbing heart of this great city – you are overwhelmed by the sense of vastness. It makes the same impression as a first sight of the ocean does. You are lost in amazement over the thundering din of unending traffic in the streets and the tramping of innumerable armies on the side-walks. There is the same hurried anxious & apparently aimless industry which you see in an anthill. The evolution of this stupendous machine is the first consideration that grasps your attention. The regulation of all this throbbing industry is undoubtedly a great tribute to the human intellect. The London policeman is the product & also the symbol of this evolution. You have often heard how he holds up his hand & stops the traffic & how he escorts helpless women and children across the maalstroom [sic] of omnibuses and cabs, – well from these descriptions you cannot gather any idea of the impressiveness of the ceremony – the emotions it awakens in one who comes fresh from the wilderness to view it; these giants in blue are like unto nothing unless it be God, or Fate or Destiny. The buildings, massive rather than beautiful, are also worthy of the intellect that has built up this Empire & this City. To speak of them would give you no idea of the meaning they convey to the heart & head of one who sees them & who, while seeing them, holds in his fancy a picture of the unsullied veld & the waving grass. Can you believe that in the hotel where I first put up, there is a waiter – a fairly intelligent man – who has never seen the open country; who can imagine no wider open space than Hyde Park or no more profound solitude than the heart of the City on Sunday night? And there are thousands upon thousands like him in London.[10]

Die Pienaar aan wie Marais hier skryf, is waarskynlik Charlie Pienaar, 'n goeie vriend van Marais vir baie jare, en later Suid-Afrika se handelsattaché in Europa.[11] Londen maak duidelik 'n geweldige indruk op Marais. Sy vergelyking van hierdie stad met 'n miershoop sal baie jare later neerslag vind in sy ondersoek na die werking van 'n werklike miershoop in *Die Siel van die Mier*. Maar ook in hierdie brief aan 'n vriend is Marais se geneigdheid tot oordrywing te bespeur: die straatadres wat Marais boaan die brief verskaf is in Lewisham, slegs ses myl van Mansion House, nie agttien myl soos Marais voorgee nie. Hy wil klaarblyklik die enorme omvang van Londen beklemtoon, en las dus maar 'n bietjie by.

Die Inner Temple

Marais gaan bly aanvanklik in 'n goedkoop hotel, die Castle and Falcon[12] in Aldersgate Street in die City, Londen se finansiële distrik, ongeveer 'n kwartier se stap van die Inner Temple. Nege dae ná sy aankoms vul Marais die aansoekvorm in van die Inner Temple, een van die vier sogenaamde Inns of Court in Londen, die instellings waar voornemende advokate in Engeland opgelei word. Weereens kan Marais hom nie daarvan weerhou om by te lieg nie. Sy ouderdom gee hy as 26 aan, dieselfde as op sy paspoort – dit terwyl hy verjaar het sedert die paspoort 'n maand tevore uitgereik is. Maar sy paspoort wys nie sy geboortedatum nie, slegs sy ouderdom. Hy kan dus die kans waag, en sou hy aan iemand by die Inner Temple sy paspoort as bewys van identiteit moet toon, sal daardie persoon niks wys word nie. Sy vader se beroep dui hy as "Advocate" aan.[13] Maar sy oorlede pa was nooit 'n advokaat nie, slegs 'n prokureur, en daarby 'n prokureur wat tronkstraf moes uitdien weens die verduistering van staatsgeld.

Hierdie twee wanvoorstellings is nie so ernstig nie. Maar nou pleeg hy 'n ernstiger een. Voornemende studente aan die Inner Temple moet 'n toelatingseksamen in Engels, Latyn en Engelse Geskiedenis aflê tensy hulle reeds 'n BA-graad het.[14] Marais het egter net matriek verwerf, en dit boonop in die tweede klas. Maar om die toelatingseksamen vry te spring, vul hy in dat hy aan die "Cape University" gestudeer het,[15] wat 'n blatante leuen is. Sy vriend en voormalige vennoot Jimmy Roos het wel die vorige jaar sy BA-graad in die regte aan die University of the Cape of Good Hope verwerf.[16] Dit sal nie die laaste keer wees dat Marais hom iemand anders se prestasies of optrede toe-eien nie. Hoe Marais hiermee weggekom het, is nie bekend nie, want volgens die regulasies kon 'n voornemende student slegs vrystelling van hierdie eksamen kry indien hy sy graadsertifikaat aan die Inner Temple se "Dispensation Committee" voorlê.[17]

'n Verdere toelatingsvereiste is dat elke aansoeker deur 'n aanvaarbare persoon voorgestel moet word, en ook sertifikate moet voorlê van twee advokate wat al langer as vyf jaar in Brittanje praktiseer waarin hulle bevestig dat die aansoeker van goeie inbors is en geskik is om tot die Inner Temple toegelaat te word. In die geval van 'n aansoeker wat hierdie advokate nie persoonlik ken nie, moet hulle verklaar dat hulle oortuig is van die integriteit en goeie reputasie van sy voorsteller.[18] Marais se voorsteller is 'n student aan die Inner Temple, Henry Currey, die voormalige privaat sekretaris van Cecil John Rhodes en daarna die sekretaris van sy firma Consolidated Goldfields in Johannesburg.[19]

Waarskynlik is dit dan Marais se vriend John Hays Hammond wat dié verwysing reël, want hy werk nou in die City as raadgewende ingenieur vir Consolidated Goldfields.[20] Hammond is steeds besig om teen die ZAR te agiteer deur middel van lesings, briewe en anti-Boer-artikels. Kort na Marais se aankoms in Londen verskyn 'n artikel van Hammond juis in die *North American Review* waarin hy die VSA aanmoedig om sy "sentimental considerations" opsy te skuif en in te sien dat die Boereregerings in Suid-Afrika verwyder moet word.[21]

Currey het twee jaar tevore by die Inner Temple ingeskryf,[22] en het nou byna sy studies voltooi. Hy verkry vir Marais die nodige advokaatsertifikate van onder andere Frederic Mackarness,[23] 'n Brit wat van 1882 tot 1884 as 'n advokaat in die Hooggeregshof van die Kaapkolonie opgetree het, waar hy met vooraanstaande Kaapse politici soos J.X. Merriman en W.P. Schreiner bevriend geraak het.[24] Ene Robert Barber verskaf die ander sertifikaat,[25] maar oor hom kon ek nie meer uitvind nie.

Op 19 Januarie 1897 word Marais as student aan die Inner Temple toegelaat. Hy betaal 'n aansluitingsfooi en seëlregte van £40, tesame met 'n terugbetaalbare deposito van £100: dus 'n aanvanklike bedrag van £140.[26] Daarbenewens beloop klasgeld £10 vir elk van die vier kwartale, asook £7 per jaar vir die verpligte dinees,[27] wat op 'n totale jaarlikse bedrag van £47 vir studiekoste te staan kom. Wat ander lewenskoste betref, het 'n destydse waarnemer geraam dat 'n student aan die Inner Temple ten minste £150 per jaar sou benodig,[28] wat tesame met studiekoste 'n jaarlikse uitgawe van ten minste £200 sou beloop. Wilfred Marais, 'n seun van Marais se ryk oom Lang Piet, wat in 1903 aan die

Inner Temple ingeskryf het,[29] het £300 per jaar van sy pa gekry vir verblyf- en studiekoste.[30] Vir 'n driejaarkursus beloop Marais se studie- en lewenskoste dus sowat £600, wat tesame met die aanvanklike bedrag van £140 beteken dat hy ten minste £740 (R740 000) vir 'n driejaarverblyf en -studiekursus in Londen sou benodig. Dan is daar nog reiskoste tussen Suid-Afrika en Brittanje – 'n eenrigting-skeepskaartjie kos sowat £31 (R31 000).[31]

Van die Wernher-Beit-konsortium het Marais in Augustus 1895 vermoedelik £2 500 (R2,5 miljoen) vir sy aandele in *Land en Volk* ontvang, waarvan hy egter twee maande tevore £500 aan kmdt. Tobias Smuts moes betaal om sy regskoste te vergoed. Waarskynlik moes hy ook 'n deel van die opbrengs in sy koerant inploeg om dit ná die Jameson-inval aan die gang te hou. Dan was daar ook die banklening van £500 wat hy en Jimmy Roos 'n paar jaar tevore aangegaan het om *Land en Volk* te koop, wat hy vermoedelik voor sy vertrek moes terugbetaal. Maar selfs ná hierdie uitgawes sou Marais waarskynlik nog genoeg geld gehad het vir 'n driejaarkursus aan die Inner Temple. Hy sal egter nie net drie jaar in Londen, ook destyds een van die duurste stede ter wêreld, woon nie, maar meer as vyf jaar, en sy geld sal nie hou nie.

Die inrigting waar Marais nou gaan studeer, is op die noordelike oewer van die Teems, tussen die West End en die City. In 1897 kan die Inner Temple se geskiedenis meer as sewe eeue teruggevoer word na die tyd toe die Orde van die Tempelridders (Knights Templar) hul nuwe "tempel" en ander geboue hier kom oprig het. Die Katolieke Kerk het egter die orde in die veertiende eeu verban, en daarna het die Middeleeuse prokureurs verbonde aan die Engelse koningshof en hul vakleerlinge hul intrek hier geneem.[32] Die tradisies en regulasies van die Inner Temple (asook dié van Gray's Inn, die Middle Temple en Lincoln's Inn, die ander drie Inns of Court in Londen) kom dus 'n lang pad.

'n Akademiese jaar bestaan uit vier "terms", oftewel kwartale, elk tussen vier en agt weke lank. Die Hilary-kwartaal strek van ongeveer middel Januarie tot middel Maart, die Easter-kwartaal begin die week ná Pase en duur ongeveer vyf weke, die Trinity-kwartaal begin in Junie en is 'n maand lank, terwyl die Michaelmas-kwartaal in die tweede helfte van Oktober begin en aan die begin van Desember eindig.[33] 'n Student moet op hierdie tydstip eksamens in drie vakke[34] slaag om tot die Engelse balie toegelaat te kan word, die sogenaamde "Call to the Bar".

Die drie vakke is Romeinse Reg, Konstitusionele Reg en Regsgeskiedenis, en Engelse Reg en Billikheidsreg. Studente lê eksamens in hierdie vakke af in die maand voor die begin van 'n nuwe kwartaal (maar ná die einde van die vorige een) sodat die uitslae betyds is vir die volgende "Call to the Bar", 'n seremonie wat elke kwartaal plaasvind. Hierdie eksamens se name verwys na die daaropvolgende kwartaal: die Hilary-eksamen word dus in Desember afgelê, die Easter-eksamen voor Paasnaweek, die Trinity-eksamen in Mei, en die Michaelmas-eksamen in die eerste helfte van Oktober. 'n Student kan die drie eksamens aflê so gou as hy wil, selfs binne 'n jaar as hy besonder skrander en fluks is, maar hy moet in ieder geval twaalf kwartale (dit wil sê drie jaar) aan die Inner Temple bywoon, wat as "keeping terms" bekend staan. Vir 'n buitelandse student soos Marais behels dit dat hy elke kwartaal ten minste ses formele dinees by die Inner Temple moet bywoon,[35] 'n tradisie wat grappenderwys deur studente "dining your way towards the Bar" genoem word.

Klasse by die Inns of Court word aangebied deur dosente wat "Readers" genoem word, en hulle onderrig studente in spesifieke regsonderwerpe deur middel van lesings en besprekings.[36] Klasse is nie verpligtend nie en 'n student kan self besluit hoe hy (vroue is eers in 1920 toegelaat[37]) sy studies gaan aanpak, hetsy deur klasse by te woon, of deur self- of privaat onderrig.

Marais vorm binne 'n paar weke 'n besliste opinie oor die Britse Ryk en sy medestudente, wat hy in die tweede deel van sy voorgemelde brief aan sy vriend Pienaar uiteensit:

> But under all this pride & pomp of wealth & power there are not signs wanting which would gladden your heart could you be here to see & note them. I have arrived at a fortunate time, for I shall see the first stages in the decay & dissolution of a great Empire. History has taught you the symptoms & they are here. They meet you at every turn & corner. It is the body of a giant attacked by internal cancer & the visible suppuration shining faintly through the apparently healthy skin. The symptoms which you see in their Church are no longer invisible in their politics. As the Church of England is only [onleesbaar] & water – an assumption of power & glory outwardly which this poor spirit within does not warrant & cannot support, so this nation speaks of itself with a great flourish of trumpets & a burning of incense, & behold it is sick – sick unto death; and we Pienaar, you & I,

> shall live to see it in the throes. We shall live to see retribution overtaking the Destroyer of Liberty, maybe we shall be able to strike a blow at the falling harlot & remember the blood of our people which she has poured out like water. Yes, we shall live to see the day of the small nations, when they arise to pay back their just debts into the treasury of wrath with compound interest. The time is near at hand, – nearer than you dream of. Do not therefore let an opportunity pass by of teaching our people to hate & loathe the oppressor, the Thief & Liar, who has crawled over the earth like a tarantula & laid up for itself a great store of hate among many nations. Here troubled times are visible upon the horizon like clouds, dark & ominous on the inside & shining like pillars of fires upon the pathways of the little nations. In the Temple one comes into contact with the youth of the upper & middle classes, the men to whom the destinies of this nation will be entrusted; & if you could see them your heart will sing with joy. You see these young men, with spirits burning dimly in the sockets, oppressed by tedium vitae & incapable of being roused to interest in anything outside themselves. As to fair & just views, they are incapable of forming them on any subject under the sun. They are the heirs of centuries of power & wealth & vice & their ugly faces tell you that they are as impotent as they are unworthy of holding the reins of power which chance has placed in their feeble hands. Like the Church the nation still has the outward crust of greatness & within it is a mass of putrefying suppuration. Truly this is another indication of Nature's eternal laws. It is as true of a nation as it is of an individual that as one sows so shall one surely reap.
>
> I trust all this has not wearied you – but I feel deeply on what I have discovered & I am solemnly convinced that my deductions are not false. If I hear from you in reply I shall continue these impressions from time to time if they interest you at all.[38]

Te oordeel na sy heftige taalgebruik en dramatiese beeldspraak lyk dit of Marais die laaste deel van sy brief aan Pienaar in 'n verhoogde emosionele staat geskryf het. In die lig van sy dwelmgewoonte wonder 'n mens of hy nie dié deel onder die invloed van iets geskryf het nie. Maar op hierdie tydstip het Marais duidelik nie 'n hoë dunk van sy Britse medestudente nie. Destyds (en soms vandag nog) was baie of selfs die meeste opgevoede Britte maar bra onvriendelik en neerbuigend teenoor vreemdelinge. Onder hulle het die Boere ("Boors") boonop as ongeletterde en barbaarse "peasants" bekend gestaan. Verder was die vernedering van Majuba en die mislukte Jameson-inval nog vars in hul geheue. Die Britse studente se behandeling van Marais was dus waarskynlik maar kil, iets wat hom duidelik gekwets het.

Die gevoelens wat Marais openbaar in sy stelling dat Pienaar sy mede-Afrikaners moet aanspoor om Brittanje te haat, sal tydens en ná die Anglo-Boereoorlog 'n groot verandering ondergaan, soos sal blyk. Sy voorspelling oor die toekoms van die Britse Ryk is egter in die kol. In 1897 is Brittanje se mag al amper 'n eeu lank ongeëwenaard, en lyk dit vir die meeste mense of dit die natuurlike en ewigdurende stand van die wêreldorde is. Maar die Anglo-Boereoorlog is net om die draai, iets wat Britse aansien 'n geweldige knou sal toedien, en ná die twee wêreldoorloë van die volgende halfeeu sal die Britse Ryk in puin lê.

Lewisham en sosiale lewe

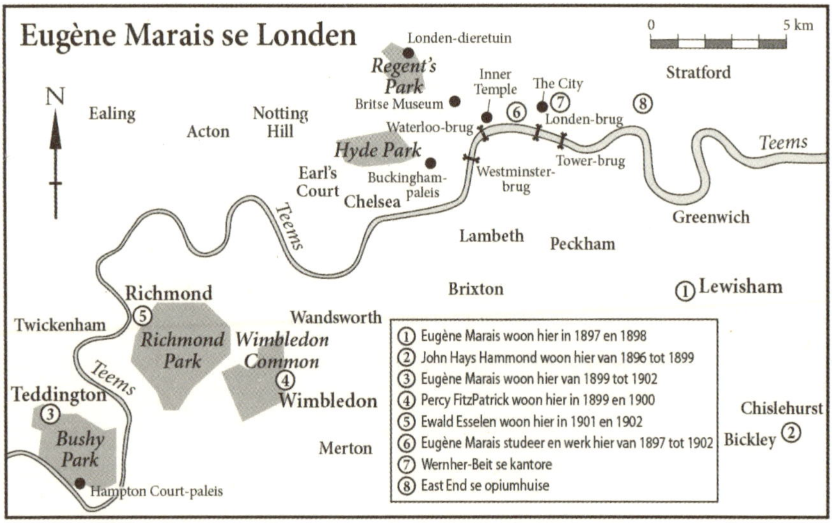

Omtrent 'n maand ná sy aankoms trek Marais uit die Castle and Falcon-hotel na 'n losieshuis by 24 Lewisham Park Crescent in Lewisham,[39] 'n voorstad in die suidooste van Londen, ongeveer tien kilometer van die Inner Temple. Pas veertig jaar tevore was Lewisham 'n rustige landboudorpie wat Londen van voedsel voorsien het, maar sedertdien het dit verander in 'n pendelaarvoorstad met ongeveer honderdduisend inwoners, hoofsaaklik werkers uit die laer middelklas. Die gereelde treindiens van die South Eastern Railway Company vervoer die derduisende witboordjiewerkers elke dag van die week behalwe Sondag na en van hul werksplekke in Londen. Gedurende werksure is Lewisham dus baie stil, met net 'n trem wat af en toe die eentonigheid verbreek. 'n Waarnemer in hierdie jare beskryf die voorstad as "quiet, respectable, rather commonplace" en meld dat, buiten konstruksiewerk, "there seems to be little or nothing for the occupied classes to do".[40]

Hoekom besluit Marais om so ver van die Inner Temple te gaan woon? 'n Moontlike rede is omdat dit, soos vandag nog, heelwat goedkoper is om hier as in die middestad self te woon. Verder woon John Hays Hammond en sy familie in Bickley,[41] binne stapafstand van Lewisham, slegs vier stasies suidoos met die gereelde treindiens van die South Eastern Railway. Maar die waarskynlikste rede is omdat J.C. Stegmann, 'n kennis van Marais en nou student aan Gray's Inn, vermoedelik ook reeds in Lewisham woon. As 'n nuwe aankomeling in 'n groot en onpersoonlike wêreldstad sou Marais tog verkies om naby 'n bekende te gaan woon. Stegmann is gebore in 1870, dieselfde jaar as Marais, en was soos gemeld ook 'n leerling aan die Paarl Public School for Boys vanaf 1883 tot 1887,[42] wat oorvleuel met die tydperk waarin Marais daar was. Ná skool het Stegmann tot 1893 by die Akteskantoor in Pretoria gewerk,[43] jare wat Marais ook in Pretoria gewoon het. Stegmann het daarna 'n kantoor as wetsagent in Krugersdorp oopgemaak en gereeld sy dienste– "Transport, Verband Uitmaker en Beëdigd Vertaler" – in *Land en Volk* geadverteer.[44] Stegmann en Marais moes mekaar dus minstens goed geken het, indien hulle nie bevriend was nie.

Stegmann het in Oktober 1896, drie maande voor Marais se aankoms in Londen, die Inns of Court se toelatingseksamen suksesvol afgelê en by Gray's Inn ingeskryf.[45] Hy is in Junie 1899 tot die balie toegelaat,[46] waarna hy na die Transvaal teruggekeer het. Gedurende die Anglo-Boereoorlog was hy 'n verkenner in Edwards' Scouts wat hulle in September 1900 by Krugersdorp oorgegee het. Hy is daarna toegelaat om op parool na Brittanje te gaan,[47] en met die nasionale tienjaarlikse sensusopname in 1901 was hy 'n loseerder by die Benjamin-familie by 42 Ryecroft Street in Lewisham,[48] net 'n paar strate van die losieshuis waar Marais in 1897 sy intrek neem. Die Benjamins het reeds in 1891 hier gewoon,[49] en dus ook in die jare wat Stegmann aan Gray's Inn gestudeer het. Gray's Inn het geen rekord van waar Stegmann in 1897 gewoon het nie, maar toe hy in 1900 na Londen terugkeer ná sy vertrek vyftien maande tevore, sou sy eerste keuse van verblyf tog geval het op die woonbuurt waar hy voorheen gewoon het en waarmee hy bekend was. Lewisham is ook te ver van die middestad om 'n ooglopende eerste keuse van woonplek vir 'n buitelander te wees. Verder sou 'n Boer op parool sekerlik nie die mees gesogte loseerder in Londen in 1901 gewees het nie – maar 'n familie by wie hy voorheen gewoon het en wat hom geken het, sou vermoedelik meer inskiklik gewees het om losies aan hom te verskaf.

Marais se losieshuis is 'n drieverdieping-skakelhuis wat grens aan Lewisham Park. Hier sal Marais vriendskappe aanknoop wat belangrik vir sy Londense lewe sal wees. Die losieshuis word bedryf deur mev. Jane Read, 'n 47-jarige weduwee, en haar twee dogters, Helen (20) en Janet (18).[50] Mev. Read se man, George, 'n skeepsmakelaar, is drie jaar tevore oorlede, maar het om die een of ander onbekende rede sy hele boedel aan 'n oujongnooi bemaak.[51] Mev. Read en haar dogters moet dus vermoedelik om den brode loseerders inneem.

"Shortly after my arrival in England I went with Dot and Helen to a concert at Little Queen's Hall [sic] where a stout man sang the following charmingly,"[52] het Marais destyds in 'n notaboek aangeteken. Volgens Rousseau het Marais se seun nie geweet wie Dot en Helen is nie, en gemeen dat hulle familie was.[53] Maar dit lyk of Helen eerder Helen Read was, en Dot moontlik 'n troetelnaam vir haar jonger suster.

Marais knoop dus redelik gou ná sy aankoms vroulike vriendskappe aan en begin die kultuurlewe van die stad geniet. Queen's Hall was 'n konsertsaal in Langham Place in die West End wat vandag nie meer bestaan nie. Die "Little Queen's Hall" waarna Marais verwys, is die Queen's Small Hall, 'n kleiner saal bo in die gebou waar opvoerings ook aangebied is. Die "Stout man" na wie Marais verwys, is moontlik Albert Chevalier, 'n gewilde variété-arties wat aan hierdie beskrywing voldoen en in 1897 by die Queen's Small Hall opgetree het.

Die feit dat Marais eerste vir Dot noem, dui moontlik daarop dat sy vir hom belangriker as Helen was. Meer oor haar later. In elk geval was Helen waarskynlik nou reeds in 'n romantiese verhouding betrokke met Otto Schurr, 'n 25-jarige[54] Duitse staalhandelaar met wie sy twee jaar later sou trou.[55] By Otto en Helen Schurr het Marais in 1902 die laaste paar maande van sy verblyf in

Londen deurgebring, soos sal blyk. Dit kan dus wees dat Otto Schurr nou 'n mede-loseerder van Marais is, of dat hy Marais deur Helen ontmoet.

Marais gaan kuier sekerlik gou ná sy aankoms by Jim Taylor, wat nou lord Verulam se Gorhambury-landgoed buite St. Albans huur, ongeveer 'n uur noord per trein van Lewisham af. Die landgoed beslaan meer as 6 000 akker, en hier skiet Taylor en sy vriende patryse na hartelus, op 'n keer sommer 500 in drie dae. Taylor kom ook gereeld na Londen om direksievergaderings van Wernher Beit-maatskappye by te woon.[56]

Baie jare later in die VSA het John Hays Hammond se vrou, Natalie, vir Charles te Water, 'n vriend van Marais, vertel watter verfynde en sjarmante geselskap Marais by 'n naweekparty op die Engelse platteland was. Moontlik was hierdie partytjie op Taylor se landgoed, want die Taylors en Hammonds het mekaar goed geken. Volgens haar het Marais 'n baie gunstige indruk in Londense kringe gemaak met sy suiwer spraak en groot verstand. "Finest flower of civilisation of any man she'd known," het sy aan Te Water verklaar.[57]

Dit is 'n groot kompliment. Hammond beskryf in sy outobiografie die tipiese dinee of aandpartytjie in Londen in hierdie jare as 'n hoogs gesofistikeerde affêre met 'n wye verskeidenheid vooraanstaande gaste:

> Of an evening in London one would find oneself in the midst of a thoroughly cosmopolitan assemblage. Under the same roof one might meet Viscount Grey, the statesman, Lecky, the historian, Kipling, the writer, and Lady Elizabeth Cust's son, Sir Lionel, head of the National Portrait Gallery, the Duke of Argyll, and Sir Edward Elgar, the composer and conductor. Among the charming women were Lady Vincent, called the most beautiful woman in London, and Madame Antonio de Navarro, formerly the lovely Mary Anderson of the stage. Add to these the usual sprinkling of foreign diplomats and noted explorers, the dash of leaders of great business enterprises, and the omnipresent number of beautiful and distinguished women, and the scope of interest in the inspired conversation would be unlimited.[58]

Marais se latere mededeling aan sy seun dat hy die beroemde akteurs en teaterbestuurders Henry Irving en Gerald du Maurier, asook Marie Corelli, 'n baie gewilde romanskrywer, in Londen ontmoet het,[59] klink dus nie vergesog nie.

Dit is in sulke uitgelese kringe dat Marais blykbaar in sy vet jare skitter. Hy het geld in die sak en kan dit bekostig om aan Londen se sosiale lewe deel te neem. Maar die maer jare sal kom.

Dit lyk egter nie of Marais langdurige vriendskappe met enige van sy Britse medestudente aanknoop nie. Soos hy vir Pienaar geskryf het, het hy geen ooghare vir hulle nie. En hulle moontlik ook nie vir hom nie. Uit 'n brief later hierdie jaar aan *Land en Volk* blyk dit dat hy – by die Inner Temple ten minste – eerder die geselskap van Indiërstudente opsoek, wat soos hy ook deur die Britse studente as lede van 'n mindere volk beskou word. Hy en hierdie studente deel 'n weersin in Britse imperialisme. Wie hierdie studente was, is nie bekend nie, maar in hierdie jaar studeer daar aan die Inner Temple manne met name soos Nalina Banerjee, Syed Hasan, Shivalinga Charabasappa, Phiroze Malabari en Rustum Wadia.[60]

Marais in die Britse pers

Minder as drie weke ná sy aankoms in Brittanje skryf Marais uit sy hotel in die City 'n brief aan *The Times* wat op 1 Februarie 1897 onder die opskrif "British and Boers in South Africa" verskyn, met die volgende inleiding:

> With reference to our mention in "The Colonies" article on January 25 of the feeling at the Cape against the Afrikander party, and of Sir James Sivewright's warning to the neighbouring Republic [die ZAR] against "sending emissaries to propagate Republicanism" and set the Cape Boers against Her Majesty's Government, Mr Eugène N. Marais, of Pretoria, writes to us from the Castle and Falcon Hotel, EC.[61]

In sy brief ontken Marais dat die Transvalers wat republikanisme (die vereniging van die Boererepublieke en die Kaapkolonie en Natal in 'n republiek onder Afrikanerbeheer) in die Kaapkolonie verkondig amptelike afgevaardigdes van die ZAR is. Hy verduidelik ook hoekom daar geen waarheid steek nie in die stories dat die ZAR die Sotho's van Griekwaland, Betsjoeanaland en Basoetoland teen die Kaapkolonie (en dus die Britse regering) opstook. "Any one at all well informed in this direction would know that for the Transvaal it would be a childish, a suicidal policy to incite the black to lift his hand against the white."[62] Hy laat weet onmiddellik per kabelgram vir O'Brien by *Land en Volk* van die plasing van sy brief, en drie dae later verskyn 'n opsomming hiervan onder die opskrif "Ons Editeur in Londen – Hy doet goede werk voor zyn land" in die koerant.[63]

Marais woon kort hierna moontlik van die verrigtinge by van die Britse Parlementêre Komitee van Ondersoek na die Jameson-inval wat in middel Februarie in Westminster Hall begin en vier maande sal duur, want vroeg in Maart verskyn baie volledige verslae van 23 en 26 Februarie se sittings in *Land en Volk*.[64] Dié berigte is duidelik geskryf deur iemand wat die verrigtinge bygewoon het en verskil van Reuters, *The Times* en die *Daily Mail* se artikels, en is dus nie bloot vertalings nie.

Die vermoede dat Marais hierdie berigte geskryf het, word gerugsteun daardeur dat Marais in hierdie stadium blykbaar in gereelde verbinding met *Land en Volk* is, waarvan die koerant se berig oor die plasing van sy brief in *The Times* getuig. Ook vroeg in Maart skryf Marais weer aan *The Times,* dié keer om 'n ander briefskrywer reg te help oor hoekom die ZAR-regering 'n oorlogsbelasting op die land se inwoners gehef het.[65] 'n Week later maak *Land en Volk* – "Een Uitlander Door Onzen Editeur Terech Gewezen"– ook melding van hierdie brief van Marais.[66]

Sitplek vir die publiek by die verrigtinge van die Jameson-inval-ondersoek in Westminster Hall is skaars, maar as eienaar van 'n Transvaalse koerant sou Marais vermoedelik toestemming kon kry om die sittings as 'n verslaggewer by te woon. Verder word daar vir studente van die Inns of Court ook altyd ingevolge tradisie 'n sekere aantal sitplekke in Westminster Hall gereserveer.[67] Moontlik is Marais dan teenwoordig by Cecil John Rhodes se laaste verskyning voor die parlementêre komitee op Vrydag 5 Maart. Aan die woord is George Wyndham, 'n Konserwatiewe parlementslid en groot ondersteuner van Rhodes.[68] Wyndham lei die ondervraging van Rhodes met vrae waarop hulle duidelik vooraf ooreengekom het:

WYNDHAM: It would assist us very much if you could give any evidence that Boers and burghers also felt that they had just cause of complaint against the Government [die ZAR-regering]. For instance, was there anything in the Press of the South African Republic in the late summer of 1895 [net voor die Jameson-inval] which would lead one to believe that even amongst the Dutch the misgovernment of the Raad was felt?

RHODES: There is a Dutch paper owned by Mr. Eugene Marais which has attacked Kruger for years.

WYNDHAM: He attacks the misgovernment?

RHODES: Quite so.

WYNDHAM: In his paper does he give any colour to these charges of corruption and maladministration?

RHODES: Yes, he attacks the Government on account of their conduct in the administration of the country. I have been given some extracts from the paper.

Wyndham poog dan om die vertaalde berigte in die rekord te laat lees, maar die voorsitter van die komitee weier sy versoek.

WYNDHAM: Well, I raise the point. These extracts will show that week after week in August and September, 1895, this gentleman was bringing these charges against the Government . . . Very well, I will ask Mr. Rhodes whether at the time the maladministration of the Government was resented even by the Dutch. Was it?

RHODES: Yes, certainly. The strongest articles against the Government were in this paper.[69]

Rhodes en sy medewerkers berus hulle nie by hierdie weiering van die komitee nie, want oor die naweek stuur hulle 'n persverklaring aan die Press Association wat dit aan al die Britse koerante versprei. Die volgende week publiseer die *Daily Mail*[70] en ander koerante[71] die inhoud van die *Land en Volk*-artikels wat Wyndham en Rhodes wou laat boekstaaf. Volgens die *Daily Mail* het die eerste artikel op 1 Augustus 1895 die Kruger-regering se dinamietkonsessie as korrup bestempel. 'n Week later het *Land en Volk* berig dat 'n Hollander 'n vooraanstaande Pretorianer meegedeel het dat die Transvaal eintlik maar net 'n Hollandse kolonie is. Die laaste artikel, ses weke later, het beweer dat pres. Kruger die wetgewing met betrekking tot ondergrondse mynregte gemanipuleer het om sy vriende te bevoordeel. Maar hierdie keer laat Marais nie soos voorheen vir *Land en Volk* weet dat sy naam weereens in die Britse pers verskyn het nie.

Wie het die *Land en Volk*-artikels aan Rhodes gegee? Rhodes het grotendeels in Kaapstad gewoon wanneer hy in Suid-Afrika was, en dit is dus onwaarskynlik dat hy self die artikels in *Land en Volk* gelees het. Op die oog af lyk dit dus of

Marais betrokke is. Nie alleen het Henry Currey, Rhodes se voormalige privaat sekretaris, kort tevore 'n getuigskrif namens Marais aan die Inner Temple verskaf nie, maar Marais is ook bevriend met Hammond, 'n senior werknemer van Rhodes. Maar by nader ondersoek blyk Marais 'n onwaarskynlike verdagte te wees, want hy het Rhodes en sy imperialistiese ambisies verpes. Kort ná die Jameson-inval het hy Rhodes in *Land en Volk* bestempel as die "Bloedhond van Zuid-Afrika" wie se planne "afschuwelyk zyn voor het blanke menschdom".[72] Later tydens sy verblyf in Londen sal hy ook in 'n brief aan *Land en Volk* vir Rhodes skerp aanval: "Zal een Rhodes, oneerlyke speculant, in zyne dronkenschap door een slag afbreken wat onze vaderen drie eeuwen aan gebouwd hebben."[73]

Die mees waarskynlike verdagte is FitzPatrick, wat ook 'n voormalige joernalis is. Die persverklaring aan die Press Association beskryf Marais as "an uncompromising upholder of the South African Republic, but a stern critic of President Kruger and the Hollander clique".[74] Hierdie beskrywing van Marais toon 'n definitiewe ooreenkoms met FitzPatrick se beskrywing van hom twee jaar later in *The Transvaal from Within*. "No one in the country has fought harder against the abuses which exist in Pretoria nor has anyone risked more, nor yet is there a more loyal champion of the Boer," het FitzPatrick daarin opgemerk.[75] Die skryfstyl en sentimente is dieselfde. Aangesien FitzPatrick in 1895 vir Wernher-Beit se belange in Pretoria verantwoordelik was en Hollands verstaan het, was hy ongetwyfeld op hoogte met *Land en Volk* se beriggewing. Toe Alfred Beit, FitzPatrick se baas, en Rhodes gehoor het dat hulle voor die Jameson-komitee in Londen sal moet verskyn, het FitzPatrick vermoedelik opdrag gekry om getuienis in te samel wat hulle in hul verdediging kon gebruik.

'n Maand later, op 15 April 1897, verskyn 'n berig in *Land en Volk* met die opskrif "Onze Editeur Slaapt Niet – Hy Waakt Voor De Belangen Van Zyn Land".[76] Volgens die berig het Marais sy studies aan die Inner Temple vir tyd en wyl opgeskort om Montagu White, die ZAR-konsul in Londen, by te staan om strikvrae aan getuies vir die lede van die Jameson-komitee op te stel. Die berig sluit af met die mededeling dat Marais se Transvaalse vriende dankbaar is dat hy, ten spyte van die tyd en geld wat dit hom kos, die belange van die ZAR in Londen verdedig, en verklaar dat "voor dit nieuwe bewys van patriotisme zal men hem dankbaar zyn".[77]

Daar is egter geen teken van Marais se beweerde hulp aan Montagu White in die dokumente van die ZAR se Londense konsulaat in die Leyds-argief in Pretoria, die Montagu White-versameling by die Universiteit van Oxford, of die dokumente van die Jameson-komitee by die National Archives in Londen nie. Reginald Statham daarenteen, vir wie Marais ses jaar tevore by die *Transvaal Observer* gewerk het, is in 1895 as die ZAR se nie-amptelike persattaché in Brittanje aangestel, en het wel ten nouste met Montagu White saamgewerk. Volgens Statham se outobiografie was dit sy taak om wanvoorstellings oor die ZAR in die Britse pers te beveg, en het hy ook aangebied om namens die land voor die Jameson-komitee te getuig, 'n aanbod wat die komitee van die hand gewys het.[78] Statham noem egter nêrens in sy outobiografie vir Marais nie.

Dit is egter duidelik dat Marais tydens sy eerste paar maande in Londen gretig was om mense in die Transvaal te laat weet dat hy ywerig in landsbelang werk. Moontlik was hy nog sensitief oor die aantygings van verraad wat sommige van sy volksgenote ná die Jameson-inval teen hom gemaak het; daarom sy pogings om hom as 'n kampvegter vir die Transvaal in die vreemde uit te beeld. Maar die tydsberekening van hierdie jongste berig oor hom in *Land en Volk* verskaf ook 'n leidraad. Dit verskyn maar net vyf weke ná sy naam in die Britse pers met Rhodes se verdediging by die Jameson-komitee verbind is. Ongetwyfeld het eksemplare van hierdie koerante die Transvaal in die tussentyd bereik, en het vriende hom laat weet dat dit hom soos 'n ondersteuner van Rhodes laat lyk.

Moontlik is hierdie *Land en Volk*-berig dan 'n poging van Marais om dié indruk teen te werk. Sy vermoedelike begeerte om sy naam te suiwer ná die berigte in die Britse pers word ondersteun deur 'n skrywe van 'n "South African contributor" aan *The Manchester Guardian* kort tevore, waarin 'n skynbare vriend of kennis van Marais verklaar dat, hoewel Marais teen Kruger gekant was, "I am quite persuaded [. . .] that if Mr. Marais could have foreseen that his attacks on Mr. Kruger would be taken up by outsiders and made the basis of a general attack on the Transvaal and its Government he would have written very differently, for no one can be a more fervent upholder of the independence and rights of the Republic."[79]

Dr. Leyds se aankoms in Londen[80] 'n dag ná die berig in *Land en Volk* oor Marais se bystand aan White maak ook sy beweerde rol onwaarskynlik. As staatsekretaris is Leyds die baas van Montagu White – in die lig van Marais en *Land en Volk* se vroeëre vendetta teen hom en die ZAR-regering, asook Marais se verdagte rol tydens die Jameson-inval, is dit moeilik om te glo dat Leyds sou toegelaat het dat White van Marais se dienste gebruik maak. Minder as 'n jaar later sal Leyds *Land en Volk* ook beskryf as 'n gemene koerant wat alles oor hom met kwade bedoelings verdraai.[81] Dit sou dus ongelooflik gewees het as hy nou hierdie einste koerant se eienaar vertrou het om die ZAR se saak te bevorder. En soos sal blyk het Marais hierna ook nie geskroom om ander leuens in *Land en Volk* te laat verskyn nie.

Die dag ná Leyds se aankoms in Londen vertrek iemand na Suid-Afrika wat later 'n groot rol in Marais se lewe en 'n beslissende een in die toekoms van die Boererepublieke sal speel. Sir Alfred Milner, briljante student aan die Universiteit van Oxford se Balliol Kollege, advokaat van die Inner Temple waar Marais nou studeer, hoogaangeskrewe voormalige Tesourie-amptenaar en administrateur, en op 43 in die fleur van sy loopbaan, is die vorige maand deur Joseph Chamberlain as die nuwe Hoë Kommissaris van Suid-Afrika en goewerneur van die Kaapkolonie aangestel. Milner is 'n hartstogtelike imperialis wat glo dat Britse heerskappy in die beste belang van 'n aansienlike deel van die mensdom is omdat die Britte volgens hom sulke goeie regeerders is.[82] Milner glo ook dat Brittanje nou eens en vir altyd sy oppergesag in Suid-Afrika duidelik moet afdwing, veral ná die fiasko van die Jameson-inval. Op hierdie tydstip ken hy en Marais mekaar nog nie, maar agt jaar later sal hy vir Marais "whom I know pretty intimately" beskryf as "a man of independent, novel and sometimes enlightening views".[83]

Nou en dan verskyn daar nog 'n artikel uit Londen in *Land en Volk* wat lyk of dit deur Marais geskryf is en nie net aan Reuters ontleen is nie. In Mei 1897 berig *Land en Volk* dat Chamberlain in die Britse parlement ontken het dat 'n beoogde £200 000-toedeling (R200 miljoen) aan die Imperiale garnisoen in Suid-Afrika daarop gemik is om dit vir 'n toekomstige oorlog teen die Transvaal voor te berei.[84]

Alfred Beit verskyn aan die einde van Mei voor die Jameson-komitee. Die kort, plomperige finansier word hardhandig behandel deur van die komiteelede. Onder ondervraging erken hy dat Wernher-Beit ongeveer £200 000 (R200 miljoen) bygedra het tot die mislukte Jameson-inval en Uitlanderopstand.[85] Ná sy verskyning kry Beit weereens 'n senu-ineenstorting en vertrek hy, Jameson en Jim Taylor op 'n drie maande lange skeepsreis om die kus van die Middellandse See.[86]

In Julie 1897 verskyn die finale verslag van die Jameson-komitee. Chamberlain word vrygespreek van enige aandadigheid, en Beit en Rhodes word slegs oor die vingers getik. Die komitee word deur baie waarnemers as die "Committee of No Inquiry" bestempel.[87]

Studentelewe

Ná die aanvanklike opwinding van sy kennismaking met Londen en haar aanloklikhede, sy verwelkoming deur sy Uitlandervriende, asook die verskyning van sy naam drie keer binne 'n paar weke in die prominentste Britse koerante, moet Marais nou begin voorberei vir sy eksamen in Romeinse Reg, waaroor 'n Reader en sy assistente elke week van die Easter-kwartaal lesings en klasse by die Inner Temple aanbied.

Marais loop dan waarskynlik 'n paar keer per week die sowat honderd tree van sy losieshuis na Lewisham se hoofstraat, waar hy regs moet draai en verby die arme- en siekehuis stap, dan weer links en deur Ladywell Fields Park na Ladywell-stasie, ongeveer 'n kwartier se stap. Hiervandaan neem hy dan een van die gereelde treine na Waterloo-stasie aan die suidekant van die Teems, 'n halfuur-rit.[88] Daarvandaan is dit net 'n kort ent te voet oor Waterloo-brug en regs met die Embankment langs na die Inner Temple.

Volgens die Council of Legal Education se rekords woon Marais in sy eerste jaar in Londen al vier kwartale se ses verpligte dinees by, dit wil sê ten minste 24 dinees.[89] Bywoning van 'n dinee word slegs getel as 'n student tydens die openings- sowel as die sluitingsgebed teenwoordig is.[90] Die oorgrote meerderheid van die aanwesiges by hierdie dinees is studente of gegradueerdes van die universiteite van Oxford en Cambridge.[91] Die dinees word gehou in die Inner Temple Hall, 'n groot saal wat in 'n Middeleeuse styl gebou is. Die saal se veertig voet hoë dak word deur bindbalke gestut, en teen die mure met hul houtpanele hang rye wapenskilde onder vensters met gebrandskilderde glas. By hierdie dinees sit Marais en tot 'n honderd ander mans op 'n slag by lang eikehouttafels aan.[92] Die doel van die dinees is om 'n atmosfeer van samehorigheid en kontinuïteit te skep, en by hierdie geleenthede is studente veronderstel om deur gesprek met die "Benchers", die senior lede van die Inner Temple wat die instelling bestuur en reguleer, hul kennis van die regswêreld te verbreed en hul gedrag en etiket te slyp.[93]

Elke groep van vier studente ('n "mess") is geregtig op twee bottels wyn, en die enkele Hindoe- en Moslem-studente is baie gewilde tafelgaste omdat hulle nie alkohol gebruik nie. Maar die dinees is uitgerekte en stywe affêres waartydens sprekers gewoonlik 'n lesing oor 'n bepaalde tema lewer. Op 24 Mei 1897 is dit William Willis, 'n Bencher, se beurt. By 'n dinee wat Marais heel moontlik bywoon, lewer Willis 'n toespraak wat veertig kleingedrukte bladsye beslaan. Hy herinner die studente daaraan hoe roemryk die instelling is waartoe hulle nou behoort, een wat al talle vername Britse regsgeleerdes, politici en staatsmanne opgelewer het. Ietwat ironies in die lig van Marais se latere lewensloop maak Willis die stelling dat lidmaatskap van die Inner Temple dit onmoontlik sal maak vir enige student "to permit his life to be wasted in idleness or dissipation".[94]

In Julie 1897 laat Marais vir *Land en Volk* weet dat hy sy eerste eksamen geslaag het.[95] Maar volgens die Council of Legal Education se rekords het hy nie eens probeer om die Trinity-eksamen die vorige maand af te lê nie. In Pretoria word daar egter verwagtings deur sy familie en vriende gekoester, onder andere deur Ewald Esselen, wat sy studies aan die Inner Temple in minder as drie jaar voltooi het en weet hoe dinge daar werk.[96] Moontlik is die werk moeiliker as wat Marais verwag het, en neem dit hom langer as wat hy gedink om vir die eksamen voor te berei. Dus besluit hy nou maar om oor sy akademiese vordering te lieg.

Maar volgens Mahatma Gandhi, wat ses jaar tevore aan die Inner Temple afgestudeer het, was die leerplan maklik en het eksamens nie veel studie vereis nie. Trouens, om sy ledige tyd te verwyl het Gandhi terselfdertyd ook vir die Londense Matriculation-sertifikaat gestudeer.[97] Volgens Gandhi kon 'n mens die eerste vak, Romeinse Reg, slaag deur net 'n week of twee voor die eksamen die studienotas deur te lees, en het meer as 90% van die kandidate gewoonlik die eksamen geslaag. Volgens hom was selfs die eindeksamen nie 'n probleem nie – hiervoor was die slaagsyfer gewoonlik hoër as 75%.[98] Die eksamenrekords vir die tydperk wat Marais aan die Inner Temple studeer het, bevestig Gandhi se stellings. In die eerste helfte van sy eerste jaar in Londen lyk dit dus of Marais nie veel tyd voor sy boeke deurbring nie.

Iets van alles

Maar wat doen Marais dan? Uit sy aantekeningboeke en latere lewensloop skyn dit dat hy hom onder meer met allerlei esoteriese belangstellings besig hou, 'n neiging wat reeds uit sy aansluiting by die Vrymesselaars vyf jaar tevore geblyk het. Hierdie belangstellings sal later neerslag vind in kortverhale wat handel oor buitengewone en dikwels (oënskynlik) bonatuurlike en raaiselagtige gebeure. In "Laramie die wonderwerker", 'n kortverhaal van hom wat vier jaar voor sy dood verskyn het, bespeur 'n mens duidelike outobiografiese elemente in sy afgeleefde en gelyknamige hoofkarakter. Volgens Laramie het hy as jong man in Europa sy "tyd verspil in nuttelose studies en ondersoekings, wat seker nie kon dien om my vir die lewenstryd te bewapen nie. Ek was altyd geneig tot die studie van die geheimsinniger dinge in die natuur en in die menslike siel."[99] Marais se belangstellings kan nie tot 'n spesifieke jaar in Londen beperk word nie, en word slegs gerieflikheidshalwe in hierdie stadium bespreek.

Marais se belangstellingsveld het blykbaar gestrek van hiërogliewe en hipnose tot toorkuns en spiritisme, wat op die oog af onverwante onderwerpe is. Maar 'n fragment van 'n beoogde artikel in 'n latere aantekeningboek van Marais wat in die Universiteit van Johannesburg se Spesiale Versamelings en Argief bewaar word, bevat 'n leidraad na wat dié onderwerpe verbind. Ongelukkig is baie van die aantekeningboek se bladsye uitgeskeur, en het net die handgenommerde bladsye 12 tot 15 van die beoogde artikel behoue gebly. Ek kon ook nie die volledige artikel in 'n koerant of tydskrif opspoor nie, indien dit ooit wel gepubliseer is. Die gedeelte van die beoogde artikel wat behoue gebly het, is ongedateer, maar uit die konteks blyk dit dat dit 'n jaar of twee ná 1909 geskryf is. Die fragment lees as volg:

> (die persoonlike aanvalle) op Madame Blavatsky was natuurlik slegs indirekte aanvalle op die leer wat sy verkondig het. Al was haar storie onwaar kon nietemin teosofie waar wees. In enig geval die wetenskaplike en ander aanvalle was 'n absolute mislukking as die doel was om geloof in die profetes en haar leer te vernietig. Teosofiste glo vandag net so vas in Madame Blavatsky [as] in die eerste dae van haar verskyning. Presies as in die geval van Jesus het vernietigende kritiek alleen 'n versterking van geloof tot gevolge gehad.

> Vanaf die dood van Madame Blavatsky is Annie Besant de facto leier van die Teofiste [sic] gebly, en sy is dit vandag nog. Nooit is teen haar sulke gevaarlike kritiek gerig nie. Dit is miskien omdat sy persoonlik nooit in dieselfde bewoording aanspraak gemaak [het] op aanraking en omgang met "die Meesters" nog as tot onlangs. Nou op haar ou dag het sy 'n stap geneem wat aansienlike verdeeldheid onder haar eie volgelinge veroorsaak het; en by die "ongelowiges" 'n vlaag van bespotting. Onlangs het sy die belangstelling van die hele wêreld gaande gemaak deur die verklaring dat sy "die wêreld Leermeester" ontdek het in die persoon van 'n jong Indiër by name Krishnamurti.
>
> Juist wat "die wêreld Leermeester" is [is] moeilik om presies te begryp daar die teosofiste self nie helder klaar op die punt is nie. Daar skyn 'n weinig terughoudenheid te wees. In kort mag dit so uiteengesit word: "Wêreld leermeester is die naam waarby die Teosofiste al die groot mistieke godsdienstige leiers en geloofstigters noem. Onder sulke was Christus en Boeda. Daar is 'n geloof dat die Wêreldleermeester weergebore word: dat Boeda en Christus dieselfde wese was. Daarom was die [eindig hier][100]

Helena Blavatsky, afkomstig uit die mindere Russiese adelstand en met 'n kleurryke (en grotendeels gefabriseerde) verlede, het in 1875 saam met ander die Teosofiese Vereniging in New York gestig. Blavatsky het beweer dat sy kennis van esoteriese geheime opgedoen het terwyl sy sewe jaar lank vrou-alleen deur Tibet geswerf het. Blavatsky het ook in 1875 die bybel van die Teosofiese beweging, *Isis Unveiled,* geskryf. Volgens haar het soms tot dertig bladsye van die boek van meer as 'n halfmiljoen woorde eenvoudig net op haar lessenaar verskyn terwyl sy geslaap het. Ander kere het 'n "Meester" van haar liggaam besit geneem en namens haar geskryf.[101] Blavatsky is later uitgevang dat sy plagiaat gepleeg het, en van haar dissipels en medewerkers het later ook getuig dat sommige van haar bonatuurlike kontakte met die "Meesters" versinsels was.[102] Waarskynlik is dit hierdie onthullings waarna Marais in sy beoogde artikel verwys. Maar dit lyk of Marais glo dat die leer en die leermeesteres geskei moet word.

Ná Blavatsky se dood in 1891 het haar dissipel Annie Besant hoof van die Teosofiese Vereniging geword. In 1909 het sy die veertienjarige Jiddu Krishnamurti in Indië ontdek en hom as die "World Teacher", die fakkeldraer van die "Waarheid", geïdentifiseer. Hierdie "ontdekking" het, soos Marais in sy beoogde artikel meld, tot groot onstuimigheid en doktrinêre gevegte in teosofiese kringe gelei. Kort hierna het Besant die wettige voog van Krishnamurti geword.

Marais se belangstelling in teosofie kan dus teruggevoer word na sy jare in die buiteland. In *Isis Unveiled* spreek Blavatsky haar as volg oor tyd, ruimte en die ewigheid uit:

> Besides, eternity can have neither past nor future, but only the present; as boundless space, in its strictly literal sense, can have neither distant nor proximate places. Our conceptions, limited to the narrow area of our experience, attempt to fit if not an end, at least a beginning of space and time; but neither of these exist in reality; for in such case time would not be eternal, nor space boundless. The past no more exists than the future . . .[103]

Hierdie stukkie tref Marais, want in Londen bespiegel hy in 'n ander aantekeningboek hieroor:

> Time. Is time a fixed line or dimension along which we travel? Is it merely a creation of consciousness? If it be a creation of consciousness it would not exist without consciousness. Has every three-dimensional body to exist in the fourth dimension of duration or time? How then about its existence in the past? What is time? Finality is an essential. A contrast of time and eternity, if investigated and analysed, would open up a great field for enquiry. We can neither conceive [of] finite space nor infinite space. Does the same principle apply to time? Does the past exist – or the future? Does time only exist in the present moment?[104]

Soos sal blyk, verskaf Marais se klaarblyklike belangstelling in teosofie die sleutel vir sy skynbaar uiteenlopende esoteriese belangstellings, en moet teosofie dus in die konteks van die tydvak geplaas word. Op die tydstip toe Marais in Londen aankom, het die gesag en bywoning van die gevestigde kerke in Brittanje reeds geweldig afgeneem, 'n proses wat al meer as 'n eeu aan die gang was, aangevuur deur die toenemende status en gesag van die natuurwetenskappe en Charles Darwin se evolusieteorie. Verder is tekstuele en historiese navorsers al dekades lank besig om die Bybel stelselmatig te demitologiseer en die figuur van Christus te humaniseer. Die gevestigde kerke kom ook toenemend onder skoot van radikale en liberale teenstanders wat hul misbruik van hul voorregte en hul samespanning met die staat kritiseer, terwyl hul gesag intern deur hervormers en konserwatiewes se voortdurende gestry oor godsdienstige dogma weggekalwe word.[105]

Maar alhoewel kerkbywoning gekwyn het, is die belangstelling in geloof groter as ooit, maar nou in 'n spiritualiteit wat los is van die korrupterende effek van die bestaande kerke. Hierdie behoefte word gevul deur talle "profete" wat godsdienstige organisasies of bewegings stig wat dikwels gekenmerk word deur 'n neiging om ware spiritualiteit te verbind met mistisisme of okkultisme: die gedagte dat kennis van die fundamentele waarheid slegs buite die bestaande dogmas te vinde is.[106] Mormonisme en Christian Science is voorbeelde van sulke bewegings wat vroeër in die eeu ontstaan het. Die soektog na die sleutel wat die geheime van die heelal sal ontsluit, het nou vir baie 'n belangrike strewe geword, 'n strewe wat ook Madame Blavatsky en teosofie probeer aanspreek.

Teosofie in sy verskillende gedaantes is in wese 'n filosofiese sisteem wat streef na direkte kennis van die misterie van die bestaan en die natuur, veral wat die aard van goddelikheid betref. Hierdie leer poog om die magte wat die heelal, mensdom en godheid verbind te verstaan om sodoende 'n samehangende verduideliking van die doel en oorsprong van alles te gee.[107] Die doelstellings van die Teosofiese Vereniging is drieledig: om 'n kern van die universele broederskap van die mensdom te vorm, sonder om onderskeid op grond van ras, geloof of geslag te tref; om die studie van vergelykende godsdiens, filosofie en wetenskap aan te moedig; en om die onverklaarde wette van die natuur en die latente krag in die mens te ondersoek.[108]

Die Teosofiese Vereniging se eerste doelstelling stem ooreen met een van die beginsels van die Vrymesselaars, 'n organisasie waaraan Marais in 1897 nog behoort.[109] Die tweede en derde doelwitte is so reg in die kraal van 'n ondersoekende gees soos syne wat nie meer tradisionele geloof aanhang nie.

In *Isis Unveiled* lê Blavatsky groot klem daarop dat die antieke Egiptenare oor 'n magdom esoteriese kennis beskik het, en volgens haar wag hul geheime om ontdek te word deur ingelyfdes wat die mistieke skrif op hul obeliske, tempelmure en sfinkse kan ontsyfer.[110] In "Laramie die wonderwerker" merk die hoofkarakter ook op dat "wat die konserwatiewe wetenskap ook al mag sê ... hoe dieper jy op die saak ingaan, hoe sterker skyn die bewyse te word dat daar van die vroegste tye af mense op aarde was wat in beheer was van kragte wat ons vandag buite- of bonatuurlik sou noem".[111]

Marais sou later in sy lewe vir verskeie mense van sy belangstelling in Egiptiese oudhede en sy vaardigheid in die ontsyfering van hiërogliewe vertel, asook artikels oor hierdie onderwerpe skryf.[112] In "Die Egiptenare" beskryf hy met bewondering die Egiptenare se ongelooflike vaardigheid in bouwerk en die maak van klere,[113] temas waaroor Blavatsky ook breedvoerig geskryf het.[114]

Marais het Du Toit dekades later ook meegedeel dat hy gereeld die beroemde Egiptoloog E.A. Wallis Budge in die Britse Museum ontmoet het, en hier 'n oorspronklike papirus – "The Travels of an Egyptian" – in Engels vertaal het.[115] Nienaber-Luitingh meld ook dat Marais so bekend geword het vir sy kennis van hiërogliewe dat "sy hulp soms later ingeroep is wanneer daar moeilikhede ontstaan het by die ontsyfering van ou Egiptiese handskrifte", sonder om enige bronne vir haar stelling te verskaf.[116] Marais het ook beweer dat hy Egipte twee keer vir lang tye besoek het as deel van sy Egiptiese studies.[117]

Soos met so baie van Marais se vertellings is dié stories waarskynlik oordrewe. Wallis Budge was wel hoof van die afdeling vir Egiptiese en Assiriese oudhede by die Britse Museum gedurende Marais se jare in Londen.[118] Rousseau kon egter geen aanduiding in die bywoningsregister van die Britse Museum se Reading Room vind dat Marais ooit daar was nie.[119] Soos later bespreek word, het Marais Egipte egter wel ten minste een maal besoek, en moontlik twee maal, maar dan slegs vir 'n paar dae op 'n slag, nie vir lang tye soos hy beweer het nie. Marais het ook wel jare later 'n Egiptiese verhaal in Afrikaans vertaal wat as "Die storie van die twee broers" verskyn het. Maar dit was bloot 'n vertaling van die Britse Museum se Engelse vertaling van die oorspronklike papirus.[120]

Tydens 'n onderhoud met Marais kort voor laasgenoemde se dood het Du Toit 'n lys gemaak van die boeke wat op Marais se bedtafel opgestapel was. Hieronder was Wallis Budge se *Easy Lessons in Egyptian Hieroglyphics with Sign List* en 'n Baedeker-reisgids oor Egipte.[121] Dit laat 'n mens vermoed dat aspekte van Marais se vertellings aan Du Toit geïnspireer en ingekleur is deur wat hy op daardie tydstip besig was om te lees. Boonop is Budge se boek 'n inleidende teks vir beginners – nie juis iets wat 'n mens langs die bed van 'n kenner sou verwag nie. Dit is dus te betwyfel of Marais veel meer as 'n entoesiastiese amateur was. Ook Marais se seun het toegegee dat sy pa se aansprake in hierdie verband oordrewe was.[122]

In Marais se latere skryfwerk het hy laat blyk dat hy in Europa in 'n laboratorium eksperimente oor behandeling teen slanggif gedoen het,[123] nog 'n uiteenlopende belangstelling. Weereens is hier 'n verband met Blavatsky, wat in *Isis Unveiled* geskryf het oor sekere Noord-Afrikane se weerstand teen giftige slangbyte.[124] Dit kan egter wees dat Marais ook hieroor byborduur het. In 1897, die jaar van Marais se aankoms in Londen, verskyn die boek *The New Africa: A Journey up the Chobe and down the Okavanga Rivers* van August Hammar en dr. Aurel Schulz. (Laasgenoemde moet nie verwar word met die Duitse geneesheer dr. Schulz saam met wie Marais aan die einde van die Anglo-Boereoorlog 'n sending deur Portugees-Oos-Afrika onderneem het nie.) In hierdie boek beskryf Schulz eksperimente wat hy in verband met die behandeling van slanggifbyte in Berlyn gedoen het.[125] Wat die vermoede skep dat Marais *The New Africa* gelees het, is ooreenkomste tussen dele in hierdie boek en latere artikels van hom. Schulz/Hammar skryf in 'n afdeling getiteld "Honey Bird" hoe 'n heuningvoëltjie 'n groep swart seuntjies naby die Choberivier na 'n luislang gelei het.[126] Marais vertel dan ook later in 'n artikel hoe so 'n voël 'n swart seuntjie in die Waterberg in 'n luislang se kronkels laat beland het.[127] Elders beskryf Schulz/Hammar suikerbekkies "whose bright metallic colouring radiated the sparkling light like gems in the sunshine".[128] Marais skryf later oor suikerbekkies wat hy in die Waterberg gesien het, "elkeen 'n vlieënde edelsteen in die songlans".[129]

Blavatsky wy in *Isis Unveiled* 'n afdeling aan mesmerisme, of "animal magnetism" soos dit destyds bekend gestaan het.[130] Mesmerisme is die ouer naam vir hipnose, 'n tegniek waarvoor Marais later in die Waterberg beroemd geraak het met sy genesing van tant Hessie, 'n boerevrou wat ná 'n groot skok nie meer kon loop nie.[131] Hy het ook in later jare eksperimente hieroor op mense en diere gedoen.[132] Marais het waarskynlik in Londen of Europa hierdie vaardigheid aangeleer, want voor sy vertrek na Londen is daar sover bekend geen melding daarvan dat hy ooit iemand gehipnotiseer het nie.

In die jare wat Marais in Londen woon is hipnose 'n aktuele onderwerp. Ses jaar voor Marais se aankoms het dr. G.C. Kingsbury, 'n Engelse mediese dokter, *The Practice of Hypnotic Suggestion – An Elementary Handbook for the Use of the Medical Profession*[133] uitgegee, waarin hy hipnose-tegnieke duidelik uiteengesit het. Nog 'n gewilde boek is R.H. Vincent se *The Elements of Hypnosis*,[134] wat twee jaar later verskyn het. Uit hierdie boeke kan belangstellendes soos Marais self die tegnieke van hipnose aanleer. Die pers berig ook in hierdie jare gereeld oor hipnose: misdade wat kwansuis deur gehipnotiseerdes gepleeg is, 'n vrou wat onder hipnose diefstal erken het, mense wat teen hul wil gehipnotiseer is. Juis in Marais se eerste jaar in Londen verskyn die voorgemelde dr. Kingsbury in 'n opspraakwekkende hofsaak waarin die seun van 'n afgestorwe weduwee beweer dat Kingsbury sy ma gehipnotiseer het om die helfte van haar fortuin aan hom te bemaak. Die hof is elke dag stampvol en die *Daily Mail* berig dat die saak groot belangstelling onder die mediese professie, kerklui, vroue en junior regslui ontlok.[135] Moontlik is Marais se belangstelling in hipnose ook geprikkel deur die hoop om homself van sy verslawing te genees, want Kingsbury beskryf in sy boek hoe hy daarin geslaag het om 'n morfienverslaafde se daaglikse dosis van agt na twee gram te verminder.[136]

Blavatsky bespreek in *Isis Unveiled* toorkuns en spiritisme breedvoerig, nog iets waarin Marais ook skynbaar in Londen geïnteresseerd raak. Die hoofkarakter van "Laramie die wonderwerker" brei uit oor die wonderwerkers wat hy al persoonlik ontmoet het. Onder hulle is die Lanzic-egpaar (sic), gedagtelesers wat Laramie glo eers in Suid-Afrika en toe later weer in Londen ontmoet het, en by wie hy al die geheime van die vertoningswêreld geleer het.[137] Julius en Agnes Zancig was Amerikaners wat in hierdie jare skouspelagtige vertonings van gedagtelesery gegee het, onder meer in Brittanje en Suid-Afrika.[138] Volgens Laramie het hy deur die "Lanzics" ook ander toorkunstenaars ontmoet, onder andere Maskaleyne (sic) en Cook (sic).[139] John Maskelyne en George Cooke was beroemde Engelse kulkunstenaars wat tydens Marais se verblyf in Londen in die Egiptiese Saal in Piccadilly opgetree het.[140] Harry Houdini is nog 'n Amerikaanse verhoogkunstenaar wat Laramie glo ontmoet het. In 1900 het Houdini 'n paar maande lank in die Alhambra-teater in Londen opgetree terwyl Marais nog in dié stad gewoon het.[141] Laramie vertel dat hy ook op 'n keer 'n séance van die Italiaanse medium Eusapia Palladina (sic) in Parys bygewoon het saam met onder andere professor Flammarion, die Franse sterrekundige.[142] Eusapia Palladino het wel in 1898 'n séance in die huis van Flammarion (wat ook 'n vriend van Madame Blavatsky was) in Parys gehou.[143]

Of Marais van hierdie kulkunstenaars tydens sy oorsese verblyf gesien of ontmoet het, sal 'n mens moontlik nooit weet nie. Maar dit is duidelik dat hy baie in die okkulte belanggestel het. Volgens Alida Wedderburn, 'n sekretaresse van sy broer Charles, wat Marais in 1915 op Boshof ontmoet het, was Marais "very much interested in Spiritualism".[144] Moontlik is sy belangstelling in spiritisme en iemand soos Palladino geprikkel deur haar beweerde vermoë om dooies se geeste op te roep. Mediums se ywerigste besoekers is gewoonlik diegene wat onlangs geliefdes aan die dood afgestaan het. En op hierdie tydstip is dit maar skaars 'n jaar en 'n half sedert Lettie Marais oorlede is.

Marais het ook aan Wedderburn vertel dat hy in Londen bevriend was met W.T. Stead, 'n beroemde koerantredakteur, asook met Arthur Conan Doyle, die skepper van Sherlock Holmes.[145] Dit is moontlik, want Stead was 'n goeie vriend van John Hays Hammond,[146] wat Marais aan hom kon voorgestel het. In 'n interessante toeval (of miskien nie) het Marais se skoonsuster Lenie Marais, vrou van sy broer Melt, vir Stead 'n tuinparty gehou tydens 'n besoek van hom aan Pretoria in 1904.[147] Stead het ook vir Doyle geken, en die twee mans het gereeld gekorrespondeer in die jare wat Marais in Londen gewoon het.[148]

Stead en Doyle was albei oortuigde spiritualiste wat geglo het dat die Zancig-egpaar werklik oor telepatiese vermoëns beskik. Doyle was ook oortuig daarvan dat Palladino se kontak met die dooies eg was.[149] Daarby was hy 'n aanhanger van teosofie, en was oor Blavatsky en haar leer van mening dat "it would be unjust, however, to condemn the old wisdom simply because it was introduced by this extraordinary and volcanic person",[150] 'n standpunt wat Marais blykbaar ook gehuldig het, soos blyk uit sy beoogde artikel oor teosofie. Ook Stead het Blavatsky se leerstellinge verdedig.[151] Verder is Marie Corelli, die skrywer wat volgens Marais met hom wou trou,[152] ook deur Blavatsky beïnvloed en bevat verskeie van haar romans teosofiese temas. Op sy beurt was Stead bevriend met Corelli, en hy het gereeld met haar gekorrespondeer.[153] Corelli, Stead, Doyle, Marais – weereens is die gemene deler die enigmatiese Madame Blavatsky en haar leer van teosofie.

Maar benewens sy belangstelling in die bonatuurlike, raak Marais ook voor die Anglo-Boereoorlog betrokke by meer praktiese ondersoeke. 'n Paar van sy vriende wat in die Transvaal boer, skryf aan hom en versoek dat hy vlas- en tabaksade aan hulle stuur, en hulle adviseer oor hoe om dit te verbou. Ook vra hulle sy advies oor hoe om rys te verbou. Hy voldoen aan hul versoek, en hoor later van hulle dat alhoewel die vlas en tabak goed gegroei het, hulle nie geweet het wat om met die vlas te doen of hoe om die tabak te verwerk nie.[154]

Eerste eksamens

Marais lê uiteindelik op 12 Oktober 1897 die eksamen in Romeinse Reg af, nege maande ná sy aankoms in Londen. Aan die begin van November hoor hy dat hy 67 uit 150 moontlike punte behaal het, slegs 17 punte meer as die minimum om te slaag. Uit die 45 studente wat die eksamen afgelê het, het 41 geslaag, maar hy is omtrent laaste op die lys van suksesvolle kandidate.[155] Hy begin nou voorberei vir die Hilary-eksamen oor ses weke in die tweede vak, Konstitusionele Reg en Regsgeskiedenis.

Later in November skryf hy 'n lang brief aan *Land en Volk* wat twee maande daarna onder die opskrif "Onder de Rooinekken" in die koerant verskyn.[156] Hierin skryf hy dat hy by die Inner Temple gereeld Indiërstudente ontmoet wat vasbeslote is dat hul land eendag die juk van Britse heerskappy gaan afgooi. Marais voorspel dat dit kort voor lank gaan gebeur, en dat Brittanje, "die Landroover onder de Mogendheden", dan 'n nuwe Indië sal soek om droog te suig – Suid-Afrika. Al manier hoe dit verhoed kan word, meen hy, is as alle Afrikaners, veral dié in die Kaapkolonie, onder die leiding van die Transvaal teen die dreigende gevaar verenig. "Een dag zal het zwaard moet beslissen wie baas van Zuid Afrika zal zyn en wanneer ons geschil aan de arbitrage van dien scheidsrechter onderworpen wordt, zal de uitspraak afhangen van de houding der Kaapsche Afrikaners. Indien zy aan onzen kant getuigenis afleggen is de zaak gewonnen."[157] Sy opsomming van die situasie sal later korrek blyk te wees, maar die Kaapse Afrikaners het hulle nooit en masse by die Transvalers en Vrystaters geskaar nie, met die uitkoms wat Marais in daardie geval voorsien het.

Tot dusver in sy brief lyk dit of Marais 'n vurige patriot is wat 'n oorlog met Brittanje sal verwelkom. Maar die slot van sy brief bevat 'n leidraad na sy latere optrede – optrede wat sal lyk asof dit regstreeks indruis teen die sentimente wat hy hier uitspreek. Hy skryf dat elke Afrikaner in Londen sidder om iets oor die Transvaal in die Britse en Europese koerante te lees, want elke berig maak melding van een of ander "schurkery of oneerlykheid gepleegd onder feitelyke bescherming der Regering". Selfs in Duitsland, die Transvaal se grootste en magtigste vriend, skryf hy, berig die pers nou met minagting oor hoe die Transvaal geregeer word, en hy voeg by dat die dinamietkonsessie en ander verpestelike konsessies soos 'n kanker is waaraan die Transvaalse liggaam gaan sterf as dit nie uitgesny word nie. Die brief sluit af op 'n wanhopige noot: "Is het een wonder dat men hier zegt, wy zyn niet waardig een vry volk te zyn – dat ons nationaal karakter niet verheven genoeg is om ons van enige ander lot waardig te maken dan houtkappers en waterdragers voor den vreemdeling."[158] Marais sal dekades later weer hierdie sentimente uitspreek. Sy soms byna obsessionele weersin in Kruger en sy regering verklaar egter hoekom hy, ten spyte van die afkeer van Brittanje wat hy in hierdie brief openbaar, tydens die Anglo-Boereoorlog dit sou oorweeg om weer sy landgenote aan die "schurkery of oneerlykheid"[159] van Kruger en sy regering te herinner.

"The Brand-Wacht" en "Winter Nag"

Marais waag ook nou sy hand aan skryfwerk van 'n ander aard en skryf 'n idee vir 'n populêre verhaal[160] in sy notaboek neer:

> MARGARET DE ROUBAIX
>
> Scene opens Drakenstein & valley of Berg River. Love of Margaret & schoolmaster. She is previously engaged. Is seduced by her lover & censured by minister in church. Slagters nek ends story.[161]

Alhoewel hy aan Jimmy Roos skryf en hom vra om vir hom inligting oor Slagtersnek te bekom,[162] kom niks van hierdie verhaal nie.

Maar hy skryf wel (waarskynlik in sy eerste jaar in Londen, of aan die begin van die volgende jaar) wat sover bekend sy eerste gepubliseerde kortverhaal is – in Engels, soos sy eerste nege gepubliseerde gedigte. Die verhaal het as agtergrond die veldtog in 1882-'83 van genl. Joubert en die Transvalers teen die Ndzundza-Ndebele-volk in die noordooste van die Transvaal, en het as "The Brand-Wacht" in die Maart 1898-uitgawe van *The Cape Illustrated Magazine* verskyn.[163] Na my wete is hierdie geïllustreerde kortverhaal van meer as 5 000 woorde nooit weer gepubliseer nie, en dit word volledig in Bylae 2 weergegee.

Die gebeure in "The Brand-Wacht" vind tydens die doodsnikke van die stryd plaas, wanneer die Boere verwag dat koning Nyabela en die Ndzundza-Ndebele, ook bekend as die Mapoch-stam of die Mapoggers, hulle binnekort gaan oorgee. Die agt maande lange stryd teen die Mapoggers was die moeilikste wat genl. Joubert nog tot op daardie tydstip teen 'n inheemse volk gevoer het, want die stam was een van die sterkstes en bes georganiseerdes in Suidelike Afrika.[164] Die hoofkarakter van die verhaal is Nicodemus Grobler, 'n bangerige jong Transvaler van die Ermelo-kommando wat een nag by 'n buitepos op sy eie wagdiens moet doen. Laat in die nag doem 'n ongewapende, bejaarde swart man met 'n waardige houding uit die donker op. Aan Grobler vertel hy dat hy 'n Swazi is wat na Lydenburg onderweg is, en sluit dan by die jong Boer langs sy vuur aan. Hulle voer 'n lang gesprek oor die oorlog en wat die Boere ná die beëindiging van die oorlog met Nyabela en sy stam beoog. Uiteindelik onthul die man dat hy koning Nyabela is wat na sy seun in Lydenburg onderweg is om familiesake af te handel voor hy hom aan genl. Joubert oorgee.

Grobler se eerste gedagte is om die koning summier gevange te neem en sodoende roem te verwerf, maar Nyabela oortuig hom naderhand om dit nie te doen nie. Nyabela belowe ook dat hy hom die volgende dag ná die besoek aan sy seun sal kom oorgee. Grobler laat hom gaan, maar merk kort daarna tot sy ontsteltenis op dat Nyabela ongesiens sy geweer gesteel het, en dat hy nou boonop deur 'n dosyn gewapende Mapoggers omring word. Grobler vrees aanvanklik die ergste. Maar dit blyk dat Nyabela hom nie leed wil aandoen nie – hy wou net Grobler se geweer ver genoeg gaan neersit het om te verhoed dat Grobler hom in die rug skiet. Nyabela doen ook sy belofte gestand om die volgende dag terug te keer. Toe Nyabela hom aan genl. Joubert oorgee, laat hy ook nie deurskemer dat hy en Grobler voorheen ontmoet het nie.

Ongewoon vir 'n storie van die era beeld Marais 'n swart man as baie waardig en intelligent uit, en in alle opsigte 'n gelyke – selfs 'n meerdere – van 'n wit man. Marais skryf ook dat Nyabela se doodstraf later na gevangenisstraf versag is weens "the sympathy which his undoubtedly exalted character and chivalrous nature gained for him throughout the country". Marais se vriendskappe met Indiërstudente by die Inner Temple dra waarskynlik daartoe by dat sy houding teenoor ander rasse in hierdie stadium baie gematigder as dié van die oorgrote meerderheid van sy volksgenote is.

"The Brand-Wacht" is egter ook interessant om 'n ander rede, naamlik die verband met Marais se beroemde gedig "Winternag", wat aanvanklik as "Winter Nag" op 23 Junie 1905 in *Land en Volk* verskyn het. Alhoewel die moderne weergawe effens anders lees, word die gedig soos dit oorspronklik in 1905 in die koerant verskyn het hier weergegee:

WINTER NAG

O koud is die windje en skraal;
En blink in die doflig en kaal,
En zoo wyd als die Heer se genade,
Leg die velde in sterlig en skade,
En hoog op die rande en verspryd in
brande,
Is die gras-zaad aan roere soo winkende
hande.
O treurig die wysie op die Oostwind se
maat,
Soos die stem van 'n meisie in haar
liefde verlaat,
In elk gras blaar se vouw blink 'n
druppel van douw,
En vinnig verbleek dit tot ryp in die
kou.[165]

Vroeëre interpretasies van die gedig was dat dit die smart en lyding van die Afrikaners ná die Anglo-Boereoorlog simboliseer.[166] Rousseau het ook geglo dat Marais dit hoogs waarskynlik reeds in 1902, die jaar van die Vrede van Vereeniging, geskryf het.[167] Maar latere letterkundiges is meestal van mening dat die gedig nie met die oorlog verbind kan word nie.[168] Marais self het in 1935 aan Du Toit gemeld dat die gedig bedoel was "as die inleidende strofes van 'n langer gedig wat tot titel sou hê *Die Nagwag* en waarin die digter van voorneme was om die afwisselende indrukke van 'n eensame brandwag in die nag te laat herleef".[169] Hy het ook in 1935 in reaksie op 'n navraag van 'n ander skrywer hieroor geantwoord: "Nee, die skrywer had geen simboliese gedagte in verband met 'Winternag' nie. Dit was die eerste verse van wat 'n lang gedig sou gewees het: 'Die Nag Kommando'."[170]

Myns insiens kan die oorsprong van die gedig "Winter Nag" duidelik in die kortverhaal "The Brand-Wacht" bespeur word. Nicodemus Grobler staan aan die begin van die gebeure alleen brandwag en kyk uit oor 'n sterverligte vallei waar die pieke van die Mapochberge lang skaduwees oor die uitgestrekte veld gooi. Hierdie toneel herinner natuurlik aan die gedig se velde wat lê in "sterlig en skade" ('n ou woord vir "skaduwee"). Soos in die gedig is dit ook 'n winternag in die kortverhaal, en die snerpend koue wind ("koud is die windje en skraal") sny deur Grobler se jas, terwyl sy skoene deurdrenk is met dou ("In elk gras blaar se vouw blink 'n druppel van douw").[171] Hy kyk ook uit oor die klowe waar die Boere vroeër die dag die Mapoggers met kanonne bestook het om hulle uit hul grotte te verdryf en brande veroorsaak het ("En hoog op die rande en verspryd in brande"). En soos Marais met die brandwag in sy ongeskrewe gedig "Die Nagwag" of "Die Nag Kommando" beoog het, skiet daar voortdurend afwisselende indrukke deur Grobler se gemoed: sy vrees vir die nag wat voorlê, die lyding wat die Boere onder die Mapoggers veroorsaak het, sy moontlike dood, die onheilspellende atmosfeer wat die berge skep. Die gras in die gedig wat "soos winkende hande" beweeg in die veld so "wyd als die Heer se genade" herinner ook aan Marais se vroeëre beskrywing aan Pienaar van die indruk wat Londen maak op iemand wat in sy geestesoog "a picture of the unsullied veld & the waving grass"[172] hou.

In die lig van waar en wanneer Marais vermoedelik "The Brand-Wacht" geskryf het, is dit dan ook moontlik dat hy in Londen 'n lang epiese gedig met die titel "The Brand-Wacht" begin skryf het, en eers ná die oorlog die eerste stukkie in Afrikaans vertaal het. Die letterkundige M.S.B. Kritzinger het in 1936 skrams na so 'n moontlikheid verwys deur in 'n bespreking van die gedig te meld "as dit waar is dat hy hierdie gedig eers in Engels wou skryf".[173] 'n Vertaling uit Engels verklaar dan ook moontlik Marais se gebruik van 'n hinderlike anglisisme soos "druppel van douw". En moontlik is die kortverhaal en die gedig geprikkel deur Marais se heimwee in die onvriendelike stadsomgewing van Londen na die ongereptheid van die Transvaalse veld.

Dit is egter duidelik uit die verskyning van "The Brand-Wacht", asook uit die publikasie van sy nege Engelse gedigte in die *Paarl District Advertiser*, dat Marais aanvanklik 'n Engelse skrywer en digter was, want buiten enkele Afrikaanse gediggies in *Land en Volk* vroeg in die 1890's het hy eers in sy dertigerjare Afrikaanse prosa en poësie begin skryf.

Literêre belangstellings

In Londen teken Marais verskeie gedigte van bekende Engelse digters in sy aantekeningboek aan. Onder hulle is "The Scorched Fly" van Coventry Patmore, 'n digter wat die jaar voor Marais se aankoms in Londen oorlede is:[174]

> Who sins in hope; who, sinning, says,
> "Sorrow for sin God's judgment stays!"
> Against God's Spirit he lies; quite stops
> Mercy with insult; dares, and drops,
> Like a scorch'd fly, that spins in vain
> Upon the axis of its pain,
> Then takes its doom, to limp and crawl,
> Blind and forgot, from fall to fall.[175]

Hierdie beskrywing van 'n geskroeide vlieg wat tevergeefs om sy spil van pyn wentel, steek vas by Marais, want baie jare later sal hy dieselfde beeldspraak gebruik om die lyding van 'n dwelmverslaafde te beskryf.[176] Moontlik is dit juis die rede hoekom die gedig hom nou aantrek.

'n Ander gedig wat sy aandag trek en wat hy aanteken, is John Addington Symonds se "Oh, When Will It Be?", 'n vertaling van 'n stuk uit 'n verhaal in die Arabiese *Duisend-en-een Nagte:*

> Oh when will it be, oh when will it be, oh when,
> That she shall be here, and the flute be here, and the wine
> be here? oh then

> Her lips shall kiss the lips of the flute, and my lips shall kiss
> the wine,
> And I shall drink music from her sweet lips, and she
> Madness from mine.[177]

Symonds, 'n Engelse digter en literêre kritikus, is 'n paar jaar tevore oorlede. In sy tyd was hy 'n omstrede figuur – alhoewel hy 'n getroude man met 'n familie was, was hy 'n voorstander van liefde tussen mans, seksuele omgang inkluis. Baie van sy gedigte is ook geïnspireer deur sy homoseksuele verhoudings.[178]

Nog 'n belangstelling en skynbare invloed op Marais is Omar Khajjam, die elfde-eeuse Pers wie se kwatryne in 1859 deur Edward FitzGerald in Engels vertaal is en as die *Rubaiyat of Omar Khayyam*[179] uitgegee is. Marais skryf vyf (nrs. 7, 11, 12, 17 en 18) van Khajjam se kwatryne in sy notaboek neer, en kwatryn 7 is tekenend van hul aard:

> Come, fill the Cup, and in the fire of Spring
> Your Winter-garment of Repentance fling:
> The Bird of Time has but a little way
> To flutter – and the Bird is on the Wing.[180]

Die oorkoepelende tema van Khajjam se kwatryne is die verganklikheid en sinloosheid van die mens se bestaan en die lyding wat hy of sy daartydens moet ondergaan. Volgens Khajjam mag daar moontlik 'n Skepper wees, maar Hy steur hom nie meer aan sy skepsels nie. Die mens se lot is vooraf bepaal, en hy of sy kan niks doen om dit te verander nie. Menslike lyding dien geen groter doel nie, en met die dood eindig alles.[181] Die sentraliteit van pyn in die bestaan van alles is ook 'n kerntema in van Marais se latere skryfwerk, onder meer in natuurwetenskaplike werke soos *Burgers van die Berge* en verhale en gedigte soos "Salas y Gomez", "Die woestyntrek van die Herero's", "Die lied van Suid-Afrika", "De boom in het midden van den hof", "Is daar nog trane?" en "Skoppensboer". In sy latere "Die Siel van die Aap" verwys Marais pertinent na kwatryn 60:

> Die Pers Omar Khajam sien die mensesiel soos 'n stad beleër deur die swarte heirskaar van verdriet en vrees. Maar skielik verskyn die glansryke Mahmoed, Allah-ademende heer, met sy warrelwindswaard, en die donker hordes word na die vier winde verstrooi. Die glansryke Mahmoed, in die instansie, is die alkohol![182]

Ook in Marais se jare in Londen, veral wat betref sy skynbaar hewige dwelmverbruik (soos later sal blyk), kan 'n mens die invloed bespeur van Khajjam wat verkondig dat die mens moet eet, drink en die liefde bedryf, want sy bestaan is vlietend. Soos Khajjam in kwatryn 74 aanbeveel:

> Drink! For you know not whence you came, nor why:
> Drink! For you know not why you go, nor where.[183]

Hierdie sentimente sal Marais later herhaal in sy gedig "Skoppensboer", waarvan die slotstrofe die mens aanspoor om die sinnelike en oombliklike te geniet:[184]

> Wat treur ons tog?
> Viool en fluit maak nog geluid,
> en lank die nag wat voorlê nog.[185]

Dit is interessant dat, benewens FitzGerald se vertaling van Khajjam se kwatryne, daar in 1859 ook 'n ander boek verskyn het wat 'n geweldige invloed op Marais se denke en latere natuurwetenskaplike studies sal uitoefen – Charles Darwin se *On the Origin of Species*. Soos die digter Daniel Hugo oor die twee boeke opmerk: "Al is die een wetenskaplik van aard en die ander literêr-filosofies, het die twee werke die lewensuitkyk van miljoene mense beïnvloed ... Albei is aangegryp deur liberaaldenkendes wat in opstand was teen die benouende Victoriaanse sedes van hul tyd."[186]

Mediese studies

Moontlik vermoed Marais reeds die ergste toe hy drie dae ná sy 28ste verjaardag *The Times* van 12 Januarie 1898 oopslaan en na die berig van die Council of Legal Education se Hilary-eksamen-uitslae blaai. En so blyk dit te wees: sy naam is nie op die lys van studente wat die eksamen in Konstitusionele Reg en Regsgeskiedenis op 14 Desember die vorige jaar suksesvol afgelê het nie. By die Inner Temple sal hy hoor dat hy 43 uit 'n moontlike 150 punte behaal het, sewe punte minder as die vereiste slaagsyfer van 50.[187]

Maar aan *Land en Volk* berig hy dat hy nog 'n eksamen geslaag het. Behalwe dat dit 'n leuen is, is dit ook eienaardig dat hy die koerant laat weet dat dit sy derde eksamen was, want op hierdie tydstip wás daar slegs drie eksamens[188] – eers die volgende jaar sal die Inns of Court 'n vierde eksamen byvoeg. By hierdie twee leuens voeg Marais nog twee, naamlik dat hy sy laaste twee eksamens binne ses weke suksesvol voltooi het, 'n rekord onder Afrikaanse studente.[189] Hy het egter op hierdie tydstip slegs een eksamen geslaag, en nege weke het sedert sy vorige eksamen verloop. *Land en Volk* meld verder dat hy ná al die harde studie en inspanning nou rus nodig het, en sy eindeksamen eers vier maande later, in Mei 1898, gaan aflê. Moontlik het Stegmann se akademiese prestasies en vordering 'n rol in Marais se leuens gespeel: sy mede-Transvaler sal wel sy derde (en finale) eksamen in Mei 1898 aflê,[190] twintig maande ná hy by Gray's Inn ingeskryf het.

Verder stel Marais vir *Land en Volk* in kennis dat hy ná sy eindeksamen gaan probeer om 'n paar kwartale kwytgeskeld te word, sodat hy so gou as moontlik na die Transvaal kan terugkeer.[191] Dit is 'n veilige leuen. Marais weet baie goed dat die Inns of Court se regulasies bepaal dat 'n student twaalf kwartale moet voltooi voor hy tot die balie toegelaat kan word. Die regulasies maak wel voorsiening vir kwytskelding in uitsonderlike gevalle, maar dan slegs vir 'n maksimum van twee kwartale.[192] Op hierdie tydstip het Marais slegs vier kwartale voltooi. Al stel die Inner Temple hom van twee kwartale vry, is die vroegste wat hy sal kan kwalifiseer eers ná 'n verdere ses kwartale, dit wil sê in Junie 1899, oor agttien maande. Dat die Inns of Court streng hieroor was, word geïllustreer deur Stegmann, wat eers 'n jaar later tot die balie toegelaat word, ná elf kwartale se bywoning.[193] Moontlik redeneer Marais nou dat hy in elk geval nog 'n jaar en 'n half in Engeland sal moet deurbring om aan die kwartaalvereistes te voldoen, genoeg tyd vir hom om sy oorblywende eksamens te slaag – wie by die huis sal dan ooit later weet dat hy in die tussentyd oor sy akademiese vordering gelieg het?

Marais se spoor raak nou moeiliker om te volg. Hy lê wel aan die einde van Mei 1898 weer die eksamen in Konstitusionele Reg en Regsgeskiedenis af, wanneer sy akademiese rekords bevestig dat hy nog 'n kwartaal voltooi het, vyf in totaal tot op daardie tydstip.[194] Hy kon egter van Januarie 1898 tot Mei 1898 nog twee kwartale voltooi het. Dit lyk dus of hy vir *Land en Volk* gedeeltelik die waarheid vertel het, en wel nie tydens die eerste kwartaal van 1898 by die Inner Temple was nie. Die tweede kwartaal het eers op 22 April 1898 begin,[195] dus was hy vir ongeveer drie en 'n half maande afwesig van die Inner Temple. Maar hoekom vir *Land en Volk* laat weet dat hy gaan rus, en dit nie eenvoudig net doen nie? Die rede is waarskynlik dat Marais besef het dat in Pretoria mense soos Esselen later sou wou weet hoekom hy nie die Easter-eksamen in Maart 1898 afgelê het nie, en hy nou by voorbaat 'n rede hiervoor verskaf. Dan is daar benewens Stegmann ook verskeie ander Pretorianers wat in hierdie jaar by die Inns of Court gestudeer het, onder andere Carl Juta, 'n medestudent by die Inner Temple[196] en die latere Registrateur van Maatskappye in Suid-Afrika,[197] asook Cornelis Bergsma, wat saam met Stegmann by Gray's Inn gestudeer het.[198]

Dit beantwoord egter nog nie die vraag hoekom Marais besluit het om 'n kwartaal by die Inner Temple mis te loop nie. In die lig van Gandhi se kommentaar oor die ligte studielas, kon dit tog nie wees dat Marais werklik rus nodig gehad het nie.

Die rede hiervoor is dat Marais nou vermoedelik besluit om medies te gaan studeer. Hy was in elk geval nooit regtig lus vir 'n regsloopbaan nie, 'n beroep waaroor hy later gemeen het dat "g'n man met 'n siel bokant die van 'n streepmuis hom by voortduring aan die soort werk kan gee nie".[199] Marais het later in sy lewe vir verskeie mense vertel dat hy benewens regte ook geneeskunde gestudeer het: vir Gustav Preller dat hierdie studies in Europa was,[200] vir Alida Wedderburn dat dit by die Universiteit van Bonn was,[201] vir sy seun dat dit oor 'n tydperk van drie jaar was,[202] vir Du Toit dat hy 'n privaat kliniek in Londen onder Guy's Hospital se toesig besoek het en mediese kennis in Bonn opgedoen het.[203] Marais het egter nooit voorgegee dat hy wel as 'n dokter gekwalifiseer het nie. Sy suster Kate Dougall het Du Toit ook later meegedeel dat Marais geneeskunde slegs vir sy eie plesier gestudeer het.[204]

Marais het altyd voorgegee dat hy aanvanklik medies en eers daarna regte gestudeer het.[205] Maar reeds met sy vertrek uit Pretoria het die Pretoriase koerant *The Press* berig dat Marais in die regte gaan studeer, en geen melding gemaak van enige mediese studies nie.[206] Verder het Marais onmiddellik ná sy aankoms in Londen by die Inner Temple ingeskryf, getrou die eerste vier kwartale se verpligte dinees bygewoon, asook twee eksamens afgelê. Louis Leipoldt, wat vyf jaar later as mediese student by Guy's Hospital ingeskryf het, moes elke weeksdag van nege-uur soggens tot vieruur smiddags lesings, praktiese werk en demonstrasies bywoon.[207] Dit is dus hoogs onwaarskynlik dat Marais tydens sy eerste jaar by die Inner Temple genoeg tyd sou gehad het om terselfdertyd medies te studeer. Rousseau kon ook geen melding van Marais in Guy's Hospital se rekords vind nie.[208] Dit is egter moontlik dat Marais lesings by privaat klinieke bygewoon het, iets wat destyds nie ongewoon vir die ondersoekende Victoriane was nie.

My navrae by die Universiteit van Bonn het geen rekord opgelewer dat Marais daar gestudeer het nie. Maar volgens dié universiteit is studente se name destyds eers aangeteken wanneer hulle 'n eksamen geslaag het. Verder was daar ook 'n kategorie studente wat as *Gasthörers* (letterlik vertaal "gasluisteraars") bekend gestaan het, mense wat toegelaat is om lesings by te woon, maar nie eksamen mag afgelê het nie.[209] Maar ten spyte van die gebrek aan bewyse, is dit duidelik dat Marais wel iewers 'n mate van mediese kennis opgedoen het – daarvan getuig sy latere werk as geneesheer in die Waterberg.[210]

Tydens my navorsing het ek dan ook op 'n onderhoud afgekom wat Rousseau in 1973 gevoer het met die seun van 'n dokter wat Marais in Pretoria in die laaste dekade van sy lewe vir sy morfienverslawing behandel het. Volgens hierdie persoon het 'n dogter van sy pa se vennoot 'n mediese handboek van Marais vir 'n kleinneef van haar gegee, wat dit op sy beurt aan die Karl Bremer-hospitaal se biblioteek geskenk het.[211]

Ek het vasgestel dat die Karl Bremer-hospitaal wel jare tevore 'n biblioteek gehad het, wat later met die Universiteit Stellenbosch se Mediese Biblioteek saamgesmelt het. Ná 'n lang soektog deur laasgenoemde se versameling ou mediese boeke het ek afgekom op dr. Theodor Billroth se mediese handboek *Die Allgemeine Chirurgische Pathologie und Therapie*, uitgegee in 1880, waarin ek gekry het waarna ek op soek was – 'n inskrywing in Marais se kenmerkende handskrif op die binneste titelbladsy wat lees "Eugène N. Marais Bonn 1898".[212]

Wat nou volg is bespiegeling, maar wel gegrond, glo ek. Soos met so baie wat Marais vertel het, het hy ook die omvang van sy mediese studies oordryf. Maar soos genoem, is dit ook so dat die meeste van sy vertellings 'n greintjie waarheid bevat het. Ek glo dat Marais wel in 1898 by die Universiteit van Bonn was – 'n mens kan jou kwalik voorstel hoekom hy anders 'n Duitse mediese handboek sou aanskaf en sy naam, die jaar en die plek daarin sou aanteken. Die Universiteit van Bonn was ook al inrigting wat in daardie stadium in Bonn mediese onderrig aangebied het.[213]

Moontlik het Marais teen hierdie tyd al probeer om die verpligte toelatingseksamen by Guy's Hospital af te lê. Maar 'n wafferse student was hy nog nooit nie: matriek by die Paarl Public School for Boys het hy slegs in die tweede klas geslaag, en sy akademiese prestasie aan die Inner Temple was tot dusver maar beroerd. Hy het dus moontlik by hierdie hekkie geval. Maar dalk verneem hy van Otto Schurr of iemand anders dat 'n mens mediese lesings aan die Universiteit van Bonn kan bywoon sonder om 'n toelatingseksamen te slaag. Eers moet hy egter 'n rede vir sy mede-Pretorianers by die Inns of Court uitdink hoekom hy nie meer by die Inner Temple gaan wees nie – anders kan van sy kennisse in Pretoria by hierdie studente se familie of vriende hoor dat hy opgeskop het. Carl Juta (wat ook Kelsey Loveday se swaer is) het juis pas sy eindeksamen by die Inner Temple geslaag,[214] en is vermoedelik nou op pad terug na Pretoria. En alvorens Marais nie weet of hy toelating tot 'n mediese fakulteit sal kry nie, wil hy die nuus van sy verandering van studierigting stilhou. Vir sy medestudente en *Land en Volk* vertel hy dus dat hy nou moet gaan rus, en eers weer in Mei 1898 'n eksamen gaan skryf.[215] Nou het hy vir homself tyd gekoop. Sou hy daarin slaag om amptelik as volwaardige student by die Universiteit van Bonn toegelaat te word, kan hy altyd later vir *Land en Volk* en die Transvalers aan die Inns of Court laat weet dat hy besluit het om van studierigting te verander. Indien hy nie toelating kry nie, kan hy eenvoudig na die Inner Temple terugkeer en sy studies voortsit.

Hy vertrek dus na Bonn en begin klasse loop as 'n *Gasthörer*, met die hoop om later amptelik toegelaat te word. Marais se moontlike afwesigheid uit

Londen vanaf Januarie tot April 1898 word ook gerugsteun deur die afwesigheid in hierdie tydperk van nuusberigte uit Londen in *Land en Volk*. Eers op 27 April, vyf dae ná die aanvang van die Easter-kwartaal, verskyn daar weer 'n berig uit Londen in dié koerant.

In 1898 is Bonn 'n rustige stad langs die Rynrivier met ongeveer 50 000 inwoners. Die universiteit en sy mediese fakulteit is tagtig jaar oud, en die studentetal beloop 'n paar duisend. Die hoofgebou van die universiteit is die voormalige paleis van die aartsbiskop van Bonn, maar die mediese fakulteit het reeds 'n paar dekades tevore 'n entjie verder verskuif na die omgewing om die Poppelsdorf-paleis.[216] Die fakulteit het die afgelope twee dekades gevorder tot aan die voorpunt van die mediese wetenskap, met bekende name soos Max Schultze in die departement van Anatomie, Eduard Pflüger in Fisiologie, Eduard von Rindfleisch en Karl Koester in Patologie en Carl Binz in Farmakologie. In Bonn se klinieke werk ook beroemde artse soos die chirurg Friedrich Trendelenburg, die oogdokter Theodor Saemisch en die dermatoloog Joseph Doutrelepont.[217] Tussen en ná hul klasse vergader en ontspan die studente in die Hofgarten, reg voor die paleis, of in die botaniese tuin naby die mediese fakulteit. Snags rumoer die groot biersale en knus kroegies van Bonn met studente wat oor alles en nog wat redekawel. Moontlik kan Marais hom nou vir 'n paar maande verbeel dat hy 'n mediese student is.

Maar hoekom het Marais nie met sy mediese studies volgehou nie? Hieroor kan 'n mens ook maar net bespiegel. Dekades later het Marais vertel dat hy in Europa briewe uit die Transvaal van Ewald Esselen en andere gekry het wat hom aangeraai het om eerder regte as geneeskunde te studeer.[218] Hierdie briewe kon hy dan moontlik in dié tydperk gekry het van sy broer Charles of Esselen, wat maar alte goed van sy dwelmverslawing bewus was en nie ten gunste sou gewees het van 'n beroep waar Marais vrylik toegang tot die dwelm sou hê nie. Esselen het ook aan die einde van die vorige jaar op besoek na Europa vertrek[219] – moontlik het hy Marais hierdie raad van aangesig tot aangesig gegee. Maar dit kan natuurlik ook wees dat Marais nie die mediese fakulteit van die Universiteit van Bonn se toelatingseksamen kon slaag nie, of dat die tydperk in Bonn slegs 'n proeflopie was met die oog op latere formele toelating.

Hoe dit ook al sy, Marais keer einde April of begin Mei 1898 na die Inner

Temple terug, want sy akademiese rekords bevestig dat hy ten minste ses dinees tydens die Easter-kwartaal bywoon, asook op 24 Mei weer die eksamen aflê wat hy vyf maande tevore gedruip het.[220] Op 8 Junie word die uitslae van die Trinity-eksamen bekend gemaak.[221] Hierdie keer slaag Marais uiteindelik Konstitusionele Reg en Regsgeskiedenis met 67 punte uit 'n moontlike 150.[222] 'n Week later verskyn 'n berig hieroor in *Land en Volk*,[223] maar vanselfsprekend swyg dit oor of Marais nou gaan probeer om sy oorblywende kwartale kwytgeskeld te word, want hy moet nog 'n eksamen aflê.

Falconer op sterwe

Mev. Read staak iewers in hierdie jaar haar losieshuisbedrywighede in Lewisham en trek na 'n residensiële hotel in Bournemouth, 'n Engelse kusdorp.[224] Moontlik is dit dan ná Marais terugkeer uit Bonn in Maart of April 1898 dat hy sy intrek by 142 Hither Green Lane in Lewisham neem,[225] slegs 'n paar minute se stap van mev. Read se losieshuis af, want in Augustus sal hy 'n brief van hierdie adres aan sy vriend Charles Falconer in Pretoria rig. Hier woon die 34-jarige Ernest Cockle,[226] sy vrou Bessie en hul twee jong dogtertjies, Dorothy en Eady.[227] Ernest Cockle is 'n prokureur[228] wat homself in die 1901-sensus as 'n "law tutor"[229] beskryf het en later ook die bekende regshandleiding *Leading Cases and Statutes on the Law of Evidence*[230] geskryf het. Marais se volgende eksamen gaan juis oor Bewysreg handel; dit is dus moontlik dat hy Cockle ontmoet het deur privaat klasse wat hy nou hierin bywoon.

Intussen is Falconer se gesin besig om fluks aan te groei. In April hierdie jaar is sy derde kind gebore, 'n seun wat hy Roualyn Eugene gedoop het.[231] Die vriendskap loop diep. Op sy beurt dra Marais se seun Eugène Charles Gerard ook Falconer se noemnaam. Dit kan egter toeval wees, want Charles is ook 'n bekende Marais-familienaam.

Tydens Marais se afwesigheid uit Pretoria is Falconer en FitzPatrick nog steeds gereeld in verbinding met mekaar – juis ook in April het Falconer hom gekontak oor inligting wat hy bekom het oor 'n aksie wat die ZAR-regering teen FitzPatrick se baas Friedrich Eckstein beplan, asook oor sekere regeringsamptenare se onwettige handel in drank,[232] 'n groot kopseer vir die mynbase weens die arbeidsprobleme wat dit op hul myne veroorsaak.

Malaria het egter Falconer se gestel verswak tydens die jaar wat hy vir 'n subkontrakteur op die Delagoabaai-spoorlyn gewerk het, en sedertdien ondervind hy gereeld bors- en asemhalingsprobleme.[233] Hy doen nou dubbele longontsteking op. Uit Suid-Afrika kry Marais die ontstellende nuus. Hy skryf onmiddellik 'n merkwaardige brief aan Falconer wat die diepte van hul vriendskap illustreer:[234]

142 Hither Green Lane
Lewisham
26 Aug 1898

My dear Falconer;

I sit down to write to you with a feeling of the deepest misery and dejection. Yesterday I received your wife's letter and also a note from my sister telling me of your serious illness, & I feel convinced even as I pen these words that by the time this letter reaches Pretoria you will be dead and buried. I cannot disguise from myself the fact that with double pneumonia the chances are all against you and I have therefore prepared myself for the worst. I write you, nevertheless, in the hope that even if you are dead you will be in a position of taking notice of my words and even seeing the true intention which underlies them. It is at a critical time like this that it comes home to me more clearly than at other times what you have been to Land en Volk and to me. I know that without you the paper would long since have been a thing of the past. It was solely your energy & devotion which made it what it is. My contribution was largely a matter of chance. Your share was the honest labour & unflagging energy which alone can found a business.

But there is no use in telling you all this if you are alive. You know it as well as I do. Only one thing I can assure you, whether alive or dead, you must never have any fear about the future of Mrs. Falconer & the little ones. Half of all is theirs & I pledge my word that they shall not want for anything while I have a shirt to my back. I shall consider it simple repayment of my past debts to work for them as I would have worked for you were I not unable to do so.

If you are still alive do not worry too much about the business. Get well and strong at all costs. If we do get into debt we shall work it off speedily when I get back. You can pledge my life policy in addition if you wish to raise money to go down to the sea. If you can sell the farm at any profit take all you can get out of it in addition. In the meantime I cannot rest or work or even think consistently until I hear again from the Transvaal.

Please, if you are alive, tell them at home that I could not write until I hear about the result of your illness.

Truly yours

Eugène

Uit die klaarblyklik moeilike tye wat *Land en Volk* beleef, lyk dit of die koerant in hierdie stadium min of geen ondersteuning van die Wernher-Beit-konsortium kry. FitzPatrick het in elk geval teen hierdie tyd al hoop verloor dat die progressiewe faksie van die Boere enige verskil aan die interne politieke situasie en die Uitlanders se posisie in die Transvaal sal kan teweeg bring. Reeds die vorige jaar het hy aan Julius Wernher geskryf dat "any new party would be almost as bad as this present one as soon as they were securely in power".[235] Oor Joubert meen hy dat "when all is said and done . . . Piet Joubert will not be such a vast improvement on Kruger".[236] Vir Lionel Phillips het hy ook die vorige jaar met verwysing na die progressiewe Volksraadslede laat weet dat "one cannot count on these people at all".[237] Daar is dus min of geen rede vir Wernher-Beit om aan te hou om *Land en Volk* te ondersteun.

Uit die brief blyk dit dat Marais en Falconer saam 'n plaas gekoop het, maar die besonderhede hiervan is onbekend. Die laaste sin van Marais se brief bevestig dat hy selde aan sy familie skryf, iets wat later ook sal blyk. Die suster na wie Marais verwys, is waarskynlik Sophie Ueckermann, by wie sy seun woon, of Lizzie Niemeyer, wat ook in Pretoria woon. Lizzie kon by haar dogter Bessie of dié se man, Hudson Findlay, van Falconer se longontsteking gehoor het, want vroeër hierdie maand het Bessie juis uit Boshof aan haar man in Pretoria geskryf om oor Falconer se toestand te verneem.[238] Marais se hoop dat Falconer al sou hy reeds oorlede wees steeds insae in sy brief sal kan hê, getuig weereens van 'n geloof in spiritisme. Maar Marais se vrese is ongegrond – Falconer sal eers nege jaar later sterf.

DEEL 4

Die "Great Deal"

(1899)

Het feit, dat het telegram uit Pretoria van een Pretoriaschen Afrikaner-correspondent kwam plaaste het Kaïnsteken – en met een groot mate van rechtvaardigheid – op de regeeringsonderhandelaars.[1]

C.G.S. Sandberg

In elke stadium van die spel was Wernher en Beit Milner se belangrikste steun: in die Great Deal, in Bloemfontein, en in die finale krisis . . . Sonder Wernher en Beit sou Milner sy kaarte moes ingegooi het.[2]

Thomas Pakenham

Terug na Suid-Afrika

Ná die Trinity-eksamen in Mei 1898 verskyn Marais se naam eers weer elf maande later in die Inner Temple se rekords, in 'n notule van 'n vergadering van die Dispensation Committee op 11 April 1899. Hiervolgens keur die komitee Marais se versoek goed dat hy weens siekte drie van die laaste kwartaal van 1898 se verpligte ses dinees kwytgesteld word, en word dit aangeteken dat hy 'n mediese sertifikaat in dié verband ingedien het.[3] Hierdie vergunning impliseer dat Marais wel drie dinees in daardie kwartaal bygewoon het, want anders het dit geen sin dat hy om kwytskelding vir die oorblywende drie vra nie. Die datum van die Dispensation Committee se notule beteken egter nie dat Marais op daardie tydstip in Londen was nie; hy kon van enige plek af sy versoek aan die Inner Temple gerig het.

Hierdie vergunning beteken wel dat die Inner Temple dié kwartaal erken as een van die verpligte twaalf wat hy moet bywoon. Soos voorheen aangedui, het Marais teen Junie 1898 vyf kwartale voltooi; dus afhangende van of hy die derde kwartaal van 1898 se verpligte dinees bygewoon het, moes hy teen die einde van 1898 al ses of sewe kwartale voltooi het.

Hierna verskyn Marais se naam eers weer in die Inns of Court se rekords in Januarie 1901, wanneer dit aangeteken word dat hy die eksamen in die derde vak in Desember 1900 afgelê het, en teen daardie tyd al elf kwartale voltooi het.[4] Dit dui daarop dat hy 'n verdere vier of vyf kwartale sedert die begin van 1899 voltooi het. Maar tussen dan en die einde van 1900 het twee jaar verloop, dit wil sê agt kwartale. Wanneer het Marais die addisionele vier of vyf kwartale voltooi, en wat het hy in die res van die tyd gedoen? Geen van die skrywers oor Marais gee 'n verklaring hiervoor nie. Soos Rousseau in *Die Groot Verlange* opmerk: "in Londen [is] daar lange maande waarin hy, biografies gesien, eenvoudig wegraak, en waarin dit onmoontlik is om rekenskap van sy lewensloop te gee."[5]

In Rousseau se navorsingstukke, asook in *Die Groot Verlange* self, is daar egter leidrade. Die eerste is 'n mededeling van Alida Wedderburn dat Marais haar in 1915 vertel het dat sy vrou gesterf het terwyl hy geneeskunde aan die Universiteit van Bonn gestudeer het, en dat hy toe na die Transvaal teruggekeer het. Volgens hom was dit toe dat hy besluit het om sy mediese studies te staak en eerder regte te gaan studeer, waarna hy na die Inner Temple is.[6] Rousseau het nie hierdie inligting in *Die Groot Verlange* gebruik nie, waarskynlik omdat dit gebots het met die aanvaarde feite waarvolgens Marais definitief eers ná sy vrou se dood oorsee is, en omdat daar geen aanduiding was dat hy tussen Januarie 1897 en September 1902 (toe hy teruggekeer het) in die Transvaal was nie. Maar tog is van die ander elemente van Marais se vertelling aan Wedderburn korrek. Dit is so dat hy skynbaar aan die Universiteit van Bonn lesings bygewoon het, en ook so dat hy daarna sy regstudies aan die Inner Temple hervat het. Dit het my laat vermoed dat daar iets mag steek in sy storie dat hy in 'n stadium sy oorsese studies met 'n besoek aan die Transvaal onderbreek het. Wat my ook laat neig het om aandag aan hierdie storie van Marais te skenk, is dat hy dit aan Wedderburn vertel het op Boshof toe sy sy ouer broer Charles se sekretaresse was. Dit is onwaarskynlik dat hy vir haar sou gelieg het oor so 'n besoek aan Suid-Afrika, want hy sou tog geweet het dat Charles hom waarskynlik sou weerspreek indien hy hierdie storie by sy sekretaresse hoor. In *Die Groot Verlange* meld Rousseau ook dat 'n storie oor Marais in later jare in omloop was waarvolgens Charles hom tydens sy oorsese verblyf op 'n keer uit 'n opiumnes in Hongkong moes gaan red en na Suid-Afrika terugneem.[7] Sover bekend was Marais nooit in Hongkong nie, maar dit is veelseggend dat daar destyds nog 'n ander storie was dat Marais tydens sy oorsese verblyf Suid-Afrika besoek het.

Daar is ook ander leidrade. Ná die *Land en Volk*-berig op 15 Junie 1898 oor Marais se Trinity-eksamenuitslae het daar nooit weer iets oor hom in die koerant verskyn tot publikasie daarvan in Oktober 1899 kort voor die uitbreek van die Anglo-Boereoorlog gestaak is nie. Die nuusberigte uit Brittanje wat sporadies in *Land en Volk* verskyn het ná Marais se aankoms in Londen aan die begin van 1897, het ook heeltemal opgedroog ná sy brief aan Falconer in Augustus 1898.

Eers in Junie 1899 was daar weer berigte uit Engeland in die koerant. Dit is 'n aanduiding dat Marais moontlik gedurende hierdie tydperk nie meer by die Inner Temple of selfs in Londen was nie. Verder het *Land en Volk*, soos gemeld, al in Januarie 1898 berig dat Marais van voorneme was om 'n paar kwartale by die Inner Temple kwytgeskeld te word sodat hy so gou as moontlik na die Transvaal kan terugkeer.[8]

Al hierdie feite het my laat vermoed dat die gebrek aan verdere beriggewing oor Marais se oorsese doen en late juis daaraan te wyte is dat hy wel terug na die Transvaal is, en daar vanselfsprekend dan geen oorsese bedrywighede was om oor te berig nie. 'n Soektog deur Britse skeepspassasierslyste van 1898 het 'n rekord opgelewer wat hierdie vermoede ondersteun. Hiervolgens het 'n "Mr Marais", 'n 28-jarige ongetroude "gentleman", op 28 Oktober 1898 met die *Carisbrook Castle* van Londen na Kaapstad vertrek.[9] Ongelukkig is dit die enigste inligting wat oor hierdie passasier aangeteken is. Maar wat my onmiddellik laat vermoed het dat hy moontlik Eugène Marais was, is dat hy ook in 1870 gebore is, wat gestrook het met my gevolgtrekking oor Marais se werklike geboortedatum.[10] Natuurlik is dit nie afdoende bewys dat die betrokke passasier wel Eugène Marais was nie, maar 'n mens vra jou af hoe waarskynlik dit is dat daar op hierdie tydstip in Londen 'n ander Marais was wat net so oud soos Eugène Marais was, ook ongetroud was, en na Suid-Afrika sou gereis het in Oktober 1898, juis toe Marais nie sy dinees by die Inner Temple bygewoon het nie? Hoe dit ook al sy, my vermoede dat Marais nou na Suid-Afrika teruggekeer het, is later deur ander bewyse bevestig.

Maar hoekom sou Marais halfpad deur sy studies aan die Inner Temple na Suid-Afrika terugkeer? Hieroor kan 'n mens in hierdie stadium ongelukkig net bespiegel. 'n Moontlike verklaring is dat hy werklik ernstige gesondheidsprobleme gehad het. Vermoedelik sou die Inner Temple se Dispensation Committee hom nie sommer sy verpligte dinees kwytgeskeld het tensy hulle oortuig was dat hy werklik siek was nie. 'n Ander moontlikheid is dat Falconer se swak gesondheid Marais genoodsaak het om sy vriend by hul gesamentlike koerant te gaan help, of dat Falconer hom gevra het om te kom help ná Marais se brief aan hom twee maande tevore. Maar soos later sal blyk, is die mees waarskynlike verklaring dat Marais nou besluit het om sy regstudies op te skop ná sy jammerlike akademiese prestasie tot dusver aan die Inner Temple, met die moontlike hoop om later sy mediese studies aan die Universiteit van Bonn voort te sit.

Hoe dit ook al sy, die *Carisbrook Castle* kom op 15 November 1898 in Kaapstad aan.[11] Indien Marais wel aan boord is, waar gaan hy nou heen? Marais het gereeld ten tye van groot persoonlike (hoofsaaklik dwelmverwante) krisisse na Charles op Boshof gevlug.[12] Drie jaar tevore, kort ná Lettie se dood, het hy ook daar gaan toevlug soek.[13] Moontlik is hy dan nou soontoe, derhalwe die latere gerug dat Charles hom oorsee kom red het. Dit sou hom ook 'n kans gee om asem te skep (of moontlik van 'n dwelmverwante probleem te herstel) voor hy terugkeer na Pretoria, waar hy sy familie en kennisse se ongemaklike vrae oor die stand van sy studies sal moet beantwoord. Die Pretoriase koerant *The Press* meld ook op 19 Desember 1898 in sy sosiale rubriek dat Ewald Esselen oor 'n paar dae na die Vrystaat vertrek.[14] Was Esselen op pad na Boshof om vas te stel wat fout is met sy vriend?

James O'Brien is op hierdie tydstip nog die redakteur van *Land en Volk,* want in 'n beëdigde verklaring op 16 Januarie 1899 aan Jan Smuts, die staatsprokureur, verklaar hy dat hy die "waarnemend verantwoordelijke Editeur van het nieuwsblad 'Land en Volk' te Pretoria gepubliseerd namens den eigenaar Eugène Nielen Marais" is.[15] O'Brien meld nie dat Falconer die mede-eienaar is nie, wat weereens daarop dui dat dit 'n geheime aandeelbelang is wat O'Brien verswyg, of – meer onwaarskynlik – waarvan hy onbewus is. O'Brien maak die verklaring ter ondersteuning van 'n kriminele klag wat hy aanhangig maak teen *De Voortrekker,* 'n Krugersdorpse koerant wat deur Marais se voormalige vriend Ben Viljoen besit word,[16] vir laster gepleeg teen hom en teen die koerant, asook teen Eugène Marais.[17] *De Voortrekker* het die vorige maand berig dat *Land en Volk* 'n Jingo-koerant is wat die ZAR onder Britse heerskappy wil sien. "Zy is dat aller verachtelyksch ding, een vyand in de kamp," het die artikel in *De Voortrekker* gelui. "Zy eet de brood den burgers en wil hen verraden. Een 'Iskariot Courant' sou haar dus met meer juistheid beschrywen."[18] Soos gemeld, het Viljoen se vorige koerant, *Ons Volk,* kort voor Marais se vertrek na Londen twee jaar tevore soortgelyke aantygings teen *Land en Volk* gemaak.

Smuts weier egter om *De Voortrekker* te vervolg.[19] Hieroor skryf 'n ontstoke leser aan *Land en Volk* en onderteken sy brief "Vriend den Recht". Dit lyk vir hierdie kwansuise leser of "slechts ambtenaren het voorrecht hebben om vervolgingen onder de Crimineele Lasterwet te doen instellen tegen couranten".[20] In die lig van Marais se voorliefde vir lastersake en sy gebruik van briewe van fiktiewe lesers om sy standpunte te ondersteun, asook die feit dat O'Brien spesifiek na laster teen ook Marais verwys, lyk dit of laasgenoemde hom reeds in Januarie 1899 in Pretoria bevind.

Weereens *Land en Volk*

Marais is definitief teen die begin van Februarie 1899 weer in Pretoria, soos 'n brief van Henry Boyd van Wernher-Beit getuig:

7 February 99
Eugene N. Marais
Pretoria

Dear Sir

I beg to enclose cheque value £1 in payment of the enclosed a/c. Kindly acknowledge receipt.

Yours faithfully
H.C. Boyd[21]

Land en Volk se inskrywingsgeld is £1 per jaar – moontlik betaal of hernu Boyd nou sy persoonlike of Wernher-Beit se subskripsie. As medelid van die Pretoria Club[22] sou Boyd sekerlik geweet het dat Marais nou weer in Pretoria is en by die koerant betrokke is, daarom dat hy die tjek aan Marais eerder as aan O'Brien of Falconer stuur.

Dit lyk egter of Marais stil-stil na Pretoria teruggekeer het, want *Land en Volk* swyg hieroor. Op sigself is dit nie ongewoon nie – met sy vertrek twee jaar tevore het *Land en Volk* ook niks dáároor gemeld nie. Maar moontlik wil Marais nie aandag trek nie omdat hy nog nie besluit het wat hy nou gaan doen nie. Volgens die vroeëre beriggewing in *Land en Volk* het hy mos nou al sy eksamens aan die Inner Temple voltooi – hoekom is hy dan nie 'n advokaat nie? Vertel hy nou vir sy familie en vriende dat alhoewel hy sy regseksamens geslaag het, hy nie kans sien om die oorblywende vier kwartale by die Inner Temple te gaan bywoon nie, en eerder medies wil gaan studeer? Moontlik is dit dan tydens hierdie besoek van Marais aan Pretoria dat sy vriende hom oortuig dat hy as advokaat van groter nut vir sy land sal wees, soos hy Du Toit later meegedeel het.[23]

Waarskynlik is Marais ook die skrywer van 'n lang berig – eintlik 'n kortverhaal – getiteld "Een Iersche Spook Gescheidenis [sic] – Een Ware Verhaal" wat die dag ná Boyd se brief aan hom in *Land en Volk* verskyn.[24] Die verhaal handel oor een van Ierland se bekendste spoke, die "Beresford Ghost", 'n poltergeist wat in die sewentiende eeu aan 'n lady Beresford verskyn het. Die artikel is eienaardig, want sover bekend het *Land en Volk* nooit voorheen 'n kortverhaal gepubliseer nie. Marais het baie in die bonatuurlike of oënskynlik bonatuurlike belang gestel, en het self later in sy lewe verskeie kortverhale met hierdie tema geskryf.[25] Die berig se aanhef lui: "Een schrywer in Engeland zegt dat in de archieven der familie van den jongen Markies van Waterford een der merkwaardigste spookverschyningen verhaald wordt die ooit te boek zyn gesteld." Wie anders by *Land en Volk* as Marais – wat onlangs uit Brittanje teruggekeer het – sou so 'n irrelevante storie in die koerant laat plaas het? Moontlik is Marais self die "schrywer in Engeland" na wie die berig verwys, want later in sy lewe het hy meermale 'n fiktiewe storieverteller in sy verhale gebruik om geloofwaardigheid daaraan te verleen.

Op 8 Maart 1899 berig *Land en Volk* dat sy redakteur op verlof na Potchefstroom is om te herstel van 'n "zeer pijnlijke en verzwakkende ontsteltenis" waaraan hy al maande lank ly.[26] Die *Pretoria News* berig: "We regret to hear of the continued illness of Mr. O'Brien, the energetic editor of *Land en Volk,* who has left to recruit [sic] at Potchefstroom."[27] Die skrywer van die *Land en Volk*-berig wens O'Brien 'n spoedige herstel toe, en hoop dat hy verfris sal terugkeer.[28] Latere uitgawes van die koerant meld nie wanneer O'Brien sy werk hervat het nie, maar die blote plasing van so 'n berig dui daarop dat O'Brien aan 'n betreklik ernstige kwaal ly wat hom weke, dalk maande, van sy pos sou weggehou het.

Nóg *Land en Volk* nóg die *Pretoria News* meld wie O'Brien se plaasvervanger as redakteur is. *Land en Volk* het egter nie 'n span joernaliste en allerlei administratiewe personeel gehad nie; dit was 'n weeklikse koerant wat uit vier groot kleingedrukte bladsye bestaan het, twee gevul met nuus, die ander twee met advertensies. Voor Marais se vertrek na Londen het hy self die meeste van die artikels geskryf. Dit is dus onwaarskynlik dat O'Brien nou 'n kollega het wat op kort kennisgewing sy skoene sou kon volstaan. Dit is ook onwaarskynlik dat Falconer ná slegs nege jaar in die land Hollandse artikels sou kon skryf. Neem Marais nou as redakteur waar? Dit lyk so, want volgens die skrywer van die *Land en Volk*-berig oor O'Brien se verlof is die eise wat die koerant aan 'n redakteur stel "op zichzelf genoeg om een geregeld te nemen rust voor lichaam en geest te genoodzaken, en als lichaamskwellingen een editeur beklimmen, wordt die rust al meer gerechtvaardigd".[29] Dit klink soos die woorde van iemand wat al self die redakteurstoel by *Land en Volk* beset het. Marais het juis voor sy vertrek na Londen twee jaar tevore ook geskryf dat hy sy "lichaam heb ... opgeofferd" in diens van die koerant.[30]

Elders in dieselfde uitgawe van die koerant verskyn ook 'n lang berig oor die Inns of Court se onlangse voorneme om in die vervolg net Britse burgers tot die Engelse balie toe te laat. Die skrywer van die berig maak hierteen beswaar, en wys daarop dat talle vooraanstaande lede van die Transvaalse balie al as advokate aan die Inns of Court gekwalifiseer het.[31] Die Inns of Court het later hul besluit teruggetrek, maar die vraag ontstaan weereens – wie anders by *Land en Volk* as Marais self sou so sterk hieroor gevoel het? Soos gemeld, het sy vriende hom ook moontlik intussen oortuig om sy studies aan die Inner Temple voort te sit,[32] en raak dié besluit hom nou persoonlik.

Dit kan dus wees dat dit hierdie besluit van die Inns of Court is wat Marais aanspoor om kwytskelding te probeer kry vir drie van die verpligte dinees wat hy in 1898 se laaste kwartaal misgeloop het, sodat hy darem een kwartaal minder het om te voltooi indien die Inns of Court van voorneme verander en hy na die Inner Temple terugkeer. Die Inner Temple het dan ook 'n maand ná hierdie berig in *Land en Volk* Marais se kwytskeldingsaansoek goedgekeur, wat aandui dat hy dit nou eers ingestuur het. Wat hierdie verloop van gebeure ondersteun, is die feit dat Marais die verpligte dinees reeds in die laaste kwartaal van 1898 misgeloop het. Die volgende vergadering van die Dispensation Committee was op 13 Januarie 1899,[33] en hy kon dus sy aansoek om kwytskelding al voor hierdie datum ingedien het. Maar hy het nog drie maande gewag voordat hy dit doen. Dit dui weereens daarop dat Marais sy studies aan die Inner Temple reeds die vorige jaar opgeskop het met die oog daarop om moontlik medies te gaan studeer, maar nou besluit het, of oorreed is, om terug te keer en sy regstudies te voltooi.

Die Imperiale profeet en sy Uitlanderdissipel

Marais en FitzPatrick se paaie sal nou binnekort weer kruis. FitzPatrick was nie ledig gedurende die twee jaar wat Marais oorsee was nie. Ná sy terugkeer uit Brittanje in Desember 1896 is hy as hoof van Wernher-Beit se intelligensie-afdeling aangestel.[34] Ná die Jameson-inval en die daaropvolgende verhoor het 'n ongemaklike wapenstilstand tussen die burgers van die ZAR en die Uitlanders in Johannesburg geheers. Hulle was soos twee mans wat handgemeen geraak het en deur omstanders uitmekaar gemaak is, maar nie ná die tyd wou hande skud nie: geeneen wou vergewe en vergeet nie.

In die afwesigheid van manne soos Phillips, Hammond en Leonard word FitzPatrick nou die politieke leier van die Uitlanders. Maar hy moet agter die skerms werk, want ingevolge die onderneming wat hy ná sy verhoor aan die ZAR-regering gegee het, mag hy tot Mei 1899 nie aan enige politieke bedrywighede in die Transvaal deelneem nie. Friedrich Eckstein en Georges Rouliot, die senior Wernher-Beit-vennote in Johannesburg, is ook daarteen gekant dat hul firma by die ZAR se politiek betrokke raak, en verset hulle teen enige planne van FitzPatrick in dié verband.[35] Boonop is Alfred Beit en Julius Wernher in Londen ná die fiasko van die Jameson-inval baie sku vir die Transvaalse politieke toneel, en het laasgenoemde 'n besondere renons in "showy schemes".[36] Pres. Kruger se oorweldigende oorwinning oor genl. Joubert in die presidentsverkiesing van Februarie 1898 oortuig FitzPatrick ook dat die Uitlanders se situasie hopeloos is en daar nie op die progressiewe Boere-element vertrou kan word om interne politieke hervorming deur te voer nie.[37] Hy het reeds die vorige jaar aan 'n vriend geskryf dat "there is only one solution here", naamlik oorlog.[38]

Maar 'n paar weke ná die presidentsverkiesing ontmoet FitzPatrick vir die eerste keer vir sir Alfred Milner, wat nou al amper 'n jaar die Britse Hoë Kommissaris van Suid-Afrika is. Kruger se oorwinning het ook Milner oortuig dat nóg die Uitlanders nóg die progressiewe Transvalers ooit op hul eie Kruger sal kan ontsetel, en hy het nou besluit dat slegs direkte imperiale ingryping iets sal kan vermag.[39] FitzPatrick kom by hul ontmoeting in Kaapstad onder die invloed van Milner se formidabele persoonlikheid. Dit is nie 'n ontmoeting van gelykes nie. FitzPatrick is tien jaar jonger as Milner en nie op dieselfde intellektuele vlak nie. Soos 'n biograaf van FitzPatrick dit stel: "A man like FitzPatrick needs someone he can look up to and admire and Milner was such a man."[40] Die twee mans kom gou agter dat hulle al twee hartstogtelik glo in die uitbreiding van die Britse Ryk.[41] Hulle stem ook onmiddellik saam oor watter hervormings in die Transvaal nodig is. Reeds by hierdie geleentheid is hulle dit eens dat Milner daarop moet aandring, selfs al sou dit tot oorlog tussen Brittanje en die ZAR lei. Terwyl hulle bespreek watter rol die Boere in 'n hervormde Transvaalse regering kan speel, lag Milner skielik hardop en verklaar met 'n ophaal van sy skouers: "After all, it's absurd to discuss that. There is only one possible settlement – war!"[42] Hulle stem saam dat hulle die Uitlanders se griewe moet gebruik om Britse ingryping in die Transvaal te bewerkstellig.[43]

Voortaan beskou FitzPatrick vir Milner as sy leier en word hy, meer as enige ander Uitlander, Milner se vertroueling. Tot en met die uitbreek van die Anglo-Boereoorlog twee en 'n half jaar later is FitzPatrick die belangrikste skakel tussen Milner, die mynbedryf, die Uitlandergemeenskap en die ZAR-regering.[44] Milner skryf kort hierna aan sy baas, Chamberlain: "There is no way out of the political troubles of S. Africa except reform in the Transvaal or war. And at present the chances of reform in the Transvaal are worse than ever."[45] Aan lord Selborne, adjunkminister van kolonies, skryf hy: "Two wholly antagonistic systems – a medieval race oligarchy, and a modern industrial state, recognizing no difference of status between various white races cannot permanently live side by side."[46]

Milner en FitzPatrick moet egter versigtig trap. Chamberlain en die res van die Britse kabinet is nog glad nie oortuig dat oorlog die enigste uitweg is nie, en dring aan dat Milner eerder moet onderhandel en diplomatieke druk toepas.[47] Beit en Wernher, asook FitzPatrick se base in Johannesburg, is op hul beurt glad nie ten gunste van enigiets wat die werksaamhede van hul goudmyne – en gevolglik die vloei van hul dividende – sal onderbreek nie.[48] Beit en Wernher sal egter in die loop van die volgende jaar toenemend FitzPatrick se advies (en sodoende Milner s'n) oor politieke sake begin volg.[49] FitzPatrick raak ook in die geheim betrokke by die aktiwiteite van die South African League,[50] 'n organisasie van imperialistiesgesinde Kaapse koloniste wat ná die Jameson-inval takke in die ZAR gestig het en nou die politieke agitasie van die voormalige National Union voortsit.[51]

In Julie 1898 stel Kruger vir Jan Smuts as die ZAR-staatsprokureur aan. Kort hierna ontmoet Smuts en FitzPatrick in die Pretoria Club, by welke geleentheid Smuts vir FitzPatrick aanmoedig om met hom te kom praat oor enige griewe wat die mynbedryf mag hê. Tydens die volgende paar maande vind verskeie gesprekke tussen die twee mans plaas.[52] Maar ten spyte van Smuts se toeganklikheid konkel Milner en FitzPatrick agteraf. Albei is voormalige joernaliste en weet goed hoe om die pers te manipuleer om 'n fiktiewe krisis te skep. Hul doel is om die openbare mening in Suid-Afrika, maar meer belangrik, in Brittanje, op te sweep om sodoende die klimaat vir imperiale ingryping te skep. FitzPatrick oortuig nou sy kollegas by Wernher-Beit dat die huidige redakteur van *The Star*[53] deur 'n sterker anti-Kruger-man vervang moet word.[54] Hy en Milner glo egter dat 'n geskikte redakteur eerder in Brittanje as in Suid-Afrika gesoek moet word. Milner vertrek in November 1898 na Londen vir 'n tweemaandebesoek om steun vir sy aggressiewe beleid in Suid-Afrika te werf, asook om 'n geskikte redakteur te vind.

In Milner se afwesigheid neem genl. William Butler, die pas aangestelde Britse militêre bevelvoerder in Suid-Afrika, as Hoë Kommissaris waar. Butler kom baie vinnig agter wat die Rhodes- en Wernher-Beit-beheerde pers se oogmerk is. Kort ná Milner se vertrek merk hy op dat "nearly all the information sent from Cape Town to England, are now being worked by . . . a colossal syndicate for the spread of systematic misrepresentation".[55]

Intussen misreken FitzPatrick hom kort voor Kersfees 1898 met die diepte van 'n swembad in Johannesburg en duik hom katswink teen die sementbodem. Sy harsingskudding is so kwaai dat hy eers weer in middel Januarie 1899 na sy pos by Wernher-Beit kan terugkeer.[56] Terselfdertyd raak Butler nog meer oortuig van sekere leidende Uitlanders se kwade bedoelings: "More and more the conviction grows upon me that the small and noisy group of men who have got all the telegraphic and most of the press power into their hands are steadily intent upon the production of friction, and nothing but friction, in this country."[57] Wie agter hierdie agitasie staan, is ook vir hom duidelik: dieselfde mense wat vir die Jameson-inval verantwoordelik was,[58] "backed by enormous means and quite without conscience", wat ten doel het "to produce war in South Africa for selfish ends".[59]

In Londen vergader Milner en Wernher verskeie kere oor die keuse van 'n nuwe redakteur vir *The Star*. Hulle maak uiteindelik 'n baie aantreklike aanbod aan W.F. Monypenny, 'n assistentredakteur van *The Times*, op voorwaarde dat hy instem om onder hul politieke leiding te werk.[60] Monypenny aanvaar die aanbod, en word boonop ook *The Times* se hoofkorrespondent in Suid-Afrika. Sodoende verseker Milner dat sý weergawe en interpretasie van die gebeure in die Transvaal onder die Britse politici en publiek versprei sal word.[61]

Die ministerie van kolonies in Londen het intussen gehoor dat die ZAR-regering aan die Volksraad voorgestel het dat die dinamietmonopolie, wat nog vir tien jaar van krag is, vir 'n verdere vyftien jaar verleng word. Milner oortuig vir Chamberlain dat die Britse regering hierteen protes moet aanteken. Chamberlain versoek op sy beurt dat die mynmagnate die leiding hiermee neem. Hulle is egter onwillig om dit te doen tensy die Britse regering hulle ondersteun, want hulle vrees dat die ZAR-regering hulle van verraad gaan beskuldig. Chamberlain stem hiertoe in – 'n besluit wat verreikende gevolge sal hê, want nou gee hy die eerste tree op die pad wat tot daadwerklike Britse ingryping in die Transvaal se binnelandse sake sal lei. En van nou af werk die leiers van die mynbedryf en die Britse regering saam. Ná die Kamer van Mynwese aan die einde van Januarie 1899 beswaar teen die verlenging aangeteken het, stuur Chamberlain op 12 Februarie die Britse regering se amptelike protes aan die ZAR-regering, wat dit summier verwerp.[62]

FitzPatrick oorreed ook nou vir Beit en Wernher om 'n nuwe Johannesburgse oggendkoerant as teenvoeter vir die anti-kapitalistiese en Krugergesinde *Standard and Diggers' News* te begin.[63] Hy skat dat ongeveer £40 000 (R40 miljoen) hiervoor benodig word.[64] Soos in die geval van *Land en Volk* en ander koerante vorm Wernher-Beit weereens 'n konsortium met ander myngroepe vir hierdie doel. FitzPatrick stel Beit en Wernher in kennis dat die nuwe koerant se begroting 'n kontantreserwe van £10 000 (R10 miljoen) insluit, aangesien "experience has taught us the difficulty of getting money out of the others in the way of second and third instalments, and we shall have quite enough to do here without the additional trouble of coaxing contributions out of reluctant partners".[65] Is hierdie laaste stelling moontlik 'n verwysing na ander mynhuise wat voorheen nie hul kant met die finansiering van *Land en Volk* gebring het nie?

Intussen gaan FitzPatrick se gekonkel agter die skerms nie ongemerk verby nie. Smuts konfronteer hom nou hieroor. "You are at the bottom of all this trouble, and I will catch you some day . . . the day I catch you I will hang you," waarsku hy FitzPatrick.[66]

FitzPatrick en Milner knoei

Die ZAR-regering besef nou dat die mynmagnate en die Britse regering oor die dinamietkwessie saamgewerk het en dat onder hierdie omstandighede iets meer as bloot 'n verwerping van hul besware nodig is. Dit word nou aan pres. Kruger duidelik dat as hy sy geliefde dinamietmonopolie wil behou, hy toegewings aan die mynmagnate sal moet maak. En terwyl hy dit doen, kan hy netsowel iets vir die res van die Uitlanders doen en sodoende die posisie ondermyn van die South African League, wat 'n vyand van die ZAR se onafhanklikheid is en sy bes doen om Britse ingryping in die Transvaal te bewerkstellig. Die ooglopende eerste stap is om die mynmagnate te nader; die ander Uitlanders kan dan later by die gesprekke betrek word.[67]

Op 27 Februarie 1899 maak dr. Leyds, nou die ZAR se buitengewone gesant en gevolmagtigde minister in Europa, sy opvolger as staatsekretaris, F.W. Reitz, en staatsprokureur Jan Smuts gevolglik deur 'n tussenganger 'n aanbod aan die grootste mynhuise in 'n poging om die strydbyl tussen die ZAR-regering aan die een kant, en die mynbedryf en die Uitlanderbevolking aan die ander kant, eens en vir altyd te begrawe. Dié aanbod sou later as die "Great Deal" bekend staan.

Ingevolge die aanbod is die ZAR-regering bereid om die kwessie van die "bewaarplaatsen"[68] op voorwaardes gunstig vir die mynhuise te beredder, 'n bekwame finansiële adviseur (soortgelyk aan 'n minister van finansies) aan te stel sonder wie se toestemming geen nuwe belastings gehef sal word nie, en aan die Volksraad voor te stel dat Uitlanders vyf jaar ná hulle om burgerskap aansoek gedoen het stemreg kan kry. In ruil hiervoor moet die mynhuise tot die verlenging van die dinamietmonopolie instem, die pogings van die ZAR-regering ondersteun om 'n groot buitelandse lening te bekom, die binnelandse en buitelandse persveldtog teen die ZAR-regering ontmoedig, asook hulle van die South African League distansieer.[69]

Vir Smuts, Reitz en Leyds is 'n belangrike voorvereiste egter dat die gesprekke geheim moet bly. Volgens Smuts moet die regeringsverteenwoordigers en die mynbedryf eers tot 'n vergelyk kom alvorens die aangeleentheid na die Uitvoerende Raad van die ZAR geneem word. Pres. Kruger wil dan al die voorstelle aan die ander lede van die Uitvoerende Raad voorlê en alles op een slag goedgekeur kry. Vroegtydige en gedeeltelike bekendmaking van die besonderhede van die onderhandelinge sal dit baie moeilik – of selfs onmoontlik – vir Kruger maak om die meer konserwatiewe lede van die Uitvoerende Raad te oorreed, volgens Smuts.[70] Die mynbase stem tot hierdie voorwaarde in.

Maar ongelukkig het FitzPatrick nou op aandrang van die mynhuise as verteenwoordiger van die gewone Uitlanders by die gesprekke betrokke geraak. Smuts skort derhalwe die verbod op dat FitzPatrick hom nie met politiek mag bemoei nie.[71] FitzPatrick laat Wernher in 'n vertroulike brief weet dat hy by Smuts verneem het hoekom Leyds ná al die jare van vyandskap nou skielik bereid is om met die mynbase en Uitlanders te onderhandel. "You can take my word for it, Leyds is an altered man," het Smuts hom geantwoord. "He has come back from Europe with very different ideas and he now knows there is no other settlement possible for this country . . . If he goes to France they say to him: 'Yes, Mr Leyds, all that is very well, but what about the mining industry?' He leaves Paris and goes to Berlin and the first thing that greets him there is: 'Oh yes, we know all about that, but what about the mining industry?' and so on. He is chased with this question from one part of Europe to another."[72]

FitzPatrick beskou egter die ZAR-regering se aanbod as slegs 'n taktiek van Kruger om die dinamietmonopolie te beskerm deur skynbaar ander toegewings te maak. Hy vermoed ook dat Kruger die Uitlandergemeenskap wil verdeel deur die South African League te isoleer.[73] Hy steur hom nie aan die mynbase se onderneming van geheimhouding nie, en verwittig Milner terstond van die regering se voorstelle. Op sy beurt laat Milner vir Chamberlain weet.[74] FitzPatrick en Milner is nou bekommerd dat sommige mynhuise die ZAR-regering se aanbod sal aanvaar, wat nie alleen die mynbedryf sal verdeel nie, maar ook 'n wig tussen die mynbedryf en die Uitlanderbevolking sal indryf, wat die saak vir imperiale ingryping sal verswak.[75] Milner en FitzPatrick werp nou alles in die stryd om dit te verhoed.

Op 13 Maart spreek FitzPatrick 'n groep vooraanstaande Uitlanders in die Rand Club in Johannesburg oor die ZAR-regering se voorstelle toe. Ná 'n heildronk op koningin Victoria maak hy dit baie duidelik dat hy geen waarde aan die onderhandelinge met die ZAR-regering heg nie. Met verwysing na die Boere verklaar hy dat daar in die afsienbare toekoms in elk geval soveel nuwe myne en werkers op die Witwatersrand gaan wees dat dit "the absolute wiping out of these people" sal beteken. Die gehoor juig hom herhaaldelik toe.[76]

FitzPatrick slaag by hierdie vergadering daarin om sy gehoor se aandag van die ZAR-regering se ekonomiese voorstelle na die kwessie van stemreg vir Uitlanders te verskuif. Hy oortuig hulle om te eis dat die ZAR-regering onmiddellik stemreg gee aan alle Uitlanders wat reeds vyf jaar in die land woon. FitzPatrick weet goed dat hierdie eis op sy eie genoeg is om die onderhandelinge met pres. Kruger se verteenwoordigers te laat skipbreuk ly. Die vergadering stel nou 'n komitee aan met FitzPatrick as voorsitter om 'n memorandum namens die Uitlanders op te stel wat by die antwoord van die mynbase aan die ZAR-regering gevoeg moet word.[77]

Op 14 Maart gaan spreek die voorsitter van Rhodes se Consolidated Goldfields vir Chamberlain in Londen om hom mee te deel dat sy firma waarskynlik die ZAR-regering se aanbod gaan aanvaar, tensy Chamberlain anders voel. Maar laasgenoemde is vooraf deur Milner gewaarsku, en hy antwoord veelseggend dat "public opinion would probably say that the financiers had sold their cause and their compatriots – and sold them cheap".[78] Die volgende dag maak Beit ook 'n draai by die ministerie van kolonies en voer 'n gesprek met die adjunkminister, lord Selborne, wat ná hy Chamberlain geraadpleeg het vir Beit meedeel dat dit hom voorkom of die voorstelle baie sleg vir die Uitlanders is en probleme vir die Britse regering sal veroorsaak.[79]

Die volgende dag vergader senior verteenwoordigers van die grootste mynhuise in Londen om die ZAR-regering se aanbod te bespreek. Beit oortuig sy mede-magnate dat hulle gesamentlik die ZAR-regering in kennis moet stel dat hulle die aanbod verwelkom, maar dat dit aan 'n onmiddellike toekenning van stemreg vir die Uitlanders gekoppel moet word.[80] Beit het Selborne se halwe woord goed begryp.

Vanuit Kaapstad beskou Milner die verwikkelinge in die Transvaal met kommer: hy vrees nog dat party van die mynhuise die ZAR-regering se aanbod gaan aanvaar. Vanselfsprekend kan hy nie self na Pretoria gaan nie, en hy stuur sy sekretaris George Fiddes om 'n ogie oor sake te hou en FitzPatrick by te staan.[81]

Ná groot moeite deur FitzPatrick om almal se instemming te kry, is die mynbedryf en die Uitlandergemeenskap se gesamentlike antwoord uiteindelik op 27 Maart gereed; Milner en FitzPatrick het daarin geslaag om die twee groepe se brose eenheid in stand te hou. Oor die ZAR-regering se versoek dat hulle hul persveldtog moet staak, verklaar die mynbase in hul skriftelike antwoord skynheilig: "There having been, as far as we know, no organized press agitation, it is impossible for us to deal with this matter."[82]

FitzPatrick en Milner is ook bekommerd dat omrede die onderhandelinge in die geheim gevoer is, die ZAR-regering eensydig daaruit sal kan onttrek en geen haan daarna sal kraai nie. Hoewel albei mans wil hê dat die onderhandelinge moet misluk, wil hulle ook hê dat die besonderhede daarvan moet uitlek sodat hulle dit later kan gebruik om te bewys dat die ZAR-regering met sy aanbod eintlik erken het dat die Uitlanders geldige griewe het. Hulle is ook gretig om die gerugte te weerlê wat in Johannesburg in omloop is waarvolgens die mynbase beoog om 'n ooreenkoms met die ZAR-regering te sluit wat net tot hul eie voordeel is en die gewone Uitlanders in die steek gaan laat. Milner wil dit dus laat uitlek dat die mynbase ook op stemreg vir Uitlanders aangedring het.[83]

Op hierdie tydstip is Marais se vriend en vennoot Falconer baie aktief in Pretoria. *The Star* skryf later oor hom: "Before the war he was manager and co-partner of the progressive Dutch newspaper *Land en Volk,* and during the events preceding the war did much valuable work."[84] Volgens die *Pretoria News* was Falconer gedurende hierdie tydperk "merciless and unflinching in his persistent exposures of the chicanery, humbug and corruption that characterised the Republican Administration. Few men realise how much Falconer did in those days to overthrow the despotism that masqueraded as a democracy."[85] Die *Cape Times* op sy beurt meen dat "[t]hroughout the crisis he was able to supply readers of the Cape Times with political information of the highest importance" weens sy "intimate knowledge of the inner workings of the Transvaal hierarchy".[86] Vermoedelik het Falconer in die paar jaar voor die Anglo-Boereoorlog dan ook artikels vir *Land en Volk* geskryf wat O'Brien dan in Hollands vertaal het.

Marais help om die Great Deal te kelder

FitzPatrick het dertig jaar later in sy memoires sy weergawe gegee van hoe die besonderhede van die Great Deal-onderhandelinge toe wel uitgelek het. Volgens hom is hy die oggend van 28 Maart per trein na Pretoria om persoonlik die mynbedryf en Uitlanders se skriftelike antwoord aan staatsekretaris Reitz te gaan oorhandig. Hul afsonderlike briewe was gekonsolideer in een dokument. Maar op die stasie in Pretoria het Falconer, volgens FitzPatrick "for several years the gifted correspondent of the *Cape Times*",[87] hom ingewag.

> At that time there was in Pretoria an extremely keen and capable journalist, an Irishman,[88] who was the correspondent or sub-correspondent of the London Times . . . an exceptionally keen worker in the cause of the British and of the Uitlanders . . . I had known him well for years and was often amused and sometimes rather annoyed that it seemed impossible for me to visit Pretoria before being instantly pounced on by Falconer . . . to my disgust and embarrassment one of the first to greet me on the station as the train stopped was Falconer . . . he pounced on me with the astonishing statement that he knew I had come to deliver this letter and that I had it with me.[89]

FitzPatrick swyg egter in sy memoires daaroor dat Falconer ook die mede-eienaar van *Land en Volk* was, asook dat hul verhouding veel meer as net dié van 'n joernalis en 'n moontlike nuusbron was.

Op die stasie pleit Falconer by FitzPatrick om verlof om net vinnig na die mynbase en Uitlanders se dokument te loer. Volgens FitzPatrick het hy geweier weens sy belofte van geheimhouding. Falconer kla toe by hom dat hy reeds sy laaste £25 (R25 000) daardie week uitgegee het om die inligting in die hande te probeer kry – en dit terwyl 'n dokter hom aangeraai het om sy siek vrou en klein Roualyn Eugene vir hul gesondheid met vakansie na die kus te neem. As hy maar net nog die geld gehad het, sê Falconer, sou hy nog dieselfde aand 'n afskrif van die dokument in die hande kon kry. Toe FitzPatrick verneem hoe hy dit sou regkry, lag Falconer volgens hom sardonies. "You know it well yourself, there's nothing you can't buy here." Omdat Falconer so terneergedruk lyk, nooi FitzPatrick hom om later die middag by Wernher-Beit se kantoor in Pretoria te kom tee drink.[90]

Kort daarna gaan lewer FitzPatrick die dokument af by Reitz, wat redelik kortaf met hom is. Deur die loop van die dag kwel Reitz se onbeskoftheid vir FitzPatrick, asook Falconer se geldnood. Hy onthou toe laasgenoemde se stelling dat as hy maar net die geld gehad het, hy die dokument in die hande sou kon kry. Toe Falconer later die middag kom tee drink, gee FitzPatrick hom £50 (R50 000) om sy gesin na Natal te neem – volgens FitzPatrick het hy gevoel dis onregverdig dat 'n arm joernalis soos Falconer sy laaste geld uitgegee het op 'n saak wat eintlik alle Uitlanders s'n is. Maar die bedrag is dubbel soveel as wat hy nodig het vir 'n Natalse vakansie, protesteer Falconer. FitzPatrick antwoord toe veelseggend dat dit hom nie aangaan wat Falconer met die res van die geld doen nie. Daarmee kom Falconer met 'n laggie orent. "By God! I've got it. I'll have it tonight!" Volgens FitzPatrick het hy nie weer van Falconer gehoor nie, maar wel later uitgevind dat hy die volgende dag na Natal is, waarvandaan hy die besonderhede van die Great Deal-onderhandelinge aan *The Times* in Londen en die *Cape Times* getelegrafeer het.[91]

Maar FitzPatrick was in sy memoires suinig met die feite. Wat hy nie genoem het nie, is dat hy later die dag dat hy kwansuis omkoopgeld aan Falconer gegee het, twee uur lank met George Fiddes, Milner se sekretaris, en Conyngham Greene, die Britse agent in Pretoria, vergader het. Wat by hierdie vergadering gebeur het, het Fiddes dieselfde aand nog in 'n geheime brief aan Milner uiteengesit. Volgens Fiddes het hy en Greene vir FitzPatrick aangemoedig om so gou as moontlik die inhoud van die mynbase en Uitlanders se dokument te laat uitlek. FitzPatrick was egter onwillig om dit self te doen, want nie alleen sou dit die mynbedryf in 'n slegte lig stel nie, dit was ook teen die uitdruklike wense van Wernher-Beit. Die mans het toe maniere bespreek hoe die inhoud van die dokument bekend gemaak kan word sonder dat FitzPatrick of die mynbedryf verdink word, maar is uitmekaar sonder 'n oplossing.[92]

Fiddes meld egter in sy brief niks van die omkoopgeld wat FitzPatrick kwansuis vroeër die dag aan Falconer gegee het nie, iets wat FitzPatrick tog sekerlik aan hom sou genoem het indien dit werklik die geval was. Dit lyk dus eerder of FitzPatrick eers ná sy vergadering met Fiddes en Greene besluit het om Falconer te betrek, en hom sommer 'n afskrif van die mynbase en Uitlanders se dokument te gee. Noudat die besluit geneem is om die dokument te laat uitlek, hoekom die risiko loop dat Falconer nie daarin sou slaag om die dokument by 'n korrupte staatsamptenaar in die hande te kry nie? Die vermoede dat FitzPatrick self die dokument aan Falconer gegee het, word gestaaf deur 'n brief van Reitz aan Leyds 'n paar weke later waarin hy Leyds verseker dat die mynbase en Uitlanders se dokument nooit uit sy hande of Smuts s'n was nie, en dat nie eens hul eie personeel insae daarin gehad het nie.[93]

Hoe FitzPatrick nou redeneer, is bespiegeling, maar word gerugsteun deur wat hierna gebeur. FitzPatrick weet dat wanneer die inligting gepubliseer word, die ZAR-regering hom onmiddellik gaan verdink. So iets sal nie net die mynbedryf in 'n slegte lig stel nie, maar hóm ook, by Beit en Wernher in Londen. Hy moet dus 'n manier kry om die blaam vir die uitlek van die inligting na die ZAR-regering te verskuif. FitzPatrick is nie verniet die intelligensiehoof van Wernher-Beit nie. Kort voor lank beraam hy 'n plan – laat dit lyk of Eugène Marais, sy en Falconer se vriend wat nou weer tydelik die redakteur van *Land en Volk* is, die brief in die hande gekry het en dit toe laat uitlek het. Hiermee sal Marais tog geen probleem hê nie, veral as hy glo dat die ZAR-regering se voorstelle eintlik maar net daarop gemik is om die verpestelike dinamietkonsessie in stand te hou. Nog nooit voorheen het Marais geskroom om Kruger en die ZAR-regering in die verleentheid te stel nie – hoekom sal hy nou?

FitzPatrick, Falconer en Marais kom dus nou ooreen dat Marais 'n telegram met die inligting in die mynbase en Uitlanders se dokument aan 'n Natalse koerant stuur. Maar FitzPatrick weet maar alte goed dat ZAR Telegraafdienste toestemming van die ZAR-regering moet kry voor hulle polities sensitiewe telegramme uit die land mag versend.[94] Sodoende sal die ZAR-regering Marais se telegram te sien kry, en glo dat dit hy was wat die inligting uitgesnuffel het. Maar Marais moet ook in sy telegram meld dat 'n vriend van hom die inligting persoonlik uit die Transvaal gaan neem, ingeval sy telegram teruggehou word. Dit verskaf dan die rede hoekom die inligting in elk geval later uitgelek het, al is sy telegram teruggehou.

Dit is toe inderdaad wat gebeur. Nadat Marais die telegram by die telegraafkantoor ingehandig het, gaan lê die direkteur van ZAR Telegraafdienste in Pretoria dit aan Reitz en Kruger voor. Hieroor skryf Reitz se privaat sekretaris, C.G.S. Sandberg, soos Marais ook 'n lid van die Pretoria Club,[95] in sy memoires dat "in dat telegram, afkomstig van den hoofredacteur Eugène Marais van de Transvaal Advertiser, een oppositie-blad te Pretoria, en gericht aan een jingoblad in Natal, Durban, werd niet alleen het zorgvuldig bewaarde geheim der onderhandelingen verklapt, doch tevens dat en in hoeverre ongeveer men reeds tot een overeenkomst was geraakt!"[96]

Sandberg het dit natuurlik mis dat Marais op hierdie tydstip die redakteur van die *Transvaal Advertiser* was. Meer daaroor later. Soos FitzPatrick voorsien het, oorweeg Reitz dit aanvanklik om die telegram terug te hou, maar besluit toe dat dit nutteloos sal wees omrede Marais in sy telegram noem dat hy rekening daarmee hou en dus ook die inligting met 'n vertroueling van hom na Natal gaan stuur.[97]

Reitz en Sandberg vermoed onmiddellik dat een van die mynbase of Uitlanders die inligting aan Marais gegee het om moontlike blaam te ontsnap, maar het geen bewys hiervoor nie. Marais se telegram skep egter vir Reitz 'n groot verleentheid. Omdat die telegram deur 'n Afrikanerjoernalis gestuur is, lyk dit nou of iemand aan regeringskant die inligting laat uitlek het. Soos Sandberg skryf: "Het feit, dat het telegram uit Pretoria van een Pretoriaschen Afrikanercorrespondent kwam plaaste het Kaïnsteken – en met een groot mate van rechtvaardigheid – op de regeeringsonderhandelaars."[98]

Met die voordeel van nakennis lyk dit dan of FitzPatrick naby aan die einde van sy lewe ietwat selfvoldaan in sy memoires wou spog oor hoe hy die ZAR-regering uitoorlê het, maar nog steeds die morele gesagsposisie wou behou deur voor te gee dat dit eintlik 'n korrupte ZAR-staatsamptenaar was wat die inligting aan Falconer verkoop het. FitzPatrick se omslagtige storie oor sy toevallige ontmoeting met Falconer op die stasie en die latere teedrinkery by sy kantoor lyk dus soos die versinsels van 'n fiksieskrywer, wat FitzPatrick wel ook was.

Op Maandag 3 April, vyf dae ná FitzPatrick se vergadering met Fiddes en Greene, publiseer *The Times* in Londen die besonderhede van die onderhandelinge,[99] sonder om te meld waar hy daaraan gekom het. Die volgende dag verskyn 'n opsomming van hierdie berig in *The Star* in Johannesburg, en volgens die koerant is die skrywer daarvan iemand "who is evidently behind the scenes".[100] Op sy beurt publiseer die *Cape Times* twee dae later die mynbase en Uitlanders se volledige dokument met die inleiding: "The important despatch which we print from our Pretoria correspondent."[101] Die Pretoria-korrespondent is natuurlik Falconer, wat volgens beide Sandberg en FitzPatrick se weergawes die inligting vanuit Durban moes getelegrafeer het.

Alhoewel FitzPatrick baie jare later in sy memoires gedeeltelik gebieg het oor sy rol in die bekendmaking van die Great Deal-onderhandelinge, lieg hy in hierdie stadium vir sy base in Londen. Op dieselfde dag dat die briewe in die *Cape Times* verskyn, skryf FitzPatrick doodonskuldig aan Wernher dat hy met Milner in Kaapstad vergader het, en dat Milner ook meen dat die besonderhede van die onderhandelinge bekend moet raak. Hy voeg by dat hy vir Milner gesê het dat hy dit nie kan doen nie, want sy firma is tot geheimhouding verbind, en "could be charged with breach of faith and will not take the chance".[102] Dit is egter hoogs onwaarskynlik dat FitzPatrick Milner nie meegedeel het wat hy reeds in Pretoria gedoen het nie. FitzPatrick het lankal reeds 'n grens oorgesteek – hy bevorder nou aktief sy en Milner se agenda vir oorlog, en steur hom nie aan wat sy base dink in Wernher-Beit se beste belang is nie.

Die gebeure laat 'n bitter nasmaak by die regeringsonderhandelaars. Op 8 April antwoord Reitz die mynbase met 'n brief wat hy ook aan die pers stuur. Hy, Smuts en Leyds het in hul persoonlike hoedanigheid opgetree, skryf hy, nie as verteenwoordigers van die ZAR-regering nie. Hulle het ook nie onderhandel nie – dit was eerder informele gesprekke om die mynbedryf en Uitlanders in te lig oor wysigings wat pres. Kruger beoog het om te maak aan wetgewing wat hulle raak.[103] Reitz maak waarskynlik hierdie stelling om hom, Smuts en Kruger verleentheid te spaar by die ander lede van die Uitvoerende Raad, wat nie van hierdie gesprekke bewus was nie. Reitz spreek ook sy misnoeë oor die vroegtydige bekendmaking van die gesprekke uit. Hy betwyfel nou die bona fides van diegene met wie hy gesprekke gevoer het, kla Reitz, en voel dat die hand wat in goeie gees na die mynbedryf uitgesteek is, doelbewus weggeklap is.[104] Op hul beurt maak die mynbase al die geheime korrespondensie tussen hulle en die ZAR-regering bekend om hul stellings te staaf dat daar inderdaad ernstige onderhandelinge was.[105]

Op 10 April laat weet Reitz vir Leyds, wat nou weer op pad na Europa is, wat gebeur het. Hy vermoed dat die mynbase die inligting laat uitlek het, skryf Reitz, omdat "het konfidentieel schrijven . . . in my persoonlyk bezit, en dat van Smuts bleef", en hul klerke dit nooit gesien het nie. Maar om die regering verdag te maak, voeg Reitz by, is "waarschynlik copie van den brief aan een rapporteur hier te Pretoria gezonden en toen van hier naar de Cape Times gesend".[106] In 'n brief twee weke later aan Leyds noem Reitz dat hy vermoed dit was FitzPatrick wat die inligting laat uitlek het, en dat "Falckener" die joernalis is wat betrokke was.[107] Hy swyg oor Marais se betrokkenheid, waarskynlik omdat die betrokkenheid van 'n Afrikanerjoernalis – soos C.G.S. Sandberg in sy memoires genoem het – die vermoede kan skep dat die inligting van regeringskant uitgelek het. So iets kan aanleiding gee daartoe dat vingers na hom en Smuts gewys word, want volgens hom het hulle mos te alle tye die dokument in hul besit gehad. Intussen hoor FitzPatrick by Milner se privaat sekretaris Osmond Walrond dat Reitz hom daarvan verdink dat hy die inligting uitgelap het. Twee dae later konfronteer FitzPatrick vir Reitz en Smuts hieroor. Reitz ontken dat hy ooit so iets gesê het,[108] waarskynlik om die vrede met die mynbase te bewaar.

FitzPatrick op sy beurt het vermoedelik sy weergawe van hoe die inligting uitgelek het gou versprei, want op 11 April skryf Greene aan Milner dat die Britse vise-konsul in Johannesburg hom ingelig het dat die Pretoriase korrespondent van die *Cape Times* die mynbase se brief vir £50 van 'n staatsamptenaar gekoop het, en dit toe aan die koerant getelegrafeer het sonder dat die ZAR-regering dit probeer verhoed het.[109] Leo Amery, 'n goeie vriend van FitzPatrick, skryf ook die volgende jaar in sy boek *The Times History of the War in South Africa* dat 'n ondernemende joernalis in Pretoria die brief by 'n staatsamptenaar gekoop het en dit in 'n Kaapse koerant laat publiseer het.[110]

Op 12 April gee *Land en Volk* 'n uiteensetting van die gebeure wat aanleiding gegee het tot die Great Deal-onderhandelinge. Volgens die berigskrywer is Leyds, wat die vorige jaar as buitengewone gesant van die ZAR in Europa aangestel is, baie koel ontvang in amptelike kringe in Frankryk, Duitsland en Nederland, en was daar min simpatie vir die Transvaal. Verteenwoordigers van hierdie lande het Leyds meegedeel dat hulle nie die ZAR op diplomatieke front teen Brittanje sou kon ondersteun tensy daar 'n billiker politieke bedeling vir die mynbedryf en Uitlanders ingestel word nie. Om dieselfde rede was Europese bankiers ook nie gewillig om 'n groot leningsuitgifte van die ZAR te ondersteun nie, iets wat Leyds probeer reël het.[111] *De Volksstem* se beriggewing oor die Great Deal-onderhandelinge dui nie op hierdie vlak van binnekennis nie. *Land en Volk* se weergawe toon egter 'n merkwaardige ooreenkoms met wat FitzPatrick meer as 'n maand tevore vir Wernher oor Leyds in sy voorheen gemelde vertroulike brief meegedeel het.[112] Met O'Brien waarskynlik nog op siekteverlof, en Falconer met vakansie aan die Natalse kus, het Marais heel waarskynlik hierdie berig geskryf. Dit lyk dus of FitzPatrick hom nou weereens van vertroulike inligting voorsien het.

Smuts skryf op 30 April aan Leyds dat "wat de huidige situatie betreft kan ik alleen zeggen dat onze ernstige poging om een blijvende verzoening in de hand te werken een rampzalige mislukking is geweest. De toestanden zijn hier vandaag slechter dan ze voor 15 jaren geweest zijn – dank zij onse pogingen."[113] So eindig wat sal blyk die laaste poging van die ZAR-regering te wees om 'n vreedsame ooreenkoms met die mynhuise en die Uitlanders te sluit. Die gesprekke is deur die driemanskap van FitzPatrick, Falconer en Marais kortgeknip in 'n stadium toe die partye nog net hul aanvanklike posisies bekend gemaak het – gewoonlik slegs die beginpunt van enige onderhandeling.

Gebreke en raaisels

Volgens C.G.S. Sandberg was Marais die redakteur van die *Transvaal Advertiser* ten tyde van die Great Deal-onderhandelinge. Maar alhoewel Marais sy joernalistieke loopbaan in 1888 by hierdie koerant begin het,[114] was hy nooit redakteur daarvan nie. Buitendien het die *Transvaal Advertiser* reeds einde Desember 1898 weens geldnood sy deure gesluit.[115] Dit kan ook wees dat Sandberg die *Transvaal Advertiser* verwar het met die *Transvaal Observer*, 'n koerant waarvan Marais wel in 1891 'n ruk lank die waarnemende redakteur was,[116] en volgens Marais ook die permanente redakteur tot 1894.[117]

Daar is egter 'n meer waarskynlike verklaring vir Sandberg se verwarring tussen *Land en Volk* en die *Transvaal Advertiser*. Sandberg het in 1889 uit Nederland in Suid-Afrika aangekom en 'n pos as 'n klerk in Leyds se kantoor in Pretoria gekry. Dit was juis in dié jaar dat Marais opspraak verwek het toe hy as jong verslaggewer van die *Transvaal Advertiser* die Volksraad se persbanke belet is.[118] In 1890 is Sandberg verplaas na die Selati-goudvelde in die noorde van Transvaal, waar hy vir die volgende vier jaar 'n kleiminspekteur was.[119] Marais het eers ná Sandberg se vertrek redakteur van *Land en Volk* geword.[120] Marais se onderskepte telegram sou ook nie noodwendig gemeld het dat dit van *Land en Volk* afkomstig is nie, bloot dat hy die afsender is. Dit is dan te begrype dat, toe Sandberg meer as vier dekades later op 76-jarige ouderdom oor hierdie gebeure geskryf het, dit eerder die naam van die *Transvaal Advertiser* was wat hy onthou het.

Dit is egter eienaardig dat – sover ek kon vasstel – geen ander deelnemer aan die Great Deal-onderhandelinge Marais daarmee verbind het nie, of dat geen familielid of kennis van Marais aan iemand soos Du Toit genoem het dat Marais in 1899 in Pretoria was nie. Maar vir hierdie stilswye is daar geloofwaardige verduidelikings.

FitzPatrick het 'n baie goeie rede gehad om Marais se rol te verswyg. Ná die verwoesting en lewensverlies van 'n oorlog wat hy help veroorsaak het, blyk dit uit alles wat FitzPatrick self later geskryf het, asook uit wat sy eerste biograwe oor hom geskryf het, dat hy en hulle wou voorgee dat hy sy bes gedoen het om oorlog tussen die Transvaal en Brittanje te verhoed.[121] FitzPatrick sou dus nooit erken het dat hy self die brief vir Marais en Falconer gegee het nie, want dan was dit mos hy wat die laaste poging van die ZAR om vrede met die mynbase en Uitlanders te maak in die wiele gery het. Hy hou eerder by sy storie dat Falconer 'n korrupte Afrikaanse of Hollandse staatsamptenaar omgekoop het. FitzPatrick het in elk geval niks oor sy jarelange verbintenis met Marais, Falconer of *Land en Volk* in sy memoires of elders gemeld nie, wat op sigself insiggewend is. Dit was juis FitzPatrick se voorneme om sy memoires te publiseer wat Preller bekommer het dat hy daarin inligting gaan onthul "wat sy [FitzPatrick se] vriende liewers verswyg wou sien".[122]

Soos verduidelik, was dit ook nie in Smuts en Reitz se belang om Marais se rol te openbaar nie, want dit sou hulle en die ZAR-regering in 'n slegte lig stel, selfs jare later. Reitz het dan juis in sy brief wat hy ná die mislukking van die Great Deal-onderhandelinge aan die pers gestuur het die mynbase daarvan beskuldig dat hulle die inligting laat uitlek het.[123] Het Reitz of Smuts Marais se rol erken, sou dit gelyk het (soos Sandberg ook tereg opgemerk het) of iemand van regeringskant die brief laat uitlek het.

Maar hoekom het Gustav Preller, Marais se goeie vriend, wat in 1899 in Pretoria gewoon het, nie in sy lewenskets van Marais genoem dat laasgenoemde daardie jaar in Pretoria was nie? Waarskynlik omdat Preller later doelbewus vir Marais as 'n volksheld wou uitbeeld.[124] Om te noem dat Marais kort voor die uitbreek van die oorlog terug is na Brittanje sou afbreuk aan hierdie beeld gedoen het. Dit was immers reeds in April 1899 duidelik dat die Boererepublieke en Brittanje op 'n oorlog afstuur – Preller het dus rede gehad om veel eerder te hou by die storie dat Marais toe nog oorsee met sy studies besig was. Preller het nooit geskroom om ongemaklike feite oor sy vriend se lewe te verswyg nie, soos later sal blyk met *Land en Volk* se politieke rol ná die oorlog. Hy het ook in sy 1925-lewenskets van Marais geswyg oor Falconer se vooroorlogse rol by *Land en Volk* – al wat hy oor hom meld, is dat 'n "sekere Faulkner, destyds Dir. van die Staatsdrukkery", ná die oorlog die Britse owerheid se klagtes oor *Land en Volk* se beriggewing aan hom en Marais oorgedra het.[125] Dit terwyl daar ná Falconer se afsterwe in 1907 wyd in die Suid-Afrikaanse pers berig is dat hy voor die oorlog bestuurder en mede-eienaar van *Land en Volk* was.[126] Preller was immers in 1907 die assistentredakteur van *De Volkstem*,[127] en moes ongetwyfeld toe uitgevind het – indien hy nie al vroeër geweet het nie – van Falconer se vooroorlogse rol by *Land en Volk*.

Maar waarom het Marais se seun, Eugène Charles, wat in Maart 1899 al amper vier jaar oud was, of Marais se familie en kennisse, nie vir Du Toit of Rousseau van Marais se kortstondige terugkeer na Pretoria voor die oorlog vertel nie? Waarskynlik om dieselfde redes hoekom Preller dit nie in sy lewenskets genoem het nie, en moontlik ook omdat Marais se terugkeer iets met sy dwelmverslawing te doen gehad het. Marais se familie en kennisse het om verstaanbare redes nie geskroom om ongemaklike feite van sy biograwe te weerhou nie. Die tronkstraf wat Marais se pa moes uitdien, was byvoorbeeld iets wat eers aan die lig gekom het toe die skrywer Karel Schoeman dit ná die eerste verskyning van *Die Groot Verlange* ontdek het.[128]

Die vuur word gestook

In Londen is Beit en Wernher salig onbewus daarvan dat een van hul werknemers die Great Deal-onderhandelinge gekelder het. Hulle besef ook nie dat FitzPatrick sy eie agenda het nie: dat hy nie meer 'n werknemer is wat in hul firma se beste belang optree nie, maar eerder sy bes doen om sy en Milner se imperialistiese agenda te bevorder. Beit en Wernher is winsgedrewe Duitse sakemanne, nie aggressiewe Britse imperialiste nie. Hul natuurlike instink is om niks te doen wat hul firma se winste sal benadeel nie, en oorlog sal 'n onderbreking in hul mynbedrywighede beteken. Verder voel hulle en hul vennote Friedrich Eckstein en Lionel Phillips, asook die meeste van die ander mynmagnate, min vir die griewe van die gewone Uitlanders. Hierdie Randlords woon in elk geval in Londen; maksimum winste en dividende vir hulle en hul mede-aandeelhouers is al waarin hulle belangstel. Die stemreg skeel hulle persoonlik nie, en hul aandrang daarop is slegs 'n middel tot 'n doel.

Maar aan die ander kant begeer hulle as sakemanne laer dinamietpryse, 'n beter gereguleerde aanbod van swart arbeid en 'n oplossing van die "bewaarplaatsen"-kwessie.[129] FitzPatrick het Beit en Wernher die afgelope jaar of twee subtiel probeer oortuig dat slegs direkte imperiale druk op Kruger iets in hierdie verband sal vermag, en dat dit dus in hul beste belang is om die firma heelhartig agter Milner en die res van die Uitlanders te skaar.[130] Toe nou toe het Beit en Wernher teruggehou, maar ná die mislukking van die Great Deal-onderhandelinge besluit hulle om tog maar hul firma se gewig en geld agter Milner en die South African League in te gooi.[131] Met die ondersteuning van die Rand se grootste mynhuis[132] is die tafel nou gedek vir FitzPatrick en Milner om die reeds plofbare situasie in die ZAR te vererger. Maar Milner is die een wat die pas aangee, met FitzPatrick en Wernher-Beit wat in sy sleurstroom volg.[133] FitzPatrick keer nou op Milner se versoek na die Transvaal terug om sy politieke agitasie voort te sit.[134] Die frenetiese aktiwiteit van die voorafgaande paar weke het egter sy tol geëis, en FitzPatrick ontwikkel 'n maagsweer wat oor die jare 'n groot probleem in sy lewe sal word.[135]

Milner en FitzPatrick se volgende stap is om die Suid-Afrikaanse Engelse pers se veldtog teen die ZAR-regering te verskerp.[136] Op 10 April 1899 verskyn die eerste uitgawe van die *Transvaal Leader*.[137] Die redakteur is R.J. Pakeman, 'n voormalige kollega van FitzPatrick by die *Barberton Herald*[138] en *The Star*.[139] Twee dae later berig *Land en Volk* dat die *Transvaal Leader* vir geen koerant in die land hoef terug te staan nie, en dat dit ten doel het om die belange van die niestemgeregtigde bevolking te bevorder. Volgens die skrywer van hierdie berig, moontlik Marais, lyk dit ook of die *Transvaal Leader* goed ondersteun word, te oordeel na al die advertensies wat in die eerste uitgawe verskyn het.[140]

De Volksstem huldig 'n ander mening. Die *Transvaal Leader* is bloot 'n instrument van die goudmagnate, reken die koerant, en dit is duidelik dat dit net soos *The Star* daarop uit is om die ZAR-regering swart te smeer. Dit is ook vir *De Volksstem* eienaardig watter enorme bedrae die kapitaliste aan die Transvaalse pers bestee om die openbare mening te probeer beïnvloed.[141] 'n Week later wys *De Volksstem* sy lesers daarop dat die *Transvaal Leader* gemeld het dat *Land en Volk* hom 'n simpatieke ontvangs gegee het en opgemerk het: "Wij danken het enig Hollandse progressiewe blad in de Transvaal voor zijn vriendelike uitlatingen." *De Volksstem* voeg by dat dit seker sy kollegas by *Land en Volk* welgeval om geloof te word deur 'n Johannesburgse skeldblad wat geen ander doel het as om die ZAR "te vernielen" nie.[142]

Land en Volk berig hierna dat *De Volksstem* 'n insinuasie gemaak het wat veragtelik en onwaar is, en boonop nou weier om die brief te plaas wat die redakteur van *Land en Volk* hieroor geskryf het.[143] 'n Paar dae later antwoord

De Volksstem dat *Land en Volk* in elke uitgawe hoog opgee oor hoe hy altyd die ware belange van die Transvaal bevorder, maar te oordeel na *Land en Volk* se beriggewing is die gesegde "beter een openlik vijand dan een vals vriend" eerder van toepassing.[144]

Soos *De Volksstem* tereg vermoed, werk *The Star* en die *Transvaal Leader* onverpoosd om die politieke temperatuur in die Transvaal en Brittanje te verhoog.[145] Die twee koerante se onderskeie redakteurs, Monypenny en Pakeman, kry deurgaans opdragte van Wernher-Beit en Milner se amptenare.[146] Soos Milner se sekretaris Fiddes hom in April 1899 ná 'n besoek aan die twee redakteurs laat weet: "[B]oth needed guidance badly, especially Pakeman."[147]

J.A. Hobson, 'n Britse joernalis wat gedurende hierdie tyd in die Transvaal is, merk op dat wat betref "skilful and detailed misrepresentation, directed to a single end", die twee koerante "attained a record in the annals of journalism",[148] en hy skryf voorts dat "for carefully conceived and brilliantly executed mendacity, directed by widely diverse paths towards a single goal, the recent conduct of the capitalistic press of South Africa holds the record".[149]

Dit is nodig om nou vir 'n oomblik by FitzPatrick stil te staan. Hoewel FitzPatrick vir die Rand se grootste mynhuis werk, tree hy nie soos 'n berekende sakeman op nie, maar word deur sy hart eerder as sy kop gelei. 'n Paar goed dryf hom, soos blyk uit sy boek *The Transvaal from Within* wat 'n paar maande later verskyn. FitzPatrick minag vir Kruger en die meeste Transvaalse Boere; volgens hom is hulle onopgevoed, skelm en lui. Hy meen dit is 'n skande dat Kruger en sy trawante in beheer van 'n land met sulke enorme rykdom en potensiaal is. Verder grief dit hom geweldig dat hy en die res van die Britse Transvalers deur sulke mense regeer word en nie hul invloed by die stembus kan laat geld nie. Soos Milner is hy ook bekommerd dat die Transvaal so vinnig groei dat dit binnekort Suid-Afrika sal oorheers en dan die Britse oppergesag in die streek gaan uitdaag. FitzPatrick is ook 'n Britse imperialis wat glo dat die Transvaal, soos die Kaapkolonie waar hy gebore is, beter regeer sal word as dit deel van die Britse Ryk is. Tot aan die einde van sy lewe sal FitzPatrick se droom wees dat genoeg Britse immigrante na Suid-Afrika (met die Transvaal daarby ingelyf) gelok sal kan word om die Boere 'n minderheid te maak.[150]

Gen. Butler, die bevelvoerder van die Britse magte in Suid-Afrika, voer kort ná die mislukking van die Great Deal-onderhandelinge 'n gesprek met Milner wat hy in sy outobiografie gedeeltelik gesensor het. "He [Milner] spoke of the capitalists, said ___ was only kept hostile to the Transvaal by ___, who, he said, is 'a rebel, an irreconcilable'."[151] In die lig van FitzPatrick en Milner se samewerking, lyk dit of die weggelate name dié van Wernher-Beit en FitzPatrick is.

FitzPatrick reël nou vergaderings van wit Uitlandermynwerkers orals aan die Rand. In 'n briljante politieke skuif sorg hy dat die vergaderings by die myne self plaasvind: sodoende word die bywoning van die meeste van hierdie mynwerkers verseker. Dié mynwerkers, wat voorheen nie as 'n verenigde groep aan die politiek deelgeneem het nie, word nou deel van Milner, FitzPatrick en die South African League se politieke veldtog. Wernher-Beit se verteenwoordigers bewerkstellig dit so dat dit lyk of hierdie vergaderings spontaan ontstaan, wat dit moeilik maak vir kritici om te beweer dat die agitasie kunsmatig deur middelklasberoepslui en die mynmagnate aangehits word. Milner gebruik die verskynsel van hierdie vergaderings om die Britse regering te oortuig dat die Uitlandergemeenskap ernstig en verenig oor hervorming is.[152] *De Volksstem* is egter meer sinies. Oor FitzPatrick se aandrang op onmiddellike stemreg vir die Uitlanders meen die koerant dat "we niet geloven dat hij zich ooit als Transvaals burger zal doen naturaliseren, ook al bood onze Regering hem het ereburgerschap der Z.A.R. aan!"[153]

Smuts is egter skynbaar in die duister oor wie hierdie agitasie dryf. Vir Leyds laat weet hy aan die einde van April 1899 dat die situasie in die Transvaal so raaiselagtig is dat hy dit nie kan ontsyfer nie.

> De perscampagne in de *Star*, de nieuwe *Transvaal Leader* en ander kapitalistische organen, is heviger dan ooit; nachtelijke vergaderingen worden over den W.W. Rand gehouden, alwaar Cornwall mijnwerkers, die wekelijks al hunne winste "thuis" zenden en nooit anders denken dan zoo spoedig mogelijk weer naar "huis" terug te keeren, nacht bij nacht met hevige dreigementen om het stemrecht schreeuwen.[154]

Aan die begin van Mei verskyn 'n lang hoofartikel in *Land en Volk* oor die gespanne politieke situasie.[155] Volgens die koerant weet elke kind in die land waaraan die gespanne toestand te wyte is – pres. Kruger en sy regering se weerhouding van stemreg vir die Uitlandergemeenskap.

> Wij aarzelen voor geen oogenblik om te zeggen dat het in de eerste plaats aan deze kortzichtige politiek te wijten is dat de moeilijke positie van vandaag teweeg gekomen is, en de overtuiging staat bij ons vast dat indien wij in die jegens de nieuwe bevolking absoluut wantrouwende en afstotende politiek volharden, wij slechts den Imperialen vijand, die naar oorlog dorst, in sijn duivelsch einddoel tegemoet zullen komen, want daarin zal de vijand in de eerste plaats justificatie zoeken voor oorlog met het doel zoo mogelijk den val der Republiek teweeg te brengen.[156]

In dieselfde uitgawe word daar ook weereens teen die dinamietmonopolie uitgevaar. Die koerant is bekommerd dat pres. Kruger met die komende Volksraadsitting die mynbedryf se onlangse korrespondensie met die ZAR-regering insake die Great Deal-onderhandelinge gaan misbruik om die instandhouding van die konsessie te regverdig. (In hul antwoord aan die ZAR-regering het die mynbedryf se verteenwoordigers ingestem tot die verlenging van die dinamietkonsessie op voorwaarde dat 'n skikking oor sake soos stemreg, 'n minister van finansies en ander sake van landsbelang bereik word.) Die koerant wys dus sy lesers daarop dat die mynbedryf se instemming tot die verlenging van die dinamietmonopolie nie in afsondering gesien moet word nie.[157] *Land en Volk* se vrese sal vier maande later bewaarheid word toe die Volksraad besluit om die konsessie in stand te hou en selfs te verleng, te midde van aantygings van grootskaalse omkopery van Volksraadslede deur die dinamietmaatskappy.[158]

Intussen is FitzPatrick besig om voor te berei vir oorlog, en met die aanmoediging van Milner help hy om die Imperial Light Horse, 'n regiment van Uitlandervrywilligers, op die been te bring.[159] Wernher-Beit sal dan ook later £50 000 (R50 miljoen) bydra om die regiment vir oorlog uit te rus.[160]

Aan die einde van Mei 1899 ontmoet Kruger en Milner in Bloemfontein. Kruger is bereid om nog toegewings aan die Uitlanders en die Britse regering te maak, maar het ook nuwe teeneise. Milner het egter net een doel voor oë: die samesprekings moet misluk. Smuts, wat ook by die samesprekings teenwoordig is, skryf aan sy vrou: "Milner is zoo zoet als honing maar er is iets in zijn zeer intelligente oogen dat mij zegt dat hij een zeer gevaarlijk man is."[161]

Toe Milner vir die soveelste keer een van Kruger se voorstelle afskiet, verklaar die bejaarde president met trane in sy oë: "Dit is my land wat julle wil hê."

’n Jong Eugène Marais, onder links saam met Jimmy Roos, met wie Marais in 1891 mede-eienaar van die sukkelende Pretoriase koerant *Land en Volk* geword het.

WITS; TAB 27078

Eugène Marais as jong man, en staande onder saam met sy goeie vriend en ondersteuner Ewald Esselen, 'n leier van die "progressiewe" Transvalers in die 1890's. WITS; *Die Huisgenoot*, 19 Desember 1941

Links bo: Jim Taylor, 'n goeie Uitlandervriend van Marais, en medestigter van Wernher-Beit se Corner House-mynhuis in Johannesburg. Taylor

Middel bo: Dr. Frans Engelenburg, redakteur van die pro-Kruger *De Volksstem* en 'n politieke vyand van Marais, tydens die ABO. TAB 36545

Regs bo: Genl. Piet Joubert, kommandant-generaal van die ZAR en die hoofleier van die "progressiewe" Transvalers in die 1890's. TAB 4307

Links onder: Ben Viljoen met sy vrou, Lenie, en seun Wynand Eugène, wat hy deels na sy vriend Marais genoem het. TAB 30207

Genl. Piet Joubert en sy komitee vir die ZAR se 1893-presidentsverkiesing. Ewald Esselen twee rye direk onder Joubert; Marais een ry direk onder Esselen, met sy broer Hennie aan sy regtersy. Ben Viljoen verskyn in die voorlaaste ry, derde van links. TAB 13885

Cecil John Rhodes en Alfred Beit, die twee magtigste mynmagnate op die Witwatersrand en mede-finansiers van die Jameson-inval. FitzPatrick (a)

Marais en sy vrou, Lettie Beyers (staande), met sy swaer Andries Verdoorn en twee van Marais se susters, Lizzie Niemeyer en Georgie Verdoorn. WITS

Regs: Peter Charles Falconer, die Skotse Uitlander wat volgens Marais vir 'n groot deel van sy lewe sy beste vriend was. Falconer het sy seun Roualyn Eugene, hier op sy vrou se skoot, deels na Marais genoem. TAB 27410

Onder: Corner House, die Johannesburgse hoofkantoor van Wernher-Beit, soos dit in die vroeë 1890's gelyk het. Fraser

Links: Die hoofbeplanners van die beoogde Uitlanderopstand in Johannesburg ten tyde van die Jameson-inval. Percy FitzPatrick en John Hays Hammond was vriende van Marais.

Amery

Links onder: Charles Leonard, die mynmagnate se tussenganger, met wie Marais oor die verkoop van *Land en Volk* in 1893 onderhandel het. Amery

Regs onder: Julius Wernher, die konserwatiewe vennoot van Alfred Beit. Albrecht

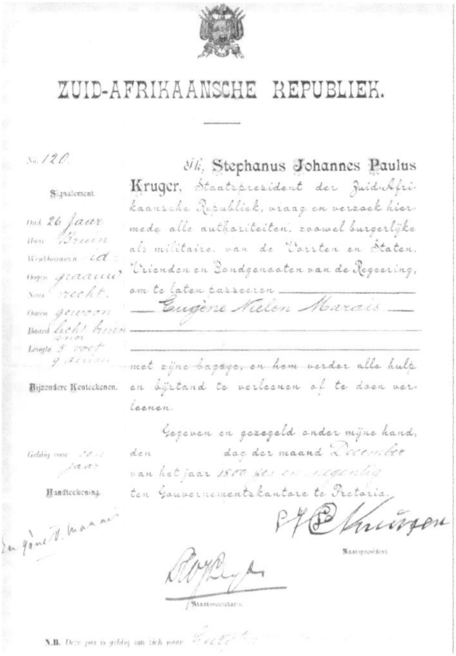

ZUID-AFRIKAANSCHE REPUBLIEK.

No. 120.

Ik, Stephanus Johannes Paulus Kruger, Staatspresident der Zuid-Afrikaansche Republiek, vraag en verzoek hiermede alle autoriteiten, zoowel burgerlijke als militaire, van de Vorsten en Staten, Vrienden en Bondgenooten van de Regeering, om te laten passeeren

Eugène Nielen Marais

met zijne bagage, en hem verder alle hulp en bijstand te verleenen of te doen verleenen.

Signalement

Oud 26 jaar
Haar Bruin
Wenkbrauwen id
Oogen graauw
Neus recht.
Ooren gewoon
Baard licht bruin
Lengte 5 voet 9 duim

Bijzondere Kenteekenen.

Gegeven en gezegeld onder mijne hand, den dag der maand December van het jaar 1800 ses en negentig ten Gouvernementskantore te Pretoria.

Handteekening.

S J P Kruger
Staatspresident.

Staatssecretaris.

N.B. Deze pas is geldig om zich naar

Bo: Johannesburgse Uitlanders staan tou vir wapens buite die Reform-komitee se kantoor ten tyde van die Jameson-inval. Phillips

Regs: Die paspoort waarmee Marais in Desember 1896 na Brittanje gereis het. versameling van Chris Steinmann

Marais het James Younger O'Brien aangestel as redakteur van *Land en Volk* kort voor hy self na Brittanje vertrek het. TAB 27429

Bo: In die tradisieryke Inner Temple Hall moes Marais elke kwartaal ses verpligte formele dinees bywoon. TEMPLE

Heel bo links: Marais is in Brittanje blykbaar beïnvloed deur die enigmatiese Madame Blavatsky se teosofiese leerstellings. Washington

Heel bo regs: Montagu White, konsul-generaal van die ZAR in Londen, vir wie Marais kwansuis in 1897 gehelp het om strikvrae vir die Britse parlementêre ondersoek na die Jameson-inval voor te berei. TAB

Fleet Street in 1897, die jaar van Marais se aankoms in Londen. Die ingang na die Inner Temple is aan die regterkant, 'n entjie agter van waar hierdie foto geneem is. In die verte is St. Paul-katedraal. Betjeman

Bo: Mev. Read se losieshuis in Lewisham in die suidooste van Londen, waar Marais tuisgegaan het, was die linkerkantse deel van hierdie skakelhuis by 24 Lewisham Park Crescent. skrywer se versameling

Oorkant: Marais se mediese handboek, wat aandui dat hy moontlik in 1898 by die Universiteit van Bonn lesings bygewoon het. skrywer se versameling; foto's van twee bladsye is hier saamgevoeg

Die

allgemeine chirurgische

Pathologie und Therapie

in

fünfzig Vorlesungen.

Ein Handbuch für Studirende und Aerzte

von

Dr. Theodor Billroth,

Professor der Chirurgie in Wien.

Neunte Auflage

bearbeitet von

Dr. Alexander von Winiwarter,

Professor der Chirurgie in Lüttich.

Berlin.

Druck und Verlag von G. Reimer.

1880.

Bo: In Londen het Marais volgens hom baie tyd in die British Library se Reading Room deurgebring. Besant

Oorkant: Percy FitzPatrick (bo), ywerige volgeling van Alfred Milner en skrywer van *The Transvaal from Within* en F.W. Reitz (onder), staatsekretaris van die ZAR – twee hoofdeelnemers aan die Great Deal-onderhandeling in 1899. Cartwright; TAB 36462

In 'n skakelhuis by 28 Coleshill Road, Teddington, in die suidweste van Londen, het Marais vir die grootste deel van die ABO gewoon. Die ingang na sy losieshuis is die regterkantse van die twee deure.

skrywer (op foto) se versameling

DEEL 5

Oorlogsjare

(1899-1902)

The rest & my time is all lost & a deuced black time it has been. (One day I shall write an account of my experiences).[1]

Eugène Marais (1900)

Since I wrote last I have seen Mr Marais. He is a very intelligent man & made a considerable impression upon me.[2]

Joseph Chamberlain (1901)

Terugkeer na Europa

Dit is onbekend hoe lank Marais in Pretoria deurgebring het voor hy na Europa teruggekeer het. Marais het later vir Preller vertel dat hy ten tyde van die uitbreek van die Anglo-Boereoorlog in Londen gewoon het.[3] Alhoewel 'n mens nie enigiets wat Marais vertel het sonder meer kan aanvaar nie, is dit hoogs onwaarskynlik dat hy eers ná die uitbreek van die oorlog die ZAR verlaat het. Was dit die geval, sou sy vyande, soos dr. Engelenburg, redakteur van *De Volksstem*, ná die oorlog nie geaarsel het om so 'n skynbare ontduiking van Marais se oorlogsplig teen hom te gebruik nie.

Ek kon egter geen 1899-skeepspassasierslys van Kaapstad na Brittanje opspoor waarop Marais se naam voorkom nie. Een moontlikheid is dat hy as 'n tweedeklaspassasier van Kaapstad gereis het, want van hierdie passasiers is slegs hul getalle aangeteken, nie hul name nie. 'n Ander, meer waarskynlike, moontlikheid is dat hy met een van die stoomskepe van die Deutsche Ost-Afrika Linie van Lourenço Marques af via die Suez-kanaal na Europa gevaar het, wat destyds 'n gewilde roete vir Transvalers was. Maar ongelukkig kon ek nie hierdie skepe se passasierslyste vir 1899 opspoor nie.

Moontlike bevestiging dat Marais met hierdie roete na Europa teruggekeer het, is sy mededeling aan Du Toit dat hy Egipte twee keer besoek het om hiërogliewe te bestudeer.[4] Marais het dit laat klink of hy Egipte spesifiek vir hierdie doel besoek het; soos sal blyk, is dit egter onwaarskynlik in die lig van sy benarde finansiële posisie. Maar Marais se stories het gewoonlik 'n element van die waarheid bevat, dus is dit ook moontlik die geval met sy verhale oor besoeke aan Egipte. Op die reis na Europa het die skepe van die Deutsche Ost-Afrika Linie in dié jare altyd 'n paar dae by die hawedorpie Suez in Egipte vertoef.[5] Van daar is dit 'n kort treinrit na Giza se piramides en museum. Moontlik was dit Marais se eerste besoek aan Egipte. (Die tweede keer was in April 1902, toe die Duitse stoomskip waarmee hy van Europa na Portugees-Oos-Afrika gereis het vyf dae by Suez vertoef het.[6])

As daar aanvaar word dat dit Marais was wat tot einde April 1899 met *De Volksstem* in 'n bekgeveg oor die *Transvaal Leader* betrokke was, en aangesien die skeepsreis na Europa om die ooskus van Afrika ongeveer 'n maand geduur het, sou Marais vroeg in Junie in Londen kon aangekom het, betyds vir die huwelik van sy vriende Otto Schurr en Helen Read die volgende maand.

Moontlike bevestiging hiervoor is 'n berig uit Londen wat op 4 Julie 1899 in *Land en Volk* verskyn. Hierdie kort artikel is 'n opsomming van 'n brief van sir Henry Rider Haggard wat vier dae tevore in *The Times* verskyn het, waarin hy 'n beroep op die Liberale Party doen om nie Milner en Chamberlain se beleid teenoor Kruger en die Boere te dwarsboom nie. Onderaan die berig in *Land en Volk* is 'n redakteursnota wat lui: "*Rider Haggard was tijdens den Vrijheidsoorlog in het kamp te Pretoria – Ed.*"[7] Die vraag ontstaan hoe O'Brien, die waarnemende redakteur, sou geweet het van Rider Haggard se teenwoordigheid in Pretoria twee dekades tevore, of hoekom hy dit belangrik genoeg geag het om te meld. Maar volgens familie-oorlewering het Marais se suster Jess (Gezina Wilhelmina) en Rider Haggard, destyds 'n adjudant van sir Theophilus Shepstone, 'n verhouding gehad tydens die Britse besetting van Pretoria van 1877 tot 1881.[8] Moontlik is dit dan Marais wat weens die familieverbintenis interessantheidshalwe hierdie beriggie met dié opmerking, oor so 'n relatief onbelangrike gebeurtenis, per kabelgram uit Londen aan O'Brien gestuur het.

Studiereise en sifilis

Marais het jare later vertel dat hy voor die oorlog 'n paar groot Europese stede met 'n groep Duitse studente besoek het om namens die Pruisiese regering 'n studie van onsedelikheid te doen, en daarna saam met hulle 'n huis in die Londense voorstad Teddington gehuur het,[9] waar hy nog gewoon het toe die Anglo-Boereoorlog uitgebreek het.[10] Marais meld nie wanneer hierdie kwansuise studiereis plaasgevind het nie, maar as daar wel so iets was, was dit waarskynlik ná sy besoek aan Suid-Afrika in 1898/1899, maar vóór sy terugkeer na Brittanje. Dit is natuurlik moontlik dat die studiereis plaasgevind het tydens sy kortstondige studietydperk by die Universiteit van Bonn in 1898, maar dan kon hy nie daarna 'n huis saam met die studente in Teddington gehuur het nie; in daardie jaar het hy in Lewisham gewoon, eers as 'n loseerder by mev. Read en haar twee dogters en toe by die Cockle-familie.

"Onsedelikheid" klink egter na 'n baie vae onderwerp om wetenskaplik te ondersoek. Volgens Rousseau het 'n familielid van Marais hom meegedeel dat dit eerder 'n studie van sifilis was, wat meer waarskynlik klink.[11] Maar was daar ooit so 'n studiereis? Hier raak die spoor weg, ten spyte van tergende leidrade. Marais het later vir 'n vriend vertel dat hy Robert Koch, die beroemde Duitse bakterioloog, geken het.[12] Die Pruisiese regering het in 1891 vir die einste Koch opdrag gegee om in Berlyn 'n navorsingsentrum vir aansteeklike siektes tot stand te bring.[13] Die Robert Koch-instituut bestaan vandag nog, maar het geen rekord van Marais, of van so 'n studie, tussen 1897 en 1902 nie.[14] Die Universiteit van Bonn dra ook nie kennis van so 'n studie nie. Volgens hierdie instansies sou die destydse Duitse mediese vaktydskrifte waarskynlik oor 'n studie van dié aard verslag gedoen het, wat nie die geval was nie.

In die Duitse staatsargief is daar ook 'n brief uit 1907 van 'n Duitse dokter wat verneem of daar al ooit 'n studie van die aantal sifilislyers in verskillende Europese stede gedoen is om die voorkoms van die siekte tussen lande te vergelyk.[15] Daar was geen reaksie op hierdie skrywe nie, maar die blote feit dat hierdie dokter die vraag gestel het, staaf die vermoede dat daar nie voorheen so 'n studie was nie. In dié argief is ook 'n verslag – *Die Verbreitung der venerischen Krankheiten in Preussen, sowie die Massnahmen zur Bekämpfung dieser Krankheiten*[16] – oor 'n landswye ondersoek wat in 1900 na veneriese siektes in Pruise onderneem is. Die verslag meld egter slegs dat vraelyste aan dokters uitgestuur is, en maak geen melding daarvan dat veldwerkers of studente gebruik is nie. Tensy nuwe inligting aan die lig kom, lyk dit dus in hierdie stadium onwaarskynlik dat Marais werklik op so 'n studiereis was.

Maar 'n mens kan nie help om te wonder of daar 'n verband tussen Marais se voortslepende siektetoestand en sy skynbare belangstelling in hierdie onderwerp was nie. In sy selfpublikasie *Die Handdruk van die Dood: Die Onvertelde Storie van Eugène Marais* verklaar Friedel Hansen onomwonde "ons kan dit as 'n groot waarskynlikheid stel" dat Marais in Londen sifilis opgedoen het.[17] Sifilis was wel in die Victoriaanse era 'n reuseprobleem in Brittanje wat geen stand of klas ontsien het nie, en waarvoor daar geen effektiewe behandeling was nie. Net so was prostitusie 'n geweldige sosiale euwel, met ramings dat daar reeds in 1857 tot 80 000 prostitute in Londen werksaam was.[18] Dit het die ideale teelaarde vir die verspreiding van die siekte geskep. Hansen lewer egter geen bewyse om sy stelling te staaf nie, maar huldig net die mening dat Eugène Marais "'n ideale kandidaat [was] om sifilis op te doen gedurende sy verblyf in Engeland. Hy was 'n regte haan onder die henne en hy sou eenvoudig die gedrag van ander mans in sy kringe volg."[19] Voorlopig bly dit dan net bespiegeling om te beweer dat Marais sifilis opgedoen het.

Teddington

Marais woon wel waarskynlik kort voor die Anglo-Boereoorlog in Teddington, maar, soos sal blyk, nie noodwendig by Duitse studentevriende soos hy later beweer het nie. Marais besluit waarskynlik om twee redes om ná sy terugkeer uit die Transvaal in Teddington te gaan woon, en nie weer in Lewisham nie. Eerstens woon sy vriend Johannes Stegmann nie meer in Lewisham nie – soos voorheen gemeld, is hy kort tevore tot die Engelse balie toegelaat, waarna hy na die Transvaal teruggekeer het.[20] Verder het Helen Read in Julie 1899 met Otto Schurr getrou,[21] waarna die paartjie in 'n gehuurde skakelhuis by 52 Clarence Road in Teddington gaan huis opsit het.[22] Moontlik woon Marais eers tydelik by die Schurrs terwyl hy sy eie blyplek in Teddington soek, want soos later sal blyk, het hy voor sy finale terugkeer na die Transvaal in 1902 wel 'n ruk lank by hulle tuis gegaan. Otto Schurr is wel 'n Duitser, maar 'n staalhandelaar, nie 'n student nie.[23] En Marais sal wel later saam met twee jong Engelse studente in sy losieshuis in Teddington woon.[24] Moontlik is sy storie dat hy saam met Duitse studente in Teddington 'n huis gehuur het dan 'n sameflansing deur Marais van Schurr se nasionaliteit en sy gedeelde losies met die Engelse studente.

Wat wel bekend is, is dat Marais in 1900 en 1901 definitief in 'n losieshuis by 28 Coleshill Road in Teddington gewoon het, soos deur verskeie bronne bevestig word. In Oktober 1900 verwys Marais in 'n brief sonder 'n adres aan Jim Taylor na sy "shabby rooms" in Teddington,[25] 'n aanduiding dat hy meer as een kamer bewoon het. In Desember 1900 gee hy in 'n brief aan Alfred Beit sy adres as 28 Coleshill Road, Teddington.[26] Op 31 Maart 1901 dui die tienjaarlikse sensus hom ook by hierdie adres aan.[27] Op 5 November 1901 skryf hy aan die Inner Temple vanaf hierdie adres.[28] Verder het Marais jare later in 'n artikel sy Teddington-blyplek as 'n skakelhuis ("half-vrystaande")[29] beskryf. Volgens hom het hy hier twee kamers bewoon: 'n "slaapkamer op die solder", waaruit trappies ondertoe gelei het na 'n kamer met 'n tafel.[30] Die uitleg van die kamers van die skakelhuis by 28 Coleshill Road lyk vandag nog soos destyds.[31] Op die grondverdieping is 'n kombuis en eetkamer, asook 'n sitkamer wat na 'n klein tuin aan die agterkant van die huis lei. Op die tweede verdieping is drie slaapkamers wat 'n badkamer deel; vanuit een van die slaapkamers gaan steil trappies op na 'n klein solderkamer,[32] 'n uitleg wat dus met Marais se beskrywing van sy woonplek ooreenstem. Dit is ook waarskynlik dat Marais redelik gou ná sy terugkoms uit die Transvaal hier ingetrek het, kort voor die uitbreek van die Anglo-Boereoorlog. Percy FitzPatrick, wat ook nou na Londen verhuis het, se eerste inskrywing vir Marais in sy Londen-adresboek is by dié adres. Later het hy dit doodgetrek en vervang met die adres van die Schurrs.[33]

In 1899 is die skakelhuis by 28 Coleshill Road nog nuut – een van 'n dosyn amper identiese wonings wat vroeër die jaar deur 'n ontwikkelaar aan die oostekant van die straat opgerig is,[34] nog een van die derduisende "semi-detached"-huise wat in hierdie jare dwarsoor Londen soos paddastoele opskiet om behuising aan al die nuwe aankomelinge te verskaf. Nr. 28 beslaan die regterkantse deel van die skakelhuis, en word deur Jane Tuley, die 55-jarige eggenote van James Tuley, as 'n losieshuis bedryf.[35] Moontlik is die Tuley-egpaar kort hierna uitmekaar, want terwyl James Tuley se naam in Teddington se 1900-straatgids by hierdie adres as die hoof van die huishouding aangedui word,[36] is dit deur sy vrou s'n vervang in die volgende paar jaar se gidse.[37] Maar dit lyk nie of die Tuleys wetlik geskei het nie, want alhoewel Jane al lid van die Tuley-egpaar is wat in die 1901-sensus (waarin sy as die hoof van die huishouding beskryf word) by hierdie adres aangeteken word, word haar huwelikstatus steeds as getroud aangedui.[38]

Coleshill Road is in 'n nuwe deel van Teddington, en die meeste van die huise in die straat word deur middel- en laermiddelstandgesinne bewoon. Volgens die 1901-sensus was die manlike inwoners meestal klerke, handelsreisigers en voormanne. Benewens 'n dansinstrukteur en 'n tuinier, het daar ook 'n bestuurder van 'n boufirma en verskeie afgetredenes in die straat gewoon. Die vroue was omtrent almal tuisteskeppers, en baie van die gesinne het ook 'n inwonende huisbediende gehad.[39]

Soos Lewisham is Teddington 'n voorstad in die suide van Groter Londen, maar in die suidweste, ongeveer 25 kilometer wes van Lewisham, en 20 kilometer suidwes van die Inner Temple. Dit lê op die noordelike oewer van die Teems, en is 'n meer gegoede woonbuurt as Lewisham. Vier dekades tevore was Teddington nog 'n rustige landelike dorpie met net 'n paar honderd huise en nagenoeg 'n duisend inwoners. Maar toe kom die nuwe spoorweg van die London and South Western Railway wat dit maklik gemaak het vir die inwoners om nie net in omliggende dorpe soos Richmond, Kingston en Twickenham te werk nie, maar ook in Londen self, minder as 'n uur se reis met die gereelde treindiens. Net soos in Lewisham word daar voortdurend behuising vir die konstante stroom nuwe intrekkers gebou, met die gevolg dat daar nou 'n paar duisend huise is en die bevolking tot meer as tienduisend aangegroei het.[40]

Die lang hoofstraat van Teddington is bedrywiger as Lewisham s'n, met talle voetgangers, perdekarre en omnibusse wat verby die winkels, besighede, restaurante en kroeë stroom. Maar weg van die hoofstraat af is dit stiller, met net hier en daar seuntjies wat speel en fietsry of ma's en diensmeisies wat kinderwaentjies stoot. In die nabygeleë Teems word daar visgevang en geswem, en naweke vaar plesierbote op en af met die rivier. Aan die suidekant van Teddington lê Bushy Park, Londen se tweede grootste koninklike park, waar troppe takbokke vrylik in die area van vierhonderd hektaar rondbeweeg en dit naweke wemel van die fietsryers en stappers. Nog verder suid, aangrensend aan Bushy Park, lê die perseel van die Hampton Court-paleis, nou 'n groot toeriste-attraksie.[41] Bouwerk aan die paleis het in 1514 namens kardinaal Wolsey begin, koning Henry VIII het dit 'n paar jaar later gekonfiskeer, en vyftig jaar voor Jan van Riebeeck in die Kaap geland het, het William Shakespeare en sy geselskap hier in die "Great Hall" voor koning James I opgetree.

Van mev. Tuley se losieshuis is dit maar net 'n kort stappie na Bushy Park, asook na Teddington-stasie en Otto en Helen Schurr se woning in Clarence Road. Na die Teems is dit 'n entjie verder, so 'n kwartier se stap, en by die loopbrug oor die rivier is die Angler's, 'n gewilde kroeg.[42] Maar die naaste kroeg aan Marais se woonplek is die Queen's, op die hoek van Broad Street en Queen Street,[43] slegs enkele minute van mev. Tuley se losieshuis, 'n kroeg wat hy waarskynlik meermale besoek het. In hierdie rustige voorstedelike omgewing sal Marais nou die grootste gedeelte van die Anglo-Boereoorlog deurbring.

Oorlogspropaganda

Milner het FitzPatrick intussen, ná die mislukking van die Bloemfontein-samesprekings, versoek om in Brittanje hul oorlogsagenda by die Britse pers en politici te gaan bevorder. Self kan hy dit nie doen nie, verklaar hy, want Chamberlain sal dan vermoed dat hy hom in die rigting van oorlog probeer stuur.[44] Milner het ook vroeër in die jaar FitzPatrick se manuskrip *The Transvaal from Within* te sien gekry, en onmiddellik besef watter geweldige propagandapotensiaal dit het.[45] Hy het FitzPatrick dus ook gevra om die boek so gou as moontlik in Brittanje te laat uitgee, omdat dit die Uitlanders se griewe en derhalwe die saak vir Britse ingryping in die Transvaal baie oortuigend uiteensit.[46]

FitzPatrick kom einde Junie 1899 met sy vrou, drie jong kinders, 'n leermeester en twee diensmeisies in Londen aan en huur 'n huis in Wimbledon,[47] slegs 'n paar kilometer oos van Teddington. 'n Paar dae ná sy aankoms gaan sien hy met 'n bekendstellingsbrief van Milner[48] vir lord Selborne, die adjunkminister van kolonies en die skoonseun van lord Salisbury, die Britse eerste minister. FitzPatrick deel Selborne mee dat die Uitlanders meen dat Milner se eise by die Bloemfontein-konferensie te gematig was, en dat die Britse regering by die eerste moontlike geleentheid strenger eise moet stel. Volgens hom moet die Britse regering die druk verhoog, want Kruger sal nie toegee nie tot "he [has] looked down the cannon's mouth".[49]

Dit is ook hoogs waarskynlik dat Marais en FitzPatrick nou weer ontmoet, in die lig van hul verhouding en hoe naby hulle aan mekaar woon. Soos voorheen gemeld, het FitzPatrick onmiddellik Marais se Teddington-adres in sy adresboek aangeteken. FitzPatrick werk nou hard daaraan om *The Transvaal from Within* persklaar te kry nadat hy eers Julius Wernher se toestemming gekry het om die opruiende boek te publiseer – voorheen het laasgenoemde hom beveel om te wag tot "all hope of peace had disappeared".[50] Soos sy aggressiewe werknemer, is Wernher dus ook nou oortuig dat daardie hoop verdwyn het.

Tussen FitzPatrick se skryfwerk deur vergader hy, Wernher en Beit met invloedryke joernaliste en hooggeplaaste politici om hulle mee te deel dat Kruger net bluf, en sal toegee aan Brittanje se eise sodra nog troepe na Suid-Afrika gestuur word. Maar hulle weet goed dat dit onwaar is, want daarvoor ken hulle Kruger en die Boere te goed.[51] Die historikus Thomas Pakenham glo dat dit hierdie informele maar geheime alliansie tussen Milner en Wernher-Beit was wat Milner uiteindelik die moed gegee het om die oorlog tussen Brittanje en die ZAR te ontketen.[52]

Wernher-Beit se optrede gaan nie ongemerk by dr. Leyds in sy Europese uitkykpos verby nie. In sy korrespondensie meld hy dat die ander noemenswaardige buitelandse finansiële groepe met belange in die ZAR na Wernher-Beit se pype dans. Hy glo dat Wernher-Beit se finansiële mag so groot is dat die ander mynhuise hulle eenvoudig nie kan teenstaan nie, en uit vrees dat hulle geboikot sal word alles doen wat Beit van hulle verlang.[53]

Die grootste myngroep in die Transvaal glo nou dat oorlog onvermydelik is. Beit en Wernher het hulself teen hierdie tyd oortuig dat die langtermynvoordele van Britse administrasie swaarder weeg as die ontwrigting en koste van wat hulle glo 'n kort oorlog sal wees. Selfs Wernher, gewoonlik 'n versigtige sakeman, verklaar nou prontuit dat die mynbedryf op oorlog voorbereid is.[54] Wernher-Beit stem ook saam met Milner se naoorlogse planne vir die Transvaal: verengels die land, verwater die Boerebevolking na 'n minderheid van die wit bevolking deur grootskaalse immigrasie uit Brittanje aan te moedig, en vernietig Afrikanernasionalisme in Suid-Afrika.[55]

The Transvaal from Within verskyn in September 1899. Dit is dadelik 'n treffer, en word in die volgende twee maande vyf keer herdruk.[56] Oor die volgende paar jaar sal meer as 'n kwartmiljoen eksemplare van die boek verkoop word.[57] Arthur Balfour, die minister van buitelandse sake (en latere eerste minister), deel FitzPatrick mee: "By means of a book you have completely changed the opinions and feelings of a great nation in crisis."[58] Met ander woorde, ten gunste van oorlog. Alfred Harmsworth, eienaar van die *Daily Mail*, vertel ook aan FitzPatrick dat hy gesien het hoe Arthur Balfour se oom lord Salisbury, die eerste minister, hom in die boek verdiep. "It was his Bible: they say it is the only thing he reads," het Harmsworth volgens FitzPatrick verklaar.[59] Die *Saturday Review* skryf dat die boek "ought to be in the hands of every one who wishes to understand the nature of Great Britain's enemy", terwyl *The Standard* dit bestempel as "a clear statement of the case of the Outlanders".[60]

Marais het op sy beurt later vir Preller vertel dat Montagu White, die Transvaalse konsul-generaal in Londen, hom kort voor die oorlog versoek het om propaganda vir die Boererepublieke te help maak.[61] Marais het Du Toit ook meegedeel dat hy in Londen verskeie briewe aan die Britse pers – veral die

Daily Mail – gerig het om "zyn land teen verguizing te verdedigen".[62] Maar 'n ondersoek van *The Times* en die *Daily Mail* se briewebladsye van 1898 tot 1902 het geen briewe van Marais opgelewer nie. 'n Soektog na briewe in die *Daily News* was ook onsuksesvol. *Land en Volk* het ook niks oor Marais se kwansuise propagandapogings gemeld nie, wat die koerant sekerlik sou gedoen het indien daar wel so iets was, in die lig van die berigte oor Marais se twee briewe aan *The Times* kort ná sy aankoms in Londen 'n paar jaar tevore.

Reginald Statham, Marais se voormalige redakteur by die *Transvaal Observer*, was op hierdie tydstip nog steeds die ZAR-konsulaat in Londen se nie-amptelike persattaché, en briewe en artikels deur hom wat die Transvaal se saak verdedig, het wel gereeld voor die oorlog in die Britse pers verskyn.[63] Maar Statham meld nie in sy outobiografie dat Marais ook so 'n rol gespeel het nie. Montagu White het gereeld aan sy baas, dr. Leyds, in Brussel oor lesersbriewe en artikels in die Britse pers aangaande die Transvaal verslag gelewer, asook oor sy eie, Statham en ander se pogings om positiewe briewe en artikels oor die ZAR in die pers geplaas te kry.[64] Maar nóg in hierdie briewe en sy persoonlike rekords by Rhodes House by die Universiteit van Oxford, nóg in die rekords van die ZAR se Londen-konsulaat in die Leyds-argief in Pretoria, is daar enige melding van Marais. Dit lyk dus of Marais hom met Statham vereenselwig het toe hy ná die oorlog 'n ander prentjie van sy politieke rol voor en tydens die oorlog wou skilder. Statham is in 1908 oorlede en White in 1916, en dit was dus veilig vir Marais om in 1923 en 1935 vir onderskeidelik Preller en Du Toit te vertel dat hy by hierdie pogings betrokke was. Die oorsprong van Marais se vertellinge oor sy propagandapogings vir die ZAR in 1899 lê dus blykbaar in sy twee briewe wat aan die begin van 1897 in *The Times* verskyn het.

Leo Amery

Die Britse kabinet keur aan die begin van September 1899 Milner se versoek goed om nog 10 000 troepe na Suid-Afrika te stuur. Chamberlain verduidelik aan sy kabinetskollegas dat dié stap nodig is om Kruger sover te kry om aan Brittanje se eise toe te gee, en dat dit nie noodwendig tot oorlog sal lei nie. Die beste manier om oorlog te vermy is om daarop voor te berei, redeneer hy. Kruger sal "bluff up to the cannon's mouth",[65] glo hy, die einste indruk wat FitzPatrick vroeër by sy adjunkminister lord Selborne geplant het.

Maar nie almal in die Britse kabinet glo Chamberlain nie. Lord Salisbury, die eerste minister, besef dat hierdie stap konflik onvermydelik maak, en met verwysing na die Randlords en die Transvaal verklaar hy ietwat bitter dat die oorlog gevoer sal word vir "people whom we despise and for territory which will bring no power to Britain".[66] In 'n kort aantekening op Milner se brief aan Chamberlain waarin hy die addisionele troepe versoek, toon Salisbury dat hy uiteindelik besef het, maar te laat, hoe Milner (en dus ook FitzPatrick) vir Chamberlain en die Britse kabinet gemanipuleer het. "What he [Milner] has done cannot be effaced. We have to act upon a moral field prepared for us by him and his jingo supporters."[67] FitzPatrick weet ook goed wat dit beteken, en laat weet vir James Rose Innes, die latere regter-president van die Transvaal-kolonie, dat oorlog nie vermy kan word nie, en dat "the issue is not for us to avoid it by futile compromise or by postponement".[68] Op sy beurt besluit die ZAR om geen verdere toegewings te maak nie, maar om indien nodig te staan en te veg.

Leo Amery, 'n welopgevoede jong korrespondent van *The Times*, kom nou in Pretoria aan om oor die gespanne politieke situasie verslag te doen. Amery het aan die Universiteit van Oxford gestudeer en die jaar voor Marais by die Inner Temple ingeskryf,[69] maar sy regstudies onderbreek om vir *The Times* te gaan werk. Amery en Marais het egter op hierdie tydstip nog nie ontmoet nie; hulle sal eers twee en 'n half jaar later kennis maak, op 'n lendelam boot tussen Beira en Lourenço Marques, kort ná die einde van die Anglo-Boereoorlog.[70]

Staatsekretaris Reitz stel vir Amery aan pres. Kruger voor. "Nothing, even in the caricaturist's boldest sallies, had prepared me for anything quite so massive or quite so ugly," skryf Amery oor Kruger. "But I felt I was in the presence of a real man, and of an unflinching purpose." Op 'n vraag van Amery of die oorlog nog vermy kan word, antwoord Kruger nee, behalwe as Chamberlain van deuntjie verander.[71]

In Pretoria maak Amery gou vriende, onder meer in die Pretoria Club, waar die professionele en sakewêreld vir etes en drankies bymekaarkom. Hier ontmoet hy vir Marais se broer Melt en Ewald Esselen, wat hy as "real good fellows" beskou. "It was a typical Anglo-Afrikander crowd, mostly Transvaal burghers, but with some domiciled English still left." Van die klub se lede deel Amery mee dat alhoewel hulle bekommerd is oor die moontlikheid van 'n oorlog teen

Brittanje met sy ontsaglike vermoëns, hulle nog meer uit die veld geslaan is oor wat volgens hulle eintlik 'n burgeroorlog gaan wees. 'n Afrikanervriend by wie Amery vir 'n paar dae bly, vra hom: "How come I, who play cricket, shave, and have a cold bath every morning, will find myself fighting England alongside all the unwashed *Takhaars*?"[72]

In Pretoria en Londen stel die regerings van die ZAR en Brittanje nou ultimatums op. Die ZAR se ultimatum eis onder meer dat Brittanje alle troepe onttrek wat sedert 1 Junie 1899 in Suid-Afrika geland het. Vir eers bly die ultimatums ongestuurd. Op 28 September mobiliseer die ZAR egter die meeste van sy magte. By die voorafgaande geheime Volksraadsitting is Koos de la Rey een van die ses lede wat teen oorlog stem. Toe pres. Kruger die teenstanders van die mosie as lafaards bestempel, verklaar De la Rey (volgens wat FitzPatrick later van 'n Volksraadslid verneem het) dat hy hom deur die besluit van die meerderheid sal laat lei, en sê hy aan Kruger: "U sal my in die veld aantref nadat u en die spul wat met hul monde veg, lankal gevlug het."[73] Dit is profetiese woorde. Ongeveer 34 000[74] van die 55 000[75] krygspligtige Transvalers en Vrystaters word nou opgeroep. Op hierdie tydstip is daar net ongeveer 27 000 Britse soldate in die hele Suid-Afrika.[76]

Die manlike lede van Marais se familie- en vriendekring maak nou gereed om in verskillende hoedanighede aan die oorlog deel te neem. Melt Marais is Pretoria se veldkornet en Ewald Esselen die regsadviseur van genl. Joubert, bevelvoerder van die Republikeinse magte. Op hul voorstel vergesel Amery hulle nou na die Boeremagte wat by Sandspruit op die Transvaalse grens begin saamtrek.[77] In sy dagboek skryf Georges de Villebois-Mareuil, die Franse leier van die buitelanders wat aan die Boerekant geveg het, oor 'n ontmoeting met Esselen: "Hy het 'n besonder simpatieke indruk gemaak – 'n groot man met 'n mooi intelligente kop, betowerende oë, innemende glimlag en 'n aantreklike gesig met 'n bruin baard."[78]

Terselfdertyd vertrek John en Fred Niemeyer, Marais se skoolmaats en die seuns van sy suster Lizzie, tesame met Marais se vriend Charlie Pienaar, ook na Sandspruit in hul eie wa wat met proviand gelaai is.[79] Ben Viljoen, Marais se voormalige vriend en nou spesiale kommandant van die Johannesburg-kommando, ruk met sy manne na Volksrust op.[80] In die Vrystaat word Charles Marais en die landdros van Boshof in gesamentlike beheer van die proviandreëlings vir die Vrystaatse Boeremagte geplaas.[81] Ook Jimmy Roos, Marais se vorige vennoot in *Land en Volk,* wat 'n paar jaar tevore na Pretoria teruggekeer het en nou 'n vennoot by die regsfirma Esselen, Stegmann en Roos is, vertrek na die Natalse front as 'n Reuters-korrespondent saam met die Boeremagte.[82] Op sy beurt stel die imperialistiesgesinde *Daily Telegraph* vir Charles Falconer, Marais se huidige vennoot in *Land en Volk,* as 'n oorlogskorrespondent aan, verbonde aan die Britse magte.[83]

Die eerste paar nagte slaap Amery en 'n dosyn burgers in Melt Marais se groot tent wat as die Pretoria-kommando se hoofkwartier dien. Amery ontmoet in die Boeremagte se kamp "a delightful boy of sixteen, one of the many Marais, whom I used to ride about with". Volgens Amery was hierdie seun 'n ywerige leser wat op 'n dag aan hom verklaar het: "All my books of adventure have been in English; all my heroes, for whose success I prayed as I read, have been Englishmen; and now I have got to pray for their defeat and kill them if I can."[84] Amery meld dat hierdie Marais vier maande later in 'n Boere-aanval op Wagon Hill naby Ladysmith gesneuwel het. In die ZAR-staatskoerant word dan ook die volgende jaar aangeteken dat 'n negentienjarige burger van die Heidelberg-kommando, ene "Marais Szn, Sarel Johannes" van Tamboekiesfontein, Heidelberg, in hierdie aanval op 6 Januarie 1900 gesneuwel het.[85] Dit is onbekend of Amery hom veertig jaar later toe hy sy herinneringe uitgegee het misgis het oor die seun se ouderdom, en of hierdie een 'n ander Marais was; so ook of Sarel Marais enige familieverbintenis met Eugène Marais gehad het. Amery ontmoet ook die sewentienjarige Deneys Reitz, seun van die Transvaalse staatsekretaris, wat hy bewonderend beskryf as "a gallant spirit... whom I can see now riding bareback after a swim, like a figure on the Elgin Marbles".[86]

Oorlog

Land en Volk verskyn op 3 Oktober 1899 vir die laaste keer voor die oorlog. "*Zuid-Afrika verwacht dat elke Afrikaner zyn plicht sal doen,*" benadruk die redakteur, vermoedelik O'Brien. "Niemand blyft stil zitten, hetsy te huis of op kantoor. Zulke lafharten verdienen door elken Burger verafschuwd te worden."[87] Hiermee handhaaf *Land en Volk* dieselfde houding as wat Marais ses jaar tevore aan Charles Leonard geopenbaar het – bloed is dikker as water, en in geval van 'n stryd sal hy die wapen vir sy volk opneem, al help hy sodoende om die "rotten"

Kruger-regering in stand te hou.[88] Maar die koerant se oproep is ironies in die lig daarvan dat sy een eienaar nou in Londen sit en die ander as joernalis aan die Britse magte verbonde is. En soos sal blyk, sal Marais nie sy onderneming aan Leonard gestand doen nie. Die koerant kan hom ook nie daarvan weerhou nie om by te voeg dat dit grootliks aan Kruger se politiek te wyte is "dat wy vandaag met een oorlog in de maag zitten".[89] Dit is ook op hierdie tydstip die houding van baie progressiewe Afrikaners, soos diegene wat Amery in Pretoria ontmoet het.

Op 9 Oktober stuur die ZAR-regering sy ultimatum aan die Britse regering, twee dae voor Chamberlain van plan was om Brittanje s'n aan die Transvaal te stuur. In Brittanje word die ultimatum as 'n voorbarige grap afgemaak. *The Times* skryf hooghartig: "It is flung down to us by a petty Republic to which, as all Englishmen hold, we stand in the relation of a paramount Power. The men who drafted it and sanctioned it were bent upon deciding their controversy with us by the sword, and by the sword it must now be decided."[90] Chamberlain jubel toe hy die nuus kry. "They have done it," roep hy opgewonde uit. Nou kan hy aan die Britse publiek en die wêreld voorgee dat die ZAR die aggressor is en nie Brittanje nie.[91]

Twee dae later breek oorlog uit toe die ZAR-regering se ultimatum verstryk sonder dat Brittanje daaraan gehoor gegee het. Die Boeremagte val onmiddellik die Kaapkolonie en Natal binne. Melt Marais beveel Amery om na Pretoria terug te keer, waarna *The Times* hom as hoof van hul oorlogskorrespondente in Suid-Afrika aanstel.[92] Die algemene verwagting in Brittanje is dat die oorlog gou verby gaan wees. Montagu White merk in sy korrespondensie op dat die Britse publiek "went into the war with the lightest of hearts, full of boastfulness", en dat elke trein met soldate wat Waterloo-stasie verlaat het "was greeted with cries of 'Remember Majuba'".[93] Dit is 'n toneel wat Marais ook gereeld moes gesien het, aangesien Waterloo-stasie die laaste stop op die treinroete van Teddington na die middestad is.

Die Boeremagte beleër dadelik die Britse magte in Kimberley en Mafeking, terwyl in Ladysmith die seshonderd man van die Wernher-Beit-gefinansierde Imperial Light Horse-regiment opsaal.[94] Op 14 Oktober vertrek genl. sir Redvers Buller, die nuwe opperbevelvoerder van die Britse magte in Suid-Afrika, uit Southampton onder die toejuiging van 'n groot skare op die *Dunottar Castle*, die einste skip waarmee Marais byna drie jaar tevore na Engeland gereis het.

Nege dae ná die aanvang van die oorlog val genls. Lukas Meyer en "Maroela" Erasmus se manskappe die Britse magte by Dundee aan waar Falconer die *Daily Telegraph* se verslaggewer aan die Britse kant is.[95] Die Pretoria-kommando met Marais se Niemeyer-neefs neem aan die aanval deel. Gustav Preller is ook as lid van die Transvaalse Staatsartillerie teenwoordig.[96] Die Britte slaag daarin om die Boeremagte van Talana Hill buite Dundee te verdryf, maar met die verlies van baie lewens aan hul kant, onder andere dié van hul bevelvoerder, genl. sir William Penn Symons.

Falconer val nou saam met die Britse magte terug na Ladysmith, wat die Boere ook kort daarna beleër. Die beleg van Ladysmith, asook dié van Kimberley en Mafeking, sal die Boererepublieke egter op die ou end duur te staan kom. Pleks daarvan om met hul aanvanklike getalsoorwig en groter beweeglikheid aan te val en na die kus deur te druk om die hawens te sluit, laat die ouer Boeregeneraals toe dat hul magte in uitgerekte beleëringe vasgeval raak. Ben Viljoen het drie jaar later in sy oorlogsherinneringe hom skerp hieroor uitgelaat: "Possibly if we younger commanders had more authority in the earlier stages of the war, and had had less to deal with arrogant and stupid old men, we should have reached Cape Town and Durban."[97] Hy het ook genl. Joubert se strategie by Ladysmith as "stupid en primitive" beskryf.[98] Hierdie strategiese fout laat Brittanje toe om vinnig groot getalle troepe aan wal te bring, en reeds teen die einde van die volgende maand sal die Britse magte tot ongeveer 72 000 manskappe aangegroei het, terwyl nog tienduisende soldate na Suid-Afrika op pad is.[99] Ondanks die beleg van Ladysmith, Kimberley en Mafeking is die Uitlanders in Suid-Afrika optimisties oor 'n spoedige Britse oorwinning. Samuel Evans van Wernher-Beit skryf op 3 November uit Kaapstad aan FitzPatrick in Londen dat die verwagting is dat genl. Buller Pretoria binnekort sal inneem.[100]

Die Niemeyer-broers en Charlie Pienaar is onder die burgers wat Ladysmith omsingel. Falconer ken hulle goed – net 'n paar maande tevore het hulle almal nog saam gekuier in Pretoria. Fred Niemeyer laat sy ma weet dat "Pienaar might be very well in town but he is the biggest old stick-in-the-mud in the veld. He is very irritating, but we don't stand on ceremony [and] when a fellow has to be sworn at we swear."[101]

Op 9 November neem die Niemeyers en Pienaar aan 'n aanval op die Britse stellings by Ladysmith deel. Fred Niemeyer en 'n klomp manskappe moet oor 'n oop veld beweeg terwyl sy broer, Pienaar en ander burgers dekking verskaf. Die aanval word deur die Britte afgeweer, en Fred moet nege uur lank in die skroeiende son lê voor hy daarin slaag om na sy eie linies terug te keer. In hierdie stadium is die Boere egter nog optimisties oor hul vooruitsigte, soos blyk uit wat Fred in sy volgende brief aan sy ma skryf:

> We are all pleased to hear that Buller is coming up as we now know what the Afrikanders can do. If we lose Mother the world will know that the men of South Africa have proved themselves without exception as brave and stout as any nation on the face of the earth. Mother, if the English wolves and foxes would only come out of the holes which they have dug in the ground we will, I am sure, beat them into the dust. As you know we have only seen one coloured flag since the commencement of the war, viz- the white. They are not the men who fought at Waterloo. They are the scum of all the large English towns and their officers are a lot of dissipated whiskey-drinking cads.[102]

Pro-Boere en parool

Intussen word die South African Conciliation Committee (SACC) in Londen gestig deur onder andere Frederic Mackarness, die advokaat wat drie jaar tevore vir Marais 'n getuigskrif aan die Inner Temple verskaf het. Mackarness word as voorsitter verkies en 'n vooraanstaande Liberale parlementslid, Leonard Courtney, as president.[103] Die SACC beywer hom daarvoor dat die oorlog so gou as moontlik beëindig word, met behoud van die Boererepublieke se onafhanklikheid. Emily Hobhouse, 'n huisvriend van Courtney, word ook 'n lid van dié organisasie[104] waarvan die lede deur die meeste Britse koerante as Pro-Boere en verraaiers uitgekryt word.

Marais het later vir Preller vertel dat Scotland Yard hom ná die uitbreek van die oorlog by sy woonplek in Teddington kom haal het en na lord Selborne geneem het. Volgens Marais het hy aan Selborne verduidelik dat daar geen verbintenis tussen hom en die ZAR-regering is nie, waarna hy deur die Britse kabinet op parool geplaas is. Dit het behels dat hy moes onderneem om niks teen die Britse regering te doen nie, en Scotland Yard veertien dae kennis moes gee indien hy Brittanje sou wou verlaat.[105]

Uit Marais se naoorlogse korrespondensie met Milner lyk dit of hy wel moontlik op die een of ander tydstip in Brittanje met Selborne vergader het.[106] Maar is Marais werklik op parool geplaas? Hiervan is daar geen aanduiding in die ministerie van oorlog of die ministerie van kolonies se rekords vir hierdie tydperk nie, ook nie in die rekords van die Britse kabinet nie. Soos sal blyk, is daar ook nie in die latere omvangryke korrespondensie oor Marais in die ministerie van kolonies se rekords van 1901 enige melding dat hy op parool was nie, iets wat 'n mens sou verwag het as dit werklik so was.

Die gebruiklike paroolvereistes het ook bepaal dat 'n persoon op parool eers ná die oorlog na Suid-Afrika kon terugkeer, of nadat sy parool opgehef is.[107] Marais het Brittanje in April 1902 verlaat terwyl die oorlog nog aan die gang was, en soos ook sal blyk, waarskynlik met die goedkeuring van die Britse owerheid. Maar weereens is daar geen rekord wat aandui dat Marais se parool opgehef is nie. Ook in die Inner Temple se rekords is daar geen melding dat Marais op parool was toe hy in November 1901 aansoek gedoen het om toelating tot die Engelse balie nie.

Die gebrek aan rekords in hierdie verband skep die vermoede dat Marais sy sogenaamde parool ná die oorlog aan Preller, Du Toit en ander voorgehou het as een van die redes hoekom hy nie vroeër na Suid-Afrika kon terugkeer om sy oorlogsplig na te kom nie. Marais het ook ná die oorlog sy pogings om die ZAR voor en tydens die oorlog te help baie oordryf, soos met sy vals (en meer heroïese) weergawe van die ekspedisie deur Portugees-Oos-Afrika waaraan hy deelgeneem het, en wat later beskryf word. Wat sy parool betref, lyk dit dan ook, soos met sy beweerde propagandapogings ter ondersteuning van die ZAR se saak, of Marais weereens van sy kennisse en vriende se optrede en ervarings aan homself toegedig het. Hierdie keer is die moontlike kandidate Ewald Esselen[108] en Johannes Stegmann,[109] wat albei tydens die oorlog op parool in Brittanje was. Soos ook sal blyk, het Marais in elk geval die volgende jaar 'n Britse burger geword, wat vanselfsprekend nie onderwerp kon word aan paroolvoorwaardes wat op 'n Transvaalse burger van toepassing was nie.

Dood in die familie

Op 23 November 1899 sneuwel Percy FitzPatrick se jonger broer George, 'n lid van die Imperial Light Horse-regiment wat FitzPatrick help stig het, by

Willow Grange naby Estcourt in Natal.[110] Twee dae later telegrafeer genl. Joubert, wat reeds voor die oorlog pessimisties oor die uitkoms daarvan was en nou mismoedig is oor die Boeremagte se onvermoë om Ladysmith in te neem, vir pres. Kruger dat hy dit raadsaam ag dat vrede gesluit word. Kruger laat hom weet dat daar nie sprake van so iets kan wees nie.

By Ladysmith, waar Falconer hom steeds bevind saam met die Britse magte, bestook Preller en die Transvaalse Staatsartillerie die dorp reeds weke lank van die omliggende koppies af, onder meer met 'n houwitser op Vaalkop, wat later deur die Britte Surprise Hill gedoop sal word. Maar net ná middernag op 10 Desember loods nagenoeg 500 Britse soldate 'n verrassingsaanval om van hierdie spesifieke doring in hul vlees ontslae te raak. Die Transvaalse burgers wat die stelling moet verdedig, slaan summier op die vlug toe hulle die Britse aanvalsmag gewaar. Maar nie ver daarvandaan nie hoor die burgers van die Pretoria-kommando hoe die Britse troepe weer by die koppie afstorm ná hulle die houwitser opgeblaas het. John Niemeyer en Deneys Reitz is onder die Pretorianers wat hulle na die voet van Vaalkop haas om die Britse terugtog te stuit.[111] Leo Amery, wat twee maande tevore hierdie einste Pretorianers se kwartiere gedeel het, beskryf treffend wat hierna gebeur het:

> The men [Britse soldate] scrambled down Surprise Hill ... Suddenly a ring of flame blazed forth at their very feet. A party of some twenty Pretorians, mostly young lawyers and business men, had boldly come round the side of the hill and, regardless of the heavy fire, had lain down in a line across the slope to intercept the storming party, of whose numbers they probably had no idea ... disregarding the misleading orders shouted by the Boers, the men charged in grim silence. The gallant handful of Pretorians emptied their magazines in a vain endeavour to stem the rush, and the riflemen surged into and over them, killing or wounding several as they passed.[112]

John Niemeyer is een van die gesneuweldes.[113] Die nuus van sy neef en skoolvriend se dood moet Marais ongetwyfeld swaar tref toe hy daarvan te hore kom. Sy neef is een van die eerste Pretoria-burgers wat in die oorlog sterf. 'n Staatsbegrafnis word in Pretoria vir hom en die ander gevalle Pretorianers gehou, en John Niemeyer word in die Ou Begraafplaas in Kerkstraat in Pretoria begrawe.

Lizzie Niemeyer is ontroosbaar. Aan Bessie Findlay, haar dogter en Marais se speelmaat in sy jeug,[114] skryf sy dat "his untimely death leaves a dreadful vacancy which no gold no diamonds nothing in this world can ever fill ... After he was dead they stabbed him all over. God forgive them."[115]

FitzPatrick maak in sy memoires melding van 'n progressiewe Afrikanervriend van hom wat hy nie by name noem nie, maar wat volgens sy beskrywing John Niemeyer kan wees. Volgens FitzPatrick was sy vriend – soos Niemeyer – 'n prokureur wat in 'n vroeë stadium van die oorlog in 'n nagaanval op 'n heuwel buite Ladysmith gesneuwel het.[116] FitzPatrick het natuurlik vir Niemeyer geken, want soos gemeld, het hy ná die Jameson-inval uit die tronk boodskappe aan sy vrou en vriende gestuur deur Niemeyer en Marais, die Pretoriase prokureursfirma waarvan John Niemeyer 'n stigtersvennoot was.

Volgens FitzPatrick het sy Afrikanervriend voor die oorlog by hom gepleit om geduldig te wees en sy politieke agitasie te staak, want anders sou dit op 'n oorlog uitloop waarin hulle aan verskillende kante sou moes veg. Sy vriend het verklaar dat wanneer dit gebeur, daar nie meer progressiewe Afrikaners gaan wees nie. "We will all turn out to defend our independence, and you mark my words, the fighting is not going to be done by the men who have talked big and tried to make trouble; they will be in some safe place behind the lines. It's we who will have to fight; we who hate it and will be fighting our friends."[117] FitzPatrick was skynbaar later onbewus van die ironie van hierdie anekdote in die lig daarvan dat hy self een van die grootpraters was wat die oorlog in veiligheid deurgebring het.

In die paar dae voor en ná John Niemeyer se dood verloor die Britse magte veldslae by Stormberg, Magersfontein en Colenso, Brittanje se sogenaamde "Black Week". Die Britse publiek se gemoedstoestand is egter een van teleurstelling eerder as paniek – teleurstelling dat dit so lank neem om 'n oorwinning te behaal.[118]

Intussen keer Marais se broer Melt in Desember weens swak gesondheid terug na Pretoria om sy pligte as veldkornet daar te hervat. Hy sal nie weer in 'n gevegshoedanigheid aan die stryd deelneem nie. Ook Fred Niemeyer is nou terug in Pretoria om sy broer John se regspraktyk te behartig en na sy ma om te sien.[119] Sy oorlog is ook verby.

Mens en dier

Op 9 Januarie 1900 word Marais dertig jaar oud. Wat doen hy in Londen terwyl oorlog in sy land woed? "In Teddington, naby Londen, had ek gedurende 'n kwaai winter 'n sjimpanseebabetjie onder my sorg," skryf hy jare later in 'n artikel.[120] Sy beskrywing van die woonplek waar hy die aap aanhou, stem ooreen met hoe sy kamers in mev. Tuley se losieshuis by 28 Coleshill Road gelyk het.[121] Moontlik is dit dan in die Britse winter van 1899/1900 dat Marais die sjimpanseetjie versorg. Volgens Marais het die opsigter van die Londense dieretuin die dier aan sy sorg toevertrou nadat Marais ontdek het dat dit longontsteking het. Marais skryf dat die sjimpanseetjie soms so gehuil het dat sy buurvrou, die vrou van 'n bejaarde Wesleyaanse predikant, oortuig was dat hy 'n baba by hom in die huis het. Marais het ook later vir 'n buurvrou van hom in Heidelberg in die Transvaal vertel dat hy die aap tot drie leer tel het.[122]

Die sjimpansee se intelligensie het Marais ook geweldig beïndruk. In sy stuk "Burgers van die berge" het hy geskryf dat voor sy bed in die solderkamer 'n kissie was waarin hy beskuitjies gehou het; gou het die sjimpanseetjie geleer om die kissie oop te sluit met 'n sleutel wat sy self uit 'n laai moes haal. Volgens Marais het hy ook 'n "marmoset" gehad, 'n klouapie met 'n lang stert en 'n lyfie omtrent so groot soos 'n man se oopgestrekte hand. Die klouapie en die sjimpansee het mettertyd baie geheg geraak aan mekaar. Maar soms het die sjimpansee te hardhandig met die klouapie gespeel, en toe Marais op 'n keer moes uitgaan, het hy die klouapie toegesluit in 'n kanariekou wat aan 'n ketting bokant sy tafel gehang het. Die deurtjie van die kou het hy met 'n staalpennetjie toegesluit; om die deurtjie weer oop te maak moes die pennetjie eers getrek en dan gedraai word.

Toe Marais uit sy kamers is, het hy eers deur 'n venster geloer of sy plan werk. Aanvanklik het dit so gelyk. Eers het die sjimpansee op die tafel geklim, maar die kou was nog steeds buite haar bereik. Daarna het sy die babastoel nadergesleep waarop sy gewoonlik vir ete aangesit het, en dit ná 'n groot gesukkel op die tafel gekry. Sy het toe op die stoeltjie geklouter, maar kon weereens nie by die kou uitkom nie. Marais was nou tevrede dat die klouapie veilig is, en het besluit om te loop. Maar net toe hoor hy 'n groot gekletter. Toe hy weer gaan loer, sien hy dat die sjimpansee nou sy bedkissie op die trappe van sy slaapkamer na sy eetkamer agter haar aansleep. Sy het dit eers op 'n stoel neergesit, weer op die tafel geklim, die kissie opgelig en dit op die tafel geplaas, en toe die babastoel bo-op. Hierdie keer kon sy die kou bereik, en nieteenstaande die ingewikkelde slot, het sy die klouapie binne 'n minuut bevry.[123]

Marais het ook in hierdie stuk geskryf dat hy op 'n keer 'n ruk moes weggaan, en toe gereël het dat 'n vriendin vir die sjimpanseetjie sorg. "'n Jong dame wat haar 'n tyd lank gedurende my afwesigheid opgepas het, het haar 'n klein poppie gegee, waarvoor sy eers bang was. Nadat sy ontdek het dat die poppie nie lewend is nie, het sy dit egter dadelik as 'n speelding aangeneem. Dit was lagwekkend om die liefkosings te sien wat die poppie daarna ten deel geval het. Sy het nooit gaan slaap sonder om die poppie in haar arms te neem."[124]

Die presiese besonderhede waarmee Marais sy vertelling inkleur, maak dit oortuigend. Maar dit is ook so dat daar in hierdie tyd 'n baie gewilde sjimpansee genaamd Daisy in die Londense dieretuin was wat 'n knipmes kon oopmaak en 'n appel in vier stukke kerf. Wanneer 'n omstander haar dan vir die grootste – of kleinste – stukkie gevra het, het sy dit sonder aarseling oorhandig. Op 3 April 1900 het die *Daily Mail* egter berig dat Daisy weens die gure weersomstandighede gesterf het.[125] Dan was daar in die dieretuin ook 'n ander sjimpansee, Sally, wat Marais net van sien geken het, en wat volgens hom tot tien kon tel.[126] 'n Mens kan ook nie help om te wonder nie of 'n hospita soos mev. Tuley werklik sou toegelaat het dat 'n lewendige jong sjimpansee vrylik in haar losieshuis rondbeweeg terwyl die dier se eienaar sekerlik soms vir 'n groot deel van die dag uitstedig was. En sou 'n dieretuin werklik een van die diere in sy sorg aan 'n lid van die publiek toevertrou het? Nog dinge wat 'n mens oor Marais se verhaal laat twyfel, is dat hy vir sy Heidelberg-buurvrou vertel het dat toe hy op 'n keer moes weggaan, hy die aap na die dieretuin moes terugneem,[127] wat nie strook met sy weergawe in "Burgers van die berge" nie. Marais het ook later jare aan Gustav Preller se seun Bob vertel dat die dieretuin hom gevra het om twéé sjimpansees op te pas, wat hy in sy hotelkamer aangehou het![128]

Hoe dit ook al sy, Marais het waarskynlik tydens een van sy besoeke aan die dieretuin ook met 'n bekende orangoetang kennis gemaak. "Oom Paul" is so deur die dieretuin se personeel gedoop omdat hy volgens hulle merkwaardig baie gelyk het na daardie "grotesque and repulsive" vyand van die Britse Ryk, pres. Kruger.[129] Het Marais geglimlag toe hy hierdie growwe belediging van sy aartsvyand aanhoor?

Maar nog is die dieretuin nie klaar met die president van die ZAR nie. In hierdie jaar is daar ook groot belangstelling onder die Britse publiek in die lot van "Oom Paul's lioness". Rhodes het die vorige jaar 'n leeuwyfie aan Kruger geskenk, wat die president van die hand gewys het. Daar is toe besluit om die dier na die dieretuin in Londen te verskeep. Die Britse pers jaag die publiek op hol met 'n storie dat die Boere moontlik die leeuwyfie se stert afgesny het – 'n tipiese voorbeeld van hul onbeskaafdheid en wreedheid, word daar gemeen. Groot is die publiek se vreugde toe dit blyk dat dit nie die geval is nie, en dat hierdie simbool van die Britse nasie veilig uit "Kruger's evil clutches" verlos is.[130]

Marais besoek ook in hierdie jare gereeld Hyde Park waar hy hom verwonder aan 'n afgeleefde ou straatloper wat skynbaar 'n geheimsinnige mag oor voëls het. Elke keer as die straatloper sy opwagting maak, word hy toegeswerm deur al die voëltjies in die park. Volgens Marais het hy hom dikwels gevolg, saam met 'n "gedrang van kinders, wat onwillig was om 'n enkele fase van die wonderlike skouspel te verloor".[131]

Duister vroue

In *Die Groot Verlange* bespiegel Rousseau oor 'n intieme verhouding in Londen tussen Marais en 'n sestienjarige meisie genaamd Susanne.[132] Hy grond dit op 'n aantal potloodsketse wat Marais in 'n skets- en notaboek van ene Susanne gemaak het, en wat haar in verskillende houdings uitbeeld, gekleed sowel as gedeeltelik ontkleed. In 'n skets getiteld "Susanne in bed" is die welbedeelde meisie se regterbors en tepel ontbloot. In 'n ander skets gluur sy na Marais terwyl sy 'n sykous aantrek, met 'n byskrif wat lui "Why am I waked so early?"[133] Duidelik het sy soms by Marais oorgeslaap, of hy by haar. Daar is dus min twyfel dat Marais wel 'n verhouding met 'n Susanne gehad het. Maar was dit in Londen? Dit is tog onwaarskynlik dat Jane Read, 'n weduwee wie se twee jong dogters ook in haar Lewisham-losieshuis gewoon het, sou toegelaat het dat Marais 'n sestienjarige meisie laat oorslaap. Ook Jane Tuley, die hospita van die losieshuis in Teddington waar Marais in 1900 woon, sou dit sekerlik nie geduld het nie. Verder was albei hierdie losieshuise kleinerig, met slegs twee of drie loseerders en een ingang, en sou dit nie moontlik gewees het om die persele ongemerk met 'n metgesel binne te gaan of te verlaat nie. Die Cockle-familie met hul jong kinders by wie Marais in 1898 gewoon het, sou vanselfsprekend ook nie so iets toegelaat het nie. 'n Mens kan jou ook nie indink dat Marais in hierdie preutse era by die sestienjarige Susanne se woning in Londen sou kon oorslaap nie.

Hierdie skets- en notaboek van Marais word in die Universiteit van Johannesburg se Spesiale Versamelings-afdeling bewaar. Maar ná 'n ondersoek daarvan is dit nie moontlik om onomwonde te verklaar dat Marais die sketse in Londen gemaak het nie. Inteendeel, dit lyk eerder of hy dit daarna geteken het. Die sketse is ongedateer, en terwyl daar in die notaboek wel enkele aantekeninge is wat blykbaar in Londen gemaak is, is die meeste van hulle ná 1902 gedateer, sommige tot so laat as 1914. Die aantekeninge is ook nie altyd in chronologiese volgorde nie. Verder het Marais van albei kante van die skets- en notaboek begin skryf, hoofsaaklik op die regterkantse bladsye, en die notaboek omgedraai wanneer hy van die ander kant geskryf het. Die aantekeninge op die linkerkantse bladsye is dus meestal onderstebo. Marais het ook nie op elke bladsy geskryf nie, en soms 'n hele paar bladsye tussen onderwerpe oopgelaat. Die sketse van Susanne is agter in die skets- en notaboek van 82 velle (of dubbel soveel as albei kante van 'n blad ingereken word), aan die kant wat in Londen begin is. Maar die sketse is op linkerkantse bladsye, en nie onderstebo soos 'n mens sou verwag nie. Die laaste aantekening (op 'n regterkantse bladsy) voor die sketse is 4 Maart 1908 gedateer, met geen verdere aantekeninge daarna nie.

Dit lyk dus of Marais moontlik die sketse weens hul aard wou versteek deur hulle agter in die skets- en notaboek te maak, aan die "verkeerde" kant, sodat iemand wat vinnig van voor af deur die boek blaai nie sommer daarop sou afkom nie. Maar dit beteken dat hy die aantekeninge in enige jaar kon gemaak het, ook ná hy in Londen gewoon het. Selfs al sou 'n mens bespiegel dat Marais die sketse gemaak het ná hy van die ander kant begin skryf het, en die boek omgedraai het toe hy hulle geteken het, dui die datums van die inskrywings wat hy voor en ná die sketse aan hierdie kant gemaak het aan dat die sketse ná sy verblyf in Londen geteken is. Die (onderstebo) aantekening voor die eerste skets is Augustus 1903 gedateer, terwyl die eerste aantekening (ook onderstebo) ná die laaste skets 6 Junie 1906 gedateer is.[134] Die datums van die aantekeninge aan al twee kante van die boek dui dus daarop dat Marais waarskynlik die sketse iewers tussen 1903 en 1908 geteken het, toe hy terug in Suid-Afrika was.

Dit skep dan die ruimte vir bespiegeling oor wie Susanne was. In *Die Groot Verlange* meld Rousseau dat Marais 'n verhouding met ene Anne ('n skuilnaam wat Rousseau haar skynbaar gegee het[135]) gehad het toe hy in 1906 en 1907 in Hillbrow gewoon het. Volgens Rousseau was Anne "jonk – baie jonk". Hy verskaf egter nie verdere besonderhede oor haar nie, behalwe dat sy 'n brief aan Marais "in haar ligte jong handskrif" geskryf het.[136] Maar was "Anne" nie "Susanne" se skuilnaam nie? Soos gemeld, sou dit in Londen vir Marais moeilik gewees het om in een van die losieshuise waar hy gewoon het 'n seksuele verhouding met 'n sestienjarige meisie aan te knoop. In Pretoria, waar Marais bekend was, sou hy dit ook nie kon waag nie – die skindertonge sou behoorlik geklap het. En later in die Waterberg, 'n nog kleiner gemeenskap waar Marais ná sy Johannesburg-verblyf 'n dekade lank gaan woon het, sou so iets nie ongemerk of ongestraf verbygegaan het nie. Maar in 'n groot stad soos Johannesburg, waar hy meer anoniem was, sou so 'n verhouding veel makliker gewees het. Moontlik het Marais selfs by Susanne/Anne se familie geloseer in Hillbrow, want een van die sketse is getiteld "Susanne's Ma (?)".[137] 'n Argument teen die bespiegeling dat Anne en Susanne een en dieselfde mens sou wees, en dat Marais in Hillbrow met haar 'n verhouding gehad het, is egter natuurlik dat Rousseau nie self hierdie verband trek nie.

'n Meer waarskynlike vriendin van Marais in Londen was die een wat volgens hom sy sjimpanseetjie in Teddington moes versorg toe hy vir 'n ruk weg was. Haar vrye toegang tot sy kamers in sy afwesigheid dui daarop dat sy 'n baie goeie vriendin was. Maar oor haar is ongelukkig niks verder bekend nie. Dit is egter moontlik dat sy Helen Schurr se ongetroude jonger suster was. In 1900 was Janet Read 22 jaar oud en het sy moontlik by Otto en Helen Schurr by 52 Clarence Road in Teddington gewoon, want sy is in die volgende jaar se sensus by hierdie adres aangeteken.[138] Kan dit dan wees dat Marais eintlik agter Janet aan na Teddington getrek het? In hierdie jaar is Marais dertig, in die fleur van sy lewe, en selfs later in sy lewe het hy 'n slag met vroue behou, veral met jongeres soos Janet, wat op hierdie tydstip net so oud was as sy oorlede vrou, Lettie, toe hy haar ontmoet het. Dit is egter net bespiegeling. Ek kon nie veel oor Janet Read uitvind nie, behalwe dat sy nooit getrou het nie, en in 1944 op 66-jarige leeftyd in Londen oorlede is.[139] Maar 'n mens kan nie help om te wonder nie.

Dan is daar Marie Corelli, die Victoriaanse prulskrywer, wat volgens Marais met hom wou trou.[140] Friedel Hansen bespiegel in sy *Die Handdruk van die Dood – Die Onvertelde Storie van Eugène Marais* oor 'n verhouding tussen Marais en Corelli. Volgens Hansen het Marais in Londen onder die invloed van Corelli gekom en het sy hom finansieel ondersteun. Hansen glo dat Marais selfs vanaf Mei 1899 tot Oktober 1900 by haar in Stratford-upon-Avon gewoon het.[141] Hansen is ook van mening dat die ongelukkige kinderjare van die hoofkarakter in haar roman *Boy* (1900) gebaseer is op wat Marais haar oor sy eie jeug vertel het.[142]

Hansen balanseer sy teorie op drie wankelrige bene. Die eerste is Marais se bewering aan sy seun dat Corelli met hom wou trou.[143] Die tweede is dat Marais se suster Lizzie geglo het dat hy 'n karakter in een van Corelli se boeke is en toe al die skrywer se boeke uit haar huis laat verwyder het. Volgens Hansen het Lizzie beweer dat Corelli die oorsaak van Marais se lewensmoegheid ná sy terugkeer uit Londen was, en haar 'n "wicked lady novelist" genoem.[144] Laastens baseer Hansen die tydperk wat Marais by Corelli sou gewoon het op die gebrek aan presiese inligting oor wat Marais in hierdie tydperk gedoen het.

Hansen verskaf egter weereens geen bewyse om sy teorie te onderskraag nie. Hy erken dat hy geen dokumentêre bewys van 'n verhouding tussen Marais en Corelli kon vind nie.[145] Buitendien was Corelli vyftien jaar ouer as Marais, en was sy waarskynlik in 'n lesbiese verhouding betrokke met Bertha Vyver, haar metgesel van meer as veertig jaar. Verder verskaf Hansen geen bewys dat Marais by Corelli gewoon het nie. Soos gemeld, was Marais in elk geval in 1899 in Suid-Afrika, en daarna in Teddington. Tot tyd en wyl werklike bewyse aan die lig kom, is Hansen se teorie dus net dit. Dit kan egter wees dat Marais hom vereenselwig het met die ongelukkige kinderjare van die hoofkarakter van *Boy* en daarna 'n verhouding met Corelli gefabriseer het om sy seun en suster te beïndruk. So 'n verdigsel sou by Marais nie ongewoon gewees het nie.

Om den brode

Maar behalwe dat Marais moontlik een of meer ape in mev. Tuley se losieshuis aanhou en in 'n verhouding met Janet Read betrokke is, hoe bring hy die res van sy tyd in 1900 deur? Hy woon definitief weer dinees by die Inner Temple by, want in Desember van hierdie jaar skryf hy nog 'n eksamen, waarna die Council of Legal Education aanteken dat hy nou elf van die verpligte twaalf kwartale voltooi het.[146] Hy moes dus nog vier of vyf kwartale se dinees bygewoon het nadat hy sy vorige eksamen in Mei 1898 afgelê het. Hierdie kwartale het hy dus voltooi nadat hy vermoedelik ongeveer middel 1899 na Londen teruggekeer het.

Marais sou egter met sy terugkeer na Londen uitgevind het dat hy nou ingevolge 'n nuwe regulasie van die Inns of Court nog 'n eksamen moet aflê – vier in plaas van die drie wat die vereiste was toe hy in 1897 by die Inner Temple ingeskryf het. Terwyl hy in Februarie 1899 in Pretoria was, het die Council of Legal Education besluit dat studente aan die vier Inns of Court voortaan ook 'n eksamen in Bewysreg, Prosesreg en Kriminele Reg voor hul eindeksamen moet aflê. Hierdie vak was voorheen 'n onderafdeling van die derde (en destyds die laaste) eksamen.[147] Gedurende die loop van 1900 sou Marais dus klasse en lesings hieroor moes bywoon.

Marais het later vertel dat hy ná die uitbreek van die oorlog 'n ruk lank by 'n horlosiemaker gewerk het, en selfs die besigheid bestuur het toe die eienaar siek was.[148] Die storie klink of dit moontlik waar kan wees. Soos later sal blyk, was Marais se fondse teen hierdie tyd uitgeput. Weens die oorlog sou hy ook nie meer geld uit die Transvaal of Vrystaat van familie of vriende kon leen of kry nie, en moes hy nou waarskynlik geld verdien. Dit is egter onwaarskynlik dat 'n Britse werkgewer 'n betrekking sou gee aan 'n burger van 'n land waarmee Brittanje in 'n oorlog gewikkel was. Maar in Church Street in Teddington, net om die draai van mev. Tuley se losieshuis, was daar 'n Duitse horlosiemaker genaamd Herman Müller wat sy eie besigheid gehad het.[149] Volgens die volgende jaar se sensus het maar net 'n handjie vol Duitsers in Teddington gewoon – moontlik het Schurr vir Müller geken, en het Marais die werk deur sy toedoen gekry. 'n Duitse werkgewer sou sekerlik ook gedurende die Anglo-Boereoorlog meer simpatiek teenoor 'n Transvaler gewees het as die deursnee-Britse werkgewer.

Wat meer seker is, is dat Marais in hierdie jaar gewerk het in die City, Londen se finansiële distrik, want in Oktober 1900 skryf hy aan Jim Taylor "I am starting a few lines to you at the end of a day's work" in 'n brief waarin hy sy adres as "The Chambers, Moorgate Station" aangee.[150] Die Britse posdiens se besigheidsgids vir hierdie jaar dui aan dat daar 'n vyfverdiepinggebou met die naam "Moorgate Station Chambers" reg agter Moorgate-stasie was. Die "Chambers" laat 'n mens onmiddellik vermoed dat dit die kantoor van advokate was, wat egter nie die geval was nie. Op die grondvloer was 'n bakkery, 'n sigaretmaker, 'n visverkoper, 'n skoenmaker en 'n teehandelaar, terwyl die boonste vier verdiepings rekenmeestersfirmas, algemene handelaars, eiendoms- en aandelemakelaars, 'n koffiekroeg, 'n telegrafisskool, 'n kleremaker en nog 'n skoenmaker gehuisves het. Geeneen van hierdie ondernemings lyk na 'n oog-lopende werksplek vir Marais nie. Maar op die boonste verdieping was ook Thomas James Simey en Brister & Fitch, twee "South African merchants",[151] firmas wat allerlei produkte en kommoditeite van en na Suid-Afrika in- en uit-gevoer het.

Marais het dan vermoedelik voor Oktober 1900 by een van hierdie firmas begin werk, waarskynlik as 'n klerk, want besighede soos dié het elke dag 'n magdom korrespondensie en liasseerwerk voortgebring. Moontlik het Marais hierdie pos deur die toedoen van 'n Uitlandervriend soos Jim Taylor gekry. Op hierdie tydstip was Taylor nog informeel betrokke by Wernher-Beit, wie se kantoor by 120 Bishopsgate Street[152] net 'n paar minute se stap hiervandaan was. Die firma se myne in die ZAR moes allerlei goedere en toerusting van Brittanje en elders invoer, aangesien Suid-Afrika destyds nog nie 'n noemens-waardige vervaardigingsektor gehad het nie. Suid-Afrikaanse handelaars soos Thomas James Simey en Brister & Fitch was maar alte gretig om die myngroepe hiermee behulpsaam te wees. 'n Bekendstelling deur 'n gewese vennoot van Wernher-Beit sou ook gehelp het om vir Marais 'n vriendelike ontvangs te verseker. Boonop sou iemand soos Marais wat uitstekend kon skryf en die Transvaal goed geken het in elk geval 'n aanwins vir so 'n firma gewees het.

In 1900 versinnebeeld die City die Britse Ryk se finansiële mag. Dit beslaan 'n onreëlmatige vierkantmyl oos van die West End en noord van die Teems. Bedags wemel die "Square Mile" van meer as 300 000 mense, maar snags daal die bevolking tot minder as 'n tiende hiervan en is die strate donker en verlate. Die City is die fokuspunt van die wêreldhandel, 'n ontsaglike verrekening-sentrum van goedere, geld en kundigheid, asook die grootste verskaffer van kapi-taal aan lande en maatskappye dwarsoor die wêreld. Na die Bank of England en die City se banke vloei enorme bedrae dividende en rente van omtrent elke land, hulde aan die magtigste handelsryk wat daar nog ooit was.[153]

Marais is klaarblyklik glad nie ingenome met sy werk en die omgewing nie, want net hierna in dieselfde brief aan Taylor skryf hy: "It is like Paradise to get back to my shabby rooms from these drear & gloomy streets."[154] Vir 'n

Transvaler wat aan die oop ruimtes en beskeie geboue van Pretoria gewoond is, moet die City, toegebou onder strukture van omtrent elke grootte, ouderdom, doel en vorm, en met 'n ingewikkelde netwerk van strate en stegies en binnepleine wat alles verbind, soos 'n doolhof wees. Die meeste van die geboue het ook 'n somber kleur – 'n skakering tussen vaalgrys en die kleur van rook. Die werksareas in die ou geboue is ongemaklik en neerdrukkend, met nou, onderbeligte trappies wat na vaal kantoortjies lei. Twee of drie klein vertrekke wat oor 'n ingeslote binnehof uitkyk – so lyk die tipiese City-firma se kantore in hierdie jare.[155]

Hier bring klerke hul dae met sleurwerk deur: die oopmaak en stempel van datums op inkomende briewe, kanalisering van hierdie briewe na die regte hande, hantering van die eienaars se korrespondensie, beantwoording van navrae, uitstuur van pryslyste en bestellings, kopiëring en liassering van dokumente, asook 'n magdom ander take.[156] Die derduisende klerke is die voetsoldate van die City, en 'n tipiese klerk verdien ongeveer £8 (R8 000) per maand.[157] Hiervoor moet hy van nege tot vyf, of tien tot ses, Maandag tot Vrydag, asook Saterdag-oggende, by sy werkgewer wees.[158] 'n Destydse waarnemer het geskryf dat die tipiese City-klerk aan sy blinkgewaste lang swart baadjie, uitgerafelde kraag, gryserige mouboordjies, en bowenal sy bleek en afgeremde gelaatstrekke uitgeken kon word.[159] Hier is elke man – en in 1900 is dit omtrent net mans wat in die City werk – 'n baie klein rat in 'n ontsaglike en meedoënlose geldmasjien. 'n Joernalis het in hierdie tydperk die leërskare witboordjiewerkers wat soggens die City binnestroom treffend beskryf soos hy hulle van London Bridge waargeneem het:

> So crowded is the canvas, so full of movement, it dazes one. Life sweeps over the bridge like the rush of the sea by the sides of a ship – always Citywards. In thousands they advance, leaning forward, with long, quick strides, eager to be there! Swiftly they flash past, and still they come and come, like the silent, shadowy legions of a dream ... Looking down upon the swarming masses, with the dark sullen river for a background, they fuse into one monstrous organism, their progress merges in the rhythmic swaying of one mammoth breathing thing. A wearied, languorous feeling creeps over you, as face follows face and eyes in thousands swim by ... During an hour these

> multitudes in drab march past to the relentless City, to barter what they have of value for their daily bread. The monotony of the endless parade is overpowering, numbing; and minute by minute the railway station, not a stone's throw away, yields up fresh battalions for this sublime muster of citizens.[160]

Geen wonder Marais is swaarmoedig nie.

Die oorlogsgety draai

Ná die terugslae van Black Week die vorige Desember neem veldmaarskalk lord Roberts die bevel van die Britse magte in Suid-Afrika by genl. Buller oor. In Februarie 1900 bevry Roberts se oormag eers vir Kimberley, en keer daarna vir genl. Piet Cronjé en sy magte by Paardeberg vas. Op 27 Februarie gee Cronjé en sy nagenoeg 4 000 burgers hulle oor, 'n reuse-slag vir die res van die Boeremagte se moreel. Die volgende dag bevry Buller Ladysmith, ongetwyfeld tot die groot verligting van Falconer, wat al vir 118 dae hier vasgekeer is. "He shared all the sufferings and privations of the siege," berig die *Pretoria News* later, "and its conclusion saw him a mere shadow of himself."[161] Tydens die beleg was hy 'n "close spectator of attacks on Wagon Hill and Caesar's Camp" en het hy "several narrow escapes from both friend and foe" gehad.[162] Nieteenstaande sy toestand sal Falconer kort hierna by kol. Mahon se aanvalsmag aansluit, wat ten doel het om Mafeking te gaan ontset.[163]

Aan die begin van Maart skryf genl. Joubert aan pres. Kruger en pres. M.T. Steyn van die Vrystaat dat sake nou so ernstig is dat hulle alles in hul vermoë moet doen om die oorlog te beëindig. Alhoewel Steyn aanvanklik daarteen gekant is, stuur die twee presidente 'n kabelgram aan die Britse eerste minister waarin hulle hulle bereid verklaar om vrede te sluit, op voorwaarde dat die Transvaal en Vrystaat hul onafhanklikheid behou. Lord Salisbury en die Britse kabinet se antwoord is kortaf – die Boererepublieke het die oorlog begin, en dit is buite die kwessie dat hulle onafhanklike republieke kan bly.

Op 13 Maart neem die Britse magte Bloemfontein sonder teenstand in. Marais se broer Charles word kort hierna gevange geneem, en sal die res van die oorlog as 'n krygsgevangene in Stellenbosch en Groenpunt deurbring.[164] Die Britse publiek se teleurgestelde gemoedstoestand van die vorige jaar word nou triomfantlik en bombasties. In die immergewilde skougronde van Earl's Court lok 'n nuwe besienswaardigheid talle besoekers: by Boerland kan die publiek teikens wat soos Boere lyk flenters skiet, en langsaan herinner 'n model van 'n goudmyn hulle hoekom dit hoegenaamd nodig is om in Suid-Afrika te veg.[165]

Ook die toneelwêreld van Londen bly nie agterweë nie. In die verskeidenheidskonsert *Tonight's the Night* wil die akteur wat die rol van pres. Kruger by 'n Britse kostuumparty speel, weet wat sy troosprys is. "A darned good hiding with the compliments of Tommy Atkins," is die antwoord wat die gehoor laat skaterlag. Die hoofstroomteaters ry ook die oorlogsgolf. In *The Absent-Minded Beggar* by die Princess's Theatre vry 'n Boereskurk na die vrou van die held, 'n Britse soldaat, maar word hy in die laaste bedryf gefnuik. 'n Ander toneel beeld die gevegte in die koppies om Ladysmith baie realisties uit, met bulderende kanonne en rookwolke. 'n Resensent meld dat die gehoor "screamed with delight, and cheered again and again in a frenzy of patriotism".[166]

FitzPatrick doen ook sy deel vir die Britse oorlogspoging. Vir Arthur Balfour – nou die de facto eerste minister terwyl sy oom, lord Salisbury, oor sy vrou se onlangse afsterwe rou – gee hy advies oor hoe om die Boererepublieke ná die oorlog te regeer;[167] vir Beit en Wernher oorreed hy om 'n verdere £50 000 (R50 miljoen) tot die stigting van nog 'n berede regiment, die Imperial Yeomanry, by te dra.[168] Hy maak ook propaganda oor hoekom die oorlog hoegenaamd nodig is, want in Brittanje neem simpatie met die Boere toe. Alhoewel hulle 'n minderheid is, glo al hoe meer Britte nou dat die oorlog deur die Randlords bewerkstellig is om hul winste te vermeerder deur van die Kruger-regering ontslae te raak. FitzPatrick skryf artikels en voer gesprekke met talle joernaliste en politici om hierdie siening teen te werk.[169] Sy grootste vrees is dat die Britse regering ná die oorlog sal toelaat dat die Boererepublieke 'n mate van onafhanklikheid behou. Hy glo dat dit nou eens en vir altyd beslis moet word wie baas in Suid-Afrika is – Boer of Brit. Volgens hom kan daar geen sprake van enige onafhanklikheid vir die voormalige Boererepublieke wees nie, want dit sal net toekomstige probleme skep.[170] Skynbaar put al hierdie skryf- en praatwerk hom uit, want in Maart 1900 vertrek hy na Europa vir 'n tienwekevakansie aan die Franse Riviera.[171]

Aan die einde van Maart sterf genl. Joubert aan kwaadaardige maagvliesontsteking en stel pres. Kruger vir genl. Louis Botha as die bevelvoerder van die Transvaalse magte aan. Die Britse opmars gaan onverpoosd voort. Derduisende Boere lê nou die wapen neer en keer na hul huise en plase terug. Marais se vriend Charlie Pienaar is een van hulle – hy verhuis na Barberton en neem nie weer aan die oorlog deel nie.[172] Teen die middel van Mei is ook pres. Kruger mismoedig. In Pretoria spreek 'n afvaardiging vooraanstaande Pretorianers hom toe en stel voor dat die Boererepublieke die wapen onder protes neerlê. Een van die afgevaardigdes is Frikkie Eloff, die staatspresident se skoonseun, wat voor die oorlog so mildelik uit sy familieverbintenis gebaat het.[173] Pres. Kruger stel hierna aan pres. Steyn voor dat hulle dit moet oorweeg om vrede te maak om verdere beskadiging van eiendom en lewensverlies te voorkom. Steyn oorreed hom egter om met die stryd voort te gaan.

Op Donderdag 17 Mei ontset kol. Mahon se magte Mafeking. 'n Ooggetuie het sy indruk van Falconer by hierdie geleentheid gegee: "I met him first in the grey light on the outskirts of Mafeking, just as the relief column moved into the town. Dirty and dishevelled, but energetic as ever, pursuing the whole purpose of the war as one whose heart was in a great work."[174]

Die nuus van Mafeking se ontsetting ná 217 dae bereik Londen die volgende dag. Nou begin die grootste feesvieringe wat die stad nog ooit beleef het. In die West End breek pandemonium uit, en in Piccadilly Circus is daar nie plek vir 'n muis nie. Vroue dans op perdekarre; mans drom op die boonste dekke van omnibusse saam; orals waai mense Union Jacks, sambrele, hoede, enigiets wat hulle in die hande kan kry. In die City gooi makelaars geld in die lug, kroeë bedien drank gratis, tabakwinkels deel sigare uit. Teen middernag stroom skares uit die suide van Londen nog steeds oor die Teems se brûe om aan te sluit by feesvieringe wat myle ver gehoor kan word. Die gefuif hou heelnag aan, en tienuur Saterdagoggend is Mansion House in die City die middelpunt van die gejubel. Mense sing en juig en gooi hul hoede in die lug op in 'n onophoudelike stortreën. Dit voel asof elkeen van Londen se ses en 'n half miljoen mense op straat is. Sekerlik is die oorlog, wat al langer geduur het as wat enigiemand verwag het, nou amper verby.[175]

Kort hierna annekseer lord Roberts die Vrystaat – voortaan sal dit as die Orange River Colony bekend staan. Die voortgesette opmars van Roberts laat genl. Botha ook nou twyfel of die Boere die stryd moet voortsit. Moedeloos oor die onwilligheid van baie van die burgers om voort te veg, asook oor

Roberts se deurbraak deur die Boerelinies tien kilometer van Johannesburg op 29 Mei, dring hy aan dat Kruger die Volksrade van die ZAR en die Vrystaat byeenroep om die situasie te bespreek.

Vir 'n Transvaler soos Marais in Londen moet dit ook maar 'n mismoedige tyd wees. Terwyl die Britte jubel, ploeter hy voort, 'n halfhartige student by die Inner Temple en onwillige werker in die City wat hom met allerlei beuselagtighede ophou terwyl sy familielede en vriende veg en sterf in 'n verbete stryd teen die land in wie se hoofstad hy hom nou bevind. Dit sou 'n ongewone mens wees wat nie 'n mate van skuld voel nie. Maar binnekort sal daar verwikkelinge wees wat hom by die oorlog betrek.

FitzPatrick maak planne

"For practical purposes the war is over," kondig *The Times* op 1 Junie 1900 die nuus aan dat Johannesburg sonder weerstand deur die Britse magte beset is. Die koerant meen dat die Boere se dreigemente van guerrilla-oorlog heeltemal oordrewe is – hulle is landbouers wat nie langer van hul plase sal wil wegbly nie.[176] Wernher-Beit se sakeryk is ook veilig – die Boeremagte het die goudmyne op die Witwatersrand ongeskonde gelaat. Kort hierna stel lord Roberts vir Samuel Evans van Wernher-Beit op Milner se aanbeveling as die siviele en finansiële kommissaris van Johannesburg aan.[177] In Pretoria breek die inwoners en die vlugtende kommando's intussen by die staat se provianddepots in en plunder na hartelus,[178] met sommige van Ben Viljoen se manne wat lustig meedoen.[179] C.G.S. Sandberg, staatsekretaris Reitz se voormalige privaat sekretaris, wat die vorige jaar Marais se telegram oor die Great Deal-onderhandelinge gesien het, is nou genl. Botha se militêre sekretaris en adjudant. Botha stel hom in die Pretoria Rust en Orde Komitee aan wat die situasie onder beheer moet bring.[180]

Pres. Kruger het teen dié tyd vir pres. Steyn laat weet dat hy dringend na die Transvaal moet kom om weer te besin oor of die Boererepublieke die oorlog moet voortsit. Op sy beurt telegrafeer Steyn vir Kruger dat hy enige gesprekke oor vrede ten sterkste afkeur, en dat hy verbaas is dat die Transvaalse offisiere 'n vergadering voorstel om "op een lafhartige wijze den strijd die wij in den naam des Heren hebben begonnen op te geve".[181] Veertien dae tevore het hy en Kruger dan saamgestem om aan te hou veg, en nou kom die ZAR-president weer met dieselfde voorstel. Ná hierdie berisping besluit die Transvalers om tog maar die stryd voort te sit.

Op 5 Junie word *The Times* se voorspellings skynbaar bevestig toe ook Pretoria sonder teenstand in die Britse magte se hande val. Heelwat vooraanstaande Pretorianers, hoofsaaklik Kruger-ondersteuners, gee hulle nou oor en lê die eed van neutraliteit af. In sy oorlogsherinneringe spreek Ben Viljoen sy woede oor hierdie burgers uit:

> Not only had they enjoyed the spoils of high office in the State Service offices, to which a fabulous remuneration was attached, but they belonged to the Boer aristocracy, members of honourable families whose high birth and qualities had secured for them preference over thousands of other men and the unlimited confidence of the Head of State. Little wonder these gentlemen regarded the fall of Pretoria as the end of the war.[182]

Jimmy Roos bedank onmiddellik as Reuters-korrespondent en keer na sy en Ewald Esselen se Pretoriase prokureurspraktyk terug.[183] Op sy beurt stem Kelsey Loveday in tot die Britse militêre owerheid se versoek om as waarnemende burgemeester en voorsitter van Pretoria se voorlopige stadsraad te dien.[184] Melt Marais, wat al ses maande tevore van die oorlogspoging onttrek het, word nou gevange geneem en na die Groenpunt-gevangeniskamp in Kaapstad gestuur.[185]

Op 7 Junie vergader FitzPatrick, wat kort tevore van sy Europese vakansie teruggekeer het, met Chamberlain in Londen. Hulle bespreek allerlei sake: hoe lank die militêre bewind gaan duur, die vlak van toekomstige belasting op mynwinste, die bydrae van die Transvaal tot Brittanje se oorlogsbesteding, die behoefte aan openbare werke in die Transvaal.[186] 'n Paar dae later word FitzPatrick deur Friedrich Eckstein, wat nou aan Milner se oorlogstaf in Kaapstad verbonde is, na Suid-Afrika ontbied om as vertroulike adviseur vir Milner te kom werk.[187] Maar soos later sal blyk, spreek FitzPatrick voor sy vertrek vermoedelik vir Marais oor *Land en Volk*. Soos *The Times* en Milner, glo FitzPatrick dat die oorlog vir alle praktiese doeleindes verby is. In Kaapstad is Milner juis besig om voorbereidings te tref om binnekort die bewind van die Transvaal by die militêre owerheid oor te neem.[188] FitzPatrick (en Milner) se gedagtes draai nou oënskynlik na hoe om die Boere in die Transvaal te oorreed om hulle in Britse heerskappy te berus. En watter beter spreekbuis as 'n skynbaar onafhanklike Hollandstalige koerant soos *Land en Volk* om 'n boodskap van versoening en aanvaarding te verkondig? FitzPatrick kry vermoedelik nou Marais se goedkeuring as mede-eienaar van *Land en Volk* dat Falconer met hierdie oogmerk weer die koerant mag uitgee.

Ewald Esselen op parool

Ewald Esselen gee hom ook nou in Pretoria oor. Op 10 Junie 1900 verleen Pretoria se Britse militêre goewerneur hom parool ná hy 'n skriftelike belofte afgelê het:

> I, Ewald August Esselen, do hereby pledge my word of honour that I will remain in Pretoria until released by proper Military Authority, and I further pledge my word that I will not take part in any political discussion, communicate with the Forces of the South African Republic either directly or indirectly during the present war, and that I will report myself to the Military Governor twice a week on Wednesdays and Saturdays at noon.[189]

Twee dae later skryf Esselen egter in die klagteboek van die Pretoria Club dat hy kennis geneem het van die komitee se besluit om Britse offisiere as erelede van die klub toe te laat. Dit keur hy ten sterkste af. "Inasmuch as our burghers are still in the field of fighting I object most strongly to the admission of our enemies in our club."[190] Esselen se vyandige houding sal gou die aandag van die Britse militêre owerheid trek.

Berigte van die Bokser-opstand wat sopas in China uitgebreek het, verdring nou die Anglo-Boereoorlog op die voorblaaie van Britse koerante. Die eksotiese verhale van geweld en barbarisme in China val baie meer in die Britse publiek se smaak as berigte van 'n sporadiese guerrillastryd waarin daar eintlik nie meer iets noemenswaardigs gebeur nie.[191] 'n Internasionale taakmag bestaande uit soldate van tien lande word nou op die been gebring om China binne te val en die opstand te onderdruk. Een van die lede hiervan is dr. Emil Schulz,[192] die Duitse mediese dokter by wie Marais twee jaar later in Portugees-Oos-Afrika sal aansluit om medisyne en plofstof na die Boeremagte te smokkel. Wat die situasie in Suid-Afrika betref, spits *The Times* nou sy aandag toe op wat die mees geskikte toekomstige regeringsvorm vir die Transvaal en Vrystaat is.[193]

Op 14 Junie gee genl. Andries Cronjé, 'n jonger broer van genl. Piet Cronjé wat by Paardeberg gevange geneem is, hom vrywillig met 150 manskappe by Klerksdorp aan die Britse magte oor.[194] Kort hierna reik lord Roberts 'n proklamasie uit wat die inwoners van die Boererepublieke waarsku dat alle huise in die omgewing van waar die Boeremagte spoor- en telegraafverbindings beskadig, afgebrand sal word. Hiermee wettig hy nou optrede wat reeds sporadies plaasvind. Hierdie proklamasie dui die begin van die Britse magte se verskroeideaardebeleid aan. Op 19 Junie bevorder genl. Botha Ben Viljoen tot veggeneraal, met bevel oor die kommando's van Krugersdorp, Johannesburg, Germiston en Boksburg.[195]

Falconer en *Land en Volk*

Falconer moes kort ná die ontsetting van Mafeking weens bloedvergiftiging in sy skryfhand as oorlogskorrespondent van die *Daily Telegraph* bedank.[196] Hy is nou in Kaapstad om tot tyd en wyl die oorlog verby is by sy vrou en kinders in Brittanje te gaan aansluit.[197] Maar nou hoor hy van Marais en/of FitzPatrick oor die plan met *Land en Volk*, want op 25 Junie 1900 skryf John Ellerthorpe, sy voormalige baas by die *Daily Telegraph* in Suid-Afrika, namens hom 'n brief en 'n verklaring aan Milner.[198] FitzPatrick en sy kollega Samuel Evans ken Ellerthorpe goed – juis 'n paar maande tevore het Evans vir FitzPatrick oor Ellerthorpe se lae dunk van die Britse bevelvoerders ingelig.[199] En FitzPatrick se skip is nou slegs 'n dag of twee van Kaapstad af.

In sy verklaring deel Falconer Milner mee dat hy die mede-eienaar van *Land en Volk* is, 'n koerant wat in sy twaalfjarige bestaan altyd die progressiewe saak ondersteun het. Hy verklaar verder dat hy verstaan lord Roberts "is desirous of making known to the Dutch people of the Transvaal the true condition of affairs". Hy onderneem dat as hy toestemming kry om *Land en Volk* weer uit te gee, hy Roberts se beleid ten volle sal ondersteun. Trouens, hy sal sy eie dienste, asook sy drukkery, tot die owerheid se beskikking stel.[200]

'n Nota in die Transvaalse koloniale sekretaris se lêer oor die aangeleentheid bevestig dat O'Brien weer die redakteur van die koerant gaan wees en Falconer die bestuurder, soos voor die oorlog. Marais is as mede-eienaar aangeteken, met "London (Inner Temple)" agter sy naam, wat aandui dat hy nog aan die inrigting studeer. Die maandelikse koste om die koerant uit te gee word op £200 (R200 000) geraam, waarvan Falconer en O'Brien se salarisse elk £40 per maand beloop. Daar word verder geraam dat die koerant in die eerste drie maande ná sy herverskyning slegs 500 eksemplare van die weeklikse uitgawe gaan verkoop, wat 'n maandelikse tekort (voor advertensie-inkomste) van ongeveer £160 (R160 000) tot gevolg sal hê.[201] Daar word nie aangedui hoeveel inkomste uit advertensies verwag word nie, maar in die lig van die koerant se verwagte lae verkoopsyfers en die bedrukte ekonomiese toestand kan dit nie juis noemenswaardig wees nie. Falconer se voorstel aan Milner is duidelik nie deur persoonlike gewin gemotiveer nie, en die plan, soos sal blyk, is dat die koerant deur Wernher-Beit en/of die Britse owerheid gesubsidieer sal word.

Ellerthorpe skryf in sy dekbrief aan Milner dat Falconer graag so gou as moontlik wil hoor of sy versoek goedgekeur is, want anders beoog hy om oor 'n paar dae met die volgende skip na Brittanje terug te keer.[202] Milner antwoord Ellerthorpe nog dieselfde dag. Hy is ten gunste van Falconer se voorstel, skryf hy, maar lord Roberts sal ook sy toestemming moet gee. Milner versoek derhalwe dat Falconer sy vertrek na Engeland uitstel terwyl hy op die veldmaarskalk se antwoord wag.[203] Maar Milner stuur nie onmiddellik die versoek na Roberts nie – vermoedelik wil hy eers met FitzPatrick praat, wie se skip die volgende dag in Kaapstad verwag word.

'n Mens vermoed dat hierdie korrespondensie tussen Ellerthorpe en Milner net 'n skyn vir die amptelike rekords is. Milner se dagboek toon hoe straf sy werksdruk in hierdie tyd was – vir hom om so vinnig te reageer is veelseggend. Sy onmiddellike goedkeuring van Falconer se versoek is ook insiggewend in die lig van sy weiering tot dusver van soortgelyke versoeke van verskeie Engelse Johannesburgse koerante.[204] Dit versterk die vermoede dat hy en FitzPatrick reeds voorheen hieroor gekorrespondeer het. Dit lyk egter of Milner versigtig is om nie hierdie voorstel as sy en FitzPatrick se idee aan Roberts voor te lê nie. Laasgenoemde is op hierdie tydstip die effektiewe heerser van die Transvaal, en Milner wil vermoedelik nie op die sensitiewe veldmaarskalk se tone trap nie. Buitendien is die Randlords en die mynbedryf ongewild by 'n groot deel van die Britse offisierskorps, wat soos baie Britse burgerlikes glo dat die oorlog eintlik maar net tot voordeel van "the Jews of Johannesburg" gevoer word.[205]

Op 26 Junie, die oggend ná Milner se entoesiastiese antwoord op Falconer se voorstel, kom FitzPatrick in Kaapstad aan en gaan lê nog dieselfde dag by Milner besoek af.[206] Twee dae later stuur Milner 'n telegram aan Roberts in

Pretoria om toestemming te vra dat Falconer na Pretoria mag terugkeer om *Land en Volk* uit te gee. In sy telegram verduidelik Milner dat "a Dutch paper friendly to our government and able to explain our policy and good intentions to the inhabitants of the country districts would greatly assist the work of pacification".[207]

Roberts verleen sy toestemming 'n paar dae later, op voorwaarde dat Falconer nie ook as 'n korrespondent vir ander koerante werk nie.[208] Maar op 12 Julie telegrafeer Roberts dat hy nie op die oomblik vir Falconer 'n plek op 'n trein na Johannesburg kan gee nie.[209] Dieselfde dag dat Milner hierdie telegram ontvang, vind hy uit dat Roberts ook toestemming gegee het dat *The Star* weer in Johannesburg mag verskyn. Hieroor stuur Milner onmiddellik 'n telegram aan Roberts. Hy meen *The Star* se verskyning gaan groot ongelukkigheid veroorsaak onder die ander Transvaalse Engelse koerante wie se soortgelyke versoeke hy voorheen geweier het – dit is beter dat daar vir eers geen Engelse koerante behalwe die amptelike staatskoerant in die Transvaal verskyn nie.[210] Roberts vererg hom skynbaar omdat Milner sy besluit bevraagteken. Hy telegrafeer terug dat ingevolge Milner se versoek hy dan nou géén (en nie net geen Engelse) koerante in Johannesburg en Pretoria gaan laat verskyn nie. Hy trek derhalwe ook sy toestemming terug dat *Land en Volk* weer mag verskyn en dat Falconer na Pretoria mag kom.[211]

Milner poog nie nou om die saak verder te voer nie. Maar hy blaas darem ook nie heeltemal die aftog nie. Drie dae later ontmoet hy Falconer vir middagete.[212] Hy bied waarskynlik by hierdie geleentheid vir Falconer die pos van redakteur van die *Gazette* (die Britse oorlogskoerant) en superintendent van die skryfbehoefte-afdeling in Pretoria aan. Milner is nou besig om sy eie manne in die Transvaal te plaas in afwagting van die beëindiging van militêre regering, en het dit reeds so bewerk dat sy voormalige imperiale sekretaris, George Fiddes, as lord Roberts se politieke sekretaris in Pretoria aangestel is.[213] Vermoedelik konkel Milner, Fiddes, FitzPatrick en Samuel Evans, die Wernher-Beit-werknemer wat nou die siviele en finansiële kommissaris van Johannesburg is, want kort hierna word Falconer aangestel in die pos wat Milner hom aangebied het.[214] Fiddes skryf ook aan die militêre goewerneur van Pretoria dat hy en Evans glo dat Falconer op dieselfde salarisskaal as dié van 'n eerste luitenant aangestel moet word, en versoek dat Falconer met daardie rang in die Britse leër ingelyf word.[215] Falconer is dan ook die eerste burgerlike wat toegelaat word om na Pretoria terug te keer.[216]

Milner besluit nou om 'n kommissie te vorm om die konsessies te ondersoek wat die ZAR-regering voor die oorlog toegeken het en aanbevelings te maak oor wat om daaroor te doen. Op FitzPatrick se aanbeveling nooi hy onder andere vir Kelsey Loveday om in die Transvaal Concessions Commission te dien.[217]

Marais kry 'n aanbod

Op 20 Julie 1900 soek genl. Piet de Wet sy ouer broer genl. Christiaan de Wet op terwyl laasgenoemde ontbyt nuttig naby Lindley in die Vrystaat. Piet was tot dusver 'n dapper en betreklik suksesvolle Vrystaatse bevelvoerder, maar hy glo nou dat dit sinloos is om die oorlog teen so 'n oormag voort te sit. Piet wil nou by sy broer verneem of hy nog kans sien om voort te veg. Christiaan vererg hom bloedig. "Ben jij gek?" snou hy sy broer toe en loop weg. Kort hierna gee Piet hom aan die Britse magte oor.[218] Aan die einde van Julie gee ook genl. Prinsloo en sy meer as 4 000 vasgekeerde Vrystaters – die helfte van die Vrystaatse magte – hulle in die Brandwaterkom oor. Roberts glo nou dat as hy net Piet de Wet se ouer broer kan vastrek, die oorlog verby sal wees. Maar die beweeglike Christiaan de Wet en sy kommando's lei die Britse magte op 'n dolle jaagtog deur die Vrystaat en Transvaal totdat daar naderhand 50 000 Britse soldate op hul spoor is.

Intussen het die aantal Boere-krygsgevangenes geweldig toegeneem, en kan die krygsgevangekampe in Natal en die Kaapkolonie nie meer voorbly nie. Roberts en Kitchener is ook bekommerd dat die rebellemagte in die Kaapkolonie en die Boerekommando's hierdie gevangenes sal probeer bevry. Hul oplossing is om kampe in ander dele van die Britse Ryk op te rig; hulle glo ook dat die vrees om so ver van die huis weggestuur te word die oorblywende vegtende Boere se krygslus sal demp. Kampe word derhalwe nou op St. Helena, Ceylon, die Bermuda-eilande asook in Indië gevestig, waarin uiteindelik meer as 25 000 krygsgevangenes aangehou sal word. Reeds in April 1900 is die eerste klomp krygsgevangenes na St. Helena gestuur, en in Julie na Ceylon.

Melt Marais lê nou vermoedelik die eed van neutraliteit af, want hy word op parool uit die Groenpunt-krygsgevangekamp vrygelaat en toegelaat om na Pretoria terug te keer.[219] Op 18 Augustus getuig hy in Pretoria in die krygsverhoor van Hans Cordua, 'n voormalige luitenant in die Transvaalse Staatsartillerie, wat beplan het om lord Roberts te ontvoer en gyselaar te hou totdat Brittanje sy magte uit Suid-Afrika onttrek. Marais getuig dat Cordua hom genader het om aan die komplot deel te neem, maar dat hy geweier het.[220] Ses dae later word Cordua in die tuin van Pretoria se gevangenis deur 'n Britse vuurpeloton tereggestel. Tydens Cordua se verhoor het Ewald Esselen blykbaar "unseemly remarks" gemaak, wat tesame met sy kritiek in die Pretoria Club se klagteboek daartoe lei dat die militêre owerheid hom uit die land sit en hy na Frankryk uitwyk.[221] Leo Amery keer ook nou na Londen terug om sy studies aan die Inner Temple voort te sit, oortuig dat die oorlog so te sê verby is.[222]

Die laaste stellinggeveg van die oorlog vind aan die einde van Augustus by Bergendal naby Belfast plaas, waar genl. Botha se magte teen oorweldigende Britse getalle moet bes gee. Die dag ná sy terugslag laat weet Botha vir die regerings van die ZAR en die Vrystaat, wat op hierdie tydstip samesprekings op Waterval-Onder voer, dat hulle moet beraadslaag oor maniere om die oorlog te beëindig. Pres. Steyn lei hieruit af dat Botha nie meer kans sien om aan te hou veg nie. Pres. Kruger, nog meer terneergedruk as ooit tevore, is bereid om Botha se voorstel te oorweeg. Maar Steyn en sy Vrystaters staan bankvas – die Boere moet aanhou veg. Dit is duidelik dat as dit nie vir die Vrystaters se aandrang was nie, die Transvalers waarskynlik teen dié tyd al sou probeer vrede maak het.

Genl. Botha se terugslag in kontras met genl. De Wet se suksesse laat die Boereleiers egter besluit om op 'n ander manier oorlog te voer. Beweeglike kommando's en die ontwrigting van die Britse leër se verbindingslyne is die nuwe strategie. Veg slegs wanneer dit jou pas: as 'n Britse mag te sterk is, ontwyk dit liewers. Die guerrilla-oorlogfase het aangebreek.

Die Boereleiers besluit egter ook om pres. Kruger na Europa te stuur om die groot moondhede se hulp te probeer inspan om vrede met behoud van die Boererepublieke se onafhanklikheid te bewerkstellig. Schalk Burger word nou as waarnemende president van die ZAR aangestel. Oortuig dat die Boererepublieke so te sê verslaan is, annekseer lord Roberts op 1 September 1900 ook die ZAR– voortaan sal die land as die Transvaal Colony bekend staan.

Alfred Beit skryf nou aan Jim Taylor om Marais te oorreed om na Pretoria terug te keer en *Land en Volk* weer uit te gee, en 'n redaksionele beleid van versoening tussen Boer en Brit en aanvaarding van Britse heerskappy te volg. Dat Beit so iets op sy eie inisiatief doen, is onwaarskynlik. Vermoedelik sit FitzPatrick en Milner agter hierdie idee, en het eersgenoemde dit in sy gereelde korrespondensie uit Suid-Afrika met Beit opgehaal. Milner weet dat hy binnekort as administrateur van die Oranjerivier- en Transvaalkolonies aangestel gaan word, en vanselfsprekend is een van sy oogmerke om sy nuwe onderdane vreedsaam te kry en te hou. Maar Falconer is nou 'n staatsamptenaar – wat *Land en Volk* betref, moet daar dus 'n ander plan gemaak word. Milner het juis twee maande tevore 'n skrywe van Chamberlain aan Roberts gestuur waarin Chamberlain voorgestel het dat "Dutchmen of education" gebruik moet word om die Boere te oorreed om die wapen neer te lê.[223]

Waarskynlik aan die einde van Augustus of begin van September 1900 ontmoet Taylor en Marais een oggend in die City,[224] waar laasgenoemde vermoedelik nou reeds by een van die twee Suid-Afrikaanse handelshuise in die Moorgate Station Chambers-gebou werk. Taylor lewer op 5 September aan Beit verslag oor wat hulle bespreek het:

> I duly received your letter about Marais. I have had a long talk to him & if he can arrange to return and eat the dinners thus necessary to qualify him to pass as a barrister I have practically arranged that he is to return to Pretoria [to] restart his paper and print it in Dutch and English, preaching a policy of reconciliation & resignation to administration under the English flag. Marais' position is a very strong one, he told the Boers steadily all through that Kruger would lose them their valued independence & he has done nothing to forfeit the good opinion his progressive friends always had of him.
>
> I am of opinion that the greatest amount of good would follow from a series of good articles published by Marais and circulated among the Boers in the Transvaal, F State, Ceylon & St Helena. It [is] exactly what is required at the moment to decide the minds of the Boers & I am certain that Lucas Meyer & all the progressives will submit, & accept the inevitable if Marais' letters could reach them.
>
> Marais admits that the war is over, and that a republican form of govt & independence of Dutch has gone to the [onleesbaar] & he is prepared

> to accept English Rule as the best & will do everything in his power to reconcile his people to it.
>
> You would have to finance Marais to the tune of £500 [R500 000] or so as he has nothing here. I have lent him £300 [R300 000] & I am sorry I cannot do more at present. The paper is ready to start all the plant & e[quipment] in Pretoria being in order. Marais would need to see the Colonial Office and get letters to Milner & Lord Roberts & until the paper gets on its legs it would need support by adverts from the mines & Govt or a subsidy. If you are agreeable to do this, I can bring Marais in to see Wernher & settle things. I don't think any time should be lost.[225]

Dis te begrype dat Marais glo dat die oorlog byna verby is. Die Transvaal en die Vrystaat is nou Britse kolonies en ongeveer 14 000 burgers het reeds vrywillig die wapen neergelê, nagenoeg 'n kwart van die Boeremagte, terwyl derduisende ander in krygsgevangekampe sit. Die oorblywende kommando's veg nou net sporadies en moet voortdurend voor Britse kolonnes vlug. Soos reeds gemeld, het selfs pres. Kruger en genl. Botha dit al telkemale oorweeg om vrede te maak.

Dit blyk uit "if he can arrange to return and eat the dinners" (by die Inner Temple) dat Marais ten tyde van sy ontmoeting met Taylor sy studies aan die Inner Temple gestaak het. Vermoedelik het hy nie meer geld of tyd vir sulke luukses nie, soos Taylor se opmerking oor sy finansies aandui. Die geld wat hy uit die verkoop van *Land en Volk* vyf jaar tevore ontvang het, is dus opgebruik. En Londen is 'n duur stad. Taylor meld ook nie dat Marais se paroolvereistes eers opgehef moet word voor hy kan terugkeer na Suid-Afrika nie, wat weereens 'n aanduiding is dat Marais nie op parool is nie. Die toestemming wat Marais van die ministerie van kolonies moet kry, is 'n normale vereiste vir enigiemand wat nou na die Transvaal wil reis.

Taylor (en Marais) is egter baie optimisties oor hoe gou Marais sal kan terugkeer na sy land. Dit is nie bloot 'n kwessie van dinees bywoon om as advokaat te kwalifiseer nie – Marais moet ook nog twee eksamens aflê en slaag. Die eerste geleentheid hiervoor is oor 'n maand, kort voor die Michaelmas-kwartaal wat in die tweede helfte van Oktober begin. Maar op hierdie tydstip studeer Marais nie meer nie, en dit is dus onwaarskynlik dat hy so gou daarvoor sal kan voorberei. Die mees realistiese geleentheid is dus die Hilary-eksamens in Desember 1900, met toelating tot die balie in Januarie 1901. Maar ook dit is onwaarskynlik in die lig van Marais se akademiese vordering tot op hede. Wat is die moontlikheid dat hy twee eksamens met slegs drie maande se voorbereiding sal kan deurkom? En so sal dit ook blyk – Marais sal eers meer as 'n jaar later sy laaste eksamen slaag.

Taylor is 'n baie ryk man, en sy mededeling aan Beit dat hy nie meer geld vir Marais kan leen nie, moet sekerlik eerder 'n geval van onwilligheid as onvermoë wees. Teen dié tyd is Taylor vermoedelik al moeg vir herhaalde versoeke van Marais om finansiële bystand, lenings wat Taylor moontlik vermoed nooit terugbetaal sal word nie.

Hierna blyk daar ook geen entoesiasme by FitzPatrick se vennote in Suid-Afrika te wees om weereens *Land en Volk* te subsidieer nie – Wernher-Beit in Londen sal dit moet doen. Alhoewel 'n relatief klein bedrag hier ter sprake is, is dit FitzPatrick en Milner se projek, nie hulle s'n nie. Friedrich Eckstein laat weet dat die saak van geen belang vir die firma in Johannesburg is nie, en dat hy derhalwe niks kan bydra nie.[226] Anders as FitzPatrick is sy kollegas in Johannesburg sakemanne, nie politici nie. Hoekom nog geld hierop mors? Die Transvaal is mos nou onder Britse bewind, en die rede hoekom hulle *Land en Volk* oorspronklik ondersteun het, het verdwyn – hulle is van die lastige Kruger-regering ontslae. Om die burgers van hul nuwe kolonie te oorreed om Britse heerskappy te aanvaar, is die Britse regering se taak, nie hulle s'n nie.

Marais skryf hierna aan Falconer en verduidelik hoe hy beoog om *Land en Volk* te gebruik om die Boere te beïnvloed. Volgens hom sal dit nie deug om die Boere tot ander insigte te probeer bring deur hulle vals hoop te gee nie, of om hulle daarop te wys dat Britse heerskappy 'n gedane saak is waarin hulle moet berus nie. Hy voel eerder dat dit vir hulle onder die neus gevryf moet word dat hulle lankal deur hom en *Land en Volk* gewaarsku is dat Britse heerskappy die uiteinde sal wees as pres. Kruger aan bewind bly. Hulle moet ook daarop gewys word dat Kruger en sy familie en vriende met hul onverdiende rykdom landuit gevlug het en diegene wat hulle mislei het aan hul lot oorgelaat het. Daarna kan die koerant 'n meer persoonlike aanslag volg: elke burger wat nie die skurkery van die Kruger-regering teengestaan het nie, is medeverantwoordelik vir die val van die ZAR. Om 'n beter klimaat te skep, moet die burgers dan daarop attent gemaak word wanneer daar voorbeelde van goeie nuwe staatsadministrasie vergeleke met die korrupte ou bedeling is.[227] Marais se huidige houding is dus heeltemal in ooreenstemming met sy vooroorlogse opinies in *Land en Volk* oor pres. Kruger en sy regering.

Charlie Pienaar

Op 11 September 1900 steek pres. Kruger die Transvaalse grens by Komatipoort oor, onderweg na Lourenço Marques waar 'n oorlogskip gestuur deur koningin Wilhelmina van Nederland hom na ballingskap in Europa gaan neem. Agter die toegetrekte gordyne van sy treinwa huil hy.[228] Eers vier jaar later sal hy na sy land terugkeer – hierdie keer in 'n doodskis. Johannes Stegmann keer ook nou na Londen terug as 'n krygsgevangene op parool.[229]

Intussen het lord Roberts 'n bevel uitgereik dat, benewens die afbrand van huise en opstalle, die Britse magte alle voedselvoorraad moet verwyder of verwoes binne 'n omtrek van tien myl van waar die Boeremagte spoor- of telegraafverbindings beskadig het. Die eerste burgerlike konsentrasiekampe word nou in Bloemfontein en Pretoria opgerig om die groeiende stroom hawelose Boerevroue en -kinders te huisves.

Aan die einde van September roep die Konserwatiewe-Unioniste-regering in Brittanje 'n vroeë algemene verkiesing uit om voordeel te trek uit die Britse publiek se entoesiasme oor die onlangse Britse oorlogsuksesse. 'n Giftige verkiesingstryd word nou aangeknoop, met die Konserwatiewes wat waarsku dat 'n stem vir die Liberales 'n stem vir die Boere is.

Op 1 Oktober begin die Transvaal Concessions Commission, waarin Kelsey Loveday dien, sy verrigtinge in Kaapstad. Ná 'n week verskuif die sittings na Pretoria,[230] waar die kommissie onder meer getuienis oor die dinamietkonsessie gaan aanhoor. 'n Week later word Milner as administrateur van die Oranjerivier- en Transvaalkolonies aangestel.

In Barberton word Charlie Pienaar nou deur die Britse magte gevange geneem en na die Groenpunt-krygsgevangekamp gestuur. Sy broer Schalk skryf op 15 Oktober aan Hudson Findlay, die eggenoot van Marais se niggie Bessie, wat nou vir Milner in Kaapstad werk,[231] en versoek dat Findlay vir Charlie geld gee indien hy na 'n oorsese krygsgevangekamp gestuur word, iets wat Schalk egter meen nie sommer gaan gebeur nie: "This is however very unlikely as a Government notice has been issued here that no prisoner who surrenders voluntarily will be sent out of South Africa. This covers his case as he has been a non-combatant since the end of April owing to illness, and was living quietly in Barberton when it was occupied by the English forces."[232] Hy is egter verkeerd, want Charlie Pienaar sal die res van die oorlog in 'n krygsgevangekamp op Ceylon deurbring.[233]

Vredemaker

Noudat Milner administrateur van die nuwe kolonies is, is een van sy prioriteite om die Boere wat nog veg te oorreed om die wapen neer te lê en gedweë onderdane van die Britse Ryk te word. In die Transvaal en Vrystaat maak die Britse owerheid reeds van verskeie vooraanstaande wapenneerlêers en hul geesgenote se dienste gebruik om hul voortvegtende landgenote tot ander insigte te bring.[234] Milner beplan ook dat die twee kolonies ná die beëindiging van die militêre bewind deur 'n benoemde Wetgewende Raad regeer sal word tot tyd en wyl selfregering aan hulle toegeken word. In hierdie stadium beoog hy dat dié liggaam uit 29 lede sal bestaan: 15 uit die staatsdiens en 14 uit die burgerlike samelewing, almal deur hom aangestel. Uit die 14 burgerlike lede beoog hy om vier uit die Boeregemeenskap te benoem.[235]

Moontlik gee hierdie oogmerke van Milner aanleiding tot 'n brief wat Taylor nou aan Marais skryf, waarskynlik op FitzPatrick se aandrang. Hierin stel Taylor voor dat Marais 'n manifes uitreik waarin hy die Boere aanraai om die wapen neer te lê en hulle by Britse heerskappy te berus. Dit is onbekend of Taylor se voorstel was dat die manifes in *Land en Volk* moet verskyn of deur Marais persoonlik uitgereik moet word. Waarskynlik laasgenoemde, aangesien Taylor – asook FitzPatrick en Milner – sou geweet het dat Marais nog 'n wyle in Londen gaan wees, en hulle so 'n manifes eerder vroeër as later sou wou sien. Hierdie manifes moet blykbaar die Boere waarsku dat voortgesette verset net tot nog lewens- en eiendomsverlies sal lei, en moet ook aan hulle die hoop van toekomstige selfregering voorhou.[236] Oënskynlik verklaar Taylor ook dat as Marais bereid is om dit doen, dit sal help om die Britse regering te oortuig dat hy geskik is vir 'n politieke rol in die toekomstige bedeling, moontlik deur sy aanstelling in Milner se voorgenome Wetgewende Raad.

Op 16 Oktober 1900 begin die studente van die Inner Temple die Michaelmas-eksamens aflê.[237] Maar nie Marais nie, want hy werk nog steeds in die City. Die volgende dag begin hy by sy werksplek skryf aan wat seker een van die langste briewe in sy lewe sal wees, in antwoord op Taylor se voorstelle.

The Chambers
Moorgate St.
17 Oct. 1900

Dear Jim,

I am starting a few lines to you at the end of a day's work. Thank heavens I shall finish it tonight at home if I am not able to say "all that is in my heart" to you before my train starts. It is like Paradise to get back to my shabby rooms from these drear & gloomy streets. I read your letter with much interest & it has been in my mind night & day since it came into my hands. Do you really and truly think there is still an opening for such as I in political South Africa after this debacle? I am speaking selfishly now but I shall endeavour later on to explain to you two main thoughts which occupy my mind at the present time. Do you think that if I should honestly & uprightly go in for a policy of pacification & if I should use such influence as I have with the Boers to bring about a peaceful & lasting submission to British rule, & if my efforts should be sufficient to convince Downing St that my influence is of some value – Do you think it would be a personal advantage to me to go in actively once more for politics? Would it not be better for me to try & make law pay and walk in the shadow as far as politics are concerned? You know how thankless a business politics are unless one has sufficient means to be independent of all influences of a financial nature! You must not think that I am motivated by just the one idea – money – but you must remember that I shall practically have to start my life again & I start with worse than nil – with a debit balance. This to me is an obligation of much importance in addition to the obligation of those dependent on me. I am standing on the threshold so to speak & heaven knows I do not want to make a mistake at the outset. If I set my hand to the plough I shall not again look back. I put the thing to you now in full confidence that

> you will look at the matter carefully before you advise me; look at it if possible from my point of view. I shall follow your advice. You are a man who knows your fellow man or you would not occupy the position you do today & I also know that I can depend on the honesty of your advice. In addition you know the English people. You have moved among the best of them for years, whereas to me they are only a half-opened book. The Boers I know well enough & I think that I also know how to deal with them at this juncture. But I seem to feel that I am lacking in knowledge as far as one side of the equation is concerned. Will you think about the matter a little before you finally advise me if you can give it the time.[238]

Marais se stelling "if my efforts should be sufficient to convince Downing Street that my influence is of some value" verwys blykbaar na 11 Downing Street, die setel van die ministerie van kolonies. Wat sy moontlike politieke rol betref, redeneer Marais waarskynlik dat ná vrede gesluit is dit sy plig sal wees om die Boere se belange te bevorder waar hy kan, iets wat hy deur 'n aanstelling in die Wetgewende Raad sal kan vermag. Die Britse oorname is 'n gedane saak – eerder nou die beste van 'n slegte saak maak. Maar hy twyfel ook. Kan hy op die Britte se mooipraatjies vertrou? Hoe gaan hy 'n bestaan maak en sy skulde terugbetaal? Oor die Boere skryf Marais byna asof hulle 'n abstrakte konsep is waarmee gehandel moet word, en hy nie regtig een van hulle is nie. Hy bevestig ook dat sy finansiële situasie maar benard is.

Marais skryf die tweede deel van sy brief in Teddington, waarskynlik dieselfde aand in mev. Tuley se losieshuis ná hy van sy werkgewer in die City teruggekeer het.

> Teddington. As to the policy you advocate I am entirely at one with you. I have made up my mind & accepted the inevitable with such philosophy as I can command. I see that the annexation is unalterable, for at least so far into the future as falls within the boundary of practical computation. I see that resistance is hopeless & that no people will suffer more from further struggling than the Boers themselves & I feel that the best & most honest advice which an Afrikander can give his own people at the present time is to submit quickly. But I also foresee that unless the right method is followed

in dealing with them South Africa (or one part of it) will become a second and worse Ireland – worse because six thousand miles of sea separate it from the governing centre. Even the present struggle is not over as you seem to think & you can class me with the very false prophets if we have seen the worst of the resistance since the occupation of Pretoria. Up to the present at least I have not been very far wrong in the forecast of events, except in one particularly – the invasion of the Cape Colony. This then is the position of affairs and the question is – if I do decide to wade in – how am I to act? That is how am I to act to bring about the best result. You seem to have made up your mind, but I think you made it up without taking all the circumstances into consideration. Do you know what would happen if I were to issue such a manifesto as you suggest? Instead of making one single convert I should simply drive off every possible reader of Land & Volk & never again secure a hearing amongst them. Surely you do not think that even under the best possible circumstances you can change the Boers or even a very very small minority of them into good & faithful subjects of Her Majesty by some such sudden method as the conversion of the Salvation Army. In my mind the very best which even the most optimistic can hope for is that say after ten or twelve years of British rule the Boers will have settled down to the new order & given over not only actual struggling but even agitation. Your friends they will not become for a generation. It is impossible to make a subject people love the conqueror – either by good gifts or wise Government or Tyranny. They accept the inevitable – yes, – as they do in Canada in the Isle de France, in India, but it is merely the language of statecraft to describe this submission as love. If you visit British conquered territory in any garb but that of an Englishman you find this out soon enough. The question for us therefore is to adopt a policy which would most quickly bring about say the condition of Mauritius.

My idea was, – and this was what I explained to Falconer – first of all to regain a hearing – not by holding out any false hopes nor by insisting upon unchangeableness of the conquest. It can do no possible good. The only result it would have would be to shut their doors against the paper. But by starting out with the sword which the turn of events has placed in my hand I would soon enough carve a place for myself in their counsels. And the sword is this: to force down their throats the unpleasant "I told you so". All our efforts at the beginning must be directed towards explaining to the Progressives that they have no one to thank for the present state of affairs but our own Government & to the Kruger party that they are reaping the whirlwind of their own sowing. Everything seems ready to our hand. All along we insisted that Kruger & his family & friends had but one idea and that was to make as much money honestly or dishonestly as they could before their efforts brought about the rupture with England which they clearly enough foresaw & their conduct since the war verifies the very worst of my accusations. Kruger and all his family have deserted the sinking ship with the money they fraudulently gathered while the men they misled have to drink the cup of shame & poverty to the dregs. Then gradually we could work round to the more individual application. Every man who did not personally resist the evil doing of the Kruger Government was also personally responsible for the downfall of the Republic. In the meantime, if this be our chief tenet, a better feeling could be introduced by pointing out whenever they receive the acts of a pure administration compared with those of a corrupt one, and the immediate benefit which the citizen derives from them. And without, as I said before, insisting upon a joyful acceptance of British rule, every criminal effort at disturbance could yet be condemned in the strongest language, pointing out that instead of bettering their lot they were making it more hopeless & that if there were the least hope of independence that would be the way to destroy that hope.

I am thus quite opposed to the manifesto you suggest because I feel certain it would do no good and leave me without an audience. Please do not think I am suggesting the easier way for myself or that I want to do a little sitting on the fence. I assure you on my honour that my own mind is made up & I have looked the matter squarely in the face. But I know the people I am dealing with. If I had to do as you suggest I would supply my enemies with the one proof they needed to convince my friends that all along I was a traitor in the camp working in the British interests. This as you perhaps know was Kruger's one argument to meet the dissatisfaction which Land en Volk created. I once sued him for libel for making that statement in Ermelo & got from him what was tantamount to an apology.

> He gave my lawyers a written explanation that his secretary had misreported his words.[239] And if once they got hold of the idea that all along I was British at heart I would plead to very deaf ears indeed, whereas by adopting the line I have suggested my position is an impregnable city.[240]

Marais se stellings aan Taylor is selfverklarend, en dit is duidelik dat hy grootliks vir pres. Kruger en sy regering vir die oorlog verantwoordelik hou. Marais was nie al progressiewe Boer wat tydens die oorlog hierdie mening gehuldig het nie. Die gerespekteerde kommandant Ludwig (Lodi) Krause het hom 'n paar maande later toe hy in krygsgevangeskap was hieroor uitgespreek in sy oorlogsherinneringe. Terwyl Krause goed begryp het dat die Britte en Uitlanders die situasie voor die oorlog behendig gemanipuleer het om 'n krisis te veroorsaak, was hy ook van mening dat "the Kruger Party by blind obstinacy played into their hands". Volgens Krause was die stemregkwessie 'n lokval, en Brittanje het geweet Kruger sal daarin loop.

> If the period within which the Franchise could have been acquired had been reduced to five *days* instead of five *years* as was demanded, only those who really meant to join the Republic and to stand by it, would have availed themselves of the privilege; no loyal Englishman would have renounced his Queen and country, and have cast off his allegiance. The one beneficial effect, from the Progressive point of view, would have been the weakening of the Kruger Party. And this the Krugerites saw and feared. The real merits of the dispute were never properly explained to the burgers.[241]

Volgens Krause het duisende ander progressiewe Transvalers sy mening gedeel.[242] Dié standpunt was ook deurgaans Marais se besliste oortuiging. Dit is ook moontlik een van die redes, of die hoofrede, hoekom Marais tot dusver geen poging aangewend het om na die Transvaal terug te keer en sy krygsplig na te kom nie. Hoekom gaan veg in 'n oorlog wat sy aartsvyand se skuld is? (Dan was daar ook sy dwelmverslawing, en die probleme wat dit vir hom op kommando sou meegebring het. Waar sou hy sy gereelde dosis in die hande gekry het?)

Maar Marais was blykbaar nie bewus van iets wat vandag duidelik is nie, naamlik dat FitzPatrick ywerig vir Milner die oorlogsvlamme help aanblaas het. Tot kort voor sy dood het Marais skynbaar geglo dat FitzPatrick alles in sy vermoë gedoen het om oorlog af te weer. By FitzPatrick se afsterwe in 1931, vyf jaar voor Marais homself geskiet het, het laasgenoemde by *Ons Vaderland* gewerk. In die sterfberig wat in dié koerant oor FitzPatrick verskyn het, is gemeld: "In 1898 en '99 het hy ingesien dat oorlog alleen voorkom kan word deur vereffening van uitstaande geskille en hy het daarin geslaag om 'n konferensie tussen Kruger en Milner te Bloemfontein te bewerkstellig".[243] Waar die koerant hieraan gekom het, is egter nie duidelik nie – sover bekend skryf geen historikus hierdie rol aan FitzPatrick toe nie. Selfs FitzPatrick se eerste twee onkritiese biograwe het dit nie genoem nie.[244] Dit lyk dan eerder soos iets wat FitzPatrick vir Marais vertel het. Al was dit nie Marais wat FitzPatrick se sterfberig geskryf het nie, sou hy as medewerker by die koerant en as ou vriend van FitzPatrick sekerlik voor die publikasie daarvan sy kommentaar gelewer het, en is hierdie stelling dan vermoedelik deur hom bygevoeg.

Oor een ding is Marais reg, en dit is dat talle prominente Krugergesindes hulle ná die val van Pretoria oorgegee het of na die buiteland gevlug het.[245] Een van die ironieë van die oorlog was dat die Transvaalse bittereinders grotendeels tot die vooroorlogse geledere van genl. Joubert se progressiewe volgelinge behoort het. Alhoewel Marais ook onder hierdie progressiewes getel het, deel hy duidelik nou nie hul sentimente oor die voortsetting van die oorlog nie. Die bittereinders se leiers was ook meestal suksesvolle kommersiële boere en professionele persone soos genls. De la Rey, Botha, Beyers, Hertzog en Smuts, terwyl die eersgenoemde twee ook Volksraadslede was wat teen Kruger gekant was en hul bes gedoen het om 'n konflik met die Uitlanders en Brittanje te vermy. Diegene wat die sterkste daarteen gekant was om belangrike toegewings te maak om oorlog af te weer, was die ouer en onbekwame generaals, die takhare wat Kruger se gunstelinge was. Maar in die oorlog het dit geblyk dat die meeste van hulle slegte bevelvoerders was, en hulle het ná die val van Pretoria uit die stryd getree of is deur Botha afgedank.[246] Kmdt. Lodi Krause het ook niks goeds oor Kruger en sy volgelinge te sê gehad nie, soos hy in sy oorlogsherinneringe aangeteken het: "As soon as we sent Pres. Kruger out of the country, and his money-grabbing, traitorous hangers-on were out of the way, the whole tone and aspect of things were altered for the better."[247]

Wat Kruger se naaste familie betref, het sy kleinseun Frikkie Eloff jr. en sy kleinneef Piet Grobler,[248] wat albei by hom en sy vrou in Pretoria aan huis grootgeword het,[249] saam met hom die Transvaal verlaat. Eloff en Grobler is in hierdie jaar onderskeidelik 24 en 27 jaar oud, en vir Kruger vermoedelik meer soos seuns as kleinseun en kleinneef. Maar hulle hoef nie meer saam met die ander burgers van hul ouderdom te veg nie, want Kruger het Eloff as sy privaat sekretaris[250] en Grobler as sy assistentsekretaris aangestel.[251] Eloff sal egter blyk 'n onbetroubare assistent te wees wat ná Kruger se aankoms in Europa verkies om eerder met sy gesofistikeerde half-Joodse vrou weg te lê aan die sosiale lekkernye wat Europa aan die familielede van 'n beroemde en geëerde figuur soos sy oupa bied. Kruger sal hom gereeld in die loop van die volgende twee jaar oor sy spandabelrigheid en onverantwoordelikheid moet berispe. Op haar beurt sal Eloff se vrou Madge haar oor die jongste modes bekommer, want hoe anders kan sy met vertroue in die hoogste sosiale kringe in Frankryk, België en Nederland beweeg?[252] Haar foto sal ook gereeld in die sosiale bladsye van die Franse pers verskyn.[253] Volgens haar memoires moes hulle "aantrek en lewe om by die stand van die Staatspresident te pas, want die mense het ons beskou as deel van sy huishouding".[254] Die ongekultiveerde Kruger het vermoedelik nie haar besorgdheid oor ander se opinies van sy kleredrag gedeel nie.

In sy brief is Marais se mening oor die verloop van die oorlog meer genuanseerd as wat Taylor ses weke tevore aan Beit uiteengesit het. Marais besef dat die oorlog nog nie verby is nie, en dat die guerrilla-oorlogvoering selfs nog erger kan raak. Ook sy verkeerde (volgens hom) voorspelling dat die Boere die Kaapkolonie gaan inval, het inderdaad die volgende jaar bewaarheid geword. Maar Marais glo wel dat verdere weerstand sinloos is en net tot verdere lyding vir sy volk sal lei.

Met die voorstelle wat Marais in hierdie deel van sy brief aan Taylor maak, bevind hy hom op gevaarlike terrein. Dit is een ding om 'n beleid van aanvaarding en versoening in *Land en Volk* te verkondig ná die wettig verkose Boereregerings formeel oorgegee het, maar iets geheel en al anders om die Boereleiers en voortvegtende burgers te probeer oorreed om die wapen neer te lê terwyl die oorlog nog aan die gang is. Op hierdie tydstip het die burgers wat vrywillig hul wapens neergelê het, in die volksmond as "hendsoppers" bekend gestaan. Albert Grundlingh verdeel in sy boek *Die "Hendsoppers" en "Joiners"* die hendsoppers se beweegredes in drie kategorieë, met sommige van hul beweegredes wat meer as een kategorie oorvleuel. Die eerste kategorie is burgers wat die voortsetting van die stryd as onrealisties en 'n gevaar vir die voortbestaan van die volk en land beskou het. Die volgende is burgers wat eenvoudig oorlogsmoeg of lafhartig was. Laastens is daar diegene wat hul persoonlike welvaart voorop gestel het.[255] Alhoewel Marais nie letterlik die wapen neergelê het nie, is hy duidelik in hierdie stadium 'n geesgenoot van die eerste kategorie.

Die kwessie van individuele gewete teenoor die wil van die staat kom egter ook ter sprake –'n ingewikkelde morele kwessie. Marais beskou dit as sy morele plig om te probeer verhoed dat sy volk verdere eiendoms- en lewensverlies ly. Aan die ander kant is daar die algemeen aanvaarde standpunt dat 'n landsburger verraad pleeg as hy in oorlogstyd sy wettig verkose regering se oorlogspoging ondermyn, al stem hy nie daarmee saam nie. Maar hierdie standpunt kan duidelik nie in elke geval geld nie – dan sou die aksies van die Duitsers wat hulle tydens die Tweede Wêreldoorlog teen die Nazi-regering verset het ook as verraad bestempel kan word.

Dit is egter ongetwyfeld so dat die hendsoppers en hul geesgenote in 'n streng juristiese sin verraad pleeg. Die Boereregerings het nog nie oorgegee nie, en in geen land het 'n krygspligtige landsburger die wetlike reg om self te besluit wanneer om die stryd te staak nie. Marais se posisie is egter meer ingewikkeld as dié van die gewone hendsopper. Hy was in Brittanje toe die oorlog uitgebreek het, en is dus nie vir krygsdiens opgeroep nie. (Maar hy het hom ook nie na die Transvaal teruggehaas om die wapen vir sy land op te neem nie.) Verder het hy blykbaar ná die anneksasie van die ZAR vrywillig 'n Britse burger geword, want die Inner Temple se rekords aan die einde van 1901 toon aan dat hy op daardie tydstip al twee jaar lank 'n "British subject" is.[256] Met die anneksasie van die ZAR het alle burgers wat binne die landsgrense was outomaties Britse onderdane geword. Maar ingevolge Britse wetgewing het dit nie gegeld vir voormalige Transvaalse burgers wat buite die landsgrense gewoon het nie – hulle moes skriftelik by die Britse regering om burgerskap aansoek doen en aandui dat hulle in alle opsigte soos Britse onderdane behandel wou word,[257] iets wat Marais klaarblyklik nou reeds gedoen het. Hierdie optrede van Marais is nie verbasend nie, want hy skryf dan juis nou aan Taylor dat hy hom daarin berus dat die anneksasie van die Transvaal vir die afsienbare toekoms 'n gedane saak is. Moontlik beskou Marais hom dan nou nie meer as onderhewig aan enige verpligting as burger van die ou ZAR nie.

Marais opper wel argumente teen Taylor se voorstel van 'n direkte manifes aan die voortvegtende burgers, en stel 'n meer subtiele benadering voor. Maar die doelwit bly nog steeds om die strydende Boere te oorreed om hulle oor te gee. Die derduisende hendsoppers wat nie verder in enige hoedanigheid aan die oorlog deelgeneem het nie, is egter gedurende en ná die oorlog deur die bittereinders met minder weersin beskou as die "joiners", hendsoppers wat die Britse oorlogspoging aktief ondersteun het, asook dié hendsoppers wat probeer het om hulle te oorreed om hul wapens neer te lê. Alhoewel Marais nie in die eng definisie van 'n joiner val nie, sal sy plan, as hy dit deurvoer, dieselfde uitwerking as die joiners se optrede hê – aktiewe ondermyning van die Boererepublieke se oorlogspoging. Verskeie hedendaagse Afrikaanse historici is dit eens dat optrede van dié aard verraad was. Albert Grundlingh meen dat hierdie tipe geesgenote van die hendsoppers hulself in 'n uiters kwesbare posisie geplaas het, en met goeie rede van openlike verraad deur hul volksgenote beskuldig kon word, "aangesien die vredesgesinde burgers in 'n minder of meerdere mate van die vyande van die Republieke se steun afhanklik was om hul idees aan die voortvegtende burgers oor te dra".[258] Albert Blake definieer verraad in *Boereverraaier: Teregstellings tydens die Anglo-Boereoorlog* as "optrede deur persone wat, terwyl hulle veronderstel was om lojaal aan die republikeinse oorlogspoging te wees, dit op een of ander manier doelbewus probeer ondermyn het en gevolglik deur die bittereinders as verraaiers beskou is".[259] Die bittereinders sal dan ook tydens die oorlog min genade betoon aan Boere-vredesgesante wat in hul hande val, en hierdie gesante se verskonings dat hulle met die beste bedoelings optree, sal min of geen indruk op hulle maak nie. Marais se Britse burgerskap en oortuigde siening van die regverdigheid van sy standpunte sou dus waarskynlik ook nie hond haaraf by hulle gemaak het nie, sou hy daarin geslaag het om sy vredespropaganda met *Land en Volk* deur te voer en hulle hom in die hande gekry het. Genl. Ben Viljoen, Marais se voormalige vriend, het hierdie vredemakers verag en gemeen dat hulle hulle aan "the most despicable act known to mankind" skuldig gemaak het deur hul volksgenote aan te moedig om hul vryheid en bestaan as 'n volk prys te gee.[260]

Dan is daar Marais se problematiese stelling aan Taylor dat hy beoog om "every criminal effort at disturbance" ten sterkste in *Land en Volk* te veroordeel. Hy verwys hier na die guerrilla-bedrywighede van die Boerekommando's, wat onder meer die opblaas van brûe, telegraafstasies en spoorlyne behels. Maar nou praat hy die taal van Roberts, Milner en die Britse imperialiste, wat redeneer omrede die Transvaal en die Vrystaat nou Britse kolonies is, verdere verset deur die Boere eintlik kriminele optrede teen hul wettige heersers is, en as sodanig behandel moet word. Soos *The Times* dit 'n maand later stel:

> It is, of course, disappointing that, after Lord Roberts had declared the annexation first of the Orange Free State and afterwards of the Transvaal the pacification of those countries should be delayed by the obstinacy of a few guerrilla leaders and the desperate adventurers who follow them. At the same time, it is clear that the work which remains to be done – the dispersion of marauding bands and the suppression of criminal attacks on persons and property in the interests of disorder – is not that to which a great general . . . should be chained.[261]

Gerieflikheidshalwe ignoreer hierdie standpunt die ongemaklike feit dat in hierdie stadium die Britse magte se gesag net sover as die stede en dorpe en die reikwydte van hul kolonnes se kanonne strek, en dat groot dele van die platteland nog onder die Boeremagte se beheer is. Verder bestaan die wettige regerings van die Boererepublieke nog.

In die laaste deel van Marais se brief aan Taylor skemer 'n manies-depressiewe ondertoon deur, amper asof hy dit laataand in sy losieshuis onder die invloed van iets geskryf het:

> I am just burning to get back now. I feel the good I can do much like the prophets of old must have felt a divine call. I see it all before me like an inspiration – the right thing to do and say to bring about peace, and I have the utmost confidence in myself. It may seem egotistical but I say it in all simplicity & without the least self-exaltation. Once before I had the same inspiration. I was only a boy then. At that time there was not a single Progressive member in the Raad & when Kruger stood for the Presidency he was unanimously elected. He begged Joubert to stand against him to

give the people at least a choice & he got something like 7,000 against 170 votes.[262]

Immediately after that I went to old Joubert with my tale. I said: "If I have a little money I promise to create you a party within three years & make you President in five." I think he looked upon me as a little mad. He said that Mr. Kruger had by some means got such a hold over the people that there was not the least hope of a change for a generation to come. He refused to lend me a penny or influence any one else to do so, because he knew that it was hopeless. I said at the time in a laughing sort of way "I know the people better than you." I was so enthusiastic in the cause that I got Esselen to back a bill in the National Bank for five hundred pounds & I started Land en Volk. Within three years there were 13 Progressives against 14 Krugerites in the Raad & the party was firmly established. Before then it was equivalent to blasphemy to breathe a word against the Government or Kruger & when the next election came Joubert had a majority of 36 which Kruger investigated down to a majority of 21 for himself. You remember the election. I am not telling you this to prove what a wonderful chap I am, but it is just the sober truth & it is the same inspiration I have now. I want to get back. If you say "politics" in your advice why I would almost consider the question of chucking up here & going out without being called.[263] What do you think? They will repay me £100 of the money[264] if I withdraw without being called.[265] The rest & my time is all lost & a deuced black time it has been. (One day I shall write an account of my experiences). The struggle seems too hopeless here, somehow, in spite of your kind assistance. I thought I should have all straight before me when I left you that morning in the City[266] & I am still apparently as far from the goal as ever. What would you advise in all things? You have been so kind to me thus far that I must trouble you just a little more with my affairs. If I give in now I shall never come back to England – That I know & accept. It will be a very bitter draught but that is neither here nor there. Shall I go back and do the thing I see must be done, or shall I drag on this life waiting for Falconer to do something & come to my assistance?

You need not assure me that you have my interests in view only. Proof abundant you have given me of that. Advise me now & you will see that I accept your word & that my confidence in you is great enough to entrust to your opinion my most vital interests. This is my failing. I can often see things afar off & cannot look after my own interests. There I want advice.

Truly yours
Eugene N. Marais

PS I have written at racing speed. Please excuse all errors & [onleesbaar]. No time to read again.[267]

Marais begin hierdie deel van sy brief met ietwat oordrewe stellings van profetiese roeping en absolute selfvertroue dat hy vrede in die Boererepublieke sal kan bewerkstellig. Hy oordryf ook sy rol in die stigting van *Land en Volk* en in die skep van die progressiewe opposisie. *Land en Volk* het reeds in 1888 verskyn onder die eienaarskap van J.F. Meyer & Co.,[268] wat die koerant in 1890 aan die eienaars van die *Transvaal Observer* verkoop het,[269] en by wie Marais en Jimmy Roos dit op hul beurt die volgende jaar gekoop het.[270]

Maar teen die einde van die brief slaan Marais se mismoedigheid deur. Hy wil huis toe. Dit is amper asof hy wens dat Taylor hom aanraai om huis toe te gaan – dit sal hom 'n rede gee om 'n studierigting te staak wat hy haat. Die lewe is vir hom 'n stryd, en hy is nog lank nie 'n advokaat nie. In Londen voer hy 'n sukkelbestaan; vir oorlewing is hy van aalmoese van vriende soos Taylor en 'n sieldodende werk in die City afhanklik. Hy sien homself voor 'n vurk in die pad staan: gaan hy terug na Suid-Afrika en doen waartoe hy geroepe voel, of sukkel hy voort met sy saai bestaan in Engeland en wag vir Falconer om hom te hulp te snel? Wat Falconer vir hom kan doen, is nie duidelik nie, maar dit lyk of die Skot nou sy intieme – selfs sy intiemste – vertroueling is. Marais sal ook twee jaar later vir dr. Schulz in Lourenço Marques ná afloop van hul mislukte ekspedisie deur Portugees-Oos-Afrika vertel dat Falconer sy beste vriend is.[271] Falconer se vrou en drie kinders is ook nou in Brittanje. Dit is nie bekend of Marais hulle ooit hier ontmoet het nie, maar 'n mens vermoed dat hy het, in die lig van sy en Falconer se verhouding en die feit dat Falconer se enigste seun (moontlik selfs Marais se peetkind) sy naam dra.

En hoe wens 'n mens vandag dat Marais by sy voorneme gehou het om eendag 'n relaas van sy wedervaringe in Londen te skryf.

De Transvaal Van Binnen Beschouwd

Twee dae ná Marais se brief aan Taylor gaan pres. Kruger saam met Frikkie Eloff jr. en Piet Grobler in Lourenço Marques aan boord van die *Gelderland* wat hulle na Europa en ballingskap gaan neem. *The Times* berig dat toe die doeanebeamptes Kruger se bagasie deursoek, hulle benewens sy privaat eiendom ook op die titelaktes van sy talle plase en eiendomme afgekom het.[272]

Op 23 Oktober 1900 getuig ene Edwin Emmett, die sekretaris van die Vryheid-tak van die Board of Executors, voor Kelsey Loveday en die ander lede van die Transvaal Concessions Commission in Pretoria dat ene H.P. Breytenbach, 'n boer van Vryheid, hom meegedeel het dat hy kort voor die oorlog vir genl. Louis Botha, die destydse Volksraadslid vir Vryheid, namens die maatskappy wat die dinamietkonsessie gehad het met £2 000 (R2 miljoen) omgekoop het om in die Volksraad ten gunste van die verlenging van die konsessie te stem.[273] Wat hierdie bewering in 'n nog ernstiger lig stel, is dat Edwin Emmett blykbaar 'n broer was van Annie Botha (née Emmett), genl. Botha se vrou.[274]

Botha het wel in Augustus 1899, as lid van die Volksraadskomitee wat die dinamietkonsessie moes ondersoek, sy voorheen besliste standpunt – dat dit gekanselleer moet word – skielik verander, 'n ommeswaai wat op daardie tydstip heelwat neerhalende kommentaar ontlok het.[275] Uit die getuienis wat die direkteure van die dinamietmaatskappy nou voor die Concessions Committee aflê, blyk dit ook dat hul firma wel in daardie maand £20 000 (R20 miljoen) bestee het om Volksraadslede om te koop, en dat Breytenbach een van die tussengangers was wat hulle gebruik het omrede hy "frequently visited at Mr. Kruger's house and was acquainted with many members of the Raad".[276] Ná die oorlog sal Breytenbach se aantygings teen genl. Botha weer kop uitsteek, iets wat uiteindelik tot *Land en Volk* se permanente sluiting sal lei. Meer daaroor later.

Die uitslae van die Britse algemene verkiesing word op 24 Oktober 1900 bekend gemaak. Die Konserwatiewe-Unioniste-regering word herkies, met 'n groter meerderheid as tevore. Vyf dae later marsjeer die City Imperial Volunteers, Londen se vrywilligerskorps wat sopas uit Suid-Afrika teruggekeer het, van Paddington-stasie in die West End na die St. Paul-katedraal in die City. Enorme skares aanskou die optog, en die mensemassa in Fleet Street, wat reg voor die ingang van die Inner Temple se perseel verbyloop, is so dig dat die optog skaars kan beweeg.[277]

Intussen het Taylor vermoedelik vir Marais aangeraai om eerder sy studies aan die Inner Temple te voltooi voor hy na die Transvaal terugkeer, want Marais bly nou in Londen aan en woon blykbaar sy ses verpligte dinees tydens die Michaelmas-kwartaal van Oktober en November 1900 by. Dit blyk ook nou dat FitzPatrick besluit het om uit sy eie sak Marais se verdere studies en verblyf in Londen te finansier. Taylor skiet namens hom £150 (R150 000) aan Marais voor,[278] 'n bedrag wat in hierdie jare gelykstaande aan 'n goedbetaalde senior klerk in die City se jaarlikse salaris is.[279] Aangesien Taylor Marais voorheen reeds £300 voorgeskiet het,[280] het hy en FitzPatrick in hierdie stadium reeds ten minste £450 (R450 000) aan Marais in Londen geleen of gegee.

Einde Oktober meld twee Transvalers hulle by die ministerie van kolonies in Londen aan. J.B. Wolmarans en J.W. Erasmus het ná die val van Pretoria na Europa gevlug, blykbaar om verdere deelname aan die oorlog te ontduik. Hulle wil nou die eed van getrouheid aan die Britse kroon aflê, en dan na die Transvaal terugkeer om 'n vredesbeweging van stapel te stuur. Voor die oorlog was Erasmus 'n progressiewe lid van die Tweede Volksraad van die ZAR: volgens hom sal die kommando's na progressiewes soos hy luister.[281] Marais sou Erasmus voor die oorlog goed geken het, want *Land en Volk* het hom gereeld genoem as een van die Volksraadslede wat teen pres. Kruger se beleid gekant was.[282] Of Marais en die twee Transvalers ooit in Londen ontmoet het, is onbekend, maar te oordeel na Marais se eie vredesinisiatief twee maande later lyk dit baie moontlik.

FitzPatrick en Beit het intussen besluit om *The Transvaal from Within* in Hollands te laat vertaal op Wernher-Beit se koste. Hul oogmerk is om die vertaalde boeke onder die Boere in die Vrystaat- en Transvaalkolonies en die oorsese krygsgevangenes te versprei om aan hulle die ware oorsake van die oorlog te verduidelik – altans, wat FitzPatrick meen die ware oorsake is. Hulle glo dat dit sal help om die Boere te oortuig dat dit eintlik 'n goeie ding is dat Brittanje van Kruger en sy korrupte regering ontslae geraak het. En wie beter om die vertaling te behartig as Eugène Marais, die mede-eienaar van 'n koerant wat hulle voorheen ondersteun het, en wat nou juis in Londen woon? Weereens versoek Beit vir Taylor om Marais hieroor te pols, en laat weet sy kollegas in Suid-Afrika: "We have written to Mr. Taylor to ascertain whether Mr. Eugène Marais would be prepared to translate the book into Dutch."[283] Op 6 November skryf Taylor aan Beit dat hy hom oor 'n week sal laat weet wat Marais se antwoord is.[284]

Marais is wel bereid om die vertaalwerk te doen. Aan Beit verklaar hy dat hy dit egter nie vir vergoeding wil doen nie, maar omdat hy 'n vriend van FitzPatrick is, en hy in die saak glo.[285] Wat is hierdie saak? Vir die Britse pers is dit duidelik. *The Transvaal from Within* het kort voor die oorlog uitstekende resensies in Brittanje gekry, en al die resensente het saamgestem dat FitzPatrick die saak vir Brittanje se ingryping in die ZAR baie oortuigend gestel het. Volgens die *Yorkshire Post* het die boek enige regdenkende Engelsman se mening bevestig dat dit tyd is dat "these Augean stables must now be cleansed of their filth". Die *Manchester Courier* was van oordeel die boek "justifies the drastic measures to which the British Cabinet may resort", terwyl die *Daily News* geskryf het dat "any reader who desires to realize the Uitlanders' point of view should carefully read this book".[286]

Maar nou is dit 'n jaar later, en Brittanje het reeds ingegryp. Marais se beweegrede moet dus dieselfde wees as met die plan om *Land en Volk* weer uit te gee – hy wil help om die oorlog so gou as moontlik te beëindig om sy volk verdere lewens- en eiendomsverlies te spaar. Buitendien kan hy hom vereenselwig met die argumente wat FitzPatrick in sy boek uiteengesit het – die korrupsie en onbekwaamheid van die Kruger-regering, die nadelige konsessiebeleid en dinamietmonopolie, die bevoordeling van Hollanders bo Afrikaners in staatsposte, en die weerhouding van stemreg van die Uitlanders is alles kwessies wat hy herhaaldelik voor die oorlog in *Land en Volk* aangeroer het.

De Transvaal Van Binnen Beschouwd, soos die Hollandse titel van FitzPatrick se boek op die ou end sal lui, sal dus vermoedelik na Marais se mening help om die Boere – burgerlikes, vegtendes en krygsgevangenes – te oortuig dat dit eintlik Kruger was wat die oorlog op hulle neergebring het, en dat dit vir hul eie beswil is om hulle vir 'n wyle aan behoorlike regering te onderwerp. Maar vermoedelik speel die feit dat hy in Londen al 'n klomp geld by FitzPatrick en Taylor geleen of gekry het ook in 'n mindere of meerdere mate 'n rol in sy besluit. Wiens brood men eet, diens woord men spreekt.

Maar indien hy dit nie al vroeër was nie, bevind Marais hom met sy deelname aan hierdie projek nou onteenseglik in dieselfde kamp as Wernher-Beit en FitzPatrick, vyande van die ZAR wat onder die hoofaanstigters van die Jamesoninval en die Anglo-Boereoorlog was. Al weet Marais nie hoe FitzPatrick die oorlogsvlamme die vorige paar jaar help aanblaas het nie, moet hy ongetwyfeld bewus wees van Wernher-Beit se rol in die Jameson-inval – ná die daaropvolgende hofsake en parlementêre ondersoeke in die Transvaal, die Kaapkolonie en Brittanje is dit immers geen geheim meer nie. En boonop sit Wernher-Beit se geld agter die totstandkoming van twee regimente – die Imperial Light Horse en die Imperial Yeomanry – wat nou teen die Boere veg.[287]

Op 14 November kom die *Gelderland* in Suez aan waar dit ingewag word deur C.G.S. Sandberg, wat 'n paar maande tevore deur die ZAR-regering op 'n vertroulike sending na dr. Leyds in Brussel gestuur is.[288] By hom het Sandberg 'n brief van Leyds aan pres. Kruger met nuus oor die verwikkelinge in Suid-Afrika en Europa.[289]

Lord Horatio Herbert Kitchener neem aan die einde van November die bevel van die Britse magte in Suid-Afrika by lord Roberts oor. Hy is sewentien jaar jonger as laasgenoemde en staan bekend as 'n geharde en emosielose krysgsman wat geen genade aan sy vyande betoon nie. *The Times* verklaar dat "a strenuous and determined effort to stamp out a form of warfare that has become hardly distinguishable from everyday crime is what is expected from the new commander of the British forces in South Africa".[290] Getrou aan sy reputasie sal Kitchener die verskroeideaardebeleid van Roberts tot nuwe hoogtes voer.

Intussen het Wolmarans en Erasmus in November verskeie besoeke by die ministerie van kolonies afgelê om Chamberlain te oortuig dat hulle waardevolle vredesgesante in die Transvaal kan wees.[291] Hieroor raadpleeg Chamberlain vir Kelsey Loveday, wat intussen saam met die ander lede van die Transvaal Concessions Commission in Londen aangekom het om hul verrigtinge hier voort te sit. As mede- progressiewe Volksraadslid het Loveday vir Erasmus voor die oorlog goed geken. Loveday reken dat die twee mans nuttige vredesgesante sal wees.[292] In Suid-Afrika is Milner egter hierteen gekant – volgens hom oorskat die twee Transvalers hul invloed.[293] Chamberlain laat dit daar, maar die saad van 'n vredesbeweging en vredesgesante in die Boererepublieke is nou by hom geplant.

In Desember 1900 verklaar die Britse parlementslid Arthur Markham in 'n parlementêre debat dat die Transvaal Concessions Commission 'n instrument van die Randlords is, en nie in die beste belang van Brittanje en die Transvaalkolonie optree nie. Hy staaf sy stelling deur onder meer daarop te wys dat Loveday 'n direkteur was van firmas wat konsessies gekry het, en ook namens

Wernher-Beit in 'n direksie gedien het.[294] Markham sou nog meer ontstoke gewees het indien hy geweet het dat Milner vir Loveday op FitzPatrick se aanbeveling in die kommissie aangestel het.[295]

In Suid-Afrika vergader 'n groep wapenneerlêers onder leiding van ene Meyer de Kock op 17 Desember op Belfast in die Oos-Transvaal.[296] Die groep besluit om die Britse militêre owerheid te versoek om Boere wat hulle vrywillig oorgee na kampe in hul eie distrikte te stuur, iets wat hulle glo die burgers sal aanspoor om hul wapens neer te lê. Hulle besluit ook om 'n proklamasie uit te reik wat die ware toedrag van sake aan die Boeremagte uiteensit en aan hulle duidelik maak dat hulle nie ingryping van Europa of elders moet verwag nie.[297]

Marais is intussen hard aan die werk aan die vertaling van *The Transvaal from Within*. In hierdie stadium tree hy as redakteur op – ander vertalers doen eerste, ruwe, handgeskrewe vertalings, waarna hy dit redigeer en oorskryf voor dit getik word. Die dag ná die wapenneerlêers se vergadering in Belfast rig hy 'n versoek hieroor aan Beit uit mev. Tuley se losieshuis in Teddington:

> Dear Mr Beit,
>
> I regretted very much that I was unable to meet you at Sherfield as I had arranged. At the last moment one of my Translators had a fit & I could not find a substitute until Monday morning. So I decided to do Sunday's work myself. I had written Jim, & now at his suggestion write you, that I find it would expedite matters greatly if I could have the ms. typed before I corrected it. In fact I had had up to the present to re-write the entire ms. & this takes more time than I can devote to it, as I am also working for the final bar examination. The typed work I could correct at twice the speed & half the labour. I want your authority therefore to hire a machine & engage a writer to do the work at my rooms. The cost would be about £50 – (a very rough estimate based on the ordinary office charges which might turn out inaccurate).
>
> Even with this extra expense the work when finished will still be more than fifty percent below the usual office charges as submitted to me. In fact I undertake that the entire cost will not be more than 1/3 the usual rate. The usual translating fee is £85 & I am having it done at £10 (or with the

late contretemps at £16 at the outside.) You will, therefore, see that my request is not very unreasonable & not merely because I desire to consult my own comfort primarily.

I need not reassure you again that I would gladly devote every moment of my time to the work, both because FitzPatrick is my friend & with a view to the cause but under the circumstances I cannot. And it is not hard work I shun. Jim will tell you that I am pretty well inured to that.

Believe me to be yours
Eugène N. Marais[298]

The Transvaal from Within beloop nagenoeg 185 000 woorde, gelykstaande aan twee taamlik lang hedendaagse romans. Die nasien en oorskryf van die handgeskrewe vertaalde teks moet dus 'n tydrowende taak wees. Marais werk duidelik nou nie meer in die City nie – FitzPatrick se geld stel hom blykbaar in staat om sy aandag aan die vertaling en sy studies te wy.

"Sherfield", waar Marais vir Beit moes ontmoet, verwys na Sherfield Manor, Jim Taylor se landgoed naby die dorpie Sherfield on Loddon in Hampshire, wat hy drie jaar tevore gekoop het. Marais lieg egter daaroor dat hy vir sy laaste eksamen studeer, want die volgende dag lê hy slegs eksamen af oor die derde vak, naamlik Bewysreg, Prosesreg en Kriminele Reg. Ten spyte van sy vertaalwerk slaag Marais dié vak en behaal 87 punte uit 170, 27 meer as die minimumvereiste van 65.[299] Maar weereens is hy omtrent heel onderaan die prestasielys. In die Council of Legal Education se rekords word dit nou aangeteken dat hy elf van die verpligte twaalf kwartale voltooi het.[300] Nog net een kwartaal en een eksamen bly oor – ná vier jaar is hy amper klaar.

Ook in Desember verskyn 'n lang en hartroerende artikel – "A Visit to the Boer Prisoners at St Helena" – deur Alice Stopford Green in *The Nineteenth Century,* 'n maandelikse Britse tydskrif. Green, 'n vurige pro-Boer, het drie maande tevore met die hulp van Frederic Mackarness se South African Conciliation Commission lewensbehoeftes en geskenke na die krygsgevangenes op St. Helena geneem. Die Boere het 'n sterk indruk op haar gemaak. "They received me with the utmost politeness and good breeding, and in all my intercourse with the farmers I found the simple and dignified courtesy of a self-respecting people."[301] Green meld dat "their private griefs they carry with a grave reserve so far as outsiders go, which deceives, as I came to think, the unobservant looker-on".[302] Sy noem ook hoe bitter van die gevangenes is, en dat hulle oortuig bly dat die Boere se saak regverdig is.

Kitchener spreek op 21 Desember 'n groep wapenneerlêers in Pretoria toe. Hoekom veg van hul volksgenote nog, wil hy van die aanwesiges weet. Brittanje sal tog nooit as te nimmer toelaat dat Kruger en sy Dopper-regering weer regeer nie. Enige hoop op ingryping deur ander groot moondhede is ook misplaas, voeg hy by, aangesien Kruger se pleidooie hiervoor in Europa op dowe ore geval het. Volgens hom het die Boere goed geveg, maar die oorlog is nou verby, en dit is geen skande om te aanvaar dat die voortsetting van die guerrilla-aanvalle sinloos is nie. Hy onderneem om die Boere wat hulle oorgee in kampe saam met hul families in hul eie distrikte te huisves. Maar hy sluit sy toespraak met 'n dreigement af. Sou sy versoenende houding geen vrugte afwerp nie, waarsku hy, sal hy verplig wees om die ander middele tot sy beskikking te gebruik, 'n kwalik bedekte verwysing na die verwoesting van die Boere se plase en lewensmiddele. Die verantwoordelikheid hiervoor sal dan op die Boereleiers rus, verklaar hy.[303]

Die volgende dag word kmdt. Lodi Krause naby Krugersdorp deur Britse magte gevange geneem en na die Fort in Johannesburg geneem. Hier ontmoet hy en Kitchener, wat aan hom sy planne met die voorgenome vredeskomitees verduidelik. Maar volgens Krause het Kitchener die takt gehad om nie voor te stel dat hy daaraan deelneem nie, aangesien die Britse bevelvoerder kon sien hoe onsmaaklik die onderwerp vir hom was. In sy oorlogsherinneringe verklaar Krause: "I had and have nothing but contempt for men like Paul Botha,[304] and Piet de Wet, who, whilst their fellow-burgers and brothers are fighting and patriotically struggling for liberty against the most fearful odds, can publish pamphlets slandering and vilifying them; and who can be so low and base as actually to lend active assistance to their country's foes, in order to crush and destroy their own flesh and blood who are doing their sacred duty in the field, and dying nobly."[305] Krause sou dus nie 'n hoë dunk van Marais se vredespogings gehad het nie.

Ná die vergaderings van wapenneerlêers op Belfast en in Pretoria word vredeskomitees aan die einde van Desember in die Transvaal en Vrystaat gestig, met onder andere genls. Andries Cronjé en Piet de Wet wat daarin dien.[306] Kitchener hoop dat vredeskomitees die voortvegtende Boere sal oortuig van die "hopelessness of their struggle for independence and ... show them that a considerable local feeling exists against the continuance of the war which must ruin their country".[307]

Sherfield Manor

Intussen het FitzPatrick se maagsweer weer opgevlam, en het Wernher-Beit hom 'n jaar siekteverlof toegestaan.[308] Einde Desember 1900 kom hy in Londen aan, onderweg na 'n verpleeginrigting in Switserland. Marais skryf op 2 Januarie 1901 aan T.J. Milner, Lionel Phillips se privaat sekretaris wat ook vir FitzPatrick bystaan wanneer hy in Londen is, en versoek 'n afspraak met FitzPatrick voor hy na Europa vertrek. Marais het nou sy bedenkinge begin kry oor sommige van FitzPatrick se negatiewe stellings oor die Boere in *The Transvaal from Within*, en wil by FitzPatrick hoor of hy sekere dele kan versag of weglaat in die Hollandse weergawe. Verder soek hy ook die Hollandse brondokumente van sekere vertaalde aanhangsels tot FitzPatrick se boek, aangesien die terugvertaling na Hollands tot interpretasieverskille met die oorspronklike dokumente mag lei.[309]

T.J. Milner doen wat Marais versoek, en vyf dae later vertrek Marais in die middag na Sherfield Manor om FitzPatrick te gaan sien,[310] wat nou vir twee dae by Taylor kuier voor hy na Europa vertrek.[311] In Londen en omgewing sneeu dit hard,[312] en Marais sou met die London & South Western Railway se treindiens deur die sneeulandskap gereis het na Basingstoke, ongeveer sewentig kilometer wes van Londen, en daarvandaan 'n kort entjie op 'n sylyn na Bramley naby Sherfield on Loddon. Moontlik lê Marais die laaste drie kilometer van Bramley na Sherfield Manor per voet af, of miskien wag 'n "hansom"-perdekar van Taylor hom in.

Hoe dit ook al sy, Marais sou laatmiddag of vroegaand op die koue winterdag opgedaag het by die hek van Taylor se landgoed, waarvandaan 'n lang oprit na die statige drieverdieping-herehuis deur 'n park loop waar takbokke wei. Taylor, wat in 'n tent in Kimberley grootgeword het, het die afgelope drie jaar ongeveer £80 000 (R80 miljoen)[313] aan die aankoop en restourasie van die landgoed bestee. Hy het die oorspronklike rooibaksteenwoning in 'n renaissancestyl-herehuis laat omskep, en geen koste ontsien wat die uitgebreide tuin betref nie.[314] Hy en sy vrou en twee kinders woon in die hoofhuis met sy veertien slaapkamers, terwyl 'n aparte vleuel vyftien huisbediendes huisves en daar elders op die perseel ook talle staljongens en tuiniers bly.[315] Die landgoed van 250 akker front vir ses kilometer aan die Loddonrivier, 'n visvangparadys vir 'n entoesiastiese hengelaar soos Taylor.[316]

Marais sou geloop het deur die herehuis se groot ingangsportaal waarvan die plafon deur Taylor uit 'n paleis in Florence bekom is. Moontlik wag Taylor en FitzPatrick vir hom in die informele sitkamer langs die reusekaggel, 'n namaaksel van een in 'n koninklike paleis. Aangesien Marais so laat in die dag by Sherfield Manor aankom, slaap hy waarskynlik oor in een van die gastekamers op die eerste verdieping, wat bereik word met 'n wye houttrap wat deur vakmanne uit Italië uitgekerf is.[317] Enkele kilometer van Sherfield Manor is Tylney Hall, Lionel Phillips se nog meer imposante landgoed wat hy ook drie jaar tevore aangeskaf het.[318] Omdat FitzPatrick slegs 'n paar dae in Engeland is, is Phillips vermoedelik ook hier om sy kollega te sien en om binnekennis van die verwikkelinge in Suid-Afrika te kry. Soos later sal blyk, kuier Kelsey Loveday ook waarskynlik nou by Taylor. En in die lig van Beit se betrokkenheid by die vertaling van *The Transvaal from Within* en Marais wat nie vir hul vorige afspraak hier opgedaag het nie, is dit moontlik dat ook hy teenwoordig is.

Ná aandete in die groot eetkamer trakteer Taylor gewoonlik sy manlike gaste in die biljartkamer op sigare en 'n potjie snoeker of poker. Is dit hier waar Loveday vir die aanwesiges vertel van Erasmus en Wolmarans se beoogde vredesending na die Transvaal, en dat die gesprek nou draai na die ongeveer 5 000 krygsgevangenes op Ceylon en die 4 700 op St. Helena?[319] Reeds vyf maande tevore het Taylor aan Beit voorgestel dat "good articles" deur Marais onder die krygsgevangenes op dié twee eilande versprei word.[320] En word hierdie gesprek die volgende dag verder gevoer tydens 'n wandeling onder die lang pergola wat na die roostuin en die klassieke Franse tuin lei?[321] Dit lyk so, want dit is waarskynlik hierdie besoek van Marais aan Sherfield Manor wat aanleiding gee tot 'n brief wat hy twee weke later aan Chamberlain stuur oor die krygsgevangenes op die eilande.

Tydens Marais se besoek stem FitzPatrick in dat Marais die Hollandse weergawe van *The Transvaal from Within* hier en daar kan temper om dit meer verteerbaar vir Boerelesers te maak, mits Marais in sy afwesigheid Beit se goedkeuring hiervoor kry. Ses dae later vertrek FitzPatrick na Europa.[322] Kort hierna verwittig Marais vir T.J. Milner dat hy die vertaling omtrent voltooi het, met die uitsondering van 'n halwe hoofstuk en 'n finale nasien. Hy het egter met sy besoek aan Sherfield Manor vergeet om FitzPatrick te vra waar hy die Hollandse brondokumente vir sommige van die aanhangsels in die hande kan kry, en versoek dat T.J. Milner hom FitzPatrick se adres in Europa stuur.[323] Dit sal later egter blyk dat Marais nou hopeloos te optimisties is wat sy vordering met die vertaling betref.

Milner oorweeg alternatiewe

Die herverskyning van *Land en Volk* sloer nou vermoedelik te lank na Milner se sin, en hy oorweeg om solank vir dr. John Scoble, die eerste redakteur onder wie Marais gewerk het, toe te laat om die *Transvaal Advertiser* weer in die Transvaal uit te gee, maar met 'n Hollandse gedeelte wat aanvaarding van die nuwe bedeling deur Afrikaners en versoening tussen Boer en Brit moet verkondig. Op 8 Januarie 1901,[324] die dag ná Marais by Sherfield Manor besoek aflê, skryf 'n onbekende persoon[325] van die Civil Service Club in Kaapstad af aan Osmond Walrond, Milner se privaat sekretaris, oor hierdie voorstel:

> I hear that there is some intention to send Dr. Scoble up to run a bilingual paper in Pretoria. I think such a course would be a great mistake. By all means let Dr. S. run an English paper but if his name is associated with any Dutch Paper the people will laugh at it and it will not have a whiff of influence. If you do wish a Dutch paper to start you can do no better than "Land & Volk". I understand that O'Brien the former editor of Land & Volk is willing to run a paper in British interests and as he has a wide knowledge & experience & has run the paper for the last three years he is naturally in touch with all the progressive Boer Element. The owner of the plant is a partnership consisting of Eugène Marais & P.C. Falconer. Marais is somewhere in London but I believe he is non compos mentis. Falconer is running the government Printing Works in Pretoria. I have no doubt he will do all he could to help. At any rate a Dutch paper with Scoble as editor will be a perfect farce & might just as well be left unprinted. The policy of Land

> & Volk has been anti-Kruger & anti-war and I certainly think they deserve to be the first in the field.[326]

Milner neem blykbaar nou hierdie skrywer se opinie ter harte, want die *Transvaal Advertiser* sal eers weer 'n jaar later verskyn.[327] Dit lyk ook of Marais se gedrag en dwelmgebruik op hierdie tydstip só erg is dat stories daaroor al Suid-Afrika bereik het. Meer hieroor later.

Vredesgesante

Intussen is Kitchener besig om die Boererepublieke stelselmatig in puin te lê deur hele dorpe en duisende plaasopstalle te laat afbrand. Hy beveel ook nou dat alle voedselvoorraad op plase vernietig moet word om die Boeremagte van proviand te ontneem. Gefrustreer deur hul onvermoë om die voortvegtende burgers vas te keer, oortref die Britse offisiere en soldate hulself met hierdie taak. Geesdriftig brand hulle koring- en mielielande af en slag of verwyder derduisende beeste, skape en perde. Maar soms is selfs dít te veel moeite, en dan vermink hulle slegs die diere en laat hulle net so in die veld agter. Die Britse magte voer ook duisende onwillige Boerevroue en -kinders onder haglike omstandighede weg na konsentrasiekampe wat nou orals in die Boererepublieke en Kaapkolonie verrys.

Die vredesgesante kry ook teenspoed. Op 9 Januarie 1901 laat genl. Christiaan de Wet vir Johannes Morgendaal, 'n vooraanstaande boer en vredesgesant, skiet toe hy 'n bevel verontagsaam. Tien dae later beswyk Morgendaal aan sy wond.[328] Op 11 Februarie doen genl. Piet de Wet 'n beroep op sy broer genl. Christiaan de Wet om die stryd gewonne te gee. Hy meen dat die voortvegtende burgers nou moet oorgee en hulle aan die nuwe bewind moet onderwerp totdat selfregering weer aan die Boererepublieke toegestaan word. As die oorlog nog veel langer voortduur, glo hy, sal die Transvaal en Vrystaat so verwoes word dat die Boere die gevaar loop om as 'n volk te verdwyn.[329] Hy glo ook nie dat sy optrede verkeerd is nie, want ná die Britse anneksasie bestaan daar nie meer 'n Vrystaatse regering waarteen hy verraad kan pleeg nie.[330] Met hierdie sentimente sou Marais, nou 'n Britse burger, hom vermoedelik kon vereenselwig. Maar Christiaan de Wet stuur 'n boodskap aan sy jonger broer dat hy hom op sig sal skiet sou hulle paaie ooit weer kruis.[331]

Op 22 Januarie sterf koningin Victoria ná 63 jaar op die troon. Op dieselfde dag word Meyer de Kock deur Boeremagte gevange geneem terwyl hy op pad is na genl. Ben Viljoen en sy manskappe om die sentrale vredeskomitee se vlugskrifte aan hulle te gaan oorhandig.[332]

Twee dae later kom 'n brief vir Chamberlain by die ministerie van kolonies aan, soos sal blyk, hoogs waarskynlik van Marais, en dit word in die korrespondensieregister as "Mission to Boer prisoners in Ceylon" aangeteken.[333] Hierdie brief het sover bekend nie behoue gebly nie, maar wat Marais voorstel, kan afgelei word uit 'n brief wat Chamberlain die volgende dag aan Milner stuur. Hierin stel hy voor dat opvoedkundige propaganda onder die krygsgevangenes op Ceylon en St. Helena versprei word wat die ware oorsake van die oorlog verduidelik. Volgens Chamberlain sal hierdie gevangenes 'n gevaarlike element wees indien hulle ewe onkundig na Suid-Afrika terugkeer as wat hulle die land verlaat het. "*It has been suggested* [my kursivering] that many of them on grounds of self-interest would be glad to learn English, and that their teachers might gain influence with them and point out to them the opportunities that they will have under the new regime. At present there seems to be no-one to tell them anything about the future."[334] Dit is die einste sentimente wat Marais ses maande later in 'n memorandum aan Chamberlain sal uitspreek. Dit lyk dus of Marais nou reeds hierdie voorstelle aan hom maak.

Soos sal blyk, wil Marais ook nou persoonlik aan die krygsgevangenes op Ceylon en St. Helena gaan verduidelik dat dit eintlik Kruger was wat die oorlog veroorsaak het, en dat hulle hulle vir tyd en wyl by Britse heerskappy moet neerlê. Moontlik is hy ook van plan om 'n pamflet te skryf om onder hulle te laat versprei, soos Taylor die vorige jaar voorgestel het[335] en Chamberlain ook nou blykbaar in gedagte het. Dit lyk dus of Marais nou probeer om aan Chamberlain te bewys dat sy invloed "of some value" kan wees, soos hy 'n paar maande tevore aan Taylor gemeld het hy sal moet doen om ná die oorlog deur die ministerie van kolonies vir 'n politieke rol in die Transvaal oorweeg te word.[336]

Toevallig stuur Milner op 4 Februarie uit Suid-Afrika 'n telegram ("telegram nr 89") aan Chamberlain oor 'n verwante aangeleentheid. Hy wil graag onderwysers uit Brittanje na Ceylon en St. Helena laat stuur om onderwys vir die krygsgevangenes te reël, want volgens hom is die gevangenes in Suid-Afrika maar net te dankbaar hiervoor. Hy versoek dus dat twee jong onderwysers genaamd Fabian Ware en Reginald Balfour onderskeidelik na Ceylon en St. Helena gestuur word.[337] Chamberlain sien nou die geleentheid om twee vlieë met een klap te slaan, en antwoord Milner op 12 Februarie:

> Eugène Marais late editor Land and Volk is anxious to undertake unofficially mission to prisoners in Ceylon & St Helena and thinks that he could influence them to advantage. Do you consider that he is trustworthy and that this is desirable having regard to arrangements proposed in your telegram nr 89 to which I shall reply directly.[338]

Wat Chamberlain bedoel met "influence them to advantage" kan afgelei word uit 'n telegram wat hy 'n week later aan die goewerneur van Ceylon stuur waarin hy versoek dat die gevangenes daar bearbei word om die eed van getrouheid aan die Britse kroon af te lê en gehoorsame Britse onderdane te word. Chamberlain meen dit kan vermag word deur pamflette onder hulle te versprei wat aan hulle die ware oorsake van die oorlog verduidelik, asook deur hulle Engels te leer, en sodoende hul vooroordele te oorkom. "It seems most important to influence them in the right direction," sluit hy af.[339] Dit lyk weereens of Marais se brief Chamberlain hiertoe beweeg het. Dit is ook onwaarskynlik dat Chamberlain dit enigsins sou oorweeg het om Marais toe te laat om Ceylon en St. Helena te besoek indien laasgenoemde nie reeds 'n eed van getrouheid aan die Britse kroon afgelê het en 'n Britse burger geword het nie.

Uit gesprekke met vermoedelik FitzPatrick en Falconer weet Milner natuurlik reeds genoeg oor Marais om 'n onmiddellike opinie oor hom te kan uitspreek. En die Britse prokonsul in Suid-Afrika twyfel nie oor Marais se betroubaarheid nie. Die dag ná Chamberlain se telegram aan hom berei hy 'n voorlopige antwoord voor:

> Person named is to be relied upon. I think he might unofficially accompany persons named in my telegram no 89 & be of much assistance to them. Perhaps it might be wiser to let him go to St. Helena first.[340]

Vermoedelik stel Milner voor dat Marais eers na St. Helena gaan omrede die goewerneur van Ceylon hom 'n paar dae tevore laat weet het dat die krygsgevangenes daar moeilikheid sal veroorsaak as Britse onderwysers gestuur word om hulle tot ander insigte te probeer bring, want tot dusver was hulle baie vyandig teenoor sulke mense.[341] Milner redeneer dus waarskynlik dat hulle des te meer teen 'n mede-Afrikaner soos Marais gekant sal wees. Die bewoording van die finale telegram wat hy op 19 Februarie aan Chamberlain stuur, lui effens anders as sy vroeëre konsepantwoord. "Marais might do good and I should favour his going," meen hy. "This is quite independent of educational arrangements and I earnestly hope men mentioned by me may be sent if they will go."[342] Chamberlain gee nou onmiddellik opdrag aan sy privaat sekretaris, lord Monk Bretton, om 'n vergadering met Marais te reël.[343]

In Suid-Afrika het genl. Piet de Wet in Februarie 'n krygsgevangekamp in Groenpunt besoek om die gevangenes te oortuig dat die voortsetting van die stryd sinloos is. Hy is egter deur baie van die krygsgevangenes uitgejou, en sy besoek het soveel opskudding veroorsaak dat sommige onversoenlike Boere daarna hul meer vredesgesinde kamerade begin aanval het en van hulle in die puttoilette gedompel het.[344]

Meyer de Kock het intussen voor 'n spesiale militêre hof op aanklagte van hoogverraad verskyn. Sy verweer was dat hy nie 'n verraaier is nie, maar slegs 'n spoedige en eerbare vrede wou help bewerkstellig wat tot voordeel van die hele land sou strek. Die militêre aanklaer het toegegee dat De Kock se optrede moontlik welmenend was, maar het verklaar dat sy vredespogings die Boere se krygsoperasies en die republikeinse saak ondermyn het. Die krygshof het De Kock aan hoogverraad skuldig bevind, en op dieselfde dag dat Chamberlain vir Milner oor Marais se beoogde vredesending telegrafeer, word De Kock deur 'n vuurpeloton gekies uit genl. Ben Viljoen se manskappe langs 'n oop graf gefusilleer.[345]

Opiumdrome

Sedert sy verbanning uit Suid-Afrika die vorige jaar woon Ewald Esselen in Saint-Jean-de-Luz, 'n kusdorp in die suidweste van Frankryk naby die Spaanse grens. Vir Jimmy Roos in Pretoria skryf Esselen in Februarie 1901 dat alhoewel hy die sonskyn en pragtige omgewing geniet, "it is sometimes very very lonely". En hy is verveeld. "I am fairly well off, but would be better with something to do."[346] Omstreeks dieselfde tyd dat Chamberlain vir Milner oor Marais se voorgestelde vredesending aan St. Helena en Ceylon telegrafeer, besoek Esselen Engeland en Skotland. In Londen gaan soek hy na Marais, vermoedelik ook by die Inner Temple, 'n inrigting waarvan hy self 'n lid is. Vir Roos het hy egter slegte nuus oor hul gemeenskaplike vriend:

> During the two days I was in London I could find out nothing about Eugène. What I did hear was that opium had carried him past redemption, but no one could tell me where he was. I asked several people to try & find him. They promised but did nothing. It is probable that Loveday found him with J.B. Taylor.[347]

Marais woon blykbaar hierdie kwartaal nie klasse of dinees by nie, iets wat deur sy volgende eksamenrekord bevestig word.[348] Dit lyk egter of Esselen by iemand gehoor het dat Loveday vir Marais by Sherfield Manor teëgekom het. Hoekom het Esselen dan nie eenvoudig vir Loveday, wat op hierdie tydstip nog in Londen met die verrigtinge van die Transvaal Concessions Commission doenig is, oor Marais uitgevra nie? Voor die oorlog was Esselen en Loveday tog al twee progressiewe Volksraadslede en lede van die Pretoria Club, en hulle ken mekaar goed. Moontlik is die rede dat Loveday hom intussen by die Britse owerheid in die Transvaalkolonie geskaar het, terwyl Esselen altyd 'n onversetlike teenstander van die nuwe heersers sal wees, soos sal blyk.

Uit Esselen se kommentaar, asook dié van die onbekende skrywer aan Milner se privaat sekretaris 'n paar weke tevore,[349] lyk dit of Marais se dwelmverbruik nou redelik straf is. Moontlik hou Esselen se opmerking ook verband met 'n aantekening wat Chamberlain op 9 Maart in die ministerie van kolonies se lêer oor Marais se beoogde vredesending maak. "I understand that Marais has been ill but will be able to see him soon."[350]

Marais het reeds 'n dekade of so tevore in Pretoria na aanleiding van Thomas De Quincey se beroemde *Confessions of an English Opium-Eater* 'n vurige lofrede oor die vreugdes van opium gelewer voor die Vereniging Jong Suid-Afrika.[351] En dekades ná sy verblyf in Londen het hy in 'n artikelreeks in *Die Huisgenoot* weer hieroor geskryf, en sekerlik in 'n mate sy lewensbeskouing uitgespreek.

> De Quincey, in bewoording wat vir poëtiese skoonheid selde in enige letterkunde geëwenaard is, beskrywe die oneindige verdriet en lyding van die siel. Deur al ons bepeinsinge klink 'n ewige vaarwel; oor alles hang die skadu van die dood, die oneer van die graf. Maar daar verskyn 'n gebenedyde Wese met die sleutels van die Paradys, wat vir 'n kort tydjie alles regmaak; wat in een moment tempels en paleise vir die ongelukkige op die doek van die duisternis bou. Die salige Wese in dié instansie is die Opium![352]

Dit sou vir Marais maklik gewees het om in Londen opium in die hande te kry. In hierdie jaar is die dwelm nog nie 'n verbode middel in Brittanje nie – inteendeel, 'n mens kan laudanum, 'n tinktuur wat opgeloste opium bevat, by enige apteker koop, want dit word vrylik deur dokters vir kwale soos slaaploosheid, verkoues, hartsiektes en menstruele krampe voorgeskryf.

Wilfred Marais, 'n seun van Eugène Marais se oom Lang Piet Marais, het in 1903 – 'n jaar ná Eugène Marais se vertrek uit Londen – by die Inner Temple ingeskryf.[353] Hier het hy stories gehoor van sy neef se dwelmgebruik. "I believe that he took drugs, trying everything in the Chinese part of London," het hy later verklaar.[354] En inderdaad verkoop Chinese in hierdie jare opium in die East End (die ooste van Londen), hoofsaaklik in die omgewing van twee strate, Pennyfields en Limehouse Causeway. Hier is 'n dosyn of wat losieshuise waar hoofsaaklik Chinese matrose die dwelm rook. Die rook van opium is nes dobbel vir hierdie Chinese 'n ontspannende tydverdryf, en die losieshuise waarin hulle dit beoefen, is meer soos besadigde sosiale klubs as die ongure dwelmhole wat Charles Dickens en ander Victoriaanse skrywers in hul romans uitbeeld.[355] Die polisie steur hulle dus nie veel aan wat hier aangaan nie. Walter Besant, die swaer van Annie Besant, Madame Blavatsky se opvolger, besoek in 1901 een van hierdie losieshuise: "Greatly to my disappointment, because when one goes to an opium den for the first time one expects a creeping of the flesh at least, the place was neither dreadful nor horrible."[356]

Hier word opiumekstrak met 'n bamboespyp van omtrent agttien duim gerook teen slegs sowat 18 pennies [R75] per dosis – bekostigbaar selfs vir 'n student. Die opiumekstrak kom op die punt van 'n naald en word verhit oor 'n lampvlam tot dit taai en klewerig is. Die roker hou sy pyp oor die vlam en trek daaraan terwyl hy die opiumekstrak met die naald druk deur 'n gaatjie in die ysterpypkop. Volgens 'n historikus was die rook van opium onder nie-Chinese Londenaars hoofsaaklik beperk tot diegene wat hulself as boheemse intellektuele of vernuwende kunstenaars beskou het, klein groepies wat doelbewus die konvensionele idees van die middelstand wou uitdaag, asook in die okkultisme belanggestel het.[357] In hierdie geselskap sou Marais hom ongetwyfeld tuis gevoel het.

Marais gaan blykbaar deur diep waters in hierdie stadium. Hy het juis die vorige jaar vir Jim Taylor geskryf oor wat 'n "deuced black time it has been".[358] Dekades later het hy die tragiese stryd van 'n dwelmverslaafde baie oortuigend in "The Soul of the Ape" beskryf:

> In such cases life becomes a continual struggle to render permanent by excessive use the very fleeting happiness these poisons bring, or even to attain a higher state of mental exaltation, an endeavour which can never be realised. There is continual alternation between the deepest gloom of abstinence and a mental state ... which through continuous use of intoxicants begins to resemble sluggish mental anaesthesia rather than positive happiness ... It is in such cases that all the bonds of civilised life are eagerly snapped, where the strongest springs of human conduct – love of friends and relatives, position, honour – are restraints more powerless than plumed reeds to stop the whirlwind in its course ... The sufferer drifts into a vicious circle and, like the scorched fly, spins in vain on the axis of his pain.[359]

Soos voorheen gemeld, is die laaste sin van hierdie uittreksel ontleen aan Coventry Patmore se gedig "The Scorched Fly" wat Marais in Londen in sy skets- en notaboek aangeteken het.[360] Moontlik is dit dan 'n goeie beskrywing van die geestestoestand waarin Marais hom nou soms (of meestal) in Londen bevind.

'n Dekade tevore het dr. E. Chambard, 'n Franse mediese dokter, 'n boek – *Les Morphinomanes* – oor morfienverslawing gepubliseer. Volgens hom is die oorsaak van verslawing by sekere mense hul drang om te ontsnap van hul bewustheid van hul eie ongelukkigheid, soos die voorbeeld van 'n "disappointed man of ambition who consoles himself with morphine ... to forget pains past, present and to come, the substitution of the dull and sad realities of life by dream or sleep".[361] 'n Moderne mediese skrywer oor die probleem meen dat "the addict has a problem, but it is not a medical one: he does not know how to live",[362] en voeg by dat "there are some people for whom the desire for the consolation of illusion, and the illusion of consolation, is constant."[363]

'n Mens vermoed dus dat Marais se psigiese toestand moet bydra tot hoeveel en hoe gereeld hy morfien en/of opium op hierdie tydstip gebruik. In Suid-Afrika het duisende Afrikanermans, -vroue en -kinders reeds in die oorlog gesterf, Kitchener is besig om die platteland in puin en as te lê, en op veraf eilande krepeer derduisende krygsgevangenes. Maar terwyl sy volksgenote in 'n oorlewingstryd gewikkel is, ploeter hy voort in Londen, 'n bestaan waarvoor hy geld moet leen by Uitlanders wat fortuine uit sy land gemaak het, en wat hulle nou onder meer uitgee op swierige Park Lane-paleise en oordadige landgoedere waarmee hulle die Engelse adelklas probeer naboots. Boonop doen hy nou werk vir hierdie einste Uitlanders, werk wat hy moet weet deur baie van sy volksgenote as verraad beskou sal word. Ook was hy voor die oorlog 'n bekende en in sekere kringe gerespekteerde figuur op die Transvaalse toneel; nou is hy net nog 'n sukkelende en anonieme student in die grootste stad in die wêreld. Opium moet 'n aanloklike ontsnapping van hierdie kwellende gedagtes bied.

Maar moontlik is daar ook 'n ander rede hoekom Marais opium gebruik: om die visioene te kry wat die dwelm glo in 'n ontvanklike digterlike bewussyn voortbring. Marais het later vertel dat die dwelm die wonderlikste ding is wat daar is. 'n Mens sien die mooiste meisies, selfs die hemel, het hy verklaar; om die waarheid te sê – 'n mens is in die sewende hemel bo die sewende hemel.[364] Verskeie Engelse digters was verslaaf aan opium, onder andere Francis Thompson en Samuel Taylor Coleridge, digters wat Marais bewonder het.[365] Soos M.H. Abrams in sy boek *The Milk of Paradise* oor hierdie twee digters opmerk: "Each author spent a considerable part of his life in a dream world which differs amazingly from that in which we live. Each author utilized the imagery from these dreams in his literary creations, and sometimes, under the direct inspiration of opium, achieved his best writing."[366] Marais sou goed geweet het dat Coleridge sy "Kubla Khan; or, a Vision in a Dream: A Fragment", een van die beroemdste gedigte in Engels, glo een aand ná 'n opiumdroom geskryf het. 'n Gedig van 'n paar honderd reëls het volledig aan Coleridge in sy droom verskyn, maar hy het nog net 'n gedeelte daarvan neergeskryf toe iemand hom onderbreek en hy die res vergeet het. Het Marais die dwelm ook vir digterlike inspirasie geneem? In hierdie verband is dit interessant dat "Winternag", Marais se beroemdste gedig, ook slegs 'n fragment is van 'n baie langer epiese gedig wat hy beoog het.[367]

Struweling met Alfred Beit

In Marais se latere kortverhaal "Laramie die wonderwerker" is een van sy karakters "Issy Wasserman, die bekende Joodse goud- en diamantmagnaat, 'n klein opgekrimpte, skoongeskeerde Jood met 'n suur gesig".[368] Op sy beurt beskryf 'n biograaf van Alfred Beit hom as 'n kort man, "plump, and round of limb, with large, prominent, luminous eyes and smooth cheeks".[369] En soos Beit[370] is Wasserman 'n Duitse Jood wat graag poker speel.[371]

Alhoewel Marais nou skynbaar in 'n slegte toestand verkeer, is hy darem nog in staat om op 16 Februarie 1901 in 'n briefwisseling met die einste Beit oor die vertaling van *The Transvaal from Within* betrokke te raak.

28, Coleshill Road, Teddington
16 Feb 1901

Dear Mr. Beit

I am just forwarding the translation of FitzPatrick's book to your Mr. Milner. I regret the delay sincerely; – the book itself has been ready for more than a month with the exception of a last revise, which I reserved for the day of its completion, and the wretched appendix. And in the end all the waiting proved vain, for with one insignificant exception in the body of the book, I have failed to secure the original documents.

As to the translation I have done my best to render the author's meaning faithfully in language understandable throughout South Africa. And on this head, I do not think, he will have any reason to complain.

As to the proposed alterations – they gave me more trouble and anxiety than all the rest put together, & in the end I had to acknowledge myself beaten. If the book has to be made palatable to the average Afrikander, either in the Cape or Transvaal, portions of it will have to be practically recast.

And this refers more especially to the first portion – the first fifty pages or so – . Speaking as a Boer I must acknowledge they are hard to swallow. Were I to take up the translation, knowing neither the author or his motive I would cast it from me in hate and disgust before I had finished ten pages. You will not mind me speaking frankly, because I think it bears on the subject. FitzPatrick writes our history from an enemy's point of view. Of all the questions historical touched on by him we have our own account which, it is hardly necessary to say, does not tally with the English version, and no Boer, who is worth the trouble of converting would give heed to a writer who thus vilifies his race & people & all their doings at the very outset.

It is therefore hardly worth tinkering with the other portions till some decision is come to on this.

I trust you will give instruction for proofs to be submitted to me before the book is published.[372]

Truly yours

Eugène N Marais

Wat hinder Marais so? In die eerste vyftig bladsye van *The Transvaal from Within* sit FitzPatrick die geskiedenis van die Afrikaners van 1652 tot 1888 kortliks uiteen. Reeds in die eerste paar bladsye beskryf hy die Boere as onopgevoed en bekrompe, mense wat nog altyd weggevlug het van die beskawing se versagtende invloed. Volgens hom is die trekboere se geskiedenis 'n lang relaas van korrupsie, valsheid, onregverdigheid en barbaarsheid. Hul eng ervaring veroorsaak dat hulle enigiets buite hul patriargale en pastorale lewenswyse wantrou, en enige tekens van vooruitgang as waarskuwings van toekomstige onderdrukking en inperking van hul vryheid beskou. Volgens FitzPatrick het die Boere die ZAR gedurende die eerste paar dekades van onafhanklikheid so wanbestuur dat die land ineen sou gestort het as Brittanje dit nie in 1877 geannekseer het nie. Die meeste Transvalers was maar net te bly oor die Britse anneksasie, meen hy.[373]

Die boek gaan in dieselfde trant voort. FitzPatrick skryf dat onmiddellik nadat die Boere die vrugte van Britse anneksasie gepluk het, hulle vir onafhanklikheid begin betoog het, wat tot die oorlog van 1880 en 1881 gelei het. Hy beskuldig die Boere voorts van lafhartigheid tydens hierdie oorlog. "Individual bravery, of the kind which takes no heed of personal risk, reckless heroic dash, they have not, nor do they pretend to have."[374] Volgens hom het die Boere ook talle kere tydens dié stryd die beskaafde norme van oorlogvoering oorskry, soos om die wit vlag te misbruik en gewondes dood te skiet. Ná die oorlog het hulle ook nie veel beter teenoor die Britte in hul midde opgetree nie. "It is not surprising – indeed, not unnatural – that people unsoftened by education and the conditions of civilization, moved by fierce race-prejudice, and intoxicated by unbroken and unexpected success, should in many cases make the vanquished feel the conqueror's heel."[375] ("Race-prejudice" verwys nie na wit-swart-verhoudinge nie, maar na die Boere se houding teenoor die Britte.)

Verder beskuldig FitzPatrick die Boere daarvan dat hulle in enige transaksie altyd nog meer wil hê, ongeag hoeveel hulle al gekry het. "It is an unpleasant feature in the Boer character, prominent alike in personal and general relations, begotten, mayhap, of hard life, constant struggle, and lack of education and its softening and elevating influence."[376] Die vorige jaar het FitzPatrick ook aan Wernher geskryf dat dit 'n onbegonne taak is om met die Boere te onderhandel: "[I]t is . . . most difficult to guess what is in the mind of an ignorant, half-civilized people as one does not know the tortuous ways of their reasonings and suspicions."[377] Oor die Boere se vermoë om 'n moderne staat te regeer meen hy in sy boek: "Father Abraham on the London Stock Exchange would not be much more at sea than the peasant farmers of the Volksraad were in dealing with the requirements of the new settlers."[378] FitzPatrick het duidelik 'n lae dunk van die meeste Boere. Maar hy het by hul laaste ontmoeting ingestem dat Marais hier en daar die vertaling kan probeer temper, iets wat Marais nou erken onmoontlik is tensy hele dele oorgeskryf word.

Vier dae later beantwoord Beit Marais se brief.[379] Op hierdie tydstip is Beit een van die rykste mans ter wêreld en 'n magtige figuur in die City en in Suid-Afrika. Sy persoonlike betrokkenheid by die vertaling is 'n aanduiding van hoe belangrik hy die aangeleentheid ag. En hy is glad nie gelukkig oor Marais se kommentaar op sy kollega se boek nie. Hy is ook nie bereid dat Marais dele van die boek in die vertaling oorskryf of weglaat nie. Wat presies hy aan Marais skryf, is onbekend, maar dat dit striemend is, kan afgelei word uit Marais se diplomatiese antwoord op 26 Februarie:

> You misunderstood my letter if you gathered from it that I wished to charge FitzPatrick with partiality. On the contrary I think – with the one exception of the slave question – he has compiled a very fair account from the materials at his command.
>
> What I wished to convey – & solely for the book's sake – was that the Boers have another account of some of the vital questions in the history of the race-hate in South Africa. And of this account FitzPatrick makes no mention – and it was not to be expected. Now, whether true or false I am sure that the reading of these things will cause intense heartburning & I am afraid the book will be condemned unheard. If ever you have the means of verifying the result you will see what I mean. I do not wish to trouble you more than necessary and I would have given you a few examples of which I am sure you would immediately see the importance. On the whole however I think you are right in your decision not to tinker with the lesser things when the greater ones are not to be touched.
>
> I trust I have made myself clear. I did not even take upon myself the belief in the truth of either view. What I wished to convey was the mental attitude of the majority of my countrymen.[380]

Marais is versigtig om nie openlik met Beit te verskil nie. Op die oog af lyk dit amper of hy te kenne gee dat hy met FitzPatrick se siening oor die Boere saamstem, met uitsondering van die slawekwessie. (In sy boek is FitzPatrick van mening dat die Boere ten gunste van slawerny was, en dat die afskaffing daarvan deur Brittanje die rede vir die Groot Trek was.[381]) Maar aan die einde van sy brief kry Marais dit reg om hom uit hierdie standpunt te wikkel met die stelling dat hy eintlik nie 'n opinie uitspreek nie. Alhoewel Marais later in sy lewe nooit veel van die regsberoep sou hou nie, openbaar hy met hierdie draadsittery die kenmerke van 'n goeie prokureur. Maar met hierdie brief eindig sy pogings om die vertaling te versag. Sy besware is ook nie so ernstig dat hy hom nou genoodsaak voel om van die projek te onttrek nie. Maar aan die ander kant is hy in 'n moeilike situasie. FitzPatrick het hom twee maande tevore £150 (R150 000) gegee of geleen – hoe kan hy nou weier om voort te gaan?

Marais laat weet nou vir T.J. Milner dat aangesien Beit reeds 'n besluit geneem het oor die aangeleentheid waaroor hy vir FitzPatrick wou skryf, hy nie meer laasgenoemde hoef te kontak nie. Hy stuur ook aan T.J. Milner die vertaalde aanhangsel sowel as 'n gedetailleerde opgawe van al die koste wat hy tot dusver aangegaan het, 'n bedrag van altesaam £80 (R80 000). Vir homself is daar geen fooi op die opgawe ingesluit nie. Ten slotte versoek hy dat T.J. Milner die drukkersproewe aan hom stuur sodat hy dit voor publikasie kan nagaan.[382]

Maar daar is iets anders waarmee Marais nie rekening hou nie, en dit is dat hy nog die indeks van die vertaling moet voorberei, iets wat hy slegs sal kan doen wanneer die drukkersproewe van die boek beskikbaar is. En die indeks van FitzPatrick se oorspronklike boek is lank – twaalf bladsye met ongeveer 1 200 verwysings, wat elkeen vertaal sal moet word (waar nodig), en die korrekte bladsyverwysing in die vertaalde boek sal moet bykry. Hierdie indeks sal later tot groot onmin tussen Marais en T.J. Milner lei.

Land en Volk op ys

Aan die einde van Februarie 1901 vergader genl. Louis Botha op lord Kitchener se uitnodiging met hom op Middelburg in die Transvaal om voorwaardes te bespreek waarop die oorlog beëindig kan word. Botha woon die vergadering by ten spyte daarvan dat Kitchener hom vooraf in kennis gestel het dat daar geen sprake van die behoud van die Boererepublieke se onafhanklikheid kan wees nie. Kitchener lig die Britse regering hierna oor die gesprek in, en meld dat die Boere onredelik bevrees is dat hul land ná 'n vredesluiting in die hande van Jode soos Wernher-Beit se vennote sal val.[383]

Ook in Maart besoek genl. Andries Cronjé van die sentrale vredeskomitee in Pretoria die krygsgevangenes in die kamp by Simonstad. Hy word beter as genl. Piet de Wet die vorige maand by Groenpunt ontvang, en deur sy toedoen onderteken 'n aantal krygsgevangenes 'n petisie ten gunste van vrede.[384]

In Londen wil Marais nou onverwyld na Suid-Afrika terugkeer om *Land en Volk* weer uit te gee. Jim Taylor lig Lionel Phillips op 10 Maart hieroor in:

> From the enclosed you will find that Marais proposed again to go out & I replied that I thought it was too late. He has written again & I will be glad if you will talk matter over with Beit & see what he thinks. Personally I believe the Transvaal leaders seriously contemplate surrender & very soon we shall hear that De La Rey, Burger & Meyer are prepared to lay down

> arms – Marais is willing to go & if you think he can serve any useful purpose I will start him off at once.[385]

Deur Wernher-Beit se politieke kontakte sou Taylor geweet het dat die Britse kabinet slegs 'n paar dae tevore hul beoogde vredesvoorwaardes aan genl. Botha gestuur het, waarop hy op hierdie tydstip nog nie gereageer het nie. Taylor verwag egter klaarblyklik dat die oorlog amper op 'n einde is. Weereens noem hy nie dat Marais se parool eers opgehef sal moet word voor hy na die Transvaal kan terugkeer nie, nog 'n aanduiding dat laasgenoemde nooit werklik op parool was nie.

Beit se goedkeuring is nodig omdat Wernher-Beit 'n aanvanklike bedrag van £500 (R500 000) sal moet bydra om *Land en Volk* weer op die been te kry, soos Taylor ses maande tevore vir Beit in kennis gestel het.[386] In die lig daarvan dat die oorlog blykbaar amper verby is, besluit Beit vermoedelik hierna dat *Land en Volk* se beoogde rol nou oorbodig geword het: Marais kan dus maar bly net waar hy is. Vir tyd en wyl eindig die pogings nou om *Land en Volk* weer uit te gee. FitzPatrick was die dryfkrag agter die idee, maar hy is nog steeds in 'n verpleeginrigting in Europa.

Uit Marais se herhaalde versoeke aan Taylor blyk dit egter hoe begerig hy is om na die Transvaal terug te keer om sy voortvegtende volksgenote te oorreed om die wapen neer te lê. In die Britse pers het dit nou begin deurskemer watter verskriklike verwoesting Kitchener se verskroeideaardebeleid in die Transvaal en Vrystaat veroorsaak, asook hoe haglik die toestande is waarin derduisende vroue en kinders in konsentrasiekampe saamgehok word. Ná meer as vier jaar in Londen moet Marais nog net een kwartaal voltooi en een eksamen slaag om as advokaat te kwalifiseer. Maar hy is bereid om al hierdie tyd en moeite oorboord te gooi om vir vrede te gaan werk. Aan Marais se opregtheid kan daar nie getwyfel word nie, al mag daar vrae wees oor wat hy beoog het.

Die dag ná Taylor se brief aan Phillips deel die Britse kampowerheid op St. Helena gedrukte verslae van die wapenneerlêers se vergaderings 'n paar maande tevore in Belfast en Pretoria onder die krygsgevangenes uit. Die pamflette is daarop gemik om hulle te oorreed om die eed van getrouheid aan Brittanje af te lê. Die meeste van die krysgevangenes bejeën blykbaar die pamflette met minagting, maar sommige gaan lê wel die eed af.[387] 'n Hollandse krygsgevangene teken egter in sy dagboek aan dat die meeste Boere se nasionaliteitsgevoel maar dun is, en dat hulle eerder uit vrees vir hul onversoenlike kamerade onwillig is om die eed af te lê.[388] Wedersydse haat en bitterheid ontstaan nou tussen die twee groepe, en die onversoenlikes behandel die eedondertekenaars hardhandig. Die situasie op St. Helena word naderhand so gevaarlik dat die kampowerheid die eedondertekenaars na 'n aparte kamp moet verskuif.[389]

Kort hierna ontmasker die krygsgevangenes op dié eiland twee medegevangenes wat hulle glo vir die Britse owerheid spioeneer. Een word vyftien houe met 'n osriem toegedien en die ander in 'n asdrom gestop voor die kampwagte tussenbeide kan tree.[390] Ook op Ceylon ontstaan dieselfde situasie, en die goewerneur van die eiland vrees dat as die onversoenlikes en eedaflêers mekaar te lyf gaan, dit tot moord sal lei.[391] Dit is in hierdie plofbare situasie wat Marais hom wil begewe.

Intussen het die Britse regering hul formele vredesvoorstelle aan genl. Botha gestuur, wat onder meer eis dat die Boere alle vyandelikhede staak en hul wapens oorhandig. In ruil hiervoor is Brittanje bereid om vergoeding aan behoeftige burgers te betaal, om toe te laat dat Hollands saam met Engels in skole en geregshowe gebruik word, en om op 'n onbepaalde tyd in die toekoms selfregering aan die Vrystaat- en Transvaalkolonies toe te staan. Op 16 Maart verwerp die Boereleiers die voorstelle, omdat die Boererepublieke hul onafhanklikheid sal moet prysgee, en daar nie amnestie aan die Kaapse rebelle verleen word nie.[392]

In die saal van Gray's Inn op die hoek van High Holborn en Gray's Inn Road in Londen lê 65 studente elf dae later die eindeksamen van die Inns of Court af.[393] Maar Marais is nie onder hulle nie – as gevolg van sy "siekte", voorgenome vredesending en vertalingspligte het hy sy studies vir die soveelste keer agterweë gelaat.

Pseudologia fantastica

Op Sondag 31 Maart 1901 vul die vier inwoners van mev. Tuley se losieshuis in Teddington 'n sensusvorm in wat 'n paar dae tevore daar aangekom het.[394] Jane Tuley (57) teken haarself as die getroude hoof van die huishouding aan. William Atkinson (20) vul in dat hy 'n student is by Pitman's School, 'n snelskrifkollege, terwyl sy broer Frank (18) homself aangee as 'n student in nabygeleë

Richmond.[395] Maar toe Marais aan die beurt kom, lieg hy op die sensusvorm. Sy ouderdom gee hy as 28 aan, terwyl hy in werklikheid al 31 is. Selfs volgens die (verkeerde) ouderdom wat hy in 1897 by die Inner Temple aangegee het, moet hy nou al 30 wees. En vir die doeleindes van die inligting wat vereis word vir die sensusvorm se kolom "Employer, worker, or own account" gee hy voor dat hy 'n werkgewer is, en dat sy beroep dié van advokaat ("barrister") is.[396] Maar op hierdie tydstip is hy natuurlik slegs 'n regstudent. Moontlik het Marais homself voorheen as advokaat aan mev. Tuley voorgestel, en omdat sy nou as hoof van die huishouding die vorm aan die sensusopnemer moet terugbesorg, sal sy sien wat hy ingevul het, so hy moet by sy storie hou.

'n Dekade tevore het Anton Delbrück, 'n Duitse dokter, die sielkundige afwyking van gewoonte- of kompulsiewe leuenvertellery die naam van pseudologia fantastica gegee. Volgens Delbrück dui 'n paar simptome daarop dat 'n persoon aan dié afwyking ly. Eerstens is sy of haar stories nie heeltemal onwaarskynlik nie en bevat dit dikwels 'n element van waarheid. Verder is die neiging om leuens te vertel immer aanwesig; dit word nie soseer deur die onmiddellike situasie of sosiale druk veroorsaak nie, maar is 'n inherente eienskap van die leuenaar se persoonlikheid. Verder verskil die afwyking ook van 'n delusie in die sin dat wanneer mense wat hieraan ly met die ware feite gekonfronteer word, hulle hul leuens sal erken. Laastens neig die stories om die leuenaar in 'n gunstige lig te stel, soos dat hy of sy baie beroemde mense ken of groot dade verrig het.[397]

Van hierdie simptome was beslis deur die loop van sy lewe by Marais aanwesig. 'n Mens dink dadelik aan sy leuens oor sy ouderdom, sy rol in die ontstaan van *Land en Volk* en die Transvaalse progressiewe beweging, sy graad van die Cape University, sy uitslae by die Inner Temple, sy geneeskundige opleiding in Bonn en by Guy's Hospital, sy parool in Londen, sy propaganda ten behoewe van die ZAR, asook sy kwansuise deelname aan die Anglo-Boereoorlog.

Volgens Delbrück veroorsaak 'n innerlike motief hierdie afwyking. Dit is 'n sielkundige (en moontlik onbewuste) rede, in teenstelling met 'n voorafbeplande eksterne rede, waar die leuenaar 'n finansiële of ander voordeel wil verkry of verantwoordelikheid of straf wil ontduik. Mense wat aan pseudologia fantastica ly, wil eerder beter lyk in die oë van ander, en hul leuens is dus meestal gebaseer op iets wat hulle wil wees of wil besit. Moontlik het Marais se nederige ouerhuis, sy pa se tronkstraf, die rondswerwery tussen sy familielede toe hy 'n tiener was, sy gebrek aan naskoolse opleiding, asook 'n skuldgevoel oor sy politieke rol voor en tydens die oorlog, daartoe bygedra om 'n innerlike motief by hom te vorm en dit deur sy lewe te handhaaf.

Die sensusverslag verskaf ook verdere steun vir die vermoede dat Marais nou reeds 'n Britse burger is. In die geval van Otto Schurr, wat net om die draai woon, word daar onder die kolom "Where born" aangeteken dat hy in Duitsland gebore is, en in hakies daarna dat hy 'n "German subject" is.[398] In die geval van Marais word wel aangeteken dat hy in Suid-Afrika gebore is, maar word geen melding van sy burgerskap gemaak nie.

Die Britse staatsman

Om en by die einde van Maart 1901 ontmoet Marais en Chamberlain uiteindelik. Chamberlain is nou op die kruin van sy politieke loopbaan. Die 64-jarige Britse minister van kolonies is dinamies en doelgerig, 'n aantreklike man wat volgens baie waarnemers twee dekades jonger lyk, en selde in die openbaar verskyn sonder 'n monokel in sy oogkas en 'n orgidee in sy knoopsgat. Soos Marais het hy ook sy eerste vrou ná die geboorte van 'n kind verloor, ná 'n huwelik van slegs twee jaar.[399] Voor hy die politieke verhoog betree het, was hy 'n suksesvolle Birminghamse sakeman wat 'n fortuin uit die vervaardiging van skroewe gemaak het, en hy is die eerste nyweraar wat al ooit so 'n hoë kabinetsrang bereik het. In die vorige vier dekades het geen ander minister in die Britse kabinet sy pos so lank behou nie. Alhoewel Chamberlain nie die eerste minister is nie, beskou baie ingeligte waarnemers hom as die magtigste man in die Britse kabinet, en derhalwe ook in die Britse Ryk.[400]

Chamberlain skryf op 1 April aan Alfred Milner oor sy ontmoeting met Marais:

> Since I wrote last I have seen Mr Marais. He is a very intelligent man & made a considerable impression upon me. He was quite frank and expressed irreconcilable hostility to British rule and a hope that ultimately they should get their country back with its full independence. In the meantime, however, he freely answered my questions about the situation. He declared among other things that he would much rather be governed by Englishmen

> provided they were fairly sympathetic than by colonials or by his own countrymen who might have accepted the new order. The last, he said, he & the majority of the Boers would always detest & despise as traitors, while he was sure the Colonials would be tyrannical & oppressive. I have heard the same thing from other quarters, and especially in a report which I have had of the feelings of the prisoners in St. Helena. This opinion makes me less certain than I was of the advisability of appointing Boers who have surrendered to office. It would have a good effect here, but if it is really true that they would be generally referred [sic] as Marais & others say, their usefulness would of course be seriously impaired. I have no doubt that these considerations have been before you, and have possibly prevented you from making recommendations for Boer appointments.[401]

Dit is veelseggende getuienis van Marais se optrede en persoonlikheid dat hy as jong Transvaler met 'n beskeie agtergrond en opvoeding so 'n magtige staatsman en fyn waarnemer van mense kan beïndruk, en dit boonop regkry om sy opinie oor die toekomstige regering van die Boererepublieke te beïnvloed. Wat ook al Marais se kwaal in die onlangse verlede was, hy is duidelik nie "beyond redemption" soos Esselen verneem het nie.

Marais se houding teenoor Chamberlain is insiggewend. As daar nou een geleentheid is om witvoetjie by die Britte te soek, is dit tydens hierdie gesprek. Maar Marais draai nie doekies om nie – teenoor die Britse staatsman verklaar hy onomwonde sy teenkanting teen Britse heerskappy. En alhoewel Marais tot dusver wou gehad het dat die Boere as 'n volk moet oorgee, wil hy nie daarna deur hendsoppers geregeer word nie – eerder dan simpatieke Britte as regeerders.

Marais vereenselwig hom dus nie met die hendsoppers nie, alhoewel hy die uitkyk deel van daardie kategorie hendsoppers wat glo dat voortgesette verset net tot verdere en onnodige lyding vir hul volk sal lei. Dit lyk dus of Marais se teenwoordigheid in Brittanje toe die oorlog uitgebreek het, asook die feit dat hy nooit onder die wapen was nie, hom toelaat om hierdie skynbare verskil tussen hom en daardie hendsoppers in sy kop te handhaaf. Die vraag wat ook vanselfsprekend nooit onweerlegbaar beantwoord sal kan word nie, is of Marais, indien hy wel in die Transvaal gewoon het toe die oorlog uitgebreek het en derhalwe krygsdiens sou moes verrig het, die wapen nou al sou neergelê het, of die besluite van sy wetlik verkose leiers sou gehoorsaam het en aangehou veg het. Uit sy versoek 'n paar weke tevore aan Taylor om na die Transvaal terug te keer en *Land en Volk* weer op die been te kry met die doel om die Boere te oorreed om die wapen neer te lê, lyk dit of eersgenoemde eerder die geval sou gewees het. Marais het dit egter duidelik nie self so ingesien nie, soos blyk uit sy vyandige houding teenoor die hendsoppers en joiners tydens en ná die oorlog.

Marais se opinie oor die "colonials" as regeerders spreek boekdele. Hier verwys hy na Britse Suid-Afrikaners soos FitzPatrick en Falconer, Uitlanders met wie hy bevriend is. Sy kommentaar dui egter op 'n ambivalente houding teenoor hulle. Aan die een kant is hy in Londen van hul ondersteuning afhanklik om te oorleef; aan die ander kant koester hy 'n mate van wrewel, moontlik onbewustelik, teenoor hulle. Tussen hulle is hy die hoogs gekultiveerde Afrikaner wat uitstekend Engels kan praat en skryf, 'n "tame Boer", soos die Engelse diesulkes noem, iemand wat soos hulle op Kruger en sy agterlike takhaarvolgelinge neersien. Maar intussen veg en sterf sy familie en vriende in 'n oorlog waarin hierdie einste Uitlanders aan die ander kant is. Boonop lyk dit al hoe meer of die Uitlanders ná die oorlog oor die Boere gaan regeer. Gelyke regte vir Boer en Brit in die Transvaal het hy voorgestaan, maar nie hierdie baasspelery nie. Marais huiwer nie nou om die Uitlanders in Chamberlain se oë te ondermyn nie.

Marais het die volgende jaar in Portugees-Oos-Afrika vir dr. Schulz vertel dat Chamberlain by hierdie vergadering hom sy mening gevra het oor dr. Leyds, die voormalige staatsekretaris van die ZAR en nou die land se buitengewone gesant en gevolmagtigde minister in Europa. Volgens Marais het hy Chamberlain meegedeel dat alhoewel hy Leyds se politieke teenstander was, hy waardering vir sy vermoëns en eerlikheid het.[402] Dit mag so wees dat Marais hierdie sentimente uitgespreek het teenoor Schulz (wat immers 'n leier was van 'n ekspedisie wat deur die einste Leyds gefinansier is), maar dit is te betwyfel of Marais by hierdie vergadering met Chamberlain dieselfde mening huldig. Voor die oorlog het hy telkemale in *Land en Volk* vir Leyds beledig, en hom selfs op 'n keer 'n verraaier genoem wat die belange van 'n ander staat dien. Hy het Leyds ook as die pen en inkpot van pres. Kruger bestempel, met net genoeg mag om Kruger se vinger te beweeg wanneer die belange van Nederland of sy vriende en landgenote ter sprake kom.[403]

In sy brief aan Milner verwys Chamberlain nie na Marais se voorgenome sending na St. Helena nie, wat tog oorspronklik die rede was dat Chamberlain met hom wou vergader. Vermoedelik het Chamberlain dan nou daarteen besluit ná wat op St. Helena gebeur het toe die kampowerheid 'n paar weke tevore probeer het om die krygsgevangenes sover te kry om die eed van getrouheid af te lê, asook ná sy lees van die verslag oor St. Helena waarna hy in sy brief verwys. Buitendien wag Reginald Balfour en Fabian Ware, die onderwysers saam met wie hy Marais na onderskeidelik St. Helena en Ceylon wou stuur, nog steeds vir die langsame burokrasie om hul verplasings te prosesseer. Chamberlain vra dus nou vir Marais om eerder sy idees oor wat om met die krygsgevangenes te doen, asook sy gedagtes oor die toekomstige regering van die Transvaal, op skrif te stel. Marais onderneem om dit te doen, op voorwaarde dat Chamberlain dit nie sonder sy toestemming wyer bekend sal maak nie.[404]

Verskroeide aarde en 'n mislukte eksamen

Kitchener het intussen met massiewe dryfjagte begin om die Boerekommando's teen die blokhuislinies vas te keer. Vir die Transvalers en Vrystaters wat nog onder die wapen is, word dit 'n bitter herfs. Die winter is om die draai, en die platteland is verwoes en hul kosvoorraad uitgeput. Opstalle en landerye is afgebrand, vee is dood of gebuit, die meeste van hul volksgenote is in konsentrasie- en krygsgevangekampe, terwyl hulle en die oorblywende vrouelaers voortdurend moet rondtrek om die vyand te ontduik. Hulle het ook nie meer die vermoë om Britse krygsgevangenes aan te hou nie. Vir die soveelste keer raak die Transvaalse leiers nou wankelmoedig. Genl. Botha laat weet vir pres. Steyn dat hy 'n vergadering op 15 April 1901 by die Kliprivier in die Vrede-distrik moet kom bywoon om oor die voortsetting van die stryd te besin. Eers ná lang gesprekke en oorreding hier deur die Vrystaters besluit die Transvaalse generaals om aan te hou veg.

In Johannesburg het Milner en sy personeel in 'n manjifieke Parktown-herehuis van Wernher-Beit ingetrek. "Sunnyside" het voorheen behoort aan Hennen Jennings,[405] 'n Amerikaanse myningenieur wat vir Wernher-Beit in Johannesburg gewerk het.[406] Jennings woon nou in Londen, en uit latere korrespondensie van Jim Taylor blyk dit dat hy en Marais mekaar goed ken.[407] Die ekonomiese toekoms van die Witwatersrand en derhalwe die Transvaal hang nou grootliks van Wernher-Beit af.[408] Maar op 7 Mei verklaar die parlementslid Arthur Markham in Engeland dat Wernher-Beit niks beter as 'n "gang of common thieves and swindlers" is nie,[409] waarna die firma hom dagvaar weens laster.

Die volgende dag vertrek Milner na Londen vir drie maande vakansie. Fitz-Patrick het ook twee dae tevore van sy Europese ruskuur en vakansie na Brittanje teruggekeer, maar is dadelik na 'n Londense verpleeginrigting om verder vir sy chroniese maagsweer behandel te word.[410] Onderweg na Brittanje kry Milner die goeie nuus dat hy deur die Britse kabinet tot die adelstand verhef is – voortaan sal hy as Lord Milner of St. James's and Cape Town bekend staan. Saam met hom op die skip is Emily Hobhouse, wat ook op pad huis toe is ná haar besoek aan die konsentrasiekampe. Milner en Hobhouse ontmoet aan boord.[411] Hy luister na haar voorstelle oor hoe om die toestande in die kampe te verbeter, en belowe om weer met haar in Engeland te vergader, iets wat hy geen voorneme het om te doen nie.

'n Paar weke ná die vergadering by Kliprivier is die Transvaalse magte se moreel weer laag. Botha versoek Kitchener om toe te laat dat afgevaardigdes van die Boereregerings na Europa reis om pres. Kruger se mening oor die oorlogsituasie in te win. Hieroor is pres. Steyn baie ongelukkig. Skaars 'n maand tevore het die Transvalers saamgestem dat die stryd voortgesit moet word; nou is daar al weer praatjies van vrede maak.

Indien dit nie reeds het nie, kry Marais se beoogde vredesending na St. Helena en Ceylon nou die doodskoot. Vir die afgelope paar maande het Chamberlain, Milner en die goewerneurs van Ceylon en St. Helena gekorrespondeer oor die twee onderwysers saam met wie Marais na die eilande moes reis. Maar intussen het Milner reeds 'n amptenaar en twee onderwysers van die South African College in Kaapstad na St. Helena gestuur om 'n skool daar te begin.[412] Milner besluit nou dat Ware en Balfour eerder onmiddellik na Suid-Afrika moet kom om E.B. Sargant, die direkteur van onderwys in die konsentrasiekampe, by te staan.[413] Maar Marais en Ware sal wel twee jaar later ontmoet, soos sal blyk.

Die oggend van 23 Mei meld Marais hom saam met 107 ander by Lincoln's Inn aan vir sy laaste eksamen.[414] Dit behels drie drie-uurvraestelle wat oor twee dae afgelê word, en wat 'n kandidaat gelyktydig moet slaag.[415] Met die eerste twee vraestelle gaan dit redelik, maar Marais sukkel die volgende dag met die derde vraestel wat handel oor Trusts, Maatskappyreg en Boedelreg.[416]

Die uitslae van die Trinity-eksamen word twee weke later bekend gemaak.[417] Meer as driekwart van die studente het geslaag, maar weereens is Marais een van die min druipelinge: vir die derde vraestel het hy 45 punte uit 170 behaal, 5 minder as die slaagpunt van 50.[418] So naby, maar so ver. Nou sal hy al drie vraestelle moet herhaal, waarvoor die volgende geleentheid hom egter eers weer met die Michaelmas-eksamens in Oktober 1901 sal voordoen. Vyf punte het hom vyf maande gekos. Die teleurstelling moet groot wees.

Marais se akademiese rekord toon ook dat hy geen verdere dinees sedert die vorige Desember bygewoon het nie. Benewens nog 'n eksamen moet hy dus ook nog 'n kwartaal by die Inner Temple voltooi. Maar dit is verstaanbaar dat dit nie juis genotvol kan wees nie vir 'n Transvaler wat hom op hierdie tydstip in Londen bevind om saam met 'n klomp hooghartige Engelse deur ellelange etes te sit.

Boeremoreel en wrange vrugte

Met die kommando's in die Transvaal en Vrystaat gaan dit ook maar beroerd. Baie burgers is gedemoraliseerd en in 'n gehawende toestand, sonder geriewe vir hul gewondes of voldoende kos of nuwe klere vir hulself, en boonop word hulle onophoudelik deur Britse kolonnes gejag. Hul perde is ook net vel en been. Verder word hulle toenemend aangeval deur swart stamme in die Transvaal wat deur die Britse magte bewapen is. Selfs leiers soos genl. Ben Viljoen wil nou tou opgooi. Op 31 Mei 1901 spreek hy sy manskappe toe. Die Boere het nou al te lank geneem om vrede te maak, verklaar hy. Hulle het 'n eerbare oorlog geveg, maar hulle moet nou 'n eerbare vrede maak sodat hulle nie soos klein bendes voortvlugtige Sjangaans gejag en uitgewis word nie.[419]

Op 14 Junie ontmoet Emily Hobhouse die Liberale Party se leier, sir Henry Campbell-Bannerman, in Londen en vertel hom van die hartverskeurende toestande in die konsentrasiekampe. Dieselfde aand beskuldig Campbell-Bannerman in 'n toespraak by 'n Londense dinee die Britse regering daarvan dat hy "methods of barbarism" in sy uitvoering van die oorlog gebruik. Sy toespraak maak opslae, en van nou af is Milner en die Britse kabinet op die agtervoet oor die konsentrasiekampe.

Hobhouse se ooggetuieverslag oor die konsentrasiekampe verskyn vier dae later.[420] In die kamp buite Bloemfontein was sy die getuie van verskriklike tonele.

"A girl of twenty-one lay dying on a stretcher. The father, a big, gentle Boer, kneeling beside her; while, next tent, his wife was watching a child of six, also dying, and one of about five drooping. Already this couple had lost three children." In 'n ander tent het sy "a six months' baby gasping its life out on its mother's knee" gesien, asook 'n sterwende seuntjie, "a dear little chap of four, and nothing left of him but his great brown eyes and white teeth, from which the lips were drawn back, too thin to close".[421] Hobhouse was geskok. "I can't describe what it is to see these children lying about in a state of collapse. It's just exactly like faded flowers thrown away."[422] Dit is onbekend of Marais Hobhouse se verslag gelees het, maar in sy latere gedig "Die lied van Suid-Afrika" is daar 'n weerklank daarvan:

> vergeefs die weeklaag van die vrou
> van kleintjies al die stom gebaar:
> . . . ek smyt hulle oor die berge weg,
> en smoor hulle in die sandwoestyn.[423]

Nogmaals oorweeg Transvaalse Boereleiers soos genl. Botha en waarnemende pres. Burger om maar vrede te sluit. Die afgelope paar maande het die sowat 20 000 oorblywende Boere wat nog onder die wapen is maar weinig indruk op Kitchener se leër van nagenoeg 'n kwartmiljoen man gemaak. Hoe kan hulle aanvalle loods as hulle nie basisse het nie, as honderde van hul manne elke maand die wapen neerlê en daar geen nuwe rekrute aanmeld nie, en met blokhuise en doringdraad wat nou die hele land vervuil? Maar weereens skop die Vrystaters op 20 Junie by 'n krygsraad by Waterval in die Standerton-distrik vas – die stryd moet voortgaan, tot die bitter einde. Om druk op die kommando's in die Transvaal en Vrystaat te verlig, besluit die Boereleiers dat genl. Smuts 'n nuwe inval in die Kaapkolonie moet loods. Hulle hoop dat dit die Kaapse Afrikaners, van wie die oorgrote meerderheid tot dusver maar passief was, uiteindelik sover sal kry om hul mede-Afrikaners in die Boererepublieke te hulp te snel.

Drukkersduiwel

Intussen worstel Marais met sy vertaalwerk voort. Die drukkersproewe van *De Transvaal van Binnen Beschouwd* is deur T.J. Milner aan hom gestuur, en hy en 'n vriend gaan dit noukeurig in mev. Tuley se losieshuis na. Marais werk deur die eerste helfte van die proewe, terwyl sy vriend vir die res verantwoordelik is. Op Saterdag 22 Junie 1901 maak hulle egter 'n onaangename ontdekking: Die drukkers het per abuis vyftig bladsye van die eerste helfte weer in die tweede helfte herdruk. Sy vriend het dus tyd verspil deur ook bladsye na te gaan wat reeds nagegaan is. Verder het die drukker slegs 'n gedeelte van die proewe gestuur – hulle het nog maar net die helfte nagesien.[424]

Die volgende dag laat Marais vir T.J. Milner van die terugslag weet. Maar Marais verseker hom: "I am so far recovered as to be able with the promised assistance to keep up with the printers."[425] Vermoedelik lê die drukkersproewe al 'n wyle by Marais – hy het immers die getikte manuskrip al vier maande tevore nagegaan. Intussen moes hy egter ook vir sy eindeksamen studeer, en volgens wat hy skryf, was hy ook siek. Of dit werklik so was, is onbekend, maar vir die soveelste (en nie die laaste) keer in Londen hou Marais sy swak gesondheid voor as 'n rede hoekom hy nie 'n spertyd kan haal of 'n verpligting kan nakom nie.

Die onbekende vriend na wie Marais in sy brief aan T.J. Milner verwys, is moontlik sy mede-Transvaler J.C. Stegmann, wat nog steeds op parool in Londen is. Toe Stegmann in 1896 by Gray's Inn ingeskryf het, het hy op sy aansoekvorm sy beroep as "Agent at Law, Conveyancer and Sworn Translator English & Dutch Languages" aangedui.[426] Hy het voorheen ook gereeld advertensies in *Land en Volk* geplaas waarin hy hierdie dienste aangebied het.[427] Hoeveel ander Afrikaners (of Nederlanders) kon Marais in Londen geken het wat bereid sou wees, en daarvoor gekwalifiseerd was, om so 'n vertaling na te gaan?

Verder was Stegmann amper 'n jaar lank op kommando voor hy hom saam met kapt. W.M. Edwards se verkennerskorps in September 1900 oorgegee het,[428] en sou hy goed geweet het waarmee die voortvegtende burgers te kampe het, asook wat die toestande op die Transvaalse platteland is. Stegmann se voormalige bevelvoerder, Edwards, het ook juis 'n paar maande tevore aan genl. Botha geskryf en hom probeer oorreed om die stryd ter wille van die Boerevroue en -kinders te staak, asook om onnodige bloedvergieting te vermy.[429] Verder dui Stegmann se naoorlogse politieke affiliasie daarop dat hy versoening met Brittanje voorgestaan het, want hy het later 'n lid geword van die Krugersdorp-komitee van die Transvaal Responsible Party,[430] 'n politieke party wat hoofsaaklik Britse Transvalers as lede gehad het. Die party het hom beywer vir selfregering vir die Transvaal, maar as 'n land wat nog steeds deel van die Britse Ryk was.[431] Moontlik het Stegmann dan in 'n mindere of meerdere mate 'n rol gespeel in Marais se oortuiging dat die Boere die stryd gewonne moet gee.

Twee dae later ontvang Marais skynbaar 'n taamlik kras brief van T.J. Milner wat sover bekend nie behoue gebly het nie. Marais se antwoord hierop is kortaf:

> I regret my mistake. The printers, however, caused a lot of extra labour through theirs. I shall post the last 50 pages at 9 tomorrow. I am only detaining them to see that the "run-on" is right.
>
> E N Marais[432]

Marais eindig hierdie keer nie sy brief met die hoflike "Truly yours, Eugène N. Marais" waarmee hy gewoonlik sy briewe aan T. J. Milner afsluit nie. Daar is duidelik wrywing tussen die twee mans. Soos later sal blyk, wou hierdie Milner by tye sy hare uittrek oor Marais se traagheid en herhaalde verbreekte beloftes.

'n Onverwagse besoeker

Ewald Esselen het intussen kort tevore na Brittanje verhuis en huur nou 'n kantoor by 13 King's Bench Walk op die Inner Temple se perseel, waar hy beoog om as 'n kenner van die Suid-Afrikaanse en Transvaalse reg te praktiseer.[433] Hy moet egter eers toestemming by die Inns of Court kry om tot die Engelse balie toegelaat te word alvorens hy as advokaat kliënte in die hof mag verteenwoordig. Vermoedelik kry hy Marais se adres by die Inner Temple, want aan die begin van Julie 1901 daag hy ongenooid by mev. Tuley se losieshuis in Teddington op, waar hy Marais aantref. Maar ten spyte van die gerugte oor sy jonger vriend se toestand lyk Marais vir Esselen heel goed, soos hy vir Jimmy Roos ná die besoek in een van sy gereelde briewe laat weet:

> I found Eugene sane & well at 28 Coleshill Road (or Street) Teddington & spent the greater part of a day with him last week. He says he has repeatedly written to his people direct & through Falconer. What he has done in the past & how he has been I do not yet know. Please tell Mrs Ueckerman & his other people.[434]

Dit lyk of Esselen by Marais wou weet hoekom sy familie in Pretoria so lank laas van hom gehoor het, derhalwe Marais se versekering aan hom dat hy al telkemale vir hulle geskryf het. Moontlik het die gerugte van sy dwelmverbruik hul ore ook al bereik, en was hulle bekommerd oor sy welstand. Sophie Ueckermann is die suster wat sy seuntjie aangeneem het. Esselen meld nie wat hy en Marais vir die grootste gedeelte van die dag bespreek het nie, maar sekerlik het hy Marais sy siening van sake in Suid-Afrika gegee. Esselen is 'n onversoenlike. Burgers van die voormalige ZAR wat nou na Suid-Afrika wil terugkeer, moet 'n eed van getrouheid aan Brittanje aflê en Britse burgerskap aanneem. Hieroor maak Esselen sy posisie kort ná sy ontmoeting met Marais in 'n ander brief aan Roos duidelik, na aanleiding van 'n versoek van Richard Solomon, die nuwe prokureur-generaal van die Transvaal, dat hy na Pretoria terugkeer om in die regbank te dien. Dit doen hy slegs wanneer daar weer een of ander vorm van konstitusionele regering in die Transvaal is, verklaar Esselen, en verder weier hy om deur enige eed of vrywillige daad aan sy kant 'n Britse burger te word.[435]

Waarskynlik het Esselen ook aan Marais genoem dat hy onlangs deur die Britse parlementslid Arthur Markham se prokureurs aangestel is om hulle by te staan met laasgenoemde se verdediging teen die lastersaak van Wernher-Beit,[436] die firma waarvoor Marais nou besig was om vertaalwerk te doen. Moontlik het die drukkersproewe van *De Transvaal van Binnen Beschouwd* juis op daardie oomblik iewers in die vertrek gelê waar die twee mans ontmoet het. Geen wonder dat Marais dus niks vir Esselen oor sy doen en late in die afgelope jaar meegedeel het nie. Wat sou Esselen oor sy vertaalwerk en afgelaste vrede-sending na St. Helena en Ceylon te sê gehad het, om nie eers te praat van sy plan om met *Land en Volk* hul voortvegtende volksgenote te oorreed om die wapen neer te lê en die nuwe bedeling te aanvaar nie? Boonop was Marais nou ook besig om 'n dokument op te stel wat Esselen sekerlik sou laat ontplof het indien hy dit sou gesien het.

Die Britse politieke adviseur

'n Paar dae ná Esselen se besoek voltooi Marais die memorandum wat hy drie maande tevore vir Chamberlain belowe het. Hy het baie moeite gedoen met die lang dokument en dit selfs deur iemand laat tik, of dit self gedoen. Dit is amper asof hy, soos met sy beoogde vredesending na St. Helena en Ceylon, nou vir Chamberlain wil oortuig van sy politieke insig, en dat hy derhalwe vir 'n naoorlogse politieke rol in die Transvaalkolonie geskik is. Het Marais die implikasies oorweeg toe hy die memorandum geskryf het – dat hy nou 'n aartsvyand van sy volk van raad bedien? Of glo hy eerder dat 'n mens die beste van 'n slegte saak moet maak: dit is 'n gedane saak dat sy land vir die afsienbare toekoms onder Britse heerskappy gaan wees, en hy moet eerder sy invloed tot voordeel van sy mense gebruik?

Marais stuur sy memorandum op 5 Julie 1901 met 'n dekbrief aan Chamberlain:

The Right Honourable Joseph Chamberlain Esq.
H.M. Secretary of State for the Colonies
Downing Street, S.W.

Sir,

During an interview I had with you some months ago, I promised, at your request, to submit to you in writing certain suggestions with regard to the future administration of South Africa, from the point of view of my own countrymen, a verbal résumé of which I then had the honour to communicate to you.

Circumstances, the force of which would be obvious if I explained them to you, have up to the present prevented me from fulfilling that undertaking. These circumstances have now, to a great extent, been overcome, and I now have the honour to submit the enclosed, subject to the promise you were kind enough to give that no public use should be made of my communication without my consent.

I have the honour to be, Sir,
Your obedient servant,
Eugène N. Marais[437]

Die geheimsinnige omstandighede wat Marais verhoed het om die memorandum vroeër te voltooi is onbekend, maar moontlik is dit dieselfde kwansuise gesondheidsprobleem waarna hy ook twee weke tevore in sy brief aan T.J. Milner van Wernher-Beit verwys het. Die memorandum wat Marais saam met die brief stuur, is merkwaardig, en is sover bekend nog nooit voorheen gepubliseer nie. Dit word dus volledig hier weergegee. Dit lyk soos die werk van iemand wat by sy volle positiewe is, en illustreer weereens in watter mate Marais ten spyte van sy dwelmverslawing werk van gehalte kon lewer.

SUGGESTIONS

Two heads

The subjects discussed may be treated of under two heads: First the condition of the prisoners on the Islands, and their eventual return; and secondly, the future government of the two States from a Boer point of view:

The Prisoners

With reference to the prisoners, I had the honour to suggest, as a preliminary measure, that sympathetic Englishmen should be sent out to the Islands to explain to the more ignorant of them the present state of affairs, and the probable future, enlightening them, in so far as is needful, without intentionally outraging their feelings, as to the causes which led up to the war. The information thus imparted would be new to the great majority of them, and, apart from the mere enlightenment thus afforded, the very best results may be confidently anticipated from bringing them personally into contact with sympathetic and honourable Englishmen. It is the experience of South Africa, from the Cape to the Zambesi, that wherever such contact has taken place between the two races the most amicable relations have been established. It will be found, as a matter of fact, that wherever Boer communities in South Africa have come into close contact with Englishmen for any length of time – that is to say, in social contact rather than in the more common contact brought about by trade or Government, there is an almost entire absence of the more bitter race-feeling which has become so strong in South Africa since the rush to the Transvaal goldfields. And even in Pretoria, where the two races met each other under conditions hardly favourable to the establishment of friendly relations, there are innumerable instances of the warmest friendships (outside political circles, or the immediate entourage of the President).

The only social club in Pretoria was equally divided between Boers and English, and the only people who did form a clique even here were the Hollanders. No stronger proof of this contention is needed than the fact that whenever any serious question disturbed the club the English and Afrikanders invariably sided against the Hollanders. The same state of affairs was to be observed in almost every other undertaking where no political influence was brought to bear. In all sporting clubs (tennis, football, polo and rifle – not cricket so much) membership was equally divided between the two races. And in all these no race difference would have been noticeable to an outsider. In fact, it is universally acknowledged by Afrikanders that the only European race with whom they get on, outside politics, are the English. Certainly the Hollanders were far more foreign to us – differed more widely from us in life, habits, and ways of thought. There is no exaggeration in this assertion, though it may seem so to anyone who has had his opinion formed by the persistently misleading views expressed on this subject by the English press. However, this influence was, after all, extremely limited in its operation. Even in the Cape, there are large communities where no nearer acquaintance has ever been made with the English socially than such as is brought about by trade.

And on this experience the suggestion is based that the prisoners on the Islands should have an opportunity of meeting Englishmen in a different capacity from that of guards or governors, before their return to South Africa.

Representatives to be brought to England

A greater and perhaps more lasting influence would be brought about by bringing representative Boers from the Islands to England. And, if the selection is carefully made, the good effects would not be confined to those immediately participating. The power of a representative Boer to influence those under or around him is, no doubt, a national characteristic already noticed by the British Government, and it is needless therefore to enlarge upon it.

> By this means a purpose would be served of almost supreme importance in relation to the behaviour of the prisoners on their return to South Africa. At present, no doubt, the majority of Boer prisoners seem apathetic; even the homesickness, which the majority of them feel keenly, they will hide. In their shame of exhibiting any emotion of this nature they resemble no nation so nearly as the English. But, in spite of this seeming apathy, no one can look forward to their return home, under present circumstances, without anxiety. Though little emotion is revealed, it is there nevertheless, and it must not be imagined that the bitterness will be confined to those who have suffered most. The conditions of their veld life have brought about a singular national trait; everything in the nature of a wrong to a fellow-countryman is as keenly felt and resented by all as if their own interests were directly concerned. Crises have been caused in South Africa by incidents which in Europe would hardly be considered of public interest. It is difficult to make this clear to a foreigner – it is more or less the same feeling which causes neighbours to interfere and advise in the selling of a farm or property with which they are in no way concerned. With this in view, it is needless to enlarge on the probable effect which the return home will have on all prisoners.
>
> In addition to the mere loss of property, there are many rumours already current among our people concerning wives and daughters of well-known and respected families having been outraged and seduced. In how far there is any truth in these it would be difficult to find out now, perhaps even for the military authorities, since shame of this nature is not proclaimed from the house-tops, especially when one has to appeal to one's conquerors for redress against their own soldiers. But even one incident of this nature would be sufficient to lead many into fresh trouble in no way personally concerned therewith.[438]

Marais se beskrywing van die buitelandse krygsgevangenes se gemoedstoestand toon merkwaardige ooreenkomste met wat Alice Stopford Green sewe maande tevore in haar artikel oor die kamp op St. Helena gemeld het.[439] En moontlik het Esselen of Stegmann hom vertel dat Boerevroue deur Britse soldate gemolesteer of verkrag word. Marais het egter vir Chamberlain raad oor wat om met hierdie verbitterde Boere-krygsgevangenes te doen:

> In the interest of the Boers themselves, therefore, in the first place, and of the country in the next, no human effort should be spared by anyone taking an interest in them to remove some of the bitterness which will unquestionably be felt more keenly immediately after their return home than at any other period of the struggle. As far as the prisoners are concerned, I can think of no better method than to bring representatives to England.
>
> I have been given to understand – and it seems inevitable – that the British Government will have to assist the majority of these people to re-start life on their farms. The method of bringing this about which will soonest commend itself would, after the distribution of breeding cattle, be the institution of Government studs, similar to those established some years ago in the Cape Colony. Economically, this would be superior to any other method and its administration simpler, and the consequent improvement of stock would repay the State in a very few years.
>
> To bring this about, it would be wise and even necessary to have the advice of the Boers themselves. If, therefore, representatives could be brought from the Islands, and shown all the agricultural methods of this country, they would be able to advise as to the stock most suitable for different parts of the country. It must be borne in mind, in this respect, that different parts of the Transvaal and Free State differ as widely as different continents. Sheep, goats, horses, cattle, wheat, tobacco are all confined to their districts, and experience during the last few years has also shown in what districts certain breeds of imported cattle thrive best.
>
> Then, too, there are certainly many breeds of stock which have never been seen or even heard of in South Africa, which, if studied by expert Boers here in England, would lead to their importation into South Africa.
>
> Then in agriculture, there are a great number of industries which could be started in South Africa, if the Government could act in conjuction with men who know the land, and are able to advise in what districts certain plants are likely to thrive. Nothing appeals so strongly to the agricultural Transvaal Boer as new seeds and plants. The writer, for instance, was com-

missioned by a large circle of friends to send out flax and American tobacco seeds, and to report on their cultivation, and also on the cultivation of rice. The flax and tobacco sent out thrived well, but there was complete ignorance as to the use of the first, and the manufacture of the second. I merely indicate this as a proof of the possible new industries which could be started if Boers could be taught these at first hand in England.

And the effect of all this would be that fresh interest in life would be afforded to the prisoners. Hope would revive and much of the inevitable bitterness would give way before this fresh stir of industry. Besides this, there will be the object lesson afforded to the representatives who do come to England – the effect of which will be felt by all their countrymen with whom they come into contact.

The selection

The only difficulty I foresee would be in the selection of the representatives. There are, no doubt, a great many on the Islands, ex-officials and other, who would thrust themselves forward for the sake of escaping the monotony of their confinement. And, as many of them are past masters in the matter of intrigue, I am afraid that the plan might be rendered valueless at its very inception, through the selection of the wrong men. To the true Boer, the proposed journey would hold out no attraction. It would only be one step further from home, and he would perhaps even distrust the motives.

I would suggest, therefore, that a census be taken of the prisoners, so that the foreigners and officials could be separated from the Boers who own farms at home. It would then be no difficult matter – especially if my first suggestion had been followed – to select a few really representative men from among these, and their hostility to England ought to be a recommendation rather than a disqualification. In default of any better method, the prisoners might even be allowed to elect their representatives. This would have the advantage of giving every man an immediate and personal interest in the undertaking. The representatives in England would practically constitute an advisory Board to the Government, as regards the revival of agriculture in South Africa.[440]

Dit is insiggewend dat Marais reeds weet dat die Britse regering finansiële hulp aan die Boere oorweeg om hul plase ná die oorlog weer op die been te kry, want in hierdie stadium is dit nie algemene kennis nie. Chamberlain en Milner het egter wel 'n paar maande tevore hieroor gekorrespondeer.[441] Marais het dus moontlik deur FitzPatrick of iemand anders van Wernher-Beit hiervan te hore gekom.

Marais se klem op die belangrikheid van landbou het moontlik later 'n invloed op Milner gehad, want ná die oorlog het hy wel 'n landboudepartement tot stand gebring wat uitstekende werk gedoen het om moderne boerderymetodes onder die Boere te bevorder. Selfs genl. Botha het later toegegee dat dit darem één goeie ding was wat die Milner-bewind gedoen het.[442] Milner is definitief wel beïnvloed deur ander voorstelle wat Marais in sy memorandum aan Chamberlain maak, soos later sal blyk.

Behalwe vir een uitsondering, verwys Marais deurgaans na sy volksgenote as "the Boers" en gebruik hy die derdepersoonvoornaamwoorde "they" and "them", asof hy maar net 'n objektiewe waarnemer van hulle is. Van sy kommentaar oor die Boere – "many of them are past masters in the matter of intrigue" – kon netsowel uit FitzPatrick se pen gekom het.

Marais sluit sy memorandum af deur Chamberlain sy insigte oor die Boere se houding teenoor die toekomstige regeringsvorm van die voormalige Boererepublieke te gee.

> *The future Government*
>
> As regards the future Government from a Boer point of view, the following suggestions are all that can be of value to the British Government.
>
> It will be found that, for several years to come, the Boers will show utter apathy, as far as the Government or its form is concerned. Whether it be a Crown Colony or under Responsible Government, to them it will be English, and I do not think that anything would induce them to take a share in it. Any countrymen of theirs who should so far gain the confidence of the British as to be entrusted with any administrative post would immediately become more hateful to them than even the English themselves. Those who took office after the Annexation never cleared themselves of the stigma, with the exception of President Kruger and one or two others who are

supposed to have redeemed the act by their subsequent leadership in the War of Independence. And if it was so regarded after the Annexation, it will become an established principle after the Conquest. The man who accepts British gold is a traitor to his race and country, and I do not think any genuine representative Boer will be found willing to accept such office. If he does, he will at the same time unquestionably lose all influence he may have had over his countrymen. It will also be found that the appointment to high offices of South African residents generally will accentuate rather than mitigate the animosity of the Boers. This will be readily understood by anyone who has studied the intense race-feeling existing in South Africa between the two peoples. This extreme feeling is not extended on our side to the European Englishman. But to the South African English we ascribe all our misery, and to put them over us would be clear proof to the majority of us of the intention of an ungenerous conqueror to further humiliate us, by giving our worst enemies the chance of "crowing" over us in our own country. The Englishman from England on the other hand, is regarded in quite a different light; he is not beloved, certainly, but then there is no humiliation in being governed by him. If this is applicable to the South African English, it is hardly necessary to speak of Cape Afrikanders with British tendencies. Incidents in the war have proved in what regard these are held.

In the government of the new States, I am assured that no individuals would give better results – with peace in view – than Englishmen and Scotchmen from the United Kingdom, unaffected by South African passions and prejudices. There is no shame in being dictated by these, for they conquered us – by stress of numbers, it is true, still, they showed themselves the stronger. To these we will submit quietly until we are in a position to take our own again, by force if need be.

As to the form of Government, I have already stated there will be utter apathy. If there be any agitation for immediate Responsible Government it will come from the Cape, where there will be a desire to hasten amalgamation artificially, either in the hope of strengthening their respective political parties through an accession of voters, or of bettering their condition commercially. The Boers themselves will not be grateful for it. If given now, it will,

> from the point of view of conciliating the Boer, have no effect whatever. Later on, perhaps, if the future works out as the British Government anticipates, it might be a political trump of some value.
>
> In the meantime, by interesting my countrymen in agriculture, which will for years to come be the limit of their interest in life, and taking the fair means indicated to avoid increasing the bitterness of the cup we have to drink, all that is humanly possible will have been done to secure for South Africa at least a period of peace in the immediate future.[443]

In die lig van hoe Marais voel oor Boere wat aan die toekomstige Britse administrasie sal deelneem, lyk dit op die oog af of hy nou nie meer 'n politieke rol vir homself in die vooruitsig stel nie. Maar soos sal blyk, strook dit nie met sy latere optrede met betrekking tot Milner se beoogde Wetgewende Raad nie. Dit lyk dus of Marais hier verwys na staatsdiensaanstellings eerder as politieke benoemings.

Weereens verwoord Marais sy afkeer van die Uitlanders, en meer spesifiek die Britse Transvalers. Hulle is die Boere se "worst enemies" aan wie sy volksgenote "all our misery" toeskryf. Dit is insiggewend dat Marais nou na "our", "us" en "we" oorslaan wanneer hy verduidelik hoe vernederend dit vir die Boere sal wees om deur Engelse Suid-Afrikaners geregeer te word. In teenstelling met sy vroeëre kommentaar, vereenselwig hy hom dus nou met die Boere. 'n Mens wonder of hierdie kommentaar van Marais, asook sy kommentaar aan Chamberlain vier maande tevore, nie aandui hoe hy regtig oor die Uitlanders gevoel het nie. Het hy hulle maar nie net gebruik soos hulle hom gebruik het nie, en was hier regtig enige sprake van vriendskap? Hy en die Uitlanders het 'n gedeelde weersin in pres. Kruger en sy regering gehad, en voor die oorlog het dit hulle gepas om *Land en Volk* finansieel te ondersteun, net soos dit hom gepas het om hul hulp te aanvaar.

In die lig daarvan dat Marais deur sommige letterkundiges as een van die belangrikste aanvoerders van die latere Tweede Afrikaanse Taalbeweging gereken word,[444] is dit interessant dat hy hom nou nie oor die amptelike tale in die nuwe bedeling uitspreek nie, iets wat tog 'n moontlike verdelende kwessie is. Dit was juis 'n belangrike punt in die gesprekke tussen Botha en Kitchener 'n paar maande tevore by Middelburg – Botha het daarop aangedring dat

Hollands en Engels dieselfde status in enige nuwe bedeling moet geniet. Maar vir Marais is dit blykbaar van minder belang, ten minste op hierdie tydstip.

Marais se insigte is in ten minste een opsig ver van die kol: sy voorspelling dat die Boere vir 'n lang ruk ná die oorlog op politieke gebied apaties gaan wees het allermins bewaarheid geword. Wat egter merkwaardig is, is die houding wat Marais teenoor Chamberlain inslaan ten opsigte van die onafhanklikheid van die Boererepublieke. Hy stel dit prontuit aan die magtige Britse staatsman: Britse heerskappy is slegs 'n tydelike situasie, en, indien nodig, sal die Boere hul onafhanklikheid met geweld terugneem. Dit is nie die sentimente van 'n Britse meeloper nie.

In die ministerie van kolonies geniet Marais se memorandum op hoë vlak aandag. 'n Senior amptenaar, ene H.W. Just, noem dit "most interesting". Volgens hom is Marais "an educated Boer & though strongly anti-Kruger was by no means friendly to us. He seems now to recognize the inevitable – at least for a time – 'till we are in a position to take our own again'." Just stem staam dat dit 'n uitstekende idee is om groepe uitgesoekte Boere van die krygsgevangekampe na Brittanje te stuur om moderne landboumetodes te bestudeer.[445]

Fred Graham, 'n assistent-ondersekretaris van die ministerie, stem saam met Just, maar voel dat sulke besoeke tot ná die oorlog sal moet wag omdat die krygsgevangenes moontlik sal probeer om na Nederland te ontsnap. Hy verskil ook met Marais se voorstel dat simpatieke Britte uitgestuur moet word om aan die krygsgevangenes die ware oorsake van die oorlog te verduidelik. Dit is reeds probeer, skryf hy, maar die gevangenes "resented what they call proselytisation and refused to hear that Kruger and Steyn deceived them".[446]

Chamberlain is ook beïndruk met Marais se memorandum, want kort hierna stuur hy dit – getiteld "SUGGESTIONS [*By an ex-Burgher.*]" – aan Kitchener en die goewerneurs van Ceylon en St. Helena vir hul kommentaar, tesame met 'n telegram waarin hy onder meer skryf: "This Memorandum has been drawn up by an ex-burgher of intelligence and education, who formerly belonged to the Progressive party in the Transvaal. He has not exhibited English sympathies during the war, but is now apparently willing to accept English rule as inevitable. He is anxious that his name should not appear in the matter."[447]

Vyf dae later, op 25 Julie 1901, publiseer *The Times* die eerste volledige statistieke van die konsentrasiekampe. In Junie 1901 was daar 85 410 Boere in die kampe, waarvan meer as die helfte kinders was. Altesame 23 489 swart mense was ook in kampe saamgehok. Net in hierdie maand het 777 Boere in die kampe gesterf, waaronder 575 kinders.[448] En dit lyk of die sterftesyfer onverbiddelik styg, want Junie se dodetal was vyftig persent hoër as Mei s'n.[449]

Intussen is FitzPatrick uit sy Londense verpleeginrigting ontslaan en woon hy nou met sy familie in Goring, 'n dorpie naby Jim Taylor se landgoed. Hy en Milner vergader aan die einde van Julie met Beit, Wernher en Rhodes by eersgenoemde se weelderige Park Lane-herehuis in Londen.[450] Milner is 'n man met 'n meesterplan – hy wil ná die oorlog genoeg Britse immigrante op plase in die Transvaal vestig sodat ten minste veertig persent van die wit plattelandse bevolking van Britse afkoms is voor Brittanje selfregering aan die land toestaan. Hiervoor sal die nuwe kroonkolonieregering plase moet aankoop, waarvoor hy £250 000 (R250 miljoen) van die privaat sektor wil leen, met die plase as sekuriteit. Wernher en Beit stem onmiddellik in dat hul firma £100 000 (R100 miljoen) van die lening sal voorskiet. Hulle wil egter Wernher-Beit se deelname geheim hou, aangesien hulle bekommerd is dat as daar nie genoeg nuwe setlaars gelok word nie, hul firma op die ou end met baie van die plase gaan sit. In daardie geval kan hulle as uitbuiters gesien word wat plase op 'n onderduimse manier afgerokkel het van Boere wat dit noodgedwonge teen afslagpryse moes verkoop.[451]

Marais se memorandum ontlok reaksie

Milner se driemaand-vakansie is nou verby, en hy vertrek op 10 Augustus 1901 terug na Suid-Afrika. Onderweg na Madeira lees hy Marais se memorandum aan boord van die passasierskip *Saxon*. Hy is beïndruk. "I have carefully read the enclosed very valuable paper of Eugene Marais's," laat weet hy vir Chamberlain. "I don't agree with him on several points, but there is one & the most important with regard to which I feel that he is absolutely right. I mean the necessity of doing something with the prisoners at St. Helena, Ceylon & elsewhere." Milner stem saam met Marais dat verteenwoordigers van die Britse regering aan die krygsgevangenes die ware oorsake van die oorlog moet gaan verduidelik. Hy meen egter dat hierdie mense Suid-Afrikaners – Engelse en Afrikaners – moet wees wat met die gewoontes en karakter van die Boere bekend is. Hy is ook ten gunste daarvan dat krygsgevangenes na Brittanje gestuur word om moderne landboumetodes aan te leer. Die voorstel van 'n sensus van die krygsgevangenes geval hom in die besonder, maar om 'n meer sinistere rede:

> I think if the people entrusted with obtaining this information were skilful, they would while obtaining the necessary public particulars be able to get on good terms with the prisoners & elicit a large amount of confidential private information indeed. I should instruct them wherever possible to compile a secret dossier of every man, letting us know as far as may be his disposition towards the new Government & whether he would be willing to take the oath of allegiance, to take office again if an old official etc. etc.[452]

Oor Marais se voorstelle vir die toekomstige regering van die voormalige Boererepublieke wil hy nie kommentaar lewer nie, skryf Milner, behalwe dat 'n mens nie dogmaties moet wees nie. Hy stem ook saam met Marais dat die Boere aanvanklik polities apaties sal wees.

> In some districts it would be a mistake to employ Afrikanders or "converted Boers." In others they will be men of influence. But in one thing I quite agree & that is that the Boers as a body will at first be sullen & stand-offish & that it will be much easier to interest them in agricultural & material development than in politics or "representative institutions".[453]

Op sy beurt stem Chamberlain saam met Milner se voorstel oor die sensus, maar nie dat landbouafvaardigings op dié tydstip na Brittanje gestuur word nie. "I fear that real object would become secondary and that they would be got hold of for political purposes," meen hy in sy antwoord aan Milner.[454]

Die jongste konsentrasiekampstatistieke word nou gepubliseer. In Julie 1901 het 'n ongelooflike 1 412 Boere, hoofsaaklik vroue en kinders, in die kampe gesterf, amper dubbel soveel as in Junie 1901. *The Times* skryf die skokkende sterftesyfer aan die uitbreek van masels toe, asook aan gevalle van longontsteking weens die ongewoon koue weer.[455] 'n Mens kan jou kwalik indink watter ontsettende smart en lyding hierdie feitelike stelling verberg. Augustus 1901 se syfers sal nog erger wees: 1 878 sterftes, waaronder 1 542 kinders. Daar is nou meer as honderdduisend hoofsaaklik Boerevroue en -kinders in hierdie kampe, asook 32 272 swart mense.[456] Vir Marais moet dit seker lyk of sy volk stelselmatig uitgewis word.

Aan die begin van September steek Smuts en 250 manskappe die grens van die Kaapkolonie oor, waar hy tot aan die einde van die oorlog bedrywig sal wees. Alhoewel hy suksesse behaal, sal hy nie daarin slaag om beduidende getalle Kaapse Afrikaners aan te spoor om by die kommando's aan te sluit nie. Waarnemende pres. Burger skryf nou weer aan pres. Steyn dat hulle moet oorweeg om met die Britse regering te onderhandel. Nogmaals praat Steyn hom moed in.

Op 28 September stuur die goewerneur van St. Helena sy kommentaar oor Marais se memorandum aan Chamberlain. Hy is van mening dat dit 'n uitstekende idee is om landbouafvaardigings na Brittanje te stuur. Hy stem ook saam met Marais dat individuele Boere en Britte baie goed oor die weg kan kom – op St. Helena werk baie gevangenes vir die plaaslike inwoners en woon selfs by hulle, en nog nooit was daar enige klagtes nie. "They get on very well with the inhabitants here ... I have formed a favourable opinion of the Boer." Hy dink egter dat dit moeilik sal wees om die krygsgevangenes sover te kry om die eed van getrouheid af te lê. Volgens hom wil baie Boere dit wel doen, maar hulle sal dit nie waag nie uit vrees vir die onversoenlikes, en ook omdat hulle geen onmiddellike voordeel daarin sien nie.[457]

Ewald Esselen maak vyande

Intussen het M.J. Farrelly, 'n advokaat by die Inner Temple wat sopas uit Suid-Afrika teruggekeer het, aan die begin van Augustus 1901 by die ministerie van kolonies oor Esselen gaan kla. Volgens Farrelly is Esselen 'n "centre of sedition and intrigue" in Londen, en is hy bitterlik vyandig teenoor Brittanje. In die lig hiervan kan Farrelly nie verstaan hoekom Esselen parool gekry het en in Londen mag woon nie, in stede daarvan dat hy na sy makkers op St. Helena of Ceylon gestuur word. Hy deel Chamberlain ook mee dat Esselen een van die opstellers van die Boererepublieke se oorlogsultimatum in Oktober 1899 was.[458] Farrelly koester 'n wrok teen die ZAR. Voor die oorlog het die ZAR-regering hom oor die internasionale regsaspekte van die land se geskille met die Britse regering geraadpleeg, maar sy opinie was so onaanvaarbaar dat hy in 1899 summier uit die land gesit is.[459] Die volgende jaar het Farrelly teruggeslaan met sy imperialistiese boek *The Settlement after the War in South Africa*.[460] Die ministerie van kolonies verneem onmiddellik hierna by Britse militêre intelligensie of hulle van mening is dat Esselen se parool teruggetrek kan word.[461]

Farrelly braak ook gal oor die feit dat Richard Solomon, die nuwe prokureur-generaal van die Transvaalkolonie,[462] Afrikaners in plaas van Engelse in regsposte aanstel. Hy waarsku dat hierdie Afrikaners se verklarings van lojaliteit nie vertrou moet word nie. Volgens hom het hulle nog geensins die situasie aanvaar nie, en hoop hulle nou om met 'n gekonkel te vermag wat hulle nie met die gewapende stryd kon regkry nie. Deel van hul strategie is om die grootste moontlike aandeel in die nuwe staatsdiens te kry, glo hy. Na aanleiding van Farrelly se klagtes skryf Chamberlain aan Milner, maar voeg by dat hy nie veel waarde aan die klagtes heg nie. As ondersteuning verwys hy na Marais se memorandum van die vorige maand, waarin laasgenoemde van mening was dat die Boere vir 'n lang tyd apaties teenoor die politiek sal staan.[463]

Op sy beurt ondervind Esselen in Londen orals vyandigheid en bitterheid teenoor Afrikaners. Dit lei tot ongemaklike situasies, veral in die geselskap van Britte. Aan Jimmy Roos skryf hy: "Fancy walking along the street with a friend (English) and suddenly finding the pavements covered with posters publishing in huge letters – 'Horrible atrocities of the Boers', 'Boers murder our wounded officers & men in cold blood'."[464] Op dieselfde dag dat die goewerneur van St. Helena oor Marais se memorandum kommentaar lewer, skryf Esselen aan Roos oor hul gemeenskaplike vriend.

> Eugène Marais hasn't passed his final examination & has not been called to the Bar. As soon as I am called here I shall try & take him in hand. It seems almost as if more than an earthquake is necessary to rouse him into practical common sense. Whether he will ever be fit again for the rough & tumble of this life seems at present doubtful.[465]

Esselen moet hier verwys na die Trinity-eksamen wat Marais reeds vyf maande tevore in Mei 1901 afgelê het, want sedertdien was daar nie weer 'n eksamen nie. Met hul ontmoeting by mev. Tuley se losieshuis in Julie het Marais dus geweet dat hy gedruip het, maar het hy oënskynlik daaroor geswyg. Dit blyk ook dat Marais se toestand sedert daardie ontmoeting agteruitgegaan het, want toe het Esselen hom nog as "sane & well" beskryf.[466] Maar drie maande later twyfel Esselen nou of Marais nog vir die lewe opgewasse is. Alhoewel Esselen nie uitbrei oor wat met Marais fout is nie, lyk dit of hy aanneem dat Roos tussen die reëls sal kan lees, en dat Marais se toestand dwelmverwant is. Dit lyk ook of Esselen beoog om Marais by sy praktyk in te neem sodra die Inner Temple hom toelaat om in Brittanje as advokaat te praktiseer.

Kort hierna verhuis Esselen met sy gesin na 'n huurhuis in Ormond Road, Richmond.[467] Hy woon nou slegs enkele kilometer noord van Marais, binne stapafstand, of 'n paar minute se ry met die gereelde trein tussen Richmond en Teddington. Met Esselen se regspraktyk gaan dit nie goed nie. Omdat hy nog nie tot die Engelse balie toegelaat is nie, kry hy omtrent geen regswerk nie, kla hy in 'n brief aan Jimmy Roos. Verder is die gesindheid in Londen teenoor Afrikaner steeds uiters vyandig. "You can have no conception of the bitterness of the feeling against us in this town of London & elsewhere," skryf hy.[468] "Everyone is looked upon with suspicion and distrust."[469] Volgens hom het die Krause-saak hom ook baie skade berokken.[470] Fritz Krause, die voormalige hoofstaatsaanklaer van Johannesburg en 'n lid van die Middle Temple, is kort tevore in Londen weens hoogverraad gearresteer omdat hy glo 'n voormalige kollega van hom in Johannesburg aangehits het om daar 'n vyandiggesinde Uitlanderadvokaat en -joernalis te vermoor. Fritz Krause is ook die ouer broer van Lodi Krause, die Boerekommandant wat vroeër die jaar so neerhalend oor pres. Kruger en sy "money-grabbing, traitorous hangers-on" was.[471] Roos verwittig Esselen op sy beurt dat hy by Sammy Marks in Pretoria gehoor het dat Esselen hom met oorlogspolitiek in Londen ophou, en waarsku hom hierteen.[472] Esselen ontken dit: "I have given my word to stand aside in the struggle & I am doing so."[473]

Intussen het die Transvaalse en Vrystaatse vredeskomitees tot dusver misluk in hul pogings om die Boereleiers te oortuig dat hul land en volk ten gronde sal gaan as hulle aanhou met die hopelose stryd. Sommige wapenneerlêers besluit hierna op meer drastiese optrede en sluit by die Britse leër as vrywilligers aan: die Transvaalse joiners by die National Scouts, die Vrystaters by die Orange River Colony Volunteers. Hierdie korpse word nou op 'n stewiger organisatoriese grondslag geplaas en amptelik by die Britse leër ingeskakel.[474] Genl. Andries Cronjé bring mettertyd 'n National Scouts-afdeling in die suidwestelike distrikte van die Transvaal op die been,[475] terwyl die noordelike afdeling van die ORC Volunteers onder genl. Piet de Wet by Heilbron gestasioneer is.[476] Aanvanklik het die National Scouts net gids- of verkenningswerk vir die Britse magte gedoen, maar nou begin hulle ook toenemend aan gevegte teen die Boere deelneem.[477] Met hul kennis van die terrein en hul voormalige kamerade se krygstaktiek vul hulle 'n belangrike leemte in die Britse leër se arsenaal.

Ná Farrelly se klagte oor Esselen twee maande tevore was daar heelwat korrespondensie tussen die ministerie van kolonies en die ministerie van oorlog oor Esselen se paroolvoorwaardes. H.W. Just van eersgenoemde ministerie het voorgestel dat militêre intelligensie solank vir Esselen dophou terwyl daar oor die terugtrekking van sy parool besluit word.[478] Uit Suid-Afrika het Kitchener laat weet dat Esselen parool gekry het omrede hy aan die mediese korps verbonde was en nie aan 'n gevegseenheid nie.[479] Die paroolvorm wat Esselen in Pretoria onderteken het, is ook na die ministerie van kolonies aangestuur. Hierin het Esselen onder meer onderneem om nie aan enige "political discussion" deel te neem nie. Hierdie bepaling is egter heelwat makker as die een wat nou op paroolvorms gestipuleer word, naamlik dat iemand op parool "not make use of any seditious or improper language concerning Her Majesty's Government or Her Majesty's forces".[480] Boonop was Esselen se oorspronklike parool net op Pretoria van toepassing, en het hy Suid-Afrika verlaat met slegs 'n mondelinge belofte aan die militêre goewerneur van Pretoria dat hy by sy paroolvoorwaardes sal hou. Ná lang beraadslaging in die ministerie van kolonies word daar uiteindelik besluit dat daar te min gronde is om Esselen se parool terug te trek en hom na 'n krygsgevangekamp op St. Helena of Ceylon te stuur.[481]

Call to the Bar en 'n nuwe tuiste

Op 17 en 18 Oktober 1901 lê Marais weer sy eindeksamen af, hierdie keer in die saal van Gray's Inn. Oënskynlik het hy nou meer aandag aan sy studies gewy, en ten spyte van sy skynbare swak gesondheidstoestand verskyn sy naam twee weke later op die lys van suksesvolle kandidate.[482] Hy het altesaam 224 punte uit 'n moontlike 510 vir die drie vraestelle behaal,[483] 43 punte meer as met sy vorige probeerslag in Mei. Hy het nou wel net 'n derdeklas-vrystelling – die laagste klas – behaal,[484] maar dit maak nie saak nie – hy mag nou by die Inner Temple aansoek doen om as advokaat tot die Engelse balie toegelaat te word. Hy kry ook 'n sertifikaat as bewys dat hy die verpligte twaalf kwartale voltooi het[485] – hy moes dus in die Trinity-kwartaal in Junie ten minste nog ses dinees bygewoon het om erkenning vir die twaalfde kwartaal te kry. Esselen stel onmiddellik vir Jimmy Roos in kennis van die goeie nuus.[486]

Op 5 November skryf Marais van mev. Tuley se losieshuis aan die tesourier van die Inner Temple om te verneem wat die stappe is wat hy moet doen om tot die Engelse balie toegelaat te word. "I regret having to put you to the trouble of writing but I suffer from such bad health that it is only with great difficulty I can reach London."[487] Dit lyk of Marais nou aan 'n voortslepende siektetoestand ly, en weereens kan 'n mens nie anders as om te vermoed dat dit iets met sy dwelmverslawing te doen het nie.

Die tesourier deel Marais mee dat hy getuigskrifte moet kry van twee persone in Brittanje wat hom goed ken, asook 'n getuigskrif van 'n Bencher, een van die senior lede van die Inner Temple. Marais skryf onmiddellik aan Taylor, asook aan FitzPatrick, wat nou met sy gesin in Folkestone aan die Engelse suidkus woon.[488] Hy nader ook vir Frederic Mackarness, die Bencher by wie hy byna vyf jaar tevore 'n aanbevelingsbrief vir die Inner Temple gekry het. Mackarness se brief aan die tesourier van die Inner Temple op 11 November is insiggewend:

> I have known Mr Eugene Marais for several years & always liked him. I have lost sight of him for the last two or three years, but I believe him to be a man well fitted to be called to the Bar.[489]

As voorsitter van die South African Conciliation Committee het Mackarness hom die afgelope twee jaar vir die beëindiging van die oorlog beywer. Die SACC is die prominentste Boergesinde vredesorganisasie in Brittanje, en Marais het klaarblyklik geen rol in hul bedrywighede gespeel het nie. Na my wete is daar ook nie in die literatuur oor die pro-Boer-beweging in Brittanje enige melding van Marais se deelname nie.

Die volgende dag stuur Jim Taylor vir die Inner Temple die loftuitende getuigskrif wat aan die begin van hierdie werk volledig aangehaal is.[490] FitzPatrick pos syne op 14 November in Folkestone. Maar vir 'n skrywer wat lief is om blomryke taal in die oortreffende trap te gebruik, is FitzPatrick hierdie keer nie oorentoesiasties met die pen nie:

> I understand from my friend Mr. Eugene N. Marais, who is about to be called to the Bar, that a necessary preliminary is that some testimony as to his character and antecedents should be forthcoming, and that you are willing to accept mine. I am very happy to be allowed to give it. I have known him for a good many years & can assure you that I know of nothing in his private or public relations which would not be worthy of & do credit to the institution & members of the English Bar. If there should be any formality to comply with in the matter I shall be happy to do all that is necessary.[491]

Meer as 'n jaar het nou al verloop sedert FitzPatrick vir Marais geld geleen of gegee het om sy studies te voltooi sodat hy na die Transvaalkolonie kan terugkeer om *Land en Volk* weer uit te gee. Sedertdien het Marais by een geleentheid nie eens eksamen gaan aflê nie, en by 'n ander het hy gedruip. Boonop is daar ook die vertaling van *The Transvaal from Within*, wat Marais ná amper 'n jaar nog nie afgehandel het nie. Moontlik is FitzPatrick se louwarm getuigskrif aan sy irritasie met Marais se gesloer te wyte.

Intussen is 'n lys met die name van Marais en die ander kandidate vir die Engelse balie in die Inner Temple se saal opgeplak, en ook aan die ander drie Inns of Courts en al die Benchers gestuur. Enige Bencher, asook enige lid van die Inner Temple, het nou die geleentheid om beswaar teen Marais se voorgenome "Call to the Bar" aan te teken.[492] Blykbaar doen niemand dit nie, want op 19 November word Marais ná amper vyf jaar uiteindelik tot die balie toegelaat, tesame met 33 ander kandidate van die Inner Temple, onder andere Leo Amery.[493] Amery en Marais ken mekaar in hierdie stadium net van sien, maar tien maande later sal hulle van naderby kennis maak.

Noudat Marais as advokaat gekwalifiseer het, kan hy terugkeer na die Transvaal, wat hy egter eers vyf maande later doen. Dit lyk dus of die plan om *Land en Volk* weer uit te gee nog steeds op ys is ná Beit se weiering sewe maande tevore om die nodige fondse vir Marais se terugkeer en die herverskyning van die koerant beskikbaar te stel. Buitendien was FitzPatrick tot dusver die dryfveer agter hierdie plan, en alhoewel hy nou terug in Brittanje is, is hy nog steeds op siekteverlof. Maar ongeag dit, is dit boonop vir Marais bykans onmoontlik om op hierdie tydstip na Suid-Afrika terug te keer. In die Transvaalkolonie geld krygswet nog, en die ministerie van oorlog in Londen reik slegs permitte uit om soontoe te reis indien 'n aansoeker kan bewys dat hy oor ten minste £100 (R100 000) beskik om homself daar te onderhou.[494] Bewys hiervan moet ook by die reisiger se aankomsplek in Suid-Afrika of Portugees-Oos-Afrika gelewer word. Dan is daar ook die koste van 'n skeepskaartjie, wat ongeveer £30 (R30 000) beloop.[495] Die £150 (R150 000) wat Marais meer as 'n jaar tevore by FitzPatrick gekry het, moet vermoedelik al uitgeput wees. Daarby moes Marais sopas 'n fooi van £50 (R50 000) aan die Inner Temple betaal om tot die Engelse balie toegelaat te word.[496]

Dit lyk dus of Marais deur Esselen oorreed is om by sy praktyk aan te sluit sodra laasgenoemde toestemming ontvang het om as advokaat in Brittanje te praktiseer, soos Esselen 'n paar maande tevore vir Jimmy Roos aangedui het hy gaan doen. Die Inner Temple sloer egter nog steeds met hierdie goedkeuring. Esselen is doodverveeld, en beskryf aan die einde van November sy bestaan in Londen aan Roos as 'n "sort of living death". Die Engelse weer kry hom ook onder. "The climate is perfectly damnable. Variable & changeable as it is just now it is never good."[497] Kort hierna laat die Inner Temple hom weet dat hulle hom eers in die Hilary-kwartaal wat die volgende Januarie begin van hul besluit sal verwittig.[498]

Op sy beurt laat weet Roos vir Esselen dat die nuus dat Marais uiteindelik sy eindeksamen geslaag het, met groot vreugde deur sy familie in Pretoria ontvang is. Roos maak ook 'n interessante stelling: "Loveday did not have much to say on the question of Eugène,"[499] sonder om uit te brei. Kelsey Loveday is nou weer terug in Pretoria, en waarnemende burgemeester. Die brief wat Esselen aan Roos gestuur het met die nuus van Marais se eksamenuitslae het sover bekend nie behoue gebly nie, moontlik omdat dit weens die navraag daarin deur Roos verwyder is uit die versameling briewe wat hy bewaar het. Dit lyk egter of Esselen in daardie brief iets aan Roos oor Marais meegedeel het, en vir Roos versoek het om navraag hieroor te doen by Loveday. Het Esselen nou gerugte van Marais se samewerking met Wernher-Beit en Chamberlain gehoor? Soos gemeld was Loveday waarskynlik aan die begin van die jaar by Taylor se landgoed toe Marais met FitzPatrick ontmoet het, en het Esselen hiervan te hore gekom, soos hy in 'n brief aan Roos aangedui het.[500]

Moontlik kan Marais dit nie meer bekostig om in mev. Tuley se losieshuis aan te bly nie, want hy verhuis nou na sy getroude vriende Otto en Helen Schurr se gehuurde skakelhuis by 52 Clarence Road in Teddington, ongeveer 'n kilometer van waar hy voorheen gewoon het.[501] Waarskynlik woon Helen se 23-jarige ongetroude suster Janet ook nog steeds hier, want met die sensus nege maande tevore is sy as 'n inwoner by hierdie adres aangeteken. Otto besit nou sy eie staalhandelfirma[502] en vaar blykbaar goed – met sy afsterwe in 1949 het hy 'n boedel van £27 104 (ongeveer R9 miljoen vandag)[503] agtergelaat.[504]

Sensus op St. Helena

Milner het intussen Marais se voorstel aan Chamberlain dat 'n sensus onder die oorsese krygsgevangenes gehou word verder gevoer. Einde Desember 1901 word die krygsgevangenes op St. Helena in kennis gestel dat so 'n sensus gedoen gaan word. Om die gevangenes se samewerking aan te moedig, deel die kampowerheid hulle mee dat die Britse regering die inligting gaan gebruik om die omvang van skadevergoeding aan hulle te bepaal, asook om hul repatriasie na Suid-Afrika te vergemaklik. Benewens die gebruiklike inligting wil die regering dus ook besonderhede van hul plase en vee hê. Maar die krygsgevangenes is onmiddellik agterdogtig. Hulle vermoed tereg dat daar 'n verband tussen die sensus en die getrouheidseed is. Aan die begin van Januarie 1902 deel hul verteenwoordigers die kampkommandant mee dat hulle nie bereid is om enige inligting te verskaf nie.[505] "Hoe is dit moontlik," vra hulle, "dat 'n nasie wat hom daarop toelê om die Boere uit te roei – getuie die moord op vroue en kinders in die kampe, die doodskietery van onskuldige krygsgevangenes – dat hulle skielik nou so goed vir ons is en skade wat ons gely het, wil vergoed? Nee, ook dit is 'n vangnet waarvoor ons moet oppas, sodat ons nie die hande van ons regering bind nie."[506] Toe die kampowerheid met die sensus begin, weier die krygsgevangenes om die afsprake na te kom wat vir hulle gemaak word, of verskaf hulle verkeerde inligting wanneer hulle wel opdaag.[507]

FitzPatrick probeer weer

Op 9 Januarie 1902 word Marais 32 jaar oud. Dit is nou presies vyf jaar sedert hy die eerste keer in Londen aangekom het. Twee dae later word die 26-jarige Gustav Preller naby Ermelo deur die Britse magte gevange geneem en na 'n krygsgevangekamp in Indië gestuur.[508] Op hierdie tydstip het Marais nog nie die man ontmoet wat later meer as enigiemand anders sal doen om sy reputasie uit te bou en te beskerm nie.

FitzPatrick se lang siekteverlof is nou verby en hy moet binnekort na sy pos by Wernher-Beit in Johannesburg terugkeer. Maar hy het nog een taak wat hy in Londen wil afhandel – Marais moet na Pretoria terugkeer en *Land en Volk* weer uitgee in die belang van versoening tussen Boer en Brit. Hy en Marais vergader hieroor. Wat hulle bespreek, kan uit die daaropvolgende gebeure afgelei word. Marais vertel waarskynlik nou vir FitzPatrick dat hy platsak is, en beoog om by Esselen te werk tot sy finansiële situasie verbeter het. Hiervan wil FitzPatrick niks weet nie – hy sal Marais £200 (R200 000) voorskiet om sy reiskoste te dek en om aan die ministerie van oorlog te bewys dat hy £100 tot sy beskikking het om homself in die Transvaalkolonie te onderhou. Marais moet egter eers die vertaling van *The Transvaal from Within* voltooi voor hy vertrek, en solank aandoen by die ministerie van oorlog om sy terugkeerpermit, aangesien die goedkeuring daarvan tot drie weke kan neem.[509]

Maar Marais verbind hom nie onmiddellik hiertoe nie. Dit lyk nou of sy aanvanklike geesdrif om *Land en Volk* weer uit te gee om die voortvegtende Boere te oortuig om hul wapens neer te lê en hulle in die nuwe bedeling te berus, gekwyn het. Dan is daar ook nog die moontlikheid dat hy saam met Esselen sal kan praktiseer, sou laasgenoemde toestemming van die Inns of Court kry om as advokaat in Brittanje te praktiseer, iets wat hy binnekort verwag. Boonop het Esselen hom waarskynlik nou al herhaaldelik gemaan om nie na die Transvaalkolonie terug te keer tensy daar die een of ander vorm van konstitusionele regering ingestel is nie, en om onder geen omstandighede met die Britse owerheid saam te werk nie. Esselen gaan dus baie ontsteld wees as hy uitvind wat Marais met *Land en Volk* beoog. Marais vra FitzPatrick nou vir 'n paar dae tyd om die saak te oorweeg. FitzPatrick stem in – net solank Marais hom laat weet wat hy besluit het voor hy wat FitzPatrick is op 18 Januarie na Kaapstad vertrek.

Kort hierna kry Esselen egter slegte nuus. 'n Gesamentlike komitee van die vier Inns of Court het beslis dat 'n lid van die Engelse balie wat op parool is nie in Brittanje as advokaat mag praktiseer terwyl daar oorlog tussen Brittanje en daardie lid se land is nie.[510] Hierdie bevinding bevestig weereens dat Marais nié ook op parool is nie, want met sy toelating as advokaat twee maande tevore het die Inns of Court geen so 'n beperking op hom geplaas nie. Esselen besluit nou dat dit geen sin het om langer in Brittanje aan te bly nie, en om elders 'n nuwe begin te gaan maak.[511] Hy bly egter vasbeslote om nie onder die heersende omstandighede na Suid-Afrika terug te keer nie.[512]

Nou bly daar eintlik niks anders vir Marais oor as om FitzPatrick se aanbod te aanvaar nie. Dit is tog vergesog om te dink dat hy as pas gekwalifiseerde advokaat met geen ondervinding in 'n vyandiggesinde Londen opdragte van Britse kliënte sal kan kry. Van die genadebrood van Otto en Helen Schurr kan hy ook nie vir ewig lewe nie. En nie Taylor of FitzPatrick gaan hom nog geld gee of leen tensy hy na die Transvaalkolonie terugkeer nie. Op 18 Januarie telegrafeer hy dus vir FitzPatrick dat hy sy aanbod aanvaar. FitzPatrick, wat op die punt staan om saam met 'n sterwende Cecil John Rhodes na Suid-Afrika te vertrek,[513] verwys hom na T.J. Milner. Twee dae later skryf Marais aan T.J. Milner die brief wat my aan die begin van my soektog so onkant gevang het:

"Elston",[514] Clarence Road, Teddington,
Monday (20th January, 1902)

Dear Sir,

Enclosed all proofs and translations in my possession with the exception of the index, which I tried to finish today, but had some trouble in hitting on the easiest and quickest method of compilation. I shall forward it – or the great portion – tomorrow night.

Did Mr FitzPatrick leave any instruction with you with reference to an offer he made me, the acceptance of which I did not decide on till the day of his departure? In a wire with reference to it he says "See Milner".[515]

Marais se verwysing na Milner was toe na T.J. Milner, nie Alfred Milner soos ek by die aanvang van my navorsing vermoed het nie, en die proewe en vertalings was dié van die Hollandse weergawe van *The Transvaal from Within.* Soos uit die voorafgaande blyk, en ook weer bevestig sal word, het FitzPatrick se aanbod op *Land en Volk* betrekking, nie op die geheime ekspedisie deur Portugees-Oos-Afrika nie. Trouens, soos ook sal blyk, het dr. Leyds op hierdie tydstip nog nie eens met die beplanning van daardie ekspedisie begin nie.

Die moontlikheid dat Marais in opdrag van FitzPatrick en/of die Britse regering gaan spioeneer het, kan dus buite rekening gelaat word. Dit is in elk geval duidelik dat Marais nooit so iets sou oorweeg het nie. Chamberlain se opinie die vorige jaar was immers dat Marais "has not exhibited English sympathies during the war", asook dat hy "irreconcilable hostility to British rule" uitgespreek het. Ook was 'n senior amptenaar in die ministerie van kolonies 'n paar maande tevore van mening dat Marais "by no means friendly" is teenoor Brittanje.

T.J. Milner verwittig Marais twee dae later: "Mr. FitzPatrick did mention to me the matter of the offer he had made to you, and as I see that you wish to accept same, I now enclose a cheque for £200 (Two Hundred Pounds Sterling), receipt of which kindly acknowledge."[516] Marais het dus tot op daardie tydstip ten minste £650 (R650 000) in die loop van die voorafgaande twee jaar van FitzPatrick en Taylor ontvang.

DEEL 6

Ekspedisie

(1902)

I fear the man is a dreamer & applies himself to
too many things – can't concentrate his thoughts on one thing
long – it is a great pity as he has undoubted ability.[1]

Jim Taylor (1902)

Hy is werklik 'n patriot en daar het selde nog
'n man so geween toe die vrede gesluit is, daarvan
was ek 'n onvrywillige getuie.[2]

Dr. Emil Schulz (1902)

Piet Burgers en dr. Emil Schulz

Sedert die aanvang van die oorlog organiseer dr. Leyds uit Brussel fondsinsamelings, mediese bystand en vrywilligers vir die Boeresaak, maak propaganda vir die Boererepublieke, en probeer om die tussenkoms van die groot moondhede te bewerkstellig. Hy reël ook die versending van krygstuig, medisyne en ander voorraad na die Boeremagte, en hou kommunikasie met die Boereleiers in stand.[3]

Twee dae voor Marais se toelating tot die Engelse balie in November 1901 skryf ene P.G. Burgers uit Berlyn aan Leyds. Die 37-jarige[4] Piet Burgers is 'n voormalige wetsagent van Middelburg in die Transvaal wat kort tevore na Europa uitgewyk het.[5] Hy bied in sy brief aan om vir Leyds verslae deur Duits-Suidwes-Afrika na die Boereleiers te smokkel. Burgers versoek dat Leyds hom onmiddellik laat weet of hy nou so iets wil onderneem, anders gaan hy eerder vir die Alldeutscher Verband[6] namens die Boeresaak werk.[7] Leyds deel hom 'n paar dae later mee dat hy nie op die oomblik so iets wil doen nie, maar dat hy graag in die toekoms van sy dienste gebruik sal wil maak.[8] Wat Leyds egter eers baie later sal uitvind, is dat Burgers waarskynlik 'n swendelaar is wat in Julie 1900 namens die ZAR-regering 'n groot hoeveelheid meel en stewels vir die Boeremagte in Lourenço Marques moes aankoop, maar toe kwansuis deur die Britse owerheid daar gearresteer is voor hy dit kon lewer. Volgens Burgers het die Britte ook die ZAR se geld by hom gekonfiskeer.[9] Ná Leyds se brief word Burgers op 25 November vir 'n breuk geopereer in 'n kliniek in Berlyn, waar hy drie weke deurbring.[10]

Dr. Emil Schulz het ook intussen uit China aan Leyds geskryf, waar Schulz nog lid is van die internasionale taakmag wat die Bokser-opstand onderdruk. Dit is onbekend hoe oud Schulz is, maar hy is 'n Duitser wat voor sy vertrek na

China in die kliniek van 'n professor H. von Leyden in Berlyn gewerk het.[11] Op hierdie tydstip weier die Britte volstrek om mediese hulp na die Boere deur te laat. Schulz is egter bereid om 'n geheime mediese sending deur Portugees-Oos-Afrika na die Transvaal aan te pak. Hy ondersteun die Boere se saak, skryf Schulz, en hy wil nie geld vir sy dienste hê nie.[12] Hy voeg by dat hy geen dank verwag nie, en trouens baie teleurstellings in Afrika te wagte is.[13] Min weet hy hoe waar sy verwagtings sal word.

Op 25 Januarie 1902 neem die Britse magte genl. Ben Viljoen onder eienaardige omstandighede onderweg na Pelgrimsrus gevange. Hy word nie in 'n veldslag of dryfjag gevang nie, maar gedurende 'n donker nag op 'n verlate plek. Sommige het hierna beweer dat Viljoen self die Britte oor sy bewegings ingelig het, wat hy natuurlik heftig ontken het.[14]

Op dieselfde dag oorhandig dr. Abraham Kuyper, die Nederlandse premier, 'n memorandum aan die Britse minister van buitelandse sake, lord Lansdowne, waarin hy sy dienste as bemiddelaar aanbied om 'n vredesooreenkoms tussen die Boere en die Britte te bewerkstellig. Lansdowne antwoord 'n paar dae later dat pres. Steyn en pres. Burger as die Boere se hoogste gesaghebbers die enigste persone is wat deur die Britse regering in onderhandelinge van so 'n aard erken sal word, en as hulle wil onderhandel, moet hulle met lord Kitchener in Suid-Afrika in aanraking kom. Hierdie korrespondensie word in die Britse koerante gepubliseer. Alhoewel niks direk hierna gebeur nie, is die saad vir uiteindelike vrede nou geplant.[15]

Aan boord van die skip wat hom na 'n krygsgevangekamp op St. Helena vervoer, skryf genl. Ben Viljoen 'n brief aan sy vrou, wat meer as 'n jaar tevore met hul twee kinders na Nederland uitgewyk het. Hierin versoek hy haar om met pres. Kruger en die ander Boereverteenwoordigers in Nederland te gaan praat, en "to tell them that it is time to wake up and tell President Steijn to end the slaughter of our poor people, more especially of women and children who are dying to [sic] the score in the concentration camps". Hy glo dat deur voort te veg, "we are giving the English the best weapon possible to exterminate the Afrikander as a race".[16] Leyds spreek in reaksie hierop sy misnoeë oor Viljoen se houding uit.[17] Viljoen sal die res van die oorlog op St. Helena deurbring en hier sy oorlogsherinneringe skryf.[18] In sy boek hou hy Cecil John Rhodes en pres. Kruger medeverantwoordelik vir die uitbreek van die oorlog, en skryf met wrewel oor die ZAR-president: "Mr. Kruger has still to come up for judgement before the people whose fate and very existence as a nation, are, at the time of writing, wavering in the balance."[19]

Eers aan die begin van Februarie 1902 – dus ná Marais en FitzPatrick se laaste gesprek die vorige maand – maak Burgers weer kontak met Leyds: hy beoog nou om die eerste week van Maart deur Duits-Suidwes-Afrika na die kommando's terug te keer. Weereens bied hy aan om verslae na die Boereleiers te smokkel.[20] Maar in die lig van sy latere optrede is dit te betwyfel of hy dit werklik ernstig bedoel. Waarskynlik wil hy eerder so veel geld as moontlik uit Leyds kry en dan verdwyn. Maar dit weet Leyds nie, en 'n paar dae later laat weet P.L.A. Goldman, die kanselier van die ZAR-gesantskap te Brussel,[21] vir Burgers dat Leyds graag van sy dienste gebruik wil maak.[22]

Schulz verskyn ook nou op die toneel, en stel kort hierna 'n amptenaar by die ZAR-gesantskap in Brussel, ene Mensel, in kennis dat hy nou terug is in Osterode in Oos-Pruise. Hy het reeds aansoek gedoen om sy ontslag uit die Duitse leër, skryf Schulz, en hy hoop om teen die middel van Maart gereed te wees om sy geheime sending deur Portugees-Oos-Afrika na die Boere te onderneem. Leyds het skynbaar in vroeëre korrespondensie aan hom genoem dat hy iemand saam met hom gaan stuur, want Schulz versoek dat Leyds hierdie persoon na Hamburg stuur, sodat hy hom 'n bietjie Duits kan leer en hulle mekaar kan leer ken. Schulz onderneem ook om vir hierdie persoon 'n paspoort na Portugees-Oos-Afrika te reël en die nodige reisdokumente in die hande te kry. Die Duitse dokter is baie versigtig – laastens versoek hy Mensel om niemand behalwe Leyds van sy brief te vertel nie, want hy glo dat die lede van die ZAR-gesantskap deur Britse spioene dopgehou word.[23] In 'n latere brief versoek hy ook dat Mensel alle briewe van hom vernietig. "U weet hoe versigtig ek is en iemand sou hulle by u kon steel."[24]

Op 13 Februarie verwittig Mensel vir Schulz dat hy met L. Teichmann, wat vroeër in die oorlog vir die Boere geveg het, asook met B. Kleinschmidt, wat 'n kaptein in die Transvaalse Staatsartillerie was, in Duitsland moet byeenkom. Schulz moet dan self besluit watter een van die twee hy wil saamneem. Volgens Mensel ken Teichmann die omgewing van Lourenço Marques goed en praat hy Afrikaans, Engels en Duits vlot. Aangesien Kleinschmidt en Teichmann albei vlot Duits praat, meen Mensel dat die sending vroeër eerder as later sal kan vertrek. Hy noem ook dat alles goed verloop vir die Boere in Suid-Afrika, en dat die oorlog behoort voort te gaan.[25]

Leyds laat weet Burgers op dieselfde dag dat hy gehoor het permitte om Duits-Suidwes-Afrika te besoek word slegs daar uitgereik: Burgers sal dus sy aansoek uit Europa moet stuur, 'n proses wat tot drie maande kan duur. Sonder so 'n permit, meen Leyds, loop Burgers die gevaar om nie in Duits-Suidwes-Afrika toegelaat te word nie, en dan in Kaapstad aan wal gesit te word. Hy voeg ten slotte by hy het "andere plannen waarover wy wel nader spreken [kunnen]".[26] Leyds verwys hier vermoedelik na C.G.S. Sandberg, ZAR-staatsekretaris Reitz se voormalige privaat sekretaris, wat nou propaganda vir die Boeresaak in Parys maak,[27] en wat Leyds al telkemale versoek het om te mag terugkeer na die Transvaal om weer by die Boeremagte aan te sluit. Leyds het nou ingestem, op voorwaarde dat Sandberg 'n mediese sending deur Duits-Suidwes-Afrika en die Kalahariwoestyn na die Boeremagte in die Wes-Transvaal lei. Volgens Sandberg was "de laatste berichten van onze commando's ... noodkreten om medische hulp en genees- en verbandstoffen geweest", en hy stem onmiddellik in tot Leyds se versoek.[28] Leyds oorweeg in hierdie stadium dus twee mediese sendings na die Transvaal: een deur Portugees-Oos-Afrika met dr. Schulz aan die hoof, die ander deur Duits-Suidwes-Afrika onder leiding van Sandberg. Leyds begin nou dadelik soek na 'n geskikte mediese dokter vir Sandberg se voorgenome sending.[29]

Twee dae later skryf Burgers aan Leyds dat hy met die nodige bekendstellingsbriewe van die Alldeutscher Verband sonder enige probleem in Duits-Suidwes-Afrika aan wal sal kan gaan – mits hy 1 000 mark (R49 000)[30] in kontant by hom het. Wat hom ook laat twyfel aan wat Leyds gehoor het oor moontlike deportasie uit Duits-Suidwes-Afrika na Kaapstad by gebrek aan die nodige landingspermit, skryf hy, is dat hy weet 'n mens kan nie in Kaapstad land sonder toestemming van die ministerie van kolonies in Londen nie. Maar aan die ander kant glo hy ook dat die Britte hom baie graag daar sal wil laat land om hom "een kogel door het corpus te jagen".[31] 'n Paar dae later skryf Burgers ook aan Goldman dat hy nog by niemand wat hy tot dusver gepols het van hierdie nuwe vereiste gehoor het waaraan 'n mens moet voldoen indien jy Duits-Suidwes-Afrika wil besoek nie. Hy voeg ook sommer by dat hy dolgraag eendag toesprake ten behoewe van die Boeresaak in Amerika sal wil gaan lewer.[32]

Op 26 Februarie versoek Leyds vir Goldman om by Burgers te verneem of hy sal omgee dat Sandberg by sy sending aansluit.[33] Benewens die vooroorlogse vete tussen Marais en Leyds, sou Sandberg se betrokkenheid ook sekerlik enige voorgestelde deelname van Marais – indien dit waar was – aan hierdie of Schulz se sending gekelder het. Sandberg sou tog vir Leyds oor Marais se rol in die mislukking van die Great Deal-onderhandelinge ingelig het (indien Leyds nie in elk geval reeds daarvan bewus was nie) as hy gehoor het dat Marais ook moontlik saamgaan.

Burgers antwoord dat Sandberg met graagte kan saamkom. Nou volg sy versoek om geld. Volgens hom het hy vyf Duitse metgeselle wat hy ook wil saamneem, maar nóg hy nóg hulle het geld vir die reiskoste. Burgers maak nou 'n slim skuif om Leyds te oorreed om vir hom geld te gee – as Leyds hom nie met 'n voorskot kan uithelp nie, skryf hy, sal hy maar iewers geld moet gaan leen. Hy verwag egter om binnekort te hoor of 'n Duitse firma sy mynregte in die ZAR gaan koop, iets wat hy glo wel gaan gebeur. In daardie geval sal hy genoeg geld hê om almal se reiskoste te kan betaal, in die hoop dat die ZAR-regering hom "eendag" sal terugbetaal. Hy sluit sy brief vol bravade af: hy sou bitter graag met 'n vegkommando van vyftig of wat manne (wat hy maklik bymekaar sal kan kry, meld hy, as iemand net bereid is om hul reiskoste te betaal) na Duits-Suidwes-Afrika vertrek, en van daar af die Kaapkolonie binneval. Vir eers sal hy hom egter daarin berus dat sy geselskap van ses hul koppe maar laag sal moet hou tot tyd en wyl hulle by 'n kommando aangesluit het.[34]

Nog niet klaar

Ook aan die einde van Februarie 1902 laat weet T.J. Milner vir FitzPatrick dat hy 'n maand laas van Marais gehoor het.[35] Hy is nou baie gefrustreerd – hy wag nog steeds dat Marais hom die beloofde indeks van *De Transvaal van Binnen Beschouwd* stuur. En in die Transvaalkolonie wag Milner en FitzPatrick ook al seker ongeduldig op Marais se terugkoms. Voorheen kon Marais die verskoning voorhou dat hy vir sy eksamens moet studeer, maar dit is nie meer een wat hy kan gebruik nie.

Hierdie voetslepery van Marais dui moontlik daarop dat hy glad nie meer so gretig is om die vertaling te voltooi en na die Transvaalkolonie terug te keer om sy onderneming aan FitzPatrick gestand te doen nie. 'n Jaar tevore is hy deur Alfred Beit afgejak toe hy die inhoud van *De Transvaal van Binnen Beschouwd* vir Boerelesers wou versag, en intussen het die onversoenlike Esselen hom ook moontlik beetgekry. Verder het die stryd in Suid-Afrika nou al baie langer geduur as wat die meeste mense aanvanklik verwag het. Het Marais nou gewetenswroeginge, en glo hy dat hoe langer hy kan uitstel, hoe groter die kans dat die oorlog verby sal wees teen die tyd dat die vertaling voltooi is, en dat die publikasie van *De Transvaal van Binnen Beschouwd* oorbodig sal word? Of is dit eerder so dat hy meestal "non compos mentis" is, soos die onbekende briefskrywer uit Kaapstad 'n jaar tevore aan Osmond Walrond geskryf het?

Marais skryf uiteindelik 'n paar dae later aan T.J. Milner met nog verskonings. Laasgenoemde gee in 'n kabelgram aan FitzPatrick uiting aan sy ergernis:

> As to Marais, I heard from him about a week ago to the effect that he had recently undergone two operations which accounted, as he said, for the delay in completing the translation. One has to write him nice letters and stifle one's anger simply because he is doing the translation gratis! It is the same old story again. However, I hope shortly to be able to report that the work is completed. Let us hope that in this case finis coronabit opus! [die doel heilig die middele]... [A]s there seems to be no likelihood of the Dutch edition being published for some time yet, I have decided to send the War Office two thousand copies of the English edition for free distribution among the Boer prisoners at Bermuda, St. Helena, & Ceylon.[36]

Toe die krygsgevangenes op St. Helena, waar genl. Ben Viljoen hom nou ook bevind, vyf groot bokse boeke van die kampowerheid ontvang, stook hulle nog dieselfde aand 'n groot vuur met die leesstof. Die kampowerheid straf hulle hiervoor deur hul rantsoene te sny.

Aan die begin van Maart besluit Kitchener om die briefwisseling oor vrede tussen die Nederlandse premier en die Britse minister van buitelandse sake te gebruik om 'n einde aan die oorlog te probeer bewerkstellig. Hy kies sy teiken sorgvuldig en stuur die twee briewe met 'n kort nota aan waarnemende pres. Burger, maar nie aan die onbuigsame pres. Steyn nie. Burger antwoord kort hierna dat hy "verlangend en bereid" is om "vredesvoorstelle te maak", en versoek dat Kitchener hom en van sy kollegas vrygeleide deur die Britse linies gee om met die Vrystaters te beraadslaag. Kitchener stem onmiddellik in.[37] Onderweg na Kroonstad om pres. Steyn te ontmoet voer pres. Burger op sy eie 'n uurlange gesprek met Kitchener. Sy vergadering met Steyn vind egter nie plaas nie, omdat die Vrystaatse president nie in Kroonstad opdaag nie.[38]

Louis Leipoldt

Omtrent dieselfde tyd dat Marais vir T.J. Milner oor sy kwansuise operasies inlig, gaan besoek die 21-jarige Louis Leipoldt, wat sopas uit Kaapstad in Londen aangekom het,[39] sy oom Ewald Esselen in Richmond. Leipoldt was die redakteur van die Boergesinde Kaapse *South African News* totdat dit 'n paar maande tevore onder krygswet verbied is.[40] Leipoldt skryf op 8 Maart 1902 in 'n brief aan 'n vriend in Suid-Afrika oor hierdie besoek: "I found that he is on parole and that debars him from practising as an advocate. Consequently he had a considerable amount of leisure and took me round to the various places of interest."[41] Hy meld ook dat Esselen hom na 'n pro-Boer-vergadering by die huis van Leonard Courtney, die president van die South African Conciliation Committee, geneem het. Volgens Leipoldt was baie van die Britte by die vergadering onkundige sentimentaliste "who look at the Boer through rose-coloured glasses and do not know that under the romance as they term it there lies a foundation of sordidness and evil which makes the Boer far more of a human being than an angel".[42]

Leipoldt maak egter geen melding van Marais nie, en sover bekend, het hulle mekaar nooit tydens Marais se laaste paar weke in Londen ontmoet nie. Dit is vreemd dat Esselen – veral in die lig van al sy ledige tyd en hoe naby hy aan Marais woon – skynbaar nie probeer om hierdie twee jong Afrikaners, albei voormalige joernaliste, aan mekaar voor te stel nie. Wat ook eienaardig is, is dat alhoewel Esselen hierna nog sewe maande in Brittanje aanbly, hy nooit weer in sy gereelde korrespondensie met Jimmy Roos na Marais verwys nie.

Moontlik is Esselen en Marais nou van mekaar vervreem; Esselen het Roos juis 'n paar maande tevore gevra om by Kelsey Loveday iets oor Marais uit te vind.[43] Esselen was voor die oorlog 'n vooraanstaande persoonlikheid in die ZAR, en hy ken al die prominente Uitlanders wat hulle nou in Londen bevind. Marais se planne was aan Uitlanders soos Taylor en die Wernher-Beit-vennote in Londen en Suid-Afrika bekend, en vermoedelik ook aan mense soos Loveday en Falconer in Pretoria. Dit is dus hoogs waarskynlik dat stories van een of meer van hierdie planne – sy voorneme om na Pretoria terug te keer en *Land en Volk* in belang van versoening uit te gee, die vertaling van *The Transvaal from Within*, sy beoogde vredesending na Ceylon en St. Helena – nou in die wyer Uitlandergemeenskap in Londen uitgelek het, en Esselen daarvan te hore gekom het. In die lig van Esselen se ongenaakbare houding teenoor Brittanje sou dit genoeg gewees het vir hom om sy vriendskap met Marais te verbreek. Leipoldt het later geskryf dat sy oom geneig was om sy menings sonder aansien des persoons uit te spreek, wat soms die indruk geskep het dat hy "aanstootlik dogmaties en pouslik-eiegeregtig" is.[44]

Kort na Leipoldt se besoek ontvang Esselen 'n brief van Jimmy Roos wat versoek dat hy na die Transvaalkolonie terugkeer om sy volk by te staan. Esselen is woedend en trap Roos in 'n brief uit:

> I cannot understand – except [if] most of my letters to you have miscarried – how you can have any doubt as to my going back to the Transvaal after what I have so clearly indicated, not to you only, but to everyone who has mentioned the subject to me. As long as an oath of allegiance is required to enable burghers of the Republic to return to their home I cannot return to mine – at any rate not as long as there is fighting & as long as I can manage to live elsewhere.[45]

Roos het egter skynbaar vrede gemaak met die nuwe bedeling in die Transvaalkolonie, want in hierdie jaar aanvaar hy 'n aanstelling in die direksie van Transvaal Cold Storage (Koelkamers) Limited, 'n onderneming wat voor die oorlog deur die ZAR-regering gestig is en daarna deur die Britse owerheid oorgeneem is. Marais se vriend Charles Falconer word ook in dié jaar as 'n direkteur van die firma aangestel.[46]

Dr. Leyds maak planne

Intussen het Piet Burgers aan die begin van Maart 1902 weereens vir Goldman van die gesantskap in Brussel verseker dat hy nie 'n spesiale permit nodig het om na Duits-Suidwes-Afrika te reis nie – trouens, sy bekendstellingsbriewe is reeds deur die Alldeutscher Verband na Windhoek gestuur.[47] Maar Leyds het nou van plan verander: hy en pres. Kruger het besluit om eerder die president se spandabelrige kleinseun Frikkie Eloff jr. met 'n geselskap na

Duits-Suidwes-Afrika te stuur om geheime verslae na genl. De la Rey in die Wes-Transvaal te smokkel.[48] Burgers se sending is dus nou oorbodig. Sandberg se voorgenome mediese sending deur Duits-Suidwes-Afrika sal ook moet wag omdat Leyds nog nie 'n geskikte mediese dokter in die hande kon kry nie.[49]

Dr. Schulz ontmoet op 3 Maart vir Kleinschmidt in Berlyn. Hul vergadering verloop goed, en Schulz verwittig Leyds dat hy die sending saam met Kleinschmidt sal kan onderneem. Kleinschmidt het hom egter meegedeel dat dit onmoontlik sal wees om die Transvaalkolonie in die geheim te bereik via Lourenço Marques, skryf hy, vanweë al die Britse agente in die hawedorp asook die ongesonde klimaat in die gebied waardeur die ekspedisie sal moet trek. Volgens Schulz het Kleinschmidt verder aan hom genoem dat beamptes in Lourenço Marques hom wat Kleinschmidt is, ook te goed ken, wat Schulz laat opmerk dat hy bowendien 'n gesig het "wat 'n mens nie maklik vergeet nie".[50]

Schulz vertrek op 6 Maart na Hamburg om by familie van hom te gaan bly.[51] Die Duitse dokter is waarskynlik 'n vrygesel, want nêrens in al sy korrespondensie maak hy melding van 'n vrou of kinders nie.

Die volgende dag is daar goeie nuus uit Suid-Afrika toe genl. De la Rey en sy manne 'n groot Britse mag van genl. Methuen by Tweebosch aan die Klein-Hartsrivier in die Wes-Transvaal verslaan. Methuen self word gevange geneem, die enigste keer tydens die oorlog dat 'n Britse generaal in die Boere se hande beland. Dit is die grootste terugslag wat die Britse magte in twee jaar beleef het. Die nuus tref Kitchener so swaar dat hy hom twee dae lank in sy slaapkwartiere afsonder en weier om te eet of enigiemand te woord te staan.[52]

Leyds het nou ander planne vir Burgers, en laat hom na Brussel ontbied sodat Goldman die nuwe verwikkelinge aan hom kan verduidelik. Burgers kom op Sondag 9 Maart in Brussel aan, en is vermoedelik nie gelukkig oor wat hy by Goldman hoor nie. Nie alleen sal hy nou deur Portugees-Oos-Afrika moet reis nie, maar moet hy boonop plofstowwe en verwante toerusting na die Boeremagte smokkel.[53] Dit is nie al nie – hy moet ook 'n dodelike gif saamneem, verpak in klein botteltjies wat as "shaving soap" geëtiketteer is.[54] En verder gaan die geselskap slegs uit hom, Schulz en Kleinschmidt – twee mans wat hy nie eens ken nie – bestaan, sonder die vyf Duitse metgeselle wat hy wou saamneem.

Op 17 Maart kom Schulz in Brussel aan.[55] Kleinschmidt is skynbaar in hierdie stadium nog iewers in Duitsland, en wag vermoedelik op verdere instruksies van Schulz. Burgers en Schulz ontmoet mekaar nou vir die eerste keer. Die

Duitse dokter vorm nog nie 'n besliste mening oor Burgers nie; sy ontnugtering sal eers later kom. Die volgende dag reis Schulz alleen na Utrecht om met Leyds by sy woning te beraadslaag. Hy deel Leyds mee dat Burgers nog steeds beoog om deur Duits-Suidwes-Afrika te reis, en meer manne wil saamneem. Leyds is kortaf. 'n Sending soontoe strook nie met sy planne nie, en drie persone is voldoende vir die sending. Hy beveel onmiddellik vir Goldman om Burgers in kennis te stel dat as hy nie onder hierdie voorwaardes wil voortgaan nie, dit hom vry staan om op eie stoom na Duits-Suidwes-Afrika te reis.[56] Die feit dat Burgers hierna dadelik by Leyds se nuwe plan inval, toon duidelik dat hy in elk geval nooit van plan was om op sy eie sy pad deur Duits-Suidwes-Afrika na die Boeremagte te baan nie, soos hy aan die begin van Februarie vir Leyds laat verstaan het. Schulz keer nou na Hamburg terug om sy sake in orde te kry.[57]

Wolhaarstories

Ná FitzPatrick T.J. Milner se kabelgram ontvang het met die nuus dat Marais nou byna die vertaling voltooi het, laat hy vermoedelik vir Falconer hiervan weet, want laasgenoemde doen op 17 Maart 1902 by W.E. Davidson, sekretaris van die Transvaalse koloniale administrasie, aansoek om *Land en Volk* weer uit te gee:

> I have the honour to make application on behalf of my partner and myself for permission to resume publication of the Dutch newspaper "Land en Volk"... My partner is at present resident in England or he may be on his way out to this country but of that I am uncertain...[58]

Uit Falconer se brief is dit duidelik dat hy verwag dat sy boesemvriend binnekort na Pretoria gaan terugkeer. Van 'n geheime sending is hier nie sprake nie. Davidson wil hierna by Falconer weet wat sy rol gaan wees aangesien hy 'n voltydse staatsamptenaar is, en ook wie sy vennoot is. Dit is duidelik dat die planne met *Land en Volk* 'n vertroulike aangeleentheid tussen FitzPatrick, Falconer en lord Milner is, en dat Davidson nie hiervan weet nie. Wat *Land en Volk* betref, was dit deurgaans Milner se modus operandi terwyl Roberts in die omtrek was – hy werk agter die skerms, want vir die amptelike rekord moet dit lyk na 'n armlengte-aangeleentheid. Hy doen dit vermoedelik omdat die Transvaalkolonie nog onder militêre bewind is en Kitchener sy toestemming vir die herverskyning van die koerant moet gee. Maar Kitchener het min ooghare vir Milner en FitzPatrick. Hy het juis voorheen neerhalend na FitzPatrick as "Milner's man" verwys toe FitzPatrick by hom kom kla het oor die Britse leër se behandeling van die manskappe in die Wernher-Beit-gefinansierde Imperial Light Horse.[59] Falconer stel Davidson dadelik gerus:

> It is not my intention to devote any part of my time to "Land and Volk". I merely wish to get the former Editor to Pretoria and on his arrival I will hand over the management to him. Then when the paper has got a footing and there is a prospect of selling out my interests I shall embrace the first opportunity of doing so. In fact I have been negotiating for the sale of my interests for some time with the prospective Editor. My partner is Eugene Nielen Marais who is well known to most Pretoria people.[60]

Falconer en Marais beoog dus nog steeds dat James O'Brien, wat die redakteur was toe *Land en Volk* kort voor die oorlog gesluit het, weer sy ou pos gaan beklee. Marais se rol gaan dan skynbaar slegs wees om die koerant se politieke rigting te bepaal en nou en dan 'n hoofartikel te skryf, wat hy wel later sal doen.

In Londen het T.J. Milner egter nog steeds nie die beloofde indeks van Marais ontvang of weer iets van hom gehoor nie. Uit frustrasie verneem hy by Jim Taylor of hy enigiets van sy vriend Marais se doen en late weet. Taylor is nou in Skotland, waar hy salm en forel vang in die Helmsdalerivier op die hertog van Sutherland se landgoed.[61] Maar hy telegrafeer vir Marais, en op 18 Maart laat weet hy vir T.J. Milner wat hy vasgestel het:

> I wired Marais & heard that he went to Amsterdam or somewhere in Holland in a sailing vessel & very nearly went down all hands, they were blown out to sea & became waterlogged. I believe they had an awful experience & Marais has been in bed ever since. I wonder the cold & wet did not kill him.[62]

Dit is onbekend of Marais se storie waar is of net weereens 'n verskoning hoekom hy nie sy woord gestand gedoen het nie. Dit is ook nie die laaste keer dat hy 'n storie van 'n noue ontkoming op 'n sinkende boot vertel het nie – jare later het sy seun aan Du Toit gemeld dat sy pa op 'n keer naby Lourenço Marques heelnag die bemanning van 'n lekkende boot moes help water uitskep totdat hulle met sonsopkoms gelukkig in vlak water gesink het.[63] Hiérdie storie is definitief onwaar, want Schulz noem dit nie in sy ekspedisieverslag of briewe nie; Leo Amery, wat saam met Marais en Schulz van Beira na Lourenço Marques gevaar het, meld dit ook nie in sy beskrywing van hierdie skeepsreis in sy memoires nie. Schulz het wel in sy ekspedisieverslag aangeteken dat, toe hy en Marais ná hul verblyf in Machanga in 'n lendelam boot na Beira teruggevaar het, "ons naelskraap aan die dood ontkom het in die gevaarlike branding by die Sabi [Saverivier] se mond".[64] Dié voorval is moontlik die oorsprong van Marais se latere storie.

Maar indien Marais wel so 'n skeepsreis na Nederland onderneem het, ontstaan die vraag of hy eintlik onderweg was na Brussel om by die sending te probeer aansluit, soos Rousseau bespiegel het,[65] of dalk na Utrecht om Leyds by sy woning te gaan spreek. Maar hoe sou Marais van die voorgenome sending geweet het? In 1923 het Marais aan Preller geskryf hy "het berig ontvang van 'n ekspedisie" deur Portugees-Oos-Afrika terwyl hy in Londen was,[66] wat Preller in sy 1925-lewenskets van Marais aangepas het na "verneem hy egter van die vasteland van 'n ekspedisie".[67] Du Toit, weer, het geskryf dat Marais "by een van die Duitsers saam met wie hy woon hoor van 'n ekspedisie",[68] terwyl Rousseau gemeld het dat Marais "met 'n omweg hoor . . . van die ekspedisie".[69]

Op die oog af lyk Du Toit se weergawe die geloofwaardigste, juis omdat Marais nou by die Duitser Otto Schurr woon. By nader ondersoek blyk dit egter dat Du Toit se verwysing na Duitsers gebaseer is op die voorgemelde brief van Marais aan Preller.[70] Maar Marais het in hierdie brief slegs geskryf dat hy "berig ontvang" het van 'n ekspedisie, nie waar hy dit gehoor het nie.[71] Dit lyk dus of Du Toit self vir doeleindes van sy boek besluit het om Marais se kwansuise Duitse huismaats in Teddington (wat Marais aan hom in 'n ander konteks genoem het) Marais se informante te maak. Moontlik het hy bespiegel dat omdat Schulz Duits was, en Marais nou glo by Duitsers gewoon het, hierdie Duitsers by Schulz van die ekspedisie kon gehoor het. Maar Otto Schurr is die enigste Duitser by wie Marais nou woon, en dit sou 'n ongelooflike toeval gewees het as Schulz juis aan iemand in Londen geskryf het wat met Marais bevriend was. En soos uit sy briewe en verslae blyk, was Schulz baie gesteld op vertroulikheid – selfs al sou hy baie toevallig vir Schurr geken het, is dit onwaarskynlik dat hy oor hierdie kwessie aan hom sou geskryf het.

'n Ander moontlikheid is dat Esselen vir Marais van die sending vertel het. Esselen het Leyds goed geken en kon by hom daarvan gehoor het. Wat teen hierdie moontlikheid tel, is dat Marais self nooit vir Esselen as sy informant genoem het nie. Daar was tog geen rede om meer as twee dekades ná die oorlog hieroor te swyg nie. Verder het Esselen goed geweet dat Leyds nie ooghare vir Marais het nie, asook dat laasgenoemde 'n dwelmverslaafde is oor wie hy self 'n paar maande tevore gewonder het of "he will ever be fit again for the rough & tumble of this life".[72] 'n Mens kan jou kwalik voorstel dat Esselen so 'n twyfelagtige ekspedisielid vir dié belangrike sending sou aanbeveel het.

Die werklike rede hoekom Marais moontlik na Nederland gereis het, of probeer reis het, is dus onbekend. En, soos sal blyk, toe Marais 'n paar weke later uiteindelik uit Brittanje vertrek het, was hy nie eens van Schulz en Burgers se sending bewus nie. Dit is waarom Marais jare later so vaag was oor presies wie in Brittanje of Europa hom van die sending vertel het – niemand het nie.

Plofstof, hoereerders en spioene

Die oggend van Sondag 23 Maart 1902 keer Schulz uit Hamburg na Brussel terug. Later dieselfde dag reis hy en Burgers per trein na Breda in Suid-Nederland om ene Axel Uggla te ontmoet.[73] Uggla was voor die oorlog die hoofingenieur van die Nederlandsche Zuid-Afrikaansche Spoorweg-Maatschappij in Pretoria, en het ná die uitbreek van die oorlog kanonne vir die Boeremagte herstel in die firma se werkswinkel. Ná die Britse besetting van Pretoria in Junie 1900 is Uggla na Nederland, waar hy 'n bestuurspos by 'n masjienfabriek in Breda aanvaar het.[74] Dit is onbekend waaroor die drie mans beraadslaag. Al wat Uggla vooraf hieroor aan Leyds en Goldman geskryf het, is dat hy bereid is om met Burgers en Schulz oor 'n "zekere zaak te confereren"[75] en "de gewenschte inlichting te verstrekken".[76] In die lig van Uggla se agtergrond, hou hierdie inligting dan waarskynlik verband met die plofstowwe wat Burgers na die Boerekommando's moet neem.

Een van die plofstowwe is geligniet.[77] In hierdie stadium gebruik die meeste Boerekommando's 'n eenvoudige en soms onbetroubare metode om treine te ontspoor. Eers word die kolf, snellerbeuel en grootste gedeelte van die loop van 'n geweer afgesaag. Daarna word die gewysigde geweer met 'n loskruitpatroon gelaai en onderstebo onder 'n treinspoor geplaas met die sneller wat daaraan raak, sodat, wanneer die spoor buig onder die gewig van 'n trein, die geweer op 'n nabygeleë dinamietstaaf vuur. Die ontploffing verskuif dan die treinspoor, wat die trein laat ontspoor.[78] In teenstelling met dinamiet "sweet" geligniet nie onstabiele nitrogliserien nie,[79] en is dit dus 'n veiliger plofstof. Verder brand dit stadig en kan dit nie sonder 'n knalpatroon ontplof nie, wat beteken dat dit veilig vervoer kan word. Dit kan ook sonder beskerming gehanteer word en maklik in 'n ander vorm gedruk word. Hierdie eienskappe maak dit die ideale plofstof vir die Boerekommando's om te perd te vervoer en vinnig by 'n treinspoor aan te wend. Uggla verduidelik waarskynlik nou waar en hoeveel geligniet by 'n treinspoor geplaas moet word om die beste resultaat te verkry. Dit blyk ook uit die toerusting wat Burgers moet saamneem dat die kommando's die geligniet moet laat ontplof met 'n tydmeganisme wat aan 'n knalpatroon gekoppel is. Verder moet Burgers ook 'n nuwe soort plofstof saamneem, 'n Franse uitvinding wat verskeie kere sterker as dinamiet is. Hierdie plofstof moet in sy afsonderlike bestanddele vervoer word, wat dan later op 'n bepaalde manier gemeng moet word.[80]

Burgers en Schulz keer hierna terug na Brussel, waar hulle die ekspedisie se reëlings finaliseer. Hul plan is om van Marseille af per skip deur die Suez-kanaal en langs die ooskus van Afrika na Beira in Portugees-Oos-Afrika te reis, waar hulle hulself as 'n jagekspedisie sal voordoen. Na gelang van omstandighede sal hulle daar besluit of hulle per trein wes gaan reis na Umtali in Rhodesië (vandag Mutare in Zimbabwe), of per boot 125 kilometer verder suid na die mond van die Saverivier. In ieder geval sal hulle dan van een van dié twee plekke af die Transvaalkolonie infiltreer om by genl. Christiaan Beyers se magte te probeer aansluit.[81] Die twee mans lê ook 'n eed van geheimhouding af en onderneem om niks oor die sending, of oor die verslae en plofstof wat aan hulle toevertrou is, aan enigiemand te vertel nie.[82] Leyds stel vir Burgers as leier van die ekspedisie aan,[83] waarskynlik omdat hy wil hê dat 'n Transvaler eerder as 'n buitelander die sending moet lei. Schulz se spesifieke verantwoordelikheid is om die besending medisyne, verbandpleisters en verslae aan genl. Beyers en sy manne te besorg en daarna mediese bystand aan hulle te verleen, terwyl Burgers vir die lewering van die plofstof en verwante toerusting verantwoordelik is.[84]

Cecil John Rhodes sterf op 26 Maart op 49-jarige ouderdom in Kaapstad. Soos sy groot vriend Alfred Beit was hy een van die rykste mans in die wêreld, en soos Beit het hy nie 'n vrou of kinders gehad nie. As die hoofaanstigter van die Jameson-inval net meer as ses jaar tevore het hy verseker dat 'n oorlog tussen die ZAR en Brittanje byna onafwendbaar geword het. Die algemene gevoel onder die Boerekommando's is dat dit 'n jammerte is dat hy nie al vroeër dood is nie.

In Brussel wag Burgers en Schulz nog vir Kleinschmidt om sy opwagting te maak.[85] Maar om die een of ander rede besluit laasgenoemde nou om hom aan die sending te onttrek. Burgers en Schulz vertrek derhalwe maar op Vrydag 28 Maart sonder hom na Parys,[86] waar hulle in die Hôtel de la Trémoille tuisgaan. Een van die hotelportiers is baie nuuskierig oor hul doen en late en wil telkemale by die twee mans weet waarheen hulle op pad is, en wat die doel van hul reis is.[87] Dit bekommer Schulz baie, en die Duitse dokter is nou nog meer op sy hoede.

Hul kontakpersoon in Parys is Bas Veth, een van Leyds se geheime agente. Veth is 'n Nederlander wat allerlei take vir die ZAR-gesantskap te Brussel se geheime diens verrig, onder meer die aankoop van wapentuig en oorlogsvoorraad vir die Boeremagte en die uitdink van maniere om dit na hulle te smokkel.[88] Veth is reeds uit Brussel deur Goldman versoek om twee groot koffers met vals bodems te laat maak waarin die verslae en tydmeganismes vir die plofstof versteek kan word.[89] Veth skaf nou 'n klomp toerusting vir die ekspedisie aan, onder meer jag- en haelgewere, Mauser-pistole, verkykers, kompasse, kampbenodigdhede en stewels.[90] Hy koop ook 'n Jules Richard Verascope-kamera wat £70 (R70 000) kos.[91] Hierdie tipe kamera het twee lense en kan driedimensionele foto's van groot dokumente in die fynste besonderhede neem. Die Boereleiers in die Transvaal sal hiermee hul verslae kan afneem en die fotografiese plate na Europa stuur vir ontwikkeling. Veth raam die koste van die ekspedisie op £570 (R570 000), wat die aankoop van twee perde en die huur van swart draers in Portugees-Oos-Afrika insluit.[92]

Terwyl Veth aankope doen, stel Burgers vir Schulz aan 'n klomp Transvaalse uitgewekenes in Parys voor. Dié manne skok die fatsoenlike Duitse dokter. Nie net het hulle met al hul geld uit die ZAR gevlug nie, hulle bestee dit nou aan prostitute pleks van tot voordeel van hul vaderland.[93] En wanneer hulle nie in restaurante of by prostitute kerjakker nie, kla hulle oor hoe die sleg die oorlog vir die waarde van hul goudaandele is. Hulle is veral ongelukkig oor die skerp daling in aandeelpryse ná genl. De la Rey se oorwinning vroeër die maand by Tweebosch. Schulz vererg hom en verklaar aan Burgers dat hierdie mense vir hom net so erg soos gewone landsverraaiers is, en dat hy niks meer met hulle te doen wil hê nie.[94] Schulz se ontnugtering met Burgers het nou begin.

Burgers neul op sy beurt knaend by Goldman oor geld. Hy het 'n paar dae tevore 'n £100-voorskot (R100 000) vir hom en Schulz elk aangevra om hul verblyfkoste in Dar es Salaam en Beira te dek, asook om perde in Portugees-Oos-Afrika te koop en draers te huur. Hy versoek dus dat Goldman die geld nou "onmiddelijk" aan Veth stuur.[95] Kort hierna oorhandig Veth aan die twee mans hul voorskotte en die verslae aan die Boereleiers, asook die kodeboeke wat hulle vir korrespondensie met die ZAR-gesantskap in Brussel moet gebruik. Schulz se kodenaam is "Stella", Burgers is "Minna", Leyds "Otto" en Goldman "Lex". Hy oorhandig ook 25 bliktrommels waarin die plofstowwe as eenkilogram-eenhede kwansuise perdemedisyne en ghries vir waens verpak is.[96]

Burgers kan sy nuuskierigheid nie beteuel nie. Nie al die verslae is verseël nie, en hy lees die onverseëldes. Die verslae is daarop gemik om die voortvegtende Boereleiers se moreel te versterk. Volgens Leyds en die ander buitelandse gesante van die Boererepublieke is die groot moondhede goedgesind teenoor die Boererepublieke; moontlik gaan die VSA as bemiddelaar ingryp en alles word gedoen om dit te verseker; die Liberale Party in Brittanje word al hoe sterker; pres. Kruger en die buitelandse gesante van die Boererepublieke werk goed saam; lord Roberts en genl. Buller stry in die openbaar. Die burgers moet moed hou, en as hulle nog wapens en ammunisie nodig het, moet hulle net laat weet. Burgers gehoorsaam egter die streng instruksies om nie die verseëlde verslae oop te maak nie. Aan hom en Schulz is daar gesê dat hierdie verslae net met 'n vergrootglas gelees kan word, en dat hulle in geval van gevaar onmiddellik vernietig moet word.[97]

Uit vrees vir agtervolging deur Britse agente besluit Schulz en Burgers om op agtereenvolgende dae na Marseille te reis, waar hulle beoog om die aand van 7 April met die *Präsident*, 'n passasierskip van die Deutsche Ost-Afrika Linie, af te vaar. Op 5 April neem Schulz 'n besending verbande en geneesmiddels in ontvangs, onder meer ses bottels morfientablette, met 60 tablette in elke bottel.[98] Later dieselfde dag vertrek hy uit Parys met sy en Burgers se bagasie.

Maar in sy kompartement is 'n Engelsman wat Schulz vermoed 'n Britse agent is. Die versigtige Duitser klim in die loop van die nag in Lyon op 'n ander trein oor en kom eers die aand van 6 April in Marseille aan.[99]

Op sy beurt kom Burgers die volgende middag by Schulz se hotel aan en vertel hom dat hy deur twee Britse spioene agtervolg word. Die twee mans verlaat onmiddellik die hotel nadat Schulz eers vir die portier vertel het dat Burgers 'n nagtrein na Toulon gaan haal. Hulle gaan wag egter nou in 'n ander hotel tot dit tyd is vir hulle om daardie aand aan boord van die *Präsident* te gaan.[100] Terwyl hulle wag, vertel Schulz vir Burgers van sy agterdog oor sy medepassasier op die trein onderweg na Marseille. Dit spoor Burgers aan om Schulz se storie te oortref. Hy vertel nou vir Schulz dat hy met 'n ander passasier sitplekke geruil het ingeval die Britse agent in die kompartement langs syne sou probeer om hom deur die houtmuur te skiet. As dit gebeur het, voeg Burgers ingenome by, sou sy medepassasier die koeël gekry het wat vir hom bedoel was. Afgesien van die belaglikheid van die verhaal, is Schulz erg gesteur deur die lafhartigheid wat dit aan die kant van sy reisgenoot openbaar.[101]

Schulz is nou baie bekommerd. Reeds in Parys het hy begin twyfel oor Burgers, maar nou besef hy dat hy nie op hom sal kan staatmaak in geval van gevaar nie. Hy wou al vroeër sy bedenkinge teenoor Leyds en Veth opper, skryf hy later in sy ekspedisieverslag, maar as 'n nie-Boer was hy in 'n moeilike posisie, en ook bang dat mense sou dink dat hy op die laaste oomblik kleinkoppie getrek het vir sy gevaarlike opdrag, soos ander voor hom gedoen het.[102] Buitendien het Leyds vir Burgers as die leier van die ekspedisie aangestel.

Wat Schulz nie weet nie, en wat hom nog meer onrustig sou gemaak het, is dat Burgers ook nou aan Goldman skryf om hom oor sy kwansuise noue ontkoming van die Britse spioene te vertel. In sy brief vra Burgers angstig of hy en Schulz nie maar die sending moet aflas nie.[103] Vermoedelik was Burgers se oorspronklike plan om in die Boergesinde Duits-Suidwes-Afrika aan wal te gaan, en dan met so veel geld as moontlik te verdwyn na die Paarl, waar sy vrou in hierdie stadium woon.[104] Burgers weet goed dat die oorlog amper verby is – wie sal hom later kan vervolg omdat hy geld gesteel het van 'n regering wat nie meer bestaan nie? Maar vir 'n lang staptog deur die ongesonde en minder vriendelik gesinde Portugees-Oos-Afrika sien hy nie kans nie.

Later die aand gaan die twee mans sonder verdere voorval aan boord van die

Präsident, Schulz met sy eie paspoort en Burgers met 'n vals Britse paspoort in die naam van Richard Will, 'n Skotse prokureur.[105] Die volgende dag stuur Leyds 'n kort telegram na Napels, wat passasier Richard Will van die *Präsident* by die aankoms van die skip in daardie hawe inwag – die ekspedisie moet voortgaan.[106]

Intussen is Frikkie Eloff en sy geselskap al 'n paar weke in Duits-Suidwes-Afrika. Maar twee Boeregesante wat nou daarvandaan in Nederland aangekom het, vertel vir H.C. Bredell, pres. Kruger se privaat sekretaris, dat hulle nie dink Eloff gaan enigiets uitrig nie omdat almal in Duits-Suidwes-Afrika van sy planne bewus is. Bredell teken in sy dagboek aan dat Eloff "door onverschilligheid wellicht, het geheim, van doorgangs kansen geheel en al bederwen".[107] Kort hierna verdwaal Eloff en sy geselskap in 'n sandstorm, waarna hul water opraak en hul osse in die woestyn wegstorm, en hulle onverrigter sake na Swakopmund moet terugkeer.[108]

Laaste dae

Die regerings van die ZAR en die Vrystaat ontmoet uiteindelik op 9 April 1902 by Klerksdorp na aanleiding van waarnemende pres. Burger se versoek aan lord Kitchener om met pres. Steyn oor vredesvoorstelle te beraadslaag. Genl. Lukas Meyer spreek die afgevaardigdes toe en skaar hom by diegene wat vrede wil sluit. Maar weereens is die Vrystaters onwillig om enige voorstelle te oorweeg wat nie die behoud van die Boererepublieke se onafhanklikheid insluit nie. Die twee regerings kom egter ooreen om 'n afvaardiging na Kitchener te stuur om voorstelle te maak wat as moontlike grondslag vir verdere onderhandelinge kan dien. Die volgende dag lig die minister van oorlog die Britse parlement oor die Klerksdorp-samesprekings in, waarna die Britse pers begin bespiegel dat vrede in Suid-Afrika nou moontlik uiteindelik in sig is.[109] Aangesien Marais nou nog in Londen is, moet hy van hierdie samesprekings bewus wees.

Op 11 April lei genl. Jan Kemp en kmdt. F.J. Potgieter 1 300 ruiters in 'n waaghalsige stormjaag teen 'n oormag van meer as 6 000 Britse troepe by Roodewal naby die Hartsrivier in die Wes-Transvaal. Maar 200 National Scouts onder bevel van genl. Andries Cronjé het hulle in 'n mielieland versteek, en brand op hul voormalige kamerade los. Hierdie flankaanval, asook die geweervuur van die Britse troepe, veroorsaak dat die aanval misluk en Potgieter sneuwel.[110] Die laaste groot skermutseling van die oorlog eindig in 'n Britse oorwinning.

Intussen is T.J. Milner al weer op soek na Marais, want hy het nog steeds nie die beloofde indeks ontvang nie. Marais se ryk oom Lang Piet Marais is ook nou in Londen, en het kort tevore besoek afgelê by Wernher-Beit se kantoor in die City om te onderhandel oor hoeveel aandele hy moet kry in die Wernher-Beit-beheerde Transvaal Consolidated Land Company vir plase wat hy aan die firma verkoop het.[111] Vermoedelik weet hy ook nie waar sy broerskind hom bevind nie, want anders sou T.J. Milner – wat sekerlik van die familieverbintenis sou geweet het – die inligting nou by hom gekry het. Weereens versoek T.J. Milner dan maar vir Taylor, wat steeds in Skotland visvang, om navraag te doen.

Falconer kry op 12 April goedkeuring van die Transvaalse koloniale sekretaris dat *Land en Volk* weer mag verskyn:

> I have the honour to inform you that his Excellency the Administrator, with the Commander-in-Chief's assent, has been pleased to grant his permission thereto. The paper will be subject to the Censor's revision and to the usual liability to be stopped at any time should objectionable matter appear.[112]

Vermoedelik laat Falconer of FitzPatrick nou dadelik vir Marais weet om so gou as moontlik na Pretoria terug te keer, want laasgenoemde tref nou reëlings om twee dae later uit Antwerpen op die volgende skip na Suid-Afrika – via die Suez-kanaal en die ooskus van Afrika, soos Schulz en Burgers – te reis. Hy voltooi ook uiteindelik die indeks van *De Transvaal van Binnen Beschouwd* en stuur dit aan T.J. Milner. Sy vertrek uit Brittanje is so haastig dat hy sy sertifikaat van toelating tot die Engelse balie by Jim Taylor agterlaat.[113]

In *Die Groot Verlange* meld Rousseau dat Marais hierna eers na Brussel is, waar hy – nadat Leyds hom lank "met verskonings aan 'n lyntjie gehou" het – eindelik besef het dat hy die ekspedisie misgeloop het.[114] Volgens Rousseau het Marais toe besluit om op sy eie na Lourenço Marques te reis om van daar sy weg na die Boeremagte in die Noord-Transvaal te baan.[115] Rousseau het egter ná die verskyning van *Die Groot Verlange* erken dat sy weergawe van Marais se bewegings ná sy vertrek uit Brittanje tot sy aankoms in Portugees-Oos-Afrika op afleidings eerder as feite gebaseer was.[116]

Maar hierdie afleidings is verkeerd. In my navorsing kon ek geen aanduiding vind dat Marais eens geweet het van die ekspedisie voor hy Brittanje verlaat het nie, of dat hy ooit tot op hierdie tydstip met Leyds, Schulz of Burgers daaroor gepraat of gekorrespondeer het nie. Die Leyds-argief in Pretoria bevat dosyne briewe, verslae, telegramme, fakture en aantekeninge van Leyds, Goldman, Veth, Mensel, Schulz en Burgers oor die aanloop tot en die verloop van die sending, maar daar is géén melding van Marais totdat hy Burgers toevallig op 'n skip tussen Dar es Salaam en Beira ontmoet nie. Marais se afreis so kort ná die nuus dat *Land en Volk* weer mag verskyn, ondersteun ook die feit dat hy nie nou beoog om enige geheime sending te onderneem nie, maar eerder so gou as moontlik wil terugkeer na Pretoria. Verder het Marais twee dae ná hy die nuus oor *Land en Volk* gekry het reeds uit Antwerpen vertrek. Hy kon dus nie lank in Brussel vertoef het soos Rousseau bespiegel het nie.

Rousseau meld ook dat Marais, deur Falconer se bemiddeling, voor sy vertrek £1 000 (R1 miljoen) uit die Transvaal na Standard Bank in Lourenço Marques laat oorplaas het om sy sending te finansier.[117] Maar in werklikheid het Marais slegs die meer realistiese bedrag van £100 (R100 000) waarskynlik eers uit Brittanje na Pretoria laat oorplaas, waarvandaan Falconer dit na Lourenço Marques oorgeplaas het. Volgens Schulz se ekspedisieverslag het Falconer self later in Lourenço Marques die bedrag van hierdie oorplasing aan hom bevestig.[118] Die geld was vermoedelik deel van die £200 wat FitzPatrick twee maande tevore aan Marais gegee of geleen het. Rousseau het blykbaar sy onwaarskynlike bedrag van £1 000 ontleen aan D.W. Krüger se *Huisgenoot*-artikel oor die Portugees-Oos-Afrika-ekspedisie. Maar Krüger het 'n fout gemaak, want Schulz se handgeskrewe en getikte ekspedisieverslae stel dit duidelik dat Falconer slegs £100 na Lourenço Marques laat oorplaas het.[119]

Hierdie geld was ook nie vir Marais se kwansuise geheime sending bestem nie, maar was die presiese bedrag wat hy ingevolge die amptelike regulasies aan die Britse konsul in Lourenço Marques moes toon voor dié hom toestemming sou gee om na die Transvaalkolonie te reis. In elk geval kan die moontlikheid dat Falconer, 'n senior Britse (en pro-Britse) staatsamptenaar in die Transvaalkolonie, die oorplasing sou gedoen het om 'n geheime sending te finansier om die Boere te help, vanselfsprekend buite rekening gelaat word. Nóg die Britse militêre owerheid nóg Standard Bank in Pretoria sou ook so 'n oorplasing toegelaat het as hulle nie seker was dat die geld nié geoormerk was vir die Boere nie – dit was immers op hierdie tydstip algemeen bekend dat Boere-agente

Lourenço Marques as 'n afspringplek na die Transvaalkolonie gebruik. Die oorplasing is eerder toegelaat omdat Milner en FitzPatrick gretig was dat Marais so gou as moontlik na Pretoria moet terugkeer om *Land en Volk* weer uit te gee.

Terwyl die indeks van *De Transvaal van Binnen Beschouwd* nog na T.J. Milner onderweg is, laat weet Taylor hom op 13 April wat hy vasgestel het:

> I really do not know what to make of Marais. I heard he was going to the Cape in a sailing ship & was to leave shortly. Jennings knows the possible date of his departure. I wrote & wired & have no reply. I sent Jen a telegram so that Jen could ascertain his intentions.
>
> I fear the man is a dreamer & applies himself to too many things – can't concentrate his thoughts on one thing long – it is a great pity as he has undoubted ability. I rather fancy Lucas Meyer & Burger have been influenced by his letters & I attribute their effort for peace to Marais.[120]

Die Jennings na wie Taylor verwys, is vermoedelik Hennen Jennings, die Wernher-Beit-myningenieur in wie se voormalige huis Sunnyside Milner nou in Johannesburg woon. Taylor weet ook dat waarnemende pres. Burger en genl. Meyer ten gunste van vrede is, en glo blykbaar dat Marais iets hiermee te doen gehad het. Dit is onbekend of Marais werklik sulke briewe geskryf het, maar klaarblyklik het hy aan Taylor vertel dat hy dit gedoen het. Dit maak dit nog meer onwaarskynlik dat Marais in hierdie stadium "die Boere [wil] gaan help, met Mauser, met lanset, desnoods met albei", soos Rousseau dit stel.[121] Dit is ook duidelik dat Taylor nie bewus is van enige sending wat Marais beoog om na die Boere te onderneem nie.

Marais vertrek die volgende dag uit Antwerpen op die *General,*[122] twee dae ná Falconer goedkeuring gekry het om *Land en Volk* weer uit te gee. Marais het dus nie in Antwerpen ná 'n lang gesukkel met Burgers en Schulz onderhandel nie,[123] óf daar by die ekspedisie aangesluit nie, soos Du Toit[124] en Preller[125] beweer het. Schulz en Burgers se skip trek nou reeds naby Port Said aan die Egiptiese kus,[126] en hulle was in elk geval nooit in Antwerpen voor hul vertrek uit Marseille nie, soos hul gedetailleerde daaglikse uitgawe-opgawes in die Leyds-argief duidelik maak.[127]

'n Paar dae later het T.J. Milner goeie nuus vir FitzPatrick:

> You will be pleased to hear that I have got the final batch of copy for the Dutch translation from Marais, and that it is now in the printer's hands. I shall have to arrange for the reading of the last set of proofs (as well as for the final inspection of the book before publication) in my own department, as I understand that Marais has left for South Africa. The Standard Bank here informs me that letters addressed to him in the care of their branch at Lourenço Marques will probably find him.[128]

Dit lyk of Marais vir T.J. Milner laat weet het hy is op pad na Suid-Afrika – nog bevestiging dat hier nie van 'n geheime sending sprake is nie. Marais het blykbaar vir Standard Bank in Londen versoek om T.J. Milner te laat weet wat sy nastuuradres is. Marais se bestemming is dus Lourenço Marques, nie Beira soos in die geval van Schulz en Burgers nie, wat verdere bevestiging bied dat hy op hierdie tydstip nog nie van hul sending weet nie.

Op dieselfde dag dat Falconer goedkeuring kry om *Land en Volk* weer uit te gee, vergader pres. Burger en pres. Steyn en ander verteenwoordigers van die Boererepublieke met lord Kitchener en lord Milner in Pretoria. Die twee Britte maak dit nogmaals duidelik dat die Boererepublieke nie hul onafhanklikheid sal kan behou nie. Kitchener is egter namens die Britse regering bereid om die Boererepublieke dieselfde vredesvoorwaardes aan te bied as wat hy meer as 'n jaar tevore by Middelburg aan genl. Botha gebied het.

FitzPatrick en Milner is egter baie ontevrede hieroor. Na hul mening is Kitchener veels te tegemoetkomend noudat die Boere so te sê verslaan is. Hulle kan glad nie verstaan hoekom hy hoegenaamd vredesvoorwaardes aanbied nie – die Boere moet onvoorwaardelik oorgee. Om Milner se posisie by die Britse kabinet te versterk, organiseer FitzPatrick 'n petisie wat deur 'n klomp vooraanstaande Uitlanders onderteken word. Die petisie dring daarop aan dat die Britse regering nie selfregering aan die Oranjerivier- en Transvaalkolonies binne 'n vasgestelde tydperk moet belowe nie, dat Hollands nie gelyke status met Engels moet geniet nie, en dat geen amnestie aan die Kaapse rebelle toegestaan word nie.[129]

Kitchener laat die Boereleiers nou toe om na hul mede-bittereinders terug te keer om 'n mandaat vir onderhandeling te verkry. Daar word ook ooreengekom dat die twee voormalige Boererepublieke elk dertig verkose afgevaardigdes na Vereeniging sal stuur, waar hulle op 15 Mei sal vergader om besluite te neem wat hulle dan aan die Britse regering sal oordra. Maar in hierdie stadium is pres. Steyn en die Vrystaters nog vasbeslote om geen vrede te aanvaar wat nie die onafhanklikheid van die Boererepublieke erken nie.

Skeepsreise na Afrika

Alhoewel Marais slegs 'n week ná Schulz en Burgers uit Europa vertrek, is Antwerpen verder van Portugees-Oos-Afrika as Marseille, Burgers en Schulz se vertrekpunt, en sy skip, die *General*, is nou amper twee weke agter die *Präsident*. Burgers stuur die dag ná Marais se vertrek uit Antwerpen 'n brief aan Goldman uit Port Said om hom mee te deel dat hy in Marseille "daarin geslaag het om die twee Engelse bloedsuiers af te skud . . . ek kry nog koue rillings as ek daaraan dink".[130] Ten slotte voel hy genoodsaak om te meld dat hy 50 frank vir sy oorgewigbagasie van Parys na Marseille moes betaal.

Marais se stoomskip kom op 26 April 1902 in Napels aan, waar dit 'n paar dae vertoef.[131] Aan die einde van April lê die *General* vir vyf dae voor anker by Suez,[132] 'n Rooi See-hawedorp aan die suidelike ingang van die Suez-kanaal. Marais besoek vermoedelik nou die besienswaardighede van antieke Egipte, moontlik vir die tweede keer – die eerste keer was waarskynlik toe hy ná die Great Deal-onderhandelinge in 1899 na Europa teruggekeer het. Van Suez na Kaïro, op die oostelike oewer van die Nyl, is dit ongeveer 140 kilometer, 'n kort treinrit. Aan die oorkant van die Nyl lê die dorpie Giza en die beroemde leeusfinks en piramides. In hierdie jare steek die tipiese toeris die rivier oor in 'n gehuurde skuit, waarna hy of sy die laaste paar kilometer na die piramidekompleks op die rug van 'n begeleide donkie aflê met die eeu oue Piramideroete, 'n stowwerige wapad wat deur boorde dadelpalms en uitgestrekte graan- en wolfsboontjielande loop.

In Giza is ook die Egiptiese Museum met sy derduisende oudhede, die grootste versameling ter wêreld. In 'n latere kortverhaal van Marais merk die verteller op: "In die museum van Egiptiese oudhede is daar 'n houtsneeborsbeeld van 'n jong Egiptiese prinses wat ongeveer drieduisend jaar voor Christus gesterf het."[133] Die verdere beskrywing van die klein borsbeeld klink soos dié van iemand wat dit self gesien het.

Die roete van Marais se skeepsreis na Portugees-Oos-Afrika in 1902

Intussen is Burgers en Schulz se skip al tien dae tevore deur die Suez-kanaal. Op 3 Mei kom hulle aan in Dar es Salaam, die kommersiële en administratiewe hart van Duits-Oos-Afrika. Dit lyk of Burgers en Schulz in hierdie stadium beplan om van Beira per trein na Rhodesië te reis en van daar af hulle weg na die Transvaal te baan, want Schulz skryf nou aan Leyds dat hy verskeie Engelsmanne op die skip ontmoet het wat handig te pas sal kom in Rhodesië. Hy meld verder dat hy die vredesonderhandelinge in Pretoria verag, en dat hy een van twee uitkomste voorsien: óf die oorlog duur voort, wat hy as die waarskynlikste een beskou, óf die Boererepublieke verloor hul onafhanklikheid, maar met die behoud van 'n groot mate van selfregering. Hy glo egter dat daar in ieder geval nog 'n groot behoefte aan dokters gaan wees, veral in die noorde van die Transvaal. Ongeag wat gebeur, gaan hy dus met sy sending voort, verklaar hy beslis.[134]

Schulz meld ook dat hy eers op sy eie met al sy en Burgers se bagasie van Dar es Salaam na Beira gaan vaar, waar hy dit deur die doeane daar sal probeer kry. Burgers sal intussen in Dar es Salaam wag op 'n telegram van hom wat aandui dat dit veilig is om na Beira te kom.[135] Hy en Burgers het egter op die skip 'n struweling gehad, voeg Schulz by. Burgers is met tye onbedagsaam en het hom beledig. Maar hulle het weer vrede gemaak en het nog vertroue in mekaar, skryf hy.[136] Die Duitse dokter vertel egter nie nou die waarheid nie, want ses maande later skryf hy in sy ekspedisieverslag dat hy die plofstof en verwante toerusting, wat Burgers se verantwoordelikheid was, saam met hom na Beira geneem het omdat hy bang was dat sy reisgenoot te lafhartig sou wees om sy opdrag getrou uit te voer. Hy het opgemerk dat hoe nader hulle aan Beira gekom het, hoe meer senuagtig het Burgers geword. Hy was dus bang dat as hy die plofstof agtergelaat het, Burgers dit onderweg na Beira oorboord sou gegooi het onder die voorwendsel dat hy in die een of ander gevaar verkeer het.[137]

Burgers skryf op sy beurt aan Goldman dat hy hom op die skeepsreis as 'n Skot – "vader Duits, en my woonplek sou dan kwansuis naby Glasgow wees"[138] – voorgedoen het. Volgens hom was sy nabootsing so suksesvol dat hy selfs 'n Skotse passasier vir die gek kon hou, en Schulz wou hom doodlag hieroor. Hy meen ook "daar is geen twyfel nie dat ek almal om die bos sou kon lei waar ek ook al gaan".[139] In sy latere ekspedisieverslag huldig Schulz egter 'n ander mening hieroor. Volgens hom het van die Britse en Duitse passasiers hom telkemale tydens die reis gevra of sy reisgenoot werklik 'n Brit is – sy aksent is dan so eienaardig? En ten spyte van sy waarskuwings het Burgers dinge kwytgeraak wat die ander passasiers laat vermoed het dat hy die Transvaal goed ken. 'n Duitse passasier wat self sewentien jaar in die Transvaal en Rhodesië gewoon het, het prontuit aan hom verklaar dat Richard Will 'n Afrikaner is, skryf Schulz.[140]

Burgers verwittig Goldman ook dat hul voorskot te min is – hulle het nog £250 (R250 000) nodig, en hy het Schulz opdrag gegee om dit uit Beira per kabelgram van Leyds aan te vra.[141] Schulz vertrek die volgende dag na Beira, waarna Burgers in die moerasagtige omgewing in die omtrek van Dar es Salaam gaan jag.[142] Hier kom hy spoedig in aanraking met Afrika se grootste mensedoder – die wyfiemuskiet van die genus *Anopheles*. Dit neem egter een tot drie weke voor die simptome van malaria hul verskyning maak, en intussen jag Burgers na hartelus.

In die Transvaal val 'n Zulumag gewapen met spiese en gewere op 6 Mei 'n groep slapende burgers in 'n grot by Holkrantz naby Vryheid aan. Die Boere veg terug, maar 56 van hulle sneuwel in die aanval. Die Boere vermoed dat Britse militêre intelligensie 'n aandeel in die aanval gehad het.

Intussen vaar Marais nog langs die ooskus van Afrika af. Ná Suez doen die *General* by Aden aan en daarna by Mombasa,[143] 'n oeroue Arabiese hawedorp met 'n groot Indiërbevolking waar daar lewendig handel gedryf word in die nou, krom stegies. Volgende is Tanga, die eerste hawe in Duits-Oos-Afrika, waar Marais op 13 Mei aankom. Schulz, wat kort tevore daar was, het dit in sy ekspedisieverslag beskryf as 'n plek sonder handelsbedrywighede of reisigers, "dood en steriel weens die swaar hand van die Duitse burokrasie".[144]

Beira

Op 14 Mei 1902 gaan Schulz aan wal in Beira, 'n Portugese hawedorpie wat uit nie veel meer nie as 'n klompie huise en winkels op 'n lap sand tussen die Indiese Oseaan en die slymerige groen Pungwerivier bestaan. Volgens Schulz het "talryke Grieke van die laagste soort"[145] met hul landingsbootjies 'n snelvervoerstelsel van die skepe in die hawe na die land geskep. Schulz slaag daarin om al hul bagasie sonder enige probleme by die doeanebeamptes verby te kry.

Ná hy by die Royal Hotel ingeteken het, gaan verken Schulz die dorp. Die enigste vervoer is klein waentjies wat op spore in die sandstrate loop, en baie huise en sakepersele staan leeg – weens die oorlog in Suid-Afrika het handel feitlik tot stilstand gekom. Die meeste van die talle kroeë en bordele het ook gesluit en daar is geen lewe in die strate nie. Schulz besef gou hoe dinge hier inmekaar steek. Die drie Portugese geheime agente in die dorp hou geen bedreiging in nie: een bewaak die trein en die tweede die bordele en hul inwoners, terwyl die laaste een volgens Schulz nie eintlik weet hoekom hy daar is nie. Die werklike gevaar is die Britse konsulaat se geheime diens wat betaalde informante van alle nasies insluit, uitgeweke Boere inkluis. Die eintlike heerser van Beira is die Britse konsul, wat kort tevore 'n verordening uitgereik het wat bepaal dat niemand sonder sy toestemming na Rhodesië mag reis nie, en dat hy slegs 'n reispermit sal uitreik as bewys van geldige redes gelewer word. Sonder hierdie permit kan 'n mens nie 'n treinkaartjie koop nie. Dit gaan dus nie sommer vir die geselskap moontlik wees om via Rhodesië die Transvaal te bereik nie, besef Schulz. 'n Sending van Lourenço Marques af is ook buite die kwessie – volgens wat Schulz hoor, is dáár selfs nog meer Britse spioene as in Beira.[146]

Al ander roete is om ongeveer 125 km seelangs suid te reis na die mond van die Saverivier, glo Schulz, en om van daar so ver as moontlik met die rivier op te vaar. Daarna sal die geselskap rivierlangs moet wes trek tot by die Oolarkendrif (ongeveer by die hedendaagse Massangena) en daarvandaan in 'n suidwestelike rigting tot by die knie van die Limpopo (Crook's Corner, op die noordoostelike grens van die Krugerwildtuin) waar die rivier suidsuidoos swaai. Van daar sal hulle dan deur die noorde van die Transvaal moet voetslaan om hopelik só by genl. Beyers en sy magte in die Pietersburg-omgewing uit te kom.[147] Maar wat Schulz nie weet nie, is dat genl. Beyers nou reeds in Vereeniging is, waar hy die voorsitter is van die sestig Transvaalse en Vrystaatse afgevaardigdes wat beraadslaag oor die voorwaardes waarop hulle bereid sal wees om die wapens neer te lê.

Van die mond van die Saverivier tot by Pietersburg is dit omtrent 600 kilometer, en Schulz skat dat die tog ongeveer sewe weke sal neem van die dag dat hulle Beira verlaat.[148] Schulz raam dat die bagasie en proviand wat hulle moet saamneem ongeveer 600 kilogram weeg, en dat hulle hiervoor 40 draers teen 'n koste van ongeveer £75 (R75 000) sal moet huur.[149] Maar Schulz besef dat Burgers as leier die finale besluit oor die roete sal moet neem.[150]

'n Nuwe plan

Ná Tanga is Marais se volgende stopplek Zanzibar, wat al twaalf jaar lank 'n Britse protektoraat is. Schulz meld in sy ekspedisieverslag dat die amptenare in die Duitse konsulaat daar die Boeresaak goedgesind is; "nietemin moet 'n mens baie versigtig wees wat jy in die openbaar kwytraak, en hoe verder suid 'n mens gaan, waar die invloed van Engelse kapitaal sterker word, hoe versigtiger moet jy wees".[151]

Van Zanzibar vaar die *General* die kort entjie na Dar es Salaam, waar dit op 15 Mei 1902 aankom, die dag ná Schulz se aankoms in Beira. Die volgende dag telegrafeer Schulz vir Burgers dat dit veilig is om na Beira te kom, waarna Burgers in Dar es Salaam aan boord van die *General* gaan.

Hier maak Burgers en Marais nou vir die eerste keer kennis: 'n bloot toevallige ontmoeting. As Burgers nie in Dar es Salaam agtergebly het nie, sou Marais tien teen een soos beplan na Lourenço Marques voortgereis het sonder om hom en Schulz ooit te ontmoet.

Toe Burgers hoor dat Marais ook 'n Transvaler is, en boonop nog die voormalige redakteur van *Land en Volk* waarin hy voor die oorlog sy dienste as wetsagent geadverteer het,[152] kan hy hom nie daarvan weerhou om Marais van sy en Schulz se sending te vertel nie, ten spyte van die eed van geheimhouding wat hy afgelê het.

Marais wyk nou plotseling af van sy oorspronklike voorneme om na Lourenço Marques en Pretoria te reis. Hy vertel vir Burgers – en later vir Schulz – dat hy in elk geval van plan was om van Lourenço Marques af by "die vegtende Boere aan te sluit"– kan hy dan nie maar sommer by hul geselskap aansluit nie? Hy is selfs bereid om die £100 (R100 000) in sy rekening by Standard Bank in Lourenço Marques na Beira oor te plaas.[153] Volgens Rousseau het Marais met hierdie ontmoeting op die *General* "niks van sy eie vergeefse pogings om by die ekspedisie aan te sluit" gemeld nie.[154] Maar Rousseau se stelling is natuurlik misleidend, soos nou aangetoon is: Marais het nooit met Leyds hieroor vergader nie – trouens, hy was tot nou toe nie eens van die ekspedisie bewus nie.

Hoekom neem Marais hierdie impulsiewe besluit? Sy optrede gedurende die oorlog was tot dusver immers daarop gemik om sy volksgenote te oorreed om die wapen neer te lê, nie om hulle te help om die stryd te verleng nie, wat tog die doel van Burgers en Schulz se sending is. Hieroor kan 'n mens 'n ingeligte raaiskoot waag, met inagneming van die hele aanloop tot Marais se ontmoeting met Burgers.

Op die skeepsreis van langer as 'n maand sou Marais baie tyd gehad het om oor die verlede en toekoms na te dink. Talle van sy familielede, vriende en kennisse het aan die Boererepublieke se kant geveg. Sommige is gewond of gedood, terwyl ander in krygsgevangekampe sit. Die oorlog wat volgens die verwagting van die meeste mense ná die val van Pretoria redelik gou verby sou wees, sleep nou al amper 'n verdere twee jaar voort. Hierdeur het die verbete bittereinders die wêreld se respek afgedwing, selfs Brittanje s'n. Daarby is die platteland in sak en as, en derduisende vroue en kinders het in die konsentrasiekampe gesterf. Maar hy self het jare in die vyand se hoofstad verwyl terwyl sy volksgenote in 'n doodstryd gewikkel was. Boonop het hy, al was dit om 'n goeie rede, met sy land se vyande geheul. En teen hierdie tyd moes dit al by hom ingesink het dat daar lastige vrae gaan wees in Pretoria – wat presies het hy tydens die oorlog gedoen om sy volk te help? Was sy studies nie maar net 'n verskoning om sy landsplig te ontduik nie?

Maar hierdie sending bied hom nou 'n gulde geleentheid om met eer na Pretoria terug te keer. Alhoewel hy deeglik daarvan bewus moet wees dat vrede waarskynlik binnekort gesluit gaan word, redeneer hy moontlik dat die blote wete by almal dat hy deel was van so 'n sending – al is dit nie deurgevoer nie – met sy terugkeer in sy guns sal tel.

Briewe aan FitzPatrick

Marais het op die dag van sy aankoms in Pretoria, drie en 'n half maande later, aan FitzPatrick geskryf: "I arrived in Pretoria this morning from my East Coast Expedition."[155] Dit is 'n stelling wat vir FitzPatrick geen sin sou gemaak het indien hy nie reeds van die ekspedisie bewus was nie. Maar hoe kon FitzPatrick hiervan geweet het as Marais nou eers besluit het om by Burgers en Schulz se sending aan te sluit?

Die mees logiese verklaring is dat Marais ná sy toevallige ontmoeting met Burgers aan FitzPatrick geskryf het en hom meegedeel het dat hy nou van plan is om by 'n ekspedisie aan te sluit. Hierdie verklaring word ook bevestig deur die volgende sin in Marais se brief op die dag van sy aankoms in Pretoria, waar hy skryf: "We attempted to reach the Transvaal border via the bigger Sabie & Machanga."[156] Marais se gebruik van die meervoud "we" impliseer dat hy eers vir FitzPatrick van 'n sending in kennis gestel het ná hy Burgers ontmoet het – voor hierdie toevallige ontmoeting het hy immers op sy eie gereis, en kon hy nie geweet het dat hy by ander se geselskap gaan aansluit nie.

Maar sy besluit om by die sending aan te sluit skep vir Marais 'n probleem –

hy weet alte goed dat FitzPatrick en Milner reeds maande vir hom wag om na die Transvaalkolonie terug te keer om *Land en Volk* weer uit te gee. Boonop is hy nou 'n Britse onderdaan – om 'n vyand van Brittanje tydens oorlogstyd by te staan is hoogverraad en 'n halsmisdaad. En FitzPatrick is 'n stoere Britse imperialis aan wie hy vanselfsprekend nie die ware doel van die sending bekend kan maak nie. Hoe nou gemaak?

Die uitweg waarop Marais vermoedelik besluit, is om FitzPatrick te laat weet dat hy op die skeepsreis 'n geselskap ontmoet het wat 'n mediese sending na die Boeremagte gaan onderneem, en dat hy daarby gaan aansluit met die doel om genl. Beyers en sy kommando's te oorreed om die onvermydelike te aanvaar. Hierdie verduideliking sou vir FitzPatrick geloofwaardig gewees het in die lig van Marais se poging die vorige jaar om 'n vredesending na die krygsgevangenes op Ceylon en St. Helena te onderneem, asook sy moontlike briewe aan waarnemende pres. Burger en genl. Lukas Meyer waarin hy skynbaar vrede bepleit het. Waarskynlik verduidelik Marais ook dat, sou hy op so 'n wyse by die Boeremagte uitkom, sy geloofwaardigheid baie meer sal wees as dié van 'n vredesgesant wat met die Britse owerheid se toestemming na hulle gekom het. Om meer gewig aan sy argument te gee, skryf hy ook moontlik dat genl. Beyers familie van sy oorlede vrou Lettie Beyers is.[157] Hierdie waarskynlike skrywe aan FitzPatrick voorsien hom natuurlik ook van 'n geloofwaardige verklaring vir sy skynbare verraad teen Brittanje sou hy moontlik deur Britse magte in die Transvaalkolonie gevange geneem word. Marais stuur waarskynlik dié brief met die *General* aan, met instruksies dat dit in Lourenço Marques of Durban, die skip se bestemmings ná Beira, gepos moet word.

Al manier hoe FitzPatrick vóór Marais se toevallige ontmoeting met Burgers van 'n ekspedisie sou kon geweet het, is as Marais reeds in Londen besluit het om 'n sending van die een of ander aard na die Boeremagte te onderneem, en hom daaroor ingelig het. Dit is egter ondenkbaar dat FitzPatrick, 'n vurige ondersteuner van die Britse oorlogspoging, enige sending sou ondersteun het wat ten doel gehad het om die Boere te help, of dat Marais hom daarvan sou vertel het. Marais kon hom egter wel uit Londen vertel het dat hy beoog om 'n vredesending te onderneem, iets wat FitzPatrick wél sou ondersteun het. Wat egter hierteen tel, is dat nóg Jim Taylor nóg T.J. Milner voor Marais se vertrek uit Brittanje van so iets bewus was, anders sou hulle nie so onkundig gewees het oor sy bewegings en planne nie. Ook het Marais eers uit Brittanje vertrek ná goedkeuring vir die herverskyning van *Land en Volk* deur die kroonkolonieregering toegestaan is, en toe wel onmiddellik daarna, wat 'n aanduiding is dat sy vertrek daarmee verband gehou het. Boonop het Marais £100 na Lourenço Marques laat oorplaas, die presiese bedrag wat hy ingevolge die vereistes van sy terugkeerpermit aan die Britse konsul daar moes toon om toestemming te kry om na die Transvaalkolonie te reis. As hierdie geld vir 'n vredesending bedoel was, kon hy dit mos eenvoudig in kontant op die skip saamgeneem het. En die moontlikheid van 'n vredesending wat hy op sy eie wou onderneem, verklaar ook nie hoekom Marais in sy Pretoriase verslagbrief aan FitzPatrick na "we" verwys het nie.

Alles anders tot dusver dui ook daarop dat Marais se terugkeer na die Transvaalkolonie geen geheim was nie. T.J. Milner, Hennen Jennings, Jim Taylor en Charles Falconer het almal hiervan geweet, soos gemeld. Dit is ook sterk te betwyfel of Marais, in die lig van die lot van vredesgesante soos Meyer de Kock en Johannes Morgendaal, asook van die bittereinders se hardhandige behandeling van ander vredesgesante, dit werklik sou gewaag het om 'n vredesending te onderneem, veral noudat die algemene verwagting was dat vrede binnekort gesluit gaan word. Selfs volgens Marais se eie latere weergawe aan Preller het hy drie jaar tevore belowe om niks teen die Britse regering te doen nie[158] – hoekom sou hy nou, met vrede in sig, so iets doen? Laastens moet 'n mens jou ook afvra of 'n dwelmafhanklike wie se gesondheid nie watwonders was nie dit ooit sou oorweeg het om manalleen in die geheim sy weg deur honderde kilometers van vyandige terrein na die Boeremagte te baan.

Marais meld ook in sy brief aan FitzPatrick op die dag van sy aankoms in Pretoria: "I kept a diary of the expedition which, if it would interest you, I shall forward."[159] FitzPatrick het Marais se terugkeer gefinansier, en dit lyk of Marais ná afloop van die sending gevoel het dat hy FitzPatrick 'n verduideliking skuld vir sy veel later as verwagte aankoms in Pretoria. Dit is hoekom hy op die dag van sy aankoms in Pretoria onmiddellik aan FitzPatrick geskryf het, en sy dagboek aangebied het om sy storie te ondersteun. In die lig van wat werklik gebeur het, soos sal blyk, teenoor wat hy aan FitzPatrick oor die verloop van die ekspedisie geskryf het, was die gebeure in Marais se dagboek – wat na my wete nie behoue gebly het nie[160] – sekerlik ook 'n skepping van sy verbeelding.

Burgers deel Marais waarskynlik ook nou op die vaart na Beira mee dat hy en Schulz beoog om deur Rhodesië na die Transvaal te reis, en onder geen omstandighede van Lourenço Marques af gaan probeer nie. Marais is egter vermoedelik bang dat as hy die sending se roete verklap, hy die gevaar loop dat FitzPatrick die inligting aan die Britse militêre owerheid kan deurgee. Om FitzPatrick van die spoor af te gooi, skryf hy dus waarskynlik nou dat hul geselskap beplan om van Lourenço Marques deur die binneland van Portugees-Oos-Afrika na die Transvaal te reis. Maar by sy terugkeer na Pretoria drie en 'n half maande later moet hy aan FitzPatrick verduidelik hoekom die geselskap toe eerder via die Saverivier gereis het. Hy doen dit as volg:

> On the whole, however, it was much the safest route as likely Portuguese interference was concerned. This I decided on arrival at Beira and I thought it best therefore, for all reasons, not to come down to Delagoa Bay [Lourenço Marques], but commence straight away from where I was.[161]

Hierdie stuk bevestig dat Marais sy eerste, onbehoue brief aan FitzPatrick moes geskryf het voor hy in Beira aangekom het, want soos hy nou meld, het hy (kwansuis) eers in Beira besluit dat die ekspedisie se vertrekpunt deur Portugees-Oos-Afrika die Saverivier se mond eerder as Lourenço Marques moet wees. Hierdie melding sou onnodig gewees het – en ook nie vir FitzPatrick sin gemaak het nie – tensy hy in sy onbehoue brief aan FitzPatrick genoem het dat hy beplan om via Lourenço Marques na die Transvaal te reis. Marais laat dit ook klink of hy die leier van die sending was, terwyl hy in werklikheid maar net 'n laatkommer was wat by Schulz se planne ingeval het.

Nuwe ekspedisielede

Marais en Burgers tel byna probleme op tydens die vaart van Dar es Salaam na Beira. Twee Portugese offisiere wat Marais aanvanklik vir 'n Engelsman aangesien het omdat hy van Brittanje kom en die ander passasiers hom as "Mr Murray" aanspreek, vind uit dat sy van eintlik Marais is. Hulle wil onmiddellik by hom weet of hy nie van Suid-Afrika is nie – sy van klink dan so bekend? Marais ontken dit heftig. Die offisiere glo hom nie, en vertel vir die ander passasiers dat hy 'n Boer is.[162] Gedurende die res van die vaart is Marais en Burgers baie senuagtig.

Schulz, weer, het tydens sy vaart vanaf Dar es Salaam twee jong Duitssprekende Switsers, ene Zimmermann en Lenenberger, ontmoet wat na Suid-Afrika op pad is met die hoop om 'n nuwe begin te maak nadat hulle alles verloor het in Europa. (Marais kon dus ook nie al in Antwerpen vir Zimmermann ontmoet het soos hy later vir Preller vertel het nie.[163]) Volgens Schulz het die twee Switsers verwag dat die oorlog al verby sou wees teen die tyd dat hulle in Portugees-Oos-Afrika aankom.[164] Schulz besluit nou om die twee mans by die ekspedisie in te sluit omdat hy voel hy nie op Burgers sal kan staatmaak in 'n noodgeval nie.[165]

Intussen is die sestig afgevaardigdes van die Transvaalse en Vrystaatse magte by Vereeniging druk besig om te oorweeg of hulle vrede moet sluit. Die vroue en kinders in die konsentrasiekampe, die toenemende gevaar van gewapende swart mense, die gebrek aan proviand, asook die immer stygende aantal joiners wat aan die Britse kant veg, weeg swaar in hul uiteindelike besluit om die oorlog te beëindig. Op 19 Mei lê hulle hul voorstelle, wat onder meer behels dat die Boererepublieke 'n mate van onafhanklikheid behou, in Pretoria aan Kitchener en Milner voor. Die twee Britse lords skop onmiddellik vas: hulle is slegs bereid om te onderhandel as daar van die veronderstelling uitgegaan word dat die Boererepublieke hul onafhanklikheid prysgee. Ná bitter wroeging laat die Vrystaters hulle uiteindelik deur die Transvalers oorreed om toe te gee. Genls. Smuts en Hertzog wysig saam met Milner die vredesvoorwaardes, wat op 21 Mei aan die Britse kabinet deurgestuur word.

Burgers en Marais kom twee dae later in Beira aan, waar Marais en Schulz mekaar nou die eerste keer ontmoet. Die Duitse dokter het geen beswaar daarteen dat Marais by die geselskap aansluit nie. Hieroor skryf hy nog dieselfde dag aan Leyds 'n brief wat ongelukkig net gedeeltelik behoue gebly het:

> Minna [Burgers] het vandag aangekom. Alles is in orde. Ons het besluit om net vir mnr. Zimmermann saam te neem, omdat as vierde persoon mnr. Marais (soos ek hoor, die voormalige eienaar van 'n tydskrif in Duitsland se hoofstad met 'n progressiewe neiging), wat ook dieselfde doel het, hom by ons aangesluit het. Hy is 'n regsgeleerde van beroep, volgens wat ek hoor. Hy is 'n man van 30 jaar oud wat vir jou en jou vriende ken. Hy is met Minna op die[166] [die res ontbreek].

Schulz het sekerlik bedoel die Transvaal se hoofstad. Buitendien was hy self 'n Duitser en sou hy eerder "Berlyn" geskryf het as hy werklik bedoel het om na Duitsland se hoofstad te verwys. Leyds sou sekerlik nie verheug gewees het om te hoor dat Marais, wat hom voorheen so in sy koerant beswadder het, nou deel is van 'n sending wat hy finansier nie. Maar vanselfsprekend sal Leyds hierdie brief te laat ontvang om Schulz te verbied om Marais by die geselskap in te sluit. 'n Paar dae later maak Schulz weer in 'n brief aan Leyds melding van Marais. Hy laat in sy laaste sin deurskemer dat Marais baie oor Leyds te sê gehad het, en dat dit nie noodwendig alles vleiend was nie.

> Mnr Marais, die vroeëre uitgewer van "Volk en Land" [sic], u sal hom dalk tog ken. Hy is u politieke teenstander, maar erken heeltemal u vermoëns en eerlikheid in u arbeid vir die land. Selfs teenoor mnr Chamberlain, die huidige minister van kolonies, het hy dit verklaar. Ek meld dit bloot aan u. Ek laat egter nie toe dat ek in my standpunte verwar word nie, en vorm steeds vir myself my eie siening oor die land en sy mense.[167]

Hierna bespreek Marais en Schulz blykbaar weer vir Leyds, want kort hierna skryf Schulz weereens aan Leyds hieroor.

> Hy [Marais] het verskeie gesprekke met Chamberlain gehad. Laasgenoemde het hom eendag gevra: "Wat dink u eintlik van Otto [Leyds]? Glo u dat hy 'n onbaatsugtige persoon is?" M se antwoord was: "U kan nie 'n meer vurige teenstander van hom wees as ek nie, maar ek beskou hom (dit is u) as 'n eerlike en respektabele persoon wat sonder twyfel eerlik vir ons volk en vaderland werk."[168]

Marais se mededeling aan Schulz dat hy met Chamberlain gesprekke gevoer het tydens die oorlog is 'n bekentenis wat hy sover bekend nooit weer aan iemand anders gemaak het nie. Uit die beskikbare inligting lyk dit egter of hy en Chamberlain net een keer ontmoet het, nie verskeie kere soos hy blykbaar vir Schulz vertel het nie. Dit is interessant dat Marais so gou ná hul eerste kennismaking vir Schulz hieroor ingelig het. Moontlik wou hy sy nuwe reisgenote beïndruk deur hulle te laat verstaan dat hy al persoonlik met hooggeplaaste persone soos Chamberlain en Leyds te doen gehad het. Uit Schulz se briewe blyk dit dan ook dat daar geen sprake is dat Marais in Europa ooit met hom of Leyds oor die sending vergader het of daaroor kontak gemaak het nie.

Toe Burgers hoor dat die geld wat hy van Leyds aangevra het nog nie na Beira oorgeplaas is nie, vererg hy hom bloedig en verklaar dat hy na Europa gaan terugkeer as dit nie binnekort aankom nie.[169] Van Schulz se voorgestelde roete wil hy ook niks weet nie – die koorsgevaar is te hoog by die Saverivier. Die geselskap gaan bly by die oorspronklike plan om met die trein na Umtali te reis, verklaar hy, en van daar hul weg na die Transvaal baan. Schulz aanvaar dit vir die oomblik. "Vir my is dit reg," skryf hy vir Leyds. "Hy is die leier en ek skik my daarna, want die hoofsaak is dat ons eindelik voorwaarts kom."[170] Intussen laat Marais sy £100 (R100 000) uit Lourenço Marques oorplaas en identifiseer hy hom ewe kalm by die Standard Bank in Beira as "Mr Murray".[171]

Met Marais wat nou by die geselskap aangesluit het, hoef Schulz nie meer al twee Switsers saam te neem nie. "[N]a baie nadenke"[172] besluit hy om net die 24-jarige Zimmermann, 'n voormalige weermagoffisier, by die geselskap in te sluit. In 'n brief aan Leyds beskryf Schulz hom noukeurig: "Gemiddelde grootte, effense O-bene, maer gesig met bruin oë en dieselfde kleur hare. Neus: kragtig, smal, staan effens uit. Het 'n donker spitsbaard. As hy praat, is daar 'n paar kiestande in sy onderste kaak wat ontbreek. Spraak: stadig, nadenkend."[173] Maar ten spyte van Schulz se oplettende oog, is sy oordeel oor Zimmermann se karakter in die lig van latere gebeure baie ver van die kol. "Ek is daagliks met hom in aanraking en beskou hom as 'n baie eerlike person,"[174] skryf hy in 'n latere brief aan Leyds. "Ek waardeer hom al hoe meer namate ek hom beter leer ken."[175] Die Duitse dokter ontferm hom besonder oor die jong Switser wat hy so noukeurig beskryf, en rus hom onmiddellik met nuwe stewels, kamaste en 'n paar kakie-pakke uit.[176]

Dr. Schulz word ekspedisieleier

Voor Burgers sy dreigement kan uitvoer om na Europa terug te keer, trek malaria hom plat. Sy toestand vererger omdat hy hardnekkig weier om sy medisyne te neem. Vir meer as 'n week behandel Schulz en Marais hom met kinien en versorg hom dag en nag. Burgers gedra hom egter so sleg dat Schulz vir Marais meedeel dat hy in Duitsland 'n pasiënt met so 'n houding by die deur sou uitgesmyt het. Marais en Schulz vergelyk nou Burgers se stories aan hulle. Aan Marais het Burgers vertel dat hy tydens sy poging om stewels en meel vir die Boere oor die grens van Portugees-Oos-Afrika te smokkel deur 'n Britse patrollie in die arm gewond is. Aan Schulz het hy egter vertel dat hy in die been gewond is. Burgers het ook vir Schulz vlekke op sy vel gewys wat hy beweer het wondlittekens is, maar Schulz as mediese dokter kon sien dat dit nie deur wonde veroorsaak is nie. Marais en Schulz is nou albei baie skepties oor Burgers.[177] Die twee mans vermoed ook dat hy nie werklik met die sending wil voortgaan nie.[178] Wat dit betref, is hulle reg – Burgers het natuurlik in geen stadium enige voorneme gehad om werklik aan 'n ekspedisie deur Portugees-Oos-Afrika deel te neem nie.

Terwyl Burgers siek is, maak Schulz van die geleentheid gebruik om die leierskap van die ekspedisie oor te neem. Hy besluit dadelik dat die roete via Rhodesië te lank en gevaarlik is, en dat hulle eerder die Saverivier-roete moet volg.[179] Schulz beoog ook dat Zimmermann 'n presiese kaart van hul roete vanaf die mond van die Saverivier tot by die Limpoporivier moet maak. Daar moet Zimmermann dan wag vir verslae van die Boereleiers om na Europa terug te neem. In sy ekspedisieverslag skryf Schulz: "Ek het hom verder verplig om nie die pad waarmee ons gekom het op die terugtog na die kus te neem nie, maar miskien na die noordooste toe in die rigting van Umtali, sodat ons op dié manier twee verskillende presiese roetes vir moontlike latere boodskappers kon bepaal."[180] Die noukeurige Duitser dink ver vooruit. Schulz is vol vertroue dat hierdie vreemdeling wat hy sopas op die skip ontmoet het al sy opdragte stiptelik sal uitvoer. Vir Leyds laat weet hy Zimmermann "stem daartoe in en het my sy erewoord gegee dat hy getrou sal wees en gewetenstrou alle opdragte sal uitvoer".[181]

Kort hierna verwittig die bank in Beira vir Schulz dat die geld wat hy van Leyds aangevra het, aangekom het. Hiermee gaan koop Schulz en Marais onmiddellik 'n tent, proviand, ekstra ammunisie en gewere.[182] Hulle huur ook ene kaptein Dicky om die geselskap met sy seilboot vanaf Beira so ver stroomop as moontlik in die Saverivier te neem.[183] In 'n brief aan Leyds kla Schulz dat Burgers hom tot dusver aan niks gesteur het nie: hy moes self die meeste van die werk en aankope doen, en al die verantwoordelikheid dra.[184]

Terwyl Marais en Schulz besig was om vir Burgers te versorg, het T.J. Milner vir FitzPatrick die goeie nuus gestuur dat die proewe van *De Transvaal van Binnen Beschouwd* uiteindelik gereed is om na die drukkers te gaan. Hy bevestig aan FitzPatrick dat 4 000 eksemplare gedruk gaan word, 3 500 as 'n goedkoop sespennie-uitgawe, en 500 in hardeband. "As you desired, I am placing 2,000 copies of the cheaper book at the disposal of the War Office for distribution amongst the Boer prisoners, 1,000 copies will be sent to Mr. Walrond."[185]

Die bitter einde

Van die oorspronklike 50 000 man aan die Boere se kant is daar op hierdie tydstip nog net sowat 17 000 onder die wapen oor. Teenoor hulle is ongeveer 250 000 Britse soldate en amper 6 000 Boere-joiners gerig. Daarby het amper 35 000 Boeremans, -vroue en -kinders in die oorlog omgekom, omtrent een uit elke tien Afrikaners in die voormalige Boererepublieke. Boonop is ongeveer 30 000 plaasopstalle afgebrand en feitlik al die Boere se lewende hawe uitgewis.[186] En 'n groot deel van die oorblywende Boerebevolking is nou in konsentrasiekampe of oorsese krygsgevangekampe. Die meeste van die sterftes en eiendomsverliese het voorgekom ná Botha en Kitchener se vergadering vyftien maande tevore by Middelburg, waar die Britse regering min of meer dieselfde vredesvoorwaardes aangebied het as wat die Boereleiers nou besluit om te aanvaar. Die voortgesette stryd het die Boere duur gekos en volgens baie waarnemers hulle maar min in die sak gebring.

Terwyl Schulz en Marais voorraad en toerusting aankoop, onderteken tien verteenwoordigers van die twee Boererepublieke die vredesverdrag omstreeks elfuur die aand van Saterdag 31 Mei 1902 in Melrosehuis in Pretoria. Die oorlog is verby. Kitchener verklaar hierna aan die teenwoordige Boereleiers: "We are good friends now!"[187] Hulle kyk hom stilswyend aan.

Pres. Steyn is egter nie een van die ondertekenaars nie – hy was op Krugersdorp vir doktersbehandeling ten tyde van die ondertekening, en het dus getrou gebly aan sy onderneming aan sy burgers dat hy nooit enige dokument sal onderteken wat die Boererepublieke hul onafhanklikheid ontneem nie. Uit die veiligheid van Utrecht verklaar pres. Kruger dat hy nie kan verstaan hoekom sy mense bereid is om sulke voorwaardes te aanvaar nie. Hy is ook bitter omdat hy in geen stadium van die vredesonderhandelinge deur die Boereleiers in Suid-Afrika in enigiets geken is nie.

Leo Amery, wat ná sy en Marais se "call to the Bar" na Suid-Afrika teruggekeer het en by die ondertekening van die vredesverdrag teenwoordig was, skryf die oorgawe van die bittereinders aan 'n paar redes toe. Volgens hom kon die Boereleiers weens 'n gebrek aan proviand hul manskappe nog net 'n paar weke in die veld hou, en het die deelname van die National Scouts aan die Britse kant 'n al groter impak op die stryd gemaak. Maar die belangrikste rede, glo Amery, was Kitchener se besluit om nie nog vroue en kinders in die konsentrasiekampe in te neem nie, wat die burgers op kommando laat vrees het vir die veiligheid van hul families wat nou weerloos teen die stygende aantal bendes gewapende swart mense was.[188]

Amery vertrek kort hierna saam met Kitchener en genls. Smuts, De Wet en De la Rey per trein na Vereeniging waar Kitchener die Boere-afgevaardigdes gaan toespreek. Tydens die rit bespreek Smuts, De Wet en Kitchener se intelligensiehoof 'n noue ontkoming wat De Wet tydens die oorlog gehad het. Volgens Amery het De la Rey hom van die gesprek verskoon. "De la Rey took little part in the discussion and spent most of the trip out in the corridor discussing business with Sammy Marks. Apparently the two had been dealing together in real estate through the war."[189]

Schulz en Marais het pas vir die ekspedisie se laaste voorraad betaal toe die nuus van die vredesluiting die middag van Maandag 2 Junie in 'n spesiale uitgawe van die plaaslike koerant in Beira bekend gemaak word. Onder die Britse bevolking van die dorp bars 'n enorme gejubel uit.[190] Die tyding slaan Marais hard. Schulz skryf later aan Leyds: "[D]aar het selde nog 'n man so geween toe die vrede gesluit is, daarvan was ek 'n onvrywillige getuie."[191] Maar hoekom het die nuus so 'n effek op Marais? Die vredesluiting is tog nie onverwags nie: Schulz en Zimmermann het dit immers al lankal verwag, en reeds voor Marais se vertrek uit Londen het die Britse koerante bespiegel dat dit naby is. Is Marais se bitter trane daaraan te wyte dat hy nou besef dat hy geen aandeel gehad het of gaan hê in die epiese stryd waarin sy volk vir amper drie jaar gewikkel was nie? Selfs die vrede is gesluit sonder dat hy enigiets daarmee te doen gehad het. Van *De Transvaal van Binnen Beschouwd* is nog nie 'n enkele eksemplaar versprei nie, sy beoogde vredesending na die krygsgevangenes op St. Helena en Ceylon het op niks uitgeloop, en *Land en Volk* se drukpers staan nog steeds ongebruik in 'n pakhuis in Pretoria. En nou is sy laaste kans om met 'n mate van eer na die Transvaalkolonie terug te keer ook daarmee heen.

Schulz is egter skepties toe hy die nuus hoor, en glo nie dat die vrede gaan hou nie. Aan Leyds skryf hy: "Ek hoor wel die boodskap, maar die geloof ontbreek my – Schiller."[192] In ieder geval meen hy dat hulle nog steeds na die Saverivier moet reis – die Portugese en Engelse owerheid in Beira sal agterdogtig raak as hulle nou skielik hul sogenaamde jagekspedisie waarvan almal hier weet so kort ná die afkondiging van vrede aflas. Schulz se plan is dat die geselskap tien dae lank in die omgewing van die Saverivier jag en daarna terugkeer na Beira, waarvandaan hulle dan die volgende Duitse skip na Lourenço Marques sal haal. Marais val skynbaar gewillig hierby in, want hy wend nou geen poging aan om na die Transvaalkolonie terug te keer nie, ofskoon dit hom sekerlik vry staan om dit te doen. Hierdie onwilligheid van hom om na Pretoria en sy mense terug te keer sal telkemale in die volgende drie maande blyk.

Fiasko[193]

'n Dag of twee ná die vredesluiting herstel Burgers van sy malaria-aanval. Hy is ongelukkig toe hy van die nuwe plan verneem – daar is dan leeus langs die Saverivier, het hy gehoor. Schulz steur hom egter nie meer aan Burgers nie: die geselskap vertrek oor 'n paar dae, met of sonder hom. Schulz stoor nou die 25 bliktrommels met die verpakte plofstof, asook die verwante toerusting, by die Royal Hotel. Maar die verslae aan die Boereleiers neem hy saam, versteek in die vals bodem van sy koffer. Toe hy, Marais en Zimmermann op 5 Junie 1902 met kapt. Dicky se seilboot vertrek, is Burgers saam met hulle, sy vrese ten spyt. Die volgende dag land hulle by die eiland Chiloane, ongeveer 30 kilometer noord van die Saverivier se mond. Hier moet hulle hul reisdokumente voorlê aan kmdt. Bello, die bevelvoerder van die Machanga-distrik, wie se hoofkwartier op die eiland is. Om die een of ander rede besluit Burgers om by die onderhoud met Bello net in sy onderbroek te verskyn, iets wat die Portugese amptenaar vanselfsprekend ontstel. Eers nadat Schulz die ontstoke Portugees met 'n geskenk van twee bottels sjampanje gepaai het, is die vrede herstel.

Die volgende oggend seil die geselskap na die mond van die Saverivier, waar dit in twee hooftakke en talle sytakke in die Indiese Oseaan uitloop. Die omgewing hier is toegegroei met ondeurdringbare moeraswoude wat 'n ongesonde reuk afgee. Die geselskap vaar met die rivier op, deur stroomversnellings en verby troppe seekoeie en klein eilandjies. Die groot bome en digte wortelboomwoude op die hoë rivierwalle is met bosduiwe oortrek, in die rivier self is daar eende, ganse en watersnippe sonder tal, en die omliggende moerasse wemel van die reiers, kraanvoëls en pelikane. Ná tien kilometer besef hulle egter dat hulle nie verder met die rivier sal kan opvaar nie, want in die winter is die onderste loop te vlak vir groter bote, iets wat Schulz nie in sy beplanning in ag geneem het nie. Was hulle nog op hul oorspronklike sending, sou dit nog 'n paar weke en etlike honderde kilometers se addisionele voetslaan tot hul reis bygevoeg het.

Gelukkig is hulle nou naby Machanga, 'n dorpie op die noordelike oewer. Hier oornag die vier mans in die huis van Amadi, 'n mulatto wat volgens Schulz 'n "lagie van kultuur oor hom het; in die geheel eerlik, maar baie slordig".[194] Die plat en moerasagtige terrein in en om Machanga bestaan uit baie vrugbare alluviale grond wat in die loop van eeue deur die rivier afgespoel is, en piesangs, pynappels, katoen, suikerriet, tabak, groente en kokospalms groei welig in die dik leemgrond. Maar selfs in die winter is die klimaat ongesond – die geselskap word gou ingelig dat twee Fransmanne twee jaar tevore hier aan malaria gesterf het.

Schulz huur die volgende oggend 29 draers, en die geselskap besluit om 'n paar uur noordwes van Machanga 'n jagkamp te gaan opslaan. Hulle stap deur groot soutpanne en die oorblyfsels van oeroue strandmere waarvan die hoërliggende dele met gras begroei is en soos eilande uitstaan: ideale skuilplekke vir roofdiere en groot troppe wildebeeste en koedoes. Eers laatmiddag kom hulle by hul kampplek aan.

Vyf dae lank jag die geselskap nou in 'n landskap waarvan die wye grasvlaktes en verspreide bosse Marais aan die Bosveld herinner. Dit is 'n jagparadys. Daar is talle boksoorte, veral bosbokke en waterbokke, sommige waarvan die geselskap skiet en in die aande braai. Leeus en luiperds is volop, asook hiënas en wildekatte. Maar in die jagkamp gaan dit minder goed. Ná 'n dag of twee stink dit verskriklik – iemand ontlas en urineer snags tussen die voorraadkiste, of sommer langs die tent waarin die vier wit mans slaap. Schulz en Marais verdink eers die draers, maar betrap een nag vir Burgers op heterdaad langs die tent. Hy bieg dat hy te bang is vir leeus om verder van die kamp af sy besigheid te doen. Wat Marais en Schulz ook nie weet nie, is dat hy besig is om met Zimmermann te konkel.

Tydens die terugtog na Machanga kom Burgers twee keer na Marais en

Schulz met 'n voorstel: wanneer die ekspedisie in Machanga aankom, moet hulle twee asseblief solank die reëlings tref aangaande die seilboot wat hulle na Beira moet vervoer, want hy en Zimmermann wil in die tussentyd gaan eende jag sodat hulle genoeg vleis het vir die terugtog. Schulz en Marais stem in, waarop Burgers en Zimmermann hulle vooruit haas. Toe Marais en Schulz 'n halfuur later in Machanga aankom, gaan rus hulle eers 'n bietjie in Amadi se huis, onder die indruk dat hul metgeselle nog besig is om te jag. Ná 'n ruk kom vertel 'n plaaslike inwoner hulle egter dat Burgers en Zimmermann besig is om met die seilboot weg te vaar. Marais en Schulz hardloop af na die rivier, waar hulle Burgers en Zimmermann skaars 'n honderd meter verder gewaar. "Wat maak julle daar met ons boot?" roep Marais uit. "Hoekom het julle vir ons weggeloop?" antwoord Burgers hom onbeskaamd.[195] Schulz merk in sy ekspedisieverslag op dat Burgers baie goed geweet het dat hy lieg, aangesien die ankerplek van die boot skaars tweehonderd meter van Amadi se huis af was.

Aanvanklik hoop Schulz dat dit net 'n flou grap is. Maar nege-uur dieselfde aand kom 'n boodskapper van Burgers by Amadi se huis aan: as Schulz en Marais wil saamreis, moet hulle hom en Zimmermann die volgende oggend by die mond van die rivier ontmoet. Maar Burgers weet goed dat Schulz en Marais nie op sulke kort kennisgewing draers sal kan opkommandeer nie, en dat hulle ná die inspanning van die dag nie nog dieselfde nag tien kilometer sal kan aflê nie.

In sy ekspedisieverslag slaan Schulz se teleurstelling oor Zimmermann, 'n man wat hy 'n paar weke tevore hoog aangeslaan het, duidelik deur:

> Zimmermann is deur sy [Burgers se] oorredingskuns – ten spyte daarvan dat ek hom (Z) baie ernstig in Machanga gewaarsku het teen B – oorreed om aan die skurkestreek teen M en my deel te neem omdat hy hom 'n pos in sy besigheid belowe het. Zimmermann het homself daardeur oneer aangedoen, maar het toe in L.M. [Lourenço Marques] ná hulle aankoms sy verdiende loon gekry met dié dat B hom ook hulpeloos en sonder geld laat staan het.[196]

Boonop het Burgers die meeste van Schulz se geld gesteel, asook omtrent al die ammunisie van die geselskap. Schulz is nou baie bekommerd, want hy vermoed dat Burgers enigiets sal doen om hom van sy lyf af te hou. Sy vrees is dat Burgers die Portugese owerheid sal inlig dat hulle sy bagasie by die Royal Hotel in Beira moet deursoek en hulle sodoende op die plofstof sal afkom. Hy stuur derhalwe dadelik 'n vinnige boodskapper per voet na Beira om die hotelbaas te waarsku dat niemand sy bagasie mag oopmaak sonder sy verlof nie, en dat indien iemand dit probeer doen, die hotelbaas onmiddellik die Duitse konsul moet ontbied. Schulz hoop dat die Portugese owerheid nie moeilikheid met 'n groot moondheid soos Duitsland sal wil hê nie. Maar Schulz bekommer hom verniet: Burgers en Zimmermann is nou op pad na Lourenço Marques, waar Burgers aan die einde van Junie voor die Britse konsul die eed van getrouheid aan koning Edward VII aflê.[197] Ná hy sy terugkeerpermit kry, vertrek hy op 19 Julie na Middelburg in die Transvaalkolonie,[198] maar nie alvorens hy probeer het om drie van Zimmermann se kiste te steel nie.

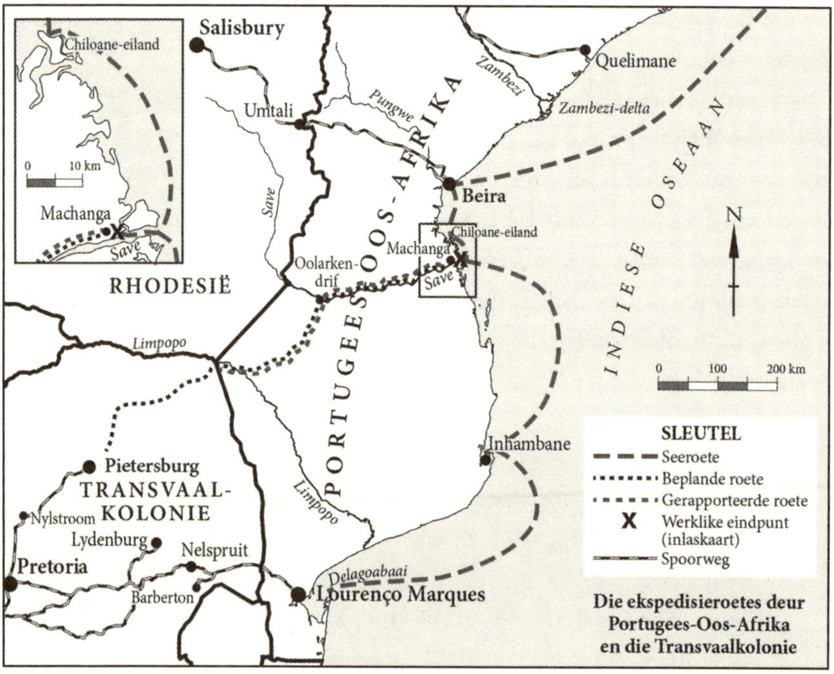

Die ekspedisieroetes deur Portugees-Oos-Afrika en die Transvaalkolonie

Gestrand

Marais en Schulz is nou gestrand in Machanga, waar hulle vir tyd en wyl weer by Amadi bly. Gou leer hulle die vernaamste inwoners goed ken. Kmdt. Silva is die plaaslike Portugese amptenaar, terwyl ene Coelho die winkel besit en bygestaan word deur 'n mulatto van die Kaap Verdiese Eilande genaamd De Lima. Naby Coelho woon Gomez, 'n lui Goanees wie se bron van inkomste aan almal onbekend is. Verder op met die rivier is die woning van Costa, 'n Griek met blou oë en blonde hare. Schulz vermoed hy is 'n spioen van kmdt. Silva en dus heeltemal onbetroubaar. Aan die oorkant van die rivier, wat die gebied van kmdt. Pena is, woon 'n paar Indiese handelaars wat Schulz as 'n "walglike gebroedsel"[199] bestempel. Wat betref hulp aan moontlike toekomstige sendings na die Boere beskou Schulz vir Coelho as die mees betroubare persoon; hy is iemand wat al jare lank in Machanga woon en alles van die land en sy mense weet.

In sy ekspedisieverslag beskryf Schulz die swart mense van Machanga as slank en kragtig gebou, met aangename gelaatstrekke wat dikwels Indo-Germaans voorkom. Die rastrotse Duitser bestempel hulle as vriendelik van geaardheid, maar merk ook op dat hulle lui, onbetroubaar en verslaaf aan drank is. Al manier om met hulle oor die weg te kom, meen hy, is om hulle regverdig maar streng te behandel. Schulz is egter gou gewild by die plaaslike bevolking vanweë sy mediese kennis en geneesmiddels. Mettertyd drom so baie mense by Amadi se huis saam dat Marais en Schulz tydelik op 'n nabygeleë eiland in die rivier gaan bly. Alhoewel muskiete en seekoeie hulle hier snags uit die slaap hou, is dit draagliker as die gerumoer in Machanga. Van hier af onderneem hulle 'n waaghalsige pêrelduikekspedisie, drie myl van die kus af, op Coelho se handelsboot. Marais beskryf hierdie episode later baie onderhoudend in sy artikel "By die mond van die Save". Veral die twee aantreklike jong swart vrouematrose wat bykans kaal op die dek werk, tref sy oog.[200]

Kort voor lank is daar egter probleme. Schulz en Marais doen al twee malaria op, en kort-kort is een van hulle siek. Ná omtrent 'n maand in Machanga klop iemand een aand om agtuur aan hul kamerdeur. Schulz, wat op daardie tydstip siek in die bed lê, beskryf later in sy ekspedisieverslag noukeurig wat gebeur het:

> Watse dronk kaffer [sic] is dit? sê ek ergerlik vir Marais, en daar kom Señor Bello in, Kommandant van Chiloane, vol waardigheid, skynbaar al klaar sterk aangeklam. Ons het hom natuurlik baie vriendelik ontvang en het ons vreugde oor sy besoek uitgespreek. Nadat ons oor allerhande beuselagtighede gesels het, het mnr. Bello skielik oor my koffer begin praat, wat

> hy graag wou deursoek. Ek het net een koffer by my gehad, waarin daar in die dubbele bodem allerlei goed was wat net vir my en die Boere van belang was. Dit was 'n baie gevaarlike situasie, want ek sou sekerlik 5 jaar tronkstraf gekry het – dwangarbeid – as ek betrap sou word. Ek het vinnig aan Marais verduidelik wat die kêrel wou hê, en het hom gevra om so vinnig as moontlik 'n bottel van ons 2-sjieling-geskenksjampanje te gaan haal; daarbenewens het ons hom dadelik 'n halwe bottel portwyn gegee wat ons toevallig by ons gehad het. Hy het daarvan gehou. Toe het ek rustig aan hom verduidelik dat ek met die grootste graagte al my goed vir hom sal wys, net nie vanaand nie, want hy kon mos sien hoe siek ek in die bed lê. Hy kon op 'n ander dag weer kom. Hierop het Bello probeer om ons op allerlei maniere uit te vra oor ons bestemming en planne, waarin hy nie geslaag het nie. Hy het hom toe op 'n innemende manier na my gewend omdat M nie Frans of Portugees kon praat nie. Algaande het ek die gesprek in sy rigting gelei, en die bevoegdheid om mag uit te oefen wat die posisie van kommandant meebring. Toe het B werklik op dreef gekom en het hy 'n uur lank 'n woordevloed oor ons arme ore laat uitstort. Maar ons het dit geduldig uitgehou en eers teen middernag het hy ons verlos van sy teenwoordigheid, swaar besope.[201]

Die volgende oggend skeur Schulz die dubbele bodem van sy tas oop en verbrand die verslae aan die Boereleiers langs die rivier. Maar ná Bello se besoek word dit vir Schulz duidelik dat die Portugese amptenare agterdogtig is. Amadi vertel hulle ook ná Bello se besoek omtrent elke dag hoe baie hy na hul vertrek uitsien. Schulz dring nou by Marais aan dat hulle moet begin aanstaltes maak om na Beira terug te keer, aangesien hy vermoed dat hulle binnekort gearresteer gaan word. In sy verslag skryf Schulz: "M het daarop tot my grootste verbasing baie kwaad en onbeskof geword: 'Ek kan gaan waar ek wil, wanneer ek wil, ek hoef nie om sy onthalwe te bly nie, ens. ens.'"[202]

Schulz maak 'n interessante opmerking hieroor in sy ekspedisieverslag: "Toe ek ten spyte daarvan aangebly het, het ek dit gedoen ter wille van my gewete as geneesheer, wat nie hier ter sake is nie."[203] Buiten Schulz se mediese kennis was hy ook kort tevore in China, waar hy sekerlik van dié land se miljoene opiumverslaafdes sou teëgekom het. Marais kan in hierdie stadium van sy lewe waarskynlik nie lank sonder 'n dosis van sy geliefkoosde dwelm in die een of ander vorm klaarkom nie. Het sy voorraad nou opgeraak? Die angstigheid en kriewelrigheid van 'n gereelde morfien- of opiumgebruiker met onttrekkingsimptome sou nie Schulz se oplettende doktersoog ontsnap het nie. Daarbenewens het Schulz 'n voorraad morfientablette gehad onder die geneesmiddels wat hy beoog het om na die Boere te smokkel. Soos reeds genoem, het hy voor die ekspedisie ses bottels morfientablette in Parys aangekoop, met elke bottel wat 60 tablette bevat.[204] Maar by sy terugkeer gee hy aan Leyds rekenskap van slegs vyf bottels.[205] Dit lyk dus of Schulz gedurende die ekspedisie vir Marais van morfien voorsien het, moontlik ietwat teensinnig.

Tien teen een is Schulz teen dié tyd al bra ontnugter deur die Boere wat hy tot dusver op die sending teëgekom het: die een 'n skelm en leuenaar, die ander 'n dwelmverslaafde. Maar terwyl Schulz nie geskroom het om Burgers se swak en onbetroubare gedrag in sy ekspedisieverslag te meld nie, het hy in Marais se geval die vertrouensverhouding tussen dokter en pasiënt gerespekteer en geswyg oor wat hy waargeneem het.

Dit blyk ook dat Schulz en Marais tydens hul verblyf in Machanga lang gesprekke oor die toekoms van die Transvaalkolonie gevoer het. Marais moes iets oor sy politieke oogmerke met *Land en Volk* of 'n moontlike aanstelling in Milner se beoogde Wetgewende Raad genoem het, want Schulz skryf die volgende maand uit Lourenço Marques aan Leyds dat hy Marais "vir 'n paar weke al probeer oortuig dat hy hom nie polities in die oë van sy landgenote moet kompromitteer nie".[206] Weereens swyg Schulz egter oor wat presies hulle bespreek het.

Oponthoud in Machanga

Hoekom vertoef Schulz en Marais so lank in Machanga? Volgens Schulz se ekspedisieverslag het Burgers se verdwyning met die boot hulle sonder vervoer gelaat. Maar soos sal blyk, toe hulle noodgedwonge ná ses weke skielik uit Machanga moes vertrek, kon Schulz vinnig vervoer na Beira reël. Schulz het ook twee weke ná Burgers se skielike vertrek 'n brief uit Machanga aan Leyds gestuur,[207] wat hy vermoedelik gegee het aan iemand wat na Beira onderweg was. Dan is daar die boodskapper wat hy onmiddellik ná Burgers se drostery na Beira gestuur het. Dit is dus duidelik dat hy en Marais vroeër na Beira kon teruggekeer het as hulle wou.

Rousseau meen die rede vir hul lang verblyf was omdat Marais vir 'n wyle in hierdie interessante omgewing wou vertoef, noudat die sending in elk geval afgelas was.[208] Maar hierdie verklaring maak nie sin nie. Dit is nou al drie jaar sedert Marais sy familie en vriende gesien het, om nie eers van sy seuntjie te praat nie – 'n mens sou verwag dat Marais so gou as moontlik na Pretoria sou wou terugkeer. Boonop verwag Falconer, FitzPatrick en Milner hom lankal.

Rousseau noem ook 'n ander moontlike rede vir Marais se lang verblyf hier:

> Hy wil nie teruggaan Transvaal toe nie. Wat sal hy tog daar gaan maak? Dit is 'n toestand van geestelike verlamming wat voortaan meermale in sy lewe sal voorkom . . . Selfs wanneer hy nie yl nie, dink hy volkome verward. Op 'n dag sê hy aan die verbaasde Schultz [sic]: "Ek het nou besluit. Ek gaan eenvoudig hiervandaan na Pretoria stap en daar tussen my mense verskyn."[209]

Rousseau het hierdie gedeelte waarskynlik op die volgende sinne in Schulz se ekspedisieverslag gebaseer:

> Dit was altyd vir my opvallend dat M teensinnig was om na die Transvaal terug te keer. Uiteindelik het hy die onverstandige besluit geneem om te voet van Machanga na Pretoria te marsjeer, om daar plotseling tussen sy medeburgers te verskyn.[210]

Hierdie mededeling van Schulz verskaf myns insiens 'n ander rede vir Marais se teensinnigheid. As Rousseau en Schulz se laaste sinne in die uittreksels hierbo vergelyk word, is dit duidelik dat Rousseau se versagting van Schulz se "marsjeer" na "stap", sy vervanging van die kousale "om" met die terloopse "en", asook sy weglating van "plotseling", 'n subtiel ander betekenis aan hierdie stelling gee. Volgens Rousseau se stelwyse is Marais bloot lewensmoeg, en sal sy verskyning tussen sy mense maar net 'n noodwendige gevolg van sy reis wees. Maar volgens Schulz se verslag klink dit of Marais juis 'n dramatiese verskyning in Pretoria wil gaan maak. Dit lyk dus of Marais nou gedink het dat so 'n epiese staptog aan sy volksgenote sou bewys dat hy op 'n sending was om die Boere te help, en hy sodoende hul agting sou kon wen.

Hierdie vermoede word versterk deur Marais se latere, meer heroïese, weergawes van die ekspedisie. Sy teensinnigheid om na Pretoria terug te keer spruit dus waarskynlik nie soseer uit sy kwansuise lewensmoegheid nie, maar eerder uit intense bedugtheid oor wat om vir sy familie, vriende en kennisse te vertel wanneer hy moet verduidelik wat hy nou eintlik tydens die oorlog gedoen het om sy volk te help. Verder wag FitzPatrick op hom om sy onderneming oor *Land en Volk* gestand te doen, iets waarvoor hy nou moontlik al hoe minder kans sien namate die dag nader kom dat hy die taak moet aanpak.

Bogenoemde verduideliking word ondersteun deur 'n aansoek wat Marais drie maande later by die Transvaalse Hooggeregshof ingedien het om as advokaat te mag praktiseer. Hierin het hy onder eed verklaar dat hy eers in April 1902 tot die Engelse balie toegelaat is, vyf maande ná die werklike datum. Dit is hoogs onwaarskynlik dat hy so kort ná hierdie belangrike mylpaal in sy lewe hom daaroor sou misgis het; hy moes dus opsetlik 'n vals verklaring afgelê het. In hierdie aansoek het hy verder verklaar dat hy Brittanje in Mei 1902 verlaat het, 'n maand later as wat werklik die geval was. Die advokaat wat die aansoek namens hom hanteer het, was Hudson Findlay,[211] die eggenoot van sy susterskind Bessie Niemeyer.

Dit lyk dus of Marais vir sy familie in Pretoria gelieg het oor die datums van sy toelating tot die Engelse balie en sy vertrek uit Brittanje om lastige vrae te vermy oor hoekom hy eers nege maande ná afloop van sy studies na Pretoria teruggekeer het. Aan hulle het hy vertel dat hy ná hy gekwalifiseer het van die eerste die beste geleentheid gebruik gemaak het om bystand aan die vegtende Boere te gaan verleen. In sy aansoek aan die Hooggeregshof, wat sy susterskind se man hanteer het, moes hy dus verseker dat die inligting met hierdie storie strook.

'n Bootreis saam met Leo Amery

Kort ná kmdt. Bello se besoek vra Amadi vir Schulz en 'n siek Marais om hul goed te vat en te loop – hulle is nie meer welkom in sy huis nie. Die trotse Duitser is hoogs ontstoke dat Marais so lank geweier het om na Beira terug te keer. "Ons is dus ten spyte van my waarskuwings aan M die deur gewys deur 'n half-neger [sic]. Ek het gedink Marais sou dit nie sover laat kom het nie, synde 'n man wat onder die kaffers [sic] grootgeword het en aan rassetrots gewoond was,"[212] skryf hy later in sy ekspedisieverslag.

Schulz reël sonder versuim met Coelho om hulle 'n paar dae later met sy handelsboot na Beira te vervoer. Hierna huur hy 'n skuit by een van die inwoners van Machanga, en dieselfde middag nog gaan kamp hy en Marais 'n paar kilometer verder af met die rivier, waar hy tent opslaan en gras vir Marais se lêplek sny. Marais kry nou so 'n hewige malaria-aanval dat sy hart byna gaan staan. Eers nadat Schulz hom gedwing het om 'n sterk dosis koffie af te sluk begin sy hart weer sterker klop. Op 1 Augustus tel Coelho hulle hier met sy lendelam boot op. Nadat hulle amper sink in die onstuimige branders by die mond van die Saverivier oornag hulle weer op Chiloane, en twee dae later is hulle terug in Beira.

Hier raak Schulz en Marais vinnig ontslae van enige toerusting wat hulle kan inkrimineer, soos die tydmeganismes en slagpatrone vir die plofstof. Die geheimsinnige Franse plofstof gooi Schulz egter op sy eie in 'n moeras naby die Royal Hotel weg. Marais is baie teleurgesteld toe hy hoor dat Schulz dit alleen gedoen het. Maar die pligsgetroue Duitser het sy redes:

> Omdat ek al hierdie goed by my gehad het, was Burgers nie in die posisie om iets aan vreemdelinge oor die chemiese samestelling van die goedere te sê of om vir hulle monsters te gee nie, wat beteken dat die geheim absoluut bewaar gebly het ooreenkomstig die eed wat ons afgelê het . . . Selfs Marais het niks daarvan te siene gekry nie.[213]

Ná ses dae in Beira vertrek Marais en Schulz met die gehawende stoomboot *Induna* na Lourenço Marques. Ook aan boord is Leo Amery, wat nou ná 'n jagtog met vriende in Rhodesië en Portugees-Oos-Afrika op pad terug na Durban is.[214] Ná die vredesamesprekings het Milner Amery gevra om sy privaat sekretaris te word, maar hy het die aanbod weens ander verpligtinge van die hand gewys.[215]

Marais en Amery ken mekaar in hierdie stadium net van sien, aangesien hulle nie kennis gemaak het toe hulle albei aan die Inner Temple gestudeer het nie. Aanvanklik neem Marais min notisie van Amery, totdat laasgenoemde in Inhambane, halfpad tussen Beira en Lourenço Marques, met hom en Schulz begin gesels. Vanweë sy posisie as vertroude Britse joernalis en geskiedskrywer is Amery baie goed op hoogte van die verwikkelinge in die Transvaal, en hy deel sy opinies geredelik met sy nuwe kennisse. Soos sy en Marais se gemeenskaplike vriend Percy FitzPatrick is Amery 'n uitgesproke imperialis en groot ondersteuner van Chamberlain en Milner se beleid in Suid-Afrika. Amery dink nie veel van genls. De Wet en Botha nie, maar het wel 'n hoë dunk van genl. De la Rey. Amery "het oorgegaan – soos trouens ook 'n ander Engelsman en vertroueling van Beit – tot die grootste lofsange oor hom,"[216] meld Schulz in sy ekspedisieverslag. Ongelukkig noem Schulz nie wie hierdie ander persoon was nie, maar in die lig van sy vriendskappe met die Uitlanders het Marais hom heel waarskynlik geken. Volgens Amery is dit feitlik 'n uitgemaakte saak dat De la Rey in Milner se beoogde Wetgewende Raad gaan dien. Amery deel hulle verder mee dat FitzPatrick ook in hierdie raad gaan dien as verteenwoordiger van die mynbedryf, alhoewel hy weens sy swak gesondheid slegs halfdag sal kan werk.

Schulz is besonder beïndruk met Amery. In sy ekspedisieverslag beskryf hy hom as 'n kleinerige, skoongeskeerde man met dik, donkerblonde hare en 'n goue knypbrilletjie. Volgens Schulz gee Amery se breë, hoë voorkop en die uitdrukking in sy blougrys, wyd oopgesperde oë 'n mens onmiddellik die indruk dat hy 'n man met kennis en verstand is, "terwyl sy fynbesnede mond en 'n goed gepunte neus 'n mens estetiese neigings laat vermoed".[217] Schulz meen verder dat Amery een van die bes opgevoede mense is wat hy nog ooit ontmoet het. Maar Schulz en Marais maak op hul beurt nie 'n blywende indruk op Amery nie, want terwyl hy in sy memoires 'n lang en lewendige beskrywing van sy reis tussen Beira en Lourenço Marques gee, maak hy geen melding van sy ontmoeting met hulle nie.

Amery vertel hulle ook dat daar teen die einde van die oorlog sowat 6 000 Boere aan die Britse kant geveg het. Hy was teenwoordig by die dinee wat die Britse militêre owerheid kort ná die vredesluiting vir hierdie joiners gehou het, waar daar langs elke National Scout 'n Britse offisier gesit het. By hierdie geleentheid het hy baie welwillendheid en kameraadskap tussen Boer en Brit bespeur, wat hom laat glo dat die res van die Boere ook sal swig voor die aanloklikhede wat hul nuwe heersers hulle kan bied.

In 1925 verskyn 'n gedig getiteld "1902" in Marais se *Versamelde Gedigte*, met 'n nota onder die opskrif wat lui dat dit geskryf is "Op die eiland Chiloaan aan die monding van die Sabie; net voor die tyding van Vereeniging se vrede".[218] Die voorwoord van hierdie bundel meld dat Marais dit self nagegaan en persklaar gemaak het.[219] Dit is dus ongetwyfeld hy wat hierdie nota by sy gedig gemaak het, waarskynlik om meer dramatiese effek daaraan te gee. Maar die tydstip waarop die gedig geskryf is, kan natuurlik nie korrek wees nie, want Marais het reeds in Beira die nuus van die vredesluiting gekry, nog voor hy ooit op Chiloane was. Dit lyk gevolglik meer waarskynlik dat Amery se selfvoldane melding van die derduisende joiners nou iets in Marais aangewakker het, en dat hy dié bitter gedig op hierdie bootreis of daarna geskryf het.

God van ons Vaders, as U wil bestaan
dat ons as Staat en Nasie moet vergaan –
besoedeld deur verraad, ontrou
aan alles deur ons Vaders opgebou
(die ideale vir ons opgegaar
deur worst'ling van 'n halwe duisend jaar!);
bedwelmd deur elke lawwe vrees,
onwaardig langer nog 'n volk te wees;
ons diepste liefde steeds gesmoor
om vreemdeling en vyand na te spoor;
en vuile hand, rooi bevlek,
met bloed van broer en vriend bedek; -
God van ons Vaders, bly U wil bestaan,
leer ons genadiglik die dood blymoedig in te gaan.[220]

'n Mens wonder of Chamberlain, FitzPatrick en Beit nie die "vreemdeling en vyand" is wat nagespoor is deur 'n digter wat sy "diepste liefde" moes smoor nie? Verwys hy nie na die joiner se "vuile hand, rooi bevlek" wat met "bloed van broer en vriend bedek" is nie? En vra Eugène Marais, "bedwelmd deur elke lawwe vrees", hom nie af of dít wat hy tydens die oorlog gedoen het hom nie "besoedeld deur verraad, ontrou" gelaat het nie?

Ou vriende herontmoet

Die *Induna* kom op 13 Augustus 1902[221] in Delagoabaai aan. Alfred Milner is ook nou in Lourenço Marques waar hy 'n amptelike besoek aan die Portugese goewerneur-generaal bring. Toe Amery aan wal gaan, ry Milner toevallig in sy koets by hom verby en nooi hom vir middagete. Amery keer ook die volgende dag saam met Milner terug na die Transvaal. Maar in Schulz se verslag en Milner se dagboek is daar geen melding dat laasgenoemde Marais hier te woord gestaan het nie; dit lyk dus of Marais en Milner op hierdie tydstip nog nie ontmoet het nie. Dit word ook bevestig deur 'n brief van Marais aan Milner in 1905 waarin hy verwys na 'n saak wat hulle in 1903 bespreek het "[at] the very beginning of our acquaintance".[222]

Marais het Du Toit dekades later vertel dat hy hier "baie lank siek gelê [het] in 'n kamertjie in 'n klein hotelletjie waar ek apart gewoon het". Sy weergawe aan Du Toit het verder gelui: "Die Engelse was baie suspisieus en uiteindelik het ek 'n permit gekry en na 'n paar maande in Delgoabaai het ek na Pretoria teruggekeer."[223] Marais het weereens sy storie aangedik, want soos sal blyk, het hy net meer as twee weke later na Pretoria teruggekeer, en het hy spesiale behandeling van die Britse owerheid ontvang. Maar hy was moontlik wel siek, want slegs 'n paar weke tevore moes Schulz hom vir malariakoors behandel.

Falconer vind nou uit dat sy boesemvriend en vennoot Marais in Lourenço Marques is, want hy kom kort hierna in die hawedorp aan.[224] Marais stel Falconer ook aan Schulz voor as sy beste vriend. In sy ekspedisieverslag beskryf Schulz Falconer as die bestuurder van die amptelike staatskoerant in die Transvaalkolonie, asook 'n voormalige oorlogskorrespondent van Bennett Burleigh, die hoof-oorlogskorrespondent van die imperialistiese *Daily Telegraph*. D.W. Krüger en Rousseau het albei Schulz se ekspedisieverslag onder oë gehad. Maar al wat Krüger in sy *Huisgenoot*-artikel oor Falconer meld, is dat hy 'n bankbestuurder was,[225] wat natuurlik onwaar is. Rousseau swyg op sy beurt oor Falconer se rol as oorlogskorrespondent aan die Britse kant. Krüger het skynbaar doelbewus vir Falconer 'n fiktiewe beroep geskep, vermoedelik omdat Marais se vriendskap met 'n Britse amptenaar van die kroonkolonieregering nie met sy verhaal van Marais die Afrikanerheld gestrook het nie. Rousseau het ook hierdie aspek versag deur elders in *Die Groot Verlange* te meld dat dit onwaarskynlik is dat Falconer pro-Brits was,[226] wat 'n onjuiste stelling is.

Marais deel Schulz mee dat Falconer met hom oor 'n moontlike koper vir *Land en Volk* kom praat het. Die agterdogtige Duitser vermoed egter dat die Britse regering daaragter sit, want Falconer noem aan hom dat hy graag wil hê Marais moet in Johannesburg met een van Milner se privaat sekretarisse – wat 'n baie goeie vriend van Falconer is – vergader. Waarskynlik omdat Schulz nie later die naam kon onthou wat Falconer aan hom genoem het nie, meld hy in sy ekspedisieverslag dat hierdie privaat sekretaris nié Fred Perry, Milner se imperiale sekretaris wat ook 'n week tevore in Lourenço Marques was,[227] is nie. Falconer het dus waarskynlik verwys na Osmond Walrond of Patrick Duncan (ook 'n Skot en omtrent dieselfde ouderdom as Falconer),[228] albei op hierdie tydstip privaat sekretarisse van Milner. Marais sal inderdaad minder as twee weke later met Milner en vermoedelik een of albei van hulle in Johannesburg vergader.[229]

In werklikheid is Falconer waarskynlik in Lourenço Marques om namens Milner en FitzPatrick met Marais te praat oor die herverskyning van *Land en Volk*, asook oor die finansiële ondersteuning wat die kroonkolonieregering bereid is om aan hom te gee. Hy vertel sekerlik ook vir Marais dat James O'Brien nie meer as redakteur beskikbaar is nie – tydens Marais se lang gesloer met sy terugkeer uit Europa het O'Brien kort tevore 'n pos as vertaler by die Hooggeregshof van die Transvaalkolonie aanvaar.[230] Marais sal dus 'n nuwe redakteur in die hande moet kry. Van Falconer se vroeëre planne om sy aandeelbelang in die koerant aan O'Brien te verkoop,[231] het daar dus waarskynlik niks gekom nie. Moontlik koop Marais die aandele nou, met die belofte om Falconer in die toekoms te betaal, want daar is nooit weer enige melding in die amptelike rekords dat Falconer hierna nog die mede-eienaar van *Land en Volk* is nie.

Marais vertel nou vir Schulz dat Falconer hom gepols het oor sy moontlike deelname aan Milner se beoogde Wetgewende Raad. Volgens Marais het hy hierdie aanbod summier van die hand gewys, waaroor die Duitser baie tevrede is.[232] Dit is egter moontlik dat Marais sy eie belangrikheid in sy storie aan Schulz oordryf het. Milner het kort tevore aan FitzPatrick geskryf dat hy genls. Botha en De la Rey, die National Scout genl. Andries Cronjé en Johann Rissik, 'n voormalige landmeter-generaal van die ZAR wat onder Botha geveg het,[233] as Boereverteenwoordigers in die Wetgewende Raad in gedagte het.[234] Drie van die voorgenome verteenwoordigers is vooraanstaande bittereinders, en een 'n vooraanstaande joiner. Dit lyk dus onwaarskynlik dat Milner vir Marais, wat al jare lank nie meer deel aan die land se openbare lewe gehad het nie, vir so 'n aanstelling sou oorweeg het. 'n Mens wonder ook of Milner werklik 'n dwelmverslaafde tot so 'n verantwoordelike pos sou benoem het. Iemand het dan juis die vorige jaar aan sy privaat sekretaris Osmond Walrond geskryf dat Marais in Londen non compos mentis is. En FitzPatrick, Milner se getroue volgeling, weet ongetwyfeld ook van Marais se dwelmprobleem. Ná 'n dag of twee keer Falconer na Pretoria terug.

Marais is nou weer op die been, want hy gaan sien die Britse konsul-generaal om toestemming te kry om na die Transvaalkolonie te reis. As 'n terugkerende voormalige Transvaalse burger moet hy ook ingevolge Britse regulasies die eed van getrouheid aan koning Edward VII voor die Britse konsul-generaal aflê, ongeag die feit dat hy reeds Britse burgerskap aanvaar het. Hierdie eed kan normaalweg net buite die grense van Brittanje en sy kolonies afgelê word.[235] Maar die konsul-generaal is siek, en Marais kan dus nie die getrouheidseed aflê nie. Marais kontak nou waarskynlik vir Falconer, en die burokratiese masjien se wiele begin vinnig rol. Die Transvaalse koloniale sekretaris, W.E. Davidson, skryf op 26 Augustus aan die hoofprovoos van die Transvaalkolonie:

> Mr. Eugene Marais, now at the International Hotel, Lourenço Marques, is anxious to take the Oath of Allegiance and return to the Transvaal, but the Consul-General is ill with fever and cannot administer the Oath. Would you be so good as to authorise his return to Pretoria, he taking the Oath on arrival? His presence is required by the Government.[236]

Marais kry dadelik goedkeuring. Hieroor kla Schulz in sy ekspedisieverslag: "Vir Marais het F alle paaie gladweg gelyk gemaak, terwyl hy vir my nie 'n vinger verroer het nie."[237] Schulz wil steeds na die Transvaalkolonie, waar hy swaar beproefde Boeregesinne wil gaan bystaan. Hy verwittig Leyds ook dat genl. Ben Viljoen "aansoek [gedoen het] om die betrekking van 'n polisie-agent, soos ek uit 'n betroubare bron verneem. Oor 'n paar weke of dae sal u per telegraaf die nuus hoor."[238] Vermoedelik is Falconer die betroubare bron na wie Schulz verwys. Falconer is goed ingelig, want Viljoen het eers aan die einde van die vorige maand uit die krysgevangekamp op St. Helena na Suid-Afrika teruggekeer.[239] Soos Marais het Viljoen dan ook blykbaar met die nuwe bedeling versoen geraak.

Schulz kry op 31 Augustus slegte nuus van die Duitse konsul in Pretoria: hy mag nie voor die einde van die jaar die Transvaal binnegaan nie, en selfs dan sal hy nie as geneesheer mag praktiseer nie. Hy besluit om nou maar met die eerste skip na Europa terug te keer.[240] Marais leen hom £40 (R40 000) vir sy kaartjie en reiskoste, en neem die Verascope-kamera en 'n verkyker as sekuriteit.[241] Dieselfde aand keer Marais met die nagtrein na Pretoria terug. Hy en Schulz groet mekaar waarskynlik op Lourenço Marques se stasie. Die twee mans het saam swaar beproewings verduur, en Marais sal daarna met lof van die Duitse dokter praat.

Die volgende oggend kom Marais in Pretoria aan, waar sy sewejarige seuntjie en Falconer hom op die perron inwag.[242] 'n Paar uur later skryf Marais aan FitzPatrick die brief oor die ekspedisie wat aanvanklik soveel vrae by my ontlok het, en waarin hy lieg oor presies waar en wanneer hy van die vredesluiting gehoor het:

> We went from Beira to the mouth of the river via an open boat – a sea voyage of, I think, about one hundred miles – then up the Sabie for another forty. From there we struck inland ostensibly for shooting & natural history purposes. We arranged for kaffir [sic] messengers to be sent out after us with the latest news as long as we were attainable from Machanga. About three hundred miles inland the news of the peace overtook us and we returned.[243]

In werklikheid het Marais se geselskap eers ná die vredesluiting uit Beira vertrek, en het hulle slegs ses myl stroomop met die Saverivier na Machanga gevaar waar hy en Schulz ses nuttelose weke ná die jagtog verspil het. Maar FitzPatrick het Marais se terugkeer gefinansier en sou hom kort ná die vredesluiting in Pretoria verwag het – die sending waaroor Marais hom skynbaar van sy seereis van Dar es Salaam af ingelig het, was tog nou sekerlik van die baan. Marais lieg dus omdat hy vir FitzPatrick 'n geloofwaardige rede moet gee hoekom hy eers drie maande ná die vredesluiting in Pretoria aangekom het.

Marais het hierdie weergawe van die sending se verloop ook aan Preller, sy seun en Du Toit vertel, maar in hul geval waarskynlik om 'n ander rede. Volgens hierdie weergawe lyk dit of hy ten minste 'n heldhaftige poging aangewend het om by die Boeremagte uit te kom, 'n baie beter storie as die een waarin die sending reeds oorbodig was nog voor dit werklik afgeskop het, en dit daarna in 'n fiasko ontaard het.

En nou het ek die antwoord op nóg 'n vraag gehad, naamlik die betekenis van Marais se naskrif tot dié brief aan FitzPatrick, wat lui: "I am thankful – how thankful I cannot express in words – that my long journey was in this sense abortive."[244] Dit is oor sy kwansuise vredesending nou oorbodig geraak het omrede die oorlog verby is dat Marais hierdie innige dankbaarheid veins – 'n Britse spioen was hy definitief nooit nie.

DEEL 7

"Wolf in schaapsvel"

(1902-1907)

I feel satisfied now that Marais is in the disposition to give us valuable help, after his own fashion.[1]

Lord Alfred Milner (1903)

He belongs to one of the best families in the Transvaal, but is a lonely eccentric sort of being, the victim of ill-health, and, I fear, morphia, but a very cultivated and original creature all the same.[2]

Lord Alfred Milner (1905)

Lord Alfred Milner

Volgens Gustav Preller het Marais ná sy terugkeer uit Portugees-Oos-Afrika maande lank aan malaria gely en dit eers ná 'n ruk begin oorweeg om *Land en Volk* weer uit te gee. Marais se plan was volgens Preller "om 'n verpletterde publiek 'n bietjie op te beur, op die hoogte te hou van wat van hulle verwag word, en bekend te maak met die planne van hul eie voormanne".[3] Preller was skynbaar onbewus van Marais se ware beweegredes, en dat hy reeds twee jaar tevore weer die koerant wou laat verskyn, asook kort tevore in Portugees-Oos-Afrika met Falconer hieroor ontmoet het.

Ná Marais se aankoms in Pretoria op 1 September 1902 moet hy vinnig 'n nuwe redakteur in die hande kry. Gelukkig ontmoet hy nou die einste Preller, wat sopas uit 'n krygsgevangekamp in Indië na Suid-Afrika teruggekeer het.[4] Hy versoek Preller om solank die redakteurskap van *Land en Volk* te oorweeg – sodra hy by die Britse owerheid uitsluitsel gekry het oor die verskyning van die koerant, sal hy hom 'n formele aanbod maak. Intussen beantwoord FitzPatrick die brief wat Marais op die dag van sy aankoms in Pretoria aan hom geskryf het, en bied hom sy eerste opdrag as advokaat aan.[5]

Drie dae ná sy aankoms gaan spreek Marais vir lord Alfred Milner oor *Land en Volk* by Wernher-Beit se herehuis Sunnyside in Johannesburg.[6] Hy het dus nie in Pretoria "langsamerhand beginne dink aan die voortsetting van sy koerant"[7] soos Preller geskryf het nie. Nes Marais is die 49-jarige Milner ongetroud en 'n oudstudent van die Inner Temple. Boonop het hy voor sy meteoriese opgang in die staatsdiens ook 'n ruk lank onder W.T. Stead as joernalis gewerk. Milner is nou die magtigste man in Suid-Afrika: nie alleen is hy die Hoë Kommissaris van Suid-Afrika nie, maar ook die goewerneur van die Oranjerivier- en Transvaalkolonies met bykans onbeperkte magte. Met die eerste oogopslag lyk Milner vir die meeste mense na 'n sobere, melancholiese persoonlikheid. Sy neergeslane oë, gelerige gelaatskleur en lang, skraal gesig laat hom ouer voorkom as wat hy is. Maar skerp waarnemers bespeur 'n gedwongenheid in sy selfbeheersing, asof daar iets van sy half-Duitse vader in hom voortleef: iets romanties, boheems, rusteloos, miskien selfs roekeloos.[8] Moontlik is dit die rede hoekom hy en Marais mettertyd op 'n persoonlike vlak so aanklank sal vind by mekaar.

Milner is 'n buitengewone administrateur – helderdenkend, onvermoeibaar, ongenaakbaar wanneer nodig, en bestand teen sentimentele oorwegings. Maar sy akademiese prestasies aan die Universiteit van Oxford en sy daaropvolgende briljante loopbaan in die staatsdiens het hom arrogant gemaak; hy sien neer op die res van die mensdom en is ongevoelig vir wat hy as hul benewelde denke en emosionaliteit beskou. Sy aanvanklike gewildheid onder Engelssprekende Transvalers het teen dié tyd reeds begin kwyn vanweë sy outokratiese optrede.

Die Britse prokonsul glo dat die verslane Boere verengels kan word soos 'n mens 'n wilde perd kan tem om 'n toom te dra en bevele te gehoorsaam.[9] Milner se strategie hiervoor is tweeledig. Eerstens moet grootskaalse Britse immigrasie na die Transvaalkolonie aangemoedig word, sodat die meerderheid kiesers van Britse afkoms is voor selfregering toegestaan word. "If, ten years hence, there are three men of British race to two of Dutch, the country will be safe and prosperous. If there are three of Dutch and two of British, we shall have perpetual difficulty," glo hy.[10] Tweedens wil hy die Boere se kinders verengels deur Engels die hoofonderrigtaal in staatskole te maak: "Dutch should only be used to teach English and English to teach everything else." Maar wat hy belangriker ag as bloot die onderrigtaal is die gees en toon van die onderwys – Britse waardes moet by die Boerekinders gekweek word. Hy stel E.B. Sargant – wat tydens die oorlog in beheer van onderwys in die konsentrasiekampe was – aan as sy direkteur van onderwys wat uitvoering moet gee aan hierdie beleid.[11]

By hul eerste vergadering versoek Milner Marais om *Land en Volk* onverwyld weer as 'n weeklikse koerant uit te gee,[12] en bevestig hy dat die kroonkolonieregering binne enkele dae die eerste paaiement van die beloofde jaarlikse subsidie aan hom sal uitbetaal. *Land en Volk* is ook die eerste Hollandstalige koerant wat weer na die oorlog in die Transvaalkolonie mag verskyn, en sal hierdie posisie vir byna ses maande beklee. Marais onderneem van sy kant dat sy redaksionele beleid sal wees "to be as favourable to the Government as possible but to avoid at all cost the suspicion of being a Government organ in any sense of the word" – so 'n agterdog onder die Boere sal die doodskoot wees wat die koerant se geloofwaardigheid betref.[13] Hy bevestig dat hy beoog om in sy koerant die kroonkolonieregering te ondersteun in sake wat op die Boere betrekking het en om politiek te vermy, asook om aan die Boere te verkondig dat hul eerste en vernaamste doelwit moet wees om hul materiële welvaart te herwin.[14]

Milner beskou Marais vermoedelik as 'n handige medewerker in sy planne. Hoe meer gedwee en polities onaktief die Boere gehou kan word, hoe makliker sal hy sy verengelsingsbeleid kan deurvoer. As hy boonop Marais van sy kwansuise goeie bedoelinge jeens die Boere kan oortuig, kry hy ook nog 'n entoesiastiese ondersteuner met 'n geloofwaardige spreekbuis by. En ná hierdie eerste ontmoeting ontstaan daar mettertyd inderdaad 'n merkwaardige vriendskap en briefwisseling tussen die twee mans.

Marais voel tydens hul gesprek hoe 'n hewige malaria-aanval hom begin oorval. Ofskoon hy van plan was om na die tyd besoek af te lê by FitzPatrick, haas hy hom nou eerder terug na Pretoria, waar hy die volgende ses dae in die bed deurbring.[15] Terwyl hy siek is, bewillig die Britse owerheid £2 000 (R2 miljoen) oor die volgende jaar vir "the circulation of Government Laws and Regulations in the Dutch language",[16] wat in vier kwartaalpaaiemente van £500 [R500 000] elk aan *Land en Volk* uitbetaal sal word,[17] met die eerste paaiement onmiddellik betaalbaar. Dié reëling ondersteun die vermoede dat Falconer nou nie meer 'n mede-eienaar van die koerant is nie – 'n mens kan jou dit kwalik indink dat die betreklik onkorrupte Britse administrasie sou toegelaat het dat een van sy amptenare voordeel trek uit staatsgeld.

Burgers maak moeilikheid

In Middelburg in die Transvaal hoor Piet Burgers nou by iemand dat dr. Schulz in Lourenço Marques is en toestemming probeer kry om na die Transvaalkolonie te reis. Burgers weet nie dat Schulz reeds besluit het om na Duitsland terug te keer nie en glo skynbaar dat as Schulz in die land aankom en begin verklap wat tydens die ekspedisie gebeur het, die Duitser dit vir hom warm kan maak onder die Boere. Op 9 September 1902, agt dae ná Marais se aankoms in Pretoria, gaan spreek Burgers vir majoor Onseley, die Britse magistraat op Middelburg. Burgers vertel aan Onseley dat hy en Schulz tydens die oorlog deur dr. Leyds en die Boererepublieke se buitelandse gesante op 'n vertroulike sending – wat onder meer die smokkel van plofstowwe behels het – na Portugees-Oos-Afrika gestuur is. Volgens Burgers ag hy dit sy plig as Britse onderdaan om die owerheid te waarsku teen Schulz, 'n baie gevaarlike man en 'n ongenaakbare vyand van Brittanje. Hy glo ook dat Schulz, indien hy toestemming geweier word om vanaf Lourenço Marques na die Transvaalkolonie te reis, vanaf 'n Suid-Afrikaanse hawe sal probeer. Onseley verwittig dadelik vir W.E. Davidson, die Transvaalse koloniale sekretaris.[18]

Burgers word kort hierna deur die Britse owerheid na Pretoria ontbied. Hier bieg hy oor die hele verloop van die ekspedisie, maar lieg oor sy presiese rol. Volgens hom was hy slegs vir die aflewering van die geheime verslae verantwoordelik; Schulz was in beheer van die plofstowwe en gif. "I flatly refused to have anything to do with this branch," meld hy in die verslag wat die owerheid hom ná hierdie vergadering vra om op te stel. Volgens Burgers was die oorspronklike plan dat hy en Schulz uitmekaar sou gaan sodra hulle in Portugees-Oos-Afrika land, "he taking those articles under his especial care, and I carrying the reports". Maar in Portugees-Oos-Afrika het Schulz volgens Burgers geweier om sy eie roete in te slaan omdat hy nie op sy eie sy swart draers kon beheer nie. Dit lyk egter nie of Burgers Marais en Zimmermann se name aan die owerheid genoem het nie, want in sy verslag meld hy bloot die volgende oor sy metgeselle: "[H]aving destroyed all the papers I had on me upon hearing of the declaration of peace, [I] returned to Delagoa Bay, leaving him [Schulz] and two others on the Sabi River." Burgers doen nou sy bes om te verseker dat Schulz nooit in die Transvaalkolonie toegelaat sal word nie. "I think he is irresponsible [sic] for his actions and on this account should be kept out of the country … he knew how to combine the different ingredients [van die plofstowwe] and was an adept in works of destruction."[19] Maar intussen het Schulz reeds na Europa vertrek.

'n Opmerking oor die Duitse dokter. In 2011 het Leon Rousseau in 'n artikel in *By* die mening uitgespreek dat dr. Emil Schulz waarskynlik dieselfde persoon was as dr. Aurel Schulz,[20] wat, soos voorheen gemeld, die medeskrywer was van 'n boek oor 'n ekspedisie wat hy en 'n metgesel in 1884 na die Choberivier onderneem het.[21] Volgens Rousseau het Aurel Schulz daarna in 1891 namens Cecil John Rhodes met die koning van die Sjangaans onderhandel oor 'n spoorwegkonsessie in Mosambiek. Rousseau glo ook dat dr. Emil/Aurel Schulz, nieteenstaande sy verbintenis met Rhodes, waarskynlik 'n Duitse spioen was wat Afrika met die oog op Duitse kolonisasie verken het. Rousseau het hierdie inligting gekry by 'n Johannesburgse navorser, ene Pauline Morris, en hieroor gemeen dat, tot die teendeel bewys word, hy "haar woord daarvoor sal aanvaar".[22]

Hierdie inligting is egter inkorrek. Nieteenstaande die toeval dat albei mans mediese dokters was, was dr. Aurel Schulz se volle name Julius Antonius Aurelius.[23] Nóg Rousseau nóg Morris verduidelik hoekom dr. Aurel Schulz dan soms die naam "Emil" sou gebruik het. Verder het dr. Emil Schulz aan dr. Leyds geskryf dat hy afkomstig is van Dortmund in Duitsland,[24] terwyl dr. Aurel Schulz in 1858 in Westville, Natal, gebore is en in 1918 in Mosambiek oorlede is.[25] In 'n biografie van Rhodes word dr. Aurel Schulz beskryf as 'n "physician ... from Natal"[26] en in 'n werk oor Rhodes se firma as "Dr Aurel Schulz, a Natalian whom Rhodes had known for several years".[27] Boonop was dr. Aurel Schulz in September 1901 'n kandidaat vir die plaaslike Newcastle-setel in 'n parlementêre verkiesing,[28] terwyl dr. Emil Schulz, soos reeds vermeld, op daardie tydstip in China was. En as Marais se dr. Schulz 'n gebore Nataller was, sou Burgers dit sekerlik aan die Britse owerheid genoem het, en sou hulle Schulz kwalik toegang tot Suid-Afrika kon weier. Maar al wat Burgers in sy verslag te sê gehad het oor Schulz se herkoms, is dat "Schultz [sic] is a very common name in Germany and many doctors bear it".[29] En soos sal blyk uit 'n bedelbrief wat Schulz 'n paar weke later uit Londen aan Goldman, die voormalige ZAR-konsul in Brussel, gestuur het,[30] het Schulz ooglopend geen werknemer gehad nie – ook nie die Duitse spioenasiediens nie.

Marais se beweegredes

Op 13 September 1902 verwittig Marais vir FitzPatrick van sy doen en late sedert sy aankoms in Pretoria byna twee weke vantevore:

> Thanks very much for your note. As you feared I had another bad attack of fever which kept me to my bed for six days. This accounts for my delay in

answering. I had been over to Johannesburg to see the High Commissioner & left him with such a bad attack of ague that I had to abandon a contemplated visit to you.

Thank you very sincerely for my brief – the first one. Unfortunately I have not yet been admitted.[31] I left my diplomas with Jim at Sherfield & expect them in a week's time. If they arrive in time I shall be highly honoured to take my first forensic lesson under "K.C"[32] through your kind thought of me.

I shall accept your invitation as soon as I feel that I no longer run the risk of converting your house into a temporary hospital. I have much to tell you that, I think, would interest you, and much to hear, I do not doubt.

The Govt. have suggested that I start "Land & Volk" again immediately – which I intend doing. Of course I shall not be able to devote all my time to it, the Law being, as you know, a jealous mistress. But the article [die hoofartikel] & a general supervision I shall be able to undertake. Any work or assistance you can put in our way will be much appreciated. I do not intend, nor do I expect, to make any money out of the concern, but in spite of the favourable conditions under which we shall open I am dreadfully afraid that we will be put to it to make expenses. From circulation we will have no revenue for a long time to come.[33]

Hoekom wil Marais *Land en Volk* weer uitgee as hy weet dat dit 'n onwinsgewende affêre gaan wees? Verskeie faktore speel waarskynlik 'n rol in sy besluit. Eerstens het Taylor en FitzPatrick hom oor die jare in Londen ten minste £650 (R650 000) geleen of gegee. Hy skuld hulle. En sy weldoeners (en Milner) wil hê dat sy koerant weer moet verskyn om aan die Boere 'n boodskap van versoening en onderdanigheid te verkondig.

Maar Marais se brief bevat ook 'n ander leidraad. Hy beoog nou om as advokaat te praktiseer en het opdragte nodig. FitzPatrick is onlangs aangestel as 'n vennoot in Wernher-Beit, die grootste sakegroep in Suid-Afrika, asook as die president van die Kamer van Mynwese,[34] en is dus in 'n posisie om baie werk na sy kant toe te stuur. Trouens, FitzPatrick het hom sopas sy eerste opdrag as advokaat gegee. Dit sal hom dus loon om in FitzPatrick se goeie boeke te bly.

Maar benewens hierdie finansiële oorwegings lyk dit of Marais ook werklik in sy versoeningstaak glo. Hy skryf later aan Milner dat hy bekommerd is dat sy volksgenote weer deur "evil influences" in die moeilikheid gelei sal word. "[I]f it had not been for this little dread which is always in the back of my mind I should never have consented to revive Land en Volk, nor would I have taken any interest in public affairs again."[35] Dit kan natuurlik ook wees dat Marais steeds hunker na 'n politieke loopbaan en meen dat die koerant hom die nodige aansien by die Britse owerheid sal gee om vir so 'n rol oorweeg te word.

Marais versoek FitzPatrick ook in hierdie brief om die bestuurder van Wernher-Beit se Pretoria-kantoor te oorreed om 'n gebou in Markstraat wat aan die firma behoort, aan *Land en Volk* te verhuur, want tot dusver was sy eie pogings onsuksesvol.[36] Hierdie versoek, asook sy versoek dat FitzPatrick se firma werk na die koerant se kant toe stuur, bevestig dat Wernher-Beit in dié stadium geen belang in *Land en Volk* het nie – sulke versoeke van Marais sou tog skaars nodig gewees het indien dit wel die geval was.

Die weerbarstige Gustav Preller

"Het spijt my dat ik u zoo lang moet laten wachten, wij hadden zoo veel tegen te kampen om alles in orde te krijgen," skryf Marais op 15 September 1902 aan Preller.[37] Hy bied Preller 'n tydelike pos aan teen 'n salaris van £25 (R25 000) per maand, en versoek dat die eerste uitgawe van *Land en Volk* reeds vyf dae later verskyn. Preller moet asseblief solank die Engelse koerante deurlees en die belangrikste nuus daaruit kry, vra Marais.[38] Hy deel Preller ook mee dat hy die weeklikse hoofartikel voor publikasie aan die kantoor van W.E. Davidson, die Transvaalse koloniale sekretaris, sal moet voorlê vir goedkeuring.[39]

Volgens Rousseau speel Marais ná sy ontmoeting met Milner 'n "vreemde rol – byna soos 'n dubbele agent, 'n nie-amptelike teenspioen in die diens van die Boere. Hy het die Engelse se geld gebruik om *Land en Volk* te laat herleef. Nou gebruik hy sy kontakte in die Engelse kamp – moontlik die simpatieke Falconer self, wat skuldig voel oor Brittanje se rol in die oorlog – om geheime inligting te verkry en te publiseer wat Milner tot elke prys wil verswyg."[40] Maar was dit werklik so? Eerstens stem die ware Falconer glad nie ooreen met Rousseau se voorstelling van hom nie. En by nader ondersoek kom ook 'n heel ander prentjie van Marais en *Land en Volk* se naoorlogse joernalistieke rol te voorskyn.

Rousseau meld dat 'n geheime brief van Milner aan Chamberlain nou deur Falconer se toedoen in Marais se hande beland het en deur Marais in die eerste naoorlogse uitgawe van *Land en Volk* gepubliseer is.[41] In hierdie brief, wat Milner vroeër in die jaar geskryf het, het hy met Chamberlain sy gedagtes gedeel oor die onteiening van Boere se plase deur die kroonkolonieregering, wat 'n element was van sy voorneme om duisende Britse immigrante in die Transvaalkolonie te vestig. Omdat so baie van die Boere se plase verpand is, en soveel van hulle finansieel verpletter is, glo Milner dat die verbandhouers hul verbande gaan oproep sodra die siviele howe heropen. Die kroonkolonieregering sal dan die plase vir 'n appel en 'n ei kan koop.[42] Volgens Rousseau het Marais en Preller besluit om dié brief in die eerste uitgawe te plaas sonder om die artikel waarin dit verskyn vir goedkeuring aan Davidson voor te lê, aangesien dit immers nie 'n hoofartikel was nie. Die Britse owerheid was egter woedend oor die onthulling van die brief en het gedreig om daaroor die koerant te sluit.[43]

Dít is 'n goeie storie, maar ongelukkig in belangrike opsigte onjuis. Soos die spesifieke *Land en Volk*-artikel self duidelik maak, het die betrokke brief reeds drie maande tevore verskyn in 'n Britse parlementêre *Blue Book* – 'n amptelike publikasie wat vrylik beskikbaar was. Geheim was dit beslis nie, en Falconer hoef geen rol te gespeel het in die verkryging daarvan nie. Boonop meld Preller in sy lewenskets van Marais dat dit hy was, en nie Marais nie, wat die brief gepubliseer het, want laasgenoemde was ten tyde van die voorbereiding van die eerste uitgawe van die koerant in die bed met malariakoors.[44] En wat nie Preller óf Rousseau noem nie, is dat 'n klein beriggie onderaan hierdie artikel in *Land en Volk* verskyn het wat die angel van die koerant se "onthulling" ietwat getrek het. Volgens hierdie beriggie het Chamberlain 'n verklaring aan genl. Botha oor Milner se brief gemaak: "Hy zeide, dat de gerucht aangaande confiscatie van eigendommen door Lord Milner, onwaar was." Die koerant self het hiertoe bygevoeg dat dit dus wou voorkom of Milner se voorstelle maar net voorstelle gebly het.[45]

Preller meld ook in sy lewenskets van Marais dat laasgenoemde hom aanvanklik glad nie gehelp het met die skryf van artikels en die uitgee van die eerste paar uitgawes van die koerant nie. Volgens hom moes hy as onervare nuweling vir die eerste klompie weke op sy eie deur "die ongewone redaksionele verantwoordelikheid tors en, na byna iedere uitgaaf van die blad in moeilikheid sit met 'n lugtige Engelse owerheid, wat 'n paar keer onmiskenbare afkeuring tekenne gegee't van my bedrywigheid".[46]

Preller meld verder dat Marais in hierdie tyd dikwels geyl het wanneer hy wat Preller is hom besoek het, en hom wonderlike verhale van vervolging vertel het. "As die Engelse nie op sy spoor was in die koors-moerasse van Oos-Afrika nie, waar honger en dors hom kwel in 'n poging om deur te sukkel na genl. Beyers toe, dan was hul speurders hier in Pretoria agter hom aan, en had hy hulle dieselfde nag nog in sy kamer gewaar!"[47] Marais het inderdaad geyl.

Ná hierdie eerste uitgawe van die koerant moet Preller benewens die hoofartikel ook énige artikel wat hy oor Britse amptelike publikasies wil plaas, vooraf aan Davidson stuur vir sy goedkeuring.[48] Falconer is nou die skakel tussen die Britse owerheid en *Land en Volk*. Reeds drie dae ná die eerste uitgawe versoek hy dat Preller die hoof van die kroonkolonieregering se repatriasiedepartement besoek en 'n artikel oor die owerheid se hulp aan die terugkerende Boere skryf.[49] Die volgende week verskyn daar in *Land en Volk* 'n algemene oorsig van die werksaamhede van hierdie departement.[50]

Maar net die week hierna is Preller weer in die moeilikheid omdat hy 'n artikel geskryf het oor die Britse owerheid se swak vervoerreëlings vir Boere wat van die konsentrasiekampe na hul woonplekke wil terugkeer.[51] Volgens Preller het Davidson se klagtes hieroor Marais bereik deur 'n "sekere Faulkner, destyds Dir. van die Staatsdrukkery".[52] Dit is insiggewend dat, toe Preller hierdie stukkie in 1925 geskryf het, hy geswyg het oor die feit dat Falconer voorheen Marais se vennoot was, asook sy naam (doelbewus?) verkeerd gespel het. Dit is baie onwaarskynlik dat hy nie van Marais en Falconer se vooroorlogse verhouding bewus was nie. Soos voorheen gemeld, is daar met Falconer se afsterwe in 1907 wyd in die Suid-Afrikaanse pers berig dat hy voor die Anglo-Boereoorlog die mede-eienaar en bestuurder van *Land en Volk* was.[53]

Marais skryf nou uit sy siekbed 'n nota aan Preller: "Waarde . . . Kom sien my so spoedig molik. – E.N.M."[54] Maar as Preller hierna belowe het om meer sensitief te werk te gaan, hou hy nie daarby nie. Op 10 Oktober berig hy dat die donkies wat ingevolge die vredesverdrag deur die Britse owerheid aan die terugkerende Boere verskaf word, die een of ander siekte onder lede het en sterf sodra hulle deur hul nuwe eienaars in ontvangs geneem is. Hy beweer ook dat die kroonkolonieregering gesteriliseerde saadhawer aan die Boere uitdeel.[55]

Davidson verbied Preller hierna om hoegenaamd enigiets oor vergoeding of verwante aangeleenthede te skryf.[56] Marais het hom duidelik met die aanstelling van Preller misgis – sy redakteur het 'n opinie van sy eie en hy wat Marais is, moet gedurig vure doodslaan.

Intussen het dr. Engelenburg, voorheen redakteur van *De Volksstem,* kort ná *Land en Volk* se eerste uitgawe by Davidson aansoek gedoen om verlof om ook sý koerant weer uit te gee. Davidson vra advies by Falconer, wat geheel en al hierteen gekant is. "I have no doubt the paper would be run on amicable lines so long and no longer than martial law is in force," skryf Falconer aan hom. "The policy would then undergo a radical change and I feel sure it would resume its old tone of Hollanderism and anti-English."[57] Vermoedelik bespreek Falconer ook die aangeleentheid met Marais, want hy sluit sy brief aan Davidson af met 'n verwysing na *Land en Volk*: "It would be undesirable to allow publication of another Dutch paper particularly this one until the one at present being published has got a firmer hold."[58]

"Handsuppers en Scouts"

Op 17 Oktober 1902, byna sewe weke ná sy terugkeer na Pretoria, skryf Marais die eerste keer ná die oorlog weer die hoofartikel van *Land en Volk*.[59] Dié bekende artikel se titel – "Handsuppers en Scouts" – is misleidend, want hierin vaar Marais slegs uit teen die National Scouts – die joiners wat teen hul eie mense geveg het – en nie teen die hendsoppers ook nie. Trouens, Marais kan self as 'n hendsopper beskou word – hy het immers reeds in 1900 geglo dat die Boere die stryd gewonne moet gee. Verder was hy nie net bereid om tydens die oorlog die Boere deur *Land en Volk* te probeer oorreed om hulle aan Britse gesag te onderwerp nie, maar wou hy selfs met Britse ondersteuning 'n vredesending na Ceylon en St. Helena onderneem om die krygsgevangenes te oorreed om die eed van getrouheid aan die Britse kroon af te lê. As hy daarin sou geslaag het om sy beoogde vredesending deur te voer, sou die bittereinders hom ongetwyfeld ook as 'n joiner beskou het.

Maar in hierdie artikel vereenselwig Marais hom met "de afschuw, de walging, de haat" waarmee sy koerant se lesers die National Scouts bejeën. "Wij haten hen uit de diepten onser harten omdat zij oneer door de ganze wêreld gebracht hebben op eene eerlijken naam," skryf hy. Hy spreek ook sy bewondering uit vir die bittereinders, wat tot aan die einde aan die Boeresaak getrou gebly het ten spyte van honger en dors en lyding.[60] Maar presies twee jaar tevore het Marais na hierdie einste bittereinders se optrede verwys as kriminele dade wat ten sterkste veroordeel moet word. Toe was hy van mening dat hulle gewaarsku moet word oor wat die uiteinde van hul voortgesette verset gaan wees: "[That] instead of bettering their lot they were making it more hopeless & that if there were the least hope of independence that would be the way to destroy that hope."[61] Marais se houding het duidelik 'n kentering ondergaan sedert daardie uitspraak van hom in 1900.

Maar oor die National Scouts strook Marais se openbare en private uitsprake ten minste, want hy trek ook heftig teen hulle te velde in 'n latere brief aan Milner:

> For instance, nothing on earth would ever induce me to make peace or to countenance the making of peace with the National Scouts, – not even the confession which the Church is prepared to accept as a preliminary to reconciliation. It would not trouble me overmuch to see them paid for their work; but if I were to be assured that you were trusting them in preference to the rest of our people I should feel very bitter about it, as it would be so palpable a mistake! They are the worst of our race. If the lowest treason was a little thing to them when their own flesh & blood & their most sacred convictions & feelings were concerned, how much smaller a matter will it be when the trust placed in their hands by strangers & the feelings they have to profess are by nature foreign to them.[62]

Marais se houding teenoor die National Scouts is egter uit pas met dié van Boereleiers soos genls. Botha en Smuts. Die generaals se doelwit is om Afrikaners te verenig met die oog op 'n toekomstige verkiesing vir selfregering, en hulle verkondig dat die hendsoppers en joiners weer tot Afrikanergeledere toegelaat moet word. Die dag ná die verskyning van hierdie hoofartikel nooi genl. Smuts vir Preller na sy advokaatskantoor in Pretoria, waar Preller volgens hom "vir die eerste maal van die woord 'konsiliasie' verneem het". Smuts versoek Preller om te "vergeet en te vergeef, nie alleen ons eie mense nie, – maar hulle allereers, – ook nog die 'ou Engelse'!"[63] Genl. Botha sal ook die volgende jaar die Algemene Sinode van die N.G. Kerk in geheime sitting versoek om die Boere wat lede van die National Scouts was weer tot die kerk toe te laat,[64] iets waarna Marais in sy brief aan Milner verwys. Vermoedelik spruit Marais se onverbiddelike afkeer van die National Scouts uit sy skuldgevoel oor sy eie rol in die oorlog, en 'n mens vermoed dit is 'n geval van "the lady doth protest too much, methinks".

Volgens Preller[65] – en soos oorgeneem deur Rousseau[66] – was dié hoofartikel van Marais eintlik 'n versteekte veroordeling van Afrikaners wat bereid sou wees om aanstellings in Milner se beoogde Wetgewende Raad te aanvaar. Maar Marais se eie optrede weerspreek hierdie vertolking. Twee jare tevore het hy dan self so 'n aanstelling oorweeg. En soos sal blyk, het hy die volgende jaar ywerig probeer om namens Milner vooraanstaande Boereverteenwoordigers te werf om in hierdie liggaam te dien.

Al weer Preller

Noudat Marais weer 'n mate van belangstelling in *Land en Volk* toon, gaan dit effens beter wat die koerant se verhouding met die kroonkolonieregering betref. Benewens Marais se artikel oor die National Scouts, verskyn daar in dieselfde uitgawe vir die eerste keer 'n positiewe berig oor Milner. Volgens die skrywer hiervan was "De Hooge Commissaris" se onlangse besoek aan die kroonkolonieregering se repatriasiekantoor op Lydenburg 'n sukses, en het Milner 'n gunstige indruk op die vernaamste Boere van die omgewing gemaak.[67] Tien teen een is dit Marais se woorde, want dit is hoogs onwaarskynlik dat Preller hom so ver sou kon kry om so iets te skryf oor iemand wat hy verag het. Die volgende uitgawe van *Land en Volk* is ook onkontroversieel.

Intussen het dr. Schulz ná sy bootreis vanaf Lourenço Marques in Londen aangekom, waar hy in die Thackeray Hotel oorkant die Britse Museum tuisgaan. Maar hy is platsak en vrot van die malaria, en stuur 'n bedelbrief aan Goldman in Brussel.[68] Die getroue Duitser skryf ook van hier aan Leyds dat hy gehoor het dat genls. Botha, De la Rey en De Wet op pad is na Europa om fondse vir die Boeresaak in te samel. Schulz is baie gretig om 'n openbare byeenkoms vir hulle in sy tuisstad, Dortmund, te reël; hy glo dat hulle entoesiasties ontvang sal word en baie geld sal insamel.[69] Daar sal egter niks van teregkom nie, maar Leyds reël dat geld aan Schulz gestuur word.[70] Schulz reis hierna na Brussel, waar hy sy ekspedisieverslag aan die einde van Oktober 1902 voltooi en dan wat hierdie werk betref van die toneel verdwyn.

Ook aan die einde van Oktober 1902 skryf Preller 'n artikel getiteld "Verdeel en Heersch" oor die fondsinsamelingsbesoek van die Boereleiers aan Europa. Volgens Preller word die generaals verkeerd uitgebeeld deur die Britse pers en op allerhande maniere verdag gemaak, wat weereens 'n voorbeeld is van die ou Britse taktiek van verdeel en heers om tweespalt onder die Boerenasie te saai.[71] Hieroor is die kroonkolonieregering bitter ongelukkig. Dit is waarskynlik op hierdie tydstip dat Marais 'n ongedateerde nota aan Preller skryf: "Maak de courant zoo tam [mak] mogelyk . . . Het zou goed zyn als jy iets *voor* hulle kon ze in deze volgende uitgawe – E.N.M."[72]

Preller gee gehoor aan Marais se versoek, en die volgende week berig hy gunstig oor die werksaamhede van die South African Constabulary, die nuwe polisiemag wat twee jaar tevore deur Milner gestig is. Die artikel meld dat die SAC die vertroue van die Boere in die plattelandse gebiede gewen het en baie doen om versoening in die land te bevorder. "Wij hebben in den loop des tijds met ingenomenheid persoonlijk opgemerkt . . . dat zij die positie met lofwaardige tact en voorzichtigheid heeft weten te gebruiken om het vertrouwen der oude bevolking te winnen."[73]

Marais se koppige redakteur kan hom egter nie beteuel nie, en in die volgende uitgawe haal hy hom weer die toorn van Milner op die hals met 'n artikel oor Chamberlain se voorgenome besoek aan Suid-Afrika. Preller skryf dat Chamberlain verklaar het dat hy die situasie in Suid-Afrika met 'n oop gemoed wil benader, en sonder vooropgestelde idees kom. *Land en Volk* is skepties hieroor; "de tijd zal ons leeren", meen Preller. Volgens Preller het Chamberlain ook die wens uitgespreek om met gesaghebbende Boere in die Oranjerivier- en Transvaalkolonies te vergader. Preller meen egter dat die manne wat Chamberlain soek op die oomblik voor sy deur in Europa staan, naamlik die "Bedelaars" genls. Botha, De la Rey en De Wet.[74]

Ná hierdie berig skryf Davidson aan Marais dat Milner woedend is oor die voortdurende "ambiguous enmity" van *Land en Volk*, en spyt is dat hy ooit toestemming gegee het dat die koerant weer mag verskyn. As dieselfde redaksionele toon voortduur, waarsku die Transvaalse koloniale sekretaris, gaan hy vir Marais en Preller deporteer en die koerant sluit.[75] Voortaan moet Preller nie net die proewe van artikels aan sy kantoor stuur nie, maar ook 'n eksemplaar van die koerant voor dit versprei word.[76]

'n Mens kan jou skaars voorstel watter geweldige en konstante spanning Marais gedurende die eerste paar maande ná sy terugkeer uit Portugees-Oos-Afrika moes verduur het. Hy is nie alleen siek nie, maar moet ook voortdurend 'n baie fyn balans handhaaf. Aan die een kant wil Preller die nuwe heersers by elke moontlike geleentheid voor stok kry; aan die ander kant het hy wat Marais is 'n onderneming aan Milner en FitzPatrick gegee om versoening te bevorder. Natuurlik is Preller nie hiervan bewus nie, en kan Marais Preller nie te ooglopend in die bek ruk nie. Die Afrikanergemeenskap in Pretoria is klein – as Preller snuf in die neus kry van hierdie geheime onderneming van hom, sal dit soos 'n veldbrand versprei en sal Marais en *Land en Volk* se geloofwaardigheid vir ewig aan flarde wees.

Genl. Ben Viljoen is nou op 'n lesingtoer in Brittanje, waar hy ook met Chamberlain gesprek voer.[77] Hulle bespreek die moontlikheid dat Viljoen met regeringshulp 'n tweetalige koerant in die Transvaalkolonie begin wat 'n versoenings-en-vredesbeleid handhaaf. Chamberlain kontak hierna vir Milner, en gee aan Viljoen te kenne dat Milner geesdriftig oor die plan is. Viljoen vertrek kort hierna na Amerika op die volgende been van sy lesingtoer, met die verstandhouding dat hy die saak weer met Milner sal opneem wanneer hy terug in Suid-Afrika is.[78] Moontlik begin Milner dan nou 'n alternatiewe koerant oorweeg om sy planne onder die Boere te bevorder ná die vele teleurstellings met *Land en Volk* die vorige paar weke.

Marais verklap 'n geheim

Op 6 Januarie 1903 kom Chamberlain in Pretoria aan waar hy genl. Botha – wat intussen saam met genls. De la Rey en De Wet uit Europa teruggekeer het – en 'n afvaardiging van vooraanstaande Boere te woord staan. By hierdie geleentheid beskuldig Chamberlain hulle van ondankbaarheid omdat hulle nou ná die vredesluiting probeer om nuwe toegewings te beding.[79] Drie dae later vaar Preller in *Land en Volk* teen Chamberlain uit omdat Brittanje nie die mondelinge beloftes van sy verteenwoordigers by die vredesamesprekings nakom nie. "Wanneer wij geen brood kunnen krijgen moeten wij tevreden zijn met de kruimels die van de tafel vallen."[80] Volgens Chamberlain se korrespondensie en dagboeke lyk dit egter nie of Marais tydens hierdie besoek aan Pretoria met hom gesprek gevoer het nie.[81]

Ná Chamberlain se besoek nader verskeie partye Marais met aanbiedings om *Land en Volk* te koop. Die eerste is 'n Boeresindikaat wat kort tevore gestig is. Die tweede is *Ons Land,* 'n Kaapse koerant wat tesame met genls. Botha, Smuts en De la Rey 'n maatskappy vir dié doel wil stig. Laastens kom spreek Ewald Esselen en genls. Botha en Smuts vir Marais. Nieteenstaande sy onderneming vroeër die jaar om nie in die Transvaalkolonie te woon terwyl dit onder Britse bewind verkeer nie, het Esselen toe wel drie maande tevore teruggekeer en sy regspraktyk in Pretoria hervat.[82] Nadat Esselen en Botha vir Marais tot geheimhouding verbind het, deel hulle hom mee dat die Boereleiers 'n sterk Hollandstalige pers in die Transvaal as politieke instrument benodig. Maar hulle wil nie met *Ons Land* saamwerk nie omdat hulle bang is om beheer oor enige mondstuk toe te vertrou aan Kaapse politici, wie se toekomstige belange met hulle s'n mag bots.[83] Botha bied Marais nou £6 000 (R6 miljoen) vir *Land en Volk* aan,[84] geld wat vermoedelik uit die fondse onder Leyds se beheer in Brussel gaan kom.[85] Marais neem kennis van hul aanbod sonder om hom te verbind. Hy stem egter in tot hul versoek dat hulle in die tussentyd artikels in *Land en Volk* kan plaas om met die volk in voeling te bly, onder meer om vas te stel wat die Boere se siening oor bepaalde sake is.[86] Dit is 'n vergunning wat hy gou sal berou.

Maar ná hierdie ontmoeting verbreek Marais sy onderneming van geheimhouding deur vir Falconer van die Boereleiers se aanbod te vertel. Falconer dra hierdie nuus oor aan Davidson, wat op sy beurt vir sir Arthur Lawley, die luitenant-goewerneur van die Transvaalkolonie, daaroor inlig. Davidson verseker Lawley dat, wat die verkoop van *Land en Volk* betref, "Eugene Marais states that nothing shall be done except after direct reference by him to the High Commissioner".[87]

Marais skryf hierna aan Jim Taylor – "a personal friend who takes a great interest in 'Land en Volk'" – vir advies oor wat om te doen.[88] Marais deel hom mee dat al sou hy nie *Land en Volk* verkoop nie, sowel *Ons Land* as die generaals nuwe Hollandstalige koerante in die Transvaal gaan begin. Marais glo dat *Land en Volk* sal ondergaan al verskyn net een van die nuwe koerante, want al twee sou meer kapitaal en beter toerusting as *Land en Volk* tot hul beskikking hê. Hy glo dus dit is in sy beste belang dat hy maar die mees gunstige aanbod aanvaar. Hierop laat Taylor hom per kabelgram weet "not to sell on any account", en om vir FitzPatrick te gaan sien.[89]

In die moeilikheid

Op 16 Januarie 1903 skryf Preller in *Land en Volk* dat Chamberlain – "de groote Imperialist" – se besoek aan Pretoria 'n volslae mislukking was: die beste wat 'n mens daarvan kan sê, is "hij is gekomen en ook weer gegaan".[90] In dieselfde uitgawe verskyn 'n artikel getiteld "Peperkorrels" wat kwansuis deur 'n naamlose leser ingestuur is. "Hoe is het mogelyk, Volk van Transvaal, dat gy zoo ondankbaar kunt zyn?" skryf die leser in 'n sarkastiese toon oor Chamberlain se beskuldigings teen genl. Botha en die ander Boereverteenwoordigers wat hy kort tevore in Pretoria te woord gestaan het. "Zyt gy niet gecompenseerd geworden door millioenen voor wat u onbetaalbaar dierbaar was, waarvoor gy uw vrouw en kind gaf? Waarom gingt gy niet op uwe knieen om den vertegenwoordiger van uwen weldoener te bedanken?"[91]

Milner is woedend hieroor, en skryf dieselfde dag nog aan Lawley:

> Sorry to trouble you with another bother, the position about "Land and Volk" is extremely serious and we must make up our minds promptly what to do. I reproach myself for not having read it as I intended to do, but I really have not had time. Evidently we ought to stop off any support. It is worth considering whether we should openly encourage Botha and Company to buy it.
>
> The man who knows all about it and is worth your consulting privately is Falconer, head of the Printing Office, Pretoria. He is, I believe, thoroughly loyal and knows all about the workings of "Land en Volk", and a great deal about the inner circle of Boerdom generally.[92]

In teenstelling met Rousseau se siening dat Falconer die Boere simpatiekgesind was,[93] beskou Milner hom as 'n volbloed-Brit wie se hart op die regte plek sit. Lawley gee nou opdrag aan Davidson om onmiddellik ondersoek in te stel. Op 19 Januarie rapporteer die Transvaalse koloniale sekretaris terug:

> I have enquired into the matter of Land en Volk. Mr Falconer has not noticed matters which are prejudicial to order in the newspaper, but he considers that under its present conditions it reflects public opinion, and that public opinion with the Boer is still hostile to the Government.
>
> Eugene Marais has practically given up direction of the newspaper, and the working is in the hands of the Sub-Editor, called Preller, who is not a man to be trusted. Falconer will take orders in future direct from me every Wednesday as to the insertion of matter in the Friday's issue, and will keep a stricter hand on it.[94]

Falconer gryp toe inderdaad in. Hy laat weet vir Marais: "Warn Preller Govt. wants to shut up L & V unless no more opposition and ambiguous enmity. Just sent for by Governor."[95] Uit sy siekbed stuur Marais weereens 'n nota aan Preller: "Amice. – Kom sien my dadelik. Die Goewt. Wil L & V toemaak, tensy 'no more opposition and ambiguous enmity'. – E.N.M."[96] Falconer gaan sien ook vir Preller, wat hieroor skryf: "Faulkner het my in ons ou geboutjie kom sien, en ernstig gewaarsku, terwyl Eugène siek was, dat ek nie so erg moes aangaan nie."[97]

Toevallig op dieselfde dag dat Davidson aan Lawley terugrapporteer, kom spreek genl. Botha vir Davidson om een van die regering se stoetbulle te leen. Davidson verneem kwansuis terloops by hom of die Boereleiers "had any projects for a Dutch paper for the pacification of the country". Botha erken toe dat die Boereleiers oorweeg om *Land en Volk* te koop. Davidson verwittig nog dieselfde dag vir Lawley van sy gesprek met Botha.[98] Kort hierna vergader Lawley ook met Botha, en noem aan hom dat hy van hul aanbod aan Marais bewus is.[99]

Twee dae later bevestig Marais in 'n brief aan FitzPatrick dat hy nie in hierdie stadium by die koerant betrokke is nie: "My health has been very poorly of late & and I have consequently been unable to take any interest in public matters."[100] FitzPatrick staan nou bekend as sir Percy, want hy is kort tevore tot sy groot trots deur koning Edward VII tot ridder van die Britse Ryk geslaan "in recognition of your work in connection with the South African War".[101]

Falconer se waarskuwings aan Marais en Preller werp op kort termyn vrugte af, want in die volgende uitgawe van *Land en Volk* verskyn 'n baie vleiende hoofartikel oor Lawley. Luidens die artikel is die nuwe luitenant-goewerneur "humaan, zacht, welwillend, bescheiden en eenvoudig", en besit hy die takt van "een welopgevoed, beminnelijk, onzelfzuchtig mensch".[102] Dit is onbekend wie hierdie artikel geskryf het, maar in die lig van Preller se gesindheid was dit waarskynlik Marais.

Intussen verwittig iemand, moontlik Esselen, vir Marais dat Botha baie ontsteld is omdat Lawley weet van die Boereleiers se geheime gesprek met hom.[103] Marais probeer nou onmiddellik om homself van blaam te onthef. Hy versoek Lawley om vir Botha te verseker "that I had no share directly or indirectly in divulging the matter".[104] Hy skryf ook aan Botha en ontken dat hy die inligting laat uitlek het, en meld dat hy vir Lawley versoek het om dít self aan Botha te bevestig.[105] Hierna skryf hy ook aan Milner:

> The last conversation I had on the matter, (with Botha), although I was pledged to secrecy came, in some inexplicable manner, to the ears of Sir Arthur Lawley, who mentioned it to Botha. I have reason to believe that Botha suspects me of bad faith in the matter.[106]

Maar Marais moet goed weet dat hy vir die uitlekking van die inligting verantwoordelik was. Aangesien Lawley nou in ieder geval van die Boereleiers se aanbod bewus is, voel Marais egter daarop geregtig om Milner ten volle op hoogte van sake te bring, "and I beg to communicate to you in confidence". Hy vertel vir Milner van al die aanbiedinge wat hy vir sy koerant ontvang het, en herhaal sy vrees dat, sou 'n nuwe Hollandstalige koerant in die Transvaal gestig word, *Land en Volk* sal ondergaan nieteenstaande die regeringsondersteuning wat dit tot dusver geniet het. Volgens Marais het *Land en Volk,* ten spyte van sy groot sirkulasie weens die gebrek aan mededingers, £1 200 (R1,2 miljoen) verloor sedert sy herverskyning.[107] Dit is nie duidelik uit die korrespondensie of hierdie bedrag die verlies voor inagneming van die kroonkolonieregering se subsidie is nie.

Volgens Marais is die verlies grootliks te wyte aan die aanvanklike koste om die koerant weer aan die gang te kry, en hy meen dat *Land en Volk* sonder mededingers ná die volgende kwartaal gelyk sal speel. Maar sou *Ons Land* 'n Hollandstalige koerant in Pretoria tot stand bring, sal *Land en Volk* slegs kan oorleef as hy sy drukpers se vermoë verdubbel, met 'n gepaardgaande toename

Regs: Sir Alfred Milner het in 1897 die Britse Hoë Kommissaris van Suid-Afrika geword, 'n pos wat hy tot 1905 beklee het. TAB 30562

Onder: 'n Tipiese straattoneel in Teddington, 'n voorstad in die suidweste van Londen, waar Marais in 1899 gaan woon het. Teddington Society; ook op die voorblad

Regs: Pres. Paul Kruger op die stoep van sy huis in Kerkstraat, Pretoria, kort voor die ABO. Die leeu-standbeeld was 'n geskenk van die mynmagnaat Barney Barnato. TAB 1200

Onder: Lede van die Pretoria-kommando vergader by die kantoor van veldkornet Melt Marais, Eugène se broer, om wapens te kry kort voor die uitbreek van die ABO. Allen

Marais se latere vriend Gustav Preller (sittend) in sy staatsartillerie-uniform tydens die ABO. TAB 5176

Bo: Witboordjiewerkers en perdekarre stroom oor Londenbrug van en na die City, Londen se finansiële distrik, waar Marais blykbaar in 1900 gewerk het. Betjeman

Regs: Lord Kitchener se verskroeideaardebeleid het gelei tot die verwoesting van derduisende Boereopstalle. Grundlingh (a)

Regs: Genl. Horatio Herbert Kitchener, lord Roberts se opvolger as opperbevelvoerder van die Britse magte in Suid-Afrika tydens die ABO. Amery

Onder: Die herehuis op Sherfield Manor, Jim Taylor se landgoed op die Engelse platteland, waar Marais gereeld gekuier het.
Sherfield School

S.A.P. LIBRARY

DE TRANSVAAL VAN BINNEN BESCHOUWD

GEDEELTE I.—EEN PRIVATE GESCHIEDENIS

HOOFDSTUK I

IN VROEGERE DAGEN

Toen, alvorens over te gaan tot uiterste maatregelen ten einde datgene te verkrijgen wat de uitlanders als hunne minste rechten beschouwden, het laatste beroep of de declaratie gedaan was op den 20sten December 1895 in den vorm van het Manifest, uitgegeven door den Voorzitter van de Nationale Unie, bemerkte President Kruger kort, na eene aandachtige overweging van het document, zooals het voor hem vertaald was: Hunne rechten. „Ja, zij zullen ze hebben — over mijn lijk!" En boekdeelen vol van uitlegging konden niet beter de houding en politiek der Transvalers wedergeven tegenover de uitlandsche emigranten.

„L'Etat c'est moi" (Ik ben de Staat) *) is bijna even waar van de oude Dopper-President als het was van hem, die dit het eerst zeide; want in zaken van buitenlandsche politiek en zaken die de Boeren als een partij betrof, had de President even zeker en volkomen zijn zin als eenig koninklijk autocraat. Aan elkeen, die de Boeren en hunne zeden en politiek bestudeerd heeft, — die meer dan gewone aandacht heeft geschonken aan de voorvallen en onderhandelingen van dit jaar †) moet het duidelijk zijn, dat President Kruger iets meer doet dan de opinie van het volk weder te geven en hunne politiek uitvoeren: hij giet ze in elken vorm, die hij verlangt. Door de kracht van zijn eigen sterke overtuigingen en vooroordeelen en van zijn onbuigbaren wil heeft hij de Boeren tot een volk gemaakt, dat hij beschouwt als de kiem der Afrikaansche natie; een volk, gekastijd, uitverkoren, gehard en sterk genoeg om al de volkeren in Zuid Afrika aan

* Gesproken door een der Fransche Koningen.

† Geschreven in 1896.

Die eerste bladsy van *De Transvaal van Binnen Beschouwd.* skrywer se versameling

Bo: In Beira, waar Marais in Mei en Junie 1902 'n paar weke deurgebring het, was spoorkarretjies destyds die mees praktiese manier om op die hawedorp se sandstrate oor die weg te kom. Praagh

Heel bo links: Joseph Chamberlain, die Britse minister van kolonies en lord Alfred Milner se baas. Amery

Heel bo regs: Genl. Christiaan Beyers, na wie se kommando Marais en ander ekspedisielede in die doodsnikke van die ABO wapens en medisyne wou smokkel. Amery

Bo: Marais het in 1901 'n sending beoog na die Boere-krygsgevangenes op St. Helena. Grundlingh (a)

Heel bo links: Pres. M.T. Steyn van die OVS, die grootste bittereinder onder die Boereleiers. Amery

Heel bo regs: Van "generalissimo" Louis Botha het Marais ná die ABO nie 'n hoë dunk gehad nie. TAB 30382

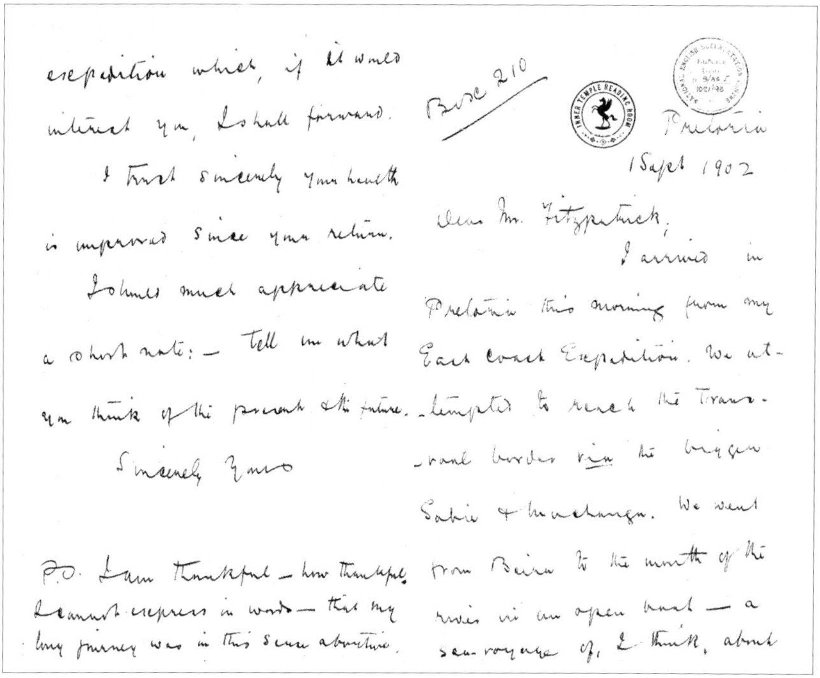
Box 210

Pretoria
1 Sept 1902

Dear Mr. Fitzpatrick,
I arrived in Pretoria this morning from my East Coast Expedition. We attempted to reach the Transvaal border via the rivers Sabie & Muchanga. We went from Beira to the mouth of the river in an open boat — a sea-voyage of, I think, about

expedition which, if it would interest you, I shall forward.
I trust sincerely your health is improved since your return.
I should much appreciate a short note: — tell me what you think of the present & the future.
Sincerely Yours

P.S. I am thankful — how thankful I cannot express in words — that my long journey was in this sense abortive.

Bo: Genls. Jan Smuts (links) en Koos de la Rey was van die Boereleiers wat Marais nie vertrou het om die vrede ná die ABO te bewaar nie. Amery

Heel bo: 'n Gedeelte van die geheimsinnige brief wat Marais aan Percy FitzPatrick geskryf het ná die sending deur Portugees-Oos-Afrika. NELM, FitzPatrick Papers, B/AS 1, 1081/93, Marais – FitzPatrick, 1 September 1902

Bo: Die vier Marais-broers, van links na regs Charles, Hennie, Eugène en Melt, waarskynlik ná die ABO. WITS

Oorkant: Marais se eerste boek is in Augustus 1903 uitgegee met die ondersteuning van lord Milner en die Transvaalse koloniale owerheid. skrywer se versameling

DEEDS OFFICE PRACTICE

OF THE

TRANSVAAL.

The Deeds Office Proclamations, and Deeds Office Regulations with full Notes and later Amendments, Stamp Act, Authentication Proclamation, etc.

BY

EUGÈNE N. MARAIS,

Of the Inner Temple, Barrister-at-Law, Advocate of the Supreme Court of the Transvaal.

PRINTED AND PUBLISHED AT

"LAND EN VOLK" OFFICE,

PRETORIA 1903.

Bo links: Lord Selborne, opvolger van lord Milner as Hoë Kommissaris, en ook 'n ondersteuner van Marais en *Land en Volk.* Praagh

Bo regs: Marais se vriend Charles Falconer is in 1907 deur die nuwe Het Volk-regering as hoof van die Transvaalkolonie se Staatsdrukkery afgedank, iets wat bygedra het tot sy ontydige afsterwe. TAB 27479

Oorkant bo: In die vrugteboord van Sunnyside, lord Milner se woning in Johannesburg, het hy en Marais blykbaar soms gewandel. Praagh

Oorkant onder: Percy FitzPatrick se herehuis Hohenheim in Parktown, Johannesburg, nie ver nie van Hillbrow, waar Marais in 1906 en 1907 gewoon het. Phillips

WINTER NAG.

O koud is die windje en skraal;
En blink in die doflig en kaal,
En zoo wyd als die Heer se genade,
Leg die velde in sterlig en skade,
En hoog op die rande en verspryd in brande,
Is die gras-zaad aan roere soo winkende hande.
O treurig die wysie op die Oostwind se maat,
Soos die stem van 'n meisie in haar liefde verlaat,
In elk gras blaar se vouw blink 'n druppel van douw,
En vinnig verbleek dit tot ryp in die kou.

* * * * *

KLAAS VAAKIE.

Bo: Die onbekende Susanne, hier geskets deur Marais in sy notaboek, met wie hy moontlik in Hillbrow 'n verhouding gehad het. UJ

Links: Marais se beroemdste gedig het oorspronklik op 23 Junie 1905 met die titel "Winter Nag" in *Land en Volk* verskyn. Land en Volk

in personeel en uitgawes: "[T]his should be done as speedily as possible, so that our hold on the country would be assured before any other paper is published here."[108] Hierdie woorde sluit aan by Falconer se motivering van sy afkeuring van dr. Engelenburg se versoek die vorige jaar om *De Volksstem* weer te mag uitgee, wat die vermoede versterk dat Marais 'n hand hierin gehad het.

Marais vra Milner se raad, en verseker hom: "I have no intention of selling & I should only be too happy to keep the thing going & to defy the Cape people, but it would be next to impossible if this continual financial struggling has to continue & if I have personally to continue meeting the loss each month."[109] Marais se kommentaar dat hy alleen die verliese van die koerant moet dra, bevestig dat hy die alleeneienaar is. Waar hy die geld hiervoor gekry het, is 'n raaisel. Hy het platsak van Europa teruggekeer, met sy regspraktyk kan dit ook nie te waffers gaan nie want hy is gedurig siek, en ná die oorlog is die Transvaalkolonie se ekonomie nog bedruk. Moontlik dra FitzPatrick dus uit sy eie sak by, soos hy wel definitief later sal doen.

Net soos in die geval van Chamberlain twee jaar tevore, voel Marais genoodsaak om aan Milner sy mening oor die Boere se gesindheid te gee:

> The good would be mutual in making the paper the medium for Govt. intelligence destined for the Boers. Apart from the good the Government may secure from it, it would undoubtedly strengthen our position greatly as a news organ . . . As to the spirit of the subscribers generally, I find it is much better than I anticipated. There is naturally much bitterness, still the general feeling seems to be a desire to settle down & work in peace. The Boers . . . seem almost to have forgotten the war to judge by our correspondence.[110]

Intussen het Milner besluit om die Wetgewende Raad (wat op hierdie tydstip net uit staatsamptenare bestaan) tot dertig lede te vergroot en om veertien lede uit die burgerlike samelewing te benoem. Vyf van die burgerlike aanstellings is vir verteenwoordigers van die Boerebevolking bestem, en Milner nooi genls. Botha, Smuts en De la Rey om in die raad te dien. Die ander twee uitnodigings gaan aan genl. Andries Cronjé, die National Scout-broer van genl. Piet Cronjé, en H.P. van Rensburg, 'n groot grondeienaar in die Transvaal wat ook tydens die oorlog 'n hendsopper was.[111] Daar is egter geen aanduiding in die korrespondensie tussen Milner en Lawley dat eersgenoemde in enige stadium vir Marais oorweeg het vir hierdie raad nie. Dit lyk dus of Marais se drome in Londen van 'n toekomstige politieke loopbaan niks meer as net dit was nie.

Die generaals

Op 13 Februarie 1903 val Preller Chamberlain weereens skerp aan in 'n hoofartikel. Soos sal blyk, doen hy dit skynbaar in opdrag van die Boereleiers. Volgens Preller het die "groot praatjes van den entoesiastische redenaar ... geen bekoring meer". Hy meen dat Chamberlain alle Afrikaners beledig het deur te verklaar dat die Boere onder die Kruger-regering nie bekend was met eerlike staatsamptenare nie. Die "grooten staatsman" en "rijks belastinggaarder" is nie die man "om hier bij ons voor zedemeester" deur te gaan nie, aldus Preller. Volgens hom het Chamberlain valse verwagtinge geskep waaraan hy nie voldoen het nie, en diegene aan wie se opinie hy hom nie steur nie, het hom geoordeel.[112]

Marais moet nou onmiddellik vure doodslaan. Drie dae later skryf hy aan Milner dat die Boereleiers sy vergunning misbruik het "to insert political articles, without my direct knowledge, which could have no possible bearing on the motive they originally suggested, which had induced me to sanction the arrangement. I immediately gave instructions cancelling my former order & have not since heard from them."[113] 'n Mens wonder of Marais nou die ironie van die situasie insien. 'n Dekade tevore was hy die onverskrokke jong joernalis wat vir pres. Kruger en sy regering aangevat het; nou moet hy die jong Preller terughou wat dieselfde met Milner en die kroonkolonieregering wil doen.

Marais voel ook nou verplig om sy mening oor die verhouding tussen genls. Botha, Smuts en De la Rey aan Milner te gee:

> They do not seem to be getting on very well together, however. In fact their whole conduct is very disheartening to any one who treasured very high ideals of their character. They strike me as being, on the one hand, alarmed at the prospect of sacrificing the confidence of their own people, & on the other they are suspicious of each other; – anxious lest one of them should come forward & monopolise any offices or honours the Government may wish to grant.[114]

Verder verwittig hy vir Milner dat dr. Engelenburg van *De Volksstem* hom ook nou met twee voorstelle genader het. Die eerste is dat *De Volksstem* – wat Engelenburg hoop om binnekort weer uit te gee – en *Land en Volk* saamsmelt; die tweede dat Engelenburg *Land en Volk* geheel en al uitkoop. Volgens Marais het Engelenburg finansiering uit Europa gekry en gaan die beleid van *De Volksstem* anti-Brits wees.[115] Marais probeer dus nou doelbewus keer dat *De Volksstem* weer verskyn.

Vermoedelik vertel Milner vir FitzPatrick dat die Boereleiers vir die negatiewe artikels oor Chamberlain verantwoordelik is, want die dag ná Marais se brief aan Milner verskyn 'n heftige hoofartikel getiteld "Two Voices"[116] in die *Transvaal Leader,* die Johannesburgse oggendkoerant wat Wernher-Beit kort voor die oorlog gestig het. Met verwysing na die hoofartikel in *Land en Volk,* meen die koerant "it is not difficult to discern that hand which has been pulling the strings in Pretoria". Die koerant beskuldig die Boereleiers daarvan dat hulle in die openbaar verklaar dat hulle kwansuis lojale Britse onderdane is, terwyl hulle agteraf teen die Britse regering konkel.[117] Na aanleiding van hierdie berig verduidelik Marais ook kort hierna aan FitzPatrick wie vir die hoofartikel in *Land en Volk* verantwoordelik was:

> The [*Land en Volk*] article quoted from in the "Leader" was a consequence of my carelessness. I wish to tell you the whole story in confidence, & publicly of course I shall take the responsibility, but knowing facts you will be enabled to judge how disheartening it is to work with the Boer leaders, of whose character I had formed the highest ideal . . . I had the same confidence in their good faith that I had in the good sense of my editor . . . When I meet you I shall tell you another story that will, I am sure, destroy in your mind any good opinion you may have had of these men, – as it had in mine.[118]

Dit is onbekend watter ander storie oor die Boereleiers dit is waarna Marais hier verwys. Daar is verskeie moontlikhede. Een is dat dit verband hou met H.P. Breytenbach se bewering dat hy voor die oorlog genl. Botha omgekoop het om ten gunste van die verlenging van die dinamietkonsessie te stem. Soos voorheen gemeld, het genl. Botha se swaer Edwin Emmett hierdie aantyging in 1900 voor die Transvaal Concessions Commission gemaak. Kort ná die vredesluiting het Jimmy Roos, Marais se voormalige vennoot en nou Botha se prokureur, vir laasgenoemde op hierdie aantyging in die kommissie se verslag gewys. Botha het Breytenbach na Pretoria laat ontbied en hom sover gekry om 'n beëdigde verklaring af te lê waarin hy ontken het dat hy ooit so iets vir Emmett gesê het.[119] Maar dit lyk of hierdie storie nou weer kop uitgesteek het, want Botha sal twee maande ná hierdie brief van Marais aan FitzPatrick die moeite doen om ook 'n beëdigde verklaring van Emmett te verkry waarin laasgenoemde sy aantygings terugtrek, en wat Botha in die plaaslike en oorsese pers laat plaas. "I do not remember having made the said statements," verklaar Emmett, "but if I have done so I apologise for having made them, as I know them to be absolutely untrue."[120] Agter hierdie stelling is daar sekerlik 'n ander storie. Hoekom sou Emmett in die eerste plek sulke ernstige aantygings teen sy swaer gemaak het, en nou beweer dat hy nie eens kan onthou dat hy dit gedoen het nie? Dit is egter nog nie die einde van die storie nie; soos sal blyk, lei hierdie aantygings vier jaar later tot 'n dramatiese hofsaak waarby *Land en Volk* betrek sal word. 'n Ander moontlike storie is genl. De la Rey se beweerde grondspekulasie in samewerking met die Joodse magnaat Sammy Marks tydens die oorlog.[121]

Maar soos Marais se latere uitsprake oor die Boereleiers en hul toekomstige party Het Volk se motiewe sal toon, hou die storie waarna Marais hier verwys meer waarskynlik verband met iets wat hy nou oor hul planne gehoor het. Moontlik is dit dat die Boereleiers, soos die *Transvaal Leader* beweer het, in die geheim planne smee (soos met hul poging om beheer van die Hollandstalige pers in die Transvaalkolonie te verkry) om Afrikaners teen Britse bewind op te stook en sodoende hul beloftes in die vredesverdrag verbreek. Soos sal blyk, het Marais deurgaans gevrees dat die Boereleiers die Afrikanervolk opnuut in 'n krisis sal dompel.

Maar wat dit ook al is waarna Marais verwys, dit is na sy mening so erg dat hy nooit weer in privaatheid 'n goeie woord oor die Boereleiers teenoor Milner te sê het nie. *Land en Volk* sing egter in die openbaar 'n ander deuntjie en berig oor die "goeden naam der Boeren Voormannen, die het volkomen algemeen vertrouwen bezitten".[122] Ná hierdie gebeure voer Marais en Preller vermoedelik 'n ongemaklike gesprek, want Preller begin nou sy redakteurskap van *Land en*

Volk heroorweeg. Genls. Botha, Smuts en De la Rey wys ook Milner se aanbod van aanstellings in die Wetgewende Raad van die hand.[123]

Vanaf hierdie tydstip raak *Land en Volk* se beriggewing oor die werksaamhede van die Britse owerheid heelwat gunstiger. In die uitgawe ná Marais se brief aan FitzPatrick meld die hoofartikel dat die werkverrigting van die kroonkolonieregering se repatriasiedepartement, wat lenings aan Boere toestaan en hulle van vee en saad voorsien, nou baie verbeter het. "Wij achten ons gelukkig in staat te zijn met de grootste vrymoedigheid te verklaren dat alle amptenaren met wien wij in aanraking kwamen, zich voorkomend en hulpvaardig betoonden, en alles in hun macht deden om den man te helpen."[124] In die volgende uitgawe berig die koerant dat lord Milner se regering onverpoosd werk om die land se spoorstelsel uit te brei en ook besig is met ander groot openbare werke.[125] In die lig van Preller se houding is dit waarskynlik Marais wat hierdie artikels skryf.

Die *Cape Times* en *De Volksstem*

Einde Februarie 1903 gaan Marais na Johannesburg om 'n afspraak met Milner na te kom. Maar die Hoë Kommissaris is siek en ontvang nie besoekers nie.[126] Marais besluit om dan maar vir FitzPatrick te gaan sien. Ook hier beland hy voor dooiemansdeur – FitzPatrick is weg op 'n sakereis. In Heath's Hotel in Johannesburg skryf hy toe maar 'n brief aan FitzPatrick waarin hy hom op hoogte bring van die aanbiedinge vir *Land en Volk*. Marais herhaal sy mening dat *Land en Volk* sal sneuwel as 'n mededinger op die toneel verskyn. In so 'n geval is al kans op oorlewing om die koerant se drukpers te vergroot, wat hy skat ongeveer £5 000 (R5 miljoen) sal kos. Dit sal *Land en Volk* in staat stel om kommersiële drukwerk te doen om sodoende die verlies op die koerantbedrywighede te subsidieer. Maar Marais maak dit duidelik dat hy nou eintlik sou verkies om te verkoop, en eindig sy brief op 'n neerslagtige noot:

> From a financial point of view I see that all the years I spent in keeping "Land and Volk" alive were wasted, & it is questionable whether I did any good at all ... I have a chance of getting some return – a very little one – for the years I devoted to the thing whole-heartedly; and on the

> other hand the motive is no longer so strong that I would labour at English reporting (as I did) to meet the loss on "Land en Volk." This is how I thought on the matter. I tell it to you frankly & honestly, but in confidence, & I feel certain Jim [Taylor] will not blame me.[127]

FitzPatrick antwoord hom blykbaar kort hierna, maar sy brief het nie behoue gebly nie. Dit blyk egter uit 'n opvolgbrief van Marais aan FitzPatrick op 2 Maart dat laasgenoemde onder meer daarin navraag gedoen het oor wie Marais se kontakte in Beira en Machanga is. Hoekom hy dit wou weet, is onbekend, maar Marais verskaf aan hom die kontakbesonderhede van Costa in Machanga asook dié van ene Brown, die eienaar van die Beach Hotel in Beira.[128]

Milner skryf op 6 Maart aan Marais en vra om verskoning dat hy hulle vergadering moes afstel. Hy is nou onderweg na Bloemfontein en gaan vir ten minste twee weke weg wees, skryf hy, en hoop om Marais ná sy terugkeer te sien. Sou daar egter intussen enigiets voorval wat op *Land en Volk* se toekoms betrekking het, moet Marais vir Davidson gaan sien.[129] Dat Milner iets spesifieks in gedagte het, blyk uit 'n nota wat hy nog dieselfde dag aan Davidson skryf. Volgens Milner het Falconer hom meegedeel dat Fred St. Leger, mede-eienaar en sakebestuurder van die *Cape Times,* moontlik binnekort 'n aanbod aan Marais gaan maak om *Land en Volk* te koop. Milner is besorg dat die transaksie deur die mat kan val omdat Marais nie sonder sy toestemming die koerant sal verkoop nie. Hy versoek dus dat, as St. Leger wel 'n redelike aanbod maak, Davidson dit moet toelaat.

> He [St. Leger] may not make much of it, but its [*Land en Volk* se] contents under him cannot very well be less favourable to us and might be very much more so than under its present management. Indeed, if it continued in the same tone as it has done lately, it would be impossible for us to continue to support it. My only reason for not making more row is that I have been anxious to give the thing time to develop.[130]

Dit is onbekend wat die agtergrond van die *Cape Times* se moontlike aanbod was. Wernher-Beit het wel die vorige jaar die *Transvaal Leader* aan die *Cape Times* verkoop in ruil vir aandele in laasgenoemde, en sodoende 'n beduidende aandeelhouer daarin geword.[131] Vermoedelik het FitzPatrick onderneem om hierdie aanbod te probeer bewerkstellig ná Marais se brief aan hom. Soos sal blyk, het niks egter hiervan gekom nie.

Intussen het dr. Engelenburg toestemming gekry om *De Volksstem* weer uit te gee, en op 11 Maart verskyn die eerste naoorlogse uitgawe.[132] In 'n interessante toeval kry James O'Brien, die voormalige redakteur van *Land en Volk* en nou 'n vertaler by die Hooggeregshof, ook toestemming van die kroonkolonieregering se regsdepartement om in sy vrye tyd die hoofartikels van *De Volksstem* in Engels te vertaal vir publikasie in daardie koerant.[133]

'n Bekgeveg

Kort ná die eerste 1903-uitgawe van *De Volksstem* vind A.E. Perkins, die plaaslike korrespondent van die Londense *Morning Post,* uit van die Boereleiers se plan om beheer oor die Hollandstalige pers in die Transvaal te verkry, en stuur hieroor 'n kabelgram aan sy koerant. Volgens Perkins wil die Boereleiers die pers gebruik om 'n vyandige veldtog teen die Britse owerheid te loods. Die generaals ontken dit onmiddellik.[134]

E.F. Knight, 'n spesiale korrespondent van die *Morning Post,* besoek Marais die oggend van 25 Maart 1903 om sy kommentaar hieroor te kry. Die volgende dag maak die *Pretoria News* dit bekend dat Marais aan Knight erken het dat Botha en Smuts wel aangebied het om *Land en Volk* te koop.[135] Maar Marais ontken dit terstond in 'n heftige brief wat die *Pretoria News* op 27 Maart publiseer. Volgens Marais het hy bloot aan Knight genoem dat die Boereleiers aan hom gesê het dat die Afrikanervolk graag 'n mondstuk wil hê waarin hulle vraagstukke soos die taal- en onderwyskwessie kan bespreek.[136] Marais meld verder dat Knight hom ook meegedeel het dat sy kollega Perkins die inligting gekry het by 'n baie betroubare informant wat dit glo by Marais gehoor het. Vermoedelik is hierdie informant Falconer, wat vanweë sy vroeëre joernalistieke loopbaan 'n bekende in perskringe is. Marais ontken ook hiérdie bewering in sy brief en meld dat hy by Knight aangedring het om die informant te ontmoet, wat nog nie gebeur het nie. Marais voeg by dat die Boereleiers se gesprekke met hom geensins 'n geheim was nie, en dat Lawley en Milner in elk geval daarvan bewus was. Marais meld ook dat hy Lawley versoek het om vir Botha te verseker dat dit nie hy (Marais) was wat hom van hierdie gesprekke vertel het nie.[137] Maar met dié stelling weerspreek Marais hom eintlik – as die gesprekke tussen hom en die Boereleiers nie 'n geheim was nie, hoekom het hy dit dan nodig geag om so 'n versoek aan Lawley rig?

Die redakteur van die *Pretoria News* skryf in dieselfde uitgawe:

> We don't suggest Marais acted in an improper manner . . . If the Africander party must have an 'organ' we can only suggest that the party is likely to gain more from a newspaper edited by Mr. Marais – the attitude of whose journal before the war was appreciated by all honest men – than from a journal in the hands of a gentleman who frankly admits that he dare not disclose his policy because the Peace Preservation Act is hanging over his head like a sword of Damocles.[138]

Die "gentleman" na wie die koerant verwys, is dr. Engelenburg, die redakteur van *De Volksstem,* wat in sy eerste hoofartikel hierdie stelling gemaak het.[139] Moontlik is Marais nie juis vreeslik ingenome met hierdie openbare blyk van waardering deur 'n pro-Britse Engelstalige koerant nie.

Ook op 27 Maart trek Marais in 'n hoofartikel met die opskrif "Leugens" in *Land en Volk* teen Perkins van die *Morning Post* te velde. Marais ontken dat daar enigiets geheim of sinister aan die Boereleiers se optrede was, want hulle het lank reeds hul begeerte om 'n persorgaan te besit wat Afrikaners se menings weerspieël, met Milner bespreek, en laasgenoemde sien geen kwaad daarin nie. Marais roskam Perkins behoorlik: hy is kinderagtig, onverantwoordelik, jonk en onervare, daarop uit om sensasie te skep, en die hele saak is bokant sy verstandelike vermoëns.[140]

Die Engelstalige koerante in Johannesburg verlustig hulle in die storie. Die *Transvaal Leader* nader Smuts vir kommentaar oor Marais se erkenning dat daar gesprekke tussen hom en die Boereleiers oor sy koerant plaasgevind het. Smuts gee nou toe dat daar wel sulke gesprekke was, maar voer aan dat dit slegs oor die moontlike samesmelting van *Land en Volk* en *De Volksstem* was, aangesien hy gevoel het dat dit nie sin maak dat twee Hollandstalige koerante om dieselfde lesers meeding nie.[141]

Volgens Rousseau was die uitlek van die nuus oor die Boereleiers se aanbod aan Marais vir hom 'n dubbele slag: nie alleen het die geleentheid verdwyn om *Land en Volk* teen 'n goeie prys van die hand te sit nie, maar hy was nou nog meer verdag as ooit tevore by die Britse owerheid.[142] Albei hierdie stellings is egter onjuis. Nie alleen het Marais self die inligting laat uitlek nie, maar soos later sal blyk, was hy in elk geval nooit van plan om sy koerant aan die Boereleiers verkoop nie. Verder het die gesprekke tussen Marais en die Boereleiers hierna nog maande lank voortgeduur, alhoewel hy nou waarskynlik by húlle, en nie by die Britse owerheid nie, verdag was.

Milner se onderwysplanne

Intussen het Milner 'n voorgestelde nuwe onderwyswet bekend gemaak waarvolgens Engels die primêre onderrigtaal in staatskole sal word en onderwys in Hollands tot drie uur per week beperk sal word. Verder sal ouers geen inspraak in die aanstelling van skoolkomitees of onderwysers hê nie, en regeringsinspekteurs sal die reg hê om privaat skole te sluit indien hulle nie aan sekere vereistes voldoen nie.[143] Milner se voorneme is om Hollands te onderdruk en van die Boere lojale Britse onderdane te maak. "Given equality all round, English must prevail," het hy reeds vier jaar tevore aan FitzPatrick geskryf.[144] Milner wil dus die onderwysstelsel gebruik om die Boere se kinders te verengels.

Die voorgestelde nuwe onderwyswet lei onmiddellik tot groot ontevredenheid onder Afrikaners en gee stukrag aan die Christelik-Nasionale Onderwysbeweging wat hom daarvoor beywer om Hollandse privaat skole vir Afrikanerkinders te stig. Die CNO-beweging word gelei deur 'n kommissie onder voorsitterskap van ds. H.S. Bosman, waarin genl. Smuts ook dien.[145] In net 1903 sal die 23 bestaande CNO-skole met sowat 400 leerlinge tot 151 skole met 5 328 leerlinge toeneem.[146]

Milner ontbied Marais in Maart 1903 na Johannesburg om sy steun vir die nuwe wet te werf. Marais het later vir Preller vertel wat hulle bespreek het, en Preller het 'n gedetailleerde aantekening hieroor gemaak. Volgens Marais het hy botweg geweier om Milner se beleid te ondersteun. Milner het hom toe gevra om dan eenvoudig niks daaroor te skryf nie, en hom gewaarsku dat dit ernstige gevolge vir hom en die koerant sou inhou indien hy dit wel doen. Volgens Marais het hy ook geweier om hierdie onderneming te gee. Toe Marais later die aand in Pretoria uiteindelik in die bed gekom het, in die greep van 'n malaria-aanval, het hy gedink: "Laat Gustav maar skryf."[147]

In *Land en Volk* verskyn daar dan die volgende maand 'n kritiese hoofartikel oor die voorgestelde nuwe onderwyswet. In wat vermoedelik sy laaste *Land en Volk*-hoofartikel is, spreek Preller die mening uit dat die Afrikanervolk niks goeds van die wet kan verwag nie. Bo en behalwe die kwessies van Engelse onderrig en die gebrek aan ouer-inspraak in die aanstelling van skoolkomitees en onderwysers, het Preller ook 'n probleem met die kroonkolonieregering se voorneme om slegs staatskole te ondersteun. Preller voel dit is onregverdig: privaat skole moet ook met staatsgeld ondersteun word sodat ook hulle tot voordeel van die land sal strek. Net soos in die sakewêreld, skryf Preller, is mededinging in die onderwys 'n goeie ding.[148]

Du Toit[149] en Rousseau[150] gebruik albei Preller se aantekening oor Marais en Milner se gesprek om aan te toon dat Marais, ten spyte van die finansiële ondersteuning wat *Land en Volk* van die kroonkolonieregering gekry het, aan die Afrikanersaak getrou gebly het. In teenstelling met Du Toit en Rousseau meld Preller self egter nie hierdie insident in sy lewenskets van Marais nie, wat baie eienaardig is aangesien hy die een is wat die aantekening gemaak het. Hierdie weglating is nog meer eienaardig in die lig daarvan dat Preller graag vir Marais as 'n taalstryder en ware Afrikaner uitgebeeld het. Die rede hiervoor is vermoedelik dat Marais en *Land en Volk* kort hierna 'n skerp ommeswaai gemaak het oor Milner se onderwysbeleid, soos sal blyk.

Preller bedank

Dr. Engelenburg hernu nou sy aanbod aan Marais, en op 9 April 1903 skryf Marais hieroor aan FitzPatrick: "Your letter arrived just in time. The Volksstem had only one difficulty still, the removal of which would I think have removed all my objections to a sale." Hy deel FitzPatrick ook mee dat hy nog nie weer van die Boereleiers gehoor het nie.[151] FitzPatrick se antwoord aan Marais kon ek nie opspoor nie, maar uit latere gebeure wil dit voorkom of FitzPatrick nou finansiële hulp aan Marais belowe het, want hierna oorweeg laasgenoemde dit nie meer om *Land en Volk* te verkoop nie en vergroot hy die koerant se aanleg.

Twee dae later bedank Gustav Preller om by *De Volksstem* te gaan werk.[152] Preller het sover bekend nooit later verduidelik hoekom hy ná slegs sewe maande by *Land en Volk* weg is nie. Volgens Du Toit het Preller op spesifieke versoek van genl. Botha by *De Volksstem* gaan werk.[153] Marais verwys egter na 'n ander rede in die brief wat hy twee dekades later aan Preller geskryf het oor laasgenoemde se beoogde lewensketts van hom: "As U wil iets sê begin dan met die tyd van ons ontmoeting en die band wat daar tussen ons ontstaan is en nie (teenstaande die diepste politiek verskil) ooit gebroke is."[154] Marais laat ook kort ná Preller se bedanking in 'n brief aan Milner deurskemer dat hy en Preller dinge nie in dieselfde lig gesien het nie:

> I have after a vast amount of trouble secured a new editor in the person of Mr J.S. Rabie, a clever young Free Stater with a European education, of whom your Lordship may have heard in pre-war days. He starts work immediately. His ideas agree with mine in all respects: To accept the conquest frankly & honestly & to assist the Government more especially with reference to that part of its administration relating to Boer affairs. Politics will be strongely discouraged in the meantime & we will preach to them continually that their first & chief purpose must be to regain their material prosperity.[155]

Die 35-jarige Rabie het aan die universiteite van Cambridge en Bonn gestudeer, waarna hy redakteur was van die Hollandse gedeelte van die Bloemfonteinse nuusblad *De Express*. Hy het gedurende die eerste jaar van die oorlog in die Vrystaatse magte gedien, en is ná die oorgawe van genl. Marthinus Prinsloo in 1900 na 'n krygsgevangekamp in Ceylon gestuur.[156] Met Rabie aan die stuur neem *Land en Volk* aanvanklik 'n meer gematigde houding aan, en is dit vermoedelik nie meer vir Marais nodig om gereelde vermanings aan sy redakteur te stuur nie. Volgens Rousseau "eindig Marais se belangstelling in *Land en Volk* met Preller se vertrek",[157] alhoewel hy die koerant eers byna drie jaar later verkoop. Hierdie stelling is egter baie ver van die kol, soos getoon sal word.

Die verhouding tussen Marais en die kroonkolonieregering verbeter nou blykbaar onmiddellik, want *Land en Volk* kry kort hierna opdrag om 1 000 pamflette van een van Chamberlain se Suid-Afrikaanse toesprake te druk.[158] Milner sien ook nou af van Chamberlain en genl. Ben Viljoen se plan om 'n tweetalige koerant met 'n versoenings-en-vredesbeleid in die Transvaalkolonie te loods.[159]

Maar die Boereleiers het nog nie tou opgegooi nie. Op 18 April skryf Smuts aan Leyds in Nederland dat die Boereleiers *Land en Volk* en *De Volksstem* wil koop en die twee saamsmelt in 'n nasionale blad wat die Afrikanersaak bevorder, met Engelenburg as hoofbestuurder en redakteur. Smuts reken dat dit ongeveer £10 000 (R10 miljoen) sal kos om albei koerante uit te koop.[160] Maar wat Smuts nie weet nie, is dat Marais geen voorneme het om sy koerant te verkoop of met 'n ander een te laat saamsmelt nie, want kort hierna deel laasgenoemde Milner mee dat hy nou besluit het om so lank as moontlik met *Land en Volk* aan te gaan. "On the whole I have no longer any fear about our future if only we can survive a little while, until the prosperity of the Boers generally is more assured," skryf hy. Marais voeg by dat *De Volksstem* se verskyning toe ook nie so nadelig vir *Land en Volk* se leserstal was as wat hy aanvanklik gevrees het nie.[161]

Milner oortuig Marais

Op 23 April 1903 verskyn daar in die Londense *The Times* 'n brief van E.B. Sargant, die Transvaalkolonie se direkteur van onderwys, wat nou op besoek in Brittanje is. Hierin bepleit Sargant dat skole en kolleges wat op die lees van Eton en Oxford geskoei is in die Oranjerivier- en Transvaalkolonies gestig moet word, instellings wat die "spirit of belief in the high destiny of England and the British race" sal uitlewe en dit by leerders sal inprent.[162] Marais skryf 'n week later aan Milner dat die Algemene Sinode van die Verenigde Kerk,[163] wat op daardie tydstip in Pretoria vergader en ten nouste by die CNO-beweging betrokke is, "are much irked over Mr. Sargant's 'Times' letter & there will be a storm-in-a-tea-cup over it beyond question".[164]

Kort hierna skryf Marais ook aan Milner dat die indruk onder Afrikaners bestaan dat die kroonkolonieregering die land met ingevoerde Engelse onderwysers wil oorstroom om sy verengelsingsbeleid te implementeer. Milner ontken dit. Al rede hoekom onderwysers uit Brittanje na die Transvaalkolonie gestuur word, is dat daar nie genoeg plaaslike onderwysers beskikbaar is nie, antwoord hy Marais. In elk geval is ongeveer die helfte van die onderwyserskorps Afrikaners, voeg hy by. En verder is die kroonkolonieregering besig om nog Afrikaneronderwysers by sy nuwe Normaalkollege op te lei. "A large number of them, who have passed through the Normal School – I understand they are mostly of Dutch race – will be sent out to positions as teachers within a month or two."[165]

Op 15 Mei vergader 'n afvaardiging van die Verenigde Kerk met Lawley, Davidson en Fabian Ware, die waarnemende direkteur van onderwys, en lê 'n versoekskrif aan die kroonkolonieregering voor. Die versoekskrif eis onder meer dat leerlinge in staatskole minstens vyf uur per week in Hollands onderrig word, dat ouers die skoolkomitees kies, en dat regeringsinspekteurs geen reg mag hê om privaat skole te sluit nie.[166] Die regeringsverteenwoordigers hou egter voet by stuk en maak slegs geringe toegewings, soos dat, in skole waar ten minste driekwart van die ouers dit versoek, hulle adviserende ouerkomitees mag benoem, maar dat hierdie komitees geen besluitnemende magte sal hê nie.

Die dag ná die Verenigde Kerk hul versoekskrif aan die kroonkolonieregering voorgelê het, beantwoord Marais Milner se brief:

> You will pardon me for acknowledging that I all along had a strong suspicion that your Educational scheme had its origin in political ideas; that the Government influenced by some latent fear of future unrest & rebellion was devising their Educational scheme specially with a view to obviating this, & any system which did not have education for its one object could not be the best. This suspicion you have removed entirely. I do believe that you mean it well with my people.[167]

Na aanleiding van hierdie brief van Marais versoek Milner skynbaar dat *Land en Volk* nou die nuwe onderwysbeleid met gunstige artikels ondersteun, en dat Marais hieroor met Fabian Ware gesprek voer. Marais stem hiertoe in, en verklaar sy posisie onomwonde aan Milner:

> You may depend on it, that as far as I am concerned, the matter will not fall through. I see quite clearly, so that I am convinced there is no ulterior political motive behind the scheme of the Government – that the efforts of the Church, if successful, can only result in one thing: our people being left behind in the race of civilization. They will be unable to compete for any of the prizes which your system, as the state system, will

certainly offer. They will have less chance of entering any of your technical and industrial schools than those who received their elementary education in your schools, for it is only reasonable to suppose that the technical and industrial schools will form part of your integer of education. They will have less chance of state appointment, & will in fact be excluded from all the prizes open to the better-equipped man. I think I shall suggest to Mr Ware the writing of the articles in collaboration. If he confines himself to a history of the Government's intentions I shall put this side of the question before them [*Land en Volk* se lesers].[168]

Milner se man

Ook in Mei 1903 deel Marais vir Milner mee dat daar 'n algemene gevoel onder sy volksgenote bestaan dat Milner nie van hulle as volk hou nie. Marais stem saam dat daar gebreke in die Boere se volksaard is:

> O, I know all their bad qualities. I fought long enough against them to know them upside down. I know their untruthfulness, their avarice, their want of a sense of humour.[169]

Maar Marais is daarvan oortuig dat hierdie gebreke onder die beskawende invloed van opvoeding en verfyning sal verdwyn. As dit waar is dat Milner nie van Afrikaners hou nie, skryf Marais, wil hy hom aanmoedig om met een of twee ware Boere gesprek te voer, iets wat hy glo Milner se opinie sal verander. Weereens kry Marais 'n stekie na die Boereleiers in, want volgens hom sal die ware bittereinders Milner se beste vriende word, "not the Leaders, who had to remain through the force of circumstance".[170]

Marais glo blykbaar dat die Boereleiers bloot toevallig deur die toedoen van die oorlog hul leiersposisies bereik het. Baie jare later het hy ook in 'n resensie van 'n boek oor genl. Smuts die mening uitgespreek dat laasgenoemde ewig dankbaar behoort te wees omdat 'n sameloop van omstandighede grootsheid op hom afgedwing het. Marais het ook in hierdie resensie gemeld dat daar onder Afrikaners 'n groot meningsverskil oor Smuts se vermoëns as militêre leier is.[171]

In die voorgemelde brief skryf Marais voorts dat hy glo dat Milner die enigste persoon is wat oor die karaktertrekke beskik wat die haat tussen Boer en Brit kan besweer: "I cannot imagine any one coming into close contact with you without being your friend."[172] 'n Mens sou graag wil dink dat Marais hier tong in die kies skryf, maar uit die res van sy brief, asook uit latere korrespondensie, blyk dit dat hy werklik ernstig is.

Met hierdie uitspraak kan Marais amper as 'n erelid van Milner se sogenaamde "kindergarten" beskou word. Die kindergarten is 'n groep jong Britse vrygeselle wat, soos Milner, aan die Universiteit van Oxford gestudeer het, en deur hom in verantwoordelike poste in die Transvaalkolonie se staatsdiens aangestel is.[173] Volgens Robert Brand, later lord Brand, een van die lede van die kindergarten, het Milner die vermoë gehad "[to] inspire all those who worked with him with admiration and affection". 'n Ander lid, Josiah Wedgwood, het ná sy eerste ontmoeting met Milner verklaar: "I simply love him." Selfs Leo Amery het byna sy lonende pos by *The Times* prysgegee om deel te neem aan die opwinding van die kindergarten, wat hy as verslaggewer waargeneem het. Volgens Amery was hy veral aangetrek deur Milner se "overwhelming kindness and understanding".[174] Blykbaar het Milner 'n soortgelyke indruk op Marais gemaak.

Ondanks sy strawwe werkslas doen Milner 'n paar dae later die moeite om Marais in 'n lang brief te antwoord. Hy ontken dat hy nie van die Afrikanervolk hou nie, maar erken dat sekere Boereleiers se manier van onderhandeling hom teen die bors stuit, veral hul neiging "not only to over-reach in a bargain but to assume that the man, with whom you are bargaining, is also trying to over-reach, that he must have something up his sleeve, must be trying to 'do you down'". Milner skryf ook dat hy groot waardering het vir die Boere se patriotisme, dapperheid, vindingrykheid, uithouvermoë en waardigheid. Wat hom persoonlik betref, glo hy egter dat die verlede moontlik altyd in die pad van 'n beter verhouding tussen hom en die Afrikanervolk sal staan. Milner eindig sy brief met 'n versoek: "Meanwhile, whatever you or others, who are able to take an impartial, and even a kindly, view of me, can do, to remove suspicion and to pave the way for a better understanding, will be a real service, not only to me – that is a minor consideration – but to the country in which we live together."[175]

Marais beantwoord hierdie brief op 27 Mei. Volgens hom is die verlede nie so 'n groot hindernis as wat Milner dink nie. As voorbeeld meld hy 'n jagtog wat hy sopas met van sy mees patriotiese en bevooroordeelde volksgenote onderneem het en waartydens hy hul gevoel oor landsake gepols het. Dit het hom oortuig gelaat "that the leadership of the Boers is open to you; you only have to step into it". Volgens Marais is daar in die Boere se geskiedenis talle voorbeelde waar hul ergste vooroordele deur leiers met sterk persoonlikhede oorkom is, soos in die geval van pres. T.F. Burgers, sir Theophilus Shepstone en pres. Kruger.[176] Marais wys Milner daarop dat Kruger tot die mees ongewilde deel van die bevolking behoort, die klein Doppergemeenskap wat deur die res van die Boere sowel as die Engelse verag is. Maar Kruger het dit te bowe gekom deur die Boere te oortuig dat hy hulle kan beskerm teen die gevare wat hulle bedreig. Marais glo dat Milner dieselfde sal kan vermag.

> I flatter myself that I know my own people well and that I have not overestimated your "personal magnetism". I have seldom been mistaken in gauging beforehand the probable effect any man or measure would have on them, and I have never been more certain of anything than I now am of your success.[177]

Oor die Boereleiers huldig Marais 'n ander mening:

> As far as the Generals are concerned, – they have long since sold their reputation for a song. I did not meet a man anywhere who had not found them out, or at least had a strong suspicion that they were one and all working selfishly for their own ends.[178]

Marais moedig Milner aan om 'n paar toonaangewende Boere op die platteland te besoek en so ver as moontlik met hulle Afrikaans te praat. As Milner hulle kan oortuig dat hy nie as hul veroweraar kom nie, maar as die voorstander van hul belange, met geen bybedoelings om hul godsdiens of taal te ondermyn nie, sal hulle hom onmiddellik as hul leier aanvaar. "The Boer character is not difficult to understand," volgens Marais. "It will need some 'playacting' on your part, but the end is so big that the means might well be justified." Marais belowe om so ver hy kan vir Milner te help om sy regmatige leierskapsrol in te neem:

> In the paper I can only follow your lead, otherwise I should only do more harm than good. But with or without assistance the end is assured if you adopt the means. You will not mistake my meaning. I do not think nor do I wish, that you will make real Britishers of them, with the imperial patriotism Mr. Chamberlain hopes for, and that you will destroy all national aspirations. But you will not look for that in the meantime. Our views coincide in so far that I will feel they are secure from evil influences while they look to you as their leader, – influences which might in the near future plunge them into still deeper misfortune.[179]

Kort hierna skryf Marais weer aan Milner oor die "evil influences"[180] na wie hy in sy vorige brief verwys het, naamlik genls. Botha, Smuts en De la Rey.

> The Boer meetings are just what I told you. The Generals apparently make no secret of it. The people have had so little to do with them of late that they are afraid of losing even the semblance of leadership. They fear it not so much on account of our people as on account of the Government. They are very anxious that you should remain under the erroneous impression that they are still the leaders & representatives of the Boers as they were in the war. The whole thing, therefore, is quite artificial. If you had to hold a rival meeting on the same day in the same district I am quite sure you would have six times the audience. It would be deplorable if you recognise these men as intermediaries between you & the Boers as you did in war time. They are only too anxious to maintain this hold on you, but I do assure you their pretensions are false. Not only do they not represent the Boers in any sense of the word, but they haven't even the means of ascertaining their wishes. Small meetings in one or two districts would certainly not give them the right to speak in the name of the Boers as a whole. Still, if you recognise them as representatives you will force us to accept them as our mouthpiece as we would accept any other man thus thrust upon us.
>
> I do not suggest that you should snub them. That would be bad policy & perhaps serve to bring about the very result they aim at, but you could, without any great effort, assume the position yourself which they are

> labouring to keep for themselves. Forgive me for harping on this one theme, & please do not think that I am influenced by any dislike of or prejudice against the Generals personally; nor am I blinded by enthusiasm. I certainly do believe, & quite honestly, that to force them upon us as intermediaries between us & the Government would be the cause of much future misery to us as a people. No one was prepared to make greater allowances for the Generals than I was. Before I came into personal contact with them after the war, I was quite prepared to hero-worship them. And I have come to the conclusion, -reluctantly, – that no one of them would make an honest use of the opportunities such a position would afford them.[181]

Een van die vergaderings waarna Marais verwys, het op Heidelberg plaasgevind en volgens die meeste geskiedskrywers baie suksesvol afgeloop.[182] Dié byeenkoms was ook die eerste teken van 'n politieke oplewing onder die Boere ná die oorlog.[183] Genl. Botha het by hierdie geleentheid 'n groot skare Boere toegespreek wat onder meer luidkeels hul teenkanting teen die voorgenome invoer van Chinese kontrakarbeiders deur die mynhuise laat blyk het.[184]

Kort hierna moedig Milner vir Marais aan om kennis te maak met Pieter Roux, 'n bittereinder wat ingestem het om in die Wetgewende Raad te dien.[185] Marais en Roux ontmoet twee keer, en Marais hou baie van hom. "On the whole he looks at things from exactly the same point of view as I do, & the same reasons have led him to it." Net oor een saak verskil hy en Roux, skryf Marais, en dit is dat daar vrede gemaak moet word met die Boere wat in die oorlog National Scouts was. Marais sou dit verkies dat Milner eerder met die bittereinders handel, en hy verseker hom weereens dat "the only people you will have any difficulty with will be those whose personal advantage it will be to remain unreconciled – like the Generals!"[186]

Die vriendskap tussen Milner en Marais loop diep. Moontlik is dit in hierdie jaar[187] dat Marais 'n merkwaardige gedig oor hom en Milner skryf.

I know a garden in the South,
with the Magaliesberg in its eye
whose brow is lined with a carving road
towards the low veld climbing the sky.
All day the white sun's burning blaze
scorches its leafy screen;
at evening twilight's golden haze
faints in odours of nectarine.

In that fair garden of the South
t'was ours awhile to rove,
away from the thud of stamping mines,
from the millionaires' dusky trove:
we slipped the goldreefed city's rage.
Our thought was of other scene,
of England and of a golden age,
amid the fragrance of nectarine.

In that far garden of the South
t'will be yours to make your home,
to plan what's best, to do the right
and 'stablish good to come:
life never is all a sunnyside
yet, spite of bleak showers between,
still golden hopes may be allied
with the fragrance of nectarine.[188]

Uit "life never is all a sunnyside" blyk dit dat die tuin waarna Marais verwys dié is van Sunnyside, Milner se woning aan die noordekant van 'n heuwel in Parktown, waarvandaan die Magaliesberge, soos in die eerste strofe, duidelik sigbaar is op 'n onbewolkte dag. Blykbaar het Marais en Milner hier tussen Sunnyside se kaalperskebome gewandel – "t'was ours awhile to rove" – weg van die stadsrumoer van Johannesburg, en hier sou Milner planne beraam wat tot die land se voordeel sal strek.

Die Wetgewende Raad

Intussen het die nuwe Wetgewende Raad van die Transvaalkolonie vir die eerste keer aan die einde van Mei 1903 vergader. Op 5 Junie lewer *Land en Volk* sonder redaksionele kommentaar berig oor sir Percy FitzPatrick se openingstoespraak waarin hy sy waardering uitgespreek het oor die Afrikaners wat bereid is om in die liggaam te dien ten spyte van die kritiek van hul volksgenote wat dit hulle op die hals gehaal het.[189]

Maar ná genls. Botha, Smuts en De la Rey se weiering om in hierdie liggaam te dien soek Milner nog steeds ander geloofwaardige verteenwoordigers van die Boere. Hy roep Marais in om te help. Hy verduidelik vermoedelik aan Marais dat sulke verteenwoordiging net tot die Boere se voordeel sal wees – die Wetgewende Raad gaan besluite neem wat hulle raak, en hier is die geleentheid vir sy volksgenote om inspraak daarin te hê. Marais is oortuig, en spring dadelik aan die werk. Hy nader die 72-jarige Lodewyk de Jager, 'n swaer van die afgestorwe genl. Lukas Meyer, wat voor die oorlog die progressiewe Volksraadslid vir Ermelo was.[190] Marais rapporteer op 22 Junie aan Milner terug:

> I wrote to him [De Jager] in this strain: I pointed out how necessary it was that our people should be represented on the council & that I had every reason to believe that if representations were made to the right people the Government would not ignore our claim to representation. The only thing necessary was to suggest the right man at the same time. I felt fairly confident that he stood as good a chance of being nominated as any other man if he saw his way clear to accept the position. To induce him to do this I made use of a number of arguments together with those you suggested. I have since thought of several others but the limited time offers even greater difficulties in their cases.[191]

Blykbaar bereik Marais se brief De Jager te laat vir Milner om hom aan te stel, want kort hierna laat weet Marais vir Milner wat gebeur het:

> I am sorry we could not reach Lodewijk de Jager in time. An appointment of this nature would have done much to attain the state of feeling which

> I would give much to see realized & which you will regard as a stepping-stone in the achievement of the political purpose you have in view.[192]

Marais deel Milner ook later mee dat De Jager bereid was om in die Wetgewende Raad te dien nadat hy hom verseker het dat dit in die belang van die volk is.[193] Milner betuig sy dankbaarheid vir Marais se pogings:

> Many thanks for your letter about Ludovic [sic] de Jager. I am sorry that things fell out so unluckily . . . Please, however, do not think your efforts are wasted. We are only at the beginning of things, and, if next year, as I hope, we are in a position to strengthen the representative element considerably in several directions, all men of the stamp of Mr. de Jager, who are willing to help, will be needed. Thanking you again for you exertions in this direction.[194]

Land en Volk berig ook breedvoerig oor die verrigtinge van die Wetgewende Raad, sonder enige kritiek.[195] Trouens, Marais is selfs bereid om die kroonkolonieregering by te staan deur hul advies te volg oor wat om hieroor te berig, asook om aandag te gee aan die Boereverteenwoordigers se griewe. Soos hy ook in Junie 1903 vir Davidson meedeel:

> I have given the necessary instructions re the report of the Legislative Council proceedings in accord with your suggestion. I shall myself discuss the matter from time to time with the Dutch members & try to meet their grievances.[196]

Preller en Rousseau se stellings dat Marais Afrikaners verag het wat bereid was om aanstellings in Milner se Wetgewende Raad te aanvaar,[197] is dus heeltemal verkeerd.

Nog regeringshulp

Dr. Engelenburg het Marais intussen weer op 11 Junie 1903 met 'n nuwe aanbod genader. Hy onthul nou dat hy en die Boereleiers saamwerk, en dat hulle graag *Land en Volk* en *De Volksstem* wil laat saamsmelt. Hulle is selfs bereid om voorrang te gee aan *Land en Volk* in die titel van die nuwe koerant.[198] Marais laat Milner die volgende dag hiervan weet en maak dit duidelik dat hy nie in Engelenburg se voorstel belangstel nie. Volgens hom het *Land en Volk* weer 'n verlies vir die kwartaal gemaak, maar kleiner as voorheen. Die verlies is nou hoofsaaklik te wyte aan die uitbreiding van *Land en Volk* se aanleg, skryf hy.[199] Dit is nie bekend waar Marais die geld gekry het, maar moontlik is dit by Wernher-Beit of FitzPatrick, soos laasgenoemde se brief twee maande tevore skynbaar voorgestel het.[200] Marais deel Milner ook mee dat *De Volksstem* 'n groot perseel in 'n sentrale deel van Pretoria vir £10 000 (R10 miljoen) gekoop het.[201]

> If their equipment is going to be in proportion they will do us much harm in the town printing trade. I still think that our only hope of maintaining and bettering our position is reorganisation with more central offices & labour-saving machines.[202]

Hierdie bedreiging wat *De Volksstem* inhou, tesame met Marais se pogings om vooraanstaande Boere vir die Wetgewende Raad te werf en sy aanbod om artikels ter ondersteuning van die kroonkolonieregering se onderwysbeleid te skryf, oortuig Milner vermoedelik om addisionele regeringshulp aan *Land en Volk* te reël. Milner verwittig die Transvaalse luitenant-goewerneur sir Arthur Lawley op 22 Junie dat hy tot die slotsom gekom het dat Marais op sy manier tog waardevol kan wees, want Milner het vasgestel dat *Land en Volk* se reputasie by die Boere gewig dra. Milner meen egter dat die koerant grotendeels op die platteland gelees word, in teenstelling met *De Volksstem* wat op 'n meer opgevoede en literêre lesersmark gemik is.[203] Milner beveel nou aan dat die kwartaallikse subsidie van £500 (R500 000) aan *Land en Volk* nie net voortgesit word nie, maar dat die kroonkolonieregering die koerant help om 'n nuwe drukpers aan te skaf. Milner meen dat dit die koerant in staat sal stel om kommersiële drukwerk te doen en sodoende die bedryfsverlies te dek. Hy stel voor dat Lawley die geld hiervoor uit die kroonkolonieregering se geheime fonds bewillig. Hy doen ook aan die hand dat die fondse gekanaliseer word deur 'n betroubare privaatsektor-tussenganger wat oënskynlik self die lening aan *Land en Volk* sal toestaan, met as sekuriteit 'n verband oor die koerant wat te eniger tyd opgeroep sal kan word. Milner het die saak goed deurdink:

> What with our power of recalling this money and that of stopping the subscription we should have an absolute guarantee against our assistance being abused. This is, I think, absolutely necessary, because (1) Marais himself might turn against the Government, or (2) the paper might fall into other hands through his death, insolvency or some such accident. On the other hand, as long as it keeps moderately straight, I should not be inclined to dictate to it or influence it too much. Its principal aim should be not to force the Government's view of things upon the Boers but to encourage their thinking for themselves and not being led by the nose on every occasion by the official exponents of the Afrikander propaganda.[204]

Milner se kommer oor wat ná Marais se dood of moontlike insolvensie met *Land en Volk* mag gebeur, bevestig dat Marais in hierdie stadium steeds die alleeneienaar van die koerant is. Maar Lawley vergeet blykbaar om Milner se wense aan die Transvaalse koloniale sekretaris Davidson oor te dra, wat juis nou besig is om die land se begroting vir die volgende jaar op te stel, want op 27 Junie skryf Davidson aan Milner: "I question whether we should continue the allowance to Land en Volk, the next instalment is due at the end of Jul. Will you tell me your wishes?"[205] Milner antwoord onmiddellik dat die volgende paaiement aan *Land en Volk* betaal moet word, asook dat die subsidie voorgesit moet word. "[...] I think the money we give to Land en Volk will be very well expended,"[206] voeg hy by. Milner maak hierdie stelling blykbaar in afwagting van die artikels ter ondersteuning van sy nuwe onderwysbeleid wat Marais belowe het.

Dit is dus duidelik dat die kroonkolonieregering nié sy finansiële bystand aan *Land en Volk* reeds teen die tweede helfte van 1903 gestaak het nie, soos Rousseau in *Die Groot Verlange* aanvoer.[207]

"Gaat Onse Taal Verdwynen?"

Intussen werk Marais vlytig aan sy beloofde artikels oor Milner se onderwysplanne. In hierdie tyd voer hy gesprek met Fabian Ware, die waarnemende direkteur van onderwys, om agtergrondinligting te verkry, soos Milner voorgestel het. Ware was een van die twee onderwysers wat Milner en Chamberlain twee jaar tevore saam met Marais op sy beoogde vredesending na die krygsgevangenes op St. Helena en Ceylon wou stuur. Dit is egter onbekend of Marais en Ware by hul ontmoeting van hierdie merkwaardige toeval bewus is. Marais besluit hierna op 'n strategie waaroor hy Milner inlig op dieselfde dag dat laasgenoemde besluit om die Britse owerheid se finansiële bystand aan *Land en Volk* te verhoog. "I have decided, however, to provoke a discussion with Bosman [ds. H.S. Bosman, die voorsitter van die hoofkommissie van die CNO-beweging] which will draw universal attention to it, – that is to the Education Question generally," skryf Marais. "It will be the feature of the paper for several editions."[208] 'n Paar dae later verseker hy Milner: "I shall spare no effort to make it interesting."[209]

Op 26 Junie 1903 verskyn dan ook die eerste van drie lang artikels in opeenvolgende uitgawes van *Land en Volk* onder die opskrif "Gaat Onse Taal Verdwynen?".[210] Marais gebruik egter nie die redaksionele hoofartikel hiervoor nie, maar skep 'n alter ego, ene "Onderzoeker", 'n Afrikaner wat die artikels kwansuis op eie houtjie ingestuur het. Onderzoeker se taal is vir hom so dierbaar dat hy by die uitset verklaar: "Worde myn tong of myn hand verbrand voordat ik iets doe om den invloed van onze taal te verminderen of haar groei te belemmer."[211] Volgens hom is net een ander ding vir hom so kosbaar soos sy taal, en dit is sy volk. Al manier hoe sy taal en volk staande kan bly, meen Onderzoeker, is deur die opvoeding van sy volk se kinders. Hy vra by voorbaat verskoning sou dit uit sy skrywe lyk of hy Engelsgesind is. En ironies in die lig van Marais se gesprekke met Milner en Ware, skryf Onderzoeker dat dit mag wees dat sy oordeel deur andere beïnvloed is, maar hy glo nie dit is die geval nie – die redakteur en die lesers van *Land en Volk* moet maar self oordeel.

Aanvanklik het hy net soos die kerk geglo dat die nuwe heersers geen steen onaangeraak sou laat om Afrikanerkinders só op te voed om hul herkoms en taal te vergeet nie, skryf Onderzoeker/Marais. Dit was so vanselfsprekend dat hy aanvanklik nie eens die moeite gedoen het om sy aanname te bevraagteken nie. Hy is egter deur twee dinge daartoe gedwing. Dit eerste was die publikasie van die korrespondensie tussen die Verenigde Kerk en sir Arthur

Lawley in *Land en Volk*,[212] wat baie reaksie onder Afrikaners ontlok het. Die tweede is sy vrees dat tensy Afrikanerkinders die beste moontlike opvoeding ontvang, sy volk 'n groter gevaar as sy taal loop om onder te gaan. Indien die nuwe aankomelinge in die kroonkolonies beter opgevoed word as hulle, sal Afrikaners gou hul diensknegte word en vir altyd 'n mindere nasie wees wat deur hul meerderes geregeer word, want die ras met die swakste opvoedingstelsel is tot ondergang gedoem.

Stel jou net voor, vra Marais, hoe anders dinge in die land sou gewees het as Afrikaners net so goed geleerd as die Uitlanders was. Pleks van hul grond vir 'n paar pond te verkwansel, sou Afrikaners miljoene daaruit kon verdien het deur self die goud te ontgin. Hulle sou die myningenieurs, argitekte, dokters en advokate gewees het, en sodoende al die vrugte van die nuwe goudnywerheid gepluk het. Die Afrikaners sou dan vandag 'n magtige nasie gewees het, en Johannesburg 'n Afrikanerstad. Daar sou ook geen Uitlanders en geen oorlog gewees het nie. Hoe anders is die werklikheid nie, skryf Marais: "De geleerde Uitlander nam alles uit onze handen – eindelyk onze onafhankelykheid ook."[213]

Volgens hom is die kroonkolonieregering se onderwysstelsel op moderne en beproefde beginsels gebaseer. Indien hy daarvan oortuig kan word dat die kerk se onderwysstelsel Afrikanerkinders dieselfde vlak van opvoeding as die staat s'n kan bied, sal hy heelhartig eersgenoemde stelsel ondersteun. Dit is egter vir hom duidelik dat die kerk nie oor dieselfde vermoëns en finansiële bronne as die staat beskik nie. Die kinders wat in staatskole opgevoed word, gaan dus 'n beter kans hê om later na meer gevorderde skole en kolleges te gaan, en derhalwe ook die beste betrekkinge in die staatsdiens en mynbedryf te kry.

Hy meen ook dat die kroonkolonieregering die besware van die kerk aangespreek het. Oral ter wêreld word onderwysers teen die onbesonne ingryping van ouers beskerm, want anders word hulle 'n speelbal tussen faksies op skoolkomitees. Die kroonkolonieregering het hom egter bereid verklaar om op 'n proefgrondslag verkose adviserende komitees by skole in te stel indien die meerderheid van die ouers dit versoek. Voor enige nuwe onderwysers aangestel word, sal hul name aan hierdie komitees vir kommentaar voorgelê word. Die kroonkolonieregering het ook die kerk 'n plegtige onderneming gegee dat daar altyd voorkeur gegee sal word aan die aanstelling van Afrikaneronderwysers by Afrikanerskole. Verder het die regering ingestem dat ouers die skoolkoshuise se toesighouers mag aanstel. Uit die 84 ure daglig in 'n week word slegs 25 aan skool gewy, meen Marais, en vir die orige 59 uur is die kinders in die koshuis, waar hulle dan onder Afrikanerinvloed sal wees.

Hy ken ook persoonlik ouers wat opregte en vurige Afrikaners is – "ja, die zelfs de Engelschen haten, en al wat Engelsch is, uit de diepte hunner harte"[214] – wat hul kinders na Engelstalige skole stuur. Hoekom doen hulle dit? Omdat hulle besluit het dat hul kinders in hierdie land dieselfde kanse op vooruitgang as die kinders van ander nasies moet hê. Indien die kerk daarin sou slaag om die meeste Afrikaanse kinders na sy skole te lok, sal daar uiteindelik geen aandag meer aan Hollands in die staatstelsel gegee word nie, want die kroonkolonieregering sal dan kan redeneer dat die Afrikaners mos hul eie skole het. Op dié manier mag die kerk meer doen om die land te verengels as wat dit sal vermag om Hollands te bewaar. Wat die ondergang van die volk betref: dit was nie 'n Engelse onderwysstelsel wat gedurende die oorlog verraaiers by die duisende hier in die Transvaal voortgebring het nie, meen hy.

Hy glo dus dat Afrikaners die staatstelsel 'n kans moet gee. Kan die kerk werklik net so 'n goeie onderwysstelsel as die staat bied? Indien net iets byna ewe goed, is dit so goed as niks nie. Indien die kerk 'n mindere stelsel daarstel, en Afrikaners oorreed om hul kinders soontoe te stuur, sal dit meer doen om die volk se ondergang te bewerkstellig as wat selfs 'n ware Engelse skoolstelsel sal kan vermag. Marais sluit sy laaste artikel af deur te meld dat hy nie vir 'n oomblik die belangrikheid van "onze dierbare taal verkleinen" nie, maar dat hy nie die dringende gevaar van verengelsing van Afrikanerkinders in die regering se onderwysstelsel insien nie. "Mischien ben ik buitengewoon blind!"[215]

Met die voordeel van nabetragting is dit duidelik dat Marais wél buitengewoon blind vir Milner se ware motiewe was. Milner wou nie net die Boerekinders in staatskole verengels nie, maar ook lojale Britse burgers van hulle maak. "Language is important, but the tone and spirit of the teaching conveyed in it is even more important," was Milner se uitgangspunt.[216] Wat hy met die "tone" van onderwys bedoel het, is duidelik uit die tipe vrae wat Britse amptenare van die onderwysdepartement aan voornemende onderwysers gestel het: "Are you in sympathy with the intention of the Government to make the Orange River and Transvaal Colonies permanently part of the British dominions?" en "Will you use your best endeavours ... to reconcile all the Boer men, women and children ... to their new positions as citizens of the British Empire?"[217]

Soos met sy houding oor die National Scouts, is Marais weereens uit pas met die Boereleiers. Botha en Smuts het nou besef dat die CNO-beweging 'n manier is om hul politieke basis op te bou sonder om die Britse owerheid direk te konfronteer. Met die ondersteuning van die Boereleiers en die kerk, asook geld van Leyds se geheime fondse, is daar oor die volgende drie jaar 228 CNO-skole in die Transvaal gestig met ongeveer dieselfde aantal Afrikaanse leerlinge as in die staatskole.[218]

Beskuldigings

Op 10 Julie 1903, dieselfde dag as wat Marais se laaste onderwysartikel verskyn, plaas J.S.M. Rabie, die nuwe redakteur van *Land en Volk*, 'n lesersbrief van "Een Boer Die Daar Was". Hierdie leser beskuldig H.P. van Rensburg, die hendsopper wat in die Wetgewende Raad dien, daarvan dat hy tydens die oorlog "zijn commandos, zijn land en volk in den steek liet om zich een nieuwe en betere natie te kiezen".[219]

Van Rensburg is briesend hieroor en verdedig homself in 'n lang brief aan *Land en Volk*. Volgens hom is hy 'n Afrikaner in murg en been, en was dit slegs toe hy ingesien het dat die stryd hopeloos en vrugteloos was, en die voortsetting daarvan sy volk tot in die grond sou uitroei, dat hy gevoel het hy nie verder daaraan kan deelneem nie. Persoonlike eersug het by hom nie so swaar geweeg dat hy kon voortgaan om nuttelose bloed te vergiet nie. Kyk wat het die voortsetting van die stryd die Boere in die sak gebring, verklaar hy: bloedvergieting en onbeskryflike ellende en uiteindelik algehele oorgawe by Vereeniging, wat 'n jaar vroeër reeds kon gebeur het.

Van Rensburg verkeer onder die indruk dat Marais die redakteur is en die brief geplaas het waarin hy gekritiseer is, en hy deel 'n harde klap uit:

> Maar laat mij hier toe, mijnheer Eugene Marais, u een wedervraag te stellen: – "Waar waart gij toen uw volk een doodstrijd voerde?" Betaamt

> het u, die ongevoelig en in weelde in Londen leefde terwijl die strijd voortduurde en terwijl ek naar mijn zwakheid medestreed, om met steenen te werpen? Vreemdelingen uit Europa kwamen voor onze zaak, terwijl deze nog kans op welslagen had, vechten. Doch waar bleeft gij, die thans de les wilt komen lezen aan uwe beteren? U schijnt het spreekwoord omtrent menschen die in glazen huizen wonen schoon vergeten te hebben.[220]

Dit is insiggewend dat Marais toelaat dat Rabie hierdie brief plaas. Dat Marais vooraf van die plasing bewus was, blyk daaruit dat hy hom reeds in dieselfde uitgawe in 'n brief aan die redakteur verdedig teen Van Rensburg se aantygings. Vermoedelik is Marais daarvan bewus dat Van Rensburg nie al volksgenoot is wat vrae oor sy doen en late gedurende die oorlog het nie, en besluit hy om dit vir eens en altyd in die openbaar aan te spreek. Eerstens ontken Marais dat hy hoegenaamd iets met die redaksie van *Land en Volk* te doen het. (Hy meld egter niks oor sy eienaarskap nie.) Wat sy verblyf in Europa betref, skryf hy, was dit vir hom onmoontlik om tydens die eerste gedeelte van die oorlog terug te keer na Suid-Afrika weens sy werk voor die oorlog saam met Montagu White in die belang van die Transvaal. Maar toe hy vry was – hy verduidelik nie waarvan nie – om Brittanje te verlaat, het hy hom by 'n ekspedisie aangesluit wat die Boere wou gaan help, "*na* de heer van Rensburg de zaak hopeloos beschouwde".

Marais se skynheiligheid hier spreek vanself – hy self het immers reeds in die eerste jaar van die oorlog die voortsetting daarvan as nutteloos beskou. En soos hy telkemale later in sy lewe sal doen, lieg hy nou oor sy rol in die ekspedisie en ook oor die verloop daarvan:

> Het was ons doel, op mijn voorstel het commando van Generaal Beyers in Zoutpansberg te bereiken. Al ons goed hebben wij door Portugeesch Oost-Afrika gebracht. Wij werden veel door koortz opgehouden, maar hadden reeds drie-vierden van den weg langs de Sabie-rivier afgelegd voordat wij een boodschap van de kust ontvingen dat het te laat was.[221]

Marais sluit sy brief af met 'n lofrede aan dr. Schulz. Volgens hom het die Duitser sy gesondheid en al sy geld vir die Boeresaak opgeoffer. 'n Edeler, dapperder, meer onbaatsugtige man het hy nog nooit ontmoet nie, skryf Marais. Aan eer of roem of dank het die Duitser nooit gedink nie, anders as baie mense wat tydens die oorlog na roem gesoek het en dit vir geringhede gekry het. Was dit nie vir dr. Schulz en die feit dat sy "treurig geval altijd in mijn hart leefde"[222] nie, verklaar Marais, sou hy hom nie eers teen Van Rensburg se aanklag verdedig het nie.

Milner en die kroonkolonieregering help

Die kroonkolonieregering het intussen £2 000 (R2 miljoen) vir *Land en Volk* se nuwe drukpers uit sy geheime fonds bewillig. Milner het reeds begin voorbereidings tref vir 'n vier maande lange vakansie in Europa en Brittanje, maar wil seker maak dat die saak nie sloer in sy afwesigheid nie. Op Vrydag, 31 Julie 1903, vyf dae voor sy vertrek,[223] ontbied hy Marais na sy kantoor in Johannesburg om die voorwaardes van die regering se bystand aan *Land en Volk* aan hom oor te dra. Die bystand gaan vermom word as 'n lening van 'n privaat individu teen 'n rentekoers van 3% per jaar, verklaar Milner, en gaan verseker word deur 'n verband oor *Land en Volk* se bates uit te neem.[224] Hul gemeenskaplike vriend FitzPatrick sal die nodige reëlings tref. Marais gaan hiermee akkoord, en by sy afskeid wens hy sekerlik Milner voorspoed toe vir sy lang reis om die ooskus van Afrika,[225] dieselfde tog wat hy self net meer as 'n jaar tevore vanuit die teenoorgestelde rigting aangepak het.

FitzPatrick is egter ook binne 'n paar dae op pad na Brittanje, waar hy twee maande lank in 'n verpleeginrigting vir sy chroniese maagsweer behandel gaan word.[226] Vier dae ná Marais se vergadering met Milner versoek FitzPatrick hom om onmiddellik na Johannesburg te kom om die saak te bespreek. Maar Marais is druk besig met 'n kriminele saak, en kan nie tyd hiervoor afstaan nie. "Can it not be settled by letter?" telegrafeer hy vir FitzPatrick.[227] FitzPatrick stuur onmiddellik nog 'n telegram waarin hy Marais vra om asseblief 'n plan te maak. Weereens telegrafeer Marais terug. "Have tried to get off but quite impossible. Cannot get criminal work postponed. Please wire what to be done."[228]

FitzPatrick vra nou maar sy prokureur, sir William van Hulsteyn, wat nes hy voor die oorlog 'n lid van die Reform Committee was,[229] om die saak in sy afwesigheid verder te voer. Ná Milner en FitzPatrick se vertrek kontak Van

Hulsteyn vir Marais om die verband formeel te registreer. Marais is egter glad nie hiervoor te vinde nie. 'n Amptenaar van Wernher-Beit in Johannesburg skryf nege dae later in verband hiermee aan Wernher-Beit se kantoor in Londen vir die aandag van FitzPatrick, wat nou per skip onderweg na Brittanje is: "Van Hulsteyn had a private letter from Marais indicating the extreme privacy of the arrangement intimating that he understood the bond not to be registered."[230] 'n Geregistreerde verband is 'n dokument wat vir publieke insae beskikbaar is, en Marais besef dat iemand so sou kon uitvind dat 'n bekende Reformer oënskynlik nou sy koerant finansier.

Marais kibbel nog 'n rukkie oor die registrasie van die verband, maar op 19 September laat dieselfde Wernher-Beit-amptenaar vir FitzPatrick weet dat die saak nou afgehandel is. "Mr Marais rather objects to the registration of the Bond – but it is now finally settled I understand. Will be registered in Sir W. van Hulsteyn's name."[231] Twee dae later word die verband geregistreer.[232]

Die Boeregeneraals se pogings om *Land en Volk* te koop en dit met *De Volksstem* saam te smelt, loop hierna dood. 'n Dag ná die registrasie van die verband laat Smuts vir Leyds weet dat hy Marais £2 500 (R2,5 miljoen) vir *Land en Volk* aangebied het, maar dat Marais besluit het om die koerant eerder aan 'n ander party te verkoop.[233] Alhoewel Smuts se inligting hieroor verkeerd is, is dit insiggewend dat Marais eerder bereid is om 'n regeringslening van £2 000 (R2 miljoen) aan te gaan as om die koerant vir 'n hoër bedrag aan die Boereleiers te verkoop. Maar vir alle praktiese doeleindes behoort *Land en Volk* nou wel aan die kroonkolonieregering, want in die lig van die koerant se geskiedenis van verliese en sy afhanklikheid van subsidies sou Marais tog goed geweet het dat hy nooit die verband sal kan aflos nie. Die Boereleiers het egter wel met behulp van Leyds se fondse mettertyd beheer verkry van die meeste Hollandstalige koerante in die Transvaal en Natal, onder andere *De Volksstem*, die Potchefstroomse *Het Westen* en *De Natalse Afrikaner*. Al noemenswaardige uitsondering is Eugène Marais se *Land en Volk*.[234]

Benewens direkte hulp ondersteun die Britse owerheid *Land en Volk* ook op ander maniere. 'n Ruk tevore het Marais van die kroonkolonieregering die opdrag ontvang om die Akteskantoor se proklamasies en regulasies saam te bundel en met sy kommentaar in boekvorm uit te gee. Ook in Augustus

1903 druk *Land en Volk* se drukkery hierdie regshandleiding met die titel *Deeds Office Practice of the Transvaal,* deur "Eugène N. Marais, of the Inner Temple, Barrister-at-Law, Advocate of the Supreme Court of the Transvaal". In die voorwoord bedank Marais mnr. Smuts, die Registrateur van die Aktes-kantoor, asook twee van sy amptenare, mnre. Rowan en Herold, vir hul hulp.[235]

Die Chinese gevaar en 'n nuwe redakteur

Ná die oorlog het dit gou geblyk dat die Britse owerheid nog swakker as die ZAR-regering is met die werwing van trekarbeiders uit Portugees-Oos-Afrika, en nou ondervind die myn- en landboubedryf in die Transvaal-kolonie 'n nypende tekort aan ongeskoolde swart arbeid.[236] Hierdie situasie word vererger deur inheemse swart werkers wat toenemend hul arbeid begin weerhou uit protes teen lone wat weens die insinking in die ekonomie laer as voor die oorlog is.[237] Die mynbedryf, met Milner se ondersteuning, beoog nou om Chinese kontrakarbeiders in te voer, ondanks die teenkanting van baie Afrikaanse en Engelse Transvalers.[238]

Land en Volk onder redaksie van Rabie is ook heftig hierteen gekant. Vanaf Junie 1903 word hierdie planne van die mynbedryf en die koloniale regering in een hoofartikel ná die ander gekritiseer.[239] Die koerant meen dat Suid-Afrika 'n witmansland moet bly, en dat as die Chinese werkers eers hier is, hulle nie na hul tuisland sal wil terugkeer nie. Volgens die koerant is dit eintlik net die mynbedryf wat hierby gaan baat, en sal dit tot laer lone vir wit mynwerkers lei. Hierdie houding van Rabie gee moontlik nou aanleiding tot 'n meningsverskil tussen hom en Marais, want op 18 September 1903 berig die koerant sonder om 'n rede te verskaf dat Rabie ná skaars ses maande as redakteur bedank het.[240]

Dit is ook insiggewend dat Rabie se bedanking aangekondig word in dieselfde week as wat die verband oor *Land en Volk* se bates geregistreer word. *De Volksstem* meld dat Marais die koerant verkoop het, en dat daar 'n gerug is dat die nuwe eienaar 'n ietwat gewysigde redaksionele beleid gaan volg – met ander woorde, meer regeringsgesind, volgens die skrywer van die berig.[241] En soos gemeld, het ook Jan Smuts geglo dat Marais die koerant verkoop het.[242] Dit sal nie die laaste keer wees dat Marais die indruk laat ontstaan dat hy nie meer die eienaar van *Land en Volk* is nie.

Het die koloniale regering nou sy magte as verbandhouer uitgeoefen, soos Milner voorsien het nodig mag word indien die koerant sou "turn against the Government", of het Marais uit sy eie besluit om in te gryp? Die antwoord hierop is nie bekend nie, maar Marais stel hierna 'n redakteur aan wat meer geskik is (ten minste wat sy politieke uitkyk betref), en wat moontlik deur die kroonkolonieregering na hom verwys is. Hy is dr. James Vrolik, 'n "eksentrieke Hollandse regsgeleerde"[243] wat voor en gedurende die oorlog redakteur was van die imperialistiesgesinde *De Kolonist,* 'n Hollandstalige Kaapse koerant wat deur Rhodes gefinansier is.[244] Toe hierdie koerant ná Rhodes se dood vroeg in 1902 sy deure moes sluit, het Vrolik 'n Britse militêre sensor op Okiep in Namakwaland geword.[245] Ná die oorlog is hy aangestel as redakteur van die *Bloemfontein Post,*[246] wat soos *Land en Volk* ook deur die Britse owerheid gesubsidieer word,[247] en 'n versoenende redaksionele beleid volg. Vrolik is ook 'n verslaafde, maar in sy geval aan drank.[248] En soos *De Volksstem* vermoed het, neem *Land en Volk* se kritiek teen die voorgenome invoer van Chinese mynwerkers hierna merkbaar af.

In Desember 1903 keer Milner van vakansie terug. Terwyl hy in Brittanje was, het hy 'n aanbod om Chamberlain as minister van kolonies op te volg van die hand gewys omrede hy gevoel het dat sy taak in Suid-Afrika nog nie afgehandel is nie.[249] Volgens *Land en Volk* het Milner die geleentheid gehad om in rus en vrede in Brittanje aan te bly, maar het hy verkies om terug te kom – en daarvoor behoort 'n mens hom geluk te wens.[250]

Die nodige wetgewing vir die invoer van die Chinese werkers word in Januarie 1904 deurgevoer.[251] *Land en Volk* is nou skielik ten gunste hiervan. Volgens die koerant verseker die bepalings van die wetgewing nie alleen dat die Chinese wel na hul tuisland sal terugkeer wanneer hul kontrakte verstryk het nie, maar boonop sal daar nou meer swart werkers vir die Boere se plase beskikbaar wees.[252] 'n Paar weke later berig die koerant dat die aanvanklike teenkanting onder die Boere teen die Chinese kontrakarbeiders eintlik maar net was omdat die voorstel van die mynbedryf afkomstig was, maar nou word daar ingesien dat dit eintlik tot voordeel van die land sal strek. Volgens die koerant kan die armer plattelandse boere, in teenstelling met ryker boere en stedelike Afrikaners, nie die luukse bekostig om dit bloot om politieke redes teen te staan nie.

Die kwessie word nou 'n politieke tydbom wat in die Boereleiers se kaarte speel. Gou is daar meer as 50 000 Chinese mans in kampongs in en om Johannesburg. Drostery onder hulle is algemeen, dikwels met die onrealistiese hoop om op die een of ander manier na China terug te keer. Op pad na die kus breek die drosters soms by plaashuise in op soek na skuiling en kos en gebruik geweld teen die inwoners.[253] In invloedryke kringe in Brittanje is daar woede oor hierdie "slawe-arbeid" wat Milner en die mynmagnate na die Transvaalkolonie invoer.[254] Die openbare mening in Afrikanergeledere verenig vinnig teen die teenwoordigheid van die Chinese.

Botha sien nou die geleentheid om 'n politieke beweging te loods, met dié kwessie as een van die beweegredes. Op 23 Mei 1904 vergader 'n paar honderd mense onder Botha se voorsitterskap in *De Volksstem* se kantoor in Pretoria. Ná drie dae van beraadslaging word die Vereeniging Het Volk gestig.[255] Genls. Botha, Smuts, De la Rey en Beyers, asook Ewald Esselen en A.D.W. Wolmarans, 'n vooroorlogse lid van die ZAR se Uitvoerende Raad,[256] is onder diegene wat in die organisasie se hoofkomitee verkies word.[257]

Krugermiljoene

Vrolik hou skaars 'n jaar by *Land en Volk* voor Marais hom in Augustus 1904 afdank.[258] Dit is onbekend hoekom Marais dit doen, maar Vrolik dagvaar hom vir salaris wat aan hom verskuldig is weens dié "ongemotiveerde op staande voet ontslaan"[259] van hom. Die volgende maand ken die hof hom £30 (R30 000) aan skadevergoeding toe.[260] Tot en met die tydelike sluiting van *Land en Volk* 'n jaar later neem Marais nou blykbaar self die redaksie daarvan waar.[261] Buiten O'Brien, wat redakteur was toe Marais grotendeels oorsee was, het *Land en Volk* se redakteurs dus nooit langer as 'n jaar aangebly wanneer Marais aktief by die koerant betrokke was nie. Die kroonkolonieregering betaal egter nog getrou die kwartaallikse subsidie[262] en plaas gereeld regeringsadvertensies in sy koerant.[263]

In die lig van Vrolik se afdanking 'n paar maande tevore is dit dan waarskynlik Marais wat in Oktober 1904 in die koerant onthul dat sy ou vyand pres. Paul Kruger, wat 'n paar maande tevore in Switserland oorlede is, se boedel £750 000 (R750 miljoen) beloop.[264] Die volgende week moet *Land en Volk* egter die bedrag afskaal na 'n meer beskeie £140 000 (R140 miljoen),[265] wat steeds 'n merkwaardige bedrag is vir iemand wat vir die grootste deel van sy volwasse lewe 'n politikus was. Volgens *Land en Volk* sluit Kruger se bates onder meer vier plase in die Transvaal en £31 000 (R31 miljoen) in oorsese bankrekeninge in.[266]

Marais beveg die Boereleiers

Teen November 1904 is baie Engelse Transvalers ontevrede oor die kroonkolonieregering se algemene onbevoegdheid en liberale rassebeleid, asook oor sy goedkeuring van die invoer van Chinese kontrakarbeiders deur die mynhuise. Van hulle stig nou die Responsible Government Association, algemeen bekend as die Responsible Party, wat hom vir selfregering vir die Transvaalkolonie beywer.[267] Verder is die Responsibles gekant teen die alliansie tussen die kroonkolonieregering en die mynmagnate, wat na hul mening tot gewone werkers se nadeel strek.[268] Johannes Stegmann, Marais se waarskynlike vriend uit sy Londen-dae, dien in die Responsible Party se Krugersdorp-komitee.[269]

Terselfdertyd organiseer die leiers van die Britsbeheerde mynhuise en ander Engelse Transvalers hulle in die Transvaal Progressive Association, wat as die Progressive Party bekend staan. Die Progressives glo soos Milner dat die Transvaalkolonie nog nie gereed is vir selfregering nie, maar eerder eers 'n tydperk van verteenwoordigende regering moet deurgaan waartydens die Britse owerheid steeds die reg sal hê om 'n bepaalde aantal lede in die Verteenwoordigende Raad aan te stel. Die Progressives wil sodoende tyd wen vir die Engelse bevolking van die Transvaal om aan te groei sodat hulle in die meerderheid is teen die tyd dat 'n verkiesing vir selfregering gehou word. Om vanselfsprekende redes wil die leiers van die mynhuise ook vir die afsienbare toekoms die Chinese kontrakarbeidstelsel behou. In die afwesigheid van FitzPatrick, wat nog met siekteverlof is maar wat deur baie as die vanselfsprekende leier van die Progressives beskou word, word sir George Farrar, soos FitzPatrick 'n mynmagnaat en voormalige Reformer, kort hierna as voorsitter van die Progressive Party verkies.[270]

Op 17 Desember 1904, die dag ná pres. Kruger se herbegrafnis in Pretoria, vergader die Transvaalse Boereleiers met Milner by sy woning Sunnyside in Johannesburg. Milner is van plan om binnekort 'n tydperk van verteenwoordigende regering vir die Transvaalkolonie aan te kondig, met 'n Verteenwoordigende Raad wat sal bestaan uit twee derdes verkose lede en die res wat deur die Britse owerheid benoem word. Milner het uitgewerk dat as die lede van die Progressive Party en sy benoemde lede saamwerk, die Engelssprekende gedeelte van die Transvaalse bevolking die politieke mag sal hê. Dit besef die Boereleiers ook alte goed, en hulle is glad nie te vinde vir so 'n regeringstelsel nie. In 'n hoofartikel maak Marais melding van hierdie vergadering en wat daar gebeur het, en moedig hy die Boereleiers sterk aan om in die belang van hul land en volk nogtans tot Milner se voorstel in te stem. "Wij kunnen tog niet eeuwig buiten de politieken deur onverschillig blijven staan," meen hy.[271]

Marais het waarskynlik hiermee iets bekend gemaak wat in vertroue aan hom meegedeel is, vermoedelik deur Milner of FitzPatrick, want dieselfde dag lig Milner die Reuters-nuusagentskap in dat "[t]he details published by the Dutch organ 'Land en Volk', of the interview between Lord Milner and the Boer leaders ... are declared to be unfounded". Reuters meld ook dat "no information as to what took place at the interview can be obtained".[272] Milner skryf ook onmiddellik hierna aan genl. Botha oor die stellings in *Land en Volk*, en maak ook hierdie brief aan Reuters bekend.

> The High Commissioner, in his letter, regrets that misleading statements have been published, and states that General Botha and his friends came at his (Lord Milner's request) [sic], and made no demands as reported, but simply discussed, informally, frankly, and reasonably, some points raised on the subject of representative institutions for the Transvaal.[273]

Maar hierna verander die Boereleiers die Vereeniging Het Volk in 'n politieke party wat nou vir selfregering begin betoog.[274] Sommige van die Boereleiers en *De Volksstem* val *Land en Volk* skerp aan omdat die koerant samewerking met Milner se voorgenome regeringstelsel verkondig. Wat nou nodig is, verklaar die leiers van die Het Volk-party, is dat alle Afrikaners saamstaan en enige voorstel verwerp wat hulle in 'n minderwaardige posisie sal plaas; alleen op hierdie manier kan die Afrikanervolk vordering maak.

In 'n hoofartikel in *Land en Volk* op 20 Januarie 1905 waarsku Marais teen hierdie sienswyse. Afrikaners moet nou die hand van vriendskap na Engelse

Transvalers uitsteek, verklaar hy, en 'n gees van versoening en samewerking moet gekweek word. Marais maak nou 'n profetiese stelling: hy skryf dat die huidige politieke gebeure onbelangrik is op die lange duur – die werklik belangrike Suid-Afrikaanse probleem is die rassekwessie. Daar is reeds onheilspellende voortekens van 'n toekomstige uitbarsting, meen hy; dit is slegs die "gekleurde rassen" se gebrek aan opvoeding en organisasie, asook die swak bande tussen die verskillende swart volkere, wat tans so iets verhoed. Hy is dus gekant teen Het Volk se beleid omdat dit wantroue tussen Afrikaners en Engelse skep, en sodoende die toekomstige samewerking ondermyn wat nodig gaan wees om te verhoed dat "de inboorling van ons afvatten en terugnemen hetgeen hij als het zijne claimt".[275]

Marais se pleidooie val egter op dowe ore. Genl. De la Rey verklaar dat hy eerder 'n skaapwagter sal wees as om deel te neem aan 'n verteenwoordigende regering waarin Afrikaners 'n minderheid is. Genl. Beyers vermoed dat Milner beplan om met sy voorgestelde regeringstelsel Afrikaners die een of ander onreg aan te doen. Op sy beurt is genl. Botha gekant teen halwe maatreëls, terwyl Ewald Esselen Milner se beoogde stelsel as 'n "bastaard Regeering" bestempel.[276] In sy hoofartikel van 3 Februarie waarsku Marais dat Het Volk soos pres. Kruger die Afrikanervolk op 'n gevaarlike politieke pad lei. Weereens bepleit hy deelname aan die voorgestelde verteenwoordigende regering. Aangesien die Britse regering nie in die afsienbare toekoms selfregering aan die Transvaalkolonie gaan toeken nie, skryf hy, dan eerder "een halve brood dan heeltemal geen kost".[277]

'n Week later verklaar Marais in die eerste sin van 'n hoofartikel getiteld "Eendracht, niet Tweedracht Zaaien": "Dat is de plicht en de sending van LAND EN VOLK". Hy skryf hierdie hoofartikel na aanleiding van 'n vergadering van Het Volk 'n paar dae tevore waarop verskeie sprekers *Land en Volk* daarvan beskuldig het dat dit tweespalt in Afrikanergeledere wil veroorsaak. Marais beskuldig die leiers van Het Volk daarvan dat hulle nou probeer terugkry wat hulle in die oorlog verloor het. Weereens waarsku hy: "Heethoofdige politiek moet plaats geven voor de verzoening van de beide groote rassen om het kaffer [sic] gevaar af te wenden."[278]

Op 17 Februarie versoek Marais in sy hoofartikel dat die Boereleiers diegene in hul geledere wat die plattelandse bevolking teen verteenwoordigende regering opstook tot bedaring bring. Marais verwys spesifiek na A.D.W. Wolmarans, sowel as genl. Beyers, na wie die Portugees-Oos-Afrika-ekspedisie medisyne en plofstof wou smokkel. Sy minagting vir genls. Botha en Smuts se leierskap slaan ook deur:

> Wat er nou voor Generaal Botha (of liever Generaal Jan Smuts) te doen staat, is dit: Hij moet dit Beyers-Wolmarans vuur tot zwijgen brengen. Hij moet zich niet tevreden stellen met dit soort optreden half-hartig te ontkennen of verstooten. Hij moet zich niet beperken bij te fluisteren: "Nou ja ou broers, ons denk allemaal zoo, maar dit is beter vir die oog van die wêreld dat julle vir zes maande pad geh."[279]

In die volgende uitgawe beskuldig Marais vir "generalissimo Botha" daarvan dat hy slegs halfhartige pogings aanwend om Beyers en Wolmarans tot kalmte te maan.[280] Twee weke later, op 10 Maart, versoek hy in sy hoofartikel dat Botha op 'n beoogde vergadering van Het Volk die party se ware doelstellings bekend maak, sodat welmenende burgers kan besluit of hulle met die organisasie wil saamwerk. "Wij, die ons niet met iedereen laten meeslepen, en 'niet van gister zijn', zijn bereid onze beste aan te wende om de belangen van Het Volk te bevorderen, indien wij verzekerd worden dat een bezadigde en gematigde politiek tegenover onze Engelsche landgenote gedreven zal worden." Maar hy rig ook 'n waarskuwing: As hy agterkom dat daar in Het Volk se beleid haat en wrewel skuil, "zullen wij ons uiterste best doen Het Volk zonder onderscheid van personen die op hare platvormen staan, te beletten om tot rypheid te komen, en te belemmeren eenig venijnig werk te verrichten".[281] Soos sal blyk, was Marais nooit oortuig dat Het Volk versoening voorstaan nie, en het hy sy waarskuwing gestand doen.

Elders in dieselfde uitgawe verklaar hy ook dat, alhoewel die Liberale Party moontlik binnekort in Brittanje aan bewind gaan kom, die verwagting van Het Volk dat hulle dan selfregering aan die Transvaalkolonie sal toeken, vergesog is. "Dat ze ons 'het land zullen teruggeven' is een van de bespottelijkste denkbeelden in te tegenwoordige bespottelijke 'achter-die-hoekjen' politiek."[282] Hier het Marais die pot ver mis gesit, want minder as 'n jaar later het die nuwe Liberale regering in Brittanje presies dit gedoen.

'n Week later herhaal Marais in *Land en Volk* se hoofartikel sy waarskuwing aan die leiers van Het Volk:

> Het is nu geen politiek van Boeren boven, Engelschen onder – 'n politiek van rassen-haat kweken die de Boeren zekerlijk nog verder in de modder zou doen dompelen. Het moet nu niet langer een afscheidingspolitiek zijn.[283]

Afskeidswoorde

Milner het reeds die vorige jaar besef dat die Liberale Party in die afsienbare toekoms in Brittanje aan bewind gaan kom en hom gaan afdank, en het derhalwe versoek dat die Britse regering hom terugroep.[284] Lord Selborne word as sy opvolger as Hoë Kommissaris en goewerneur van die Vrystaat- en Transvaalkolonies aangestel. Op 21 Maart 1905 hou Milner 'n middagtuinparty by Sunnyside as deel van sy program van afskeidsfunksies. Eugène Marais is een van die talle gaste, en kom op sy eie. Die vroue dra modieuse tabberds; die mans is stylvol aangetrek. Tee en versnaperinge word op die grastennisbaan bedien. Dit is 'n aangename somersdag, en die gaste nuttig hul verversings in die talle skaduryke dele van die groot tuin terwyl 'n orkes in die agtergrond speel.[285] Dit is waarskynlik Marais se laaste besoek aan die tuin waar hy en Milner skynbaar gereeld gewandel het.

Die volgende aand word 'n afskeidsbanket ter ere van Milner in Pretoria gehou, wat Marais ook bywoon. Die Boereleiers het egter geweier om die funksie by te woon omdat hulle nie by die lofbetuigings aan Milner betrek wou word nie.[286] 'n Week later skryf Marais aan Milner om hom met sy afskeidstoespraak geluk te wens. Hy verseker ook vir Milner dat die generaals se slegte maniere selfs onder hul eie aanhangers kritiek ontlok het. Maar hy voeg ietwat teleurgesteld by dat dit ten spyte hiervan vir hom lyk of die Boereleiers se "hold upon a large mass of the Boers is assured under present circumstances".[287]

Marais het egter nog nie die hoop laat vaar dat 'n Britse staatsman hierdie leierskapsposisie by die generaals sal kan afneem nie. Aangesien lord Selborne nie soos Milner direk by die Anglo-Boereoorlog betrokke was nie, glo Marais dat hy 'n goeie kans staan om dit te vermag. Marais versoek Milner om hierdie advies aan Selborne oor te dra.

> Half the battle would be won, if His Lordship comes to South Africa with the resolve to recognize no Boer leaders as leaders, to gain their [die Afrikaners se] confidence directly and to constitute himself the one Boer leader in the country . . . It would destroy the continual threat of danger to come, at least as far as the immediate future is concerned.[288]

Hy sluit hierdie brief af met: "The memory of my acquaintance with you will always be honoured by me."[289] Hiermee eindig sover bekend die merkwaardige korrespondensie tussen een van die grootste Britse imperialiste van sy era en sy jonger Afrikanervriend.

Twee dae later skryf Marais in *Land en Volk* se hoofartikel dat, alhoewel Milner se vooroorlogse politiek vir die Boerevolk se lyding verantwoordelik was, dit onbeskof en nors sou wees om te ontken dat hy ná die oorlog alles in sy vermoë gedoen het om met die Boere te versoen. Omrede die Boereleiers die voorafgaande paar jaar geweier het om in die Wetgewende Raad te dien, kon Milner dus met rede enige raad en advies van hulle kant verwerp het. Hy het dit egter nie gedoen het nie, en in teenstelling met die optrede van die outokratiese leiers van Het Volk, was Milner toeganklik en vriendelik. Met verwysing na Het Volk skryf Marais: "[N]atuurlijk zijn de bestierders van de rassen-haat kwekerij in dit land, de Verwoest-of-Regeer partij, niet met die zienswijze eens."[290]

Milner verlaat Suid-Afrika kort hierna met min om te wys vir sy naoorlogse pogings om die Transvaalkolonie te verengels. Slegs 'n paar duisend Britse setlaars het na die Transvaal verhuis, en die CNO-skoolstelsel is lewenskragtiger as ooit. En kort ná sy vertrek sluit Het Volk en die Responsible Party 'n samewerkingsooreenkoms wat gegrond is op hul gedeelde teenkanting teen Milner en die Progressive Party se beleid van 'n tydperk van verteenwoordigende regering.[291]

Maar Milner het nie vergeet van Marais se advies nie. Aan boord van die skip waarmee hy van Lourenço Marques langs die ooskus van Afrika na die Suez-kanaal en Europa vaar, skryf hy aan sy opvolger Selborne oor Marais:

> Now Marais, whom I know pretty intimately, has always maintained that the recognised Boer leaders, at any rate in the Transvaal, though they at

present undoubtedly have the people in their pockets, and can make them dance to any piping, are only leaders faute de mieux [by gebrek aan 'n beter keuse]. His view is that the Boers do not care about any of them, that they are an essentially monarchical people – vidi their faithfulness to Kruger – and that they would now follow any single big man, who they believed could help them and wanted to help them, even though he was an Englishman. According to Marais, there is a vacant throne in their hearts, and their Governor could fill it, provided he was sufficiently sympathetic and devoted enough time to the job – it would mean an immense amount of time devoted to knowing them personally.

At one time Marais even thought I could have gained a personal influence with the Boers, but he now sees, as I always did, even if the past had not especially disqualified me for such a role, it was much too heavy a one to add to all my over-powering labours of the last few years. But he does not at all abandon his view, that the Head of the State, even though a foreigner, has such a prestige with them by virtue of his position, and in the absence, as he contends, of any natural-born leaders amongst themselves, that he might oust Botha, Smuts, and all the rest of them, if he set about it in the right way. Personally I differ. I do not think any of the individual Afrikander politicians in the least formidable – not even those who have war-renown at their back. With the exception of Hofmeyr,[292] who is rather played out physically, not one of them has shown any real greatness as a statesman or leader of men. But I think the influence of the Afrikander Propaganda as a whole, "the stream of tendency," much too strong to be overcome today, as the dominating influence among the Boers, by any amount of skill and patience on the part of any Briton. We must rely on more solid materials to strengthen our position in South Africa. Still I mention Marais's notions, because there is probably something in them; and in any case he is a man of independent, novel and sometimes enlightening views, whom you might do worse than to draw out in friendly and confidential conversation. [293]

Vanuit Venesië skryf Milner ook aan Selborne oor *Land en Volk* en die *Bloemfontein Post*, albei koerante wat deur die Britse owerheid gesubsidieer word.

> For I feel that, by hook or by crook, we absolutely must keep alive, in both Colonies, some newspaper wh. will counteract the deliberately poisonous influence of papers like the "Friend" and the "Volkstein" [sic]. It simply is not business to sit with our hands folded and let all our efforts be written down without making any effort to prevent it, and the only way in which we can prevent it is by supporting papers wh. if they do not actually take the side of the Govt. (I don't want laudation) will at least tell the truth . . . Indirect assistance, if practicable, is the most convenient way, but in the last resort I should not hesitate to give direct assistance out of Secret Service funds . . . which will give the country population a chance of learning the truth, wherever such assistance cannot be given in other ways. The matter is one to be kept entirely in your hands, I think, and not in those of local govts."[294]

Met "indirect assistance" bedoel Milner die voortgesette plasing van regerings-ordonnansies en -advertensies in al twee koerante, soos wel die afgelope paar jaar gebeur het.

Sirkusboer en Boere-casanova

Intussen het genl. Ben Viljoen se lewe 'n interessante wending geneem ná hy Suid-Afrika in 1903 permanent verlaat het. Hy en genl. Cronjé het in 1904 maande lank by die St. Louis-wêreldtentoonstelling in die VSA deelgeneem aan 'n Boereoorlog-skouspel wat 'n voorstelling van die Slag van Paardeberg ingesluit het. Dag ná dag moes Cronjé voor groot skares sy vernedering van vier jaar tevore by Paardeberg herbeleef, toe hy hom met 4 000 burgers aan die Britse magte oorgegee het. Viljoen het hier ook verwikkel geraak in 'n egskeidingsaak met sy vrou, wat in Suid-Afrika agtergebly het.[295] Terwyl Marais in die eerste paar maande van 1905 vir Het Volk aanvat, kry hy ook tyd om in *Land en Volk* oor sy voormalige vriend Viljoen se langafstand-egskeidingsaak te berig.[296]

In Maart 1905 het Marais 'n besonder sappige stukkie nuus om aan sy lesers te rapporteer. Volgens die koerant het Viljoen vir miss May Belfort, 'n Britse verhoogarties, die hof gemaak toe hy etlike jare tevore in Engeland was. Hier het die Boeregeneraal aan haar huweliksbeloftes gemaak, en daarna 'n klomp liefdesbriewe aan haar geskryf uit die VSA. Maar soos dit met langafstandverhoudings gaan, het Viljoen se passie verflou, en hy het haar afgesê. May Belfort was nie ingenome hiermee nie. Sy het in woede na die VSA gereis en Viljoen op die trappe van die Chicago Coliseum met 'n sambok ingewag. Marais vertel die storie met smaak oor in *Land en Volk*:

> "Jij smeerlap, ik zal jou leeren om jou beloften te breken," riep de jonge vrouw met woedende oogen, toen zij plotseling voor de Generaal stond.
>
> "Hoe kom, May, waar kom je vandaan?", vroeg de verwonderde Generaal.
>
> "Ik kom van Engeland om jou te sjambokken. Neem dat! en dat! en dat!" riep de verwoede schoone, haar uitroepeninge gepaard doen gaande met de bijtende slagen der tong van een raauwe sweep.
>
> "May, May, wat doen je toch? Zijt ge gek? Waarom doen je dat? Zijt ge hier gekomen om mij schande aan te doen?" riep de Generaal, toen hij trachtte de regen van slagen af te weren.
>
> "Ja, ik ben gekomen om jou sjambok te geven, dat je verdien voor jou beleediging, jou smeerlap," schreeuwde de vrouw blijvende voortgaan met haar slagen toe te dienen, totdat zij van moegheid eindelijk moest ophouden ... Generaal Viljoen retireerde zoo gauw als hij kon en was spoedig uit 't gezicht.[297]

"Winternag" en Herman Charles Bosman

Op 23 Junie 1905, nie lank ná Milner se tweede brief hierbo aan Selborne nie, verskyn Marais se beroemde gedig "Winternag" in *Land en Volk*.[298] Dié gedig, wat algemeen beskou word as die eerste werklike aanduiding van die letterkundige hoogtes waartoe Afrikaans in staat is, verskyn dus danksy die finansiële hulp van die Britse owerheid. Twee weke later word dit deur Preller in *De Volkstem*[299] oorgedruk, "as bewysstuk vir die geskiktheid van Afrikaans om die fynste menslike gevoelens en gedagtes tot uitdrukking te bring".[300] Preller het 'n paar maande tevore 'n artikelreeks getiteld "Laat't ons toch ernst wezen!" in *De Volkstem* gepubliseer waarin hy die bevordering van Afrikaans as skryf- en spreektaal bepleit het.[301] Marais het hierdie standpunt met verskeie artikels in *Land en Volk* onderskryf, en selfs pryse vir lesers met die beste Afrikaanse stories uitgeloof.[302] Die plasing van die gedig lui die Tweede Afrikaanse Taalbeweging op letterkundige gebied in.

Ná Marais se dood het Preller geskryf: "Dit is altemit 'n bietjie te veel gesê, dat daar A.D. 2139 slegs tien reëls nog orend sal staan van ál wat *vandag* in Afrikaans geskryf is, maar ek het altoos gemeen dat dié tien[303] reëls van Eugène se 'Winternag' daaronder sal wees."[304] Hieroor was Preller waarskynlik korrek. Leserskring, RSG en *By* het in 2011 en 2012 'n landswye meningspeiling onderneem om die gewildste Afrikaanse gedigte te bepaal. Uit die byna 1 300 gedigte wat genomineer is, het "Winternag" die eerste plek behaal.[305] En as 'n mens in ag neem hoe relatief karig Marais se oeuvre is, is dit merkwaardig dat vyf van sy gedigte in hierdie top 100 ingesluit is.[306]

Dit is nodig om baie vlugtig kommentaar te lewer oor Friedel Hansen se opspraakwekkende bewering in 2013 dat Marais "Winternag" geskryf het as 'n soort boetedoening aan Elisa Malan, die ma van Herman Charles Bosman, wat hy kwansuis buite-egtelik by haar verwek het. Hansen glo daar is niks bekend oor wat Marais in 1904 gedoen het nie. Daarom, en omdat Elisa en die ander Malan-kinders ("vermoedelik") gedurende die jare wat hy in die Paarl gewoon het ook daar skoolgegaan het, glo Hansen dat Marais daar met hulle bevriend geraak het en toe moontlik in 1904 vir 'n ruk by Elisa se familie op Potchefstroom geloseer het, waar hy Elisa sou swanger gemaak het.[307]

Hierdie bewerings is egter ongegrond. Soos reeds gemeld, was Marais in 1904 met sy koerant in Pretoria doenig en het "Winternag" in elk geval waarskynlik sy oorsprong in Marais se kortverhaal "The Brand-Wacht" wat agt jaar tevore verskyn het. Hansen verskaf ook geen bewys dat Marais ooit eens vir Elisa of haar ouers geken het nie. Boonop was die Paarl Public School for Boys waar Marais skoolgegaan het slegs 'n seunskool, en die enkele Malan wat verskyn in die skoolregisters vir die jare wat Marais daar was, het geen familieverbintenis met Elisa Malan nie.[308] Verder was Elisa nege jaar oud toe die veertienjarige Marais in die Paarl aangekom het, en die res van die Malan-kinders nóg jonger.[309] Al was die Malan-kinders dalk in hierdie jare elders in die Paarl op skool (waarvoor Hansen geen bewys verskaf nie), is dit dus onwaarskynlik dat die veel ouer Marais met hulle bevriend sou geraak het. Dit daar gelaat.

In Augustus 1905 is Marais en Preller stigterslede van 'n Transvaalse komitee wat voorbereidingswerk vir die te stigte Afrikaanse Taalgenootskap moet doen. Maar blykbaar vervaag Marais se belangstelling hierna, of verg die finansiële probleme by *Land en Volk* al sy aandag, want hy word nie verkies tot die bestuur van die Afrikaanse Taalgenootskap wat vier maande later in Pretoria gestig word nie, en is ook nie soos sy vriende en kennisse Preller, Charlie Pienaar en J.S.M. Rabie onder die afgevaardigdes by die byeenkoms nie.[310] Alhoewel Marais weens sy plasing van Afrikaanse hoofartikels, nuusberigte, briewe en versies in *Land en Volk* in 1891 en vanweë "Winternag" deur sommige as "die belangrikste voorloper" van die Tweede Afrikaanse Taalbeweging beskou word,[311] eindig sy aktiewe betrokkenheid by die beweging se werksaamhede nou.[312]

Skyndood

Ten spyte van die regering se kwartaallikse subsidie verswak *Land en Volk* se geldsake nou sodanig dat Marais nie meer met die koerant kan voortgaan nie. Hy versoek vermoedelik nog 'n dringende kapitaalinspuiting deur die kroonkolonieregering. Op 21 Augustus 1905 skryf Selborne hieroor aan Milner in Brittanje en vra sy advies:

> I do want your help very badly about "Land en Volk" & "The Bloemfontein Post". I regard the continued existence of both as of immense importance, but in both cases the difficulties of the case have got quite beyond any point of solving with funds at my disposal. The former wants about £6 000 [R6 miljoen] down.[313]

Maar terwyl Selborne nog wag op Milner se antwoord, staak Marais vier dae later die publikasie van *Land en Volk*, en volgens Du Toit en Rousseau eindig sy verdere betrokkenheid by die koerant se bedrywighede ook nou.[314] Maar is dit werklik die geval?

Die daaropvolgende gebeure dui op iets heeltemal anders. Kort ná die koerant se sluiting keer FitzPatrick uiteindelik terug na Johannesburg ná sy agttien maande lange siekteverlof.[315] Iemand nader hom nou oor *Land en Volk* – waarskynlik Milner, in die lig van sy pleidooi aan sy opvolger lord Selborne om die koerant aan die gang te hou. Dit kon egter ook Marais self, of Selborne, gewees het. In elk geval moet Marais nou ongetwyfeld by die gesprekke oor die herverskyning van *Land en Volk* betrokke wees.

FitzPatrick stem in om £2 500 (R2,5 miljoen) van sy eie geld in *Land en Volk* te stop.[316] Hy nader ook vir George Farrar, die leier van die Progressive Party, om 'n bydrae te maak. Farrar is onwillig, en FitzPatrick verwittig Milner dat Farrar "failed me in *Land en Volk*".[317] Uit die verloop van latere gebeure lyk dit of sir Arthur Lawley, die luitenant-goewerneur van die Transvaalkolonie, skynbaar ook onderneem dat die owerheid alles in sy vermoë sal doen om die koerant by te staan met die plasing van soveel regeringsadvertensies as moontlik, selfs meer as die kwartaallikse £500 wat die kroonkolonieregering tot dusver hiervoor bewillig het. Skynbaar is daar ook sprake dat die owerheid 'n kapitaalinspuiting van £2 500 sal maak om FitzPatrick se bydrae te ewenaar.[318] Milner skryf later aan FitzPatrick: "I am very grateful for what you did about Land en Volk."[319]

Intussen gaan spreek Milner ook vir Alfred Beit in Londen oor hulp aan *Land en Volk*. Milner verwittig Selborne op 23 September: "Beit was very nice about the whole thing . . . As regards L. en V., we have got a scheme, between us, for the £6 000, if we can be assured that it will really keep the thing going."[320] Uit latere korrespondensie blyk dit dat Milner en Beit, wat albei trustees van Rhodes se trust is, beoog het om geld hieruit te bewillig.[321] Om 'n onbekende rede het dit egter nooit gebeur nie.

Die derde lewe van *Land en Volk*

Begin November 1905 is alles gereed vir die herverskyning van *Land en Volk*. Die nuwe redakteur is Lodewijk Daniel de Haas, 'n 28-jarige[322] Hollandse Jood[323] wat in Rotterdam[324] gebore is. Hy word bygestaan deur sy vriend Wyncke Tresling,[325] wat saam met hom gedurende die oorlog in die Boeremagte se Hollanderkorps gedien het.[326] Op 10 November verskyn die eerste uitgawe van die nuwe *Land en Volk*, en die hoofartikel stel sy lesers gerus oor die talle gerugte wat oor die identiteit van die nuwe eienaar in omloop is: "*Land en Volk* sal natuurlik niet in dienst staan van kapitalisten, noch sal zij in eenig opzicht een Regeeringsblad zijn."[327] Maar die hoofartikel meld nie wie die nuwe eienaar is nie. Elders op die voorblad word daar egter in fyn druk onder die mashoof aangedui dat die eienaar ene K. Gast is, maar geen verdere besonderhede oor hom word verskaf nie. Volgens die ongepubliseerde memoires van W.F. Mondriaan, die boekhouer van *Land en Volk* in hierdie jare, het die redakteur De Haas nie 'n dooie duit gehad nie.[328] Hy is dus nie ook nie die ware eienaar nie, bloot 'n werknemer van iemand anders.

De Volkstem is die volgende dag agterdogtig oor hierdie geheimsinnigheid, asook oor *Land en Volk* se politieke affiliasie. Volgens *De Volkstem* het *Land en Volk* geen bande met Het Volk of die Responsible Party nie, en bestaan die vermoede dus dat Wernher-Beit se filiaal H. Eckstein & Co. en die Progressive Party agter die koerant staan. "Wij zullen dus langsamerhand moet uitvinden of onze kollega de inzichten der Eckstein-partij zal verkondigen," verklaar *De Volkstem.*[329]

Maar wie ís die werklike eienaar? Hier raak die spoor duister. Vier dae voor die herverskyning van *Land en Volk* het Marais vir Preller laat weet dat hy uiteindelik die koerant verkoop het, en dat dit weer later daardie week gaan verskyn. "Wie die nieuwe eigenaar is weet ik nie. Dit was deur 'n Agent gekoop, die die name van zij principale nie wou openbaren nie. Dit lyk my suspicieus. In vertroue."[330] Maar in die lig van Marais se verhouding met FitzPatrick moes hy alte goed geweet het wie die nuwe eienaar is, indien *Land en Volk* inderdaad wel van eienaar verander het. Soos gemeld, het Marais twee jaar tevore ook dit laat voorkom dat hy die koerant verkoop het, terwyl dit nie die geval was nie. Maar natuurlik kon hy nie aan Preller, 'n vurige Afrikanernasionalis en ondersteuner van die Boeregeneraals, erken dat die koerant nou deur die politieke vyande van die Afrikaners gefinansier word nie. Boonop werk Preller by *De Volkstem,* die mondstuk van die Het Volk-party, wat die vorige jaar juis sy ontstaan in dié koerant se kantoor gehad het. Dit lyk dus of Marais hier sy spore by voorbaat doodvee. Van 'n verkoop vir geld was hier vermoedelik geen sprake nie – die kroonkolonieregering het reeds 'n verband oor die titel en drukpers gehad, en het dit, soos sal blyk, aan FitzPatrick oorgedra as sekuriteit vir sy lening.[331]

In Desember 1905 dui die voorblad van *Land en Volk* die eienaar nou aan as die "Land en Volk Syndikaat"[332] sonder om verdere besonderhede te verskaf, en so sal dit bly tot die sluiting van die koerant twintig maande later. Weereens besit 'n maatskappy skynbaar die koerant, net soos toe Marais dit die eerste keer in 1893 aan die Wernher-Beit-konsortium verkoop het. Die nuwe *Land en Volk* se redaksionele beleid is egter presies dieselfde as dié van sy voorganger. Die koerant verkondig weereens dat hy die beste belange van die Boerebevolking op die hart dra, maar ook daarin glo om alle kante 'n regverdige spreekbeurt te gee. "Met betrekking tot de Regering sal zij er altijd naar streven om oprecht en onpartijdig in haar oordeel te zijn en zich niet door ras-gevoelens tot uitersten te laten verleiden, noch om de ware belangen van ons volk in de hitte van den politieken strijd uit het oog te verliezen."[333] Dit is presies dieselfde beleid as wat Marais sedert die oorlog gevolg het. 'n Tydgenootlike waarnemer beskryf die koerant se oogmerk as "acting as a sort of a brake on the agitation of the extreme Boer party", dit wil sê Het Volk, en meld dat "[it] commands a large circle of readers who aim at co-operation with the British people, while maintaining the traditions of the Afrikander race".[334] Soos sal blyk, is die koerant se beriggewing hierna ook nie wat 'n mens sou verwag van 'n spreekbuis van die Progressive Party nie, wat sekerlik die geval sou gewees het as FitzPatrick nou werklik die eienaar was en nie net 'n voorsiener van kapitaal nie, en die blad tot sy politieke voordeel wou gebruik.

Marais in Hillbrow

In Desember 1905 val die Konserwatiewe-Unioniste-regering in Brittanje. Onder Afrikaners vlam die hoop op dat die nuwe Liberale Party-regering, wat simpatiek staan teenoor hul politieke aspirasies, binnekort selfregering aan die Transvaalkolonie sal toeken. Sir Arthur Lawley tree af en word as luitenant-goewerneur opgevolg deur sir Richard Solomon, die voormalige prokureur-generaal van die Transvaalkolonie. Intussen het FitzPatrick hom as die Progressive Party-kandidaat in 'n Pretoriase kiesafdeling verkiesbaar gestel.[335] Op 26 Januarie 1906 skop hy sy politieke veldtog in Pretoria af met 'n vergadering waar hy verklaar: "I was born under the Union Jack and under that flag, please God, I shall die."[336]

Kort ná die "verkoop" van *Land en Volk* verhuis Marais na Johannesburg en huur soos baie Johannesburgse advokate 'n kantoor in Sauer's Building in Markstraat, oorkant die stadsaal, slegs 'n straatblok van FitzPatrick se kantoor in Corner House op die hoek van Commissioner- en Simmondsstraat. "It is a relief to shake the dust of Pretoria off one's feet, – after all I have gone through of late," verwittig Marais vir FitzPatrick aan die begin van Februarie 1906, en versoek 'n afspraak met hom.[337] Hy word ook nou lid van die

Rand Club,[338] moontlik op aanbeveling van FitzPatrick, wat al sedert die klub se ontstaan 'n lid is.

Vir 'n woonplek kies Marais Hillbrow,[339] wat in hierdie jare 'n rustige voorstad net oor die bult van FitzPatrick se Parktown-woning is. In Parktown woon FitzPatrick en sy gesin in Hohenheim, 'n oordadige herehuis wat soos 'n baronskasteel lyk en voorheen Lionel Phillips se woning was. Die FitzPatricks leef soos Britse landadel, met twaalf personeellede wat na hul behoeftes omsien, onder andere 'n kok, 'n butler en verskeie kinderoppassers en huisbediendes. By Hohenheim kan FitzPatrick se kinders en hul vriende in 'n honderd-akker-tuin met 'n swembad en tennisbaan baljaar terwyl hy en sy vrou hul gaste op deftige dinees in 'n massiewe balsaal onthaal.[340]

Dit is insiggewend dat FitzPatrick binne dae ná Marais se aankoms in Johannesburg by lord Selborne gaan aanklop vir die staatshulp wat die voormalige luitenant-goewerneur sir Arthur Lawley blykbaar die vorige jaar aan *Land en Volk* belowe het. Selborne stuur die versoek deur na Patrick Duncan, wat nou die Transvaalse koloniale sekretaris is. Duncan laat Selborne op 13 Februarie weet dat hy nie hiervoor te vinde is nie. Selborne se antwoord aan Duncan is op sy beurt ook insiggewend, veral wat betref die rol wat Marais en *Land en Volk* sedert die oorlog gespeel het:

> Your letter of the 13th inst. about "Land en Volk" is full of expressions of principle with which in letter and spirit I am in agreement heart and soul. I will select a few:
>
> "It was because of my strong conviction that any good which this Government may have done here is largely due to the fact that people believe that we are straight; that whatever mistakes we may make we do not try to hush them up and that we never shirk public criticism and the fullest investigation of public work. This country has been too long accustomed to the other way – of bribing papers to say favourable things and starving those that will not."
>
> "It is well known that we will not spend public money on a man because he speaks well of us or try to injure his business if he speaks ill of us in criticising as he is entitled to do our management of public affairs."

"I know that there are special difficulties connected with the question of reaching Dutch people through the Press, but I do think they are less serious than the evil of a subsidised press."

The question I want to ask you is, do these principles, to every one of which I subscribe, furnish us with an excuse of not fulfilling Lawley's personal pledge that he would see that all the advertisements that could possibly be given to "Land en Volk" should be given to it, that more should be given to "Land en Volk" than had heretofore been given. "Land and Volk" is not subsidised by the Government or Governor, nor any other paper, I am thankful to say. "Land en Volk" is under no sort of engagement to say favourable things of the Government; it is free to criticise unreservedly, and does so. The only service which it renders, not to the Government but to the public, is to report facts: it is the only vehicle through which the truth can reach the Boers.

The "Volksstem" [sic] on the other hand does not report facts: it allows no facts inconvenient to it to penetrate to the Boers: it does invent and report things which are "notfacts". It is not an opposition paper. It is an implacable, unscrupulous, avowed enemy, using ink because it cannot at present use bullets.

I confess I am loth to fail my best friend Lawley, for the sake of my enemy, the "Volksstem" [sic]. Further how can we in the future deplore mistakes by the Boer electors or members, made in sheer ignorance of the facts, if we have allowed the only vehicle through which the facts can penetrate to them to perish for the lack of the little sustenance which we can give without any taint of subsidy?[341]

Selborne swyg oor FitzPatrick se betrokkenheid by die koerant, wat nog 'n aanduiding is dat laasgenoemde nie die werklike eienaar van *Land en Volk* is nie. FitzPatrick is 'n ryk man: het hy wel die koerant vir sy eie politieke gewin gekoop, kan hy mos nie nou van die owerheid verwag om hom te ondersteun nie. Soos gemeld is die politieke beriggewing van die nuwe *Land en Volk* ook glad nie wat 'n mens sou verwag van 'n koerant waarvan die eienaar 'n leiersfiguur in die Progressive Party is nie – die redaksionele beleid is eerder soos

Selborne in sy brief uiteensit. Dit skyn dus dat FitzPatrick die vorige jaar geld bygedra het bloot as 'n guns aan sy held Milner, maar ook dat hy nie bereid is om die koerant onbepaald uit sy eie sak aan die gang te hou nie.

Nie Preller, Du Toit of Rousseau verduidelik hoekom Marais so kort ná die verkoop van sy koerant na Johannesburg verhuis het nie. In 'n onderhoud wat Du Toit in 1935 met hom gevoer het, het Marais hierdie tydperk in sy lewe geïgnoreer deur te sê: "Ek het 'n ruk lank in Pretoria as advokaat gepraktiseer en is toe na [die] Waterberg".[342] Rousseau verklaar in *Die Groot Verlange* hieroor: "Die redes vir Eugène Marais se verhuising na Hillbrow is onbekend."[343] Hy gaan dan egter voort om te meld dat dit kan wees omdat Marais se vriend Charlie Pienaar – met wie hy 'n huis in Pretoria gedeel het – op trou gestaan het, en hy besef het "die inwonery by Charlie en Louise Pienaar sal nie deug nie".[344] Hierdie rede is egter nie oortuigend nie – hoekom van stad verhuis bloot omdat jou vriend trou? Sekerlik sou Marais nou iewers anders in Pretoria kon gaan bly, sou hy wou. 'n Ander moontlike rede wat Rousseau opper, is dat Marais agter die jong Anne aan getrek het, 'n verhouding wat vroeër in hierdie werk bespreek is. Dit is egter bespiegeling aan sy kant. Laastens meen Rousseau dat opdragte vir advokate in Pretoria skaars was, en dat Marais gehoop het om meer werk in Johannesburg te kry.[345] Hierdie moontlike rede is meer oortuigend. Maar by wie het hy gehoop om in Johannesburg regswerk te kry – die meeste van sy familie, vriende en kennisse was tog in Pretoria? Die antwoord moet wees by sy vriend FitzPatrick, wie se werkgewer die grootste sakegroep in die land was. Daar is egter hoogs waarskynlik ook 'n ander rede vir sy verhuising.

Marais was nooit te gretig dat sy eie en *Land en Volk* se naoorlogse joernalistieke rol van nader beskou word nie. Aan Preller het hy bloot gemeld: "My geskiedenis na my terugkoms in Pretoria ken jy meer of min, en dit is ook te modern om op in te gaan."[346] Twaalf jaar ná hierdie stelling aan Preller het Marais in 'n onderhoud met Du Toit sy eie naoorlogse betrokkenheid by *Land en Volk* ook doodgepraat:

> Gustav Preller was later 'n tydlank redakteur van die blad, maar dinge het so sleg gegaan dat ek besluit het ons moet toemaak. Ons was gedurig in die moeilikheid met die Engelse regering. Later is Preller op 'n aanbod

> van die Volkstem na die koerant en daarna het ek Land en Volk aan 'n prokureur Hopley verkoop. Land en Volk het toe nog 'n ruk bestaan voordat dit doodgeloop het.[347]

Maar het Marais nou regtig niks meer te doen gehad met die koerant wat hy so lank besit het nie? Het hy nie moontlik sy belang, of ten minste 'n gedeelte daarvan, in die koerant behou nie? Het hy nie nog steeds agter die skerms die redaksionele beleid bepaal nie, net soos in die jare toe O'Brien, Preller, Rabie en Vrolik die redakteurs was? En het hy nie nog so af en toe 'n hoofartikel geskryf nie, of 'n bydrae onder 'n skuilnaam gelewer, soos met die onderwyskwessie drie jaar tevore? Marais was bitterlik gekant teen Het Volk, asook teen die moontlikheid dat genls. Botha en Smuts die volgende leiers van die Transvaalkolonie sou word, en nou was daar 'n verkiesing vir selfregering in die vooruitsig. Is die werklike rede hoekom hy juis nou na Johannesburg verhuis dalk omdat dit van hier af makliker sou wees om ongesiens teen Het Volk en die Boereleiers te werk as in Pretoria, waar sy voortgesette betrokkenheid by die koerant nie geheim gehou sou kon word nie? Sy versuim om aan Du Toit te noem dat hy ook byna twee jaar in Johannesburg deurgebring het, is insiggewend, want wanneer Marais oor iets geswyg het, was daar, soos telkemale in my navorsing geblyk het, iets wat hy wou wegsteek.

In 1906 verskyn dan ook verskeie hoofartikels in *Land en Volk* oor die Boereleiers wat netsowel deur Marais geskryf kon gewees het, indien hulle nie is nie. 'n Voorbeeld is 'n hoofartikel in April 1906 oor 'n omsendbrief wat Het Volk se leiers uitgestuur het om hul takke te waarsku dat *Land en Volk* verdeeldheid onder Afrikaners wil saai. Hieroor meen *Land en Volk* dat 'n mens van 'n organisasie met 'n demokratiese naam soos Het Volk sou verwag dat sy leiers demokratiese beginsels het. "Dat het tegendeel blijk waar te wees, is *niet* een van de verrassingen . . . ten minste niet voor iemand, die de leiders kent en in de jaren voor, gedurende en na de oorlog de ogen heeft opengehouden,"[348] meen hierdie skrywer, wat soos Marais die leiers al lank ken en maar min van hulle dink. Later hierdie jaar meld 'n hoofartikel dat aangesien daar binnekort selfregering gaan wees, die administrasie van die onderwysdepartement in die hande van "een door ons self gekozen Regering" gaan wees, en op grond daarvan "moeten wij het [sic] CNO skole veroordelen als onnodig en onwenslik".[349] Hierdie sentimente stem merkwaardig ooreen met Marais se houding oor die CNO-skole, en is ook nie 'n uitspraak wat 'n mens van 'n gebore Hollander soos die redakteur De Haas sou verwag nie.

Marais se voortgesette betrokkenheid by *Land en Volk* is egter moeilik om direk te staaf. Omdat Marais nou naby FitzPatrick gewoon en gewerk het, sou dit nie meer nodig gewees het om per brief oor *Land en Volk* te kommunikeer nie. Ook het die kroonkolonieregering nou sy hulp gestaak, en word *Land en Volk* nie meer in amptelike rekords genoem nie. Dit is egter onteenseglik so dat Marais en FitzPatrick bevriend was, dat hulle al 'n lang pad kom wat *Land en Volk* betref, en dat Marais net so lank in Johannesburg sal woon as wat die koerant bly voortbestaan.

Dit moet dus baie waarskynlik wees dat Marais nog in 'n mindere of meerdere mate by *Land en Volk* betrokke was. Die verwikkelinge by die koerant in die laaste agttien maande van sy bestaan word dus in die lig van hierdie veronderstelling ondersoek.

Het Volk se dreigement

Omstreeks dieselfde tyd as wat Marais na Johannesburg verhuis, vergader genl. Smuts met lede van die nuwe Liberale Party-regering in Londen en help om hulle te oorreed om selfregering aan die Transvaalkolonie toe te staan, wat hulle toe wel op 8 Februarie 1906 doen. Hy gaan sien ook vir Julius Wernher en Alfred Beit by hul firma se hoofkantoor in die City. Die twee Randlords is baie beïndruk met hom. "He is certainly a very intelligent and shrewd man who will count in the future ... no doubt much good would result from more frequent interchange of views," skryf Wernher nog dieselfde dag aan FitzPatrick in Johannesburg.[350]

In hierdie stadium is die mynbedryf baie afhanklik van hul ingevoerde Chinese kontrakarbeiders. Maar by hul vergadering maak Smuts dit aan die twee mynmagnate duidelik dat dit hul firma sal baat om nouer bande met Het Volk te smee – sou hulle dit nie doen nie, skimp hy, gaan Het Volk die mynwerkers na China terugstuur sodra hulle aan bewind kom.[351] Alhoewel Beit en Wernher nie by hierdie vergadering op Smuts se voorstel reageer nie, begin hulle onmiddellik hierna die politieke situasie heroorweeg, soos sal blyk. Wernher noem verder aan FitzPatrick dat "Smuts seems very much afraid of you" en dat laasgenoemde hom daarvan verdink dat hy 'n ooreenkoms verongeluk het wat Het Volk met Selborne oor die onderwyskwessie bereik het.[352] Smuts het reeds voor die oorlog vir FitzPatrick bestempel as 'n politieke moeilikheidmaker wat hy eendag nog aan die pen sou laat ry.[353]

Met die Liberale Party aan bewind in Brittanje en selfregering vir die Transvaalkolonie in die vooruitsig, besef Beit en Wernher nou dat hul firma se verbintenis met die vorige politieke bedeling 'n politieke meulsteen geword het. Hulle besef ook dat 'n Het Volk-oorheersde regering waarskynlik die volgende jaar aan bewind gaan kom.[354] Dit is tyd om vrede met die Boere te maak. 'n Week ná Smuts se besoek verduidelik Wernher sy en Beit se standpunt in 'n brief aan Lionel Phillips, wat die vorige jaar uit Londen teruggekeer het om weer die leierskap van Wernher-Beit se Johannesburgse filiaal H. Eckstein & Co. oor te neem.

> ... how far are we to carry the [politieke] game? We are looked upon as fools by one section & knaves by the other ... I repeat the question: for whom are we fighting & for what ... We need not rush into the Boer's arms ... but after all the war has been a cruel lesson, the risks of a new war are not lost sight of ... people [aandeelhouers] fail to understand why we, who are supposed to look after their interests & mines & always seem more occupied with politics in the front rank – the result is economically not brilliant ... and we come in for a good deal of blame – it does get on one's nerves – Beit seems to suffer more & he gets into states of collapse ... don't forget we have to live with these people [die Afrikaners].[355]

'n Mens bespeur hier 'n mate van spyt by Wernher dat die firma ooit betrokke geraak het by die politieke gebeure wat aanleiding gegee het tot die Anglo-Boereoorlog. En Wernher en Beit weet goed wie hoofsaaklik hiervoor verantwoordelik was – FitzPatrick, wat deur Friedrich Eckstein as "the political member of our firm" beskou word.[356] FitzPatrick is in elk geval nog nooit deur vennote vir sy sakevernuf op prys gestel nie, en boonop was hy vir 'n groot deel van die voorafgaande vyf jaar met siekteverlof. Sy opgang by die firma was eerder te danke aan sy vertrouensverhouding met Milner, wat agt jaar lank die Hoë Kommissaris van Suid-Afrika was. Maar FitzPatrick het nie dieselfde verhouding met Milner se opvolger Selborne nie, wat deur Fitz-Patrick en die Progressive Party se leierskap met wantroue beskou word omdat hy kwansuis te sag met die Boere is.[357]

Boonop is Milner nou in onguns by die nuwe Britse regering, en kort hierna stel 'n Liberale lid van die Britse parlement 'n mosie van sensuur teen hom in omdat hy tydens sy bewind in Suid-Afrika toestemming gegee het dat werkgewers lyfstraf mag toedien aan die Chinese kontrakarbeiders.[358] Die mosie word deur Winston Churchill, 'n lid van die Liberale Party en die nuwe adjunkminister van kolonies, versag om te lees dat alhoewel die parlement nie individue wil veroordeel nie, dit Milner se optrede afkeur. Hierdie verskuilde mosie van sensuur word deur 'n oorweldigende meerderheid van die parlementslede goedgekeur, tot die groot skok van Milner en sy volgelinge. En in sy toespraak oor die mosie beledig Churchill hom erg:

> Having exercised great authority he now exercises no authority. Having held high employment he now has no employment. Having disposed of events which have shaped the course of history, he is now unable to deflect in the smallest degree the policy of the day . . . Lord Milner has ceased to be a factor in public life.[359]

In Johannesburg het Phillips intussen ook tot die slotsom gekom dat die firma politieke sake uit die oogpunt van die mynbedryf pleks van dié van Brittanje of die Engelse inwoners van die Transvaalkolonie moet benader.[360] Aan Wernher skryf hy later dat "other people must be left to fight the Imperial battle now . . . the time has arrived to leave the British nation to take care of itself".[361] FitzPatrick se voortgesette politieke bedrywighede het nou vir sy vennote 'n verleentheid geword.[362]

Ná genl. Smuts se besoek aan Wernher en Beit, kom spreek dr. Engelenburg van *De Volkstem* hulle ook in Londen. Wernher laat hierna vir FitzPatrick weet: "The conversation ran pretty well on the lines with Smuts and he expressed as keen an anxiety to come to an understanding with the mine-owners, hinting very strongly what support they could give on labour and Chinese, but he made it quite clear that it was a question of bargaining and, if possible, before the elections."[363]

Beit skryf hierna aan FitzPatrick dat hy glo die Progressive Party sal op sy beste slegs 'n naelskraapse oorwinning in 'n verkiesing kan behaal. In so 'n geval gaan Het Volk waarskynlik 'n parlementêre mosie voorstel om die broodnodige Chinese kontrakarbeiders op die myne te deporteer, nie noodwendig omdat hulle dit wil sien gebeur nie, maar omdat hulle weet dat sommige Progressive Party-lede wat ook teen die Chinese myners gekant is die mosie sal ondersteun, iets wat 'n Progressive Party-regering tot 'n val sal bring. En die deportasie van die Chinese myners sal 'n geweldige slag vir Wernher-Beit se mynbedrywighede wees. Maar as Het Volk die verkiesing wen, glo Beit, sal hulle nie so 'n drastiese stap neem nie. Alhoewel hy dit nie in soveel woorde uitdruk nie, verkies Beit nou 'n Het Volk-oorwinning. Beit maak dit ook duidelik dat as die Progressive Party die verkiesing wen en FitzPatrick die pos van eerste minister aanvaar, hy alle bande met Wernher-Beit sal moet verbreek. "We think that ... people would always associate your name with our firm's interests."[364] FitzPatrick steur hom egter nie aan Beit se kommentaar nie – noudat selfregering 'n voldonge feit is, konsentreer hy en sy mede-Progressives eerder op die mees voordelige grondslag vir kiesafdelingafbakening.[365]

In Pretoria is Falconer nog steeds die hoof van die Staatsdrukkery en 'n stoere ondersteuner van FitzPatrick en die Progressive Party. In April 1906 wys hy FitzPatrick daarop dat die Boereverteenwoordigers reeds by die vredesonderhandelings vier jaar tevore ingestem het dat die afbakening van kiesafdelings op die aantal stemgeregtigde kiesers gebaseer kan word, in teenstelling met hul huidige eis dat dit volgens die totale wit bevolking bepaal moet word,[366] waarteen die Progressive Party hewig gekant is. In hierdie jare mag slegs volwasse wit mans stem, en alhoewel die twee taalgroepe min of meer ewe veel stemgeregtigde mans het, bestaan die Engelssprekende bevolking grotendeels uit enkellopende mans wat in Johannesburg woon, terwyl baie Afrikanermans groot gesinne het, en hulle regdeur die land versprei is. Die Afrikaners se getalle is dus aansienlik groter as dié van die Engelssprekende Transvalers; as totale wit bevolking pleks van aantal kiesers as 'n afbakeningsgrondslag gebruik word, bevoordeel dit die Afrikaners, want 'n plattelandse kiesafdeling met veel minder stemgeregtigde mans maar dieselfde wit bevolkingsgetal as 'n Johannesburgse kiesafdeling sal ook op 'n parlementslid geregtig wees. As kiesafdelings op die totale wit bevolking gebaseer word, sal die Afrikaners dus meer kiesafdelings as die Engelse Transvalers in 'n verkiesing inpalm. FitzPatrick veg verbete hierteen met sy "One vote, one value"- en "Equal rights"-veldtog.[367]

Maar *Land en Volk* se standpunt hieroor verskil van FitzPatrick s'n – die koerant is ook 'n voorstander van kiesafdelings wat volgens totale wit bevolking bepaal word. Die Progressive Party se voorgestelde grondslag is "onrechtvaardig en gansch anders dan de gewoonte in Engeland self gevolgd", en die koerant bepleit dat die Britse regering verantwoordelike regering toestaan op "een basis die rechtvaardig is tegenover de oude bevolking van dit land".[368] Hierdie standpunt van *Land en Volk* bevestig weereens dat dit nie op hierdie tydstip bloot 'n mondstuk van FitzPatrick en die Progressive Party is nie – die redaksie (en moontlik Marais) mag steeds self die politieke beleid van die koerant bepaal, net soos in die jare ná die oorlog toe Marais openlik betrokke was.

Die goudmagnate se reddingsboei

Teen Mei 1906 is FitzPatrick se kontantinspuiting in *Land en Volk* vermoedelik amper uitgeput. Volgens die boekhouer Mondriaan beloop die koerant se maandelikse verlies met tye soveel as £700 (R700 000).[369] FitzPatrick probeer nou weereens om staatshulp te kry. Hy klop aan by Dougal Malcolm, lord Selborne se privaat sekretaris. FitzPatrick doen dit sekerlik net om gestand te doen aan sy belofte aan Milner om die koerant aan die gang te help hou, want *Land en Volk* se voortbestaan het tot dusver nie juis vir hom of die Progressive Party gebaat nie. Malcolm bespreek FitzPatrick se versoek met Selborne, maar Selborne kan nie help nie. Al manier hoe dit gedoen kan word, meen Selborne, is om regeringsadvertensies van *De Volkstem* te onttrek, of om onnodige regeringsadvertensies en drukwerk vir *Land en Volk* te skep. Sou die regering dit doen, sal genls. Botha en Smuts, wat 'n belang in *De Volkstem* het, onmiddellik sorg dat ongemaklike vrae daaroor aan die Britse regering gestel word in die parlement. Die Liberale Party is nou aan bewind en die nuwe minister van kolonies sal hom hieroor voor stok kry, glo Selborne. Hy stem egter saam met FitzPatrick dat aangesien die regering nie nog kapitaal tot *Land en Volk* gaan bydra nie, in verwagting waarvan FitzPatrick sy eie geld bygedra het, "it would be unfair to ask you to fund the remaining £2500 of that money".[370] Malcolm meen nou die enigste ander moontlikheid is "to get some private money for the support of *Land en Volk* from some of the rich men in Johannesburg . . . I am doing my very best in this respect, and shall make a special set at Abe Bailey." In 'n opvolgbrief aan FitzPatrick later dieselfde dag meen hy dat George Farrar ook om hulp genader moet word, asook Lionel Phillips. "As the money which has been put up so far is not Messrs Eckstein's but your own, I think he might."[371]

Vermoedelik noem Malcolm ook aan FitzPatrick dat Milner reeds die vorige jaar vir Selborne laat weet het dat hy en Beit oorweeg om fondse vir *Land en Volk* uit die Rhodes Trust te bewillig.[372] FitzPatrick skryf nou aan Friedrich Eckstein by Wernher-Beit in Londen om hieroor navraag te doen. Maar aan die einde van Mei verwittig Eckstein hom dat niemand by Wernher-Beit iets hiervan weet nie, en dat Beit nie gevra kan word nie omdat hy te siek is. Eckstein onderneem om vir Milner hieroor te vra, maar sal dit eers kan doen nadat laasgenoemde van vakansie teruggekeer het.[373] Weereens sal daar niks van teregkom nie.

Ten spyte van *Land en Volk* se pogings om hom as polities objektief voor te hou, beskuldig *De Volkstem* die koerant kort hierna in 'n hoofartikel getiteld "Een Wolf in Schaapsvel" dat dit nou geheel en al 'n kunsmatige affêre van die mynmagnate is. Al rede hoekom *Land en Volk* nog bestaan, meen *De Volkstem,* is om die Britse publiek in die Transvaalkolonie en Brittanje onder die wanindruk te bring dat dit Afrikaneropinie verteenwoordig, en om die magnate se planne vir die toekomstige politieke bedeling van die Transvaalkolonie te bevorder.[374] J. Carpenter, 'n Wernher-Beit-amptenaar in Johannesburg, verwittig FitzPatrick van *De Volkstem* se aanval. "That the paper has become a thorn in the side of the Het Volk party is becoming every day more apparent. I enclose particulars of the 'Volksstems' [sic] latest attack and L&V's reply."[375]

FitzPatrick vertrek aan die begin van Julie 1906 na Londen om die Britse regering te probeer oorreed om die Progressive Party se voorstel oor kiesafdelingafbakening te implementeer.[376] Sy kollegas by Wernher-Beit is maar langtand oor sy plan; nie net stel dit die firma in 'n slegte lig by die Boereleiers nie, dit sal ook moontlik die koms van selfregering vertraag, wat voortgesette onsekerheid (en dus laer winste) vir hul firma tot gevolg sal hê.[377]

Kort voor FitzPatrick se vertrek het Carpenter hom verwittig dat hy Eckstein oor die *Land en Volk*-aangeleentheid ingelig het, en dat wanneer FitzPatrick in Londen aankom hy die saak met hom moet bespreek.[378] Maar blykbaar behaal Malcolm nou sukses met sy pleidooie aan die ryk manne van Johannesburg, want aan boord van die skip *R.M.S. Briton* waarmee FitzPatrick na Brittanje onderweg is, word 'n telegram van sy firma in Johannesburg aan hom oorhandig.

> Land en Volk friends High Commissioner willing to provide £6 000 or £7 000 provided they can participate on the same terms with Sir J.P. FitzPatrick regarding security and appoint nominee share control. Have you any objection form small syndicate as per Carpenter's letter of 25th June to F.Eckstein capital £5 000 details sent by this mail all interested parties will be protected.[379]

FitzPatrick stem hiertoe in, en blykbaar maak Wernher-Beit of van sy vennote nou 'n groot belegging in *Land en Volk,* want vanaf hierdie tydstip verskyn die koerant se naam op die firma se kaartindeks van sy rekords.[380] Ongelukkig is die rekords self vandag skoonveld. Die nuwe beleggers se vereiste dat hulle in FitzPatrick se sekuriteit wil deel, bevestig dat hy voorheen slegs 'n lening gemaak het en nie die eienaar was nie, want anders sou hy in elk geval reeds die bates besit het. Maar Wernher-Beit en/of sy vennote, tesame met ander onbekende mynmagnate, besit nou *Land en Volk* uit en uit. Hul vereiste dat hulle die koerant deur genomineerde aandeelhouers wil beheer, is 'n bewys daarvan.

Op die oog af strook hierdie ondersteuning van *Land en Volk* nie met Beit en Wernher se vroeëre teenkanting teen enige politieke deelname in die Transvaalkolonie se politiek deur hul firma, of met hul voorkeur vir 'n Het Volk-oorwinning nie. Maar soos sal blyk, voer Phillips en vermoedelik Wernher 'n plan in die mou. Die saadjies wat genl. Smuts en dr. Engelenburg by hul onderskeie vergaderings met Beit en Wernher in Londen drie maande tevore geplant het, het wortel geskiet, en *Land en Volk* kan moontlik 'n handige kaart wees om in die toekoms te speel.

Drie dae voor FitzPatrick se aankoms in Brittanje word Chamberlain platgetrek deur 'n massiewe beroerte wat die regterkant van sy liggaam verlam.

Die eens magtigste man in die Britse kabinet se sig, spraak en beweging is nou permanent aangetas en sy politieke loopbaan is op 'n end. En op die oggend van FitzPatrick se aankoms sterf Alfred Beit ná 'n lang siekbed.[381] Ten spyte van die bedrukte toestand van die aandelemark op hierdie tydstip laat Beit 'n boedel van ongeveer £8 miljoen (R8 miljard) na.[382]

Ná Beit se begrafnis misluk FitzPatrick en sy twee Progressive Party-kollegas, die mynmagnaat sir Abe Bailey en die prokureur sir William van Hulsteyn,[383] daarin om die Britse regering te oortuig om die afbakeningsgrondslag van kiesafdelings te verander. Benewens ander oorwegings, pas dit die Britse regering dat Het Volk in die Transvaalkolonie aan bewind kom. Die Liberale Party wil hê dat die Chinese kontrakarbeidstelsel so gou as moontlik afgeskaf moet word, iets wat hulle glo slegs 'n Het Volk-regering sal doen. FitzPatrick en sy kollegas keer hierna onverrigter sake na die Transvaalkolonie terug.

Verjaarsdae

'n Aanduiding dat Marais nog steeds by *Land en Volk* betrokke is, verskyn op 9 Oktober 1906 in die koerant in die vorm van 'n berig met die opskrif "10 Oktober 1888 – 10 Oktober 1906". Hierin word bekend gemaak dat "Morgen zal het 18 jaren geleden zijn, dat *Land en Volk* het lewenslicht zag." In dié berig word daar veel gemaak van die koerant se aktiwiteite in daardie tydperk, en die skrywer daarvan spreek die wens uit dat die koerant se politieke beleid van "WAARHEID, VRIJHEID, RECHT" nog voor sy 25ste bestaansjaar sy lesers se welvaart en geluk sal herstel het.[384] Dit is sentimente wat 'n mens sou verwag van iemand wat oor baie jare 'n sterk emosionele band met *Land en Volk* gevorm het, en nie iemand soos die huidige redakteur De Haas wat op hierdie tydstip nog nie eens 'n jaar by die koerant is nie.

10 Oktober was ook om ander redes 'n belangrike dag op Marais se kalender. Twaalf jaar tevore, op 11 Oktober 1894, het hy in 'n hoofberig in *Land en Volk* gemeld dat die vorige dag – m.a.w. 10 Oktober 1894 – die vierde verjaarsdag van sy redakteurskap was.[385]

Nog 'n aanduiding van Marais se moontlike betrokkenheid by *Land en Volk* verskyn net onder die berig van die koerant se agttiende verjaarsdag, waar gemeld word dat die Staatsdrukkery se jaarlikse feesvieringe by die

Boksburgmeer baie suksesvol afgeloop het.[386] Op hierdie tydstip is Falconer nog hoof van die Staatsdrukkery. 'n Mens wonder of iemand soos De Haas so 'n onbenullige geleentheid nuuswaardig sou geag het, en of dit nie maar Marais is wat self daar was nie en hierdie stukkie in die koerant laat plaas het as 'n guns aan sy vriend.

Land en Volk skep 'n eerste minister

Land en Volk verskuif nou sy aandag daarna om Het Volk herhaaldelik in hoofartikels te kritiseer oor sy gebrek aan 'n formele verkiesingsmanifes, want daarsonder word kiesers gevra om "een politieke kat in de zak te kopen".[387] Soos in die vorige jaar voor Marais *Land en Volk* "verkoop" het, verkondig die koerant ook voortdurend versoening tussen Boer en Brit, en versoek hy dat Het Volk se toenadering tot Engelse Transvalers nie net by woorde sal bly nie. Derhalwe raai die koerant die party aan om ook die nuwe Britse setlaars (wat ingevolge Milner en FitzPatrick se immigrasiebeleid na die Transvaal gelok is) gerus te stel dat hulle niks van 'n Het Volk-regering te vrees het nie.[388] Nou en dan glip die masker van *Land en Volk* se eienaars so effens, soos wanneer die koerant Het Volk se leiers waarsku teen "het opzwepen van de Engelse werkman tegen zijn Engelse werkgever"; volgens die koerant sal so iets sleg wees vir toekomstige verhoudinge.[389]

Intussen werk Falconer onverpoosd om FitzPatrick en die Progressive Party se saak in Pretoria te bevorder. In November 1906 laat hy FitzPatrick weet dat sekere Het Volk-leiers staatsamptenare gewaarsku het om nie by die politieke veldtog betrokke te raak nie. "I have been warned by what in Scotland is known as 'A Sure Hand' to cease taking any part otherwise it will be the worse for me. Needless to say it has only got my back up and I'm going to do more than ever."[390]

Met die verkiesing vir selfregering nou om die draai maak *Land en Volk* uiteindelik op 2 November sy posisie duidelik. Volgens die koerant streef hy Afrikanerbelange na en kan hy dus vanselfsprekend nie die Progressive Party se kandidate ondersteun nie, aangesien hulle slegs na die belange van die Engelse gedeelte van die bevolking omsien. Maar hy gaan ook nie 'n kandidaat ondersteun bloot omdat hy 'n Het Volk/Responsible-kandidaat is nie, net so min as wat hy nié 'n kandidaat gaan ondersteun omdat hy 'n Het

Volk/Responsible-kandidaat is nie – die koerant se beleid is eerder om kandidate te ondersteun wat hy glo die Afrikaners se belange die beste gaan dien.[391]

Nieteenstaande sy verklaarde beleid berig die koerant hierna tog baie gunstig oor FitzPatrick se politieke vergaderings in Pretoria.[392] Die koerant publiseer ook korrespondensie tussen FitzPatrick en genl. Botha waarin laasgenoemde geweier het om 'n vergadering van vooraanstaande Pretorianers by te woon wat FitzPatrick gereël het om die ekonomiese toestand in die land te bespreek en die publiek se vrae te beantwoord. *Land en Volk* kritiseer Botha heftig hieroor, en kom tot die slotsom dat "Generaal Louis Botha noch de wijsheid, noch de morele kracht bezit om de posisie in te nemen van de hoogste leider der Transvaalse Afrikaners",[393] 'n opinie wat Marais lank reeds huldig.

Maar vermoedelik speel die mynmagnate kort hierna die kaart wat hulle lankal vir hierdie oomblik terughou. Op 7 Desember 1906 maak *Land en Volk* 'n dramatiese ommeswaai oor genl. Botha en sy kollegas nadat Het Volk uiteindelik sy verkiesingsmanifes bekend gestel het. "Generaal Botha en zijn medeleden van het Hoofdkomitee van 'Het Volk' mogen geluk gewenst worden met hun Program," verklaar die koerant se hoofartikel. Het Volk se beleid om versoening tussen Boer en Brit na te streef en alles te vermy wat onderlinge wantroue kan veroorsaak, is bewonderenswaardig, meen die koerant. Nou gooi *Land en Volk* sy gewig agter Botha se party in en verklaar dat "wij met enkele uitzonderingen . . . de kandidatenkeuze van 'Het Volk' geheel en al goedkeuren".[394]

Vir hierdie ommeswaai is daar twee moontlike verklarings. Die eerste en minder waarskynlike rede is dat die redakteur De Haas (en moontlik Marais) nou werklik tot Het Volk-ondersteuners bekeer is. Die tweede en meer waarskynlike verklaring is dat Wernher-Beit en die ander mynmagnate nou besluit het om die guns van Het Volk en genls. Botha en Smuts te wen: 'n uitvloeisel van die gesprek vroeër die jaar in Londen tussen Smuts en Engelenburg aan die een kant en Beit en Wernher aan die ander, asook Phillips se daaropvolgende toenadering tot Botha en Smuts. Wernher en Phillips het in elk geval lankal besluit dat uit hul firma se oogpunt 'n Het Volk-oorwinning verkieslik is. Die Boereleiers weet goed wie die ware eienaars van *Land en Volk* is, soos hul mondstuk *De Volkstem* al telkemale duidelik gemaak het.

Hierdie gebaar van Wernher-Beit en die ander mynmagnate is dus vermoedelik daarop gemik om hul welwillendheid teenoor die Boereleiers te bewys.

Botha en Smuts op hul beurt bewys kwansuis húl welwillendheid teenoor hul koalisievennote, die Responsible Party (wat nou tot die National Party herdoop is), deur te verklaar dat hulle bereid is dat sir Richard Solomon, die leier van die Nationalists, die eerste minister van die land word indien hul koalisie die verkiesing wen.[395] Maar nou maak die generaals 'n slim skuif. Hulle oorreed Solomon om teen FitzPatrick, verreweg die gewildste kandidaat van die Progressive Party, in die Pretoria Suid-Sentraal-wyk te staan. Hy moenie hieroor bekommerd wees nie, stel hulle Solomon gerus: almal weet tog dat hy die toekomstige eerste minister is, en watter kiesers gaan die kans afwys dat hul kiesafdeling deur 'n eerste minister verteenwoordig word? Sodoende skakel hul koalisie vir FitzPatrick uit en wen hulle 'n setel waarop die Progressive Party staatgemaak het, oortuig hulle hom.[396] Maar aan John X. Merriman, die leier van die opposisie in die Kaapkolonie, skryf Smuts: "Richard Solomon we have fitted against FitzPatrick in order to give him an opportunity to burn his boats."[397]

Die verkiesingstryd tussen FitzPatrick en Solomon is fel, maar die meeste kenners se geld is op Solomon, wat 'n gewilde luitenant-goewerneur van die Transvaal was.[398] FitzPatrick maak nou ook 'n meesterlike skuif, vermoedelik met die instemming van Phillips en Wernher. Ten spyte van *Land en Volk* se verklaarde redaksionele beleid om in die breë net Het Volk- en National Party-kandidate te ondersteun, doen die koerant dit nie in die geval van Solomon nie: hy is een van die "enkele uitzonderingen" na wie die koerant voorheen verwys het. Volgens *Land en Volk* is Solomon onbetroubaar omdat hy sy politieke siening so maklik soos sy jas verander. "Onze konklusie is, dat Sir Richard niet de steunt verdient van de Afrikaners in de Zuid-Sentrale Wyk." Die koerant raai dus sy lesers aan om eerder te stem vir E.F. Bourke, 'n onafhanklike kandidaat wat voorheen die burgemeester van Pretoria was. "De waarheid is, dat de heer Bourke het vertrouwen en de krachtige steun verdient van allen."[399]

Land en Volk maak dit ook hierna in omtrent elke uitgawe voor die verkiesing duidelik dat Bourke Afrikanerbelange veel beter as Solomon sal dien.[400] FitzPatrick weet goed dat die vanselfsprekende Het Volk- en Nationalistkiesers nooit vir hom sal stem nie, maar dat elke stem wat Solomon aan Bourke afstaan tot sy voordeel is. Geleidelik begin die gety in FitzPatrick se guns swaai, en in Februarie 1907 wen hy die kiesafdeling met 491 stemme, 137 stemme meer as Solomon. Bourke is in die derde plek met 170 stemme, die stemme wat Solomon nodig gehad het om te wen.[401]

FitzPatrick se oorwinning beteken dat Solomon nou nie 'n setel het nie, en dat Botha nou die eerste minister van die Transvaal word. Dit was sekerlik Botha en Smuts se oogmerk toe hulle Solomon aangemoedig het om teen FitzPatrick te staan, want Phillips skryf hierna aan Wernher dat "the Boer Leaders themselves are not at all displeased" met Solomon se nederlaag. "After the elections Fitz and Smuts met in the Club, shook hands and had a drink together, and the latter made some very scathing references to Dick Solomon."[402]

En minder as vyf jaar ná die Boere se nederlaag op die oorlogsveld is 'n Afrikaner weer die politieke leier van die Transvaal.

De Haas skryf 'n dreigbrief

Die nuwe Transvaalse parlement open op 20 Maart 1907 vir 'n sitting van slegs twee dae. Almal verwag dat genl. Botha sy regering se standpunt oor Chinese kontrakarbeiders die volgende dag bekend gaan maak.[403] Maar tot die woede van Progressive parlementslede soos FitzPatrick en Abe Bailey wat die mynbedryf verteenwoordig, stel Botha sy verklaring hieroor uit tot die volgende parlementsitting op 14 Junie 1907.[404] Die aandeelpryse van die goudmyne daal skerp weens die onsekerheid wat hierdeur vir die mynbedryf geskep word.[405] Botha se houding moet vir FitzPatrick 'n taamlike ontnugtering wees ná die ondersteunende rol wat *Land en Volk* kort voor die verkiesing gespeel het. 'n Paar dae later gaan sien hy, Abe Bailey en 'n paar ander leidende Progressives vir Botha om te probeer pols wat sy regering se standpunt oor die Chinese kontrakarbeiders is. Botha is vaag hieroor, maar verseker hulle dat die regering niks sal doen wat die mynbedryf skade sal berokken nie.[406] Die volgende dag vertrek Botha na Brittanje om 'n konferensie van die leiers van die lande in die Britse Ryk by te woon.[407]

Maar FitzPatrick glo nie Botha se versekerings nie,[408] en agter die skerms broei daar terselfdertyd iets anders. H.P. Breytenbach, die man wat voor die oorlog kwansuis vir Botha namens die dinamietkonsessiehouer omgekoop het, het 'n paar weke tevore vir De Haas, die redakteur van *Land en Volk*, hieroor kom sien. Volgens Breytenbach het hy 'n getuie wat sy storie sal staaf, ene G.G. van de Venter, wat ook 'n boer in die Vryheid-distrik is. De Haas het toe die saak 'n ruk lank daar gelaat, maar op 17 Maart – vier dae voor Botha se verwagte parlementêre toespraak oor die Chinese kontrakarbeiders – het hy Breytenbach versoek om sy getuie na Pretoria te bring en beëdigde verklarings hieroor af te lê.[409] En op 20 Maart, die dag voor Botha se verwagte toespraak, het Breytenbach 'n telegram aan Botha gestuur waarin hy aandring dat Botha hom nog dieselfde aand in die Transvaal Hotel in Pretoria te woord staan. Botha het egter hierdie vergadering tot ná die volgende dag se parlementsitting uitgestel.[410] ('n Mens kan nie anders as om jou af te vra hoekom die eerste minister van 'n land in die eerste plek hoegenaamd bereid was om plek in sy besige dag vir 'n politieke non-entiteit in te ruim nie, en dit boonop vir iemand wat hom kwansuis ses jaar tevore by die Transvaal Concessions Commission beswadder het.)

Op die dag van Botha se verwagte parlementêre toespraak oor die Chinese kontrakarbeiders het Breytenbach en Van de Venter vir De Haas kom sien. Volgens hulle was hulle op pad na Botha om sekere eise aan hom te gaan stel. Indien hy sou weier om daartoe in te stem, het hulle verklaar, sal hulle beëdigde verklarings kom aflê wat *Land en Volk* dan moet publiseer. De Haas het geweier om dit te onderneem, waarop Breytenbach gesê het dat hulle dan sou gaan na Abe Bailey, wat die *Rand Daily Mail* in Johannesburg besit. Volgens Breytenbach het hy Bailey al voorheen hieroor gespreek,[411] en was laasgenoemde bereid om hul verklarings te publiseer. Die twee mans is hierna weg om Botha te ontmoet.[412]

Volgens Botha se latere hofgetuienis het Breytenbach hom toe by hul vergadering meegedeel dat Van de Venter, blykbaar 'n ou kennis van Botha, in die nabyheid was toe hy hom in Augustus 1899 in Pretoria omgekoop het, en dat hulle £2 000 (R2 miljoen) vir hul stilswye hieroor wou hê. Botha het hulle toe uit sy kantoor gejaag.[413] Maar volgens Breytenbach se latere hofgetuienis het hy nie vir geld gevra nie, net daarop aangedring dat Botha as eerste minister moet bedank omdat hy weens sy korruptheid nie vir so 'n verantwoordelike pos geskik is nie. Direk ná die vergadering het die twee mans beëdigde verklarings by De Haas se kantoor gaan aflê. Breytenbach het ook in hierdie beëdigde verklaring sy vorige beëdigde verklaring van 1902 teruggetrek waarin hy ontken het dat hy vir Botha omgekoop het.[414]

Nou raak die spoor moeiliker om te volg. De Haas gaan sien hierna vir Bailey in Johannesburg, volgens sy latere hofgetuienis om uit te vind of Bailey al voorheen met Breytenbach gesprek gevoer het.[415] Op sy beurt het Bailey later getuig dat Breytenbach hom wel aan die einde van Januarie 1907 kom spreek het. Volgens Bailey het Breytenbach hom ingelig dat hy Botha voor die oorlog omgekoop het, en hom toe gevra of hy iets met die inligting wil doen. Hierop het Bailey glo geantwoord dat hy niks met so iets te doen wil hê nie. In sy getuienis het Bailey egter 'n stelling gemaak wat agterdog wek, naamlik dat toe De Haas in Maart 1907 telefonies die afspraak met hom gereël het, hy nie daarvan bewus was dat De Haas die redakteur van *Land en Volk* is nie.[416] Maar lord Selborne se privaat sekretaris Malcolm het die vorige jaar vir Bailey by naam genoem as een van die ryk manne wat hy gaan nader om kapitaal vir *Land en Volk* by te dra, wat Bailey dan moontlik ook gedoen het. Boonop is Bailey 'n groot vriend en politieke kollega van FitzPatrick, wat ten nouste by *Land en Volk* betrokke is. Dit sou bykans ongelooflik wees as Bailey nie onmiddellik sy mede-mynmagnaat en mede- Progressive Party-parlementslid oor hierdie moontlike politieke dinamiet rakende hul gemeenskaplike vyand ingelig het nie. Dit lyk ook te toevallig dat Breytenbach aangedring het om Botha te sien juis die dag voor sy verwagte toespraak oor die Chinese kontrakarbeiders.

FitzPatrick was 'n meester in die aanwending van die pers en joernaliste teen politieke opponente. Dit is dus moeilik om nie sy hand in hierdie gebeure te vermoed nie. Is dit nie waarskynlik hy wat De Haas aangemoedig het om beëdigde verklarings by Breytenbach en Van de Venter te kry nie? De Haas publiseer ook nie nou die twee mans se verklarings nie, maar skryf eerder 'n paar weke later sonder hul medewete 'n merkwaardige brief aan Botha in Londen. Hierin deel hy Botha mee dat hy die twee mans se verklarings in sy besit het, en verklaar dat hy hulle glo. "It is ridiculous to suppose that they, who are both, as already observed, men of standing and fathers of families, would commit pre-meditated perjury in such a cold-blooded manner." Volgens De Haas voel hy dat dit sy plig teenoor die publiek en sy koerant is om die verklarings te publiseer, maar hy het die twee mans vir 'n maand grasie gevra voor hy dit doen. Hy glo dat dit 'n tragedie vir die Afrikanersaak sou wees as Botha in daardie stadium moet bedank, en wil hom graag die kans gee om die saak reg te stel.

> I deem it to be your bounden duty towards the people to use all means in your power to correct your former mistake at any cost, without resigning or allowing the facts to be made known to the world, through the press, and thereby damaging forever your own reputation and for a considerable time that of the innocent mass of Afrikanders who placed you in power.[417]

De Haas bied ten slotte aan om as onpartydige tussenganger op te tree. Hy moedig Botha aan om 'n bevredigende oplossing te vind, en waarsku hom dat "prompt – not half-measures – are of vital importance in this case".[418] Botha beter hom gou antwoord, maan hy die eerste minister van die land.

Maar De Haas se motiewe is glad nie so edel as wat hy voorgee nie. In sy latere hofgetuienis het hy erken dat as Botha hom met 'n aanbod van geld genader het, hy dan sonder twyfel sou geweet het dat laasgenoemde wel voor die oorlog omkoopgeld aanvaar het.[419] 'n Mens kan jou kwalik voorstel dat De Haas so 'n verregaande brief aan die leier van die land sou geskryf het sonder om eers die eienaars van sy koerant – van wie FitzPatrick een was – in die saak te ken nie. Dit is eerder waarskynlik dat FitzPatrick agter die brief gesit het. Indien Botha geantwoord het soos De Haas skynbaar gehoop het, sou so 'n ooglopende skulderkenning FitzPatrick en die Progressive Party die ammunisie gegee het om hom te eniger tyd tot 'n val te bring, asook moontlik die Het Volk-regering. Dit sou ook 'n bedingingskaart wees wat hulle tot hul voordeel in die Chinese kontrakarbeidkwessie kon gebruik.

W.F. Mondriaan, die boekhouer van *Land en Volk,* verwys ook na die mynmagnate se gekonkel teen Botha in sy ongepubliseerde memoires:

> Generaal Botha was destyds op besoek in Engeland. Soos my later geblyk het, was die opdrag wat die Kapitalistiese groep (wat die seggenskap van *Land en Volk* het gehad) aan die Redakteur De Haas gegee het, eenvoudig gewees om waar hy maar kan, opposisie teen Genl. Botha te bewerk. Genl. Botha het destyds die verdere invoer van Chinese mynwerkers probeer teenwerk.[420]

Botha beantwoord egter nie De Haas se brief nie, en kry van die Britse regering 'n groot lening vir die Transvaalkolonie in ruil vir 'n geheime onderneming dat sy regering die Chinese mynwerkers sal repatrieer, 'n saak wat die Britse regering na aan die hart lê.[421] Botha hou egter voorlopig hierdie ooreenkoms stil, en volgens die Britse pers ontwyk hy in Londen mynmagnate soos Julius Wernher "net so handig as destyds Lord Kitchener".[422]

'n Goeie vriend sterf

Intussen het die nuwe regering Het Volk se waarskuwing aan Falconer voor die verkiesing gestand gedoen deur hom aan die einde van Maart 1907 summier as hoof van die Staatsdrukkery af te dank.[423] As die nuwe koloniale sekretaris onder wie se departement die Staatsdrukkery ressorteer, het Smuts moontlik ook nog Falconer se rol in die mislukking van die Great Deal-onderhandelinge agt jaar tevore onthou.

Op 29 April 1907, kort ná De Haas aan Botha geskryf het, sterf Falconer op 39-jarige ouderdom aan 'n hartaanval. Falconer is 'n bekende persoonlikheid, en sterfberigte oor hom verskyn in talle Suid-Afrikaanse koerante. Die *Transvaal Advertiser* meen "he took his retrenchment very much to heart, and during the last week or two it was evident that his health was somewhat impaired".[424] Die *Star* berig: "Before the war he was the manager and co-partner of the progressive newspaper *Land en Volk.*"[425] Nou is dit nie meer 'n geheim dat 'n Uitlander soos Falconer voor die oorlog die mede-eienaar van Marais se koerant was nie, wat inligting is wat tot dusver blykbaar maar stil gehou is. As 'n dienende kaptein in die Northern Mounted Rifles, 'n burgermageenheid, word Falconer met volle militêre eerbetoon in Pretoria begrawe.[426] De Haas is by die begrafnisdiens, en FitzPatrick stuur 'n groot krans na die seremonie.[427] Vermoedelik woon Marais ook die begrafnis van sy beste vriend by, maar hiervan maak die Pretoriase koerante geen melding nie.

Genl. Botha slaan terug

Botha moet baie goed weet wie regtig agter De Haas se brief sit. Ná sy terugkeer na Suid-Afrika aan die einde van Mei 1907 is hy vasbeslote om die mynmagnate se mag eens en vir altyd te breek, soos hy aan John X. Merriman skryf:

> It appears that the magnates intend taking up a very hostile attitude and will do their best to bring about an acute crisis. Sooner or later the struggle has to come ... If we are to have the crisis, the sooner we get through with it, the better ... it is no easy task to clear the moral cesspool of Johannesburg; but we intend doing our best to obtain that end ...[428]

Die volgende parlementsitting begin op 14 Junie 1907, en almal weet dat Botha dan die regering se standpunt oor die repatriasie van die Chinese kontrakarbeiders bekend gaan maak, soos hy 'n paar maande tevore onderneem het. Maar op 10 Junie ontvang Botha briewe van De Haas, asook van Breytenbach en Van de Venter. De Haas skryf om te verneem wat Botha beoog om oor sy brief aan hom te doen. Op hul beurt wil Breytenbach en Van de Venter hom so gou as moontlik kom sien.[429] Botha besluit nou om 'n lokval vir die twee mans te stel, en reël 'n vergadering met hulle vir die volgende dag.

Voor die vergadering kruip Botha se prokureur Jimmy Roos, Marais se voormalige vennoot, en 'n polisieoffisier agter 'n skerm in die eerste minister se kantoor weg om aantekeninge te maak van die gesprek tussen hom en die twee mans. By sy aankoms verklaar Breytenbach dat hy slegs daar is om te eis dat Botha bedank. Maar Botha dring verskeie kere aan dat die twee mans 'n voorstel aan hom moet maak. Volgens Botha se latere hofgetuienis het Breytenbach toe gesê dat hy sal stilbly as Botha hom £10 000 (R10 miljoen) betaal.[430] Breytenbach het dit egter in sy eie getuienis ontken. Hy het beweer dat eers nadat Botha hom twee keer aangepor het om 'n voorstel te maak, hy gesê het dat as Botha as eerste minister bedank, en die geld terugbetaal wat hy die vorige jaar van die *Pretoria News* gekry het as skadevergoeding vir 'n insinuasie wat daardie koerant oor sy dinamiettransaksies gemaak het, hy tevrede sou wees. Hoe dit ook al sy, Botha vra hierna die twee mans om sy kantoor te verlaat. Buite in die straat word hulle toe in hegtenis geneem, asook De Haas later by sy kantoor, waarna die drie mans van afpersing aangekla word.[431]

Op 14 Junie kondig Botha in die parlement aan dat alle Chinese kontrakarbeiders gerepatrieer gaan word wanneer hul huidige dienskontrakte verstryk, tot groot ontsteltenis van die mynhuise.[432] Drie dae later verskyn De Haas, Breytenbach en Van de Venter in die hof vir die voorlopige ondersoek na die aanklagte teen hulle. Botha gee hier sy weergawe van die verloop van gebeure, wat die inhoud van De Haas se brief aan hom insluit. Hierdie nuus maak die volgende dag wêreldwyd opslae.[433]

Uit wat hierna gebeur, lyk dit of Julius Wernher en Lionel Phillips onbewus was van hul kollega FitzPatrick se moontlike onlangse joernalistieke bedrywighede. Dit sou nie die eerste keer wees nie – agt jaar tevore het FitzPatrick hulle ook in die duister gehou oor sy ware rol in die uitlek van die inligting oor die Great Deal-onderhandelinge. Maar wat Wernher en Phillips wel weet, is dat die verantwoordelikheid vir *Land en Volk* by hul firma onder FitzPatrick ressorteer. Phillips is nou toevallig in Londen om Wernher-Beit se toekoms sowel as die politieke toestande in Suid-Afrika met Wernher te bespreek.[434] Met die bekendmaking van De Haas en *Land en Volk* se rol in hierdie saak begin hulle onmiddellik om die skade te beperk, want hulle weet goed dat Botha bewus is van die betrokkenheid van hul firma en veral FitzPatrick by *Land en Volk*. FitzPatrick is in elk geval al lankal 'n politieke las vir die firma, en moontlik sien hulle nou 'n gulde geleentheid om van hom ontslae te raak. Boonop is hul beleid nou om met Botha en Het Volk saam te werk – die lot van die Progressive Party skeel hulle min.[435] Drie dae ná die nuus van De Haas se hofverskyning skryf Wernher aan FitzPatrick dat hy en die ander vennote al sedert die vorige jaar ongelukkig is oor sy voortgesette politieke bedrywighede en hoe hy sy pligte by die firma afskeep.[436] En twee weke later deel hy FitzPatrick mee dat hy vir hom 'n ruim pensioen gereël het, op voorwaarde dat hy alle bande met Wernher-Beit verbreek om die firma moontlike politieke verleentheid in die toekoms te spaar.[437] FitzPatrick se bedanking op die relatief jeugdige ouderdom van 45 word op 15 Julie bekend gemaak.[438] Aan die pers word as rede verskaf dat "he finds it impossible to give proper attention both to business and his Parliamentary duties, and he is also desirous of avoiding the possibility of clashing interests".[439]

Die hofsaak teen Breytenbach en De Haas begin op 30 Julie in Pretoria.[440] Van de Venter is intussen oorreed om staatsgetuie te word, en getuig dat hy, Breytenbach en De Haas beplan het om die geld wat hulle gehoop het om van Botha te kry, gelykop onder mekaar te verdeel.[441] De Haas ontken dit, en getuig dat die doel van sy brief aan Botha slegs was om hom oor die situasie te waarsku. Hy het gevoel dat as hy niks doen nie, Breytenbach die verklarings sou neem na 'n ander koerant wat dit waarskynlik sou publiseer.[442] W.F.

Mondriaan, die boekhouer van *Land en Volk,* is in die hofsaal toe Breytenbach uiteindelik die kans kry om Botha in die getuiebank te ondervra, en skryf hieroor in sy memoires: "Ek sal nooit sy laaste vraag aan genl. Botha vergeet nie, toe hy gevraagd het: 'Generaal, durf jy voor God hier ontken, dat ek jou destyds onder die boom voor ds. Bosman se huis £2 000 betaal het?' Generaal Botha het sy skouers opgetrek en gesê: 'Ek weet nie waarvan jy praat.'"[443]

In sy slotbetoog wys die staatsaanklaer daarop dat elke keer wat Breytenbach en Van de Venter vir Botha genader het, "he was in a most important position, and anything which happened must greatly affect the question General Botha was engaged on".[444] Die vraagstuk waarna die staatsaanklaer verwys, is natuurlik die kwessie van die Chinese kontrakarbeiders. Op sy beurt maan die regter die jurielede dat daar sleg van hulle vereis word om te beslis of genl. Botha afgepers is, nie of die aantygings teen hom waar is nie.[445] Die jurie neem slegs 'n halfuur om Breytenbach skuldig te bevind en hom tot drie jaar tronkstraf te vonnis. Vir De Haas spreek hulle egter vry sonder 'n klad op sy naam.[446] *The Star* meen oor Breytenbach se skuldigbevinding: "[I]t was . . . General Botha himself that mentioned the ten thousand pounds, and by a skilful double meaning had involved the poor man in apparent acquiescence, before the eavesdroppers, in a black-mailing demand for shameful gold for his own use."[447] Volgens Mondriaan het "die kapitalistiese grootbase meer dan genoeg gehad"[448] ná die hofsaak. Op 30 Augustus 1907 verskyn die laaste uitgawe van *Land en Volk,*[449] "when, on the advice of General Botha, it was closed down",[450] hierdie keer vir ewig.

Na die Waterberg

Dit is onbekend of Marais in hierdie stadium nog enigsins by *Land en Volk* betrokke was, of vooraf kennis van De Haas se optrede gedra het. Maar dit is wel so dat Marais voor die oorlog 'n besondere hekel aan die dinamietkonsessie gehad het, en alles in sy vermoë gedoen het om die gekonkel daarmee te ontbloot.[451] Soos gemeld, het hy ook kort ná die oorlog vir FitzPatrick laat weet dat hy 'n storie oor die Boereleiers gehoor het wat sy opinie van hulle heeltemal versuur het.

In die lig hiervan, asook van Marais se vrees dat Botha en die ander Boereleiers sy volksgenote weer op die verkeerde pad sou lei, sou hy definitief nie 'n traan gestort het as Botha weens 'n skandaal moes bedank nie. Wie weet? Maar is dit werklik bloot toevallig dat Marais juis nóú, met die bedanking van FitzPatrick en die sluiting van *Land en Volk,* besluit om na die Waterberg te verhuis en vir tin en platina te gaan prospekteer?[452]

Moontlik speel FitzPatrick nou weer 'n rol in Marais se lewensloop. 'n Wernher-Beit-maatskappy, die Transvaal Consolidated Land Company, besit 164 plase in die Waterberg waarop hulle onder meer vir tin en platina prospekteer.[453] Verder neem Union Tin, 'n tinmyn naby Naboomspruit, die volgende jaar vir Marais in diens, en hy werk 'n ruk daar as padbouer, administratiewe personeellid en ongekwalifiseerde myndokter.[454] Hoewel Union Tin nie deur Wernher-Beit besit word nie, ken almal van enige belang in die mynbedryf mekaar, veral vir FitzPatrick, 'n voormalige vennoot van die grootste mynhuis. Emrys Evans en Michael Dodd is twee van die drie direkteure van Union Tin,[455] en die FitzPatrick-versameling by die Nasionale Engelse Letterkundige Museum in Grahamstad bevat korrespondensie tussen hom en hulle,[456] alhoewel nie enigiets wat verwys na Marais nie. Evans is in hierdie jaar ook die visevoorsitter van die National Bank of South Africa[457] (die voormalige Nationale Bank der Zuid-Afrikaansche Republiek) wat Jim Taylor in die vroeë 1890's help stig het,[458] en waarin Wernher-Beit nog 'n groot aandeelbelang het. Het 'n versoek van FitzPatrick 'n rol gespeel in Union Tin se aanstelling van Marais?

Ná sy gedwonge bedanking by Wernher-Beit is daar darem vir FitzPatrick 'n ligpunt, want drie maande ná sy aftrede verskyn sy boek *Jock of the Bushveld* wat hy tydens sy lang siekteverlof in 1904 en 1905 geskryf het. Dit word 'n blitsverkoper wat binne 'n paar maande verskeie kere herdruk word[459] en vandag nog in druk is. Waarskynlik speel Marais dan ook 'n rol in Gustav Preller se versoek aan FitzPatrick 'n maand ná die boek se verskyning om dit in vereenvoudigde Hollands vir Afrikaanse kinders te mag vertaal sonder om vir die vertalingsregte te betaal, asook in FitzPatrick se onmiddellike instemming hiertoe.[460] Preller se vertaling verskyn in 1909 as *Bosveld Jock,*[461] en is sover bekend sy eerste literêre werk.

Oor alles hou die wurm wag

Die meeste van die oorblywende persoonlikhede wat 'n rol in Marais se politieke bedrywighede tydens die vorige twee dekades gespeel het, begin nou een vir een ook die verhoog verlaat. In 1912 sterf Julius Wernher ná 'n lang en pynlike siekte, en laat 'n boedel van £12 miljoen (R12 miljard) na.[462] Twee jaar later beswyk Joseph Chamberlain, 'n sieklike ou man wat ná sy beroerte beswaarlik meer kon praat of op sy eie beweeg.[463] Genl. Ben Viljoen sterf in 1917 op 48-jarige ouderdom aan longontsteking in Nieu-Mexiko, Amerika,[464] ná 'n lewe wat wye en interessante draaie in die buiteland geloop het.

In 1918, kort ná die einde van die Eerste Wêreldoorlog, beswyk Ewald Esselen aan kanker van die slukderm ná jare se neerslagtigheid en swaar alkoholverbruik.[465] Minder as 'n jaar later sterf sy vriend genl. Louis Botha ná 'n hartaanval. In sy laaste jare het Botha ook aan depressie gely, met sy visie van 'n Suid-Afrika binne 'n groot Britse ryk wat deur die meerderheid van sy volksgenote verwerp is.[466] In 1925 is dit Alfred Milner se beurt. Hy word platgetrek deur *encephalitis lethargica,* ook bekend as slaapsiekte, wat hy waarskynlik die vorige jaar op 'n besoek aan Suid-Afrika opgedoen het.[467] Sommige Afrikaners beskou dit as 'n gepaste einde vir die Britse imperialis wat hulle vir die vernietiging van die Boererepublieke verantwoordelik hou.

Ses jaar later sterf FitzPatrick ná 'n lang siekte, 'n eensame figuur in sy laaste jare ná die ontydige afsterwe van al drie sy seuns en sy vrou.[468] Sy fortuin is ook aansienlik verminder deur sy boerderybedrywighede en 'n ambisieuse sitruskweek-skema wat hy in die Oos-Kaap geloods het om die vestiging van Britse setlaars daar aan te moedig. Twaalf jaar tevore het sy politieke loopbaan ook in mislukking geëindig toe sy party se kiesafdeling in Pretoria besluit het om 'n ander kandidaat te benoem.[469]

Maar Marais leef voort, ten spyte van sy strawwe dwelmverslawing. Ná die sluiting van *Land en Volk* in 1907 bring hy die volgende dekade grotendeels in die Waterberg deur. Hy verdwyn nou heeltemal uit die openbare oog, in so 'n mate dat die Jongens Hoger School (die hedendaagse Hoër Jongenskool Paarl), die opvolger van die Paarl Public School for Boys waar hy skoolgegaan het, in sy 1912-jaarboek aanteken dat Marais oorlede is.[470] In die Waterberg begin sy politieke denke skynbaar weer nader aan dié van die meeste van sy volksgenote beweeg. Rousseau meen hieroor: "Eers daar, dink ek, het hy die landelike adel van party Boere raakgesien."[471] In 1914 ondersteun hy die rebellie van die beduidende groep Afrikaners wat teen Suid-Afrika se toetrede tot die Eerste Wêreldoorlog aan die kant van Brittanje gekant is.[472] Hy leen selfs in die Waterberg sy gunstelingperd aan een van die rebelle.[473] Maar hy neem nooit weer self aan die politieke lewe deel nie.

Ná sy terugkeer uit die Waterberg in 1917 begin Marais die wetenskaplike en meeste van die letterkundige werke skryf waarvoor hy later bekendheid verwerf. In 1925 verskyn Preller se *Historiese Opstelle* waarin hy hoofstukke aan volkshelde soos Louis Trichardt, Piet Retief, Louis Botha en Christiaan de Wet wy, asook 'n hele hoofstuk aan Marais, en hiermee van hom 'n nasionale historiese figuur maak.[474] Nietemin, toe Preller die volgende jaar vir die brandarm Marais by D.F. Malan, die minister van binnelandse sake, voorspraak doen as 'n moontlike nuwe direkteur van die Pretoriase dieretuin,[475] kry Marais nie die pos nie. Moontlik was daar nog wrewel in sekere Afrikanerkringe oor Marais en *Land en Volk* se politieke rol twee dekades tevore.

Marais werk ten tyde van FitzPatrick se afsterwe in 1931 by *Ons Vaderland*,[476] wat in 'n gunstige sterfberig oor FitzPatrick skryf dat hy alles in sy vermoë gedoen het om voor die Anglo-Boereoorlog die vrede te bewaar. Die berig meld verder dat sy boek *The Transvaal from Within* "'n groot faktor in die Boere-oorlog"[477] was, sonder om te verduidelik hoekom, of om te noem dat Marais die boek in Hollands vertaal het.

Marais besit nooit sy eie woning nie en woon die res van sy lewe in gehuurde agterkamers of by vriende, 'n ewige boheemse swerwer. In sy sestigs begin hy uitrafel. 'n Kennis van Marais in daardie jare het sy tragiese afdraande pad ontstellend verwoord:

> Uit sy toestand het voortgespruit 'n geleidelike geestelike en liggaamlike dekadensie, met toenemende wilsverswakking en onverskilligheid teenoor alles behalwe die bevrediging van die allesverterende behoefte wat daar in 'n oomblik van swakheid by hom gekweek was. Die bevrediging van sy eie behoeftes het vir hom die middelpunt van sy ganse bestaan geword . . . Hy het betreklik swaar van lyf geword, was nie meer so net op sy uiterlik as vroeër nie, en die vriendelike, effens skamerige uitdrukking van voorheen het plek gemaak vir 'n afgetrokke en enigsins agterdogtige trek op sy gesig.[478]

Iemand wat in hierdie jare 'n ingeskrewe klerk by 'n prokureursfirma in Pretoria was, het op 'n keer vir sy kollegas vertel van die ou bedelaar aan wie hy sopas geld gegee het. Een van hulle het toe oor die man wat in sy twintiger- en dertigerjare met magtige staatsmanne en finansiers gehandel het, opgemerk: "Weet jy dan nie dis Eugène Marais nie? Moenie vir hom geld gee nie, gee vir hom kos."[479]

Die oggend[480] van 29 Maart 1936, 'n triestige Sondag, sit Marais op die plaas van Gustav Preller by Pelindaba die loop van 'n haelgeweer in sy mond en trek die sneller.[481] Hy is 66 jaar oud. Die dag van sy begrafnis in Pretoria breek 'n swaar stortbui uit. Dertien motorvoertuie volg die lykswa na die begraafplaas in Pretoria-Wes, waar slegs 'n handjie vol mense rondom die oop graf vergader. Die Skotse predikant – geen Afrikaanse dominee wou die diens behartig nie – lees uit 1 Petrus 1:24: "For all flesh is as grass, and all the glory of man as the flower of grass. The grass withereth, and the flower thereof falleth away."[482]

Marais word begrawe langs Lettie, wat hy met meer as vier dekades oorleef het, en nie ver nie van waar sy aartsvyand, pres. Paul Kruger, sy vroeëre mentor, Ewald Esselen, sy neef, John Niemeyer, asook sy beste vriend, Charles Falconer, lank voor hom tot ruste gekom het. Na bewering sug sy seun ná sy pa se kis in die graf neergelaat is en verklaar: "Now, that is finally done. Let's go home."[483]

Slotwoord

Die twintigjaartydperk in Eugène Marais se lewe waaroor hierdie boek handel, kan in drie periodes verdeel word. Die eerste is die dekade vanaf 1887 tot 1896, toe Marais as onverskrokke jong joernalis 'n openbare politieke rol gespeel het, maar geheime bande met Wernher-Beit en die Uitlanders gehad het. Die volgende periode is die nagenoeg vyf jaar wat hy hoofsaaklik in die buiteland deurgebring het, en waartydens hy gestudeer en allerlei belangstellings nagevolg het, maar ook 'n geheime politieke rol kort voor en tydens die Anglo-Boereoorlog gespeel het – weereens deur sy verbintenis met Percy FitzPatrick en ander Wernher-Beit-vennote. Die laaste periode is die vyf jaar ná die oorlog tot en met die sluiting van *Land en Volk* in 1907, toe die koerant in die geheim eers deur die Britse owerheid en later deur FitzPatrick en ander mynmagnate gesubsidieer is.

Met sy aankoms in Pretoria uit die Paarl in 1887 het die sewentienjarige Marais 'n tipiese laat-Victoriaanse lewensuitkyk gehad, wat sekerlik ten dele deur sy Engelssprekende familieagtergrond en Engelse opvoeding gevorm is. Hy het die ingeligte Victoriaan se passie vir nuwe wetenskaplike en intellektuele teorieë gehad, en anders as die meeste Boere was hy agnosties.[1] Hy was versot op Engelse digters en skrywers, en sy eerste literêre pogings was ook in Engels. Op intellektuele gebied het hy veel meer gemeen gehad met 'n Skotse Uitlander soos Falconer of 'n opgevoede Kaapse Afrikaner soos Esselen as met die deursnee-Transvaler.

Emosioneel het hy hom egter met die Transvalers se onafhanklikheidstrewe vereenselwig en Britse imperialisme verpes. Maar Marais en ander "progressiewe" Afrikaners se idee van 'n onafhanklike Transvaal het hemelsbreed verskil van pres. Kruger se ideaal van 'n land wat vir ewig en altyd deur die afstammelinge van die Voortrekkers regeer moes word. Marais het geglo dat as die nuwelinge as burgers verwelkom word – soos in die geval van die Verenigde State van Amerika – hulle sou help om die ZAR 'n volwaardig onafhanklike land te maak wat sy regmatige plek in die moderne wêreld kan inneem. Juis dit sou die Transvaal teen Britse imperialisme beskerm. Hy was nie bang dat die Uitlanders die land polities sou oorneem indien hulle die stemreg kry nie. Soos baie ander progressiewe Transvalers het hy geglo (waarskynlik tereg) dat die meeste Britse Uitlanders nie bereid sou wees om hul burgerskap van Brittanje vir dié van 'n klein staat soos die ZAR prys te gee nie. Diegene wat wel bereid sou wees om dit doen, sou Britte wees wat hulle met die ZAR se onafhanklikheidstrewe vereenselwig. Wat die ander Uitlanders betref, het die meeste Hollanders en Duitsers in elk geval ook 'n hekel aan Brittanje gehad, en was die Franse en Amerikaanse inkommers republikeine, nie monargiste nie.

Na Marais se oordeel het Kruger en sy volgelinge in die pad van hierdie ideaal gestaan. Hy het hulle beskou as geharde Calviniste vir wie die Bybel as die letterlike en finale waarheid gegeld het. Marais was van mening dat hierdie bekrompe mans met hul argaïese lewensuitkyk die Transvaal tot elke prys in die agttiende eeu wou hou, en die land tot hul eie finansiële voordeel wou regeer. Sou die Uitlanders die stemreg gekry het, sou hulle hulle vanselfsprekend by die progressiewe Boere geskaar het, wat Kruger se bewind en sy ondersteuners se toegang tot die openbare trog tot 'n einde sou gebring het. Marais het geglo dat dit die werklike rede was hoekom Kruger nie stemreg aan die Uitlanders wou toeken nie, en nie omdat hy die land se onafhanklikheid wou beskerm soos hy voorgegee het nie. Maar dit was nie al wat Marais gegrief het nie. Hy was daarvan oortuig dat Kruger se uitsluiting van die Uitlanders, asook sy vyandige politieke en korrupte ekonomiese beleid, besig was om die Transvaal na die rand van die afgrond te stuur.

Marais se seun was net nege jaar oud toe Kruger oorlede is, maar hy het later in sy lewe 'n besliste opinie oor die "late unlamented" Kruger gehuldig wat sekerlik in 'n mate aan sy pa se invloed toegeskryf kan word. "Even grievous faults can be forgiven or overlooked if there was even one act of great statesmanship – one proof of inspiration to the people whom he was elected to lead," het Marais jr. in 1949 oor Kruger geskryf. "It seems nearer the truth that he was an unlovely and unloveable man who won a certain admiration that is given to the stubborn when that stubbornness is thought to arise from fixity of purpose rather than it is in truth from ignorance and fear."[2]

Marais het sy tyd en energie in die dekade voor 1897 daaraan bestee om Kruger en sy regering se beleid en korrupsie te beveg. Sy vereenselwiging met die Uitlanders se strewes en lewensuitkyk, gepaard met sy afkeer van Britse imperialisme en sy ondersteuning van die Boere se onafhanklikheidsideaal wat terselfdertyd vertroebel is deur sy diep haat jeens Kruger en sy ondersteuners, verskaf myns insiens die sleutel tot Marais se politieke optrede in hierdie dekade. Hierdie verskillende kragte wat op hom ingewerk het, verklaar hoekom hy bereid was om die Uitlandersaak te ondersteun, maar homself nog steeds as 'n lojale landsburger beskou het. Maar moontlik het hierdie botsende kragte ook 'n geestespanning by hom veroorsaak waarvan hy net met dwelmmiddels kon ontsnap.

Oor Marais se rol in die beoogde Uitlanderopstand in Johannesburg ten tyde van die Jameson-inval, asook in die Great Deal-onderhandelinge, kan moontlik geoordeel word dat hy regstreeks teen die belange van die ZAR gewerk het. Moontlik was hy daarvan bewus dat van sy volksgenote sy optrede as verraad sou beskou, maar hy het dit nie so gesien nie – vir hom was daar 'n onderskeid tussen die land aan die een kant, en die Kruger-regering aan die ander. Op daardie tydstip het hy Kruger ook nie meer as die regmatige president van die ZAR beskou nie – hy was vas oortuig dat Kruger die 1893-presidentsverkiesing slegs weens grootskaalse verkiesingsbedrog gewen het. In wat hy as die ZAR se belang beskou het, sou Marais dus nie geskroom het om te help waar hy kon om van Kruger en sy handlangers ontslae te raak nie.

Ter verdediging van Marais moet die vraag ook gestel word: wat sou gebeur het indien die ZAR-regering wel reeds in die eerste helfte van die 1890's die stemreg aan die Uitlanders toegeken het, soos Marais in *Land en Volk* bepleit het? Soos blyk uit Het Volk se oorwinning in 1907, sou die Afrikaners in elk geval voor die Anglo-Boereoorlog waarskynlik ook 'n verkiesing gewen het, veral as daar 'n bepaling was dat die Uitlanders hul oorspronklike burgerskap moet prysgee, wat nie eens in 1907 die geval was nie. Brittanje sou dan geen rede gehad het om 'n oorlog met die Boererepublieke te ontketen nie, en sou dit ook nie sommer gewaag het nie. Chamberlain en Milner het geweet dat die meerderheid Afrikaners in die Kaapkolonie in opstand sou kom as Brittanje ooglopend die aggressor is en om onbenullige redes 'n oorlog met die ZAR veroorsaak, 'n stryd waarvoor selfs die magtige Brittanje waarskynlik nie kans gesien het nie. Maar met sy weiering om wesenlike toegewings te maak, behalwe reg aan die einde toe dit reeds te laat was, asook met sy ultimatum aan Brittanje, het Kruger in sy aartsvyand se kaarte gespeel, presies soos Milner en FitzPatrick gehoop het.

Op die ou end is dit alles egter futiele bespiegeling – Kruger was 'n produk van sy Voortrekkeragtergrond en het daarvolgens gehandel. Anders kon dit nie gewees het nie.

FitzPatrick was egter 'n vaardige politieke operateur wat Marais se Krugerhaat en politieke idealisme uitgebuit het. Ná die Jameson-inval het FitzPatrick hom daarvoor beywer dat Brittanje in die Transvaal ingryp en die land inlyf by 'n Britse Suid-Afrika wat deel van die Britse Ryk is. Maar Marais het skynbaar tot aan die einde van sy lewe geglo dat sy goeie vriend FitzPatrick alles in sy vermoë gedoen het om die vrede te bewaar, waarvan die stellings in FitzPatrick se sterfberig in *Ons Vaderland* (waar Marais toe gewerk het) getuig. 'n Mens kan nie anders as om te wonder nie of daar van FitzPatrick se kant ooit enige sprake van ware vriendskap was, en of hy Marais bloot as 'n "useful idiot" beskou het.

Uit die beskikbare inligting lyk dit dus of Marais nie geweet het nie dat FitzPatrick meer as enigiemand anders – behalwe Milner – aan die Britse kant gedoen het om oorlog tussen die Transvaal en Brittanje aan te hits. Twee jaar voor die oorlog was Marais nog self 'n heethoof wat uit Londen aan *Land en Volk* geskryf het: "Een dag zal het zwaard moet beslissen wie baas van Zuid Afrika zal zyn." Maar toe die oorlog uitbreek, was hy nie bereid om die swaard op te tel vir die verpestelike Kruger-regime wat volgens sy beskouing vir die konflik verantwoordelik was nie. Sy haat teen Kruger het hom blind gemaak vir iets wat vandag ooglopend is, naamlik dat Milner reeds in 1898 besluit het dat oorlog met die Boererepublieke onvermydelik is as Brittanje sy oppergesag in Suider-Afrika wil handhaaf.

Uit die beskikbare inligting is dit ook duidelik dat Marais uit vrye wil gedurende die oorlog in Brittanje gebly het – daar was nie sprake dat hy op parool was en dit hom verhoed het om na Suid-Afrika terug te keer nie. En ná die swaarde getrek is, het Marais soos menige vuurvreter voor en ná hom besef wat die wrede werklikheid van oorlog behels. Sy neef en jeugvriend John Niemeyer het reeds vroeg in die oorlog gesneuwel. Ná die Boere se aanvanklike oorwinnings het die oorlogsgety ook vinnig gedraai, en gou was die dorpe en hoofstede van die Boererepublieke in die vyand se hande. Daarna is sy mede-Afrikaners soos 'n Ou-Testamentiese volk na konsentrasiekampe en oorsese krygsgevangekampe weggevoer, met hul plase en opstalle wat agter hulle in as en puin lê.

Marais het reeds in die eerste jaar van die oorlog tot ander insigte gekom. Die Britse pers en ingeligte vriende in Suid-Afrika soos Falconer en FitzPatrick sou hom oortuig het dat die oorlog so te sê verby is. Hy was wel daarvan bewus dat 'n aansienlike groep bittereinders ná die val van Pretoria besluit het om voort te veg, maar het geglo dat hul optrede sinloos was en net sy volk se lyding en skade sou vererger. Dit sou sy volksgenote meer baat om hul lot vir tyd en wyl te aanvaar totdat hulle eendag weer hul onafhanklikheid kon terugwen. Duisende ander Afrikaners in die Transvaal het ook hierdie standpunt gedeel en die stryd gewonne gegee. Selfs Transvaalse leiers soos pres. Kruger en genl. Botha het dit telkemale in die eerste jaar van die oorlog oorweeg om die wapen neer te lê, wat hulle waarskynlik sou gedoen het indien Vrystaatse leiers soos pres. Steyn en genl. De Wet nie 'n stokkie daarvoor gesteek het nie. Hoeveel moeiliker moes dit nie gewees het nie vir Marais, wat hom duisende kilometers van sy land in die hoofstad van die vyand bevind het, om aan te hou glo dat die Boere die stryd moet voortsit? Marais sou ook in Brittanje terdeë besef het dat die Boererepublieke nou te kampe het met 'n vyand wat oor bykans onuitputlike reserwes beskik om die oorlog voort te sit, en dat hulle op die lange duur geen kans staan tensy een van die ander groot moondhede ingryp nie. Maar dit sou ook gou vir hom duidelik geword het dat, weens Brittanje se oorweldigende sterkte ter see, geen land ingryping sou waag nie, veral nie in wat 'n betreklik onbenullige saak in die groter realpolitik was nie.

Was Marais 'n verraaier van sy volk tydens die oorlog? Tegnies nie, want daar het niks tereggekom van sy voorneme om die Boere te oorreed om hul wapens neer te lê en Britse heerskappy te aanvaar nie. Ceylon en St. Helena het hy nooit gesien nie, *Land en Volk* het eers ná die oorlog weer verskyn, en sy vertaling van *The Transvaal from Within* is nooit onder sy volksgenote versprei nie. Geen krygshof in die ZAR sou hom dus skuldig kon bevind op 'n aanklag van verraad nie. Indien hy wel tydens die oorlog op Ceylon of St. Helena uitgekom het, of *Land en Volk* weer uitgegee het, was dit 'n ander saak. Op daardie tydstip sou die bittereinders in die krygsgevangekampe en die Transvaal hom beslis as 'n verraaier beskou en behandel het, en sou sy reputasie vandag heelwat anders daar uitgesien het.

Daar kan seker geargumenteer word dat Marais wel verraad probeer pleeg het, en dus eintlik 'n verraaier wás. Verskeie faktore moet hier in ag geneem word. Moontlik het Marais nie die Kruger-regering as 'n wettige regering beskou nie, want die Uitlanders, 'n aansienlike deel van die ZAR se wit bevolking, het grotendeels nie stemreg gehad nie. Marais het ook geglo dat Kruger die Transvaalse burgers mislei het oor die ware toedrag van sake ten einde hul stemme te behou. Hier is die teenargument egter dat die ZAR-regering voor die Anglo-Boereoorlog amptelik in die internasionale diplomatieke en politieke wêreld as 'n wettige regering aanvaar en beskou is.

Verder het Marais ná die anneksasie van die Boererepublieke deur Brittanje geglo dat voortgesette verset net tot onnodige lewens- en eiendomsverlies onder sy volk sal lei, sonder enige realistiese kans op sukses. Teen die einde van 1900 (ná die Konserwatiewe-Unioniste-koalisie in Brittanje herkies is) was dit vir hom duidelik dat die Boererepublieke nie meer hul hoop kon vestig op 'n nuwe Liberale regering wat die oorlog op gunstige voorwaardes vir die Boere sou beëindig nie. Dit was ook teen dié tyd duidelik dat daar nie op ingryping deur 'n ander groot moondheid gehoop kon word nie. Daarteenoor kan geargumenteer word dat die Boererepublieke nog wettige regerings gehad het, en dat Marais nie die wetlike reg gehad het om hul oorlogspoging te probeer ondermyn nie.

Maar weeg 'n mens se burgerlike plig altyd swaarder as jou eie morele oortuigings, veral as jy daarvan oortuig is dat jou regering sinloos of onwettig optree? Vir Marais het dit nie. Die vraag of hierdie houding geregverdig was, het nie 'n eenvoudige antwoord nie. Die voortsetting van die oorlog ná die val van Pretoria het die Boere duur gekos en min tasbaars in die sak gebring – die uiteindelike vredesvoorwaardes in 1902 het nie veel verskil van dié wat hulle meer as 'n jaar tevore aangebied is nie. Maar in daardie tydperk het die meeste van die 35 000 Boeresterftes plaasgevind, ongeveer 'n tiende van hul getalle voor die oorlog, asook die vernietiging van die meeste van hul kapitaal in die vorm van plase en vee. Aan die ander kant het die bittereinders se voortgesette stryd die agting van die wêreld afgedwing vir hul bereidwilligheid om die hoogste offer vir hul vryheidsideale te bring. Smuts het gemeen dat elke Afrikanerkind wat daarna in Suid-Afrika gebore word, met trots en selfrespek voor die nasies van die wêreld sou kon staan. Die Boereleiers kon ná die val van Pretoria natuurlik nie geweet het wat die verskriklike prys sou wees van hul besluit om aan te hou veg nie. Marais het egter 'n spesmaas gehad, en vir hom was die prys te hoog. Daarvolgens het hy gehandel.

Marais se voorstelle aan Chamberlain het wel 'n indruk gemaak, veral op Milner, wat van hulle tydens die oorlog en in sy naoorlogse beleid in ag geneem het. Marais het, sover bekend, nooit enigiemand van sy oorlogsbedrywighede in Brittanje vertel nie. Maar uit sy skynbaar vals naoorlogse bewerings dat hy kort voor die oorlog die ZAR se saak in die Britse pers verdedig het en dat kwansuise paroolvoorwaardes hom daarna in Brittanje vasgekeer het, asook uit sy vals weergawe van die ekspedisie deur Portugees-Oos-Afrika, lyk dit of hy besef het hoe problematies sy rol net voor en tydens die oorlog was. Moontlik het sy ambivalensie hieroor 'n rol gespeel in sy skynbaar strawwe dwelmgebruik in Londen tydens die oorlogsjare.

Soos in die geval van baie ander waarnemers, het die bittereinders se verbete stryd in die amper twee jaar ná Pretoria se val hom beïndruk en tot nadenke gestem – daarvan getuig sy heldeverering van hulle in *Land en Volk* ná die oorlog, asook sy ophemeling van hulle in van sy latere kortverhale. Hierdie bewondering het moontlik ook bygedra tot sy impulsiewe besluit om by dr. Schulz en Burgers se ekspedisie aan te sluit toe hy moes geweet het dat die oorlog so te sê op 'n einde is. Maar hy het waarskynlik ook geredeneer dat die feit dat hy probeer het om die bittereinders te hulp te snel, hom sou toelaat om met 'n mate van respek in sy eie en ander se oë na Pretoria terug te keer.

Ná die oorlog het Marais probeer om sover as moontlik sy geheime ooreenkoms met FitzPatrick en Milner na te kom, naamlik om *Land en Volk* te gebruik om versoening tussen Boer en Brit te verkondig, asook om sy volksgenote te oortuig om hulle eerder op die heropbou van hul materiële welvaart as op die nastreef van politieke mag toe te spits. Hy was nie alleen wat sy vredes-en-versoeningsoogmerke betref nie – selfs 'n bittereinder soos genl. Ben Viljoen was bereid om 'n koerant met so 'n doelwit te begin, en hiervoor regeringshulp te aanvaar. Marais se aanstelling van die eiesinnige Gustav Preller as redakteur, asook die malaria-aanvalle wat hom ná sy ekspedisie deur Portugees-Oos-Afrika gereeld platgetrek het, het egter aanvanklik sy taak bemoeilik. Preller was waarskynlik nie van Marais se onderneming bewus nie, en sy vyandige beriggewing teenoor die Britse owerheid tydens Marais se siekte in die eerste paar maande ná sy terugkeer uit die buiteland het latere skrywers oor Marais onder die wanindruk gebring dat hy die opinies gedeel het wat Preller in sy artikels uitgespreek het.

Maar selfs tydens Preller se kortstondige redakteurskap het Marais die kroonkolonieregering in die geheim gehelp. Hy het hulle ingelig oor die Boereleiers se aanvanklik geheime poging om beheer oor die Hollandstalige pers in die Transvaal te verkry en wat hul doelwit daarmee was. Hy het ook vir Milner vertel dat die Boereleiers verantwoordelik was vir die negatiewe berigte in *Land en Volk* oor Chamberlain se besoek aan Suid-Afrika vroeg in 1903. Ná Preller se bedanking het hy hard probeer om vooraanstaande Boere vir Milner se Wetgewende Raad te werf, deurdagte artikels ter ondersteuning van Milner se onderwysbeleid geskryf, skynbaar die redaksionele beleid van *Land en Volk* geswaai om die invoer van Chinese mynwerkers te ondersteun, sowel as die Boereleiers aangepor om aan Milner se voorgestelde stelsel van verteenwoordigende regering deel te neem.

Die deel van Marais se naoorlogse optrede wat die moeilikste is om te verstaan is sy teenkanting teen die Boereleiers. Volgens hom het hy hulle aanvanklik met heldeverering beskou ná hy uit die buiteland teruggekeer het. Maar iets het blykbaar vroeg in 1903 gebeur wat sy vertroue in genls. Botha, Smuts en De la Rey permanent geskaad het. Wat dit was, is onbekend, maar hierna het hy hulle gedurig in Milner se oë probeer ondermyn. Marais was deurentyd skepties oor hul party Het Volk se versekerings dat dit versoening tussen Afrikaans- en Engelssprekende Transvalers voorstaan. Dit lyk of hy daarvan oortuig was dat Boereleiers soos Botha en Smuts die Afrikaners tot elke prys en tot nadeel van die land weer die alleenheersers wou maak. Hy het blykbaar gevrees dat met hierdie geheime agenda die Boereleiers – net soos Kruger voor die oorlog – die land weer in 'n krisis sou dompel. Hier het

Marais egter die pot ver mis gesit. Ná Het Volk se verkiesingsoorwinning in 1907 het Botha en Smuts dermate uit hul pad uit gegaan om Afrikaners en Engelse te versoen dat baie republikeinse Afrikaners hulle hiervoor kwalik geneem het, en dit later tot 'n skeuring in Afrikanergeledere gelei het.

Dit lyk ook of Marais in hierdie jare selfs van sy ideaal van 'n onafhanklike Transvaal afgesien het, en geglo het dat Afrikaners veiliger onder die leierskap van 'n Britse staatsman soos lord Milner of lord Selborne sou wees. 'n Moontlike leidraad na Marais se denke is vervat in 'n resensie wat hy in 1918 in *Die Volkstem* oor 'n biografie van Smuts geskryf het. Hierin het Marais verwys na 'n gemoedstoestand wat hy geglo het algemeen onder opgevoede Afrikaners is: 'n oortuiging dat hulle ongeskik is om 'n volk te wees en definitief onwaardig is om vry te wees, en dat enige politieke poging om hierdie ideaal te bereik tot mislukking gedoem is.[3] Reeds voor die Anglo-Boereoorlog het Marais uit Londen aan *Land en Volk* geskryf dat die Britte glo die Boere is nie waardig om 'n vry volk te wees nie omdat hul volksaard nie verhewe genoeg is om hulle op enige ander lot as dié van houtkappers en waterdraers geregtig te maak nie.[4] Dat Marais hierdie opinie met 'n tussenpose van twee dekades eers aan die Britte, en toe aan die Afrikaners, toegeskryf het, is waarskynlik 'n aanduiding dat dit een was wat hy self met tye gehuldig het.

Dit is dan in die jare ná die oorlog dat Marais se pad van dié van die meeste van sy volksgenote begin skei het. Terwyl hy voor die oorlog nog die mening van 'n beduidende deel van die Boerebevolking verteenwoordig het, het hy ná die oorlog 'n politieke randfiguur geword. Hy het hopeloos onderskat hoe gou die Afrikaners hulle weer polities sou begin mobiliseer, en hoe sterk hul drang na selfregering was. Genls. Botha en Smuts se aanhang onder Afrikaners was ook veel groter as wat hy vermoed het.

Terwyl Marais se samewerking met die Uitlanders en die Britse owerheid tydens en ná die Anglo-Boereoorlog moontlik toegeskryf kan word aan die finansiële steun wat hulle aan hom verleen het, asook aan sy besef dat Fitz-Patrick en Wernher-Beit sy loopbaan as advokaat kon aanhelp, is dit na my mening bydraende en nie bepalende faktore nie. Marais het werklik geglo in die ideale wat hy nagejaag het. Wat *Land en Volk* betref, was daar nooit enige vooruitsigte van persoonlike finansiële gewin nie. Daarvan getuig sy pogings om die koerant voor en ná die oorlog aan die gang te hou lank nadat enigiemand hom dit sou verkwalik het indien hy tou opgegooi het. Dit lyk ook of hy soms sy eie geld gebruik het om die koerant se verliese te dek, wat nie die optrede is van iemand wat halfhartig is oor 'n saak nie.

Maar daar het ook maar min gekom van al die sake wat Marais in die na-oorlogse jare ondersteun het. 'n Beduidende aantal Afrikaners het hul kinders na die Hollandse CNO-skole eerder as na Milner se staatskole gestuur, en die Boereleiers het vyf jaar ná die vredesluiting weer die politieke mag in hul hande gehad. Geen wonder Marais het gevoel dat hy "andermaal die pleitbesorger ... van 'n verlore saak" was nie.[5]

Dit is egter duidelik dat Marais, ten spyte van sy dwelmverslawing, 'n merkwaardige persoonlikheid gehad het wat 'n blywende indruk op invloedryke en gesiene persoonlikhede gemaak het. Milner en Chamberlain was magtige staatsmanne wat met erns na Marais se opinies geluister het en hom hoog geag het. Selfs pres. Kruger, reeds in 1890 'n volksheld en geëerde figuur, het hom verwerdig om persoonlik betrokke te raak by geskille met 'n joernalis wat skaars uit sy tienerjare was. Ook het Marais 'n gesofistikeerde ouer Amerikaanse vrou soos Natalie Hammond, wie se man, John, in 1908 as 'n moontlike kandidaat genoem is vir die vise-presidentskap van die VSA,[6] by 'n formele dinee in Brittanje so beïndruk met sy sjarme en intellek dat sy dit baie jare later onthou het en entoesiasties oorvertel het.[7]

Die laaste woord oor Marais se tyd in die buiteland sal nooit gespreek kan word nie. Enige mens se innerlike en uiterlike lewe bestaan uit oneindig meer as die briewe en ander dokumente wat hy, of ander oor hom, nagelaat het, of wat mense wat hom geken het later oor hom vertel of geskryf het. Hierdie boek dek sekerlik net 'n baie klein gedeelte van wat Marais in Londen en Europa beleef en gedoen het. Die res – sy intellektuele belangstellings, sy innerlike konflikte, sy vriendskappe en liefdesverhoudings, sy reise na Europa – is grotendeels onbekende terrein wat moontlik nooit verken sal kan word nie. Maar wie weet, dalk vind 'n ander navorser eendag 'n leidraad wat my ontwyk het en volg Marais se spoor verder. Ek hoop so.

Marais het vele talente gehad, maar soos Jim Taylor, wat met hom bevriend was vir die grootste gedeelte van die twee dekades wat hierdie boek dek, hom tereg opgesom het: "I fear the man is a dreamer & applies himself to too many things – can't concentrate his thoughts on one thing long – it is a great pity as he has undoubted ability."[8]

Doris Lessing beskou Marais as "solitary, but one of a scattered band of South Africans born of the veld, self-hewn, in advance of their time – and paying heavily for it".[9] J.M. Coetzee verwys (ietwat sardonies) na hom as "one of the few potentially mythic men white South Africa has produced".[10] Vir ander, soos die digter en skrywer Stephen Gray, was hy 'n Boereverneuker, "dandified in his white suits . . . addicted to his own deceptions and his pain really".[11] Soos met die meeste ikone lê die waarheid waarskynlik iewers tussen hierdie twee pole.

Wat my betref, stem ek vir eers saam met Milner, wat geen rede sou gehad het om ná sy vertrek uit Suid-Afrika nie sy opregte mening oor Marais aan sy opvolger lord Selborne uit te spreek nie:

> In this connection – and it is my last remark about Boer politics – I want to pass on to you an interesting theory, and, incidentally, to introduce a rather uncommon man – whom, by the way, you may have met in England – I mean Eugene Marais. He belongs to one of the best families in the Transvaal, but is a lonely eccentric sort of being, the victim of ill-health, and, I fear, morphia, but a very cultivated and original creature all the same. He is the proprietor of an independent Boer newspaper, called "Land en Volk", which before and since the war, has taken a line of its own, not by any means always friendly to the Government, in fact sometimes bitterly hostile, but never on the conventional Afrikander lines, or with want of truthfulness or straightforwardness. We have given "Land en Volk" some considerable assistance out of Government funds, without which it would have gone under in competition with the heavily subsidised "Volksstem", but I have never observed that it has in the slightest degree modified its tone in consequence. It is still absolutely independent in tone, alike of the Government and the Boer Leaders, and that no doubt represents Marais's real mind. He is a genuinely independent Nationalist.[12]

BYLAE 1

Die raaisel van Eugène Marais se geboortejaar

Ek sal jou in kort alles vertel wat jy wens te weet, net datums moet jy my nie vra nie. Dit is altyd my swak punt gewees.[1]

Eugène Marais (1923)

Daar word tans aanvaar dat Eugène Marais op 9 Januarie 1871 gebore is. So is dit in die *Suid-Afrikaanse Biografiese Woordeboek*[2] asook in *Suid-Afrikaanse Geslagsregisters*[3] aangeteken. Met sy toelating tot die Vrymesselaars op 5 April 1892 het Marais ook verklaar dat hy 21 is,[4] met ander woorde, dat hy in 1871 gebore is. Verder het Marais op die Inner Temple se aansoekvorm sy ouderdom op 18 Januarie 1897 as 26 aangegee,[5] wat 'n geboortejaar van 1871 impliseer. Op sy aansoekvorm vir toelating tot die Engelse balie in November 1901 het Marais sy ouderdom as 30 aangegee, wat weereens op 'n 1871-geboortejaar dui.[6]

Leon Rousseau gebruik ook hierdie geboortejaar in *Die Groot Verlange*,[7] en baseer dit op aantekeninge in die Marais-familiebybel asook op 'n persoonlike mededeling aan hom deur Marais se seun.[8] Eugène Charles Gerard Marais het by sy pa se suster Sophie Ueckermann grootgeword en die meeste van sy pa se broers en susters geken, en sou dus volgens Rousseau vermoedelik by hulle gehoor het wanneer hy gebore is. Rousseau meld ook dat Eugène Marais sy persoonlike Bybel (wat later verlore geraak het) by die Ueckermanns agtergelaat het toe hy Londen toe is. Marais het skynbaar self sy geboortejaar as 1871 hierin aangeteken; sy seun sou dus vermoedelik van kleins af die geleentheid gehad het om dié datum daarin te sien, meen Rousseau.[9]

Nou vir die teenstrydige inligting. Gustav Preller meld in sy lewenskets van Marais dat hy in 1872 gebore is,[10] 'n datum wat hy vermoedelik by Marais self gekry het. Marais het ook in 1935 aan F.G.M. du Toit vertel dat hy in 1872 gebore is.[11] Rousseau glo egter dat Marais ten tyde van sy onderhoud met Du Toit so geestelik afgetakel was dat hy skaars meer tussen waarheid en verdigsel kon onderskei.[12] Dit verklaar egter nie hoekom Marais meer as 'n dekade tevore ook dieselfde geboortejaar aan Preller verskaf het nie. Rousseau erken wel dat dit moontlik is dat Marais opsetlik 'n verkeerde geboortejaar in sy persoonlike Bybel aangeteken het. As verklaring hiervoor bespiegel hy dat Marais, wat 'n Vrymesselaar was, 21 moes wees om tot die derde graad van Vrymesselaarskap bevorder te word in 1892 (wanneer hy 20 sou gewees het indien hy in 1872 gebore is), en hy toe 'n jaar van sy geboortedatum afgetrek het.[13] Maar hierdie verklaring maak geen sin nie – hoekom sou die Vrymesselaars daarop aandring om Marais se persoonlike Bybel te sien? Rousseau voer ook aan dat hierdie stukkie bedrog moontlik later aan die lig gekom het, en dat dit sy uitsluiting in 1898 (toe hy in Londen gewoon het) uit die Vrymesselaars kan verklaar.[14] Maar hierdie bespiegeling aan sy kant is inkorrek – volgens die Vrymesselaars se argivaris in Londen is Marais se lidmaatskap opgeskort omdat hy nie sy agterstallige ledegeld aan sy Vrymesselaarslosie in die Transvaal betaal het nie.[15]

En ietwat teenstrydig met wat Rousseau meen oor Marais jr. se oortuiging dat sy pa in 1871 gebore is, het Marais jr. aanvanklik 1872 as geboortejaar verskaf in "A Biographical Note By His Son"[16] in Winifred de Kock se Engelse vertaling van *Die Siel van die Mier* wat in 1937 verskyn het. Marais jr. moes egter hierna sy mening oor sy pa se geboortejaar gewysig het, want toe Du Toit se boek *Eugène N. Marais: Sy Bydrae tot die Afrikaanse Letterkunde* in 1940 verskyn het, is Marais se geboortedatum as 1871 aangedui. Volgens Rousseau het Marais jr. en Preller die biografiese gegewens in Du Toit se manuskrip voor publikasie nagegaan, en was dit Marais jr. wat nou daarop aangedring het dat sy pa in 1871, en nie in 1872 nie, gebore is.[17]

Maar benewens 1871 en 1872 is daar nog moontlike geboortejare vir Marais. Op 31 Maart 1901 is 'n sensusopname in Brittanje onderneem waarin aangeteken is dat Marais 28 is,[18] wat 'n geboortejaar van 1873 sou impliseer. Ook in die *South African Who's Who* van 1908 word Marais se geboortedatum as 1873 aangegee,[19] inligting wat die publikasie vermoedelik van Marais self gekry het. Verder het Marais aan Preller vertel dat hy 22 was toe sy vrou in 1895 gesterf het,[20] wat ook sou aandui dat hy in 1873 gebore is.

Maar nog is het einde niet. Kort ná ek uitgevind het van die moontlike 1873-geboortejaar het ek in die Paarl oornag, waar ek vroeër die dag die Paarl Public School for Boys se geboutjie besoek het waar Marais van 1884 tot 1887 skoolgegaan het. Dieselfde aand het ek deur Herman van Niekerk se boekie *Eugène N. Marais: Nuwe Feite en Insigte* geblaai, en daarin 'n afdruk van die Paarl Public School for Boys se inskrywingsregister vir Mei 1884 opgemerk. Marais het daardie jaar saam met sy suster Lizzie Niemeyer en haar kinders van Boshof na die Paarl verhuis. In die register is langs sy naam aangeteken dat hy veertien is,[21] wat sou beteken dat hy in 1870 gebore is. Maar hoekom op aarde sou Marais op sy eerste dag by sy nuwe skool hom ouer wou voorgee as wat hy werklik was? En sou hy dit gewaag het om te lieg siende dat sy naam en ouderdom reg onder dié van sy twee nefies, John en Gustav Niemeyer, aangeteken is, en hy hierby geteken het?[22]

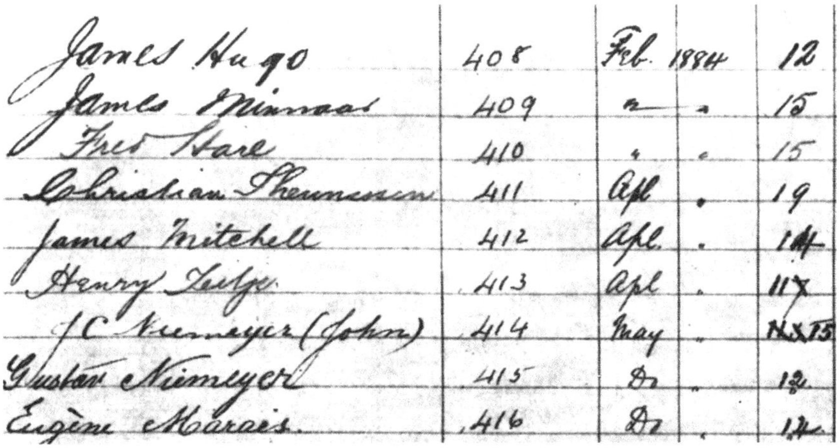

James Hugo	408	Feb.	1884	12
James Minnaar	409	"	"	15
Fred Hare	410	"	"	15
Christian Theunissen	411	Apl	"	19
James Mitchell	412	Apl.	"	14
Henry [illegible]	413	Apl	"	11
J C Niemeyer (John)	414	May	"	15
Gustav Niemeyer	415	Do	"	12
Eugène Marais	416	Do	"	14

Om sake nog verder te verwar, meld Van Niekerk elders in sy boekie dat Marais in Julie 1887 op sestienjarige ouderdom gematrikuleer het nadat hy spesiale vergunning van die Onderwysdepartement gekry het om die eksamen af te lê.[23] Rousseau maak ook in *Die Groot Verlange* hierdie stelling.[24] (Preller daarenteen het in sy lewenskets van Marais gemeld dat Marais reeds op vyftienjarige ouderdom matriek geslaag het,[25] skynbaar om in te pas by die geboortedatum wat Marais aan hom verskaf het.) Maar indien Marais in Mei 1884 reeds veertien was, moes hy dan mos in Junie 1887 (toe hy die matriekeksamen afgelê het) sewentien gewees het. Van Niekerk verskaf geen verklaring vir hierdie teenstrydigheid nie. En om op sewentien matriek te slaag was destyds die norm. John Niemeyer, wie se ouderdom as vyftien aangeteken is in die Mei 1884-skoolregister, bokant Marais s'n, het juis in 1886 matriek op sewentienjarige ouderdom geslaag.[26]

Van Niekerk en Rousseau se stellings dat Marais vergunning gekry het om op sestien die matriekeksamen af te lê, blyk aan Du Toit se boek ontleen te wees.[27] As bron hiervoor meld Du Toit die *Paarl District Advertiser* van 13 Julie 1887. Maar al wat dié spesifieke koerantberig meld, is dat E.N. Marais die matrikulasie-eksamen geslaag het. Sy ouderdom word nie aangegee nie, en geen melding word daarvan gemaak dat hy spesiale toestemming gehad het nie. Trouens, Marais se naam verskyn omtrent heel onderaan in die prestasielys in die koerant[28] – nie juis 'n aanduiding van enige buitengewone skranderheid wat hom moontlik vir spesiale behandeling sou uitgesonder het nie. Ook op Marais se klasregister van 1887, waarin leerlinge se name skynbaar in volgorde van akademiese prestasie aangeteken is, verskyn sy naam vierde op die lys van die vyf leerlinge van Class I in die laaste twee kwartale van sy finale skooljaar.[29] Dit lyk dan asof Du Toit self die afleiding gemaak het (op grond van die geboortedatum van 1871 wat Marais se seun aan hom verskaf het) dat Marais sestien was toe hy matriek in 1887 geslaag het, en dat hy dus spesiale toestemming moes gekry het.

Soos die toeval dit wil hê, val my oog die volgende oggend in die gastehuis se ontbytkamer op 'n lesersbrief in *Die Burger* waarin Marais genoem word. Hierin meld Chris Steinmann van Pretoria dat hy jare tevore Marais se paspoort op 'n veiling gekoop het.[30] Ek het dieselfde dag nog vir Steinmann opgespoor en kort daarna 'n geskandeerde afskrif van Marais se paspoort per e-pos van hom ontvang. Hierdie dokument is in Desember 1896 uitgereik en is deur pres. Kruger, staatsekretaris Leyds en Marais self onderteken. Op die paspoort word Marais se ouderdom as 26 aangedui[31] – met ander woorde, hy is in 1870 gebore. Hierdie amptelike inligting, tesame met die skoolregister, was vir my 'n sterk aanduiding dat Marais waarskynlik in 1870 gebore is, nie in 1871 of daarna nie.

'n Ander leidraad na Marais se regte geboortejaar is vervat in 'n gedig van hom – "The Soldier's Grave" – wat op 7 November 1885 in die *Paarl District Advertiser* verskyn het, met die byskrif: "Shortly after peace was declared in the Transvaal, the skeleton of an English soldier was found by some hunters . . . where the following was composed on the writer's twelfth birthday."[32] Die vrede waarna hier verwys word, is die beëindiging van die Eerste Vryheidsoorlog in Maart 1881. As Marais wel in 1871 gebore is, sou hy eers in Januarie 1883 twaalf geword het, bykans twee jaar ná die vredesluiting, en dus nie "shortly after" nie. En volgens Rousseau het Marais reeds in 1882 na Boshof in die Vrystaat verhuis om by sy broer Charles te gaan woon.[33] (Om sake verder te verwar meld Rousseau dat Marais tien jaar oud was toe hy in 1882 verhuis het,[34] wat sou beteken dat hy in 1872 gebore is, 'n teenstrydigheid wat Rousseau nie aanspreek nie.) Die gedig se byskrif kan egter net korrek wees as Marais dit op 9 Januarie 1882 in die Transvaal geskryf het, wat weereens op 'n 1870-geboortejaar dui.

Dan is daar ook die intervalle tussen die Marais-kinders se geboortejare:[35]

	GEBOORTEJAAR	INTERVAL
Elizabeth (Lizzie)	1844	
Petronella	1845	1
Catharina	1848	3
Charles	1850	2
Hendrik (Hennie)	1852	2
Gezina (Jess)	1854	2
Jan	1856	2
Sebastina	1858	2
Melt	1860	2
Catharina (Kate)	1862	2
Sophia (Sophie)	1865	3
Georgina (Georgie)	1867	2
Eugène	1870/71/72/73?	3/4/5/6?

Al Marais se broers en susters is met tussenposes van twee of drie jaar gebore, met die uitsondering van een geval van slegs 'n jaar. As Marais werklik in 1871, 1872 of 1873 gebore is, was daar 'n interval van vier tot ses jaar tussen Georgina se geboorte en syne, wat 'n uitsondering is op die patroon. Maar vanselfsprekend is dit slegs interessante statistiek en geen bewys nie.

'n Ondersoek van die Genealogiese Instituut van Suid-Afrika (GISA) se mikrofilms van die doopregisters van die NG Kerk-gemeentes in die Pretoria-omgewing vanaf 1870 tot 1873 het geen teken van Marais se doop opgelewer nie. 'n Soektog deur die mikrofilms van die doopregisters van die NG Kerk in Bloemfontein, waar Marais se pa vermoedelik in die tronk was toe sy jongste seun gedoop is, en dié van die kerke in die Boshof-omgewing, waar Marais se oudste broer, Charles, gewoon het, het ook geen vrugte afgewerp nie. Voorlopig bly dit dus 'n raaisel waar en wanneer Marais gedoop is.

Maar volgens Du Toit het Marais in Augustus 1894 iewers aan die Klein-Tugelarivier met Lettie Beyers getrou.[36] En ná 'n soektog deur GISA se mikrofilms van die Natalse huweliksregisters het ek die onweerlegbare bewys gevind waarna ek op soek was. Op 27 Augustus 1894 het Eugène Nielen Marais van Pretoria en Jacoba Aletta Beyers van Springfield die huweliksregister van die Moira-gemeente in die Weenen-distrik van Natal geteken, en het Marais sy ouderdom as 24 aangegee[37] – wat dui op 'n geboortedatum van 1870.

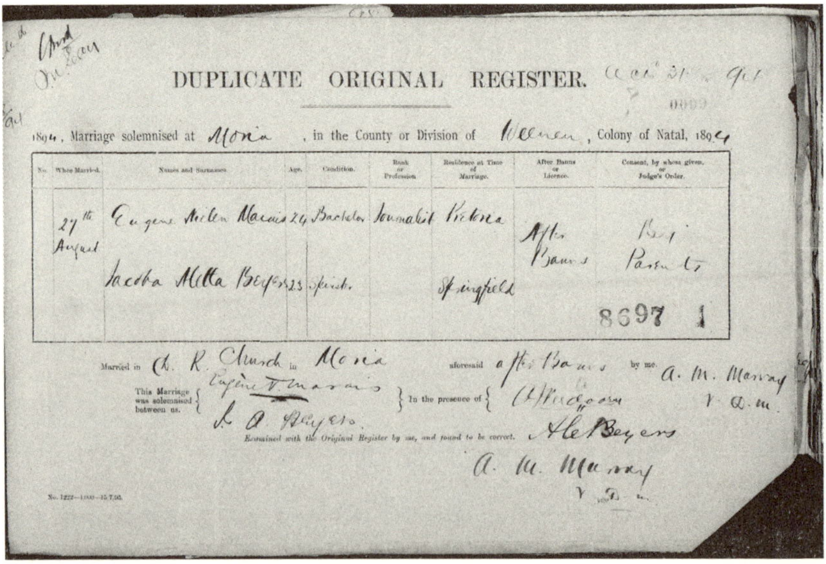
DUPLICATE ORIGINAL REGISTER.

1894. Marriage solemnised at Moria, in the County or Division of Weenen, Colony of Natal, 1894

No.	When Married.	Names and Surnames.	Age.	Condition.	Rank or Profession.	Residence at Time of Marriage.	After Banns or Licence.	Consent, by whom given, or Judge's Order.
	27th August	Eugene Nielen Marais	24	Bachelor	Journalist	Pretoria	After Banns	By Parents
		Jacoba Aletta Beyers	23	Spinster		Springfield		

8697 1

Married in D. R. Church in Moria aforesaid after Banns by me. A. M. Murray V.D.M.

This Marriage was solemnised between us. Eugene N. Marais, J. A. Beyers. In the presence of A. Hudson, Ale Beyers

Examined with the Original Register by me, and found to be correct. A. M. Murray V.D.M.

Die situasie blyk as volg te wees: wanneer Marais met amptelike instansies in Suid-Afrika te doen gehad het, soos die skool, kerk en staat, waar daar moontlike ernstige gevolge kon wees as hy op 'n leuen betrap word, het hy sy regte ouderdom verstrek. Maar waar die gevolge minder ernstig was, of die kans om uitgevang te word skraal was, soos in die geval van vriende, biograwe en instansies in Brittanje, het hy hom as jonger voorgedoen. 'n Britse sensusopnemer en 'n administratiewe klerk by die Inner Temple sou nie aangedring het op onafhanklike bevestiging van inligting wat Marais aan hulle verskaf het nie. Preller en Du Toit sou ook geen rede gehad het om te vermoed dat Marais oor sy geboortejaar lieg nie.

Oor hoekom Marais hom wou voordoen as jonger as wat hy werklik was, kan 'n mens maar net bespiegel. Toe hy hom in 1897 op 27-jarige ouderdom by die Inner Temple in Londen ingeskryf het, was die meeste van sy medestudente heelwat jonger mans van die universiteite van Oxford en Cambridge – moontlik het dit hom gepla. Wat sou dan makliker gewees het as om te hou by die ouderdom op sy paspoort (wat hy moontlik as 'n bewys van sy identiteit by die Inner Temple moes toon) wat 'n maand tevore uitgereik is – hoe sou die Inner Temple-amptenaar kon weet dat hy intussen verjaar het, aangesien sy paspoort slegs sy ouderdom getoon het, en nie sy geboortedatum nie?

Dit het ook telkens uit my navorsing geblyk dat Marais 'n neiging gehad het om hom te vereenselwig met mense wat hy ken. Dit is dus insiggewend dat Jimmy Roos, sy vennoot in *Land en Volk*, wel in 1886 op sestienjarige ouderdom aan die Normal College in Kaapstad gematrikuleer het. Marais het dit ook van homself laat vertel dat hy reeds op negentienjarige ouderdom redakteur van 'n koerant was. Marais is in 1890 as redakteur van *Land en Volk* aangestel, wat beteken dat hy 1871 as geboortejaar sou moes gebruik het om hierdie stelling te staaf. Dit is dan ook insiggewend dat Louis Leipoldt, 'n tydgenoot wat Marais geken het en met wie hy moontlik in 'n stadium saamgewoon het,[38] wel op negentien die waarnemende redakteur van *The South African News* was.[39]

Tensy Marais se dooprekord aan die lig kom en 'n ander geboortejaar aandui, glo ek dus dat Eugène Nielen Marais op 9 Januarie 1870 gebore is.

BYLAE 2

'n Onbekende kortverhaal

uit *The Cape Illustrated Magazine*,
Maart 1898

THE BRAND-WACHT

By Eugene N. Marais.

NICODEMUS GROBLER, guard of the Middle Water, had for many weary hours anxiously awaited the rising of the moon. From the cup-like valley in the jumbled masses of Mapoch's Mountains he had noted the first wan radiance from the east dart into the starry heavens above him. Standing in the shadows of the great peaks—which had before towered into blackness around him—he had seen the splendour of the Milky-way grow sickly pale in the ghostly effulgence, and he had watched the four great stars of the Cross, beside the black gap, gradually being enveloped by a luminous mist, through which they pulsed more faintly each moment.

He knew that for nearly an hour the moon would be invisible, but it was at all events a relief to know that it was there behind the Magnet Heights whose black and jagged peaks of solid loadstone were outlined in silver against the brightening east. Truly it was better than the darkness, but it did not bring with it all the relief which Grobler had anticipated. He had grown up on the veld, and custom had case-hardened him against the subtler impressions of nature, but the gathering of the moonlight over those black and terrible mountains, where Death and Dissolution had folded their wings for eight dreary months, set his brain teeming with unpleasant thoughts, and in the midst of a multitude of ghastly images Conscience not infrequently unsheathed her flashing sword. It was his first commando and the shedding of human blood was still surrounded by many horrors to him. The rising moon conveyed to his mind the impression of an unreal morning—the day-dawn in the land of death.

It was all very quiet now—the more quiet when he contrasted this stillness with the stirring events of the day. Yonder on the sharpest peak of the Magnet Heights he saw outlined against the silver light the black front of Fort Senekal, from whose walls all day long the cannons had been thundering into the darkly-wooded gorge on his left; and just before sunset there had been the terrific explosion — the echoes of which rumbled through the labyrinth of caves like a subterranean thunderstorm—when the great krans was blown up by loads of dynamite and fell roaring into the cataract. Now the stillness was so profound that he could distinctly hear the faint trickling of the Middle Water which flowed two hundred yards from where he stood. And this stillness intensified his misery when he remembered the unspeakable sufferings—the tragedies which were being enacted perhaps beneath his very feet in the caverns where the rebel chief Niabel was making his last stand.

For eight months the commandos of the Transvaal had been slowly advancing into the heart of the mountains. It was a strange campaign devoid of glory and with lots of hard work. From cave to cave the Kaffirs had been driven by incessant cannonading and the grim persuasion of dynamite, and during all this time there had been only two general engagements, while for the rest the forces of the Republic had to face only the uncertainty of single deadly shots from fissures and cracks in the living rock and cavern mouths concealed by rank vegetation. Field-cornet Roos, covered with honour in the greater struggles of his country, had here ingloriously laid down his life; and Commandant Senekal, brave and universally beloved, had also found a bloody grave in Mapoch's Mountains. It was demoralising work, and to stand eight months of it unflinchingly needed stronger nerves than Grobler had at his command.

Nicodemus Grobler, Guard of the Middle Water.

It was bitterly cold. The rifle-barrel burnt his hands, his feet were sodden with dew, and his great-coat proved no protection against the biting south wind that swept down from the peaks. Sad and sick at heart, he began to review the causes of the war and the singular event which led to it. There was now truly no longer any excuse for Niabel. His rising did at first seem not entirely devoid of the chivalry which appeals to all men, but now it was simply fear, or, at the best, obstinacy, which made him hold out. He had always been a firm friend of white men and a loyal subject to the Republic until his neighbour, Mampoer—a petty chief of a different race—murdered his brother, Sekukuni, usurped the chieftaincy, and bid defiance to the State. A commando speedily shattered Mampoer's power, and the Transvaal officers regarded him a prisoner, when they learned that he had fled to Niabel, the old enemy of his race, for protection. Niabel was of Swazi extraction and Mampoer a Makatese and they could hardly understand each other's language. When, however, a request was sent Niabel to deliver up the murderer to the officers of justice his reply took the whole country by surprise. His message to General Joubert ran:—

"The Chief Mampoer has come to me for protection. He has eaten my salt and if you want him you must come and fetch him."

And thereafter came the news that his people had been "doctored" and had taken to the mountains.

And now the unequal struggle had lasted for eight months and it was known that his men were dying of hunger and thirst in the caves. At the request of General Joubert he had allowed the old men and the women and children to come out, but that was the utmost sign of wavering he had shown up to the present. Every inducement had been held out to him to surrender, but he had staunchly refused all offers, even the quarantee of his life so long as it did not include that of Mampoer, and this of course could not be granted.

Now, Grobler tried to persuade himself, there was no longer any excuse for the chief. His only motives could be distrust of the white man's word and fears regarding the safety of his life. He, at all events, should not pity him when he should be caught. It was now, thank heaven, only a matter of days. They had been driven into their last caves and the Boers commanded all the water. This obstinacy seemed very stupid too. The King was one of the cleverest Kaffirs in the Transvaal, and before his rebellion wonderful stories were told of his extraordinary wit and ingenuity. This certainly did not confirm them. The end was certain, and the only result of his holding out would be to lessen his own chances after the surrender.

Suddenly the stillness was broken by the laughter of a striped hyena which came echoing from the woody gorge. It was not the thought of this thing itself that gripped Grobler's heart with a hand of ice, and chilled the blood in all his veins, for he had heard throughout his life unmoved. But it was the misgivings of the grisly banquet over which the loathsome beast shouted in merriment that filled his teeming brain with new horrors. He saw himself lying stark and cold in the wet grass, his sightless eyeballs fixed in glassy stare, his limbs limp and sprawling, and his heart-blood clotted upon the front of his great-coat; a ghastly, hideous thing which even his best friend would shudder to handle; and then down the mountain foot-path his busy fancy followed the progress of the ghoulish beast with its hanging head and high shoulders until it stopped at the base of the great loadstone rock and sniffed the air suspiciously. Grobler shook with horror when he imagined he felt its chill nose touching his cheek and neck. And then all his trouble of mind started afresh. And neither were his fears dependent entirely on his imagination, for he was well aware of the fact that his life was in perpetual danger. Every crevice, every wooded gully might conceal the form of a Mapocher, and an invisible rifle might be levelled at him at that very moment. Fancy came to aid the practical danger too. In the grass he detected swarthy forms stalking him from many sides; rocks and stones and tree-stumps assumed human shapes even as he looked at them, and the glitter of the starlight on a dewy leaf was immediately transformed into a shining barrel.

At length he reached the limit of human endurance. He could not stand this torture of mind and body longer. He became fatalistic. If he must die he might as well die beside a fire in the bright light as in this uncertain glamour. The thought came like an inspiration. He could easily make a fire which no sentry from Senekal could see, and then perhaps he would find peace.

The Kaffirs were very quiet underground. No longer could he hear the echoing blasts on the rams'-horns—their manner of signalling to each other and bidding defiance to the commandos. It seemed that the capture of the water had deprived them of their last hope, and they were now contemplating the end in sullen silence. There was no danger of attack and there was very little risk that they would attempt to get through the cordon.

Grobler sought the shelter of an upright isolated rock of loadstone behind which his fire would be invisible from Fort Senekal, and he soon had one blazing brightly. The moon had in the meantime risen above the peaks and the whole basin was now flooded with light.

He had not under-estimated the effects of the fire. It shut out the ghostly moonlight, and spreading out his hands and feet to the grateful warmth he was soon in a more peaceful frame of mind. He slackened his bandolier and laid his rifle down beside the fire to warm the icy barrel and was soon lost in a train of peaceful thought. Long nights of sleeplessness, incessant vigilance, and cold had told upon him. He was tired to death and the warmth made him feel it more keenly. Soon he began to grow less watchful and to seek for more comfortable postures, and it was not long before he was lying stretched on his side gazing absent-mindedly into the mass of glowing embers. Then despite his utmost resolution his eyes began to close and he sank into snatches of sleep full of distressing dreams from which he would momently be startled into wakefulness.

Suddenly in the midst of a dose a low sound reached his ears. It was the tread of a sandalled foot on the grass beyond the fire, and soft though it was, it penetrated to his consciousness like a crash of thunder. In a second he had leaped to his feet with a bounding heart and quivering limbs and faced the intruder with a finger on the trigger of his rifle. In the obscurity of the dividing-line between the moonlight and the fire-glow he saw the tall form of a karrossed Kaffir standing erect and motionless like a black statue, and he heard uttered in a strange calm voice the customary Zulu greeting, "I see you."

When he afterwards came to analyse his feelings at that supreme moment, Grobler remembered with pride that the predominating thought in his mind was not personal fear. It was rather a feeling of shame over the possible results of his folly.

"If you stir hand or foot," he cried aloud in Zulu, "you are dead. Who are you?"

"I am a Swazi and a friend," replied the stranger in the same quiet tone.

The Swazis were the allies of the Republic in the campaign, and King Umbaldine had lent the State two of his royal regiments.

The reply immediately reassured Grobler, but

he was now excessively watchful and kept his finger on the trigger.

"Come forward to the fire so that I may see you," he called out.

The Kaffir immediately complied. With watchfulness or changing his threatening attitude he noted every detail of the stranger carefully.

The man was old and unarmed. Suspended from his shoulders and half enveloping his body he wore a beautifully-marked leopard-skin karross. Round his neck was suspended a necklace of crocodile teeth, lizard feet, and tips of buck horn, and at his right side hung a bunch of long-pointed drug bags which showed him to be a medicine-man. On the left side hung a ranco-horn suspended by a cord; and on his head he wore the ring common to all Zulu tribes. His face was in many ways remarkable. The forehead was high, the nose aquiline, and his lips unusually thin for a Kaffir. The whole face was full of wrinkles which were increased by a peculiar habit he had of screwing up his keen black eyes.

"If you stir hand or foot," he cried in Zulu, "you are dead. Who are you?"

steady steps he advanced to the fire opposite the young man. When he got well within the light he raised his right hand and gave the royal salutation, "Inkoos!"

Grobler responded, and without abating his

Through the glow of the fire he returned Grobler's scrutiny steadily, and a suspicion of a smile flickered over his features when he noted the threatening attitude and the raised rifle.

"Well," said Grobler, "Who are you?"

"I am of Umbandine's people and on my way to Lydenburg, where I must visit my brother. I thought the white men had finished with Niabel, and it was only when I got into the mountains that I discovered you were still fighting."

"Whatever you are you will have to go with me to the Fort when my watch is over. I cannot allow you to pass."

"Very well," replied the Kaffir with ready acquiescence, and without a word further he sat down by the fire and stretched out his hand to the blaze.

Under ordinary circumstances this would have been a great piece of insolence in Grobler's eyes, but there was a calm dignity in the old man's bearing devoid of the least intention to affront. Besides the young man was glad enough of any companionship, so he too sat down on the opposite side of the fire and continued his study of the Kaffir's person, who seemed lost in thought for some moments, but, looking up suddenly, he caught Grobler's eyes fixed on him and he asked, in his strange quiet voice, which had first of all prejudiced Grobler in his favour, "What is your name?"

For a moment the young man hesitated whether to resent the insolent question, but the quiet courteous tone and the dignified bearing of the native gave no just pretext for anger.

"My name is Nicodemus Grobler," he replied somewhat sullenly, "and I belong to the Ermelo commando."

The medicine-man nodded his head and relapsed into silence, but every now and then he would give Grobler a quick glance, screwing up his eyes until they seemed two slits in his wrinkled face. "So," he said at length, "you have driven Niabel into his hole like a wounded jackal and he can do no more than snarl at the dogs."

And under the half-closed lids Grobler saw the black eyes fixed upon him, keen and watchful.

"Yes," he replied, "but he snarls to some purpose. Commandant Ross is dead, and if it were possible we would give him Mampoer and all that he has lost in the war, if he could give us back a man like Commandant Senekal."

"Well," replied the old man, "I suppose for one of yours that he has killed you have killed ten of his."

"That is so," said Grobler, "and I cannot understand why he refuses to surrender. In the end it must come, and he is only making matters worse for himself and for his people."

The Kaffir looked up hastily. "For his people? How for his people? Surely if you capture the King you can only kill him, and perhaps some of his chief Indunas. The white folk do not kill a whole nation as we Kaffirs do when we conquer."

"Of course not," said Grobler, "we cannot kill the nation, but we will take their country and give it to our own people. It is too dangerous a country to be left longer in the hands of a tribe of rebels."

The medicine-man remained silent for some time.

"And Niabel—what will happen to him when he falls into your hands?"

"Ah," said Grobler, "he will die."

"But if Niabel should offer up his person to you now while the war is not yet finished would not your General be inclined to arrange the peace so that his people retain their country."

"I do not see how that could effect the general policy of the Government," replied Grobler. "If we give them back their country what guarantee would we have that the Child would not immediately organise another rebellion while this stronghold remained in his possession?"

"But the death of his father," said the medicine-man, "ought to be an example to him and a continual proof to his people of the white man's strength."

"All this we cannot take into consideration. We must make such an example of Niabel and his people that it will weigh with all the

Niabel Mapoch.

surrounding tribes. No, I do not see any other way but this"—and he wiped the palm of one hand swiftly across that of the other—"Not that I for one did not pity Niabel at the beginning of the war. He was truly a great fool to risk all that he had in the world for the fugitive murderer Mampoer, but now he has held out so long and allowed so much blood to be shed that my heart is turned to stone against him. I could kill him without regret if——"

Grobler stopped speaking for the medicine-man had risen quietly and was studying hi face with screwed-up eyes through the smok of the fire. In the slight stoop and the twinkling black eyes under the half-closed lids there was a suggestion of the Zwartringhals cobra with distended hood alert and anxious, and

Grobler caught the sound of a sharp inhalation of breath not unlike the hiss of the serpent, of which the attitude reminded him. And then in calm soft tones, with no tremor or signal of perturbation in their sound, the old man solemnly addressed him.

"Nicodemus Grobler, I am the King."

For the second time that night Grobler was on his feet in a moment with a beating heart and the surging of blood in his ears. He stepped back and grasping his rifle raised the stock threateningly under his right arm. For some moments he tried in vain to speak. He could do nothing but stare and gasp. The King regarded him firmly for a few minutes, then, folding his karross about him, he sat down as quietly as he had arisen, and resting his chin upon his knees he gazed once more intently into the fire, forgetful apparently of Grobler's presence.

He in the meantime tried vainly to realize the situation. It seemed impossible to him that this man on whose capture all this blood and money had been spent was before him and in his power. His excitement and surprise were somewhat calmed by the contemplation of the proud picture, of which he, Nicodemus Grobler, was the centre when he should march into Fort Senekal in the morning leading this Kaffir by the hand and proudly addressing General Joubert, "I have brought him."

He commenced hastily buttoning up his great-coat and strapping on his bandolier, his gaze alternately fixed on the distant walls of Fort Senekal standing out clearly on the peak of the Magnet Heights and the King opposite him.

When he had finished he took a step nearer the old man, and half opening the lock of his rifle, he passed his finger over the back of the cartridge to make sure that it was in its place; then he spoke, and he could not for the life of him suppress the exultant ring in his voice.

"Come on, you must go with me to General Joubert."

The King glanced up at him for the first time after his apparent reverie, with a look of surprise on his face. He shifted one leg into a more easy attitude. "You have mistaken me, my child," he said. "If I am to die I must die here by your hand."

Grobler started. "You talk nonsense," he said. "How can I kill you? I thought you were afraid to die and that was why you came out?"

"Afraid to die!" and he gave a bitter little laugh. Drawing the folds of the karross apart, he laid one skinny forefinger about the region of his heart: "Shoot my child." There was almost a note of entreaty in the calm voice, and Grobler shuddered.

Then, with his finger still on his heart and his eyes fixed on Grobler, he continued speaking, and the young Boer thought he heard a slight tremor of emotion in the quiet voice which affected him profoundly.

"Surely you have not made me hate death. I would look it in the face and fold it to my breast as my child whom I have not seen for many days."

What did you come for then?" asked Grobler, beginning to look and feel very uncomfortable.

"Listen, my child," and walking over to Grobler, he sat down by his side and laid a long bony finger on his arm. "My child is in Lydenburg in the power of your Government. I sent him there before the war began because I knew what the end would be. I never stood in any twilight of thought as to the result of my action. Since you came into my country I have been shut up in the holes and have not seen him, and there is much that I must speak to him before I die. I have to arrange his affairs too. We are at the end now. In a few more days it will be all over. Yesterday I said to my Indunas, 'Let me go out to Piet Joubert; he will pity you.' But they said, 'We are your shadows;' and they would not let me go. Yet I know there is nothing left for Mampoer and me except to die. But before Piet Joubert puts his hand upon me I must speak to my child and arrange his affairs with his uncle. It is a day's march from here. If I go now I shall be back to-morrow before the sun goes down, and then I shall surrender."

There was a terrible earnestness in the old man's voice which carried conviction with it, and Grobler tried hard not to believe him. If once he were thoroughly convinced of the truth of this story he felt that he might be capable of any folly. As the next best thing to disbelieving, he gave utterance to the doubt which a more prudent man in his position would have entertained.

"I am afraid, Indoot," he said slowly, "it is your life you want to save. You are trying to escape."

"My life?" the King asked earnestly. "Is it likely I should come here to you, the watch-dog of Piet Joubert, if my life is all that I seek? See, Grobler, my child, I will swear that I shall surrender myself to your people—to you personally if need be—and when the time comes I shall ask no man for my life. My only word shall be for my people."

He piled some loose stones into a heap beside

the fire, and rising, he solemnly placed his head-ring over it.

"See, I swear it," and replacing the ring on his head, he swept the pile away with his foot.

Reseating himself, he grasped Grobler's arm in his bony hand, and for the first time the young man detected a ring of deep and apparently uncontrollable emotion in his voice.

"Nicodemus, you must let me go!"

He must have noticed a wavering in Grobler's manner, for the next moment he was pouring a flood of passionate entreaty into his ear, and he ended by saying:—

"Remember it is not for myself I ask it. It is for the child. It is my last request, Grobler —the last request of one about to die. If you desire to have the honour of taking me to your people, I shall meet you at any place you name, to-morrow night, two hours after sunset."

Grobler kept on saying "I cannot do it," and as he wavered the more his excitement grew. He commenced walking up and down with Niabel by his side—vainly trying to weigh all chances and to look at the matter from every possible point of view. When he gave way at length it was quite suddenly, and it took him almost by surprise. He cursed himself for it. It was all clear to him now in this critical moment. He had wondered why the shooting from the fissures had made him frightened and nervous. It was because he was a coward at heart. How he loathed and hated himself for it, and how he envied the many men in his commando who remained calm and collected in the face of any danger, and who would be incapable of such an act of supreme folly as he was about to commit. And yet there were circumstances which did not escape his notice, and which tended to make the thing easy for him. Cowardice or no cowardice, crime or no crime, with God, who read the heart, his case was safe. He turned his back on Niabel and fixed his eyes apprehensively on Senekal, and over the Magnet Peaks he saw the first pale glimmerings of the dawn. His watch was drawing to a close, and he spoke in a trembling and uncertain voice:

"There lies your way," and without turning round he pointed to the Olifants River footpath, and his head sank on his breast.

Behind his back the King gave the royal salutation in a whisper of gratitude.

"Inkoos! Bayete!"

He heard the soft tread of the sandalled feet a few paces and then all became silent once more. Grobler shut his eyes and shuddered. It was not his conscience that troubled him much, but he feared his fellowmen. What if some vigilant sentry from Senekal had watched his movements through a night-glass? How would he face his officers' cross-examination? What if the King betrayed him after the surrender? The possibilities of discovery were numerous, and there was not one which his torturing fancy did not suggest, until his sufferings became almost as acute as they were before he lit the fire.

When he had stood thus long enough for Niabel to have disappeared he turned to the fire once more, his soul torn by conflicting fears and emotions. He became so lost in self-contemplation that for several moments he did not notice that his rifle was no longer beside the fire where he had left it. It dawned upon him slowly like a painful revelation, which he tried in vain to realise, and when he did at length, black despair settled on his mind in a final embrace. Now it was truly all over with him. He could never go back to Senekal without his rifle; there was no story which he could invent to account for its loss. But deeper and stronger than his despair was the sullen rage and the great longing for revenge which filled his heart. He shook his fist at the mountain footpath and cried aloud:—

"Ah, villain, villain, if I had you now you would not escape me again!"

Suddenly, in answer to his insane gesture and words, the King's voice sounded quite close to him, calm and melodious, without a trace of emotion in its soft tones.

"You are concerned without cause, my child, I am here."

The voice came from the base of the Magnetic rock, twenty paces beyond the fire. The dark stone contrasted so little in colour with the person of the King that Grobler had not noticed him. When he faced him now he saw him standing upright against the stone, with the rifle under his arm, and the bony fingers over the trigger guard. By his side were a number of other dark forms, and Grobler saw the firelight reflected from a dozen barrels, the muzzles looking at him out of the darkness like so many threatening eyes.

His first thought was of the possibility of flight or of rescue, and he gave a hurried glance at the distant walls of Senekal; but they lay silent in the moonlight like a structure in a dream. Flight was impossible, and with more calmness than he would ever have given himself credit for, he came to recognise the fact that there was no hope for him under heaven. Thus, at last, he was face to face with death. There was a burning dryness in his throat, but even as he looked at the guns his fear fell from him as an unclean garment, and he had only one desire, that the end should be speedy.

His voice was a little husky, but he spoke quite calmly.

"So you lied to me, son of a dog. But your punishment is at hand, and it shall be none the lighter for this. One thing you shall see with your own eyes before you meet your doom—that I am not afraid to die. Shoot, you jackals!" he cried, as he stepped nearer the fire into the brighter light.

The Kaffirs made no movement, and the King addressed him gently:—

"Listen, my child, the day is at hand, and there is no time for me to lay my heart open before you. If I were the son of a dog, as you called me, I would kill you where you stand and then escape. I could save my own life, though my people would have to pay the penalty. But I shall not kill you, because I have no desire to escape. What is more I shall give you back your gun, so that you need not be afraid of going back to your people. I shall place it here against the rock, but do not attempt to get it until we are in the donga. They were thirsty in the caves, my poor children, and I came out to talk with you, the guard of the Middle Water, while my men carried water in to the dying."

"And now, Nicodemus Grobler, in a few more hours I shall place myself in the hands of Piet Joubert to die; but if your lips remain shut there is no man shall ever know of what took place between us this night. I, Niabel Mapoch, the King and the son of a King, promise it to you."

He placed the rifle against the rock, and stood quite still for several moments, looking at Grobler. Then he raised his right hand high and gave the royal salutation in a voice full of admiration and gratitude:—

"Inkoós! Inkoos! Bayete!"

The Indunas imitated his action and the next moment they were moving off like a dark shadow into the grey mistiness of the morning. For some time Grobler watched them while they still loomed large upon the edge of the bush, then they melted into its blackness and vanished from his sight.

The next day Niabel Mapoch surrendered at discretion to the Transvaal forces. Grobler stood in the circle round the General when the King came up with Mampoer by his side. The old man's eyes wandered round the faces and rested on Grobler for some moments. But there was no smile or sign of recognition, only his eyes seemed to brighten a little. Then he said calmly to General Joubert:

"I am Niabel and this is Mampoer."

* * * *

The chiefs were both sentenced to death by the High Court of Justice and Mampoer was executed in 1885 at Pretoria. Niabel's sentence was commuted to life-long imprisonment—a fact due, perhaps, to the sympathy which his undoubtedly exalted character and chivalrous nature gained for him throughout the country. He is at present still confined in the state prison at Pretoria, where he is allowed a considerable amount of liberty, and there is every probability that he will ere long be released.

Oor die bronverwysings

'n Bronnelys vir verwysings na gepubliseerde werke (waaronder tydskrifartikels en internetpublikasies) word ná die eindnotas verskaf. Verwysings in eindnotas dui die naam van die skrywer aan, of die afgekorte titel waar 'n versameling ter sprake is. "FitzPatrick, 170" verwys byvoorbeeld na bladsy 170 van J.P. FitzPatrick se *The Transvaal from Within* in die bronnelys. Bladsynommers word sonder "p." vooraan gegee, buiten waar hierdie konvensie verwarring sou kon veroorsaak weens opeenhoping van syfers in bv. argiefverwysings.

In gevalle waar meer as een werk van 'n bepaalde skrywer geraadpleeg is, het die letter in hakies ná die skrywersnaam in die eindnota betrekking, byvoorbeeld FitzPatrick (a) verwys na J.P. FitzPatrick se *South African Memories.*

'n Lys van argiefbewaarplekke (met inbegrip van internetdatabasisse) word ook aan die begin van die bronnelys verskaf. Verwysings in eindnotas na dokumente wat hier geberg word, bevat die afgekorte naam (in hoofletters) van die argiefbewaarplek, die naam van die versameling, waar dit ter sake is, asook die nommer van die lêer en besonderhede van die spesifieke dokument, waar moontlik. "NELM, FitzPatrick Papers, B/AS I, 1081/24, E.N. Marais – Wernher-Beit, 20 Januarie 1902" verwys byvoorbeeld na 'n brief van Eugène Marais aan die firma Wernher-Beit in die FitzPatrick-versameling van die Nasionale Engelse Letterkundige Museum in Grahamstad.

Verwysings na koerante, tydskrifte en internetbronne soos Wikipedia is selfverklarend. Wat algemeen bekende geskiedkundige inligting betref, word verwysings nie verskaf nie, en lesers word verwys na die lys van ander geraadpleegde werke wat aan die einde van die bronnelys verskyn.

Die volgende afkortings word in die eindnotas gebruik:

ANCESTRY	http://www.interactive.ancestry.com
BARLOW	Barloworld-argief
CAMBRIDGE	Cambridge University
Cd	British Parliament Command Paper
CLE	The Council of Legal Education Archives
CO	Colonial Office Records*
CS	The Council of Legal Education Archives
CT	Archives of the Colonial Treasurer, Transvaal
FAMILY	https://familysearch.org
FO	Foreign Office Records*
GOV	Archives of the Private Secretary of the Governor
GUILDHALL	Guildhall-biblioteek
HC	Archives of the High Commissioner for South Africa
HE	Archives of H. Eckstein & Co.
HERITAGE	http://www.myheritage.com
HJS	Argief van die HJS Oudstudente-museum, Hoër Jongenskool Paarl
HKV	Heini Kotzé-versameling
IALS	Institute of Advanced Legal Studies
LD	Archives of the Law Department, Transvaal
LTG	Archives of the Lieutenant-Governor of the Transvaal Colony

* Oorspronklike dokumente by The National Archives (TNA) in Kew, Londen. Soms word verwys na fotokopieë van hierdie dokumente wat by die Transvaalse Argiefbewaarplek (TAB) in Pretoria besigtig is. In sulke gevalle word die nommer van die fotokopie-reeks (FK) en die bladsynommer aangedui.

MGP	Archives of the Military Governor, Pretoria
MHG	Meester van die Hooggeregshof
NALN	Nasionale Afrikaanse Letterkundige Museum en Navorsingsentrum
NELM	Nasionale Engelse Letterkundige Museum
OXFORD	Universiteit van Oxford
PAST	http://www.findmypast.co.uk
PSY	Archives of the Political Secretary
RICHMOND	Richmond Local Studies Library
SAB	Sentrale Argiefbewaarplek
SP	Argief van die Staatsprokureur van die ZAR
SS	Argief van die Staatsekretaris van die ZAR
TAB	Transvaalse Argiefbewaarplek
TEMPLE	The Inner Temple Archives, asook http://www.innertemplearchives.co.uk
TNA	The National Archives
UCT	Universiteit van Kaapstad
UJ	Universiteit van Johannesburg
UNISA	Universiteit van Suid-Afrika
URU	Argief van die Uitvoerende Raad van die Unie van Suid-Afrika
US	Universiteit Stellenbosch
WB	Archives of Wernher, Beit & Co.
WITS	Universiteit van die Witwatersrand
ZTPD	Hooggeregshof van die ZAR, later Hooggeregshof van die Transvaalkolonie

Eindnotas

NOTA AAN DIE LESER

1 Bank of England, http://www.bankofengland.co.uk/education/Pages/resources/inflation-tools/calculator/index1.aspx (geraadpleeg op 10 Februarie 2015).

2 Peters, 8.

3 Ibid, 17.

4 Die wisselkoers wat die pryse van 'n identiese mandjie goedere en dienste ('n hamburger, in hierdie geval) in twee lande sal gelykstel.

5 *The Economist*, http://www.economist.com/content/big-mac-index (geraadpleeg op 17 April 2015).

DEEL 1

1 TAB, A787, Gustav S. Preller-versameling, vol. 182, Marais – Preller, 11 Mei 1923.

2 Rousseau, 107-108.

3 Ibid, 108.

4 Ibid.

5 TEMPLE, Bar Application records, 1901, J.B. Taylor – Inner Temple, 12 November 1901.

6 Ibid, FitzPatrick – Inner Temple Treasurer, 14 November 1901.

7 Rousseau, 43. Die datum van 1890 is egter inkorrek, want volgens FitzPatrick se biograwe het hy eers in 1892 by die firma aangesluit. (Duminy, 22; Wallis, 37; Cartwright (a), 53.)

8 Rousseau, 109.

9 Fitzpatrick, 146-147.

10 NELM, FitzPatrick Papers, B/AS I, 1081/24, Marais – Wernher-Beit, 20 Januarie 1902.

11 Sien byvoorbeeld Pakenham, 95.

12 Die Saverivier in Mosambiek, nie die Sabierivier in Suid-Afrika nie. Laasgenoemde benaming is egter destyds algemeen vir eersgenoemde rivier gebruik.

13 NELM, FitzPatrick Papers, B/AS 1, 1081/93, Marais – FitzPatrick, 1 September 1902.

14 Duminy (a), 261, 293.

15 Rousseau, 146.

16 Du Toit, xii.

17 *Ons Vaderland*, 27 Januarie 1931.

18 NELM, FitzPatrick Papers, A/LC V, 1052/84, J. Wright – G. Preller, 21 Junie 1930.

19 FitzPatrick (a).

20 Rousseau (a), 84.

21 Ibid, 83.

22 TAB, A787, Gustav S. Preller-versameling, vol. 182, Marais – Preller, 24 April 1923.
23 Nie net Marais nie, maar ook alle latere skrywers gebruik hierdie inkorrekte spelling. Hy self het egter al sy briewe, asook sy ekspedisieverslag, as "Schulz" onderteken.
24 TAB, A787, Gustav S. Preller-versameling, vol. 182, Marais – Preller, 11 Mei 1923.
25 Charlie Pienaar, 'n goeie vriend van Marais en 'n latere handelsattaché van Suid-Afrika in Europa.
26 TAB, A787, Gustav S. Preller-versameling, vol. 182, Marais – Preller, 24 April 1923.
27 Ibid, 11 Mei 1923.
28 Preller, 195-196.
29 Ibid, 196.
30 Ibid.
31 Sien Swart (a).
32 *Die Boerevrou,* Desember 1920.
33 *Die Volkstem,* 28 en 30 Mei 1921.
34 Marais, E.N., "By die mond van die Save", 416.
35 Rousseau, 149.
36 Ibid, 383.
37 *Die Huisgenoot,* 13 Mei 1927.
38 Marais, E.N., "Burgers van die berge", 146-147.
39 Ibid, 131.
40 Rousseau, 493.
41 Du Toit, 265-266, eindnotas 1, 28, 30. Du Toit het op 29 Januarie 1935, 1 Februarie 1935 en 24 Februarie 1936 onderhoude met Marais gevoer.
42 Du Toit, 265, eindnota 1.
43 Ibid, 14-15.
44 Ibid, 16.
45 Ibid, 17.
46 Ibid, 17-18.
47 HKV, Rousseau-notaboek, onderhoud deur F.G.M. du Toit met Eugène Marais, 29 Januarie 1935.
48 Viljoen, J.M.H., 43-44.
49 "Eugène Nielen Marais", *Die Huisgenoot,* 10 April 1936.
50 Marais, E.N. (a), 15-16.
51 Die korrekte datum is 1896, 'n goeie aanduiding dat die res van Marais jr. se inligting met omsigtigheid benader moet word.
52 Marais, E.N. (a), 16.
53 Ibid.
54 Nienaber, 6-14.
55 Krüger, asook Rousseau ná hom, gebruik hierdie inkorrekte spelling. Burgers het egter al sy briewe as sodanig onderteken, en dr. Schulz verwys ook deurgaans so na hom in sy ekspedisieverslag en briewe.
56 Nienaber, 8.
57 Ibid, 9.
58 Du Toit, 17-18.
59 Nienaber, 9-11.
60 Ibid, 13.

61 Ibid, 14.
62 Nienaber-Luitingh, 38.
63 Rousseau, 108.
64 Ibid, 106.
65 Ibid, 109.
66 Rousseau (a), 84.
67 Rousseau, 118, 120-121.
68 Rousseau (a), 84.
69 Rousseau, 139-156.
70 Ibid, 142.
71 Ibid, 144.
72 Ibid, 142.
73 Ibid.
74 Ibid, 155-156.
75 Ibid, 108.
76 Hansen, 100, 160, 164-165.
77 Rousseau, 113.
78 Ibid, 137.
79 Ibid, 142.
80 Ibid, 164.

DEEL 2

1 Kruger, P., 97.
2 Behrens, 18.
3 Afskrif in skrywer se besit. Oorspronklike paspoort in die besit van mnr. Chris Steinmann van Faerie Glen, Pretoria.
4 Rousseau, 1.
5 SA Biografie, I, 526, Marais, E.N.
6 Mieny, 60.
7 Afgelei uit Marais-familieregister in Heese, 446.
8 Rousseau, 15.
9 Afgelei uit Marais-familieregister in Heese, 446.
10 Rousseau, 17.
11 HJS, Register of Admission, Progress and Withdrawal, 1876 – 1895. Rousseau meld verkeerdelik dat Marais eers aan die einde van 1884 na die Paarl verhuis het. (Rousseau, 18.)
12 Volgens die Hoër Jongenskool Paarl se jaarboek van 1912 het die skool in 1884 amptelik as die "Boys' Public School, Paarl" bekend gestaan. Volgens die Eugène Marais Stigting het inwoners van die Paarl dit egter die "Paarl Public School for Boys" genoem, en hierdie benaming word deurgaans gebruik.
13 HJS, Class Register of the Ist & IInd Class, Junie 1884.
14 Rousseau, 15.
15 Scholtz, G.D., 265.
16 *Paarl District Advertiser*, 13 Julie 1887.
17 WITS, Findlay Collection, FC 2768, John Niemeyer – Lizzie Niemeyer, 17 Junie 1887.
18 Ibid.
19 Allen, 209.

20 Kaye, 45.
21 Rousseau, 9.
22 Du Toit, 237.
23 Rousseau, 493.
24 Du Toit, 25-29.
25 Atkinson, 3.
26 Ibid, 75-78.
27 UNISA, Pretoria Club, 4.1 Ballot Books 1885-1902. Marais het in 1895 'n lid geword.
28 TNA, CO 417/340, Marais – Chamberlain, 5 Julie 1901.
29 National Biography, Wernher, Sir Julius Charles; Beit, Alfred.
30 Cartwright, 36-39. Ná Hermann Eckstein se dood in 1894 is die firma se naam na H. Eckstein & Co. verander.
31 Ibid, 118.
32 Taylor, 14-16, 49, 56, 74; SA Biografie, IV, 675, Taylor, J.B.
33 FitzPatrick (a), 158.
34 Cartwright, 61.
35 Taylor, 78.
36 Atkinson, 75.
37 TEMPLE, Bar Application records, 1901, J.B. Taylor – Inner Temple Treasurer, 12 November 1901.
38 Wallis, 40.
39 Taylor, 116.
40 Ibid, 123.
41 TAB, A787, Gustav S. Preller-versameling, vol. 182, ongedateerde uitknipsel uit die *Transvaal Observer*, maar uit die konteks kan afgelei word dat die berig in Junie 1891 verskyn het.
42 Statham, 152.
43 TAB, A787, Gustav S. Preller-versameling, vol. 182, ongedateerde uitknipsel uit die *Transvaal Observer*, maar uit die konteks kan afgelei word dat die berig in Julie 1891 verskyn het. Leon Rousseau meld verkeerdelik in *Die Groot Verlange* dat Marais reeds in die eerste helfte van 1890 as redakteur van *Land en Volk* aangestel is, en dat J.F. Meyer op hierdie tydstip nog die eienaar van die koerant was. (Rousseau, 45.)
44 *Pretoria News*, 29 April 1907; *Men of the Times*, 144, Peter Charles Falconer.
45 *Men of the Times*, 144, Peter Charles Falconer.
46 TAB, Fotoversameling, foto's 27510 en 27410.
47 *Men of the Times*, 144, Peter Charles Falconer.
48 TAB, A787, Gustav S. Preller-versameling, vol. 182, ongedateerde uitknipsel uit die *Transvaal Observer*, maar uit die konteks kan afgelei word dat die berig in Junie 1891 verskyn het.
49 Ibid.
50 In die hoofberig van *Land en Volk* van 11 Oktober 1894 meld Marais dat die koerant vier jaar tevore (gemeet vanaf die vorige dag) die eerste keer onder sy redakteurskap verskyn het.
51 Behrens, 19.
52 TAB, A787, Gustav S. Preller-versameling, vol. 182, Marais – Preller, 11 Mei 1923.
53 Statham, 160.
54 State Library, 152.
55 Meijer, 24-30.
56 Marais, J.S., 212

57 Atkinson, 2.
58 Jeppe, 174.
59 Gordon, 28-29.
60 Jeppe, 174.
61 Kaye, 96.
62 Meintjes, 116.
63 Kaye, 96.
64 TAB, A787, Gustav S. Preller-versameling, vol. 182, ongedateerde uitknipsel uit die *Transvaal Observer*, maar uit die konteks kan afgelei word dat die berig in Julie 1891 verskyn het.
65 BARLOW, WB 26, Marais – Taylor, 17 Oktober 1900.
66 De Kock, 15-16.
67 SA Biografie, V, 263, Esselen, E.A.
68 Scoble, 111.
69 Atkinson, 33.
70 Ibid.
71 Ibid, 34.
72 Du Toit, 84-85.
73 Statham, 160.
74 *Men of the Times*, 144, Peter Charles Falconer.
75 FitzPatrick (a), 80.
76 Fisher, 163.
77 Krüger, D.W., 15l.
78 FitzPatrick, 322.
79 Tempelhoff, 49-51; Fisher, 163; *Land en Volk*, 29 Desember 1892.
80 FitzPatrick, 385-386.
81 Gordon, 129-130.
82 Rousseau, 72.
83 Rousseau, 191; HKV, Rousseau-notaboek, G.O. Lunnon – F.G.M. du Toit, 10 Januarie 1937.
84 Rousseau, 2.
85 E-pos aan skrywer van bibliotekaris van die Vrymesselaars in Londen gedateer 14 Januarie 2013.
86 Butterfield, 67, 243.
87 E-pos aan skrywer van bibliotekaris van die Vrymesselaars in Londen gedateer 14 Januarie 2013.
88 Meijer, 57.
89 Butterfield, 241.
90 Cohen, 120-122.
91 Cartwright (a), 53.
92 Ibid, 59.
93 Ibid, 9-48.
94 FitzPatrick (a), 80.
95 Cartwright (a), 46-47.
96 Cartwright, 135.
97 Ibid, 138.
98 Preller (b), 276.
99 Fraser, 78, Phillips – Beit, 16 Junie 1894. Dit is interessant dat hierdie brief ook verskyn het in die ZAR se amptelike Groenboek nr. 2 van 1896 wat oor die Jameson-inval handel, maar dat die laaste gedeelte – "and only wants, as I do, good honest intelligent government" – uitgelaat is.
100 Wheatcroft, 153.

101 SA Biografie, V, 151, Cohen, L.
102 Cohen, 178-179.
103 Marais, J.S., 28; FitzPatrick, 73.
104 Emden, 185-187.
105 Ibid, 182.
106 Marais, J.S., 62-63.
107 TAB, Fotoversameling, foto 31983, Joubert-verkiesingskomitee 1893.
108 Cartwright, 144; Wheatcroft, 160.
109 De Kock, 20-21.
110 TAB, A787, Gustav S. Preller-versameling, vol. 182, Marais – Preller, 11 Mei 1923.
111 SA Biografie, V, 263, Esselen, E.A.
112 Meintjes, 127.
113 Swart, 82.
114 *Land en Volk*, 6 Mei 1893.
115 Rousseau, 63.
116 Ibid, 72.
117 Wheatcroft, 198.
118 FitzPatrick, 90.
119 Robinson, 76.
120 Rousseau, 74; TAB, Charles Leonard-versameling, mikrofilm 3002, Leonard – Marais, 22 Augustus 1893. Rousseau meld egter dat Marais met "ene Vaylor" hieroor onderhandel het. (Rousseau, 74.) Met die eerste oogopslag lyk dit wel soos "Vaylor" op die mikrofilm van die brief waaruit Rousseau blykbaar sy inligting gekry het, maar by nader ondersoek blyk dit eerder waarskynlik 'n eiesoortige hoofletter T te wees wat Marais soms gebruik het, veral wanneer hy "in haste" geskryf het, soos hy in hierdie brief gemeld het. Die sogenaamde "V" in "Vaylor" lyk ook glad nie soos die hoofletter "V" wat Marais elders in die brief vir "Victoria" gebruik het nie. Verdere ondersteuning dat Marais in hierdie brief na Taylor verwys, is die feit dat laasgenoemde op hierdie tydstip Marais reeds goed geken het, en verantwoordelik was vir Wernher-Beit se belange in Pretoria. Hy sou dus die vanselfsprekende persoon gewees het om namens die mynmagnate met Marais hieroor te onderhandel.
121 Fraser, 76-77.
122 Fraser, 81, Phillips – Beit, 12 Augustus 1894.
123 TAB, Charles Leonard-versameling, mikrofilm 3002, Marais – Leonard, 22 Augustus 1893.
124 Ibid.
125 Rousseau, 76.
126 Ibid, 75.
127 De Kock, 22.
128 Swart, 71; *Cape Times,* 2 Oktober 1895; *Land en Volk,* 11 Junie 1896.
129 BARLOW, HE 18, Phillips – C. Marquardt, 31 Augustus 1893.
130 Sien byvoorbeeld mashoof van *Land en Volk,* 23 Januarie 1896.
131 *Land en Volk,* 26 Desember 1895.
132 Jeeves, 74.
133 TAB, A787, Gustav S. Preller-versameling, vol. 182, Marais – Preller, 6 April 1903.
134 OXFORD, Milner Papers, MS 179, p. 184, Marais – Milner, 2 Februarie 1903.
135 BARLOW, WB 109, C. Marquardt – Wernher-Beit, 14 Oktober 1893.
136 *De Volksstem,* 11 November 1896.

137 BARLOW, HE 3.
138 Cartwright, 152.
139 Ibid, 156.
140 BARLOW, WB 3, C. Marquardt – Wernher-Beit, 23 Junie 1894.
141 *Land en Volk,* 15 Oktober 1893.
142 Ibid, 11 Oktober 1894.
143 Gordon, 129.
144 *Land en Volk,* 25 Januarie 1894, 1 Februarie 1894.
145 TAB, Charles Leonard-versameling, mikrofilm 3002, Marais – Leonard, 21 Februarie 1894.
146 *Land en Volk,* 22 Maart 1894.
147 Swart, 75.
148 Du Toit, 42.
149 *Land en Volk,* 20 Desember 1894.
150 Ibid, 10 Januarie 1895.
151 Du Toit, 35-46.
152 Marais, J.S., 308.
153 *Land en Volk,* 13 Februarie 1896.
154 SA Biografie, I, 912, Wessels, J.W.
155 *De Volksstem,* 11 November 1896.
156 Preller (b), 277.
157 Preller, 183.
158 Preller (b), 276.
159 Preller, 183.
160 Behrens, 18.
161 Ibid.
162 Rousseau (a), 83.
163 SA Biografie, III, 520, Leonard, C.H.
164 Leonard, 265.
165 Du Toit, 37.
166 Leonard, 70.
167 Cartwright (a), 55.
168 BARLOW, HE 195, Taylor – Wernher, 25 Februarie, 1894.
169 Taylor, 156-157,161.
170 Abercrombie, 84; *Pretoria News,* 29 April 1907; *Cape Times,* 30 April 1907.
171 *Pretoria News,* 29 April 1907.
172 *Men of the Times,* 144, Peter Charles Falconer.
173 Abercrombie, 85-93.
174 Ibid, 84.
175 Ibid, 92.
176 Ibid, 100.
177 UCT, Spesiale Versamelings-biblioteek, Leipoldt Papers, BC94, verw. D3.59, Marais – Esselen, 3 Februarie 1895.
178 BARLOW, HE 30, FitzPatrick – Marais, 19 April 1895.
179 FitzPatrick is op 16 Julie 1894 as lid aanvaar, terwyl Marais op 16 September 1895 as lid aanvaar is. (UNISA, Pretoria Club, 4.1 Ballot Books 1885-1902.)
180 TAB, SP 99/406-96, Dougall – FitzPatrick, 28 November 1895.

181 TAB, ZTPD 8/450/1888/95, Ex parte applicatie Niemeyer & Marais, 24 Junie 1895.
182 HKV, Rousseau-notaboek, onderhoud deur L. Rousseau met W. Marais, 27 Mei 1963.
183 *Pretoria News,* 29 April 1907.
184 Cartwright (a), 63.
185 SA Biografie, II, 293, Hammond, J.H.
186 Fort, 148; Cartwright, 152; *The Times,* 29 Mei 1897.
187 Van der Poel, 30.
188 Ibid, 60.
189 Ibid, 55.
190 *The Transvaal Advertiser,* 18 Julie 1895.
191 *The Press,* 19 Julie 1895.
192 Rousseau, 91.
193 Ibid, 92.
194 *Land en Volk,* 26 Desember 1895.
195 Fraser, 81, Phillips – Beit, 12 Augustus 1894.
196 Hobson, 207-208.
197 SA Biografie, IV, 427, Nellmapius, A.H.
198 *Land en Volk,* 12 September 1895.
199 Marais, J.S., 25.
200 Rousseau, 94.
201 *Land en Volk,* 3 September 1896.
202 Meijer, 33.
203 Ibid.
204 *De Volksstem,* 16 November 1895.
205 *Land en Volk,* 3 September 1896.
206 *De Volksstem,* 13 November 1895.
207 *Cape Times,* 22 Oktober 1895.
208 *De Volksstem,* 13 November 1895.
209 *Land en Volk,* 28 November 1895.
210 Ibid, 11 Junie 1896.
211 Ibid, 30 Desember 1895.
212 Duminy (a), 20-23.
213 Van der Poel, 73.
214 Ibid, 9.
215 Ibid, 6.
216 Ibid, 7.
217 Ibid, 105.
218 Ibid, 74.
219 *Land en Volk,* 30 Desember 1895.
220 Ibid.
221 Ibid.
222 Van der Poel, 106.
223 Ibid, 113.
224 TAB, A787, Gustav S. Preller-versameling, vol. 182, Marais – Preller, 24 April 1923.
225 Preller, 195; Du Toit, 14.
226 TAB, SP 99/135/96, beëdigde verklaring van E.N. Marais aan H.J. Coster, ZAR-staatsprokureur, 10 Januarie 1896.

227 Ibid, beëdigde verklaring van A.H. Malan aan H.J. Coster, ZAR-staatsprokureur, 10 Januarie 1896.

228 Rousseau meld verkeerdelik dat Charles Leonard by hierdie vergadering was (Rousseau, 97). Charles Leonard was in hierdie stadium egter reeds in Kaapstad om met Rhodes samesprekings te voer (Van der Poel, 169).

229 US, Hugh Solomon-versameling, Transvaal (Republic) The State vs. Hammond, Rhodes, Phillips, Farrar and others, Preliminary trial, Pretoria, 1896.

230 *Land en Volk,* 13 Februarie 1896.

231 Van der Poel, 117.

232 Krüger, D.W., 450.

233 Hammond, J.H., 343.

234 FitzPatrick, 147.

235 FitzPatrick sou geen rede gehad het om sy eie naam te verswyg nie, aangesien hierdie onbekende Reformer vrede, nie oorlog nie, wou hê. Ook was Marais en Malan se vergadering met Abe Bailey en Jim Leonard die vorige middag reeds algemeen bekend toe FitzPatrick sy boek geskryf het, en sou hy ook nie húl name hoef te verswyg het nie. Verder was hierdie Reformer se stellings by sy ontmoeting met Marais dié van 'n voorbok, en was hy dus waarskynlik een van die vier hoofsamesweerders. Marais het ook hierdie Reformer voor hul ontmoeting getelegrafeer (FitzPatrick, 147). Daar is geen aanduiding dat Marais die soort verhouding met Lionel Phillips, George Farrar of Frank Rhodes gehad het wat hom die vrymoedigheid sou gee om so iets te doen nie. Laastens het hierdie Reformer aan Marais gesê die Uitlanders "had so far always offered the olive branch" (FitzPatrick, 148), 'n term wat Hammond ook baie jare later in sy outobiografie gebruik het (Hammond, J.H., 343).

236 Hammond, N., 16.

237 Changuion, 20.

238 FitzPatrick, 147-148.

239 Hammond, J.H., 343.

240 Van der Poel, 116.

241 Ibid, 118.

242 Kruger, P., 447.

243 Meijer, 38.

244 ZAR Groenboek, nr. 1, 1896, p. 97-98, beëdigde verklaring J.S. Celliers aan H.J. Coster, 6 Maart 1896.

245 TAB, A787, Gustav S. Preller-versameling, vol. 182, Marais – Preller, 15 Mei 1923.

246 Du Toit, 14, 269, eindnota 84.

247 ZAR Groenboek, nr. 1, 1896, p. 97-98, beëdigde verklaring J.S. Celliers aan H.J. Coster, 6 Maart 1896.

248 Viljoen, B.J., *De Rebellie van 1895-96 in de Z. Afrikaansche Republiek.* (Krugersdorp: Gedrukt ten kantore van "Ons Volk", 1896).

249 Du Toit, 14.; Rousseau,100.

250 Atkinson, 29.

251 Cartwright (a), 69-70.

252 Duminy (a), 30, P. FitzPatrick – L. FitzPatrick, 10 Januarie 1896.

253 *Land en Volk,* 9 Januarie 1896.

254 Duminy (a), 37, P. FitzPatrick – L. FitzPatrick, 14 Januarie 1896.

255 Ibid, 41-42, P. FitzPatrick – L. FitzPatrick, 19 Januarie 1896.

256 Ibid, 41, P. FitzPatrick – L. FitzPatrick, 18 Januarie 1896.

257 *Land en Volk,* 30 Januarie 1896.
258 Duminy (a), 485-486, nota 15; Van der Poel, 169.
259 *Land en Volk,* 9 Januarie 1896.
260 Rousseau, 64.
261 *Land en Volk,* 30 Januarie 1896.
262 Ibid, 20 Februarie 1896.
263 Ibid, 26 Maart 1896.
264 FitzPatrick (a), 181.
265 FitzPatrick, 150.
266 *Land en Volk,* 30 April 1896.
267 *De Volksstem,* 2 Mei 1896.
268 *Land en Volk,* 11 Junie 1896.
269 Duminy (a), 66, FitzPatrick – Innes, 25 Mei 1896.
270 Duminy, 34.
271 National Biography, FitzPatrick, Sir (James) Percy.
272 Wikipedia, "Jameson Raid" (geraadpleeg op 14 April 2015).
273 Cartwright, 148.
274 Longford, 224.
275 Fraser, 99.
276 Rousseau, 102.
277 TAB, CS 1076/7609/00, Falconer – Milner, 25 Junie 1900.
278 *The Star,* 29 April 1907.
279 WITS, Findlay Collection, FC 3784, Marais – Falconer, 26 Augustus 1898.
280 TAB, MHG 0/1022, inligting afgelei uit Death Notice P.C. Falconer 1 May 1907.
281 WITS, Findlay Collection, FC 3784, Marais – Falconer, 26 Augustus 1898.
282 Meintjes, 135.
283 SA Biografie, III, 190, Cronjé, P.A.
284 *Land en Volk,* 17 September 1896.
285 Ibid.
286 Ibid, 24 September 1896.
287 Du Toit, 60-61.
288 *Land en Volk,* 30 September 1896.
289 Ibid.
290 Rousseau, 103-104.
291 Meintjes, 146.
292 Meijer, 39.
293 Ibid, 33.
294 Ibid.
295 *Land en Volk,* 30 September 1896.
296 *De Volksstem,* 31 Oktober 1896.
297 *Land en Volk,* 5 November 1896.
298 *De Volksstem,* 18 November 1896.
299 Ibid, 11 en 14 November 1896.
300 Ibid, 11 November 1896.
301 Du Toit, 61.
302 TEMPLE (aanlyn).

303 *De Volksstem*, 2 Desember 1896.
304 *The Press*, 1 Desember 1896.
305 TAB, SP 78/SPR 8610/95, Naturalisatie J.Y. O'Brien, 25 November 1895.
306 TAB, LD 152/AG 5107/02, 5 September 1902.
307 *The Press*, 1 Desember 1896.
308 SA Biografie, I, 910, Weinthal, L.

DEEL 3

1 NELM, Marais Collection, 2009.56.3.2, Marais – Pienaar, 22 Februarie 1897.
2 Marais, E.N., 831.
3 *The Press*, 10 Desember 1896.
4 GUILDHALL, Lloyd's List vir *Dunottar Castle* 1896/1897.
5 Rousseau, 105.
6 *The Press*, 10 Desember 1896.
7 *De Volksstem*, 28 November 1896.
8 Preller, 195; Rousseau, 485; Marais, E.N. (a), 16.
9 GUILDHALL, Lloyd's List vir *Dunottar Castle* 1896/1897.
10 NELM, Marais Collection, 2009.56.3.2, Marais – Pienaar, 22 Februarie 1897.
11 Rousseau meld egter dat Marais en Charlie Pienaar eers in 1904 ontmoet het (Rousseau, 178). Maar indien die Pienaar aan wie Marais nou skryf dieselfde persoon is, het die vriendskap baie vroeër begin. Dat dit moontlik wel Charlie Pienaar is, word gerugsteun deur die feit dat hy reeds in 1899 met Marais se neefs John en Fred Niemeyer bevriend was. (WITS, Findlay Collection, FC 3814, Lizzie Niemeyer – Bessie Niemeyer, 1 Oktober 1899.)
12 *The Times*, 1 Februarie 1897.
13 TEMPLE, E.N. Marais Admission Record, 18 Januarie 1897.
14 IALS, CLE 1/3/3, Consolidated Regulations 1897.
15 TEMPLE, E.N. Marais Admission Record, 18 Januarie 1897.
16 TAB, A739, Adv. J. de V. Roos-versameling, vol. 1.
17 TEMPLE, Bench Table Orders 12 January 1897 – 17 December 1902.
18 IALS, CLE 1/3/3, Consolidated Regulations 1897.
19 SA Biografie, III, 197, Currey, H.L.
20 SA Biografie, II, 293, Hammond, J.H.
21 Changuion, 20, 33.
22 TEMPLE (aanlyn), Currey, H.L.
23 TEMPLE, E.N. Marais Admission Record, 18 Januarie 1897.
24 Gooch, 3.
25 TEMPLE, E.N. Marais Admission Record, 18 Januarie 1897.
26 Ibid; TEMPLE, E.N. Marais Application to the Bar Record, Michaelmas Term, 1901.
27 Pearce, 387.
28 Jeaffreson, 174.
29 TEMPLE (aanlyn), Marais, W.F.
30 HKV, Rousseau-notaboek, onderhoud deur L. Rousseau met W. Marais, 27 Mei 1963.
31 Sien byvoorbeeld advertensie van die Union Castle-linie in *Land en Volk* van 3 Desember 1902.
32 Rider, 10-16.
33 IALS, CLE 1/3/3, Consolidated Regulations 1897; asook e-pos van C. Pilkington, argivaris van die Inner Temple, aan die skrywer op 14 Augustus 2014.

34 IALS, CLE 1/3/3, Consolidated Regulations 1897. Rousseau meld verkeerdelik dat 'n student op hierdie tydstip eksamens in vier vakke moes aflê (Rousseau, 106). Hierdie vereiste is egter eers in 1899 ingestel. (IALS, CLE 1/3/3, Consolidated Regulations 1899.)
35 IALS, CLE 1/3/3, Consolidated Regulations 1897.
36 Ibid.
37 Rider, 170.
38 NELM, Marais Collection, 2009.56.3.2, Marais – Pienaar, 22 Februarie 1897.
39 Ibid. Die brief aan Pienaar is op 22 Februarie 1897 vanaf hierdie adres geskryf.
40 Alle inligting verkry van die Lewisham Local History and Archives Centre, Londen.
41 Hammond, J.H., 430.
42 HJS, Register of Admission, Progress and Withdrawal, 1876-1895; Class Register of the Ist & 2nd Class 1883-1885.
43 *Men of the Times*, 341, Stegmann, J.C.
44 Sien byvoorbeeld *Land en Volk* van 29 Augustus 1895.
45 E-pos van Andrew Mussel, argivaris van Gray's Inn, aan die skrywer op 7 Junie 2013.
46 Ibid.
47 *Men of the Times*, 341, Stegmann, J.C.
48 ANCESTRY, 1901 England Census, Class: RG13, Piece: 549, Folio: 126, Page: 14.
49 Ibid, 1891 England Census, Class: RG12, Piece: 521, Folio: 65, Page: 58, GSU roll: 6095631.
50 Afgelei uit die 1881-sensus (ANCESTRY, 1881 England Census, Class: RG11, Piece: 734, Folio: 120, Page:30, GSU roll: 1341171) en 1891-sensus (ANCESTRY, 1891 England Census 1891, Class: RG12, Piece: 521, Folio: 75, Page: 6, GSU roll: 6095631). Hiervolgens het die Read-familie in daardie jare by nr. 23 Lewisham Park Crescent gewoon, die regterkantse deel van die skakelhuis waar Marais later by nr. 24 loseer het. Ná die dood van haar man in 1894 het mev. Read en haar dogters blykbaar na nr. 24 getrek en dit as 'n losieshuis begin bedryf, want in die Lewisham-straatgidse van 1896 en 1897 word sy nou as die hoof van die huishouding by hierdie adres aangedui. (GUILDHALL, Kelly's Directory.)
51 ANCESTRY, England & Wales National Probate Calendar 1894, Principal Probate Registry, Calendar of the Grants of Probate and Letters Administration made in the Probate Registries of the High Court of Justice in England.
52 UJ, Marais Collection, Part 7, Sketch- and notebook.
53 Rousseau, 118.
54 Afgelei uit ANCESTRY, 1901 England Census, Class: RG13, Piece: 673, Folio: 34, Page: 10.
55 Ibid, London Metropolitan Archives, Saint Pancreas Parish Church, Register of marriages, P90/PAN1, Item 160.
56 Taylor, 174-175.
57 HKV, Rousseau-notaboek, onderhoud deur L. Rousseau met C. te Water, 27 Mei 1963.
58 Hammond, J.H., 437-438.
59 Rousseau, 109.
60 *The Times*, 12 Januarie 1898, uitslae van Inns of Court se studente, gepubliseer deur die Council of Legal Education.
61 *The Times*, 1 Februarie 1897.
62 Ibid.
63 *Land en Volk*, 4 Februarie 1897.
64 Ibid, 4 Maart 1897.
65 *The Times*, 4 Maart 1897.

66 *Land en Volk*, 11 Maart 1897.
67 Pearce, 422.
68 Van der Poel, 187.
69 *The Times*, 6 Maart 1897.
70 *Daily Mail*, 8 Maart 1897.
71 Sien byvoorbeeld *The Bristol Times and Mirror* van 13 Maart 1897.
72 *Land en Volk*, 9 Januarie 1896.
73 Ibid, 5 Januarie 1898. Brief is gedateer November 1897.
74 *Daily Mail*, 8 Maart 1897
75 FitzPatrick, 146-147.
76 *Land en Volk*, 15 April 1897.
77 Ibid.
78 Statham, 180-191.
79 *The Manchester Guardian*, 23 Maart 1897.
80 *Daily Mail*, 17 April 1897.
81 Bossenbroek, 107.
82 National Biography, Milner, Lord A.; SA Biografie, III, 629, Milner, A.
83 OXFORD, Milner Papers, MS 222, 97, Milner – Selborne, 14 April 1905.
84 *Land en Volk*, 6 Mei 1897.
85 *The Times*, 29 Mei 1897.
86 Fort, 148-152.
87 Longford, 299.
88 In die lig daarvan dat Marais ongeveer tien kilometer van die Inner Temple af gewoon het en 'n gereelde treindiens beskikbaar was, is dit onwaarskynlik dat hy van sy woonplek "vir 'n sjieling per keb" soontoe gery het, soos Rousseau in *Die Groot Verlange* bespiegel (Rousseau, 110).
89 IALS, CLE 11/5, Exam records 1897-1905, Hilary 1897.
90 Rider, 32.
91 TEMPLE, Call Lists 1895-1914. Hierdie gegewens is verkry uit die "Call to the Bar"-kennisgewing van die Inner Temple van November 1901 waarop Marais en al die ander kandidate se name verskyn het.
92 Rider, 72-73.
93 Ibid, 32-35.
94 Willis, 4.
95 *Land en Volk*, 22 Julie 1897.
96 TEMPLE (aanlyn), Esselen, E.A.
97 Gandhi, 61.
98 Ibid, 90-91.
99 Marais, E.N, "Laramie die wonderwerker", 831.
100 UJ, Marais Collection, Part 2, Notebook.
101 Washington, 51.
102 Ibid, 104.
103 Blavatsky, 164.
104 UJ, Marais Collection, Part 7, Sketch- and notebook.
105 Washington, 8.
106 Ibid, 9.
107 Wikipedia, "Theosophy" (geraadpleeg op 31 Maart 2014).

108 Washington, 69.
109 In Mei 1898 het die Vrymesselaars egter Marais se lidmaatskap van die organisasie beëindig weens onbetaalde fooie aan sy Transvaalse losie. Volgens die organisasie se argivaris in Londen het hy nooit later sy agterstallige fooie betaal nie, en sou hy dus nie by enige ander Vrymesselaarslosie in die wêreld kon aansluit nie. (E-pos aan skrywer van P. Aitkenhead, assistentbibliotekaris van die Vrymesselaars in Londen, op 14 Januarie 2013.)
110 Blavatsky, 514.
111 Marais, E.N., "Laramie die wonderwerker", 833.
112 Sien byvoorbeeld Marais se artikel "Die Egiptenare" (Marais, E.N., 209), asook sy verhaal "Die storie van die twee broers" (Marais, E.N., 764).
113 Marais, E.N., "Die Egiptenare", 209-211.
114 Blavatsky, 462-489.
115 Du Toit, 16, 220.
116 Nienaber-Luitingh, 33.
117 Du Toit, 16.
118 Wikipedia, "E.A. Wallis Budge" (geraadpleeg op 31 Maart 2014).
119 Marais, E.N., 1269, nota 6.
120 Ibid, "Die storie van die twee broers", 764.
121 Du Toit, 280-281, nota 2.
122 Marais, E.N., 1269, nota 6.
123 Ibid, "Slanggif", 196.
124 Blavatsky, 340.
125 Schulz, 125.
126 Ibid, 62.
127 Marais, E.N., "Die heuningvoëltjie", 208.
128 Schulz, 71.
129 Marais, E.N., "'n Voëlparadys", 401.
130 Blavatsky, 147-162.
131 TAB, A787, Gustav S. Preller-versameling, vol. 182, Marais – Preller, 24 April 1923.
132 Sien byvoorbeeld Marais, E.N., 240, 245.
133 Kingsbury.
134 Vincent.
135 *Daily Mail,* 13 Julie 1898.
136 Kingsbury, 190.
137 Marais, E.N., "Laramie die wonderwerker", 831.
138 Zancig, 6, 24.
139 Marais, E.N., "Laramie die wonderwerker", 832.
140 Wikipedia, "John Nevil Maskelyne" (geraadpleeg op 7 Augustus 2013).
141 *Daily Mail,* 30 Junie 1900.
142 Marais, E.N., "Laramie die wonderwerker", 834-835.
143 Wikipedia, "Eusapia Palladino" (geraadpleeg op 31 Maart 2014).
144 HKV, Rousseau-notaboek, getikte nota deur mev. Alida Wedderburn, 6 September 1973.
145 Ibid, onderhoud deur L. Rousseau met A. Wedderburn, 5 September 1973.
146 Hammond, J.H., 434.
147 TAB, Fotoversameling, foto nr. 4617.
148 CAMBRIDGE, Stead Collection, STED 1 vol. 22, Correspondence with Sir Arthur Conan Doyle, 1893-1899.

149 Wikipedia, "Eusapia Palladino" (geraadpleeg op 31 Maart 2014).
150 Doyle, 81.
151 Stead, 154-156.
152 Rousseau, 109.
153 CAMBRIDGE, Stead Collection, STED 1 vol. 18, Correspondence with Marie Corelli, 1895-1908.
154 TNA, CO 417/340, Marais – Chamberlain, 5 Julie 1901. Ook gedruk in CO 879/73/650/23560/S, African (South) No. 650, South Africa, Secret Papers [1901] relating to Affairs in South Africa, No. 143.
155 IALS, CLE 11/5, Exam records 1897-1905, Michaelmas 1897.
156 *Land en Volk*, 5 Januarie 1898. Brief is gedateer November 1897.
157 Ibid.
158 Ibid.
159 Ibid.
160 Rousseau, 129.
161 UJ, Marais Collection, Part 7, Sketch- and notebook.
162 Rousseau, 129.
163 *The Cape Illustrated Magazine*, vol. 8, no. 7, Maart 1898.
164 Van Jaarsveld, 16.
165 *Land en Volk*, 23 Junie 1905.
166 Marais, E.N. (e), 5.
167 De Vries, Abraham H., "O, koud is die windjie en skraal", *Rapport*, 27 Maart 2005. Sien ook Rousseau, 183.
168 Marais, E.N. (e), 5.
169 Du Toit, 121.
170 Du Randt, 22.
171 Soos verskeie ander skrywers reeds uitgewys het, het Marais hier digterlike vryheid gebruik, want in die winter sou dit ryp en nie dou nie gewees het.
172 NELM, Marais Collection, 2009.56.3.2, Marais – Pienaar, 22 Februarie 1897.
173 Marais, E.N. (d), x.
174 Wikipedia, "Coventry Patmore" (geraadpleeg op 25 Maart 2014).
175 UJ, Marais Collection, Part 7, Sketch- and notebook.
176 Marais, E.N., "The Soul of the Ape", 1144.
177 UJ, Marais Collection, Part 7, Sketch- and notebook.
178 Wikipedia, "John Addington Symonds" (geraadpleeg op 25 Maart 2014).
179 FitzGerald.
180 UJ, Marais Collection, Part 7, Sketch- and Notebook.
181 *Stanford Encyclopedia of Philosophy*. http://plato.stanford.edu/entries/umar-khayyam (geraadpleeg op 22 April 2014).
182 Marais, E.N., "Die Siel van die Aap", 229.
183 FitzGerald, 189.
184 Kannemeyer (a), 230.
185 Marais, E.N., "Skoppensboer", 990.
186 Hugo, 10.
187 IALS, CLE 11/5, Exam records 1897-1905, Hilary 1897.
188 Ibid, CLE 1/3/3, Consolidated Regulations 1897.
189 *Land en Volk*, 19 Januarie 1898.

190 *The Times*, 8 Junie 1898.
191 *Land en Volk*, 19 Januarie 1898.
192 IALS, CLE 1/3/3, Consolidated Regulations 1897.
193 E-pos aan skrywer van Andrew Mussel, argivaris van Gray's Inn, op 7 Junie 2013.
194 IALS, CLE 11/5, Exam records 1897-1905, Trinity 1898.
195 Ibid, CLE 15, Annual calendar 1898.
196 TEMPLE (aanlyn), Juta, C.W.T.B.
197 SAB, URU 877/77, 1927.
198 E-pos aan skrywer van Andrew Mussel, argivaris van Gray's Inn, op 12 Augustus 2013.
199 Nienaber-Luitingh, 32.
200 TAB, A787, Gustav S. Preller-versameling, vol. 182, Marais – Preller, 24 April 1923.
201 HKV, Rousseau-notaboek, onderhoud deur L. Rousseau met A. Wedderburn, 5 September 1973, asook getikte nota van haar gedateer 6 September 1973.
202 Marais, E.N., (a), 16.
203 Du Toit, 14.
204 NALN, Marais-versameling, MS 2261/81/24 & 49, verw. 787/33, mededeling van K. Dougall aan F.G.M. du Toit, 7 April 1933.
205 Sien byvoorbeeld HKV, Rousseau-notaboek, onderhoud deur L. Rousseau met A. Wedderburn, 5 September 1973, asook getikte nota van haar gedateer 6 September 1973.
206 *The Press*, 10 Desember 1896.
207 Kannemeyer, 185.
208 Rousseau, 133.
209 E-pos aan skrywer van H. Metternich van die Universiteit van Bonn se argief, 20 Augustus 2013.
210 Rousseau, 196-197.
211 HKV, Rousseau-notaboek, onderhoud deur L. Rousseau met prof. J.G.N. Louw, 8 Maart 1973.
212 Universiteit Stellenbosch Mediese Biblioteek, rakverwysing TYG R WO 142 BIL.
213 E-pos aan skrywer van H. Metternich van die Universiteit van Bonn se argief, 20 Augustus 2013.
214 *Land en Volk*, 19 Januarie 1898.
215 Ibid.
216 Braubach, 5-17.
217 Ibid, 28.
218 Du Toit, 15.
219 *Land en Volk*, 1 Desember 1897.
220 IALS, CLE 11/5, Exam records 1897-1905, Trinity 1898.
221 *The Times*, 8 Junie 1898.
222 IALS, CLE 11/5, Exam records 1897-1905, Trinity 1898.
223 *Land en Volk*, 15 Junie 1898.
224 Mev. Read verskyn vanaf 1898 nie meer in die Kelly's Street Directory vir Lewisham nie. Sy word wel aangeteken in die 1901-sensus (ANCESTRY, 1901 England Census, Class: RG13, Piece: 1039, Folio: 62, Page: 3) as 'n inwoner van die Bourne Hall- residensiële hotel in Bournemouth.
225 WITS, Findlay Collection, FC 3784, Marais – Falconer, 26 Augustus 1898.
226 E-pos aan skrywer van Andrew Mussel, argivaris van Gray's Inn, op 3 Maart 2014. Met sy toelating tot Gray's Inn op 15 Mei 1900 het Cockle sy adres as 142 Hither Green Lane, Lewisham, aangegee.

227 ANCESTRY, 1901 England census, Class: RG13, Piece: 550, Folio: 19, Page: 29.
228 E-pos aan skrywer van Andrew Mussel, argivaris van Gray's Inn op 2 Mei 2014.
229 ANCESTRY, 1901 England census, Class: RG13, Piece: 550, Folio: 19, Page: 29.
230 Cockle, E., *Leading Cases and Statutes on the Law of Evidence* (London: Sweet & Maxwell, 1911).
231 TAB, MHG 0/10221. Inligting verkry uit Death Notice P.C. Falconer, 1 Mei 1907. Roualyn Eugene Falconer is op 18 April 1898 gebore.
232 BARLOW, HE 141, FitzPatrick – Falconer, 18 April 1898, 21 April 1898.
233 *Pretoria News*, 29 April 1907.
234 WITS, Findlay Collection, FC 3784, Marais – Falconer, 26 Augustus 1898.
235 Duminy (a), 123, FitzPatrick – Wernher, 11 Oktober 1897.
236 Ibid, 129, FitzPatrick – Wernher, 23 Oktober 1897.
237 Ibid, 124, FitzPatrick – Phillips, 18 Oktober 1897.
238 WITS, Findlay Collection, FC 3782, Bessie Findlay – Hudson Findlay, 12 Augustus 1898.

DEEL 4

1 Sandberg, 192.
2 Pakenham, 125.
3 TEMPLE, Dispensation Committee 1899, Report of meeting held on 11 April 1899.
4 IALS, CLE 11/5, Exam records 1897-1905, Hilary 1900.
5 Rousseau, 107.
6 HKV, Rousseau-notaboek, onderhoud deur L. Rousseau met A. Wedderburn, 5 September 1973, asook getikte nota deur haar gedateer 6 September 1973.
7 Rousseau, 117.
8 *Land en Volk*, 19 Januarie 1898.
9 PAST, Passenger Lists leaving UK 1890-1960.
10 Sien Bylae 1 van hierdie boek.
11 GUILDHALL, Lloyd's List vir *Carisbrook Castle*, 1898.
12 Rousseau, 92.
13 Ibid.
14 *The Press*, 19 Desember 1898.
15 TAB, SP 195/SPR 450/99, beëdigde verklaring J.Y. O'Brien, 16 Januarie 1899.
16 Meijer, 44.
17 TAB, SP 195/SPR 450/99, beëdigde verklaring J.Y. O'Brien, 16 Januarie 1899.
18 Ibid.
19 Meijer, 69.
20 *Land en Volk*, 1 Februarie 1899.
21 BARLOW, HE 201, Boyd – Marais, 7 Februarie 1899.
22 UNISA, Pretoria Club, vol. 17, Suggestions and Complaints book 1896-1969.
23 Du Toit, 15.
24 *Land en Volk*, 8 Februarie 1899.
25 Sien byvoorbeeld "Die spookbul van Farellone", "Die vlieënde Hollander", "Diep rivier", "Die man met die mantel" en "Die pad van drome".
26 *Land en Volk*, 8 Maart 1899.
27 *Pretoria News*, 11 Maart 1899.
28 *Land en Volk*, 8 Maart 1899.

29 Ibid.
30 *Land en Volk*, 30 September 1896.
31 Ibid, 8 Maart 1899.
32 Du Toit, 15.
33 E-pos aan skrywer van Celia Pilkington, argivaris van die Inner Temple, op 4 Augustus 2014.
34 Duminy, 45.
35 Jeeves, 70.
36 Ibid.
37 Duminy (a), 72.
38 Ibid, 89, FitzPatrick - Innes, 12 Februarie 1897
39 Pakenham, 24.
40 Cartwright (a), 93.
41 Duminy, 50.
42 Duminy (a), 143, FitzPatrick - Beit, 4 Maart 1898.
43 Duminy, 52.
44 National Biography, FitzPatrick, Sir (James) Percy.
45 Headlam (a), 221.
46 Marais, J.S., 205.
47 Ibid, 208.
48 Jeeves, 70; Fraser, 105, Phillips - FitzPatrick, 12 Junie 1897.
49 Jeeves, 79.
50 National Biography, FitzPatrick, Sir (James) Percy.
51 Marais, J.S., 161.
52 Duminy, 55-57.
53 Wheatcroft, 198-199.
54 Duminy (a), 171, FitzPatrick - Wernher, 12 Desember 1896.
55 Butler, 400.
56 Duminy (a), 171, FitzPatrick - Wernher, 16 Januarie 1899.
57 Butler, 406-407.
58 Ibid, 413.
59 Ibid, 425-426.
60 Porter, 33.
61 Robinson, 147.
62 Marais, J.S., 243-246.
63 Fraser, 111, L. Phillips - Messrs. H. Eckstein & Co., 4 Februarie 1899.
64 BARLOW, WB 85, FitzPatrick - Messrs. Wernher Beit & Co., 25 Februarie 1899.
65 Ibid.
66 FitzPatrick (a), 169.
67 Marais, J.S., 247.
68 Die "bewaarplaatsen" was grond langs die myne wat deur die ZAR-regering toegeken is om water op te berg en die oorblyfsels van gemaalde erts te stort. Die mynhuise het geargumenteer dat hulle die eerste reg moet hê om hierdie grond te myn, maar die ZAR-regering het van mening verskil.
69 Marais, J.S., 248-249.
70 Duminy (a), 186, FitzPatrick - Wernher, 4 Maart 1899.
71 Ibid, 196, toespraak deur FitzPatrick op 13 Maart 1899.

72 Ibid, 186, FitzPatrick – Wernher, 4 Maart 1899.
73 Ibid, 187, FitzPatrick – Wernher, 4 Maart 1899.
74 Marais, J.S., 249.
75 Smith, 243.
76 Duminy (a), 202, toespraak deur FitzPatrick op 13 Maart 1899.
77 Duminy, 67.
78 Smith, 238.
79 Ibid.
80 Ibid, 238-239
81 Ibid, 243.
82 FitzPatrick, 346.
83 National Biography, FitzPatrick, Sir (James) Percy; Smith, 243; Porter, 193-195.
84 *The Star,* 29 April 1907.
85 *Pretoria News,* 1 Mei 1907.
86 *Cape Times,* 30 April 1907.
87 FitzPatrick (a), 175 nota 1.
88 Falconer was 'n Skot. Maar FitzPatrick was baie siek toe hy dertig jaar later sy memoires geskryf het, en dit is eers 'n jaar ná sy dood deur sy literêre eksekuteur uitgegee. FitzPatrick het dus nie kans gehad om dit self voor publikasie na te gaan nie.
89 FitzPatrick (a), 175.
90 Ibid, 175-177.
91 Ibid, 178-179.
92 OXFORD, Milner Papers, MS 208, pp. 372-379, Fiddes – Milner, 28 Maart 1899.
93 TAB, Leyds-argief, vol. 259, Reitz – Leyds, 10 April 1899.
94 FitzPatrick (a), 179.
95 UNISA, Pretoria Club, 4.1 Ballot Books 1885-1902. Sandberg het op 15 Desember 1896 'n lid van die Pretoria Club geword.
96 Sandberg, 191.
97 Ibid, 192.
98 Ibid.
99 *The Times,* 3 April 1899.
100 *The Star,* 4 April 1899.
101 *Cape Times,* 6 April 1899.
102 Duminy (a), 203, FitzPatrick – Wernher, 6 April 1899.
103 *The Times,* 10 April 1899.
104 Ibid.
105 Marais, J.S., 256.
106 TAB, Leyds-argief, vol. 259, Reitz – Leyds, 10 April 1899.
107 Ibid, Reitz – Leyds, 24 April 1899.
108 Duminy (a), 211, FitzPatrick – Walrond, 1 Mei 1899.
109 OXFORD, Milner Papers, MS 208, p. 397-398, Greene – Milner, 11 April 1899.
110 Amery, L.S., 239.
111 *Land en Volk,* 12 April 1899.
112 Duminy (a), 186, FitzPatrick – Wernher, 4 Maart 1899.
113 Hancock, 80, Smuts – Leyds, 30 April 1899.
114 Behrens, 16.

115 *Transvaal Advertiser,* 31 Desember 1898.
116 Du Toit, 10; Rousseau, 55.
117 TAB, A787, Gustav S. Preller-versameling, vol. 182, Marais – Preller, 11 Mei 1923.
118 Rousseau, 37.
119 SA Biografie, V, 714, Sandberg, C.G.S.
120 Du Toit, 9.
121 Sien Cartwright (a) en Wallis.
122 *Ons Vaderland,* 27 Januarie 1931.
123 *The Times,* 10 April 1899.
124 Swart (a), 855.
125 Preller, 199.
126 Sien byvoorbeeld *The Star,* 29 April 1907.
127 Die spelling van *De Volksstem* se naam het in 1905 verander.
128 Schoeman, K., 54.
129 Wheatcroft, 197.
130 Pakenham, 94; Fraser, 100; Jeeves 61-83; Jeeves (a), 238-243.
131 Jeeves, 70; Pakenham, 94.
132 National Biography, Randlords. In 1899 produseer Wernher-Beit se myne byna vyftig persent van die goud op die Witwatersrand.
133 Fraser, 100.
134 Duminy, 73.
135 Ibid, 71.
136 Hobson, 208-210.
137 Jeeves (a), 78.
138 Duminy, 74.
139 SA Biografie, V, 596, Pakeman, R.J.
140 *Land en Volk,* 12 April 1899.
141 *De Volksstem,* 12 April 1899.
142 Ibid, 19 April 1899.
143 *Land en Volk,* 26 April 1899.
144 *De Volksstem,* 29 April 1899.
145 Jeeves, 78; Hobson, 209-214.
146 Robinson, 150.
147 Porter, 197.
148 Hobson, 218.
149 Ibid, 226.
150 Duminy, 90.
151 Butler, 428. Butler het in Augustus 1899 onder druk van Milner en die Britse ministerie van oorlog bedank, en is deur genl. Redvers Buller as bevelvoerder van die Britse magte in Suid-Afrika vervang.
152 Jeeves, 78.
153 *De Volksstem,* 15 April 1899.
154 Hancock, 80, Smuts – Leyds, 30 April 1899.
155 *Land en Volk,* 3 Mei 1899.
156 Ibid.
157 Ibid.

158 Engelenburg, 39-40; UCT, Cd 623, Report of the Transvaal Concessions Commission, 92.
159 Duminy, 79.
160 Ibid, 80.
161 Hancock, 241, Smuts – S.M. Smuts, 1 Junie 1899

DEEL 5

1 BARLOW, WB 26, Marais – Taylor, 17 Oktober 1900.
2 OXFORD, Milner Papers, MS 171, pp. 75-80, Chamberlain – Milner, 1 April 1901.
3 TAB, A787, Gustav S. Preller-versameling, vol. 182, Marais – Preller, 11 Mei 1923.
4 Du Toit, 16.
5 GUILDHALL, Lloyd's List 1899.
6 GUILDHALL, Lloyd's List 1902, *Präsident*.
7 *Land en Volk*, 4 Julie 1899.
8 Rousseau, 11.
9 Du Toit, 14.
10 Ibid, 16.
11 Rousseau, 131.
12 HKV, Rousseau-notaboek, afskrif van brief G.O. Lennon – F.G.M. du Toit, 10 Januarie 1937.
13 Wikipedia, "Robert Koch Institute" (geraadpleeg op 27 April 2015).
14 E-pos aan skrywer van H. Tröllmich, argivaris van Robert Koch-instituut, op 7 Januarie 2013.
15 Deutsches Bundesarchiv, BArch R86/2803 (1903-1912).
16 Ibid, BArch R86/2801 (1903-1920).
17 Hansen, 100.
18 Arnold, 167.
19 Hansen, 100.
20 *Men of the Times*, 341, Stegmann, J.C.
21 ANCESTRY, London Metropolitan Archives, Saint Pancreas Parish Church, Register of marriages, P90/PAN1, Item 160.
22 RICHMOND, Kelly's Directory 1900-1901 for Richmond, Kew, Twickenham, St. Margaret's, Petersham, Mortlake and Teddington. Die inligting vir die straatgids sou in 1899 reeds ingewin gewees het.
23 ANCESTRY, 1901 England census, Class: RG 13, Place: 673, Folio: 34, Page: 10.
24 Ibid, Class: RG 13, Place: 673, Folio: 65, Page: 9.
25 BARLOW, WB 26, Marais – Taylor, 17 Oktober 1900.
26 Ibid, Marais – Beit, 18 Desember 1900.
27 ANCESTRY, 1901 England census, Class: RG 13, Place: 673, Folio: 65, Page: 9.
28 TEMPLE, Bar Application records 1901, Marais – The Treasurer, 5 November 1901.
29 *Die Huisgenoot*, 13 Mei 1927.
30 Marais, E.N., "Burgers van die berge", 146-147.
31 Persoonlike besoek van skrywer.
32 RICHMOND, Planning applications, 1899, Semi-detached Houses Coleshill Road, Teddington.
33 NELM, FitzPatrick Papers, A/M II, Miscellaneous Note Books.
34 RICHMOND, Planning applications, 1899, Semi-detached Houses Coleshill Road, Teddington.
35 ANCESTRY, 1901 England census, Class: RG 13, Place: 673, Folio: 65, Page: 9; asook

RICHMOND, Kelly's Directory 1899-1900 for Richmond, Kew, Twickenham, St. Margaret's, Petersham, Mortlake and Teddington.
36 RICHMOND, Kelly's Directory 1900-1901 for Richmond, Kew, Twickenham, St. Margaret's, Petersham, Mortlake and Teddington.
37 Ibid, 1901-1902.
38 ANCESTRY, 1901 England census, Class: RG 13, Place: 673, Folio: 65, Page: 9.
39 Ibid.
40 Inligting ontleen aan Groombridge, Holt en Howe, asook aan die Teddington Society.
41 Ibid.
42 Holt, 58.
43 Inligting verkry van die Teddington Society. Die kroeg bestaan vandag nie meer nie.
44 Duminy (a), 204, FitzPatrick – Wernher, 6 April 1899.
45 Duminy, 79.
46 FitzPatrick (a), 183.
47 Cartwright (a), 101.
48 OXFORD, Selborne Papers, MS 9.
49 Boyce, 88, Selborne – Chamberlain, 3 Julie 1899.
50 Duminy, 80.
51 Pakenham, 95.
52 Pakenham (a), xvii.
53 Leyds, 34, Leyds – Regeering te Pretoria, 15 Mei 1899.
54 Pakenham, 94.
55 Denoon, 32-34; Duminy (a), 233-234, Milner – FitzPatrick, 28 November 1899.
56 Wallis, 78.
57 Cartwright (a), 99.
58 Duminy (a), 244, FitzPatrick – S. Evans, 20 Desember 1899; Pakenham, 128.
59 FitzPatrick (a), 188.
60 *The Times,* 30 November 1899.
61 TAB, A787, Gustav S. Preller-versameling, vol. 182, Marais – Preller, 11 Mei 1923.
62 Du Toit, 63.
63 Statham, 189-190.
64 Sien byvoorbeeld korrespondensie in TAB, Leyds-argief, vol. 503, Konsul-generaal SAR London: Briewe aan Gesant SAR, 1898-99.
65 Pakenham (a), 94
66 Ibid.
67 Ibid.
68 Duminy (a), 226, FitzPatrick – Innes, 30 September 1899.
69 TEMPLE (aanlyn), Amery, L.C.M.S.
70 TAB, Leyds-argief, vol. 314 (II), Bericht betreffend das gemeinsame Unternehmen des praktischen Arztes E. Schulz und des Burgers der Süd-Afrikanischen-Republik Piet Bürgers, Law-Agent, aus Middelburg, Transvaal, Oktober 1902, p. 22. (Hierna verkort na "Ekspedisieverslag".)
71 Amery, L.S. (b), 129.
72 Ibid, 131.
73 FitzPatrick (a), 201.
74 Scholtz, L., 216.

75 Ibid, 38.
76 Ibid, 28.
77 Amery, L.S. (b), 132.
78 C.L. Leipoldt, "Ewald Esselen", *Die Huisgenoot*, 2 Januarie 1942.
79 WITS, Findlay Collection, FC 3814, Lizzie Niemeyer – Bessie Niemeyer, 1 Oktober 1899.
80 Meijer, 110.
81 Who's Who (a), 293, Marais, C.G.
82 SA Biografie, III, 739, Roos, J. de V.
83 *Men of the Times*, 144, Peter Charles Falconer.
84 Amery, L.S. (b), 134.
85 Staatscourant, Zuid-Afrikaansche Republiek, No. 1093, "Lijst No. 31, Gevecht bij Ladysmith op Zaterdag, 6 Januarie 1900", 24 Januarie 1900.
86 Ibid.
87 *Land en Volk*, 3 Oktober 1899.
88 TAB, Charles Leonard-versameling, mikrofilm 3002, Marais – Leonard, 22 Augustus 1893.
89 *Land en Volk*, 3 Oktober 1899.
90 *The Times*, 11 Oktober 1899.
91 Pakenham (a), 111.
92 Amery, L.S. (b), 136-137.
93 OXFORD, Montagu White Collection, Letter book USA, 17.
94 Pakenham, 128.
95 *Pretoria News*, 29 April 1907.
96 SA Biografie, I, 673, Preller, G.S.
97 Viljoen, B., 31.
98 Ibid, 48-49.
99 Scholtz, L., 63.
100 Duminy (a), 229, Evans – FitzPatrick, 3 November 1899.
101 WITS, Findlay Collection, FC 3830, Fred Niemeyer – Lizzie Niemeyer, 17 November 1899.
102 Ibid, FC 3833, Fred Niemeyer – Lizzie Niemeyer, 22 November 1899.
103 Gooch, 13.
104 SA Biografie, II, 308, Hobhouse, E.
105 TAB, A787, Gustav S. Preller-versameling, vol. 182, Marais – Preller, 11 Mei 1923; Du Toit, 16.
106 OXFORD, Milner Papers, MS 222, p. 236, Milner – Selborne, 14 April 1905.
107 TAB, CO 291/23/5, 1901. (FK 923, p. 582.)
108 SA Biografie, V, 263, Esselen, E.A.
109 *Men of the Times*, 341, Stegmann, J.C.
110 Duminy, 86.
111 Reitz, 50-56.
112 Amery, L.S (a), 171-172.
113 Breytenbach, 449. Rousseau meld verkeerdelik dat John Niemeyer by Talana gesneuwel het (Rousseau, 136).
114 Volgens e-pos van John Price van die regsfirma Findlay en Niemeyer aan die skrywer op 3 Desember 2013. Gustav Niemeyer, 'n broer van Bessie Findlay, was 'n stigterslid van die firma. John Price was bevriend met Eugène Marais jr., en het van Marais en Bessie Findlay se vriendskap by hom en by ouer vennote van die firma gehoor.
115 WITS, Findlay Collection, FC 3835, Lizzie Niemeyer – Bessie Findlay, 26 Desember 1899.

116 FitzPatrick (a), 184.
117 Ibid.
118 Pakenham, 262.
119 WITS, Findlay Collection, FC 3836, John Dougall – Hudson Findlay, 30 Desember 1899.
120 *Die Huisgenoot,* 13 Mei 1927.
121 Ibid; Marais, E.N., "Burgers van die berge",146-147.
122 Adinda Eyssen, "My sonderlinge buurman, *Die Brandwag,* 29 November 1946, oorgedruk in Nienaber, 27.
123 Marais, E.N., "Burgers van die berge", 146-147.
124 Ibid, 131.
125 *Daily Mail,* 3 April 1900.
126 *Die Huisgenoot,* 3 Desember 1926. Leon Rousseau meld dat die sjimpansee wat by Marais gewoon het se naam ook Sally was, maar dit lyk onwaarskynlik (Rousseau, 112).
127 Adinda Eyssen, "My sonderlinge buurman, *Die Brandwag,* 29 November 1946, oorgedruk in Nienaber, 27.
128 HKV, Rousseau-notaboek, onderhoud deur L. Rousseau met B. Preller, 16 Junie 1963.
129 Schneer, 105.
130 Ibid, 102.
131 E.N. Marais, "'n Voëlparadijs", *Die Boerevrou,* Desember 1920.
132 Rousseau, 120-121.
133 UJ, Marais Collection, Part 7, Sketch- and notebook.
134 Ibid.
135 Rousseau, Voorwoord. Rousseau onderneem hierin om die Anne-skuilnaam in sy beoogde bronneboek te verklaar. Hierdie boek het in 1998 verskyn as *Eugène Marais and the Darwin Syndrome/Die Dowwe Spoor van Eugène Marais* (Rousseau (a)), maar Rousseau het ook in hierdie werk nie Anne se werklike naam openbaar gemaak nie.
136 Rousseau, 188-189.
137 UJ, Marais Collection, Part 7, Sketch- and notebook.
138 ANCESTRY, 1901 England census, Class: RG 13, Place: 673, Folio: 34, Page: 10.
139 Ibid, England & Wales, National Probate Calendar, 1944, p. 596.
140 Rousseau, 109.
141 Hansen, 148-165.
142 Ibid, 131-140.
143 Rousseau (a), 84.
144 Hansen, 151.
145 Ibid, 128.
146 IALS, CLE 11/5, Exam records 1897-1905, Hilary 1900.
147 E-pos aan skrywer van Guy Holborn, die argivaris van Lincoln's Inn, op 1 Augustus 2013. Hiervolgens het die Council of Legal Education in Februarie 1899 'n verslag hieroor uitgestuur wat hierdie nuwe eksamen voorgestel het, en wat op 21 Februarie 1899 deur die vier Inns of Court goedgekeur is. (Lincoln's Inn Black Book, 39, p. 213 et seq.) Die nuwe regulasie het in Junie 1899 van krag geword. (IALS, CLE 1/3/3, Consolidated Regulations June 1899.)
148 Du Toit, 17.
149 RICHMOND, Kelly's Directory 1900-1901 for Richmond, Kew, Twickenham, St. Margaret's, Petersham, Mortlake and Teddington.
150 BARLOW, WB 26, Marais – Taylor, 17 Oktober 1900.

151 GUILDHALL, Post Office London Directory, 1900.
152 Ibid.
153 Schneer, 64-70.
154 BARLOW, WB 26, Marais – Taylor, 17 Oktober 1900.
155 Kynaston, 247.
156 Ibid, 251.
157 Ibid, 32.
158 Ibid, 248.
159 Ibid, 33.
160 Ibid, 241. Aangehaal deur Kynaston uit die artikel "Going to Business in London" deur P.F. William Ryan, wat omstreeks hierdie tyd in 'n ongespesifiseerde uitgawe van die tydskrif *Living London* verskyn het.
161 *Pretoria News,* 29 April 1907.
162 Ibid.
163 Ibid.
164 Who's Who (a), 293, Marais, C.G.
165 Schneer, 94.
166 Ibid, 95-97.
167 Duminy (a), 239-246, FitzPatrick – S. Evans, 20 Desember 1899.
168 Ibid, 246-248, FitzPatrick – Milner, 23 Desember 1899.
169 Duminy, 84-88.
170 Duminy (a), 268, 273, FitzPatrick – S. Evans, 18 en 20 Julie 1900.
171 Duminy, 87.
172 WITS, Findlay Collection, FC 3871, S.W. Pienaar – Hudson Findlay, 15 Oktober 1900.
173 Grundlingh, 81.
174 *Pretoria News,* 1 Mei 1907.
175 White, 3-4.
176 *The Times,* 1 Junie 1900.
177 Duminy (a), 261; SA Biografie, III, 288, Evans, S.
178 Schikkerling, 20.
179 Viljoen, B., 95.
180 SA Biografie, V, 714, Sandberg, C.G.S.
181 Van Schoor, 118.
182 Viljoen, B., 100.
183 SA Biografie, III, 740, Roos, J. de V.
184 SA Biografie, I, 500, Loveday, R.K.
185 *Men of the Times,* 243, Marais, M.
186 Duminy (a), 258-260, FitzPatrick – Beit, 8 Junie 1900.
187 Duminy, 88-89.
188 Ibid, 85.
189 TNA, CO 291/32/584.
190 Atkinson, 33.
191 Sibbald, 177.
192 TAB, Leyds-argief, vol. 314 (II), G 1301, Schulz – Mensel, 25 Februarie 1902, asook TAB, Leyds-argief, vol. 314 (II), G 1138, Schulz – Leyds, 30 Junie 1902.
193 *The Times,* 6 Junie 1900.

194 SA Biografie, III, 188, Cronjé, A.P.J.
195 Meijer, 153.
196 TAB, CS 1076/7609/00, Ellerthorpe – Milner, 25 Junie, 1900; *Men of the Times*, 144, Peter Charles Falconer.
197 TAB, CS 1076/7609/00, Ellerthorpe – Milner, 25 Junie 1900.
198 Ibid.
199 NELM, FitzPatrick Papers, B/A I, Evans – FitzPatrick, 15 November 1899.
200 TAB, CS 1076/7609/00, Statement by Mr Falconer, 25 Junie 1900.
201 Ibid.
202 TAB, CS 1076/7609/00, Ellerthorpe – Milner, 25 Junie 1900.
203 Ibid, Milner – Ellerthorpe, 25 Junie 1900.
204 TAB, PSY 4/HC351, Telegram 237, Milner – Roberts, 12 Julie 1900.
205 Duminy (a), 268, 273, FitzPatrick – Evans, 18 en 20 Julie 1900.
206 OXFORD, Milner Papers, MS 70, Milner-dagboek, 26 Junie 1900.
207 TAB, PSY 4/HC350, Telegram 204, Milner – Roberts, 28 Junie 1900.
208 TAB, CS 1076/7609/00, Telegram, Roberts – Milner, 1 Julie 1900.
209 Ibid, Telegram, Roberts – Milner, 12 Julie 1900.
210 TAB, PSY 4/HC351, Telegram 237, Milner – Roberts, 12 Julie 1900.
211 TAB, PSY 4/HC361, Telegram, Roberts – Milner, 12 Julie 1900.
212 OXFORD, Milner Papers, MS 70, Milner-dagboek, 15 Julie 1900.
213 SA Biografie, III, 302, Fiddes, G.V.; Duminy (a), 263, FitzPatrick – Wernher, 4 Julie 1900.
214 TAB, MGP 12/1354/00, Fiddes – Military Governor Pretoria, 26 Julie 1900.
215 Ibid.
216 *Pretoria News*, 29 April 1907.
217 Duminy (a), 273-274, FitzPatrick – Wernher, 25 Julie 1900.
218 Grundlingh, 298-300.
219 *Men of the Times*, 243, Marais, M.
220 *Daily Mail*, 18 Augustus 1900.
221 *Morning Post*, 22 Augustus 1900.
222 Amery, L.S. (b), 159.
223 Headlam, 204.
224 BARLOW, WB 26, Marais – Taylor, 17 Oktober 1900. Marais verwys in hierdie brief na sy oggendvergadering met Taylor in die City.
225 BARLOW, WB 27, Taylor – Beit, 5 September 1900.
226 Ibid, aantekening op brief.
227 BARLOW, WB 26, Marais – Taylor, 17 Oktober 1900. Marais verwys in hierdie brief na die standpunte wat hy aan Falconer oorgedra het.
228 Krüger, D.W., 551.
229 *Men of the Times*, 341, Stegmann, J.C.
230 *The Times*, 17 Oktober 1900.
231 WITS, Findlay Collection, FC 3864, Milner – W.P. Schreiner, 15 Augustus 1900.
232 Ibid, FC 3871, S.W. Pienaar – H. Findlay, 15 Oktober 1900.
233 HKV, Rousseau-notaboek, onderhoude deur L. Rousseau met mev. M. Pienaar, mev. N. Fichardt en mnr. E.N. Pienaar, in Junie 1963 gevoer.
234 Grundlingh, 82-92.
235 Denoon, 162.

236 BARLOW, WB 26, Marais – Taylor, 17 Oktober 1900. Na my wete het Taylor se brief aan Marais nie behoue gebly nie, maar die inhoud daarvan is afgelei uit hierdie brief van Marais aan Taylor.

237 E-pos gedateer 26 Julie 2013 van Guy Holborn, argivaris van Lincoln's Inn.

238 BARLOW, WB 26, Marais – Taylor, 17 Oktober 1900.

239 Marais verwys na die insident in 1894 toe pres. Kruger verklaar het dat *Land en Volk* leuens oor die ZAR versprei. (*Land en Volk,* 20 Desember 1894.) Marais se weergawe hier van pres. Kruger se antwoord is egter inkorrek, want pres. Kruger het hom bereid verklaar om die saak verder te voer, iets wat Marais nie bereid was om te doen nie (Rousseau, 87).

240 BARLOW, WB 26, Marais – Taylor, 17 Oktober 1900.

241 Krause, 2.

242 Ibid, 1.

243 *Ons Vaderland,* 27 Januarie 1931.

244 Wallis; Cartwright (a).

245 Sien byvoorbeeld Krause, 7, 81.

246 Sien byvoorbeeld Giliomee, 252-253 en Krause, 78.

247 Krause, 78.

248 SA Biografie, III, 367, Grobler, P.G.W.

249 Du Plessis, 14.

250 Meintjes (b), 237.

251 SA Biografie, III, 367, Grobler, P.G.W

252 Fisher, 257.

253 Du Plessis, 52, foto.

254 Ibid, 97.

255 Grundlingh, 37-39.

256 TEMPLE, Bar Application records 1901, Marais – The Treasurer, 5 November 1901.

257 TNA, FO2/964, memorandum War Office – Foreign Office, 9 Januarie 1901.

258 Grundlingh, 82.

259 Blake, 61.

260 Viljoen, B., 100.

261 *The Times,* 1 Desember 1900.

262 Marais verwys hier na die 1888-presidentsverkiesing van die ZAR. Die werklike uitslag was 4 483 stemme vir Kruger teenoor 83 stemme vir Joubert (Krüger, D.W., 386).

263 Marais verwys hier na die Inner Temple.

264 Marais se sekuriteitsdeposito wat hy in 1897 by sy toelating tot die Inner Temple moes betaal. (TEMPLE, Marais Application to the Bar, Michaelmas Term, 1901. Hierin word verwys na die £100-deposito wat Marais op 19 Januarie 1897 betaal het.)

265 Marais verwys na toelating as advokaat tot die Engelse Balie.

266 Marais verwys waarskynlik na sy ontmoeting met Taylor wat laasgenoemde in sy brief van 5 September 1900 aan Beit gemeld het. (BARLOW, WB 27, Taylor – Beit, 5 September 1900.)

267 BARLOW, WB 26, Marais – Taylor, 17 Oktober 1900.

268 Behrens, 15.

269 TAB, A787, Gustav S. Preller-versameling, vol. 182. Ongedateerde uitknipsel uit die *Transvaal Observer,* maar uit die konteks kan afgelei word dat die berig in Julie 1890 verskyn het.

270 Ibid, Deed of Agreement of Partnership, Pretoria, 14 Julie 1891.

271 TAB, Leyds-argief, vol. 314 (II), Ekspedisieverslag, Oktober 1902.

272 *The Times,* 23 Oktober 1900.
273 UCT, Cd 623, Report of the Transvaal Concessions Commission, 93.
274 http://www.geni.com/people/Annie-Emmett (geraadpleeg 10 Oktober 2014).
275 Engelenburg, 39.
276 UCT, Cd 623, Report of the Transvaal Concessions Commission, 93, 19 April 1901.
277 *The Times,* 30 Oktober 1900.
278 BARLOW, WB 27, Taylor – Beit, 6 November 1900. Op hierdie brief is 'n aantekening dat die £150 wat Taylor aan Marais betaal teen FitzPatrick se vennootskapsrekening gedebiteer moet word.
279 Kynaston, 32.
280 BARLOW, WB 27, Taylor – Beit, 5 September 1900.
281 Grundlingh, 107-108.
282 Gordon, 109.
283 BARLOW, HE 68, Wernher-Beit & Co. – H. Eckstein & Co., 1 Desember 1900.
284 Ibid, WB 27, Taylor – Beit, 6 November 1900.
285 Ibid, WB 26, Marais – Beit, 18 Desember 1900.
286 *The Times,* 30 November 1899.
287 Duminy, 80; Duminy (a), 246-248, FitzPatrick – Milner, 23 Desember 1899.
288 SA Biografie, V, 714, Sandberg, C.G.S.
289 Krüger, D.W., 557.
290 *The Times,* 1 Desember 1900.
291 Grundlingh, 108.
292 TNA, CO 879/608, Africa (South) no. 608, Telegrams relating to the War in South Africa, Telegram 1317, Chamberlain – Milner, 1 Desember 1900.
293 Grundlingh, 108.
294 *The Times,* 14 Desember 1900.
295 Duminy (a), 274, FitzPatrick – Wernher, 25 Julie 1900.
296 Grundlingh, 110.
297 De Graaf, 67-9.
298 BARLOW, WB 26, Marais – Beit, 18 Desember 1900.
299 IALS, CLE 11/5, Exam records 1897-1905, Hilary 1900.
300 Ibid.
301 Green, 975.
302 Ibid, 981-982.
303 De Graaf, 70-72.
304 P.M. Botha, 'n voormalige Vrystaatse Volksraadslid en prominente vredesvoorstander. (Krause, 137, voetnoot 50.)
305 Krause, 136-137.
306 Grundlingh, 111-112, 116-117.
307 Ibid, 113.
308 Duminy, 93.
309 BARLOW, WB 29, Marais – T.J. Milner, 2 Januarie 1901.
310 Ibid, Marais – T.J. Milner, 7 Januarie 1901.
311 NELM, FitzPatrick Papers, A/M III, 1060/5, FitzPatrick-dagboek 7-8 Januarie 1901.
312 *The Richmond and Twickenham Times,* 12 Januarie 1901.
313 Inligting aan skrywer meegedeel op 17 April 2013 deur Z. Wheddon, onderwyser en argivaris van Sherfield School.

314 Hampshire Gardens Trust, "Sherfield School", http://search.hgt.org.uk/item/sherfield-school2north-foreland-lodge-sherfield-manor-buckfield-house-archer-lodge (geraadpleeg op 27 April 2015).

315 Inligting aan skrywer meegedeel op 17 April 2013 deur Z. Wheddon, onderwyser en argivaris van Sherfield School.

316 Taylor, 192.

317 Inligting aan skrywer meegedeel op 17 April 2013 deur Z. Wheddon, onderwyser en argivaris van Sherfield School.

318 Cartwright, 159.

319 Wessels, 97, 239.

320 BARLOW, WB 27, Taylor – Beit, 5 September 1900.

321 Hampshire Gardens Trust, "Sherfield School", http://search.hgt.org.uk/item/sherfield-school2north-foreland-lodge-sherfield-manor-buckfield-house-archer-lodge (geraadpleeg op 27 April 2015).

322 NELM, FitzPatrick Papers, A/M III, 1060/5, FitzPatrick-dagboek 13 Januarie 1901.

323 BARLOW, WB 29, Marais – T.J. Milner, 16 Januarie 1901.

324 Slegs die dag en maand van hierdie brief word daarop aangedui, nie die jaar nie. In Januarie 1900 was Pretoria egter nog onder die Boere se beheer, terwyl die *Transvaal Advertiser* weer op 2 Januarie 1902 verskyn het. Die brief moes dus tussen hierdie twee jare geskryf gewees het.

325 Die skrywer se handtekening is amper onleesbaar. Die beste waarmee ek en Lourika Buckley, 'n ervare handskrifontleder, te voorskyn kon kom, is "Dr. Wopes". Ek kon egter nêrens melding van so 'n naam in daardie tydperk kry nie.

326 TAB, A1632, Archive of the Military and Colonial Administration, Pretoria, Onbekend – Walrond, 8 Januarie.

327 *Transvaal Advertiser*, 2 Januarie 1902.

328 Grundlingh, 132-133.

329 Du Preez, 127.

330 Grundlingh, 305.

331 Ibid, 137.

332 Ibid, 123.

333 TNA, CO 382/55, Daily Register 1901, 24 Januarie 1901.

334 OXFORD, Milner Papers, MS 171, pp. 66-70, Chamberlain – Milner, 25 Januarie 1901.

335 BARLOW, WB 27, Taylor – Beit, 5 September 1900.

336 Ibid, WB 26, Marais – Taylor, 17 Oktober 1900.

337 TNA, CO 417/322/4525, Telegram 89, Milner – Chamberlain, 4 Februarie 1901.

338 TAB, CS 4/419/01, Chamberlain – Milner, 12 Februarie 1901.

339 TNA, CO 417/333/5123, Chamberlain – Governor Colombo, 15 Februarie 1901.

340 TAB, CS 4/419/01, Konseptelegram Milner – Chamberlain, 13 Februarie 1901.

341 TNA, CO 417/322/4525, Telegram 89, Milner – Chamberlain, 4 Februarie 1901.

342 TAB, CS 4/419/01, Telegram 109, Milner – Chamberlain, 19 Februarie 1901.

343 TNA, CO 417/323/6370, aantekening deur Chamberlain, 21 Februarie 1901.

344 Grundlingh, 146.

345 Ibid, 123-124; Viljoen, B., 204.

346 TAB, A718, E. Stegmann-versameling, Esselen – Roos, 21 Februarie 1901.

347 Ibid.

348 IALS, CLE 11/5, Exam records 1897-1905, Trinity 1901.

349 TAB, A1632, Archive of the Military and Colonial Administration, Pretoria, Onbekend – Walrond, 8 Januarie.
350 TNA, CO 417/323/6370, aantekening deur Chamberlain, 9 Maart 1901.
351 Rousseau, 65.
352 E.N. Marais, "Die siel van die aap", *Die Huisgenoot*, 10 Desember 1926.
353 TEMPLE (aanlyn), Marais, Wilfred F.
354 HKV, Rousseau-notaboek, onderhoud deur L. Rousseau met W. Marais, 27 Mei 1963.
355 Sien byvoorbeeld Dickens se *The Mystery of Edwin Drood* (1870).
356 Berridge, 7-8.
357 Ibid, 22.
358 BARLOW, WB 26, Marais – Taylor, 17 Oktober 1900.
359 Marais, E.N., "The Soul of the Ape", 1144.
360 UJ, Marais Collection, Part 7, Sketch- and notebook.
361 Dalrymple, 104-105.
362 Ibid, 109.
363 Ibid, 108.
364 Rousseau, 382.
365 Ibid, 106.
366 Abrams, xv.
367 Du Toit, 121.
368 Marais, E.N., "Laramie die wonderwerker", 848.
369 Fort, 149.
370 Taylor, 176.
371 Marais, E.N., "Laramie die wonderwerker", 853.
372 BARLOW, WB 29, Marais – Beit, 16 Februarie 1901.
373 FitzPatrick, 1-12.
374 Ibid, 41.
375 Ibid, 46.
376 Ibid, 48-49.
377 Duminy (a), 216, FitzPatrick – Wernher, 8 Mei 1899.
378 FitzPatrick, 60.
379 BARLOW, WB 29, Marais – Beit, 16 Februarie 1901. Volgens nota op hierdie brief.
380 Ibid, Marais – Beit, 26 Februarie 1901.
381 FitzPatrick, 7-8.
382 BARLOW, WB 29, Marais – T.J. Milner, 26 Februarie 1901.
383 Pakenham, 511. Alfred Beit en Lionel Phillips was wel Joods, maar nie Julius Wernher en Friedrich Eckstein nie, wat Protestantse Duitsers was.
384 Grundlingh, 147.
385 BARLOW, WB 30, Taylor – Phillips, 10 Maart 1901.
386 Ibid, WB 27, Taylor – Beit, 5 September 1900.
387 De Graaf, 66-67.
388 Ruijssenaers, 169.
389 Wessels, 156-157.
390 De Graaf, 74-75.
391 Wessels, 303.
392 Pakenham, 521.

393 *The Times,* 17 April 1901.
394 ANCESTRY, 1901 England Census.
395 Ibid, Class: RG 13, Place: 673, Folio: 65, Page: 9.
396 Ibid.
397 Wikipedia, "Pathological lying" (geraadpleeg op 23 Maart 2015).
398 ANCESTRY, 1901 England Census, Class: RG 13, Place: 673, Folio: 34, Page: 10.
399 Judd, 33.
400 National Biography, Chamberlain, Joseph.
401 OXFORD, Milner Papers, MS 171, pp. 76-77, Chamberlain – Milner, 1 April 1901. Die res van hierdie brief verskyn in Cecil Headlam se bundel van Milner se korrespondensie, *The Milner Papers,* maar dit is interessant dat hierdie gedeelte wat op Marais betrekking het, weggelaat is (Headlam, 218-219). Nog 'n geval van sy spore wat doelbewus doodgevee is?
402 TAB, Leyds-argief, vol. 314 (II), Schulz – Leyds, ongenommerde brief uit Beira circa 30 Mei 1902.
403 Gordon, 129-130.
404 TNA, CO 417/340, Marais – Chamberlain, 5 Julie 1901.
405 Cartwright, 176.
406 SA Biografie, III, 459, Jennings, H.
407 BARLOW, WB 33, Taylor – T.J. Milner, 13 April 1902.
408 Pakenham, 523.
409 *The Times,* 8 May 1901.
410 NELM, FitzPatrick Papers, A/M III, 1060/5, FitzPatrick-dagboek, 7-14 Mei 1901; Duminy, 93-94.
411 SA Biografie, II, 308, Hobhouse, E.
412 Wessels, 137.
413 TNA, CO 291/33/17568, nota deur M. Ommanney, 22 Mei 1901.
414 *The Times,* 5 Junie 1901.
415 IALS, CLE 15, Calendar 1901.
416 Ibid.
417 *The Times,* 5 Junie 1901.
418 IALS, CLE 11/5, Exam records 1897-1905, Trinity 1901.
419 Schikkerling, 212.
420 Bossenbroek, 367.
421 Hobhouse, 5.
422 Ibid.
423 Marais, E.N., "Die lied van Suid-Afrika", 1017.
424 BARLOW, WB 29, Marais – T.J. Milner, 23 Junie 1901.
425 Ibid.
426 E-pos aan skrywer van Andrew Mussel, argivaris van Gray's Inn, op 7 Junie 2013.
427 Sien byvoorbeeld *Land en Volk* van 29 Augustus 1895.
428 *Men of the Times,* 341, Stegmann, J.C.; Malan, 182.
429 Grundlingh, 128.
430 Dugmore, 590.
431 Denoon, 221.
432 BARLOW, WB 29, Marais – T.J. Milner, 24 Junie 1901.
433 TAB, A718, E. Stegmann-versameling, Esselen – Roos, 6 Julie 1901.
434 Ibid.

435 Ibid, Esselen – Roos, 13 Julie 1901.
436 Ibid, Esselen – Roos, 6 Julie 1901.
437 Oorspronklike dokument in TNA, CO 417/340, 5 Julie 1901. Ook gedruk in CO 879/73/650/23560/S, African (South) No. 650, South Africa, Secret Papers [1901] relating to Affairs in South Africa, No. 143.
438 Ibid.
439 Green.
440 Oorspronklike dokument in TNA, CO 417/340, 5 Julie 1901. Ook gedruk in CO 879/73/650/23560/S, African (South) No. 650, South Africa, Secret Papers [1901] relating to Affairs in South Africa, No. 143.
441 Headlam, 215-218. (Chamberlain – Milner, 25 Januarie 1901; Milner – Chamberlain, 20 Februarie 1901.)
442 Denoon, 69.; Engelenburg, 108.
443 Oorspronklike dokument in TNA, CO 417/340, 5 Julie 1901. Ook gedruk in CO 879/73/650/23560/S, African (South) No. 650, South Africa, Secret Papers [1901] relating to Affairs in South Africa, No. 143.
444 Dekker, 38.
445 TNA, CO 417/340, aantekening deur H.W. Just, 11 Julie, 1901.
446 Ibid, aantekening deur F. Graham, 12 Julie 1901.
447 OXFORD, Colonial Office Confidential Print Collection, CO 879/73/650/23560/S, African (South) No. 650, South Africa, Secret Papers [1901] relating to Affairs in South Africa, No. 153, Chamberlain – Kitchener, Governor Ceylon, Governor St. Helena, 20 Julie 1901.
448 *The Times,* 25 Julie 1901.
449 Pakenham, 531.
450 OXFORD, Milner Papers, MS 71, Milner-dagboek, 29 Julie 1901.
451 Fraser, 114-115, Phillips – G. Rouliot, 9 August 1901. Hierdie lening is egter nooit aangegaan nie.
452 OXFORD, Milner Papers, MS 171, pp. 33-37, Milner – Chamberlain, 13 Augustus 1901.
453 Ibid.
454 OXFORD, Colonial Office Confidential Print Collection, CO 879/73/650/23560/S, African (South) No. 650, South Africa, Secret Papers [1901] relating to Affairs in South Africa, No. 183, Chamberlain – Milner, 26 Augustus 1901.
455 *The Times,* 19 Augustus 1901.
456 Ibid, 27 September 1901.
457 OXFORD, Colonial Office Confidential Print Collection, CO 879/73/650/23560/S, African (South) No. 650, South Africa, Secret Papers [1901] relating to Affairs in South Africa, No. 268, Sterndale – Chamberlain, 28 September 1901.
458 TAB, CO 291/33/5, (FK 923, p. 573) lêernota, 3 Augustus 1901.
459 *The Times,* 9 April 1900.
460 Farrelly, M.J. *The Settlement after the War in South Africa.* (Londen: Macmillan, 1900).
461 TAB, CO 291/33/5. (FK 923, pp. 572-576), Telegramme 3 en 8 Augustus 1901.
462 SA Biografie, IV, 624, Solomon, sir Richard Price.
463 TAB, HC 112, Chamberlain – Milner, 15 Augustus 1901.
464 TAB, A718, E. Stegmann-versameling, Esselen – Roos, 13 Julie 1901.
465 TAB, A718, E. Stegmann-versameling, Esselen – Roos, 28 September 1901.
466 Ibid, Esselen – Roos, 6 Julie 1901.

467 Ibid, Esselen – Roos, 12 Oktober 1901.

468 Ibid, 28 September 1901.

469 Ibid, 12 Oktober 1901.

470 Ibid.

471 SA Biografie, III, 491, Krause, F.E.T. Krause is in Januarie 1902 tot twee jaar tronkstraf gevonnis. Vir Lodi Krause se kommentaar oor pres. Kruger, sien Krause, 78.

472 TAB, A739, Adv. J. de V. Roos-versameling, vol. 3, Roos – Esselen, 17 September 1901.

473 TAB, A718, E. Stegmann-versameling, Esselen – Roos, 12 Oktober 1901.

474 Grundlingh, 209.

475 Ibid, 248.

476 Ibid, 266.

477 Ibid, 209.

478 TAB, CO 291/33/5, (FK 923, p. 579) lêernota, 14 September 1901.

479 Ibid, (FK 923, p. 579) lêernota, 13 September 1901.

480 Ibid, (FK 923, pp. 581-584).

481 Ibid, (FK 923, pp. 587-589).

482 *The Times,* 2 November 1901.

483 IALS, CLE 11/5, Exam records 1897-1905, Michaelmas 1901.

484 *The Times,* 2 November 1901.

485 TEMPLE, Bar Application records 1901. Marais het dus al twaalf kwartale voltooi en geen vrystelling van die Inner Temple ontvang soos Rousseau in *Die Groot Verlange* aanvoer nie. (Rousseau, 139.)

486 TAB, A739, Adv. J. de V. Roos-versameling, vol. 3, Roos – Esselen, 29 November 1901. In hierdie brief verwys Roos na 'n vorige brief van Esselen waarin laasgenoemde die nuus bekend gemaak het.

487 TEMPLE, Bar Application records 1901, Marais – The Treasurer, 5 November 1901.

488 Wallis, 87.

489 TEMPLE, Bar Application records 1901, Mackarness – H. Poland, 11 November 1901.

490 TEMPLE, Bar Application records, 1901, J.B. Taylor – Inner Temple, 12 November 1901.

491 Ibid, FitzPatrick – Treasurer, 14 November 1901.

492 IALS, CLE 1/3/3, Consolidated Regulations 1897.

493 *The Times,* 19 November 1901.

494 TNA, FO2/963, Foreign Office-kennisgewing, 4 Desember 1901.

495 Sien byvoorbeeld Union Castle Line-advertensie in *Land en Volk* van 3 Desember 1902.

496 Pearce, 401.

497 TAB, A718, E. Stegmann-versameling, Esselen – Roos, 30 November 1901.

498 Ibid, Esselen – Roos, 12 Desember 1901.

499 TAB, A739, Adv. J. de V. Roos-versameling, vol. 3, Roos – Esselen, 29 November 1901.

500 TAB, A718, E. Stegmann-versameling, Esselen – Roos, 21 Februarie 1901.

501 Volgens 'n brief wat Marais van hierdie adres geskryf het. (NELM, FitzPatrick Papers, B/AS I, 1081/24, Marais – T.J. Milner, 20 Januarie 1902.) In FitzPatrick se adresboek is Marais se 28 Coleshill Road-adres ook doodgetrek, en met hierdie adres vervang. (NELM, FitzPatrick Papers, A/M II, Miscellaneous Note Books.)

502 ANCESTRY, 1901 England census, Class: RG 13, Place: 673, Folio: 34, Page: 10.

503 Bereken deur gebruik te maak van die Bank of England se inflasietabelle (http://www.bankofengland.co.uk/education/Pages/ inflation/calculator (geraadpleeg op 27 April 2015)),

en deur 'n wisselkoers van 10 rand vir 1 pond te gebruik. (Sien "Nota aan die leser" aan die begin van die boek.)

504 ANCESTRY, 1950 National Probate Calendar, 87.

505 De Graaf, 114-121.

506 Ibid, 115.

507 Wessels, 155.

508 Preller (a), 1.

509 TNA, FO2/963, Foreign Office-kennisgewing, 4 Desember 1901.

510 TEMPLE, Report of the Joint Committee on the Duties, Interests and Discipline of the Bar, 13 December, 1901; TAB, A718, E. Stegmann-versameling, Esselen – Roos, 25 Januarie 1902.

511 TAB, A718, E. Stegmann-versameling, Esselen – Roos, 22 Februarie 1902.

512 Ibid, Esselen – Roos, 1 Februarie 1902.

513 Wallis, 88.

514 Dit is die naam van die huis by 52 Clarence Road in Teddington volgens ANCESTRY, 1901 England census, Class: RG 13, Place: 673, Folio: 34, Page: 10.

515 NELM, FitzPatrick Papers, B/AS I 1081/24, Marais – Wernher-Beit, 20 Januarie 1902.

516 Ibid, B/AS I ,1081/25, T.J. Milner – Marais, 22 Januarie 1902.

DEEL 6

1 BARLOW, WB 33, Taylor – T.J. Milner, 13 April 1902.

2 TAB, Leyds-argief, vol. 314 (II), G 1132, Schulz – Leyds, 23 Augustus 1902. Vry vertaal uit Duits.

3 SA Biografie, III, 529, Leyds, W.J.

4 Afgelei uit P.G. Burgers se doodsertifikaat. (TAB, MHG 0/77208, 7 Januarie 1932.)

5 TAB, HC 112, verslag van Burgers aan onbekende persoon in die Transvaalse koloniale administrasie, 1 Oktober 1902; TAB, Leyds-argief, vol. 314 (II), Ekspedisieverslag, Oktober 1902, p. 1.

6 Die Alldeutscher Verband was 'n ultranasionalistiese, ekstremistiese Duitse organisasie wat die Boeresaak ondersteun het. (Wikipedia, "Pan-German League" (geraadpleeg op 12 November 2013).)

7 TAB, Leyds-argief, vol. 314 (II), GZR 4749/01, Burgers – Leyds, 17 November 1901.

8 Ibid, GRR 111/01, Leyds – Burgers, 22 November 1901.

9 Ibid, G 1132, Schulz – Leyds, 23 Augustus 1902; TAB, Leyds-argief, vol. 314 (III), ongedateerde dokument 1902, "P.G. Burgers: Re aankoop goederen en transport".

10 TAB, Leyds-argief, vol. 314 (II), GZR 6954/01, Burgers – Leyds, 24 November 1901; TAB, HC 112, verslag van Burgers aan onbekende persoon in die Transvaalse koloniale administrasie, 1 Oktober 1902.

11 TAB, Leyds-argief, vol. 314 (II), Ekspedisieverslag, Oktober 1902, p. 16.

12 Ibid, G 1132, Schulz – Leyds, 23 Augustus 1902. Alhoewel Schulz hierdie brief ná die ekspedisie geskryf het, verwys hy daarin na wat hy in sy vorige brief uit China gemeld het.

13 Ibid, G 1138, Schulz – Leyds, 30 Junie 1902. Sien opmerking by vorige nota.

14 Meijer, 235.

15 Bossenbroek, 418-419.

16 Leyds (a), 674-675, B. Viljoen – L. Viljoen, c. 23 Februarie 1902.

17 Ibid, 673, Leyds – Wolmarans, 2 April 1902.

18 Meijer, 241.

19 Viljoen, B., 19.
20 TAB, Leyds-argief, vol. 314 (II), G 1283, Burgers - Leyds, 3 Februarie 1902.
21 SA Biografie, III, 341, Goldman, P.L.A.
22 TAB, Leyds-argief, vol. 314 (II), GGR 25/02, Goldman - Burgers, 7 Februarie 1902.
23 Ibid, G 1301, Schulz - Mensel, 9 Februarie 1902.
24 Ibid, G 1301, Schulz - Mensel, 27 Februarie 1902. Vry vertaal uit Duits.
25 Ibid, G 1301, Mensel - Schulz, 13 Februarie 1902.
26 Ibid, GRR 94/02, Leyds - Burgers, 13 Februarie 1902.
27 SA Biografie, V, 714, Sandberg, C.G.S.
28 Sandberg, 363-364.
29 Ibid, 364.
30 In 1902 was 1 000 mark gelyk aan ongeveer 49 pond teen die destydse pond: mark-wisselkoers van 1: 20.43. Om dit in huidige rand uit te druk, moet 'n omskakelingskoers van 1 000 gebruik word, soos in die "Nota aan die leser" aan die begin van hierdie werk uiteengesit.
31 TAB, Leyds-argief, vol. 314 (II), G 1285, Burgers - Leyds, 15 Februarie 1902.
32 Ibid, G 1286, Burgers - Goldman, 18 Februarie 1902.
33 Ibid, GGR 30/02, Goldman - Burgers, 26 Februarie 1902
34 Ibid, G 1287, Burgers - Goldman, 27 Februarie 1902.
35 NELM, FitzPatrick Papers, ongenommerde los brief, T.J. Milner - FitzPatrick, 28 Februarie 1902.
36 NELM, FitzPatrick Papers, ongenommerde los brief, T.J. Milner - FitzPatrick, 8 Maart 1902.
37 Bossenbroek, 420.
38 Van Schoor, 139.
39 Kannemeyer, 159.
40 SA Biografie, II, 397, Leipoldt, C.L.
41 Leipoldt, 16, Leipoldt - dr. Bolus, 8 Maart 1902.
42 Kannemeyer, 162.
43 TAB, A739, Adv. J. de V. Roos-versameling, vol. 3, Roos - Esselen, 29 November 1901.
44 Leipoldt (a).
45 TAB, A718, E. Stegmann-versameling, Esselen - Roos, 8 Maart 1902.
46 Sien byvoorbeeld 'n berig in die *Pretoria News* van 25 Februarie 1903 oor die firma se jaarvergadering, waarin Roos en Falconer se name as direkteure gemeld word.
47 TAB, Leyds-argief, vol. 314 (II), G 1288, Burgers - Goldman, 1 Maart 1902.
48 Du Plessis, 96.
49 Sandberg, 364. Vrede is aangekondig voor Leyds hierdie sending van stapel kon stuur, en Sandberg is nooit weer gedurende die oorlog terug na Suid-Afrika nie. (Sandberg, 365.)
50 TAB, Leyds-argief, vol. 314 (II), G 1302, Schulz - Leyds, 5 Maart 1902. Vry vertaal uit Duits.
51 Ibid.
52 Pakenham, 572.
53 TAB, Leyds-argief, vol. 314 (II), Ekspedisieverslag, Oktober 1902, p. 1.
54 TAB, HC 112, verslag van Burgers aan onbekende persoon in die Transvaalse koloniale administrasie, 1 Oktober 1902.
55 TAB, Leyds-argief, vol. 314 (II), G 1301, Telegram Schulz - Goldman, 16 Maart 1902.
56 Ibid, G 1305, Leyds - Goldman, 19 Maart 1902.
57 Ibid, G 941, Uitgawes van Burgers en Schulz, 27 Maart 1902.
58 TAB, CS 74/2465, Falconer - Davidson, 17 Maart 1902.

59 Duminy, 93.
60 TAB, CS 74/2465, Falconer – Davidson, 19 Maart 1902.
61 Taylor, 191.
62 BARLOW, WB 33, Taylor – T.J. Milner, 18 Maart 1902.
63 HKV, Rousseau-notaboek, E.C.G. Marais – F.G.M. du Toit, ongedateer.
64 TAB, Leyds-argief, vol. 314 (II), Ekspedisieverslag, Oktober 1902, p. 20. Vry vertaal uit Duits.
65 Rousseau, 142.
66 TAB, A787, Gustav S. Preller-versameling, vol. 182, Marais – Preller, 11 Mei 1923.
67 Preller, 196.
68 Du Toit, 17.
69 Rousseau, 139.
70 Du Toit, 265, voetnoot 4.
71 TAB, A787, Gustav S. Preller-versameling, vol. 182, Marais – Preller, 11 Mei 1923.
72 TAB, A718, E. Stegmann-versameling, Esselen – Roos, 28 September 1901.
73 TAB, Leyds-argief, vol. 314 (II), G 941, uitgawes van Burgers en Schulz, 27 Maart 1902.
74 SA Biografie, IV, 705, Uggla, A.C.H.
75 TAB, Leyds-argief, vol. 314 (II), G 1293, Uggla – Leyds, 12 Maart 1902.
76 Ibid, G 1294, Uggla – Goldman, 12 Maart 1902.
77 TAB, HC 112, verslag van Burgers aan onbekende persoon in die Transvaalse koloniale administrasie, 1 Oktober 1902.
78 Schikkerling, 156-157.
79 Wikipedia, "Gelignite" (geraadpleeg op 11 Februarie 2015).
80 TAB, HC 112, verslag van Burgers aan onbekende persoon in die Transvaalse koloniale administrasie, 1 Oktober 1902.
81 TAB, Leyds-argief, vol. 314 (II), ongenommerde brief, Schulz – Leyds, c. 30 Mei 1902.
82 Ibid, Ekspedisieverslag, Oktober 1902, p. 22.
83 Ibid, ongenommerde brief, Schulz – Leyds, c. 30 Mei 1902. Rousseau meld verkeerdelik dat Leyds vir Schulz as leier van die ekspedisie aangestel het (Rousseau, 139).
84 Ibid, Ekspedisieverslag, Oktober 1902, p. 1.
85 Ibid, ongenommerde brief, Goldman – Veth, 25 Maart 1902.
86 Ibid, G 941, uitgawes van Burgers en Schulz, 27 Maart 1902.
87 Ibid, R 4468/02, Schulz – Leyds, 3 Junie 1902.
88 Van Niekerk, L.E., 258.
89 TAB, Leyds-argief, vol. 314 (II), ongenommerde brief, Goldman – Veth, 25 Maart 1902.
90 Ibid, ongenommerde faktuur van Charles Gomant, 7 April 1902.
91 Ibid.
92 Ibid, G 943, Veth – Leyds, 18 April 1902.
93 Ibid, Ekspedisieverslag, Oktober 1902, p. 16.
94 Ibid, G 1138, Schulz – Leyds, 30 Junie 1902.
95 Ibid, G 1308, Burgers – Goldman, 3 April 1902.
96 Ibid, Ekspedisieverslag, Oktober 1902, p. 21.
97 TAB, HC 112, verslag van Burgers aan onbekende persoon in die Transvaalse koloniale administrasie, 1 Oktober 1902.
98 TAB, Leyds-argief, vol. 314 (II), ongenommerde faktuur van Roberts & Co. (Foreign & English Chemists), 5 April 1902.

99 Ibid, Ekspedisieverslag, Oktober 1902, p. 1.
100 Ibid.
101 Ibid, Ekspedisieverslag, Oktober 1902, p. 16.
102 Ibid.
103 Ibid, ongenommerde brief, Goldman – Leyds, 9 April 1902.
104 Ibid, G 1306, Burgers – Goldman, 31 Maart 1902.
105 Ibid, Ekspedisieverslag, Oktober 1902, p. 1.
106 Ibid, T 3494, Leyds – Burgers, 9 April 1902.
107 Bredell, 7 April 1902.
108 Du Plessis, 96.
109 Sien byvoorbeeld *The Times,* 11 April 1902.
110 Grundlingh, 260.
111 BARLOW, HE 139, Wernher-Beit – P.J. Marais, 25 Maart 1902.
112 TAB, CS 74/2465, Davidson – Falconer, 12 April 1902.
113 NELM, FitzPatrick Papers, B/AS I, 1081/96, Marais – FitzPatrick, 13 September 1902.
114 Rousseau, 142.
115 Ibid, 140, 142.
116 Rousseau (a), 84.
117 Rousseau, 142.
118 TAB, Leyds-argief, vol. 314 (II), Ekspedisieverslag, Oktober 1902, p. 3.
119 Ibid.
120 BARLOW, WB 33, Taylor – T.J. Milner, 13 April 1902.
121 Rousseau, 139.
122 Volgens Rousseau het Marais gereis op die *Admiral,* 'n skip van die Deutsche Ost-Afrika Linie, inligting wat hy uit Schulz se ekspedisieverslag gekry het (Rousseau, 143). Schulz het hom egter misgis toe hy vyf maande later in die greep van malariakoors sy ekspedisieverslag geskryf het. Die *Admiral* het wel jare lank die Oos-Afrika-roete bedien, wat waarskynlik die rede is hoekom Schulz die skip se naam gebruik het. Maar volgens die Lloyd's Shipping List van 1902 in die Guildhall-biblioteek in Londen is die *Admiral* aan die begin van April 1902 verkoop en deur haar nuwe eienaars as die *Rosalind* herdoop, waarna sy 'n ander roete bedien het. Verder het Schulz 'n dag voor Marais en Burgers (wat vir daardie gedeelte van die reis op dieselfde skip gevaar het) se aankoms in Beira aan Leyds geskryf: "Minna [Burgers] kom eers môre, omdat die skip *General* 2 dae vertraag is." (TAB, Leyds-argief, vol. 314 (II), Schulz – Leyds, 18-23 Mei 1902.) Die Lloyd's Shipping List van 1902 bevestig ook dat die *General* al boot was wat op hierdie dag in Beira aangekom het, en dat dit op 14 April 1902 uit Antwerpen vertrek het. (GUILDHALL, Lloyd's List 1902 vir die *General.*)
123 Du Toit, 17.
124 Ibid.
125 Preller, 196.
126 GUILDHALL, Lloyd's List 1902 vir die *Präsident.*
127 TAB, Leyds-argief, vol. 314 (II), G 941, Uitgawes van Burgers en Schulz, 27 Maart 1902.
128 NELM, FitzPatrick Papers, ongenommerde los brief, T.J. Milner – FitzPatrick, 19 April 1902.
129 Duminy, 96.
130 TAB, Leyds-argief, vol. 314 (II), G 1315, Burgers – Goldman, 15 April 1902. Vry vertaal uit Nederlands.

131 GUILDHALL, Lloyd's List 1902 vir die *General.*
132 Ibid.
133 Marais, E.N., "Oor 'n merkwaardige moordsaak", 818.
134 TAB, Leyds-argief, vol. 314 (II), G 1319, Schulz – Leyds, 4 Mei 1902.
135 Ibid, G 1316, Schulz – Leyds, 3 Mei 1902.
136 Ibid, G 1319, Schulz – Leyds, 4 Mei 1902.
137 Ibid, Ekspedisieverslag, Oktober 1902, p. 2.
138 Ibid, G 1318, Burgers – Goldman, 4 Mei 1902. Vry vertaal uit Nederlands.
139 Ibid.
140 Ibid, Ekspedisieverslag, Oktober 1902, p. 2.
141 Ibid, G 1318, Burgers – Goldman, 4 Mei 1902.
142 Ibid.
143 Die *General* se bewegings is vasgestel uit GUILDHALL, Lloyd's List 1902.
144 TAB, Leyds-argief, vol. 314 (II), Ekspedisieverslag, Oktober 1902, p. 4. Vry vertaal uit Duits.
145 Ibid, p. 6. Vry vertaal uit Duits.
146 Ibid, p. 3, p. 7, asook G 1405, Schulz – Leyds, 18-23 Mei 1902.
147 Ibid, Ekspedisieverslag, Oktober 1902, p. 3.
148 Ibid, Ekspedisieverslag, Oktober 1902, p. 3, asook G 1405, Schulz – Leyds, 18-23 Mei 1902.
149 Ibid, G 1405, Schulz – Leyds, 18-23 Mei 1902.
150 Ibid, Schulz – Leyds, ongenommerde brief uit Beira c. 30 Mei 1902.
151 Ibid, Ekspedisieverslag, Oktober 1902, p. 5. Vry vertaal uit Duits.
152 Sien byvoorbeeld *Land en Volk,* 15 Junie 1898.
153 TAB, Leyds-argief, vol. 314 (II), Ekspedisieverslag, Oktober 1902, p. 3.
154 Rousseau, 144.
155 NELM, FitzPatrick Papers, B/AS I, 1081/93, Marais – FitzPatrick, 1 September 1902.
156 Ibid.
157 Preller, 189.
158 TAB, A787, Gustav S. Preller-versameling, vol. 182, Marais – Preller, 11 Mei 1923.
159 NELM, FitzPatrick Papers, B/AS I, 1081/93, Marais – FitzPatrick, 1 September 1902.
160 FitzPatrick hét moontlik later hierdie dagboek gelees, want die volgende jaar verskaf Marais in antwoord op 'n onbehoue navraag van FitzPatrick die naam en adres van ene Costa, 'n winkelier in Machanga (waar Marais vir byna sewe weke vertoef het), asook van die eienaar van die Beach Hotel in Beira. (NELM, FitzPatrick Papers, B/AS II, 1082/73, Marais – FitzPatrick, 2 Maart 1903.)
161 NELM, FitzPatrick Papers, B/AS I, 1081/93, Marais – FitzPatrick, 1 September 1902.
162 TAB, Leyds-argief, vol. 314 (II), Schulz – Leyds, ongenommerde brief uit Beira, c. 30 Mei 1902.
163 TAB, A787, Gustav S. Preller-versameling, vol. 182, Marais – Preller, 11 Mei 1923.
164 TAB, Leyds-argief, vol. 314 (II), G 1405, Schulz – Leyds, 18-23 Mei 1902.
165 Ibid, Ekspedisieverslag, Oktober 1902, p. 11.
166 TAB, Leyds-argief, vol. 314 (II), G 1405, Schulz – Leyds, 18-23 Mei 1902. Vry vertaal uit Duits.
167 Ibid, Schulz – Leyds, ongenommerde brief uit Beira, c. 30 Mei 1902. Vry vertaal uit Duits
168 Ibid, R 4668/02, Schulz – Leyds, 3 Junie 1902. Vry vertaal uit Duits.
169 Ibid, G 1138, Schulz – Leyds, 30 Junie 1902.
170 Ibid, Schulz – Leyds, ongenommerde brief uit Beira, c. 30 Mei 1902. Vry vertaal uit Duits.

171 Ibid. Vry vertaal uit Duits.
172 Ibid, Ekspedisieverslag, Oktober 1902, p. 11. Vry vertaal uit Duits.
173 Ibid, G 1405, Schulz – Leyds, 18-23 Mei 1902. Vry vertaal uit Duits.
174 Ibid, R 4468/02, Schulz – Leyds, 3 Junie 1902. Vry vertaal uit Duits.
175 Ibid, Schulz – Leyds, ongenommerde brief uit Beira, c. 30 Mei 1902. Vry vertaal uit Duits.
176 Ibid, Ekspedisieverslag, Oktober 1902, p. 11.
177 Ibid, p. 16-17.
178 Ibid, G 1138, Schulz – Leyds, 30 Junie 1902.
179 Ibid, Schulz – Leyds, ongenommerde brief uit Beira, c. 30 Mei 1902.
180 Ibid, Ekspedisieverslag, Oktober 1902, p. 12. Vry vertaal uit Duits.
181 Ibid, Schulz – Leyds, ongenommerde brief uit Beira, c. 30 Mei 1902. Vry vertaal uit Duits.
182 Ibid, G 1138, Schulz – Leyds, 30 Junie 1902.
183 Ibid, Ekspedisieverslag, Oktober 1902, p. 3.
184 Ibid, Schulz – Leyds, ongenommerde brief uit Beira, 3 Junie 1902.
185 NELM, FitzPatrick Papers, ongenommerde los brief, T.J. Milner – FitzPatrick, 29 Mei 1902. Osmond Walrond was lord Milner se privaat sekretaris.
186 Pakenham (a), 572; Giliomee, 260-264.
187 Pakenham (a), 569.
188 Amery, L.S. (b), 164.
189 Ibid, 166-167.
190 TAB, Leyds-argief, vol. 314 (II), Ekspedisieverslag, Oktober 1902, p. 3.
191 Ibid, G 1132, Schulz – Leyds, 23 Augustus 1902.
192 Ibid, G 1132, Schulz – Leyds, 23 Augustus 1902. Vry vertaal uit Duits.
193 Tensy anders aangedui, is die beskrywing van die verdere verloop van die ekspedisie ontleen aan dr. Schulz se ekspedisieverslag. (TAB, Leyds-argief, vol. 314 (II), Ekspedisieverslag, Oktober 1902.)
194 Vry vertaal uit Duits.
195 Vry vertaal uit Duits.
196 Vry vertaal uit Duits.
197 TAB, CS 1170, Oaths of Allegiance Southern Africa 1900-1904, no. 13201/A, P.G.J.T. Burgers, 30 Junie 1902.
198 TAB, HC 112, verslag van Burgers aan onbekende persoon in die Transvaalse koloniale administrasie, 1 Oktober 1902.
199 Vry vertaal uit Duits.
200 Marais, E.N., "By die mond van die Save", 419.
201 Vry vertaal uit Duits.
202 Vry vertaal uit Duits.
203 Vry vertaal uit Duits.
204 TAB, Leyds-argief, vol. 314 (II), ongenommerde faktuur van Roberts & Co. (Foreign & English Chemists), 5 April 1902.
205 Ibid, lys van medisyne opgestel deur dr. Schulz ná sy terugkeer uit Portugees-Oos-Afrika, 11 November 1902.
206 Ibid, G 1132, Schulz – Leyds, 23 Augustus 1902. Vry vertaal uit Duits.
207 Ibid, G 1138, Schulz – Leyds, 30 Junie 1902.
208 Rousseau, 149.
209 Ibid, 153-154.

210 Vry vertaal uit Duits. Die Duits lees as volg: "Auffallend war mir immer die Abneigung M's nach Transvaal zurückzukehren. Schliesslich fasste er den unverständlicher Vorzatz zu Fuss von Machanga bis Pretoria zu marschieren, um plotzlich unter seinen Mitbürgern zu erscheinen."
211 TAB, ZTPD 8/640/11715/902, Ex parte application Eugene Nielen Marais, 20 Oktober 1902.
212 Vry vertaal uit Duits.
213 Vry vertaal uit Duits.
214 Amery, L.S (b), 187-188.
215 SA Biografie, V, 12, Amery, L.C.M.S.
216 Vry vertaal uit Duits.
217 Vry vertaal uit Duits.
218 Marais, E.N. (c), "1902", 27.
219 Ibid, Voorwoord.
220 Marais, E.N. (c), "1902", 27.
221 Schulz gee die datum aan as 14 Augustus 1902 in sy ekspedisieverslag, wat hy maande later in die greep van malaria geskryf het. Volgens Milner se dagboek het hy egter reeds die vorige dag vir Amery in Lourenço Marques teëgekom. (OXFORD, Milner Papers, MS 72, Milner-dagboek, 13 Augustus 1902.)
222 OXFORD, Milner Papers, MS 189, p. 97, Marais – Milner, 29 Maart 1905.
223 HKV, Rousseau-notaboek, onderhoud deur F.G.M. du Toit met Eugène Marais, 29 Januarie 1935.
224 Schulz meld in sy ekspedisieverslag van Oktober 1902 dat Falconer op 29 Augustus 1902 in Lourenço Marques aangekom het. Dit lyk of Schulz hom met dié skrywe met presies 'n week misgis het, want in 'n brief op 23 Augustus 1902 aan Leyds verwys Schulz na 'n afgesant (wat hy nie identifiseer nie) van Milner wat Marais die vorige dag (22 Augustus) oor sy moontlike deelname aan die nuwe Wetgewende Raad kom pols het. Milner en sy geselskap het Lourenço Marques reeds op 14 Augustus 1902 verlaat, dus het hierdie afgesant eers hierna uit die Transvaalkolonie gekom. Daar kan met redelike sekerheid aanvaar word dat hierdie afgesant Falconer was, want dit is onwaarskynlik dat Milner 'n week later nóg 'n gesant uit die Transvaalkolonie sou gestuur het. Wat dit ook onwaarskynlik maak dat Falconer eers op 29 Augustus in Lourenço Marques aangekom het, is die feit dat hy Marais op 1 September by Pretoria se stasie ingewag het. (Rousseau, 157.) Hy sou tog sekerlik saam met Marais na Pretoria teruggereis het as hy nog so kort voor Marais se vertrek in Lourenço Marques was.
225 Nienaber, 14.
226 Rousseau, 142.
227 OXFORD, Milner Papers, MS 72, Milner-dagboek, 10 Augustus 1902.
228 SA Biografie, I, 269, Duncan, P.
229 OXFORD, Milner Papers, MS 72, Milner-dagboek, 4 September 1902.
230 TAB, LD 152/AG5107/02, Secretary to the Law Department – Registrar of the Supreme Court, 5 September 1902.
231 TAB, CS 74/2465, Falconer – Davidson, 19 Maart 1902.
232 TAB, Leyds-argief, vol. 314 (II), G 1132, Schulz – Leyds, 23 Augustus 1902.
233 SA Biografie, IV, 533, Rissik, J.F.B..
234 Duminy (a), 334, FitzPatrick – Wernher, 5 Julie 1902.
235 TNA, FO 2/965, Foreign Office circular, 19 Augustus 1902.

236 TAB, CS 128/9900/2, Davidson – Provost Marshal, 26 Augustus 1902.
237 Vry vertaal uit Duits.
238 TAB, Leyds-argief, vol. 314 (II), G 1132, Schulz – Leyds, 23 Augustus 1902. Vry vertaal uit Duits.
239 Meijer, 246.
240 TAB, Leyds-argief, vol. 314 (II), R 4669/02, Schulz – Leyds, 2 September 1902. Vry vertaal uit Duits. Weereens is Schulz agtelosig met datums, want hy het hierdie brief 2 Augustus gedateer, terwyl hy dit eers ná Marais se vertrek uit Lourenço Marques op 31 Augustus geskryf het.
241 TAB, Leyds-argief, vol. 314 (II), Ekspedisieverslag, Deel II, pp. 2-3, Oktober 1902.
242 Rousseau, 157.
243 NELM, FitzPatrick Papers, B/AS I, 1081/93, Marais – FitzPatrick, 1 September 1902.
244 Ibid.

DEEL 7

1 TAB, Milner Papers, FK 1220, p. 571, Milner – Lawley, 22 Junie 1903.
2 OXFORD, Milner Papers, MS 222, p. 236, Milner – Lawley, 14 April 1905.
3 Preller, 196-197.
4 Ibid, 197.
5 NELM, FitzPatrick Papers, B/AS I, 1081/96, Marais – FitzPatrick, 13 September 1902. In hierdie brief verwys Marais na FitzPatrick se vroeëre brief.
6 OXFORD, Milner Papers, MS 72, Milner-dagboek, 4 September 1902.
7 Preller, 196.
8 Pakenham, 13.
9 Cartwright (a), 109.
10 Marlowe, 132.
11 Denoon, 77.
12 NELM, FitzPatrick Papers, B/AS I, 1081/96, Marais – FitzPatrick, 13 September 1902.
13 OXFORD, Milner Papers, MS 179, pp. 179-192, Marais – Milner, 2 Februarie 1903.
14 Ibid, pp. 204-206, Marais – Milner, 1 Mei 1903.
15 NELM, FitzPatrick Papers, B/AS I, 1081/96, Marais – FitzPatrick, 13 September 1902.
16 TAB, CS 1078 072/02, Executive Council Resolution no. 448, 9 September 1902.
17 Ibid, Colonial Secretary – Colonial Treasurer, 23 September 1902.
18 TAB, PMO 63/PM4362/02, Onseley – Davidson, 7 September 1902.
19 TAB, HC 112, Verslag van Burgers aan onbekende persoon in die Transvaalse koloniale administrasie, 1 Oktober 1902.
20 Rousseau, L., "Die groot avontuur: Eugène Marais en die 'dubbelagent'", *By*, bylae tot *Die Burger*, 22 Januarie 2011.
21 Schulz.
22 Rousseau, L., "Die groot avontuur: Eugène Marais en die 'dubbelagent'", *By*, bylae tot *Die Burger*, 22 Januarie 2011.
23 HERITAGE http://www.myheritage.com/person-3003039_26140921_26140921/dr-julius-antonius-aurelius-schultz (geraadpleeg op 7 Desember 2014).
24 TAB, Leyds-argief, vol. 314 (III), T 3732, Schulz – Leyds, ongedateerd.
25 FAMILY https://familysearch.org/pal:/MM9.1.1/QVS4-12C4 (geraadpleeg op 7 Desember 2014); HERITAGE http://www.myheritage.com/person-3003039_26140921_26140921/dr-julius-antonius-aurelius-schultz (geraadpleeg op 7 Desember 2014).

26 Rotberg, 313.
27 Galbraith, 169.
28 HERITAGE http://www.myheritage.com/person-3003039_26140921_26140921/dr-julius-antonius-aurelius-schultz (geraadpleeg op 7 Desember 2014).
29 TAB, HC 112, verslag van Burgers aan onbekende persoon in die Transvaalse koloniale administrasie, 1 Oktober 1902.
30 TAB, Leyds-argief, vol. 314 (III), T 3732, Goldman – Leyds, 10 Oktober 1902.
31 Marais verwys na sy aansoek om as advokaat in die Transvaal te mag praktiseer. Hy het op 23 Oktober 1902 hierdie toestemming gekry. (TAB, ZTPD 8/640 11715/902, Ex parte application Eugene Nielen Marais, 23 Oktober 1902.)
32 King's Counsel, 'n senior advokaat.
33 NELM, FitzPatrick Papers, B/AS I, 1081/96, Marais – FitzPatrick, 13 September 1902.
34 Duminy (a), 293.
35 OXFORD, Milner Papers, MS 179, pp. 215-19, Marais – Milner, 27 Mei 1903.
36 NELM, FitzPatrick Papers, B/AS I, 1081/96, Marais – FitzPatrick, 13 September 1902.
37 TAB, A787, Gustav S. Preller-versameling, vol. 182, Marais – Preller, 15 September 1902.
38 Ibid.
39 Preller, 198.
40 Rousseau, 164.
41 Ibid.
42 *Land en Volk,* 20 September 1902. Hierdie artikel verwys na 'n brief van Milner aan Chamberlain van 25 Januarie 1902, wat gedeeltelik weergegee word in Headlam, 282-285.
43 Preller, 199.
44 Ibid, 181, 198.
45 *Land en Volk,* 20 September 1902.
46 Preller, 181.
47 Ibid.
48 Ibid, 199.
49 TAB, A787, Gustav S. Preller-versameling, vol. 196, Falconer – Preller, 23 September 1902.
50 *Land en Volk,* 3 Oktober 1902. In hierdie uitgawe word verwys na hierdie artikel in die vorige week se uitgawe, wat nie in die Staatsbiblioteek in Pretoria bewaar is nie.
51 Ibid.
52 Preller, 199.
53 Sien byvoorbeeld *The Star,* 29 April 1907.
54 Preller, 199.
55 *Land en Volk,* 10 Oktober 1902.
56 Preller, 200-201.
57 TAB, CS 1078/076/2, Falconer – Davidson, 11 Oktober 1902.
58 Ibid.
59 Preller, 203.
60 *Land en Volk,* 17 Oktober 1902.
61 BARLOW, WB 26, Marais – Taylor, 17 Oktober 1900.
62 OXFORD, Milner Papers, MS 179, pp. 232-234, Marais – Milner, 26 Junie 1903.
63 Preller, 203-204.
64 Giliomee, 268.
65 Preller, 203.

66 Rousseau, 170.
67 *Land en Volk*, 17 Oktober 1902.
68 TAB, Leyds-argief, vol. 314 (III), T 3732, Goldman – Leyds, 10 Oktober 1902.
69 Ibid, Schulz – Leyds, ongedateerd.
70 Ibid, telegram, Leyds – Goldman, 10 November 1902.
71 *Land en Volk*, 31 Oktober 1902.
72 Du Toit, 69.
73 *Land en Volk*, 7 November 1902.
74 Ibid, 14 November 1902. Rousseau meld dat dit Marais was wat hierdie artikel geskryf het (Rousseau, 171). Dit is egter bloot bespiegeling, want dit lyk nie soos Marais se skryfstyl nie. Boonop meld Preller in sy lewenskets van Marais slegs dat so 'n artikel in *Land en Volk* verskyn het (Preller, 201), nié dat Marais die skrywer was nie, wat hy wel doen in gevalle waar Marais 'n kontroversiële artikel geskryf het.
75 Preller, 201.
76 Ibid, 202.
77 Meijer, 249.
78 Ibid, 250.
79 Amery, J., 307-309.
80 *Land en Volk*, 9 Januarie 1903.
81 E-pos gedateer 1 Maart 2013 aan die skrywer van M. Killeen, bibliotekaris by die Universiteit van Birmingham se Cadbury Research Library, waar Chamberlain se amptelike en persoonlike dokumente gehuisves word.
82 SA Biografie, V, 263, Esselen, E.A.
83 OXFORD, Milner Papers, MS 179, pp. 179-192, Marais – Milner, 2 Februarie 1903.
84 Ibid.
85 Van Niekerk, L.E., 325.
86 OXFORD, Milner Papers, MS 179, pp. 193-199, Marais – Milner, 16 Februarie 1903.
87 TAB, CS 1078/072/2, Davidson – Lawley, 19 Januarie 1903.
88 OXFORD, Milner Papers, MS 179, pp. 179-192, Marais – Milner, 2 Februarie 1903. Marais verwys in hierdie brief na sy vroeëre brief aan Taylor.
89 Ibid.
90 *Land en Volk*, 16 Januarie 1903.
91 Ibid.
92 TAB, Milner Papers, FK 1220, p. 553, Milner – Lawley, 16 Januarie 1903.
93 Rousseau, 164.
94 TAB, CS 1078/072/02, Davidson – Lawley, 19 Januarie 1903.
95 Du Toit, 69.
96 Preller, 199.
97 TAB, A787, Gustav S. Preller-versameling, vol. 182, p. 41, ongedateerde aantekening.
98 TAB, CS 1078 072/02, Davidson – Lawley, 19 Januarie 1903.
99 OXFORD, Milner Papers, MS 179, pp. 179-192, Marais – Milner, 2 Februarie 1903.
100 NELM, FitzPatrick Papers, B/AS II, 1082/33, Marais – FitzPatrick, 21 Januarie 1903.
101 Cartwright (a), 112.
102 *Land en Volk*, 23 Januarie 1903.
103 OXFORD, Milner Papers, MS 179, pp. 179-192, Marais – Milner, 2 Februarie 1903.
104 Ibid.

105 *Pretoria News,* 27 Maart 1903.
106 OXFORD, Milner Papers, MS 179, pp. 179-192, Marais – Milner, 2 Februarie 1903.
107 Ibid.
108 Ibid.
109 Ibid.
110 Ibid.
111 TAB, Milner Papers, FK 1220, p. 554, Milner – Lawley, 1 Februarie 1903.
112 *Land en Volk,* 13 Februarie 1903.
113 OXFORD, Milner Papers, MS 179, pp. 193-199, Marais – Milner, 16 Februarie 1903.
114 Ibid.
115 Ibid.
116 *Transvaal Leader,* 17 Februarie 1903.
117 Ibid.
118 NELM, FitzPatrick Papers, B/AS II, 1082/139, Marais – FitzPatrick, 28 Februarie 1903.
119 *Cape Times,* 18 Junie 1907.
120 *The Times,* 9 Julie 1903, "Amends Honorabile, Edwin Emmett, Pretoria, 12 May 1903".
121 Amery, L.S. (b), 166-167.
122 *Land en Volk,* 27 Maart 1903.
123 Ibid, 20 Februarie 1903.
124 Ibid, 6 Maart 1903.
125 Ibid, 13 Maart 1903.
126 TAB, Milner Papers, FK 1220, pp. 200-201, Milner – Marais, 6 Maart 1903.
127 NELM, FitzPatrick Papers, B/AS II, 1082/139, Marais – FitzPatrick, 28 Februarie 1903.
128 Ibid, B/AS II, 1082/73, Marais – FitzPatrick, 2 Maart 1903.
129 TAB, Milner Papers, FK 1220, pp. 200-201, Milner – Marais, 6 Maart 1903.
130 Ibid, pp. 202-203, Milner – Davidson, 6 Maart 1903.
131 Shaw, 144.
132 Du Toit, 71.
133 TAB, LD 359, AG958/03, Secretary Law Department – Engelenburg, 1 April 1903.
134 *The Pretoria News,* 26 Maart 1903.
135 Ibid, 26 Maart 1903.
136 Ibid, 27 Maart 1903.
137 Ibid.
138 Ibid.
139 *De Volksstem,* 11 Maart 1903.
140 *Land en Volk,* 27 Maart 1903.
141 *Transvaal Leader,* 30 Maart 1903.
142 Rousseau, 174.
143 Symington, 80.
144 Duminy (a), 234, Milner – FitzPatrick, 28 November 1899.
145 Symington, 233.
146 Ibid, 236, 254.
147 TAB, A787, Gustav S. Preller-versameling, vol. 182, ongedateerde dokument.
148 *Land en Volk,* 17 April 1903.
149 Du Toit, 89.
150 Rousseau, 167-169.

151 NELM, FitzPatrick Papers, B/AS III, 1083/12, Marais - FitzPatrick, 9 April 1903.
152 *Land en Volk,* 17 April 1904.
153 Du Toit, 19. Du Toit meld egter verkeerdelik dat Preller eers in Desember 1903 bedank het.
154 TAB, A787, Gustav S. Preller-versameling, vol. 182, Marais - Preller, 24 April 1923.
155 OXFORD, Milner Papers, MS 179, pp. 204-206, Marais - Milner, 1 Mei 1903.
156 SA Biografie, II, 584, Rabie, J.S.M.
157 Rousseau, 175.
158 TAB, CS 303/5139/03, Under Colonial Secretary - Government Printer, 19 Mei 1903.
159 Meijer, 251.
160 Van Niekerk, L.E., 325.
161 OXFORD, Milner Papers, MS 179, pp. 204-206, Marais - Milner, 1 Mei 1903.
162 *The Times,* 23 April 1903.
163 In 1888 het die Nederduitsch Hervormde Kerk en die Nederduitse Gereformeerde Kerk verenig en daarna as die Verenigde Kerk bekend gestaan (Meijer, 55).
164 OXFORD, Milner Papers, MS 179, pp. 204-206, Marais - Milner, 1 Mei 1903.
165 Ibid, 207, Milner - Marais, 13 Mei 1903.
166 Symington, 241-244.
167 OXFORD, Milner Papers, MS 179, pp. 208-211, Marais - Milner, 16 Mei 1903.
168 Ibid, pp. 221-228, Marais - Milner, 12 Junie 1903.
169 OXFORD, Milner Papers, MS 179, pp. 208-211, Marais - Milner, 16 Mei 1903.
170 Ibid.
171 TAB, A787, Gustav S. Preller-versameling, vol. 182, p. 191.
172 OXFORD, Milner Papers, MS 179, pp. 208-211, Marais - Milner, 16 Mei 1903.
173 Denoon, 50.
174 Ibid, 52.
175 OXFORD, Milner Papers, MS 179, pp. 212-214, Milner - Marais, 22 Mei 1903.
176 Ibid, pp. 215-219, Marais - Milner, 27 Mei 1903.
177 Ibid.
178 Ibid.
179 Ibid.
180 Ibid.
181 OXFORD, Milner Papers, MS 179, pp. 221-228, Marais - Milner, 12 Junie 1903.
182 Sien byvoorbeeld Meintjes (a), 128-129 en Engelenburg, 116-117.
183 Engelenburg, 116.
184 Meintjes (a), 129; Engelenburg, 117.
185 OXFORD, Milner Papers, MS 179, pp. 229-231, Marais - Milner, 22 Junie 1903; Denoon, 162.
186 Ibid, 232-234, Marais - Milner, 26 Junie 1903.
187 Alhoewel hierdie gedig in die Milner Papers-versameling voorkom ná 'n brief wat Marais aan Milner geskryf het ten tye van laasgenoemde se permanente vertrek uit Suid-Afrika byna twee jaar later, dui Marais se gebruik van die toekomstige tyd in die laaste strofe op iets wat nog by Sunnyside moet gebeur. Hy kon die gedig dus op 'n vroeëre tydstip, soos hier in 1903, geskryf het.
188 TAB, Milner Papers, FK 98, pp. 258-259, 29 Maart 1905. Sien vorige nota.
189 *Land en Volk,* 5 Junie 1903.
190 Ibid, 5 November 1896.
191 OXFORD, Milner Papers, MS 179, pp. 229-231, Marais - Milner, 22 Junie 1903.

192 Ibid, pp. 232-234, Marais – Milner, 26 Junie 1903.
193 Ibid, p. 236, Marais – Milner, 11 Julie 1903.
194 Ibid, p. 235, Milner – Marais, 14 Julie 1903. Die ander Afrikaners wat mettertyd in die Wetgewende Raad gedien het, was die National Scout-generaal Andries Cronjé; J.C. Brink, 'n voormalige landdros; H.P.F. Janse van Rensburg, 'n groot grondeienaar; en J.Z. de Villiers, die burgemeester van Johannesburg voor die Anglo-Boereoorlog (Denoon, 162).
195 Sien byvoorbeeld *Land en Volk,* 17 Junie 1903.
196 TAB, CS 1078 072/02, Marais – Davidson, 29 Junie 1903.
197 Preller, 203; Rousseau, 170.
198 OXFORD, Milner Papers, MS 179, pp. 221-228, Marais – Milner, 12 Junie 1903.
199 Ibid.
200 NELM, FitzPatrick Papers, B/AS III, 1083/12, Marais – FitzPatrick, 9 April 1903.
201 OXFORD, Milner Papers, MS 179, p. 220, Marais – Milner, 12 Junie 1903.
202 Ibid, pp. 221-228, Marais – Milner, 12 Junie 1903.
203 TAB, Milner Papers, FK 1220, pp. 571-572, Milner – Lawley, 22 Junie 1903.
204 Ibid.
205 Ibid, FK 1166, pp. 48-51, Davidson – Milner, 27 Junie 1903.
206 Ibid, FK 1166, pp. 45-47, Milner – Davidson, 28 Junie 1903.
207 Rousseau, 175.
208 OXFORD, Milner Papers, MS 179, pp. 229-231, Marais – Milner, 22 Junie 1903.
209 Ibid, pp. 232-234, Marais – Milner, 26 Junie 1903.
210 *Land en Volk,* 26 Junie 1903, 3 Julie 1903, 10 Julie 1903.
211 Ibid, 26 Junie 1903.
212 Ibid, 22 Mei 1903.
213 Ibid, 26 Junie 1903.
214 Ibid, 10 Julie 1903.
215 Ibid.
216 Headlam, 243.
217 Denoon, 77.
218 Giliomee, 270; Denoon, 79.
219 *Land en Volk,* 10 Julie 1903.
220 Ibid, 14 Augustus 1903.
221 Ibid.
222 Ibid.
223 OXFORD, Milner Papers, MS 74, Milner-dagboek, 31 Julie 1903 en 5 Augustus 1903.
224 HKV, Rousseau-notaboek, handgeskrewe kopie van verband, J. Ploeger – Rousseau, 13 Februarie 1973.
225 Wrench, 243.
226 Duminy, 110.
227 NELM, FitzPatrick Papers, B/AS III, 1083/116, telegram Marais – FitzPatrick, 4 Augustus 1903.
228 Ibid, B/AS III, 1083/118, telegram Marais – FitzPatrick, 4 Augustus 1903.
229 *Men of the Times,* 14, Sir William van Hulsteyn.
230 NELM, FitzPatrick Papers, B/AS III, 1083/129, H. Eckstein & Co. – FitzPatrick, 14 Augustus 1903.
231 Ibid, H. Eckstein & Co. – FitzPatrick, 19 September 1903.

232 HKV, Rousseau-notaboek, handgeskrewe kopie van verband, J. Ploeger – Rousseau, 13 Februarie 1973.
233 Van Niekerk, L.E., 326.
234 Denoon, 87.
235 Marais, E.N. (b), Voorwoord.
236 Ibid, 127-129.
237 Ibid, 136.
238 Engelenburg, 117.
239 Sien *Land en Volk* van 20 Junie 1903, 7 Augustus 1903, 14 Augustus 1903, 21 Augustus 1903 en 18 September 1903.
240 *Land en Volk*, 18 September 1903.
241 *De Volksstem*, 26 September 1903.
242 Van Niekerk, L.E., 326.
243 Muller, 31.
244 Kannemeyer, 108.
245 TAB, LD 45/AG1046/02, J. Vrolik – Secretary Law Department, 5 September 1902.
246 *De Volksstem*, 24 Desember 1904; Du Toit, 20.
247 TAB, Milner Papers, FK 1120, p. 288, Milner – Lawley, 10 Mei 1905.
248 Kannemeyer, 685, eindnota 37.
249 SA Biografie, III, 629, Milner, Alfred.
250 *Land en Volk*, 24 Desember 1903.
251 Denoon, 147-148.
252 *Land en Volk*, 15 Januarie 1904.
253 Denoon, 154.
254 Spender, 167.
255 Engelenburg, 120.
256 SA Biografie, II, 877, Wolmarans, A.D.W.
257 Denoon, 93.
258 TAB, LD 249/AG24/03, J. Vrolik – Secretary Law Department, 22 Augustus 1904. Vrolik doen op hierdie datum aansoek om 'n betrekking by die Law Department, wat aandui dat hy nou nie meer by *Land en Volk* werk nie.
259 *De Volksstem*, 14 September 1904.
260 Ibid, 17 September 1904.
261 Du Toit, 20.
262 Sien byvoorbeeld TAB, CT 290/CONF JL3/04, Secret Service, Payment of £500 to the management of the paper "Land en Volk", 1904. (Dag en maand nie aangedui nie.)
263 Sien byvoorbeeld TAB, LD 58/AG312/04, Publication of the "Jury List" and Settler's Ordinance in the "Land en Volk", 23 Januarie 1904.
264 *Land en Volk*, 28 Oktober 1904.
265 Ibid, 4 November 1904.
266 Ibid.
267 Denoon, 221.
268 Ibid, 222-223.
269 Dugmore, 590.
270 Duminy (a), 347.
271 *Land en Volk*, 30 Desember 1904.

272 *Sheffield Daily Telegraph*, 30 Desember 1904.
273 *Yorkshire Telegraph and Star*, 10 Januarie 1905.
274 Denoon, 93.
275 *Land en Volk*, 20 Januarie 1905.
276 Ibid, 3 Februarie 1905.
277 Ibid.
278 Ibid, 10 Februarie 1905.
279 Ibid, 17 Februarie 1905.
280 Ibid, 24 Februarie 1905.
281 Ibid, 10 Maart 1905.
282 Ibid.
283 Ibid, 17 Maart 1905.
284 Wrench, 251.
285 *Rand Daily Mail*, 22 Maart 1905.
286 *The Times*, 23 Maart 1905.
287 OXFORD, Milner Papers, MS 189, pp. 96-99, Marais – Milner, 29 Maart 1905.
288 Ibid.
289 Ibid.
290 *Land en Volk*, 31 Maart 1905.
291 Denoon, 224.
292 J.H. Hofmeyr (Onze Jan), politieke leier van die Kaapse Afrikaners.
293 OXFORD, Milner Papers, MS 222, pp. 237-238, Milner – Selborne, 14 April 1905.
294 TAB, Milner Papers, FK 1120, p. 288, Milner – Selborne, 10 Mei 1905.
295 Meijer, 257-258.
296 *Land en Volk*, 10 Februarie 1905.
297 Ibid, 3 Maart 1905.
298 Ibid, 23 Junie 1905. By hierdie eerste publikasie was die titel van die gedig "Winter Nag".
299 *De Volksstem* se naam het aan die begin van 1905 hierna verander.
300 Marais, E.N. (e), 4.
301 Kannemeyer (a), 85.
302 Du Toit, 91-97.
303 Die gedig beslaan natuurlik meer as tien reëls, ook by die eerste verskyning (*Land en Volk*, 23 Junie 1905; sien fotoseksie), maar Preller verwys waarskynlik na die tien sinne/frases wat dit uitmaak.
304 Kannemeyer (a), 228.
305 Leserskring, 9.
306 Ibid, 185. Benewens "Winternag", is die ander gedigte van Marais op hierdie lys "Die dans van die reën" (8), "Mabalêl" (20), "Skoppensboer" (31) en "Diep rivier" (68).
307 Hansen, 189-210.
308 Eugène Marais Stigting, Paarl, e-pos aan skrywer van H. Kotzé, 'n direkteur van die Eugène Marais Stigting, gedateer 18 November 2014.
309 Hansen, 191.
310 Kritzinger, 43.
311 Dekker, 38.
312 Du Toit, 101.
313 OXFORD, Selborne Papers, MS 13, pp. 86-87, Selborne – Milner, 21 Augustus 1905.

314 Du Toit, 72; Rousseau, 187.
315 Duminy (a), 406, FitzPatrick - Milner, 12 Augustus 1905
316 NELM, FitzPatrick Papers, B/AS V, 1085/125, Malcolm - FitzPatrick, 4 Mei 1906.
317 Duminy (a), 414, FitzPatrick - Milner, 26 November 1905.
318 NELM, FitzPatrick Papers, B/AS V, 1085/125, Malcolm - FitzPatrick, 4 Mei 1906.
319 Ibid, B/A III, 1065/15, Milner - FitzPatrick, 6 Januarie 1906.
320 TAB, Milner Papers, FK 1194, pp. 203-205, Milner - Selborne, 23 September 1905.
321 BARLOW, HE 139, F. Eckstein - FitzPatrick, 31 Mei 1906.
322 *Evening Post,* 25 September 1907.
323 HKV, Rousseau-notaboek, afskrif uit deel 1 van ongepubliseerde memoires "Herinneringe en Ervarings" deur W.F. Mondriaan.
324 *South Africa,* 20 Julie 1907.
325 HKV, Rousseau-notaboek, afskrif uit deel 1 van ongepubliseerde memoires "Herinneringe en Ervarings" deur W.F. Mondriaan.
326 Schoeman, C., 163, 171.
327 *Land en Volk,* 10 November 1905.
328 HKV, Rousseau-notaboek, afskrif van deel 1 van ongepubliseerde memoires "Herinneringe en Ervarings" deur W.F. Mondriaan.
329 *De Volkstem,* 11 November 1905.
330 TAB, A787, Gustav S. Preller-versameling, vol. 182, Marais - Preller, 6 November 1905.
331 NELM, FitzPatrick Papers, B/A III, 1065/31, telegram Equinox - FitzPatrick, 14 Julie 1906.
332 *Land en Volk,* 1 Desember 1905.
333 Ibid, 10 November 1905.
334 Praagh, 214.
335 Duminy (a), 410, FitzPatrick - Beit, 23 Oktober 1905.
336 Wallis, 111.
337 NELM, FitzPatrick Papers, B/AS V, 1085/33, Marais - FitzPatrick, 8 Februarie 1906. Marais het bo-aan hierdie brief sy adres as "Sauer's Building, Johannesburg" gegee. Rousseau se stelling dat Marais eers in die tweede helfte van 1906 na Johannesburg getrek het, is dus inkorrek, asook sy stelling dat Marais slegs 'n paar maande in Hillbrow gewoon het. (Rousseau, 188, 191.)
338 Who's Who, Marais, Eugene Nielan [sic].
339 Rousseau, 188.
340 Duminy, 41-42.
341 UCT, Duncan Papers, BC 294, D6.2.3, Selborne - Duncan, 19 Februarie 1906.
342 HKV, Rousseau-notaboek, onderhoud deur F.G.M. du Toit met Eugène Marais, 29 Januarie 1935.
343 Rousseau, 188.
344 Ibid.
345 Ibid.
346 TAB, A787, Gustav S. Preller-versameling, vol. 182, Marais - Preller, 11 Mei 1923.
347 HKV, Rousseau-notaboek, onderhoud deur F.G.M. du Toit met Eugène Marais, 29 Januarie 1935.
348 *Land en Volk,* 3 April 1906.
349 Ibid, 7 Desember 1906.
350 Duminy (a), 421, Wernher - FitzPatrick, 6 Februarie 1906.
351 Duminy, 129.

352 Duminy (a), 421, Wernher – FitzPatrick, 6 Februarie 1906.
353 FitzPatrick (a), 169.
354 Fraser, 144.
355 BARLOW, HE 143, Wernher – Phillips, 15 Februarie 1906.
356 Smith, 234.
357 Duminy (a), 409.
358 Wrench, 260.
359 *The Times*, 22 Maart 1906.
360 Fraser, 144.
361 Fraser, 176, Phillips – Wernher, 25 Februarie 1907.
362 Ibid, 144.
363 Duminy (a), 422, Wernher – FitzPatrick, 23 Februarie 1906.
364 Ibid, 423, Beit – FitzPatrick, 16 Maart 1906.
365 Cartwright (a), 140.
366 NELM, FitzPatrick Papers, B/AS V, 1085/108, Falconer – FitzPatrick, 24 April 1906.
367 Cartwright (a), 140; Duminy, 126.
368 *Land en Volk*, 26 Januarie 1906.
369 HKV, Rousseau-notaboek, afskrif uit deel 1 van ongepubliseerde memoires "Herinneringe en Ervarings" van W.F. Mondriaan.
370 NELM, FitzPatrick Papers, B/AS V, 1085/125, Malcolm – FitzPatrick, 4 Mei 1906.
371 Ibid.
372 TAB, Milner Papers, FK 1194, pp. 203-205, Milner – Selborne, 23 September 1905.
373 BARLOW, HE 139, Eckstein – FitzPatrick, 31 Mei 1906.
374 NELM, FitzPatrick Papers, B/A III, 1065/34. Knipsel uit 'n onbekende Engelstalige koerant, wat die *Volkstem*-berig verbatim weergee en by die brief in hieropvolgende eindnota ingesluit is.
375 Ibid, B/A III, 1065/35, Carpenter – FitzPatrick, 2 Julie 1906.
376 Duminy (a), 455.
377 Ibid, 456, Phillips – FitzPatrick, 23 Junie 1906.
378 NELM, FitzPatrick Papers, B/A III, 1065/35, Carpenter – FitzPatrick, 2 Julie 1906.
379 Ibid, B/A III, 1065/31, telegram Equinox – FitzPatrick, 14 Julie 1906.
380 BARLOW, HE, Liasseerkabinet.
381 FitzPatrick (a), 28.
382 National Biography, Beit, A.
383 Van Aardt, 124.
384 *Land en Volk*, 9 Oktober 1906.
385 Ibid, 11 Oktober 1894.
386 Ibid, 9 Oktober 1906.
387 Ibid, 17 September 1906.
388 Ibid, 19 Oktober 1906.
389 Ibid, 2 Oktober 1906.
390 NELM, FitzPatrick Papers, B/AS VI, 1081/83, Falconer – FitzPatrick, 12 November 1906.
391 *Land en Volk*, 2 November 1906.
392 Sien byvoorbeeld hoofartikels in *Land en Volk* op 20 en 23 November 1906.
393 *Land en Volk*, 23 November 1906.
394 Ibid, 7 Desember 1906.
395 Duminy, 143.

396 Cartwright (a), 143.
397 Van Aardt, 165.
398 FitzPatrick (a), 18.
399 *Land en Volk,* 11 Januarie 1907.
400 Sien byvoorbeeld hoofartikels van *Land en Volk* op 18, 25 en 29 Januarie 1907.
401 Cartwright (a), 144.
402 Fraser, 175, Phillips – Wernher, 25 Februarie 1907.
403 *The Times,* 21 Maart 1907.
404 Ibid, 22 Maart 1907.
405 Duminy, 149-150.
406 Ibid, 151.
407 *The Times,* 28 Maart 1907. Berig oor genl. Botha se vertrek uit Suid-Afrika is die vorige dag gedateer.
408 Duminy, 151.
409 *The Star,* 1 Augustus 1907.
410 *Cape Times,* 18 Junie 1907.
411 Ibid, 1 Augustus 1907.
412 Ibid, 2 Augustus 1907.
413 Ibid, 18 Junie 1907.
414 Ibid, 1 Augustus 1907
415 Ibid, 2 Augustus 1907.
416 Ibid, 1 Augustus 1907.
417 Ibid, 18 Junie 1907.
418 Ibid, 18 Junie 1907.
419 Ibid, 2 Augustus 1907.
420 HKV, Rousseau-notaboek, afskrif uit deel 1 van ongepubliseerde memoires "Herinneringe en Ervarings" deur W.F. Mondriaan.
421 Duminy, 151.
422 Engelenburg, 150.
423 *Transvaal Advertiser,* 30 April 1907.
424 Ibid.
425 *The Star,* 29 April 1907.
426 *Transvaal Advertiser,* 1 Mei 1907.
427 Ibid.
428 Engelenburg, 153.
429 *Cape Times,* 18 Junie 1907.
430 Ibid, 18 Junie 1907.
431 Ibid, 1 en 2 Augustus 1907.
432 Ibid, 15 Junie 1907.
433 Sien byvoorbeeld *The Times,* 18 Junie 1907.
434 Fraser, 177, Phillips – Wernher, 3 Junie 1907, asook Fraser, 209 (eindnota 52).
435 Duminy, 153.
436 Ibid.
437 Duminy, 154; Cartwright (a), 159.
438 Wallis, 126.
439 *South Africa,* 20 Junie 1907.

440 *Cape Times,* 1 Augustus 1907.
441 Ibid.
442 Ibid, 2 Augustus 1907.
443 HKV, Rousseau-notaboek, afskrif van deel 1 van ongepubliseerde memoires "Herinneringe en Ervarings" deur W.F. Mondriaan.
444 *Cape Times,* 3 Augustus 1907.
445 Ibid.
446 Ibid.
447 *The Star,* 3 Augustus 1907.
448 HKV, Rousseau-notaboek, afskrif van deel 1 van ongepubliseerde memoires "Herinneringe en Ervarings" deur W.F. Mondriaan.
449 *De Volkstem,* 24 Augustus 1907. Dié koerant meld op hierdie datum dat hy verneem dat *Land en Volk* op 30 Augustus 1907 gaan sluit. Ongelukkig bestaan daar vandag sover bekend geen eksemplare (of mikrofilms) van *Land en Volk* vanaf einde Januarie 1907 tot en met sy sluiting nie.
450 State Library (a), 54.
451 FitzPatrick, 72.
452 Rousseau, 192.
453 Nattrass, 31.
454 Rousseau, 208-209.
455 Nattrass, 51.
456 Sien byvoorbeeld NELM, FitzPatrick Papers, B/AS I, 1081/136, Dodd – FitzPatrick, 29 Oktober 1902 en B/AM V, 1081/810, ongedateerde telegram Evans – FitzPatrick.
457 Who's Who, Evans, John Emrys.
458 SA Biografie, IV, 675, Taylor, J.B.
459 Cartwright (a), 155.
460 Ibid, 156-157.
461 FitzPatrick, Sir Percy. *Bosveld Jock,* vertaald door Gustav S. Preller. (Londen: Longmans, Green, 1909.)
462 National Biography, Wernher, Sir Julius Charles.
463 Judd, 268.
464 Meijer, 253-265.
465 SA Biografie, V, 263, Esselen, E.A., asook Leipoldt, C.L.,"Ewald Esselen", *Die Huisgenoot,* 2 Januarie 1942.
466 SA Biografie, IV, 42, Botha, C.L.
467 Wrench, 366.
468 Duminy, 225-258.
469 Ibid, 217-218.
470 HJS, Boys' High School Annual 1912, p. 12.
471 E-pos aan skrywer van Leon Rousseau, 23 Oktober 2013.
472 Rousseau, 271-272.
473 Ibid.
474 Swart (a).
475 TAB, A787, Gustav S. Preller-versameling, vol. 182, Preller – Malan, 14 Desember 1926.
476 Rousseau, 424.
477 *Ons Vaderland,* 27 Januarie 1931.

478 Viljoen, J.M.H., 46-47.

479 Rousseau, 491.

480 Volgens 'n gedenkteken wat op versoek van die Vereniging van Afrikaanse Skrywers en Lesers vir kultuurbevordering naby Pelindaba deur die destydse Raad op Atoomkrag opgerig is, is Marais om 11 vm. oorlede.

481 Rousseau, 514.

482 *Die Volksblad*, lesersbrief van J.H. Naudé, 5 Mei 1936.

483 Hansen, 47.

SLOTWOORD

1 Rousseau, 191; HKV, Rousseau-notaboek, G.O. Lunnon – F.G.M. du Toit, 10 Januarie 1937.

2 Findlay, 34.

3 TAB, A787, Gustav S. Preller-versameling, vol. 182, p. 193.

4 *Land en Volk*, 5 Januarie 1898.

5 Preller, 195.

6 SA Biografie, II, 293, Hammond, J.H.

7 HKV, Rousseau-notaboek, onderhoud deur L. Rousseau met C. te Water, 27 Mei 1963.

8 BARLOW, WB 32, J.B. Taylor – T.J. Milner, 13 April 1902.

9 Lessing.

10 Coetzee, 119.

11 Gray.

12 OXFORD, Milner Papers, MS 222, p. 236, Milner – Selborne, 14 April 1905.

BYLAE 1

1 TAB, A787, Gustav S. Preller-versameling, vol. 182, Marais – Preller, 11 Mei 1923.

2 SA Biografie, I, 526, Marais, E.N.

3 Heese, 447.

4 E-pos aan skrywer van argivaris van die Vrymesselaars in Londen, gedateer 14 Januarie 2013.

5 TEMPLE, E.N. Marais Admission Record, 18 Januarie 1897.

6 Ibid, Bar Application Records 1901.

7 Rousseau, 3. Rousseau dui Marais se geboortejaar per abuis as 1971 aan in hierdie (die derde) uitgawe van *Die Groot Verlange*

8 Rousseau (a), 108.

9 Ibid, 80, 108.

10 Preller, 181.

11 Rousseau (a), 79.

12 Ibid, 80.

13 Ibid, 108.

14 Ibid, 108.

15 E-pos aan skrywer van argivaris van die Vrymesselaars in Londen, gedateer 14 Januarie 2013.

16 Marais, E.N., (a), 15.

17 Rousseau (a), 79.

18 ANCESTRY, 1901 England Census, Class: RG 13, Place: 673, Folio: 65, Page: 9.

19 Who's Who, Marais, Eugene Nielan [sic].

20 TAB, A787, Gustav S. Preller-versameling, vol. 182, Marais – Preller, 11 Mei 1923.
21 Van Niekerk, H.L., 12.
22 HJS, Register of Admission, Progress and Withdrawal, 1876-1895.
23 Van Niekerk, H.L., 16.
24 Rousseau, 25.
25 Preller, 181.
26 *Paarl District Advertiser*, 17 Julie 1886.
27 Du Toit, 9.
28 *Paarl District Advertiser*, 13 Julie 1887.
29 HJS, Class Register of the Ist & IInd Class, 30 Junie 1887.
30 *Die Burger*, 24 Oktober 2012.
31 Geskandeerde afskrif van paspoort aan skrywer gestuur deur mnr. Chris Steinmann van Faerie Glen, Pretoria. Sien fotoseksie.
32 *Paarl District Advertiser*, 7 November 1885.
33 Rousseau, 14.
34 Ibid, 14.
35 Heese, 446-447.
36 Du Toit, 11.
37 Genealogiese Instituut van Suid-Afrika, Stellenbosch, RGN filmrol 5-448, Huwelike Pietersburg/Ladysmith 1863-1902.
38 Rousseau, 328.
39 SA Biografie, II, 397, Leipoldt, C.L.

Bronnelys

ARGIVALE BRONNE (waaronder internetargiewe)

ANCESTRY: http://interactive.ancestry.com

BARLOW: Barloworld-argief, Sandton
HE: Archives of H. Eckstein & Co., Johannesburg
WB: Archives of Wernher, Beit & Co., Londen

CAMBRIDGE: Universiteit van Cambridge, Churchill Archives Centre
Stead Collection: The Papers of William T. Stead

FAMILY: https://familysearch.org

GUILDHALL: Guildhall-biblioteek, Londen
Kelly's Directory: Kelly's London Street Directories
Lloyd's List: Lloyd's Shipping Lists 1838-1927

HERITAGE: http://www.myheritage.com

HJS: Argief van die HJS Oudstudente-museum, Hoër Jongenskool Paarl

HKV: Heini Kotzé-versameling, Ballito
Rousseau-notaboek: Notaboeke van Leon Rousseau vir *Die Groot Verlange*

IALS: Institute of Advanced Legal Studies, Londen
CLE: The Council of Legal Education Archives

NALN: Nasionale Afrikaanse Letterkundige Museum en Navorsingsentrum, Bloemfontein
Marais-versameling: Eugène N. Marais-versameling

NELM: Nasionale Engelse Letterkundige Museum, Grahamstad
FitzPatrick Papers: J.P. FitzPatrick Papers
Marais Collection: Eugène N. Marais Collection

OXFORD: Universiteit van Oxford, Bodleian-biblioteek
Colonial Office Confidential Print Collection: Department of Commonwealth and African Studies in Rhodes House
Milner Papers: Department of Special Collections and Western Manuscripts
Montagu White Collection: Department of Commonwealth and African Studies in Rhodes House
Selborne Papers: Department of Special Collections and Western Manuscripts

PAST: http://www.findmypast.co.uk

RICHMOND: Richmond Local Studies Library, Londen
Kelly's Directory: Kelly's London Street Directories
Building plans

SAB: Sentrale Argiefbewaarplek, Pretoria
URU: Argief van die Uitvoerende Raad van die Unie van Suid-Afrika

TAB: Transvaalse Argiefbewaarplek, Pretoria
Aanwinste
A718, E. Stegmann-versameling
A739, Adv. J. de V. Roos-versameling
A787, Gustav S. Preller-versameling
A1632, Archive of the Military and Colonial Administration, Pretoria
Individuele argiewe
CO: Colonial Office Records[1]
CS: Archives of the Colonial Secretary
CT: Archives of the Colonial Treasurer
FO: Foreign Office Records[1]
Fotoversameling
GOV: Archives of the Private Secretary of the Governor
HC: Archives of the High Commissioner for South Africa
LD: Archives of the Law Department
Leyds-argief: Dr. W.J. Leyds-argief
LTG: Archives of the Lieutenant-Governor of the Transvaal Colony
MGP: Archives of the Military Governor, Pretoria
MHG: Meester van die Hooggeregshof
Milner Papers: Lord Alfred Milner Papers[2]
PMO: Archives of the Provost Marshal's Office, Army Headquarters, South Africa
PSY: Archives of the Political Secretary
SP: Argief van die Staatsprokureur van die ZAR
SS: Argief van die Staatsekretaris van die ZAR
ZTPD: Hooggeregshof van die ZAR en Hooggeregshof van die Transvaalkolonie
Mikrofilms
M2999-M3002, Charles Leonard-versameling

TEMPLE: The Inner Temple Archives, Londen
Admission records
Bar Application records
Dispensation Committee records

---

1 Oorspronklike dokumente by die National Archives in Kew, Londen. Daar word soms verwys na fotokopieë van hierdie dokumente wat by die Transvaalse Argiefbewaarplek in Pretoria (TAB) besigtig is. In sulke gevalle word die nommer van die fotokopie-reeks (FK) en die bladsynommer aangedui.

2 Oorspronklike dokumente by die Department of Special Collections and Western Manuscripts van die Universiteit van Oxford se Bodleian-biblioteek. Daar word soms verwys na fotokopieë van hierdie dokumente wat by die Transvaalse Argiefbewaarplek in Pretoria (TAB) besigtig is. In sulke gevalle word die nommer van die fotokopie-reeks (FK) en die bladsynommer aangedui.

TEMPLE (aanlyn): http://www.innertemplearchives.org.uk

TNA: The National Archives, Londen
  CO: Colonial Office Records
  FO: Foreign Office Records

UCT: Universiteit van Kaapstad, Spesiale Versamelings-biblioteek
  Leipoldt Papers: Louis Leipoldt Papers
  Duncan Papers: Patrick Duncan Papers
  Cd: British Parliament Command Papers

UJ: Universiteit van Johannesburg, Argief en Spesiale Versamelings
  Marais Collection: Eugène N. Marais Collection

UNISA: Universiteit van Suid-Afrika, Manuskripte-versameling
  Pretoria Club: Papers of the Pretoria Club

US: Universiteit Stellenbosch, Dokumentesentrum van die J.S. Gericke-biblioteek
  Solomon-versameling: Hugh Solomon-versameling

WITS: Universiteit van die Witwatersrand, William Cullen-biblioteek
  Findlay Collection: Findlay Family Collection

KOERANTE, TYDSKRIFTE EN JOERNALE

Die Boerevrou
Die Brandwag
Bristol Times and Mirror
Die Burger
The Cape Illustrated Magazine
Cape Times
Daily Mail
Evening Post
Historia
The Historical Journal
Die Huisgenoot
Journal of Southern African Studies
De Kat
Land en Volk
The London Journal
Mail & Guardian
The Manchester Guardian
New Statesman
The Nineteenth Century
Ons Vaderland, Die Vaderland
Paarl District Advertiser
The Press
Pretoria News
Rand Daily Mail
Richmond and Twickenham Times
Scientia Militaria: South African Journal of Military Studies

Sheffield Daily Telegraph
South Africa
The Star
The Times
Transvaal Advertiser
Transvaal Leader
Transvaal Observer
Tydskrif vir Letterkunde
Die Volksblad
De Volksstem, De Volkstem, Die Volkstem
Yorkshire Telegraph and Star

AANGEHAALDE WERKE

Die skrywer of redakteur se van, of die verkorte titel in die geval van 'n versamelwerk, word gebruik vir verwysings na gepubliseerde en ongepubliseerde werke (met inbegrip van tesisse, tydskrif- en joernaalartikels en internetpublikasies).

Abercrombie	Abercrombie, H.R. *The Secret History of South Africa, or Sixty-five Years in the Transvaal* (Johannesburg: Central News Agency, 1952).
Abrams	Abrams, M.H. *The Milk of Paradise: The Effect of Opium Visions on the Works of DeQuincey, Crabbe, Francis Thompson, and Coleridge* (New York: Octagon Books, 1971).
Allen	Allen, V. *Kruger's Pretoria: Buildings and Personalities of the City in the Nineteenth Century* (Pretoria: Protea Book House, 2007).
Amery, J.	Amery, J. *The Life of Joseph Chamberlain,* Vol. IV (Londen: Macmillan, 1951).
Amery, L.S.	Amery, L.S. (red.) *The Times History of the War in South Africa, 1899-1900.* Vol. 1 (Londen: Sampson Low, Marston and Company, 1900).
Amery, L.S. (a)	Amery, L.S. (red.) *The Times History of the War in South Africa, 1899-1902.* Vol. 2 (Londen: Sampson Low, Marston and Company, 1905).
Amery, L.S (b)	Amery, L.S. *Days of Fresh Air: Being Reminiscences of Outdoor Life* (Londen: Jarrolds, 1939).
Arnold	Arnold, C. *City of Sin: London and its Vices* (Londen: Simon & Schuster, 2010).
Atkinson	Atkinson, A.K.W. *Old Ivory and Roses* (Pretoria: The Pretoria Club, 1969).
Behrens	Behrens, H.P.H. *The Pretoria Press Story* (Pretoria: City Council, 1955).
Berridge	Berridge, V. "East End Opium Dens and Narcotic Use in Britain", *The London Journal,* 1 Mei 1978.
Betjeman	Betjeman, J. *Victorian and Edwardian London from Old Photographs,* inleiding en kommentaar deur J. Betjeman (Londen: B.T. Batsford, 1969).

Blake — Blake, A. *Boereverraaier: Teregstellings tydens die Anglo-Boereoorlog* (Kaapstad: Tafelberg, 2010).

Blavatsky — Blavatsky, H.P. *Isis Unveiled: A Master-Key to the Mysteries of Ancient and Modern Science and Theology* (Pasadena: Theosophical University Press, 1877).

Bossenbroek — Bossenbroek, M. *Die Boereoorlog*, vertaal deur A. Mischke (Johannesburg: Jacana Media, 2014).

Boyce — Boyce, D.G. (red.) *The Crisis of British Power: The Imperial and Naval Papers of the Second Earl of Selborne, 1895-1910* (Londen: Historians' Press, 1990).

Braubach — Braubach, M. *Kleine Geschichte der Universität Bonn* (Krefeld: Scherpe-Verlag, 1950).

Bredell — Bredell, H.C. *Dagboek van H.C. Bredell, 1900-1904* (Pretoria, Raad vir Geesteswetenskaplike Navorsing, 1972).

Breytenbach — Breytenbach, J.H. *Die Geskiedenis van die Tweede Vryheidsoorlog in Suid-Afrika, 1899-1902.* Deel 2 (Pretoria: Die Staatsdrukker, 1971).

Budge — Budge, E.A.W. *Easy Lessons in Egyptian Hieroglyphics with Sign List* (Londen: Kegan Paul, Trench, Trübner & Co., 1922).

Butler — Butler, W.F. *Sir William Butler: An Autobiography* (Londen: Constable and Company, 1911).

Butterfield — Butterfield, P.H. *Centenary: The First 100 Years of English Freemasonry in the Transvaal 1879-1978* (Johannesburg: Ernest Stanton Publishers, 1978).

Cartwright — Cartwright, A.P. *The Corner House: The Early History of Johannesburg* (Kaapstad: Purnell, 1965).

Cartwright (a) — Cartwright, A.P. *The First South African: The Life and Times of Sir Percy FitzPatrick* (Kaapstad: Purnell, 1971).

Changuion — Changuion, L. *Uncle Sam, Oom Paul en John Bull: Amerika en die Anglo-Boereoorlog 1899-1902* (Pretoria: Protea Boekhuis, 2001).

Coetzee — Coetzee, J.M. *Doubling the Point: Essays and Interviews*, geredigeer deur D. Attwell (Cambridge, Mass.: Harvard University Press, 1992).

Cohen — Cohen, L. *Reminiscences of Johannesburg and London* (Londen: Robert Holden & Co., 1924).

Dalrymple — Dalrymple, T. *Romancing Opiates: Pharmacological Lies and the Addiction Bureaucracy* (New York: Encounter Books, 2006).

De Graaf — De Graaf, H. *Boere op St. Helena: Die Oorlogsdagboek van H. de Graaf, Verwerk en in Afrikaans Oorvertel deur P.J. Nienaber* (Kaapstad: Nasionale Boekhandel, 1950).

Dekker — Dekker, G. *Afrikaanse Literatuurgeskiedenis* (Kaapstad: Nasou, 1966).

De Kock	De Kock, W.J. *Jacob de Villiers Roos, 1869-1940: Lewenskets van 'n Veelsydige Afrikaner* (Kaapstad: A.A. Balkema, 1958).
Denoon	Denoon, D. *A Grand Illusion: The Failure of Imperial Policy in the Transvaal Colony during the Period of Reconstruction 1900-05* (Londen: Longman, 1973).
Doyle	Doyle, A.C. *Memories and Adventures* (Londen: Hodder & Stoughton, 1924).
Dugmore	Dugmore, C.F. "The Making of Krugersdorp, 1887-1923" (PhD-tesis, Universiteit van die Witwatersrand, Collection of Electronic Theses and Dissertations, 2004, http://wiredspace.wits.ac.za/handle/10539/5430).
Duminy	Duminy, A. & Guest, B. *Interfering in Politics: A Biography of Sir Percy FitzPatrick* (Johannesburg: Lowry Publishers, 1987).
Duminy (a)	Duminy, A. & Guest, W. (reds.) *FitzPatrick: South African Politician: Selected Papers, 1888-1906* (Johannesburg: McGraw Hill, 1976).
Du Plessis	Du Plessis, G. *Die President en Ek: Herinneringe van Magdalena Eloff soos Vertel aan Gezina du Plessis* (Kaapstad: Tafelberg, 1971).
Du Preez	Du Preez, M. *Of Warriors, Lovers and Prophets* (Kaapstad: Zebra Press, 2004).
Du Randt	Du Randt, W.S.H. "Eugène N. Marais as 'n 'duister' kunstenaar" (DLitt-tesis, Universiteit van Pretoria, 1965).
Du Toit	Du Toit, F.G.M. *Eugène N. Marais: Sy Bydrae tot die Afrikaanse Letterkunde* (Amsterdam: Swets & Zeitlinger, 1940).
Emden	Emden, P.H. *Randlords* (Londen: Hodder & Stoughton, 1935).
Engelenburg	Engelenburg, F.V. *Genl. Louis Botha* (Pretoria: J.L. van Schaik, 1928).
Findlay	Findlay, G.H. "Eugène Marais jr.", *Tydskrif vir Letterkunde*, 18(4), November 1980.
Fisher	Fisher, J. *Paul Kruger: His Life and Times* (Londen: Secker & Warburg, 1974).
FitzGerald	FitzGerald, E. *Rubaiyat of Omar Khayyam.* 5de uitgawe (Londen en Glasgow: Collins, 1889).
FitzPatrick	FitzPatrick, J.P. *The Transvaal from Within* (Londen: William Heinemann, 1899).
FitzPatrick (a)	FitzPatrick, J.P. *South African Memories* (Londen: Cassell and Company, 1932).
FitzPatrick (b)	FitzPatrick, J.P. *De Transvaal van Binnen Beschouwd: Een Privaat Verslag van Publieke Zaken*, vertaal deur Eugène N. Marais (Londen: William Heinemann, 1902).

Fort	Fort, G.S. *Alfred Beit: A Study of the Man and his Work* (Londen: Ivor Nicholson & Watson, 1932).
Fraser	Fraser, M. & Jeeves, A. (reds.) *All that Glittered: Selected Correspondence of Lionel Phillips 1890-1924* (Kaapstad: Oxford University Press, 1977).
Fraser (a)	Fraser, M. *Inventory of the Archives of H. Eckstein & Co., 1887 -1910* (Johannesburg: Barlow Rand Limited, 1975).
Galbraith	Galbraith, J.S. *Crown and Charter: The Early Years of the British South Africa Company* (Berkeley: University of California Press, 1974).
Gandhi	Gandhi, M.K. *An Autobiography or The Story of My Experiments with Truth* (Ahmedabad: Jitendra T. Desai, 2006).
Giliomee	Giliomee, H. *The Afrikaners: Biography of a People* (Kaapstad: Tafelberg, 2003).
Gooch	Gooch, G.P. *Frederic Mackarness: A Brief Memoir* (Londen: Methuen & Co., 1922).
Gordon	Gordon, C.T. *The Growth of Boer Opposition to Kruger, 1890-1895* (Kaapstad: Oxford University Press, 1970).
Gray	Gray, S. "Afrikaner Icon's Darkest Secrets", *Mail & Guardian,* 25 Junie 1999.
Green	Green, A.S. "A Visit to the Boer Prisoners at St. Helena", *The Nineteenth Century,* Desember 1900.
Groombridge	Groombridge, G. *Teddington, Twickenham and the Hamptons: Past and Present* (Stroud, Gloucestershire: The History Press, 2011).
Grundlingh	Grundlingh, A.M. *Die "Hendsoppers" en "Joiners": Die Rasionaal en Verskynsel van Verraad.* 2de uitgawe (Pretoria: Protea Boekhuis, 1999).
Grundlingh (a)	Grundlingh, A. & Nasson, B. (reds.). *Die oorlog kom huis toe. Vroue en gesinne in die Anglo-Boereoorlog* (Kaapstad: Tafelberg, 2013).
Hammond, J.H.	Hammond, J.H. *The Autobiography of John Hays Hammond.* Vol. 2 (New York: Farrar & Rinehart, c1935).
Hammond, N.	Hammond, Mrs J.H. *A Woman's Part in a Revolution* (Londen: Longmans, Green & Co., 1897).
Hancock	Hancock, K. & Van der Poel, J. (reds.) *Selections from the Smuts Papers.* Vol. 1 (Cambridge: Cambridge University Press, 1966).
Hansen	Hansen, F. *Die Handdruk van die Dood: Die Onvertelde Storie van Eugène Marais* (Pretoria: selfpublikasie ISBN 978-0-620-58515-6, 2013).
Headlam	Headlam, C. (red.) *The Milner Papers: South Africa, 1899-1905.* Vol. 2 (Londen: Cassell & Company, 1933).
Headlam (a)	Headlam, C. (red.) *The Milner Papers: South Africa, 1897-1899.* Vol. 1 (Londen: Cassell & Company, 1931).

Heese — Heese, J.A. & Lombard, R.T. J. *Suid-Afrikaanse Geslagsregisters*, opstellers J.A. Heese en R.T.J. Lombard, geredigeer en bygewerk deur GISA. Vol. 5 (Stellenbosch: Genealogiese Instituut van Suid-Afrika, 1999).

Hobhouse — Hobhouse, E. *Report of a Visit to the Camps of Women and Children in the Cape and Orange River Colonies* (Londen: Friars Printing Association, 1901).

Hobson — Hobson, J.A. *The War in South Africa: Its Causes and Effects* (New York: Macmillan, 1900).

Holt — Holt, A. *Teddington: A History and Celebration* (Dinton, Wiltshire: The Francis Frith Collection, 2005).

Howe — Howe, K. *Teddington Past and Present* (Nelson, Lancashire: Hendon Publishing Company, 1994).

Hugo — Hugo, D. (vertaler). *Die Roebaijat van Omar Khajjam* (Pretoria: Protea Boekhuis, 2014).

Jeaffreson — Jeaffreson, J.C. *A Book about Lawyers* (Londen: Hurst and Blackett, 1867).

Jeeves — Jeeves, A.H. "The Rand Capitalists and the Coming of the South African War, 1896-1899", *Canadian Historical Association Papers,* 1973, pp. 61-83.

Jeeves (a) — Jeeves, A.H. "Hobson's *The War in South Africa:* A Reassessment", in *Writing a Wider War: Rethinking Gender, Race, and Identity in the South African War, 1899-1902,* geredigeer deur G. Cuthbertson, A. Grundlingh en M. Suttie (Athens, OH: Ohio University Press, 2002).

Jeppe — Jeppe, C. *The Kaleidoscopic Transvaal* (Londen: Chapman and Hall, 1906).

Judd — Judd, D. *Radical Joe: A Life of Joseph Chamberlain* (Cardiff: University of Wales Press, 1993).

Kannemeyer — Kannemeyer, J.C. *Leipoldt: 'n Lewensverhaal* (Kaapstad: Tafelberg, 1999).

Kannemeyer (a) — Kannemeyer, J.C. *Geskiedenis van die Afrikaanse Literatuur* (Pretoria en Kaapstad: Academica, 1984).

Kaye — Kaye, H. *The Tycoon and the President: The Life and Times of Alois Hugo Nellmapius, 1847-1893* (Johannesburg: Macmillan, 1978).

Kingsbury — Kingsbury, G.C. *The Practice of Hypnotic Suggestion: Being an Elementary Handbook for the Use of the Medical Profession* (Bristol: John Wright & Co., 1891).

Krause — Krause, L.E. *The War Memoirs of Commandant Ludwig Krause, 1899-1900* (Kaapstad: Van Riebeeck Vereniging, 1996).

Kritzinger — Kritzinger, M.S.B. *Plateatlas by die Afrikaanse Letterkunde* (Pretoria: J.L. van Schaik, 1931).

Krüger, D.W. — Krüger, D.W. *Paul Kruger: 'n Biografie* (Johannesburg: Praag, 2009).

Kruger, P.	Kruger, P. *Gedenkskrifte van Paul Kruger: Herinneringe soos Meegedeel aan H.C. Bredell en Piet Grobler* (Pretoria: J.L. van Schaik, 1947).
Kynaston	Kynaston, D. *The City of London Volume II: Golden Years 1890-1914* (Londen: Pimlico, 1996).
Leipoldt	Leipoldt, C.L. *Dear Dr Bolus*, geredigeer deur E.M. Sandler (Kaapstad: A.A.Balkema, 1979).
Leipoldt (a)	Leipoldt, C.L. "Ewald Esselen", *Die Huisgenoot*, 19 Desember 1941.
Leonard	Leonard, C. *Papers on the Political Situation in South Africa 1885-1895* (London: Arthur L. Humphreys, 1903).
Leserskring	*Die Gewildste Afrikaanse Gedigte*, saamgestel deur Leserskring (Kaapstad: Human & Rousseau, 2013).
Lessing	Lessing, D. "Ant's Eye View", *New Statesman*, 9 Januarie 1971.
Leyds	Leyds, W.J. *Eenige correspondentie uit 1899* (Amsterdam: De Bussy, 1938).
Leyds (a)	Leyds, W.J. *Vierde Verzameling (Correspondentie 1900-1902)*. Band 2 ('s Gravenhage: Geuze, 1934).
Longford	Longford, E. *Jameson's Raid: The Prelude to the Boer War* (Johannesburg: Jonathan Ball, 2012).
Malan	Malan, J. *Die Boere-Offisiere van die Tweede Vryheidsoorlog, 1899-1902* (Pretoria: J.P. van der Walt, 1990).
Marais, E.N.	Marais, E.N. *Eugène N. Marais: Versamelde Werke*, geredigeer deur L. Rousseau (Kaapstad en Pretoria: Human & Rousseau, 2006).
Marais, E.N. (a)	Marais, E.N. *The Soul of the White Ant* (Londen: Penguin Books, 1973).
Marais, E.N. (b)	Marais, E.N. *Deeds Office Practice of the Transvaal* (Pretoria: "Land en Volk" Office, 1903).
Marais, E.N. (c)	Marais, E.N. *Versamelde Gedigte* (Pretoria: Van Schaik, 1933).
Marais, E.N. (d)	Marais, E.N. *Versamelde Gedigte* (Pretoria: Van Schaik, 1940).
Marais, E.N. (e)	Marais, E.N. *Versamelde Gedigte* (Pretoria en Kaapstad: Academica, 1966).
Marais, J.S.	Marais, J.S. *The Fall of Kruger's Republic* (Oxford: Clarendon Press, 1961).
Marlowe	Marlowe, J. *Milner: Apostle of Empire* (Londen: Hamish Hamilton, 1976).
Meijer	Meijer, J.W. *Generaal Ben Viljoen 1868 -1917* (Pretoria: Protea Boekhuis, 2000).
Meintjes	Meintjes, J. *The Commandant-General: The Life and Times of Petrus Jacobus Joubert of the South African Republic, 1831-1900* (Kaapstad: Tafelberg, 1971).
Meintjes (a)	Meintjes, J. *General Louis Botha: A Biography* (Londen: Cassell, 1970).
Meintjes (b)	Meintjes, J. *President Paul Kruger: A Biography* (Londen: Cassell, 1974).

Men of the Times	*Men of the Times: Pioneers of the Transvaal and Glimpses of South Africa* (Johannesburg: Transvaal Publishing Company, 1905).
Mieny	Mieny, C.J. *Leipoldt en Marais: Onwaarskynlike Vriende* (Pretoria: Joan Lötter Publikasies, 1988).
Muller	Muller, C.F.J. *Sonop in die Suide: Geboorte en Groei van die Nasionale Pers 1915-1948* (Kaapstad: Nasionale Boekhandel, 1990).
National Biography	*Oxford Dictionary of National Biography.* 60 vols. (Oxford: Oxford University Press, 2004). Internetweergawe: www.oxforddnb.com.
Nattrass	Nattrass, G. "Tin Mining in the Transvaal, 1905-1914" (MA-tesis, Universiteit van Suid-Afrika, 1988).
Nienaber	Nienaber, P.J. (samest.) *Eugène Marais: Die Groot Eensame* (Johannesburg: Afrikaanse Pers Boekhandel, 1951).
Nienaber-Luitingh	Nienaber-Luitingh, M. *Eugène Marais* (Kaapstad: Human & Rousseau, 1962).
Pakenham	Pakenham, T. *Die Boere-Oorlog*, vertaal deur Leon Rousseau (Johannesburg: Jonathan Ball, 1981).
Pakenham (a)	Pakenham, T. *The Boer War* (Johannesburg: Jonathan Ball Paperbacks, 1982).
Pearce	Pearce, R.R. *A Guide to the Inns of Court and Chancery* (Londen: Butterworths, 1855).
Peters	Peters, K. *England and the English* (Londen: Hurst & Blackett, 1904).
Porter	Porter, A.N. *The Origins of the South African War* (Manchester: Manchester University Press, 1980).
Praagh	Praagh, L.V. *The Transvaal and its Mines (The Encyclopedic History of the Transvaal)* (Londen en Johannesburg: Praagh & Lloyd, 1906).
Preller	Preller, G.S. *Historiese Opstelle* (Pretoria: J.L. van Schaik, 1925).
Preller (a)	Preller, G.S. *Ons Parool* (Kaapstad: Nasionale Pers, 1943.)
Preller (b)	Preller, G.S. "Met God en die Mauser", *Die Brandwag*, 20 Januarie 1912.
Reitz	Reitz, D. *Kommando: Van Perde en Manne* (Kaapstad: Cederberg Uitgewers, 2013).
Rider	Rider, C. & Horsler, V. (reds.) *The Inner Temple: A Community of Communities* (Londen: Third Millennium Publishing, 2007).
Robinson	Robinson, C.A. "The Power behind the Press: English Newspapers in the Transvaal, 1870-1899" (MA-tesis, Universiteit van Brits-Columbië, 1989).
Rosenthal	Rosenthal, E. *Today's News Today: The Story of the Argus Company* (Johannesburg: The Argus Printing and Publishing Co., 1956).

Rotberg	Rotberg, R.I. *The Founder: Cecil John Rhodes and the Pursuit of Power* (Jeppestown: Jonathan Ball, 2002).
Rousseau	Rousseau, L. *Die Groot Verlange,* 3de uitgawe (Kaapstad en Pretoria: Human & Rousseau, 1984).
Rousseau (a)	Rousseau, L. *Eugène Marais and the Darwin Syndrome/Die Dowwe Spoor van Eugène Marais* (Kaapstad: Ibis-Pers, 1998).
Ruijssenaers	Ruijssenaers, L.C. *Krijgsgevangenschap van L.C. Ruijssenaers 1899-1902,* geredigeer en geannoteer deur O.J.O. Ferreira (Pretoria: Raad vir Geestewetenskaplike Navorsing, 1977).
SA Biografie	De Kock, W.J., Krüger, D.W., Beyers, C.J., & Basson, J.L. (reds.) *Suid-Afrikaanse Biografiese Woordeboek.* Deel 1 tot 5. (Pretoria: Raad vir Geesteswetenskaplike Navorsing, 1968-1987).
Sandberg	Sandberg, C.G.S. *Twintig Jaren onder Krugers Boeren in Voor- en Tegenspoed* (Amsterdam: Uitgeversmaatschappij De Amsterdamsche Keurkamer, 1943).
Schikkerling	Schikkerling, R.W. *Commando Courageous: A Boer's Diary* (Johannesburg: Hugh Keartland Publishers, 1964).
Schneer	Schneer, J. *London 1900: The Imperial Metropolis* (New Haven, Conn.: Yale University Press, 1999).
Schoeman, C.	Schoeman, C. *Brothers in Arms: Hollanders in the Anglo-Boer War* (Kaapstad: Zebra Press, 2011).
Schoeman, K.	Schoeman, K. *Bloemfontein: Die Ontstaan van 'n Stad 1846* (Kaapstad, Pretoria en Johannesburg: Human & Rousseau, 1980).
Scholtz, G.D.	Scholtz, G.D. *Die Oorsake van die Tweede Vryheidsoorlog* (Johannesburg: Voortrekkerpers, 1947).
Scholtz, L.	Scholtz, L. *Waarom die Boere die Oorlog Verloor het* (Pretoria: Protea Boekhuis, 1999).
Schulz	Schulz, A. & Hammar, A. *The New Africa: A Journey up the Chobe and down the Okavanga Rivers* (Londen: William Heinemann, 1897).
Scoble	Scoble, J. & Abercrombie, H.R. *The Rise and Fall of Krugerism: A Personal Record of Forty Years in South Africa* (New York: Frederick A. Stokes Company, 1900).
Shaw	Shaw, G. *Some Beginnings: The Cape Times (1876-1910)* (Londen: Oxford University Press, 1975).
Sibbald	Sibbald, R. *The War Correspondents: The Boer War* (Johannesburg: Jonathan Ball, 1993).
Smith	Smith, I.R. *The Origins of the South African War, 1899-1902* (Londen: Longman, 1996).

Spender	Spender, H. *General Botha: The Career and the Man* (Londen: Constable and Company, 1916).
State Library	*List of South African Newspapers* (Pretoria: The State Library, 1993).
State Library (a)	*South African Newspapers Available on Microfilm* (Pretoria: The State Library, 1975).
Statham	Statham, F. *My Life's Record: A Fight for Justice* (Londen: Gibbings & Co., 1901).
Stead	Stead, E.W. *My Father: Personal and Spiritual Reminiscences* (New York: George H. Doran Company, 1913).
Swart	Swart. S. "'An Irritating Pebble in Kruger's Shoe' – Eugène Marais and *Land en Volk* in the ZAR, 1891-1896", *Historia,* 48(2), November 2003, pp. 66-87.
Swart (a)	Swart. S. "The Construction of Eugène Marais as an Afrikaner Hero", *Journal of Southern African Studies,* 30(4), Desember 2004.
Symington	Symington, F.C. "Onderwys in Transvaal gedurende die Kroonkolonie-periode: 1900 tot 1907" (DEd-tesis, Universiteit van Pretoria, 1948).
Taylor	Taylor, J.B. *Lucky Jim: Memoirs of a Randlord* (Cape Town: Stonewall Books, 2003).
Teddington Society	Teddington Society. *Teddington As It Was* (Nelson, Lancashire: Hendon Publishing Company, 2002).
Tempelhoff	Tempelhoff, J.W.N. *The Substance of Ubiquity: Rand Water 1903-2003* (Vanderbijlpark: Kleio Publishers, 2003).
Van Aardt	Van Aardt, J.M.H. "Die Botha-Bewind in Transvaal: 1907-1910" (DLitt-tesis, Potchefstroomse Universiteit vir Christelike Hoër Onderwys, 1958).
Van der Poel	Van der Poel, J. *The Jameson Raid* (Londen: Oxford University Press, 1951).
Van Jaarsveld	Van Jaarsveld, F.A. "Die Mapoch-oorlog, 1882-1883", *Scientia Militaria: South African Journal of Military Studies,* 16(1), 1986.
Van Niekerk, H.L.	Van Niekerk, H.L. *Eugène N. Marais: Nuwe Feite en Nuwe Insigte* (Selfpublikasie ISBN 978-0-620-47315-6, 2010).
Van Niekerk, L.E.	Van Niekerk. L.E. *Kruger se Regterhand: 'n Biografie van Dr. W.J. Leyds* (Pretoria: Van Schaik, 1985).
Van Schoor	Van Schoor, M.C.E. *Die Bittereinde Vrede: Vredespogings en -Onderhandelinge voor en tydens die Anglo-Boereoorlog 1899-1902* (Brandfort: Kraal Uitgewers, 2007).
Viljoen, B.	Viljoen, B. *My Reminiscences of the Anglo-Boer War* (Londen: Hood, Douglas, & Howard, 1903).

Viljoen, J.M.H. — Viljoen, J.M.H. *'n Joernalis Vertel* (Kaapstad: Nasionale Boekhandel, 1953).

Vincent — Vincent, R.H. *The Elements of Hypnotism: The Induction of Hypnosis, Its Phenomena, Its Dangers and Value* (Londen: Kegan Paul, Trench, Trübner & Co., 1893).

Wallis — Wallis, J.P.R. *Fitz: The Story of Sir Percy FitzPatrick.* (Londen: Macmillan, 1955).

Washington — Washington, P. *Madame Blavatsky's Baboon: Theosophy and the Emergence of the Western Guru* (Londen: Secker & Warburg, 1993).

Wessels — Wessels, E. *Bannelinge in die Vreemde: Die Krygsgevangenes van die Anglo-Boereoorlog 1899-1902* (Centurion: Kraal Uitgewers, 2010).

Wheatcroft — Wheatcroft, G. *The Randlords: The Men who Made South Africa* (Londen: Weidenfeld & Nicolson, 1985).

White — White, J. *London in the Twentieth Century: A City and Its People* (Londen, Vintage, 2008).

Who's Who — *South African Who's Who 1908* (Durban: South African Who's Who Publishing Company, 1908).

Who's Who (a) — *South African Who's Who 1912* (Johannesburg: Ken Donaldson, 1912).

Willis — Willis, W. *The Society and Fellowship of the Inner Temple.* (Londen: National Press Agency, c. 1897).

Wrench — Wrench, J.E. *Alfred Lord Milner: The Man of No Illusions, 1854-1925* (Londen: Eyre & Spottiswoode, 1958).

Zancig — Zancig, J. *Adventures in Many Lands* (Londen: W.R. Cummins, 1924).

ZAR Groenboek — Amptelike publikasies van die Zuid-Afrikaansche Republiek, gedruk deur die Staatsdrukkerij van die ZAR.

ANDER GERAADPLEEGDE WERKE

Albrecht — Albrecht, H. *Albert Beit: The Hamburg Diamond King* (Hamburg: Ekkehard Nümann, 2012).

Armstrong — Armstrong, H.C. *Grey Steel: J.C. Smuts: A Study in Arrogance* (Londen: Arthur Barker, 1937).

Besant — Besant, W. *London in the Nineteenth Century* (Londen: A. & C. Black, 1909).

Bodenstein — Bodenstein, H.D.J. *Was Generaal Botha in 1900 'n Verrader?* (Amsterdam: De Bussy, 1916).

Budge — Budge, E.A.W. *The Nile: Notes for Travellers in Egypt* (Londen: Thos. Cook & Son, 1890).

Cope — Cope, J. *The Adversary Within: Dissident Writers in Afrikaans* (Kaapstad: David Philip, 1982).

Crankshaw	Crankshaw, E. *The Forsaken Idea: A Study of Viscount Milner.* (Westport, Conn.: Greenwood, 1974).
Cuthbertson	Cuthbertson, G., Grundlingh, A. & Suttie, M. (reds.) *Writing a Wider War: Rethinking Gender, Race, and Identity in the South African War, 1899-1902* (Athens, OH: Ohio University Press, 2002).
Cutten	Cutten, T.E.G. "A History of the Press in South Africa" (MA-tesis, Universiteit van Pretoria, 1933).
Davenport	Davenport, T.R.H. *South Africa: A Modern History* (Kaapstad: Southern Book Publishers, 1988).
Davey	Davey, A.M. *The British Pro-Boers* (Kaapstad: Tafelberg, 1978).
FitzPatrick	FitzPatrick, J.P. *Lord Milner and his Work: An Appreciation* (Kaapstad: oorgedruk uit die *Cape Times*, 1925).
Garvin	Garvin, J.L. & Amery, J. *The Life of Joseph Chamberlain.* 6 volumes, die eerste drie geskryf deur Garvin en die laaste drie deur Amery (Londen: Macmillan, 1932-1969).
Gray	Gray, S. "Soul-brother Eugène N. Marais: Some Notes towards a Re-edit of his Works", *Tydskrif vir Letterkunde*, 50(2), 2013.
Grobler	Grobler, J.E.H. *The War Reporter: The Anglo-Boer War through the Eyes of the Burghers* (Johannesburg en Kaapstad: Jonathan Ball, 2013.)
Jamneck	Jamneck, C.P. "Die Milner-regime in Transvaal (1902-1905)" (MA-tesis, Universiteit van Suid-Afrika, 1947).
Jeyes	Jeyes, S.H. *Mr. Chamberlain: His Life and Public Career* (Londen: Sand, 1903).
Koss	Koss, S. (red.) *The Anatomy of an Antiwar Movement: The Pro-Boers.* (Chicago: University of Chicago Press, 1973).
Kotzé	Kotzé, J. G. *Biographical Memoirs and Reminiscences.* 2 vols. (Kaapstad: Maskew Miller, 1934-1937).
Krüger	Krüger, D.W. *Die Ander Oorlog: Die Stryd om die Openbare Mening in Engeland gedurende die Tweede Vryheidsoorlog* (Kaapstad: Tafelberg, 1974).
Malan	Malan, J. *General Louis Botha (1862-1919)* (Pretoria: National Cultural History and Open-air Museum, 1979).
Manley	Manley, D. & Abdel-Hakim, S. (reds.) *Egypt and the Nile through Writers' Eyes* (Cairo: The American University in Cairo Press, 2008).
Marais	Marais, J.L. "'n Ondersoek na die Aard van en Opvattings oor Eugène N. Marais se Wetenskaplike Prosa" (DLitt-tesis, Universiteit van Pretoria, 2001).
Marris	Marris, N.M. *Joseph Chamberlain: Imperialist 1836-1906: With Extracts from Famous Speeches* (London: Routledge, s.a.).

Masters	Masters, B. *Now Barabbas Was a Rotter: The Extraordinary Life of Marie Corelli* (Londen: Hamish Hamilton, 1978).
Mawby	Mawby, A.A. "Capital, Government and Politics in the Transvaal, 1900-1907: A Revision and a Reversion", *The Historical Journal*, 17(2), 1974.
McLeod	McLeod, H. *Class and Religion in the Late Victorian City* (Londen: Croom Helm, 1974).
Meredith	Meredith, M. *Diamonds, Gold and War: The Making of South Africa* (Londen: Simon & Schuster, 2007).
Mieny	Mieny, C.J. *Leipoldt in Londen: Die Vormingsjare* (Pretoria: Geneeskundige Historiese Vereeniging, 1980).
Mouton	Mouton, J.A. *Genl. Piet Joubert in die Transvaalse Geskiedenis* (Parow: Gedruk deur *Cape Times* vir die Staatsdrukker, 1957).
Nasson	Nasson, B. *The War for South Africa: The Anglo-Boer War 1899-1902* (Kaapstad: Tafelberg, 2010).
Nimocks	Nimocks, W. *Milner's Young Men: The "Kindergarten" in Edwardian Imperial Affairs* (Londen: Hodder & Stoughton, 1970).
Omond	Omond, G.W.T. *The Boers in Europe: A Sidelight on History* (Londen: Adam & Charles Black, 1903).
Pearce	Pearce, R.R. *A History of the Inns of Court and Chancery* (Londen: Richard Bentley, 1848).
Phillips, F.	Phillips, Mrs. L. *Some South African Recollections* (Londen: Longmans, 1899).
Phillips, L.	Phillips, L. *Some Reminiscences* (Londen: Hutchinson, s.a.).
Phillips, L.	Phillips, L. *Transvaal Problems: Some Notes on Current Politics* (Londen: John Murray, 1905).
Pretorius	Pretorius, F. *Die Anglo-Boereoorlog* (Kaapstad: Struik, 1998).
Pretorius	Pretorius, F. (red.) *Geskiedenis van Suid-Afrika: Van Voortye tot Vandag* (Kaapstad: Tafelberg, 2012).
Reitz	Reitz, F.W. *F.W. Reitz: Outobiografie: Met sy Twee en Sestig Uitgesogte Afrikaanse gedigte* (Kaapstad: Tafelberg, 1978).
Sauer	Sauer, H. *Ex Africa* (Londen: Geoffrey Bles, 1937).
Swart, B.L.G.	Swart, B.L.G. "Generaal Louis Botha in die Engelstalige pers, 1902-1910" (DPhil-tesis, Universiteit Stellenbosch, 1998).
Swart, S.	Swart. S. & Van der Watt, L.M. "'Taaltriomf of Taalverdriet?' An Aspect of the Roles of Eugène Marais and Gustav Preller in the Second Language Movement c. 1905-1927", *Historia*, 53(2), November 2008.

Swart, S.	Swart, S. "A 'Ware Afrikaner' – An Examination of the Role of Eugène Marais (1871-1936) in the Making of Afrikaner Identity" (DPhil-tesis, Universiteit van Oxford, 2001).
Van Reybrouck	Van Reybrouck, D. *Die Plaag: Die Stil Geknaag van Skrywers, Termiete en Suid-Afrika*, uit Nederlands vertaal deur Daniel Hugo (Pretoria: Protea Boekhuis, 2003).
Walker	Walker, E.A. *A History of Southern Africa* (Londen: Longmans, 1957).
Warwick	Warwick, P. (red.) *The South African War: The Anglo-Boer War, 1899-1902* (Londen: Longman, 1980).
White	White, J. *London in the Nineteenth Century: "A Human Awful Wonder of God"* (Londen: Vintage, 2008).
Williams	Williams, B. *Botha, Smuts and South Africa* (Londen: Hodder & Stoughton, 1946).
Wilson	Wilson, A.N. *The Victorians* (Londen: Arrow Books, 2003).
Worsfold	Worsfold, W.B. *Lord Milner's Work in South Africa from its Commencement in 1897 to the Peace of Vereeniging in 1902* (Londen: Murray, 1906).
Yudelman	Yudelman, D. *The Emergence of Modern South Africa: State, Capital, and the incorporation of Organized Labor on the South African Gold Fields, 1902-1939* (Kaapstad en Johannesburg: David Philip, 1984).
Zietsman	Zietsman, P. "Eugène Marais: Vrydenker of Volksverraaier?", *De Kat*, Junie 2001, pp. 36-41.

Bedankings

Ek het op baie mense se hulp en wenke staatgemaak in my soektog na inligting oor Eugène Marais se doen en late tussen 1887 en 1907. My dank veral aan Celia Pilkington van die Inner Temple in Londen – sy het my die getuigskrifte oor Marais gestuur wat my aangespoor het om meer navorsing oor hom te doen. Ross Devenish, die regisseur van *The Guest*, 'n bekroonde rolprent oor 'n episode in Marais se lewe, het by die aanvang van my navorsing aan my genoem dat die Nasionale Engelse Letterkundige Museum in Grahamstad (NELM) moontlik 'n brief of twee van Marais mag hê, wat toe inderdaad so geblyk het. By NELM self was Cecilia Blight 'n groot hulp, en insgelyks Julia Woolcott by Barloworld se argief in Sandton. Anneke Schaafsma by die Spesiale Versamelings van die Universiteit Stellenbosch se J.S. Gericke-biblioteek het my gewys op internetbronne en argiewe waarvan ek onbewus was. Henry Liebenberg van Unisa se oudiovisuele versameling het my geduldig bygestaan in my soektog deur ou koerante op die universiteit se mikrofilmlesers. Heini Kotzé van die Eugène Marais Stigting het geredelik sy afskrifte van Leon Rousseau se notaboeke vir *Die Groot Verlange* tot my beskikking gestel. Dr. Neil du Toit van dieselfde organisasie was ook van hulp. Aan Leon Rousseau 'n woord van dank vir sy insigte oor Marais wat hy per e-pos met my gedeel het. Dr. Maria Smit het uitstekende werk gedoen ten opsigte van haar vertalings van moeilik leesbare handgeskrewe Duitse en Nederlandse briewe en verslae, asook wat betref haar navrae namens my by die Universiteit van Bonn en die Duitse staatsargief in Berlyn. Op haar beurt het die handskrifontleder Lourika Buckley my baie gehelp om ou handgeskrewe Engelse briewe te ontsyfer.

Ek wil ook graag my dank betuig aan die personeel van die volgende instellings in Suid-Afrika: die Nasionale Argief in Pretoria, die Universiteit van Suid-

Afrika se Spesiale Versamelings in Pretoria, die Universiteit van Johannesburg se Spesiale Versamelings en Argief, die Universiteit van die Witwatersrand se William Cullen-biblioteek, die Nasionale Afrikaanse Letterkundige Museum in Bloemfontein, die Universiteit van Kaapstad se Spesiale Versamelings en die Nasionale Biblioteke van Suid-Afrika in Kaapstad en Pretoria. In Londen was die argivarisse van die Inner Temple en die Council of Legal Education baie behulpsaam, asook die personeel van die Guildhall Library, die Richmond Local Studies Collection en die Lewisham Local Studies and Archives Centre. Sheena Arnold, Ken Howe en Paddy Ching van die Teddington Society het my van waardevolle agtergrondinligting voorsien, soos ook Andrew Mussell en Guy Holborn van onderskeidelik Gray's Inn en Lincoln's Inn. Ek is ook dank verskuldig aan die personeel van sowel die National Archives in Londen as die Universiteit van Oxford se Bodleian Library en Rhodes House. Hierdie werk sou ook nie moontlik gewees het sonder toegang tot die J.S. Gericke-biblioteek van die Universiteit Stellenbosch se omvangryke versameling boeke oor die Anglo-Boereoorlog en verwante onderwerpe nie.

Die pad van 'n rowwe manuskrip tot 'n publiseerbare boek is altyd 'n spanpoging. Etienne Bloemhof en Kerneels Breytenbach was onmiddellik entoesiasties oor my manuskrip, prof. Fransjohan Pretorius het waardevolle kommentaar in sy keurverslag gelewer, terwyl John Hall uitstekende werk met die kaarte gedoen het, so ook Michiel Botha, Nazli Jacobs en George Claassen met onderskeidelik die omslag, boekontwerp en indeksering. Dankie ook aan prof. Albert Grundlingh vir sy positiewe kommentaar. 'n Spesiale woord van dank aan Linde Dietrich, vir haar noukeurige redigering van 'n lang manuskrip, sowel as aan Hester Carstens, ook vir laasgenoemde se onvermoeide ywer en entoesiasme om die proses van 'n boek maak van begin tot einde deur te sien.

En laastens maar nie minstens nie, 'n groot dankie aan my vrou, Christelle, vir haar geduld met 'n soms moeilike en obsessiewe skrywer.

Indeks